中国民族工业摇篮

76条马路旁的上海老工厂纪事

徐鸣 / 编著

上海大学出版社

图书在版编目(CIP)数据

中国民族工业摇篮:76条马路旁的上海老工厂纪事 / 徐鸣编著. —上海:上海大学出版社,2024.3
 ISBN 978-7-5671-4931-1

Ⅰ.①中… Ⅱ.①徐… Ⅲ.①工厂史-史料-上海 Ⅳ.①F427.51

中国国家版本馆 CIP 数据核字(2024)第 045161 号

责任编辑 贺俊逸 陈 强
封面设计 缪炎栩
技术编辑 金 鑫 钱宇坤

中国民族工业摇篮
76条马路旁的上海老工厂纪事

徐 鸣 编著

上海大学出版社出版发行
(上海市上大路99号 邮政编码200444)
(https://www.shupress.cn 发行热线 021-66135112)
出版人 戴骏豪

*

南京展望文化发展有限公司排版
上海华业装潢印刷厂有限公司印刷 各地新华书店经销
开本 710mm×1000mm 1/16 印张 31.75 字数 532 千
2024 年 3 月第 1 版 2024 年 3 月第 1 次印刷
ISBN 978-7-5671-4931-1/F·243 定价 98.00元

版权所有 侵权必究
如发现本书有印装质量问题请与印刷厂质量科联系
联系电话: 021-56475919

序

上海的数千条道路,有的风光旖旎,法国梧桐树张开漂亮的树冠,两旁鳞次栉比的各式小店,不时飘出咖啡香味,仿佛来到异国街头。其中64条永不拓宽的马路,常让人徜徉其中流连忘返,也引来无数浓艳的文字;但更多的马路,则是质朴无华,灰扑扑的路面一眼望不到头,两旁无甚可观,只有疾驰的车辆和目不斜视的行人,这样的道路,蕴含着怎样的故事,自然也不太有人探索,更不会有人作文点赞。徐鸣兄偏偏从这里踏上艰辛的旅程,一路行走一路探索,居然在少人踏足和无人踏足的地方,走出了他自己的发现之旅。

前不久,徐鸣兄让我为他的新书写序,我大略问了一下书的内容,答是上海的马路,再问何时完稿,说还在进行中,听罢,我就有点不太看好。写马路的书多了去,谓铺天盖地也不为过,有城市考古状,风花雪月抒情状,也有故事可阅读状。徐鸣兄并非上海历史研究专家,不擅"城市考古",且为人低调,做事兢业,老派人的温良恭俭让,似乎都让他占全了,他能于道路虚空处,硬生生挖掘出故事来?如此为难,何必再从此处着手呢?好在之前读过徐鸣兄写的两本人物传记,一本是《荣宗敬传》,另一本是《黄宝妹传》,显然都与纺织业有关,书中不仅写出了两个人物的生平和精神,也梳理出风云变幻的时代格局下,纺织之于上海工业,之于上海城市的重要性,于是又抱之以期待。

很快,徐鸣兄的书稿出来了。路是人走出来的,徐鸣也硬生生走出了一条新路。

全书写了76条马路,除外滩的中山东一路、南京路等少数几条精品马路外,几乎全是工厂企业和居民住宅密集的普通马路,也可以说是你身边的马路。这些马路,在目前已经出版的书籍里很少会被提及,其实这就是本书的价值所在,补他人之阙,拾历史之遗,究城市之脉。

如果说徐鸣兄之前写的两本人物传记,写出了纺织之于上海工业、之于上海城市的重要性,那么这本关于道路的书,则他同样用写实的手法,写出了道路之于上海人、上海城市发展的重要性。用文字建构的道路,要用历史和生活来还原,这一条条道路,充塞着多少风云激荡、风生水起,又回荡着多少众声喧哗、汽笛嘶鸣,催生开照耀未来的曙光。徐鸣兄用他多年的积累,和他对这座城市的热爱,挖掘出这一条条道路的如烟往事。

为便于读者阅读,总体上进一步了解上海城市道路的历史文化底蕴,我就道路与近代上海城市发展的关系,再略作叙述,算是对书稿的一点背景补充。

道路,上海人习惯称之为马路,缘于外国人开埠初期喜欢在泥泞小道上跑马。马路是上海城市历史和城市风貌的体现,如在外滩区域,这里作为最早的公共租界核心区域,自然也是上海最早开发道路系统的区域,棋盘状的道路和周边的高楼大厦、商业设施,以及黄浦江开阔的江景,组成一个完美的街区,成为近代上海第一个城市化的景观区域,颇能让人流连忘返,迄今犹能感觉到百多年前的气质风华。由于近代上海三方四界的市政格局,即盘踞市中心的公共租界、法租界,华界的南市和闸北,人文风貌各不相同,公共租界道路的通达四方,法租界道路优雅玲珑,华界道路的市井风情,造就了上海不同区域的人文环境和形象,迄今余音袅袅、遗痕处处,而在新时代的不断延伸下,上海道路又呈现出截然不同以往的新气象。

若要富先修路,城市化、工业化的进程与路同行。1869年,租界工部局从外滩沿黄浦江修一条马路至杨树浦河,名为杨树浦路。杨树浦路修竣后,由于杨浦地价低廉,场地空阔,内与租界核心区域联系方便,外与黄浦江码头相接,且可以容纳大量产业工人,因此很快成为兴业投资热土。中国最早的机器造纸局、机器织布局,外商投资的中国第一座自来水厂,远东第一的发电厂、煤气厂,都在此落户,极大地推动了近代工业的兴起和发展。

汽笛声声,召唤着年轻人投身到轰隆隆的机器旁,在第一次世界大战前后,杨树浦地区吸引了大量资金、人才和技术,前来开设企业者络绎不绝,成为上海最大的工业区。上海地区的水电煤供应,实赖于此,我们完全可以设想,杨树浦深厚的工业基础,在城市化和工业化方面贡献良多,没有杨树浦的公用事业,就不会有近代上海的城市化,故时人有言:"上海之繁荣,所以冠全国,其公用事业之发达,当不失为第一大因素。"

还必须看到,马路两旁大量的生产企业,尤其是杨树浦、沪西、闸北、南市和陆家嘴工业区,聚集了来自全国各地的劳动者,在此诞生了中国第一批产业工人。据1919年《新青年》的调查,上海有各类工厂2 291家,工人18万,加上交通运输码头工人12万人,手工业者20万人,共计50万人。当时上海总人口才200多万人,工人阶级占了几乎1/4。风起云涌的工人运动,为中国共产党在上海的成立,奠定了最坚实的基础。

新的上海城市中心形成和近代商业的繁荣,也有赖于上海马路的近代化建设和新科技的应用。1882年7月的一天,天刚刚暗下来,一群英美侨民兴高采烈地来到南京路外滩,点亮了10多盏电灯,以代替先前使用的煤气灯。赶来旁观的不少上海人,望着光焰明亮的电灯,不觉眼花缭乱,陷入深切的迷茫和思考之中。第二天的《字林西报》发表社论,称:"昨夜,上海的景色将长久地遗留在中外居民的脑海里,他们第一次看到上海的街道上用上了电灯……这些电灯装在好几处地方,有一盏就装在南京路江西路转角。"

租界凭借治外法权,形成特殊的政治地位,比起华界来有着更大的安全系数;租界有着完善的市政建设和市容环境,特别是南京路外滩一带,最早配套设置了人行道、行道树、下水道、消防龙头和照明设施等,出行安全便利,晚上因有灯光照明,人气和商业活动都很热闹,始有"不夜城"之称,继而发展为"十里洋场"。大量来自内地的人口迁居租界,上海的商业中心地位和新的城市中心,自然由县城迁移至此。正如时人评论的:"租界以上海为最大,而马路亦以上海为最多,且最讲究","沪上市面之盛,半皆由马路之便也。"

每天发生在马路上的风云变幻、城市更新,上海人耳濡目染之际,深切影响到他们的格局和视野,对其固有观念产生了一定的震撼,不断提高着他们的现代化意识。上海租界伴随道路辟设和延伸,市面日趋繁华,外滩、南京路、淮海路、四川路等商业区,商店、戏馆、茶楼、饭店林立,其中南京路浙江路是最热闹的区域。实际上,这些地区均是各式汽车、电车和公共汽车经过最多的地方。两相对照,老城厢区域的马路脏乱狭窄,连马车都无法通行，房屋低矮密集，且未接通水电煤，一派黑灯瞎火的情形，有人比较说："租界马路四通，城内道途狭隘；租界异常清洁，车不扬尘，居之者几以为乐土，城内虽有清道局，然城河之水，秽气触鼻，僻静之区，坑厕接踵，较之租界，几有天壤之异。"连外来旅游者也嫌其肮脏不堪，"往往不堪涉足"。而租界的市面因道路交通发达而日显繁荣，成为上海的政治、经济中心，而华界几乎仍停留在原有面貌里，并且原本居住在老城厢的当地居民，也愈来愈多地迁往租界。

面对如此尴尬，著名绅商李平书就描述过他的心理感受："吾一言通商以后之上海，而为之愧为之悲。愧则愧乎同一土地，他人踵事增华，而吾则因陋就简也；悲则悲乎同一人民，他人俯视一切，而吾则局促辕下也。要之，通商以来，上海，上海，其名振人耳目者，租界也，非内地也；商埠也，非县治也。岂非所谓喧宾夺主耶？抑非所谓相形见丑耶？"怎么办？先从道路开始追起，华界城厢内外、闸北、吴淞和浦东相继设立马路工程局，开始了自己的道路交通近代化进程。上海城市近代化的一个特点，就是不断从被动近代化向主动近代化转变，这完全得益于上海人本身的开放、创新、包容。

对上海人来说，马路是他们的公共会客厅，是他们的露天大舞台，是生活的应有之义，最具烟火气，最接地气。即使在黄金地段的外滩区域，除了南京路商业街、福州路文化街、江西路金融街这样的名街，也有许多充满烟火气的小马路小弄堂，呈现活色生香的通俗文化氛围和市民生活气息。

张爱玲喜欢乘电车，更像其他上海人一样喜欢逛马路，边逛边看，"街上值得一看的正多着"。她写《道路以目》，马路上的点点滴滴，人情冷暖，都倾注到她的笔下。

> 黄昏的时候，路旁歇着人力车，一个女人斜欠着坐在车上，手里挽着网袋，袋里有柿子。车夫蹲在地下，点一盏油灯。天黑了，女人脚旁的灯渐渐亮了起来。
>
> 烘山芋的炉子的式样与那黯淡的土红色极像烘山芋。
>
> 小饭铺常常在门口煮南瓜，味道虽不见得好，那热腾腾的瓜气与"照眼明"的红色却予人一种"暖老温贫"的感觉。
>
> 寒天清早，人行道上常有人蹲着生小火炉，扇出滚滚的白烟。我喜

欢从那烟里走过。

张爱玲懂得，这是马路边上海人真正的过日子。这些"人生安稳的一面"，在她看来，才有着永恒的意味。

建筑可阅读，马路可行走，最好是读路而行。从近代以来，马路是上海人的面子，是上海城市的观景台，承载着社会公共空间的功能。"东逛逛、西逛逛"成为上海人不论年龄，也不分贫富的一种日常享受。上海的马路因人而流动不息，因人而生动繁华，人是过客，也是主角，他们或许有踌躇，有彷徨，但更多的是与时俱进，按照划定的路径前行。路在前方，路在远方，回望走过的路，你或许已经白发苍苍，这里一定留有你童年的嬉闹声；固有印象或许已经模糊，但这里一定会有你难解的情节；如果你已去往远方，这里一定会有你浓郁的乡愁。即使你只闻其名，不曾涉足，现在也可以随着本书的笔触，深入其中，寻幽探微，其中况味不亦乐乎。

拉杂写来，是为序。

邢建榕
2023年10月28日

目　录

安远路 ··· 001
　　播下革命火种的第一所工人学校 ······················ 001
　　培养革命力量的沪西工友俱乐部 ······················ 002
　　首屈一指的"三星"日化用品 ······························ 004

澳门路 ··· 008
　　国棉二十二厂的前世今生 ································· 008
　　五卅运动的导火索 ·· 011
　　中华书局印刷厂新址 ······································· 013

宝山路 ··· 015
　　近代出版界龙头老大 ······································· 015
　　儿童宝塔糖的唯一生产厂家 ······························ 017
　　图书馆里运筹帷幄 ·· 019

北京东路 ·· 022
　　不能打仗的枪支 ··· 022
　　螺蛳壳里做工场 ··· 025

北苏州路 ·· 029
　　近代中国工业高层建筑第一楼 ·························· 029
　　源昌铁号兴旺一时 ·· 031
　　怡和洋行的"三产" ·· 033

漕宝路 ··· 035
　　工业明珠"上微"牌 ·· 035
　　冠生园食品甜酸咸 ·· 038

常德路 ··· 042
    常德公寓对面的"电车厂" ····································· 042
    英商电车公司的创办 ··· 043
    日伪占据时期的英电 ··· 045
    抗战胜利及上海解放初期的英电 ······························· 046

长宁路 ··· 047
    "申新"从这里起航 ··· 047
    "孔雀"站在这里开屏 ··· 050
    "英雄"在这里成名 ··· 051
    抗战时期第一家内迁的工厂 ··································· 053

长寿路 ··· 057
    学者筹资办长城铅笔厂 ··· 057
    沪西纺织重镇 ··· 060
    纺织厂扎堆的原因 ··· 061
    永和实业：先做牙粉后做橡胶 ································· 063

长阳路 ··· 066
    国棉三十一厂的前世 ··· 066
    "鹅"牌内衣五和织造 ··· 072
    "英美烟草"垄断市场 ··· 074
    国货经典"康元"玩具 ··· 076

重庆南路 ··· 079
    只供应法租界的卢家湾电厂 ··································· 079
    一马当先"马头"牌 ··· 081

成都北路 ··· 084
    领导全国工人运动的总机关 ··································· 084
    沪上最早的缫丝厂 ··· 085
    沪上最早的机器印花厂 ··· 087
    "大白兔"的摇篮 ··· 089

崇德路 ··· 092
    弄堂出品的"百雀羚" ··· 092
    "百雀羚"取代"妮维雅" ··· 093

大连路 · 095
- 国货橡胶是这样炼成的 · 095
- 民族出版业探花 · 098
- 岁月留声"双鹦鹉" · 100

凤阳路 · 103
- 名人创办的九福药厂 · 103
- 从批发做起的华美药厂 · 105

共和新路 · 108
- 中国民族机器工业翘楚 · 108
- 中国第一台工业锅炉 · 111
- 共和新路数厂家 · 114

共青路 · 117
- 浚浦局与黄浦江疏浚 · 117
- 造"争气"船的工厂 · 119
- 修渔轮的工厂 · 123

光复西路 · 125
- "兵船"开进苏州河 · 125
- 火柴厂汇聚苏州河畔 · 127
- 机器漂染第一家 · 129
- 中央造币厂落户苏州河畔 · 131
- 民族机器制造业老大 · 132
- 造纸业中的"国货独创者" · 137

汉口路 · 139
- 国民记忆——"雅霜"雪花膏 · 139

合肥路 · 142
- 弄堂里现身小工厂 · 142
- 民生墨水名气大 · 143
- 凹凸彩印质量佳 · 145

虹桥路 · 148
- 中国厨师试做洋调料 · 148
- 施巧计打开市场，供不应求远销海外 · 149
- 虹桥路上数厂家 · 151

虎丘路 · · · · · · 153
华人工程师创业,实业家赞助成立大华 · · · · · · 153
"大华"电表国内首创广受欢迎 · · · · · · 155

黄浦路 · · · · · · 158
鲜蛋出口异军突起,茂昌冰蛋不惧洋商 · · · · · · 158
想方设法走出国门,扩大规模行销全球 · · · · · · 159

黄兴路 · · · · · · 162
洋货毛织品进入国内,华商进军呢绒制造业 · · · · · · 162
华丰绒线畅销国内外 · · · · · · 163

嘉善路 · · · · · · 166
弄堂里厢拍电影 · · · · · · 166
弄堂里厢造金笔 · · · · · · 167

江川路 · · · · · · 170
中国汽轮机生产企业的摇篮 · · · · · · 170
中国电机制造工业的老大 · · · · · · 172
中国机械制造的大型骨干企业 · · · · · · 176
中国第一台万吨水压机诞生地 · · · · · · 177
水泵制造业骨干企业 · · · · · · 181

江宁路 · · · · · · 183
"美丽"牌卷烟呼之欲出 · · · · · · 183
"长命"牌牙刷长命百岁 · · · · · · 185

胶州路 · · · · · · 187
"孤军牌"产自胶州路 · · · · · · 187
南洋烟厂落户胶州路 · · · · · · 189
"414"牌毛巾成名胶州路 · · · · · · 192
美亚织绸胶州路分厂成行业翘楚 · · · · · · 193

进贤路 · · · · · · 198
宝锠号诞生记 · · · · · · 198
国产第一只活塞诞生记 · · · · · · 199
宝锠汽车材料制造厂诞生记 · · · · · · 199
上海活塞厂诞生记 · · · · · · 200

局门路 ········ 201
中国近代航空工业摇篮 ········ 201
益丰搪瓷生产爱国脸盆 ········ 204

军工路 ········ 206
中农公司——上海柴油机厂的前身 ········ 206
华丰——国棉三十二厂的前身 ········ 209

康定路 ········ 214
"关勒铭"牌自来水笔的起步 ········ 214
热销、困境与恢复 ········ 216

溧阳路 ········ 218
总同盟罢工令从这里发出 ········ 218
"鹿头"商标名满天下 ········ 219

辽阳路 ········ 222
胡西园立志造出国货灯泡 ········ 222
"亚浦耳"点亮万家灯火 ········ 224

龙华西路 ········ 227
改行研制收音机，亚美产品生意兴隆 ········ 227
援助淞沪抗战将士，改行生产仪器仪表 ········ 229

龙水南路 ········ 231
"煤炭大王"开水泥厂，"象"牌抗衡日货 ········ 231
抗战期间拒绝与日伪合作 ········ 232

龙吴路 ········ 234
天原电化厂的今生 ········ 234
飞遍国内外的"蝴蝶" ········ 235
龙吴路上数厂家 ········ 237

鲁班路 ········ 240
"国光"口琴悦耳动听 ········ 240
"飞人"缝纫机展翅高飞 ········ 243

茂名南路 ········ 245
上海汽车制造业从宝昌修车行起步 ········ 245
从改装车向国产三轮汽车过渡 ········ 245
榔头敲出上海第一辆小汽车 ········ 246

"凤凰"牌轿车诞生 ········· 247
更名"上海"牌 ········· 248

莫干山路 249
M50 的前世 ········· 249
阜丰机器面粉厂的创办 ········· 250
统益纱厂:从纺棉纱到产化纤 ········· 253

南京东路 256
震惊中外的"五卅" ········· 256
银楼初现罢工潮 ········· 259
为孙中山留声第一人 ········· 261
上海滩发电始于此 ········· 263
第一套中山装诞生地 ········· 266

南山路 270
海派徽墨"曹素功" ········· 270
"孔雀"香精全国第一 ········· 272

宁波路 275
钱庄银行鳞次栉比 ········· 275
"海螺"四精追"阿罗" ········· 276

平凉路 278
首家华商自行车制造厂的后世 ········· 278
沪东地区工人娱乐场所 ········· 281

浦电路 284
浦东开发先行者 ········· 284
"白熊"薄荷国家免检 ········· 287

虹江路 291
延续近百年的旧货市场 ········· 291
上海总工会成立之地 ········· 292
"名姝"电池一流国货 ········· 293

人民路 295
从"名士""文士"到"上原" ········· 295
来自苏州的雷允上 ········· 299

山东中路 · 301
- 星罗棋布的报馆 · 301
- 上海第一家现代印刷厂 · 302
- 领先一步的申花 · 303

上南路 · 305
- 陆伯鸿与和兴化铁厂的创办 · 305
- 三次停工和复工 · 306
- 抗战胜利后一个甲子的转型 · 308

双阳路 · 310
- "三角"毛巾抵抗日寇 · 310
- 马氏兄弟与糖果饼干公司 · 313

水电路 · 316
- 官办闸北水电公司 · 316
- 江苏省署接管闸北水电公司 · 317
- 商办闸北水电公司 · 318
- 遭日军掠夺与战后恢复 · 320
- 从公私合营到国营发电厂 · 322

顺昌路 · 324
- "佛手"味精鲜美绝伦 · 324
- "狗头"袜子行业领头 · 327

四川北路 · 329
- 远东第一的药厂 · 329
- 照相馆里秘密藏武器 · 332

唐山路 · 334
- 文人开厂不为赚钱 · 334
- "双妹"化妆品分外香 · 336
- 帅气时髦司麦脱 · 338
- 自行车从"扳手"到"永久" · 340

天通庵路 · 342
- 曾经是战场的天通庵站 · 343
- 国货名牌时钟"美华利" · 344

通北路 346
- 民光被单国民首选 346
- 点点滴滴正广和 348

文定路 351
- 永新服装厂与"555"牌衬衫 351
- "ADK"雨衣成为名牌 352

西康路 355
- 女工夜校开展战地服务 355
- 泰丰罐头"双喜"临门 356
- 传统名牌"钟虎"绢丝 357
- "立鹤"搪瓷飞到济南 358
- 明精机床名气响亮 360

西体育会路 362
- "双斧"油漆开林制造 362
- 从"双斧"到"光明" 363

香烟桥路 365
- "美女"冷饮"光明"取代 365
- "华字"丝绸昙花一现 366

斜土路 369
- 由朝鲜人开设的金星钢笔厂 369
- "船"牌被单名闻遐迩 372
- "飞轮""链条"较高低 374
- 泰康食品"金鸡"独立 375

斜土东路 378
- "无敌"牌牙粉赶走日货 378
- "唱机"牌袜子成童袜大王 381

新会路 383
- "绒线大王"与"地球"绒线 383
- "大无畏"电池真无畏 386

新闸路 389
- 益民食品四厂的前身 389
- 新亚制药"星"牌闪耀 391

斜徐路 · 394
- 中国铅笔厂一马当先 · 394
- 上海铅笔厂成后起之秀 · 397

延安东路 · 400
- 桂林制药厂的前身 · 400
- 协兴皮球"打"出亚洲 · 402

延安西路 · 405
- 华商制药第一家 · 406
- 机制刀剪第一家 · 409

杨树浦路 · 412
- 用机器造纸替代传统造纸法 · 412
- 不走管道送上门的自来水 · 414
- 远东最大的发电厂 · 416
- 不是用来烧饭的煤气 · 418
- 英商中国肥皂公司 · 421
- 唯一由华侨投资的纺织厂 · 424
- 上海锅炉厂前身 · 425
- 远东最大毛条厂 · 428

圆明园路 · 431
- 沪上营造厂的翘楚 · 432
- 沪上两张大报日夜印刷 · 434

肇嘉浜路 · 436
- "雄"冠国内唱片业的百代唱片 · 436
- "固"守国货市场的固本肥皂 · 438
- "钱"途光明的"双钱"橡胶制品 · 441
- 走时精确的三个"5"时钟 · 443
- 依旧行空的"飞马"内衣 · 445

制造局路 · 449
- 中国近代最大军工厂 · 449
- 中共第一个产业工人党员 · 450

中山东一路 · 452
- 新中国首家中外合资企业 · 452

中国近代首家轮船运输企业 …… 455

中兴路 …… 457
　　"湖州会馆"发号施令 …… 457
　　国货口琴制造业老大 …… 460

周家嘴路 …… 462
　　"华生"风扇长久畅销 …… 462
　　华成电机闻名遐迩 …… 464
　　服装厂造出"争气瓶" …… 465
　　国内最早制造摇臂钻床的厂家 …… 466

朱梅路 …… 468
　　益民啤酒厂的创办 …… 468
　　提出合资的理由 …… 469
　　重视营销的益民啤酒 …… 470

自忠路 …… 474
　　中共领导的第一个工会组织 …… 474
　　上海工人第三次武装起义命令发布地 …… 477

参考文献 …… 479
后记 …… 480

安远路

安远路,东起西苏州路,西至长寿路,全长2 003米,1911年至1914年工部局越界筑路,以英国原在东南亚的殖民地槟榔屿命名为槟榔路,1943年以江西安远改今名。

播下革命火种的第一所工人学校

20世纪初,小沙渡(今长寿路东段两侧到苏州河一带)地区由于地价便宜、运输便利,且劳动力成本低廉,被各路资本相中。全市有将近1/3的纺织厂集中在沪西,一举同沪东地区一样成为沪上工业重镇。争取沪西众多纺织工人,对于党组织在上海开展工人运动具有举足轻重的意义,于是李启汉受委托于1920年秋,来到沪西小沙渡传播马克思主义,以培养和发展革命力量。针对纺织工人文化水平不高的现实,李启汉从创办工人业余学校入手,并根据工人们两班倒的作息时间,分早晚两班上课。每天上午7点至9点,适应上完夜班的工人;晚上7点至9点,适应上完日班的工人,故称"沪西工人半日学校"。学校选在槟榔路锦绣里3号(后为安远路62弄178号至180号,原建筑今已不存),一幢简陋的两层砖木工房。锦绣里系日商内外棉九厂出资建造,共31幢。丁房楼下三小间连成一个大间做教室,楼上两间,一间是李启汉的宿舍兼办公室,另外一间为备用教室。该学校是中国共产党历史上开办的第一所工人学校,由李启汉主持办学并执教,外国语学社学员陈为人、雷晋笙等兼任教师。

因经费困难、教室设备简陋,开学后前来听课的工人寥寥无几。李启汉就开动脑筋,将工人半日学校暂时改成"上海工人游艺会",灵活采用娱乐活动形式接近工人。李启汉和工人们一起聊天、玩球、喝茶,还特地购置了留声机,常放唱片给工人听。游艺会打开局面后,1921年春,半日学校重新开放,入学的工人比初办时增多不少。为了减少交流障碍,李启汉还下苦功改掉湖南乡音,学会了一口流利的上海话。上课时李启汉就与工人们坐在一起,像谈家常似的耐心地解答工人提出的问题。他在教授文化知识的同时,向工人们传播马克思主义,以启发工人的阶级觉悟。当时上海各工厂都有青帮、洪帮的组织,在工人中影响很大。为了清除帮会障碍,李启汉设法加入青帮,和工人拜把子,结兄弟。这层关系使他能够在工人中建立更广泛的联系,有利于工人工作的开展。李启汉的努力没有白费,据记载,"沪西纱厂做工的工人时常回忆起1921年时的那座劳工半日学校和李启汉先生,因为在那里,他们听到了关乎切身利益的真理"。

李启汉的一系列举动引起了公共租界当局警觉。不久,公共租界找借口查封了沪西工人半日学校。待中国共产党成立后,于1921年8月,以原沪西工人半日学校为基础,在原址办起"上海第一工人补习学校",报名者达200多人。李启汉、李震瀛、包惠僧等老师轮流授课。为了方便工人学习,学校编印了《劳动运动史》作为教科书。

上海第一工人补习学校的老师在讲课时,始终用生动有趣的方式来启发学员,譬如用"你是工人,我是工人,天下工人是一家"等顺口溜,令大家明白团结的重要性。针对有人胡诌"工人不出头,出头便入土",他们将"工人"两字合并起来,组成一个"天"字,表示"工人就是天",是"顶天立地"的。于是,学员们开始意识到人是平等的,以及劳动最伟大的道理。

1922年6月,李启汉被捕入狱,之后上海第一工人补习学校被迫停办。但该校培养的一批工人运动骨干,为沪西纺织工会和沪西工友俱乐部的成立打下了基础。其中的不少学员后来参加了中国共产党,并在1925年的"二月大罢工"和"五卅运动"中发挥了积极的作用。

培养革命力量的沪西工友俱乐部

1924年,在沪西工人补习学校基础上,"沪西工友俱乐部"于槟榔路德昌里(今安远路278号至280号)三间坐西朝东的新建平房内成立。其中,两间作教室,一间作文娱室,门前的空地作为活动场地。俱乐部里面的桌椅板凳等都是工人自家带来或捐资购买的。该俱乐部是上海最早建立的工人俱乐部,由项英指导,并推选孙良惠为主任,嵇直担任秘书。

1924年9月1日,沪西工友俱乐部举行成立大会,到会者30余人。会上拟定了《沪西工友俱乐部章程草案》,宗旨是"联络感情,交换知识,互相扶助,共谋幸福"。俱乐部共下设八个部,还规定了会员的权利和义务,会员不分地域、职位,不得彼此争斗、排斥。

俱乐部采取学习文化、举办演讲、组织游艺、教唱歌曲等多种形式吸引工人前来参加各种活动。为避免敌人破坏,会员不对外公开,凡是愿意听课的工人都可免费入学,工人要求参加识字班的非常多,文化补习班也同样应接不暇。而来听讲演会的人更多,室内坐不下,就到门前的空地上举行。在俱乐部讲课的教师阵容强大,邓中夏、李立三、刘华、恽代英、瞿秋白、杨开慧、蔡和森等经常去俱乐部教书和演讲。他们上课时结合实际,生动活泼,深入浅出,吸引了许多工人。当时工人们把到俱乐部听课,说成是到俱乐部"听道理"。请求加入俱乐部的人一天天增多。据统计,俱乐部成立后仅三个月,会员从二三十人发展到七八十人,这些会员中建立了党团组织。同时在这些先进工人周围,又以结拜兄弟等方式团结了更多的工人,在沪西日商和华商19个纱厂中建立了俱乐部所属的秘密组织。到是年年底,俱乐部总人数将近千人。

通过设立俱乐部的方式,共产党在沪西纺织工人中扎下了根,在产业工人中发展了党员,培养了植根于工人之中的工人领袖。一支坚强的工人阶级骨干队伍在沪西迅速形成。内外棉七厂的顾正红先是沪西工人夜校的学生,后来又是沪西工友俱乐部的积极分子,他听讲用心,从不缺课,思想觉悟提高得很快。回到工厂,他将刚学到的革命道理讲给工友们听,大家的心都被他说得滚烫滚烫的,纷纷前来参加工友俱乐部的各项活动。监工和工头警告工人不许去俱乐部,但威胁并未奏效。而从沪西工友俱乐部走出的顾正红、陶静轩、孔燕南、郭尘侠、李振西、王有福等后来都成为上海工人运动的中坚分子。1925年,沪西工友俱乐部领导了沪西日商纱厂2万余人的大罢工,并成立了内外棉纱厂工会。

由于沪西工友俱乐部在工人培养出党员和先进分子,从而为发展工人运动奠定了思想基础和组织基础,也为党的活动打下了牢固的阶级基础,因此被誉为"上海纺织工人运动的摇篮"。

首屈一指的"三星"日化用品

现在，人们每天都要使用牙膏来清洗口腔，而牙膏的牌子和品种琳琅满目，有国产的，也有合资的，进了商场后眼花缭乱，简直不知道选哪种牙膏为好。但是在一百多年前，即19世纪末，由于西方列强的经济侵略和政治压迫，我国民族工业发展极为缓慢，现代化大工业、大机器生产的日化产品少得可怜，充斥全国各大城市日用百货商店柜台的都是清一色外国牌子的牙膏、肥皂、雪花膏、蚊香等。

20世纪初，洋货一统天下的局面有所改观，一些民族企业家目睹清朝政府腐败无能，导致民族工业极其落后，国家每年花费大量白银来进口洋货，为此，他们大声疾呼朝廷，应扶持、发展民族工业，包括民族日用化学品工业。而社会上的有识之士也纷纷提出"抵制洋货，使用国货"等爱国反帝口号。

在国内沿海大城市如上海、广州等地，不少拥有生产资金、技术条件的工商业者，特别是一些已掌握基本化学知识的企业家，陆续办起一家家日用化学品生产企业。虽然工厂规模很小、设备简陋、产品单一，但毕竟生产的都是国货，且其中许多人后来成了我国民族工业的先驱，如"国货大王"、中国牙膏工业之父方液仙。

方液仙，浙江镇海人，1893年12月生于上海。方家世代为商。方液仙少年时代就读于上海教会学校中西书院，接受良好的西学教育。方液仙尤其喜爱研究化学，曾师从公共租界工部局化验师、德国人窦柏烈，并在家里设立了简易实验室，购阅有关制造日用化学品的书籍，苦心钻研，学会了制造多种化工产品。1910年至1911年，上海发生钱庄倒闭风潮，方家大部分钱庄未能幸免。方液仙父亲不擅经营，打算让儿子继承家业，但方液仙对钱庄毫无兴趣。鉴于那时洋货日化品泛滥，方液仙决定自己研制。1912年，方液仙开始筹办中国化学工业社，但遭到父亲强烈反对。方液仙毫不气馁，多方奔走筹款，并最终说服母亲，拿出私蓄1万银元作为启动资金。他在圆明园路安仁里家中设厂，购置一些简单设备，亲自率领几个工人和学徒，生产雪花膏、生发油、花露水、牙粉等日化品。因受到洋货倾销挤压，厂里生产的产品销量极微，连年亏损。家人、亲友见此情形，都力劝其收手，可液仙仍不改其志。1915年，在1万银元启动资金全部亏掉后，方液仙又设法自筹3.5万银元，并争取舅舅李云书投资1.5万银元,在重庆路租借了三间厂房,添置了设备,聘请经理和推销员,还增加了果子露、皮鞋油等产品。注入大量资金后,中国化学工业社具有了一定规模,但销售依然年年亏损,不见任何起色。到了1919年,中国化学工业社又亏损殆尽,濒临倒闭。恰逢五四运动爆发,全国掀起抵制洋货、振兴国货运动,中国化学工业社从而绝处逢生。因为该厂的产品质量并不亚于洋货,因此深受国内消费者欢迎,纷纷购买,该厂的"三星"牌各类产品迅速打开销路,不久就转亏为盈,甚至一度出现供不应求的局面。1920年,方液仙请求上海钱业巨擘、四叔方季扬投资。方季扬同意入股,却有条件,要求李云书撤资。这令方液仙左右为难,一边是舅舅,一边是叔叔,两位长辈都得罪不起。他权衡利弊,思虑再三,最终决定苦口婆心劝服舅舅退股,中国化学工业社才得以改组为无限公司,其中方液仙占七成股份,方季扬占三成。自从实力派方季扬入主后,中国化学工业社有了金融界作稳固靠山,一改先前作坊做法,采用新型管理方式,建立齐全各种规章制度,扩大生产规模,企业为此焕然一新,并在槟榔路460号挂上了门牌。

那时候,产自日本的"野猪"牌蚊香几乎独霸上海及东南沿海市场。方液仙决计研制国产蚊香,与日货一较高下。经过反复钻研,方液仙成功研制出蚊香,随即派遣下属赴日本学习用机器制造盘型蚊香技术,并拨款建造厂房,购置设备,进行机制蚊香生产。产品商标借用中国传统的"福、禄、寿"作为口彩,取名"三星",并打出"国人爱国,请用国货三星蚊香"广告,通过报纸、招贴等形式广为宣传。在广大民众爱国热情支持下,"三星"牌蚊香生意日渐兴隆,不仅畅销国内,且远销南洋。从此,市场上"野猪"牌蚊香不见踪影。

辛亥革命前,日本的"狮子"牌牙粉在中国市场上倾销。1912年,方液仙开始生产"三星"牌牙粉,此乃中国最早的国产洁齿剂。最初几年,"三星"牌牙粉在国内牙粉市场上一骑绝尘。但短短数年,随着其他品牌牙粉的出现,市场竞争激烈,"三星"牌牙粉失去了往日辉煌。方液仙思忖与其苦苦支撑,不如另辟蹊径。当时国际市场上,牙膏作为新生代产品,以其独特的优势成为牙粉替代品,但在国内市场,只见洋货,最著名的就是美国产的"丝带"牌牙膏。方液仙灵机一动,何不以"丝带"牌牙膏为主要研究对象,自己试制牙膏呢?功夫不负有心人。国产第一支牙膏于1922年诞生,商标也叫"三星"牌。那年"丝带"牌牙膏每支卖银元7角5分,但普通消费者都觉得太贵。而"三星"牌牙膏最初定价银元2角5分,后降为2角,消费者都认为价廉物美。因此甫一上市,便风靡一时。不久,五卅运动爆发,国人觉悟,抵制洋货,"三星"牌牙膏更是供不应求。

相较于蚊香,牙膏虽然利润不高,但产量很大,且不受季节限制,资金周转快。由于"三星"牌牙膏的带头效应,一时之间,各种品牌的牙膏如雨后春笋般冒了出来,比较著名的有黑人牙膏、留兰香牙膏等,但"三星"牙膏销量却一直遥遥领先,成为同业中的佼佼者,占据国内牙膏市场的一半以上。到20世纪40年代初,"三星"牌牙膏的产量已高达1 300万支。

方液仙极其重视广告宣传,规定拿出营业额的千分之三作为广告费用,并在公司里专门成立广告科,延聘著名漫画家张乐平等为科员。1937年七七事变前夕,中国化学工业社投资、上海艺华影业公司拍摄了一部歌舞片《三星伴月》,由上海滩上最耀眼的明星周璇主演且演唱主题曲《何日君再来》。随着影片上映以及唱片播放,《何日君再来》红极一时。1938年,香港大地影片公司拍摄抗日影片《孤岛天堂》,片中引用了此曲,从而一发不可收,各歌舞团竞相引用。1941年,著名影星李香兰也将该曲灌制成唱片。"三星"牌商标随着电影和唱片走红大江南北。

中国化学工业社的广告宣传也别具一格。广告科科长、著名报人朱惺公为吸引消费者,精心设计了"三星"牌牙膏的奖券广告,并摆噱头称为"玻璃管里的秘密"。即在牙膏管内放1个小玻璃管,管里有3种奖券,分别面值法币1元、5元和10元。诱人的是,还设有"福禄寿"三星奖,若谁凑齐"福禄寿"3张奖券,便可中头奖,奖品是1套住房。如此一来,"三星"牌牙膏的销售量更是迭创新高。

中国化学工业社的广告宣传形式多种多样,除了报纸、墙柱、广播、霓虹灯之外,还做了大量路牌广告,在沪宁、沪杭铁路沿线,制作了大型广告牌,且组织"国货广告旅行团"长年奔波,从上海到西安、四川,甚至到云南。每到一处,都竖起公司的路牌广告,真正做到深入人心、妇孺皆知。

甘油作为牙膏的主要原材料之一,同时又是洗衣皂的副产品。为了能做到原材料自给,方液仙决定生产洗衣皂。1935年,中国化学工业社从德国进口全套精炼甘油的设备,并将洗衣皂的品牌商标定名为通俗易懂的"剪刀"牌。为使"剪刀"牌洗衣皂的质量能赶超英商中国肥皂公司的"祥茂"牌肥皂,方液仙派人进行市场调研,走访家庭主妇,采纳她们提出的一些合理要求和建议,争取做到"不缩布料、不易变形、不伤皮肤"。1938年春,"剪刀"牌洗衣皂研制成功,且达到"三不"要求,遂正式投产,并很快进入市场。因其脂肪酸含量高、质量优,受到消费者青睐。由于"剪刀"牌洗衣皂物美价廉,加上中国化学工业社在沪上各大报刊上大做广告,令"剪刀"牌商标的名声越来越响,并对"祥茂"牌等洋肥皂的销售造成影响,结果树大招风,遭到侵权麻烦。原来是中国化学工业社负责经办商标的职员粗心大意,未发现"剪刀"商标已为英商中国肥皂公司所注册,因此向商标局注册时被驳回。无奈之下,由方液仙表弟、经理李祖范亲自出面,与中国肥皂公司董事长商量转让商标事宜。该公司英籍董事长提出以特价供应甘油为条件,要方液仙放弃生产洗衣皂,且允诺承担一切因投资洗衣皂带来的费用损失,但绝不同意转让商标。同时建议方液仙可以改"剪刀"为"箭刀"。中国化学工业社本意没有仿冒,且对方又不同意转让,于是自1939年起,便改用"箭刀"商标。

1931年至1940年,是中国化学工业社全盛时期。在方液仙知人善任、注重科技、严格管理之下,从初创时的一个小作坊,发展成为近代中国规模最大的日化企业。1941年12月,太平洋战争爆发,中国化学工业社生意一落千丈。1949年5月上海解放后,恢复生产,人民政府将各种品牌牙膏集中在中国化学工业社生产,品种有30多种,产量占全国牙膏生产量的70%。1967年,中国化学工业社改名为上海牙膏厂。

澳门路

澳门路,东起西苏州路,西至常德路,公共租界工部局辟筑于1900年,全长1233米。

国棉二十二厂的前世今生

衣食住行,"衣"是排在第一位的。人类的老祖宗很早就懂得先用棉花纺成棉纱,再织布,然后制衣。从上海青浦崧泽遗址距今约有六千年的马家浜文化中就可以发现"纺织"的影子。而"松江之布,衣被天下",更是令上海的纺织品享誉全球。包括松江在内的上海地区,历来为我国植棉、纺纱和织布的重要基地,上海近代工业也是由纺织业兴起并兴旺。因此纺织业被亲切地称为上海的"母亲工业"。20世纪90年代,我国实行全面改革开放。为了适应新时代的发展需要,且根据上海城市功能定位,现代国际大都市不适宜安排劳动密集型企业。所以作为传统产业的纺织业,不可避免地面临产业结构大调整。

为了纪念这段历史,让后人知道上海纺织曾经有过的辉煌,上海纺织工业局(今东方集团)当年克服了重重困难,毅然拨出巨款,大手笔地在国棉二十二厂原址上建造起"上海纺织博物馆"。

位于澳门路150号的上海纺织博物馆,户外展示面积1 500平方米,室内展示面积4 480平方米,通过实物、资料、场景、图文、模型和多媒体等,比较完整地向市民们展现了上海纺织六千多年来的产业历史和文化。

现在,上海纺织博物馆作为全国纺织精神文明建设示范基地、全国科普教育基地、上海市爱国主义教育基地、上海市科普教育基地、上海市工业旅游教育基地、申九"二二斗争"革命纪念地,经常会有不少人前来参观学习。当人们站在安静、整洁、宽敞的博物馆里，望着琳琅满目、富有历史沧桑感的展品时，肯定已经很难想象国棉二十二厂本来的模样。

如果不细究的话，国棉二十二厂仅仅是上海纺织系统几百家所属企业之一，普通平常。但若有谁心血来潮追溯国棉二十二厂的历史，那可不得了，其前身是"棉纱大王"荣氏家族申新系列中的申新九厂，民国时期全国华商纺织厂中拥有纱锭最多的厂家。如果再追溯申新九厂的历史，那就更了不得，其前身为上海机器织布局（又称洋布局），于1888年建立，1890年开工生产，时有纱锭35 000枚、布机350台。厂址位于杨树浦路87号，中国机器纺织工业发轫于此，1893年毁于一场突如其来的大火。1894年，盛宣怀集资在洋布局原址上办起"华盛纺织总局"，时有纱锭65 000枚、布机600台。1899年，盛宣怀将华盛据为私有，改名"集成"。大约在1910年，又改名"又新"。辛亥革命时恐被查抄，聘英国人为总经理，并向中国香港方面注册，悬挂英商牌号。1913年，再改名为"三新纱厂"。三新纱厂在全国闻名遐迩，且规模之大，无出其右，时有纱锭69 000枚、布机1 000台。那时，上海英商电车公司从十六铺敷设电车路轨到三新纱厂，9路有轨电车就以"杨树浦三新纱厂"为终点站站名。

盛宣怀去世后，其后代无意经营实业，遂将三新纱厂以80万两银子抵押给汇丰银行。但汇丰银行既不熟悉纱厂业务，又无法管理工人，所以只得仍旧租与盛家经营。后来美商大来公司为扩展业务，拟在沪上建造船坞，一眼看中濒临黄浦江的三新纱厂240亩地皮。于是大来公司请出美商中国营业公司出面中介。中国营业公司时年在上海属于规模较大的房地产商，沪西不少高档住宅和别墅均由其开发。中国营业公司接下这笔生意，用120万两银子将三新从汇丰银行赎出，拟以每亩3万两转售给大来。因为中国营业公司最终目的在于炒地皮，只要卖掉地皮，就能发一笔大财，故愿将地皮上的设备和厂房"三钿不值二钿"廉价出售。但不开纱厂的老板不可能来购买三新的纺织设备。结果兜来兜去，被申新老板荣家老大荣宗敬"拾了一只皮夹子"，以40万两银子购得三新纱厂的全部设备和厂房。不过附带一个条件，就是必须在三年之内全部迁走。

1931年4月8日，申九正式开工生产，所产棉纱深受消费者欢迎。两年后，荣宗敬按照原定计划，在澳门路150号动工另建新厂。新厂占地60亩，为三层钢筋混凝土结构。1934年秋竣工，9月开工。申新九厂在棉纱大王荣宗敬的"多一支纱锭就等于多一支枪"的经营理念指导下，规模连年扩充，纱锭最多时曾经达到14万枚。

申新九厂工人历来具有光荣的革命传统。那是在1947年年底,中纺公司和棉纺业同业公会决定年终奖根据上年标准打八折、分两期发放,且根本不按当月生活费指数计算,引起各纱厂工人的强烈不满。中共地下组织认为这是国民党当局与官僚资本相勾结,剥夺和压榨工人血汗钱。为保护广大工人群众的利益,制定了"年终奖不打折扣,按当月生活费指数发放"的行动纲领。并经过仔细研究,准备由民营纱厂中规模最大的申新九厂挑头,带领全行业开展斗争。1948年1月30日,申九全厂7 000多名工人在中共地下组织的领导下开始罢工,并向资方提出如期发放配给物资、年终奖按当月生活费指数发给等七项要求。最后表示若不答应,决不复工。

无巧不成书。在申新九厂工人举行罢工的前后脚,1月29日同济大学学潮爆发;1月31日又爆发舞女捣毁社会局的舞潮案。再加上工潮,一下子形成了"学潮、工潮、舞潮"三潮并发局面,将年关时反饥饿求生存斗争推向新的高度。实际上除了工潮,其他两潮尽管不是党组织有计划的统一步骤,但都是国民党当局推行反动政策的结果,因而引起敌人极大恐慌,以为共产党要总暴动了,竟然决定对申新九厂工人的罢工实施武力镇压。

党组织从报上得知敌人镇压学潮、舞潮的消息后,预感到申新九厂罢工也有遭到敌人更残酷镇压的可能,审时度势,决定通知申新九厂立即结束罢工。但由于联系中断,党的指示当天没有及时传达到申新九厂内,而工人们据守在厂内,既不了解厂外形势,也不清楚上级已经决定停止行动的指示,仍然坚持罢工。同时,还期盼着兄弟厂工人罢工的呼应。

2月2日,国民党当局出动千余名武装军警,以及装甲车和"飞行堡垒",包围了工厂,对坚持罢工的数千名工人实行血腥镇压。工人们奋起自卫,以三楼屋顶为据点,用砖头、铁棍、碗片、桌凳砸向军警,展开殊死抵抗。搏斗中,3名女工死亡,40余人重伤住院,100余人轻伤,236人被捕,其中26人后来被判徒刑,365人被资方开除。这就是震惊全国的"申九惨案""二二斗争"。

国民党当局的暴行激起了全市工人与各界人士的强烈愤慨和对申九工人广泛的同情。各基层工会纷纷开展募捐,慰问被捕、受伤的工人和遇难者家属,悼念死难工人等后援活动。2月18日,上海各业工会"申九事件善后援助会"举行秘密集会。会上由申九女工代表控诉国民党军警的暴行;同济大学学生代表报告"一·二九血案"真相;毛纺业工人代表汇报在反饥饿斗争中工人被捕、被开除的情况。一连串的事实真相,激起大家同仇敌忾。与会人员为死难工人默哀、唱挽歌,并当场成立了"申九后援会",一致通过《申九事件后援会告上海各界宣言书》,商定于 2 月 22 日动员全市工人统一佩戴 2 寸 2 分宽黑纱,以表示对申新九厂"二二斗争"死难工友的哀悼。

解放上海战役期间,纺织工人在中共地下组织的领导下,进行了艰苦的护厂斗争,使得上海棉纺工业免遭严重破坏。据 1949 年 5 月 30 日《解放日报》报道:"此次解放淞沪战争中赖各厂职工护厂队英勇护厂,无丝毫损失,沪西区解放迅速,该地区申九等厂,在解放前后工作未曾间断。"1950 年 5 月,上海申新纺织厂总管理处成立,统一管理在沪的申新各厂,年方 33 岁的荣毅仁出任总经理。1954 年 4 月,申新 86 户股东开会决定由总经理荣毅仁申请办理公私合营手续。

自 1955 年下半年开始,毛泽东已在思考如何在全国全面开展社会主义建设的问题,并率先为此进行了全面的调查研究,深入一些重要地区实地考察。1956 年 1 月 10 日,毛泽东视察了刚刚完成公私合营的申新九厂。他向荣毅仁询问了工厂在公私合营后的情况。每到一处,毛泽东都看得很仔细,且不时地向工人们询问生产情况。在参观过程中,毛泽东对干部群众说道:苏联取得政权后,一个命令便把资本家的财产收为国有,但中国不硬性地将苏联那一套搬过来,而是根据我国的情况,采取逐步改造的办法。毛泽东在参观中还提出:工厂公私合营以后我们怎么办? 我们就是要把工厂管理好。要对代理人多做工作,让他们认识到做社会主义的经理是光荣的。过去是为资本家办事,现在是为工人阶级办事。

申新九厂是毛泽东一生中视察过的唯一一家公私合营企业。从此以后,申新九厂走上了快速发展的社会主义康庄大道。

五卅运动的导火索

沿着澳门路北侧朝西走,越过昌化路,来到 300 号门前,一幢两层建筑,沿马路上街沿横放一块大理石碑,镌刻六个大字:顾正红纪念馆。石碑后是一个小型广场,矗立着顾正红双拳紧握、昂然挺立的塑像(原来摆放在国棉二厂内)。纪念馆东侧有条小径,两旁松柏常青;冬青常绿,进去约 20 米,是"顾正红烈士殉难处"。

顾正红是日商内外棉七厂(新中国成立后并入国棉二厂)的工人。日本内外棉株式会社创建于 1887 年,是紧随日本帝国主义对我国军事侵略和资本输出而发展起来的日本六大棉纱垄断财团之一。1895年甲午战争战败后,清朝政府被迫签订了丧权辱国的中日《马关条约》。条约第六款规定:"日本臣民得在中国通商口岸城邑任便从事各项工艺制造,又得将各项机器任便装运进口,只交所订进口税。"凭借着《马关条约》中规定的特权,内外棉株式会社财团创始人秋马新三郎派遣川村利兵卫来到中国,在沪西苏州河沿岸地区建造纺织厂,利用我国丰富的棉花资源以及廉价的劳动力,经济上大肆剥削和掠夺中国人民。从1910年在上海始建内外棉第三厂起(内外棉第一和第二厂建在日本国内),至1932年,20余年间就在我国开设了9家纺织厂。1925年,上海的内外棉纺织厂已拥有资金1050万日元,纱锭29万多枚,纺机1.6万台,工人1.7万余人,成为外资在上海设厂的最大纺织财团。而顾正红所在的内外棉七厂于1918年10月开工生产,主要设备有普通织布机634台,自动织布机256台。

1925年2月,日商内外棉纱厂的工人在共产党的领导下,为反抗日本领班任意打骂童工,以及日本大班成批开除男工,举行了日商纱厂同盟大罢工。数万工人有组织地坚持罢工斗争,迫使日本资本家同罢工工人谈判,并接受了工人们提出的部分条件。

"二月罢工"取得胜利。工人们通过斗争实践,锻炼了队伍,提高了觉悟,显示了工人阶级组织起来的巨大政治力量,使得一批人成为工人运动的中坚分子。内外棉七厂盘头工顾正红就是其中一员。"二月罢工"后,顾正红加入了中国共产党。从此,顾正红更加积极地发动和组织工人们起来同日本资本家开展斗争。5月15日,顾正红遵照工会的决定,在带领工人反抗日本资本家关厂压迫工人的时候,遭到日本大班川村枪杀而英勇牺牲。

日本人枪杀了顾正红,还打伤十余名工人,激起了中国各民族人民的义愤和反抗。5月30日,上海学生和工人3 000多人,共同上街进行反帝示威游行。面对激愤的广大民众,英国巡捕竟然丧心病狂地对手无寸铁的示威民众放排枪,打死打伤数十名学生和工人。

西方殖民者的屠杀并没有吓倒中国人民,而是进一步唤醒了广大民众,震惊中外的五卅运动由此爆发。5月30日晚,中共中央召开了紧急会议,决定发动全市工人总罢工、学生总罢课、商人总罢市的"三罢"斗争,以全市人民反帝运动的总联合斗争来抗议帝国主义的大屠杀。该决定迅速得到各界的积极响应,内外棉各家纱厂的工人同全上海的工人一起投入了这一伟大的反帝斗争行列。

2008年5月30日,为了纪念顾正红烈士和五卅运动,顾正红纪念馆正式对公众开放展出,现为上海市级和普陀区级爱国主义教育基地。

中华书局印刷厂新址

由于澳门路上纺织厂的名气太响、气场太大,结果有意无意将中华印刷厂给"盖住了"。不少人并不晓得澳门路上还存在这么一家企业。实际上,中华书局在上海滩出版印刷界里还是响当当的(老大是商务印书馆)。

1911年的辛亥革命,尽管没有让我国的社会性质发生根本转变,却向思想文化领域注入了勃勃生机,令教育、文化、出版界出现了一派新气象。当年在商务印书馆担任编辑的陆费逵料定革命后的教科书必将有大动作,于是同戴克敦、陈协恭等人一起筹集资金,同时暗中加紧编写新版教科书,并于1912年元旦,在四马路(今福州路)惠福里租了三间房子,创办了"中华书局"。

陆费逵,陆费为姓,名逵,字伯鸿,浙江桐乡人,早年曾参加过"日知会"的一些革命活动,具有"教育救国"理念。1905年,陆费逵进入商务印书馆,任《教育杂志》主编等职。中华书局创办后,陆费逵担任局长、总经理,并兼任编辑所所长等职务,前后共30年。1941年7月9日,陆费逵在香港九龙寓所患脑溢血去世,终年55岁。

中华书局甫一成立,没有自己的印刷所。到1912年秋冬之间,才在四马路办了个小印刷所,只安装了6台印刷机。翌年,中华书局总部搬到东百老汇路后,进一步扩充了编辑所和印刷所,各种印刷机已增至15台,但承印能力仍有限,编辑的图书、杂志大多数还得交"文明书局"印刷厂等协助排印。1916年,中华书局在静安寺路哈同路(今南京西路铜仁路)口租下40余亩地皮,建造总厂。总厂建有5幢楼房、4幢平房,除了一小部分楼房为总办事处和编辑所使用以及堆放书籍、纸张外,其余大部分都归印刷所使用。印刷所第一任所长俞复,江苏无锡人,清末举人,曾做过无锡县知事。静安寺路总厂落成之后,中华书局收购了杭县"聚珍仿宋印刷局"(聚珍仿宋是一种铅字字体的名称,其字体古雅,享有专利)。这时的中华书局已跃升为国内第二大书局,而其印刷所也初具规模,有各类印刷机百余台,其中包括全张橡皮机。

1935年,静安寺路老厂租地合同到期,中华书局在澳门路477号建成规模更大的新厂,总办事处和编辑所也随之搬入。新厂共有5幢4层大楼,其中3

幢为印刷车间,1幢作仓库,1幢是办公楼。到抗战前夕,中华书局印刷所已有近千名职工,印刷门类除装订一环节之外都已齐全。所里各类印刷机达300多台,主要印刷设备有:铅印轮转机、全张机、四开高速飞达机,彩印全张胶印机、铅皮机;凹印小电机100台、大电机1台;可排印各种中外文,字体齐全。印刷所不仅能够印刷各类图书、杂志,还可承印国内外各项债券、证券、纸币、商标及工商界大宗印件,印刷质量精良,彩印业务也已跃居全国第一。

1937年7月抗战全面爆发,11月上海华界沦陷,为了保存民族资产,澳门路总厂挂出"美商永宁公司"的牌子,并请美国人沃特生担任经理,原中华书局印刷所副所长沈鲁玉担任其副手。印刷所基本业务仍以印刷中华书局的书籍为主,同时也承印国民党中央银行的小面值纸币。1941年12月8日太平洋战争爆发,日军侵占上海租界,澳门路印刷所也跟随美商永宁公司一道被日本人查封,并被强行掠去大量机器、纸张、书籍等,其中仅卷筒纸一项就被夺走2 000筒。不久,由伪"华中印刷公司"军管。1943年4月,几经交涉,中华书局终于从日寇手里要回了千疮百孔的永宁公司,改名为"中华书局永宁印刷厂",惨淡经营了两年。抗战胜利后,国统区通货膨胀,永宁厂几乎日夜加班印钞票,印钞业务占到中华书局印刷业务的60%以上。上海解放后,中华书局永宁印刷厂更名为"中华书局上海印刷厂"。20世纪50年代初,印刷厂和中华书局脱钩,归属上海市出版局。1966年,改名为"上海中华印刷厂"。

笔者听复旦著名历史地理学教授邹逸麟聊天,谈到中华印刷厂时,据邹教授讲:毛泽东一生酷爱读书,晚年时为了便于他老人家阅读,印的开本都比较大,称为"大字本"。而大字本就是在澳门路中华印刷厂印制的。因为该印刷厂虽然机器比北京的印刷厂老式,但工人技术水平高,所以承担了为毛泽东印制大字本的光荣、艰巨任务,最后印出来的书本非常漂亮。由于中华印刷厂的"上海师傅"技术好,全国数一数二,所以待遇也不错。该厂校对的月工资在公私合营前分成三等,相当于币制改革后的120元、140元和160元人民币,同一个大学副教授的月薪差不多。

宝山路

20世纪初,沪北地区基本上还处于原始乡村自然状态。当时工部局已在闸北的东部与租界交界处的苏州河上造起了多处桥梁。西面和南面也仅以苏州河一水与租界相隔。闸北三面受到虎视眈眈的西方列强的逼围。在此危急关头,上海、宝山两县的一些爱国绅商,为了保住闸北,决定在沪北地区开辟商场,造桥筑路,以开发和加速地方繁荣的办法来抵制殖民主义势力向闸北渗透,避免闸北最终落入虎口,成为租界的一部分。经禀报时任两江总督刘坤一,闸北绅商陈绍昌、祝承桂等人发起,筹集股款,打算在"新闸浜北二十七保十一图(今铁路上海站南)"建造桥梁和马路。筑于1902年、全长1756米的宝山路(南起天目东路,北至同心路)就是该计划中的重要一环,并同后来修造的新闸桥路、新大桥路一起,沟通了闸北与市中心的联系。闸北的开发始于此,许多民族资本迅速投入进来,宝山路上很快出现了不少工厂。

近代出版界龙头老大

夏瑞芳、鲍咸恩、鲍咸昌、高翰卿自清心书院毕业后,曾先后在洋商开办的《字林西报》《北华捷报》等报馆做职员或排字工。由于不堪洋人歧视,决定自己集资创办一家小型印刷工场,取名"商务印书馆",意思就是专门印刷商务用品的场所。

1897年2月11日,夏瑞芳等四人集资3 750银元,并借了2 000银元作为流动资金。在江西路(今江西中路)德昌里租赁了两间旧房子,正式对外承印商业表册、账本和教会图书等。最初,馆内仅有两部手摇小型印刷机、三台脚踏圆盘机和三台手扳压印机。次年江西路厂房失火，于是就近在北京路（今北京东路）顺庆里，租屋12间作为厂房，再增添设备，扩展排字房，并采用煤油发电机传动印刷机印书。

开工不久，为了提高产品印制水平，夏瑞芳特地前往日本考察，发现很多日商的印刷企业大多与出版业合为一体，大受启发。回国之后，夏瑞芳等将出版业务引进本馆。19世纪末，正值西方国家的新技术、新思想不断涌入中国，国内许多进步青年迫切需要了解和学习。为此，夏瑞芳将原先在教会学校使用的英语课本，请人编译成《华英初阶》《华英进阶》等英汉对照本后出版，深受读者欢迎。还编印发行了我国近代第一本科学画报《格致新报》。

1900年，夏瑞芳等廉价收购了上海日商修文印刷局，该工场设备较为完整，为日后生产打下了一定的基础。1901年商务印书馆扩大规模，添招新股，改为股份有限公司，资本总额达到5万银元。张元济入股，并应夏瑞芳邀请，主持书籍编译工作。考虑到要出版书刊，商务印书馆着手在北福建路（今福建北路）海宁路口购地自建厂房，向外国订购新式印刷机。1902年，设在北京路顺庆里的厂房不慎失火，乃迁入北福建路自建新厂。同年，在棋盘街（今河南中路）设立书刊发行所。1903年，商务印书馆引进日本先进的印刷设备，采用机刻字模及新制版技术，并设计仿造印刷机。1904年，商务印书馆编印出版了《最新国文教科书》，首印4 000本，一个星期内销售一空。从此开启商务印书馆教科书出版黄金时代，几个月销售十余万册，被全国各地的新式学堂广泛选用。1907年，夏瑞芳在闸北宝山路购地80余亩，建造商务印书馆总厂，先后在厂区内建立第一、二、三、四印刷所及编译所、书栈、总务处、纸库、疗病房等，并在附近开设尚公小学，作为编辑课本的教学实验基地。1912年，在河南路（今河南中路）211号建成总发行所新厦，除经营本版图书外，还兼售中外文具、仪器和原版西文书等。1914年1月10日傍晚，夏瑞芳不幸遇害身亡，此后由印有模、高翰卿接任总经理一职。

经过15年发展，商务印书馆资本增至150万银元，职工达750人，一举成为国内最大的集编辑、印刷和发行为一体的出版企业。1915年，商务印书馆出版的"商"字牌珂罗版图书和生产的文具用品，在美国旧金山巴拿马万国博览会上荣获大奖。五四运动期间，商务印书馆根据国内文化用品市场需要，研制生产出中国第一台中文打字机。1926年，在美国费城世博会上，商务印书馆出版的"商"字牌图书和编印的印刷品获得甲等大奖；生产的"商"字牌中文打字机获得乙等荣誉奖。同年，在宝山路总厂对面建造的当时亚洲最大的东方图书馆正式对外开放,馆里部分编辑人员搬入图书馆大厦内办公。

1932年一·二八事变爆发,地处闸北前线的商务印书馆和东方图书馆,均被日军飞机炸毁,损失惨重,馆方宣告暂时停业。1937年,正当商务印书馆复兴发展之时,日本发动了全面侵华战争,该馆书籍印刷等生产设备再遭日军轰炸,馆方无奈之下只能远迁至大后方重庆,逐步恢复部分印刷出版业务。1945年8月抗战胜利,商务印书馆迁回上海,勉强维持业务状态。1949年5月上海解放后,人民政府对文化出版行业进行必要的调整,1954年5月,商务印书馆实行全面公私合营,总部迁往北京。印刷厂独立经营,归上海市出版事业管理处领导。

儿童宝塔糖的唯一生产厂家

闸北是华界的工业重镇,而宝山路上曾经出现过不少工厂。张宝峰开设的制药厂名列其中。张宝峰生于1904年,早年丧父,家境贫寒,14岁即离开家乡宁波来沪谋生,做过多种小生意,像服装、煤炭、化妆品、灯泡等,还修过钢笔,均不如意。1945年8月,抗战胜利,全国欢腾。张宝峰也难以按捺激动,兴高采烈地为儿子办妥婚事。儿子婚后,一家两代同去杭州旅游。坐在火车上,张宝峰通过窗口远眺,只见铁路沿线刷着许多"宏兴药房鹧鸪菜治小儿百病"的广告,令他陷入沉思。由于当时民生凋敝,卫生条件差,儿童大多患有蛔虫病,导致面黄肌瘦、发育不良。张宝峰暗自琢磨:"那个鹧鸪菜并非是什么造不出来的药品,销路却不错。我也不妨制造出一种小儿药,将来肯定在市场上占有一席之地。"

返沪后,张宝峰马上动手规划,模仿六和塔造型,生产专治小儿蛔虫病的宝塔糖。因为资金并不雄厚,且生意前景难以预测,精明的张宝峰先小打小闹,租赁了天津路405号煤业大楼半间房子,办起西药行,药品取名"爱尔康"(谐音爱儿康)。果然即使时过半个多世纪,仍有类似"施尔康""富尔康""寿尔康"等药品名称步其后尘,大行其道。

张宝峰父子,以及职员1人,学徒1人,工人2人,共6个人挤在既是工场间又是发行所的半间屋子里,开始了制造宝塔糖的历程。宝塔糖的生产工序倒是很简单,先将砂糖磨成粉,拌入驱蛔虫药料,再加新鲜蛋清,并用少量食用颜料和香精一起搅拌成糊状,最后把糊状物投进一个上粗下细的纸筒内,用手挤捏出一个个带有花纹的宝塔糖(类似现在的手捏裱花蛋糕)。烘干后就是一粒粒颜色诱人、底圆头尖形似宝塔、味道甜滋滋的宝塔糖,极受儿童欢迎。

爱尔康西药行经营宝塔糖有了起色后,张宝峰雄心勃勃打算扩大规模。1946年春,他用金条顶下多伦路236弄4号至5号,比原来半间工场间的面积增加了数倍。楼上划出两间给家属居住,其余都作为生产厂房,并在门口挂出了"爱尔康化学制药厂"的牌子。厂里设两个部门,一个是以宝塔糖为主的成药车间,还生产一些工序简单的常用药,如麦精鱼肝油、止咳糖浆等;另一个部门生产一些常用针剂,如生理盐水、葡萄糖注射液、氯化钙注射用蒸馏水等。此时生产宝塔糖的工艺略有改进,每个工人的日产量从3 000粒提高到6 000粒。

爱尔康既然号称"制药厂",假如没有药剂师,卫生局那一关就绝对过不了。张宝峰便请来一位兼职女药剂师,把她的执照悬挂在厂里醒目之处。但该女药剂师只拿薪水不上班,一旦厂里有事,老板才上门求救。私营企业没有一定的规章制度,一切以张宝峰的话为准。工人天一亮就得起床干活。如果生意忙,晚饭后还要加班,甚至老板的家眷也得来帮忙包装。

1946年,虽说张宝峰赚了点钱,可总体销售不佳、销路不畅。原因在于爱尔康属于弄堂小作坊,缺乏知名度,导致产品积压,连堆放都成了问题。1947年春节放假期间,张宝峰绞尽脑汁苦思冥想,决定出高薪聘请宝塔糖推销员,先在市内药品市场打开局面,然后向全国进军,最后伸展到中国香港和南洋。张宝峰设想的推销方法是不去市里几个大药房,像五洲、华美、万国、中法、中西等,而是专门找那种中小西药房、中药店、糖果店、烟纸店等,且允许店家卖出宝塔糖才付款,一旦销不出去可以退货。于是爱尔康的推销员每天一早骑着自行车就出门,车前挂着插满广告的袋子,车后架子上系着装满宝塔糖的盒子,车轮滚遍上海的每个角落。由于爱尔康给予商家的利润十分优厚,所以经销商们均乐于推销,并将宝塔糖置于商店的最醒目的位置。半年下来,全市各条马路相关商店柜台上的圆口瓶里都装着五颜六色的爱尔康宝塔糖,旁边还贴上一幅广告画,画面上有一位张开翅膀的小天使,这就是爱尔康宝塔糖的商标。因为爱尔康的广告布满大街小巷,所以当孩童略有肠胃不适或肚痛有蛔虫时,家长们立刻便会条件反射想到爱尔康宝塔糖。与此同时,张宝峰将大把银子投入新闻媒体,经常在报纸上大幅刊登"有病治病,无病强身"的广告语,还在周末晚上邀请戏剧和滑稽演员在电台里举办特别节目,宣传爱尔康宝塔糖。

1947年是爱尔康药厂生产发展关键性的一年,张宝峰准备扩大厂房。是年8月,位于宝山路804号原日本人开设的黑田药厂作为敌产公开拍卖,张宝峰想方设法拿下。接着又盘下宝山路782号一家已经濒临停产的味精厂厂房。最后又高价收购了介于黑田药厂和味精厂之间的尼姑庵。三块土地连成一片,约有5亩。1948年,新厂房竣工,设三个车间:一个是以宝塔糖为主的成药车间;一个是针剂车间,已有30余个品种;一个是片剂车间,也有十多个品种。不过爱尔康的针剂和片剂,因为外观比较粗糙,当年在上海打不开销路,基本上销往内地。

1949年5月上海解放后,在党的政策感召下,张宝峰以前所未有的精神投入工作中,工厂面貌有了很大变化,爱尔康宝塔糖的生产也有了空前发展,每天生产6万粒仍然无法满足市场需要。由于供不应求,云南中路发行所门口,每日清晨排成长龙,每人限购4盒(每盒200粒),再加上全国各地都来要货,产品严重脱销。于是张宝峰下决心实行生产机械化。1953年,厂里试制成功两台机器,产量从每天10万粒一下子提高到40万粒。1956年,爱尔康实行公私合营。1958年,制药行业结构调整,华达药厂、康尔生药厂、华美药厂(部分)并入爱尔康,而爱尔康也有些老职工调往其他药厂。1966年,爱尔康药厂更名为红卫药厂。1969年年初,因为宝塔糖有"糖衣炮弹"之嫌,被迫停止生产。从此,宝塔糖在市面上消失。20世纪70年代初,上海医药公司对下属制药厂排队编号,红卫药厂编在18号,故后来改名为上海第十八制药厂。

图书馆里运筹帷幄

宝山路584号东方图书馆不仅藏书丰富,且还曾经被作为作战总指挥部,如今在原址上立有纪念碑。1927年3月21日,时任中共中央军委书记兼特别军委书记周恩来率领全上海80万产业工人发动第三次武装起义。中午12点,随着市郊几处大工厂的汽笛长鸣,上海总工会发出总同盟罢工令。罢工后各路工人纠察队随即向驻扎在上海的北洋军阀发起进攻。经过奋战,仅仅5个小时,工人纠察队依靠自家的力量,使用劣势的武器装备,势如破竹先后攻下淞沪警察厅和所属的一署三所,占领了电话局、江南造船厂和高昌庙兵工厂等所有重要目标。虹口、浦东、吴淞、沪东和沪西等五个地区也于当晚基本结束战斗。最后,只剩下闸北鏖战犹酣,胜败未决。其中号称"远东第一图书馆"

的东方图书馆是敌军张宗昌的主力毕庶澄第八军的军需所在地,也是起义总指挥部与上海北站之间的必经之地,地理位置十分重要。敌守军虽仅一个排的兵力,弹药却很充足,火力也很强大,又凭借钢筋水泥建筑,易守难攻,工人纠察队一时难以攻下。紧急关头,有纠察队员建议,干脆一把火烧掉图书馆,看敌军投不投降。正在宝山路横浜桥南商务印书馆职工医院内的前线总指挥部指挥起义的周恩来,听说此事立即赶来制止。待周恩来亲自上前线察看地形后,指挥大家用步枪组成火力网封锁对面敌军的大门,并利用附近的建筑物包围敌军,改用"围而不打"的策略。同时对敌军进行政治喊话,促其投降。另外为了保护通行安全,动员纠察队员在东方图书馆的东边马路旁,挖了一条100余米的交通壕以掩护纠察队和居民的来往。

21日下午,纠察队把一块绑着劝降书的大石块扔进楼内。过了一会儿,劝降书被扔了出来。敌军在劝降书背面回复要求停战,却只字不提投降之事。双方整整相持了一天一夜。到22日下午,敌军因等不到外援,军心动摇,一部分人企图从后门逃走,被堵在门外的纠察队员抓个正着,其余的则打出白旗归降。攻克东方图书馆后,武装起义工人纠察队总指挥部随着战线推进,移到东方图书馆底楼的商务同人俱乐部内,并在大门上方悬挂"上海总工会工人纠察队总指挥部"横幅,周恩来坐镇指挥总攻北站的战斗。

北站,原名沪宁铁路上海站。北站内的2 000多名敌军,凭借装甲列车上的大量轻重火器,对起义的工人纠察队进行了一次又一次的反扑,甚至丧心病狂地炮击宝山路虬江路一带繁华商业区,燃起的熊熊大火,映红了夜空。双方一时胶着。周恩来冒着枪林弹雨,亲临激战前沿,视察战情,鼓动士气,组织救火,安排居民疏散,且亲自参加修筑工事,急速调集增援力量,誓死要拿下北站这个最后堡垒,决不让起义再次功败垂成。

作为起义总指挥,周恩来尽显大将风度,临危不惧,斟酌利弊后毅然决定继续攻打。周恩来一面力促北站的纠察队员发动当地居民,共同加固守备工事,紧缩包围圈,不让敌军突围出一兵一卒;另外又调动纠察队员堵截自吴淞方向乘火车回援北站的一个团的敌军,拆去铁轨,颠覆列车,突然伏击,予以全歼。随即又集中除租界隔绝地区以外的各区纠察队员,向北站守敌发起总攻。于22日傍晚6时许,不依赖外力援助,完全依靠工人武装力量,一举占领北站,取得彻底胜利。第三次武装起义歼灭北洋军阀正规军3 000多人,武装警察2 000多人,缴枪5 000多支,弹药无数,还有军马大炮、装甲车和其余辎重装备。

上海工人阶级在中国共产党领导下,第一次靠自己的武装力量,消灭了盘踞在上海的反动军阀,占领了上海除租界以外的地区,打破了上海旧的国家机器,沉重打击了帝国主义和封建主义,建立了由中国共产党领导的、以工人阶级为首的、联合各阶级各阶层、民众直接选举的、具有统一战线性质的政权机关——上海特别市临时市民政府。而起义胜利后,周恩来仍暂住东方图书馆大楼四楼的一间房内。直到"四一二"反革命政变发生当天,周恩来才秘密离开宝山路东方图书馆。

北京东路

北京东路，东起中山东一路，西至西藏中路，全长1 683米，是上海开埠初通达黄浦江畔的四条土路之一。1849年至1876年分段筑成，因东端设有英国领事总署，初名领事馆路，俗称后大马路，1865年改名北京路，1945年改今名。

不能打仗的枪支

气枪，是通过加压气体作为动力发射弹丸的枪支。气枪的雏形系古代的鼓气管。世界上第一支气枪出现在15世纪的欧洲。19世纪初，因为气枪的战斗性能差（射程近、威力小），被越加完善的火器替代，而更多地出现在娱乐方面。随着上海开埠、西风东渐，气枪也被洋人带到上海来弄白相（即玩的意思）。

1927年，上海市一个叫"鸿发"的公司开始经营进口气枪。1930年，许忠祺于北京路顾家弄的石库门房子里，创办了"雄明机器厂"，自任经理。开业头三年，工厂以修理为主。从1933年起，正式制造气枪和铅弹，产品商标取名为"808"牌。实际上，"808"牌气枪基本仿造英国"达娜因"牌气枪。那时候，中国体育器材业落后，能仿造洋货，也已经不容易了。所以许忠祺为制造出第一支国产气枪感到十分高兴，特地去"上海有德照相馆"，着背带裤，穿白衬衫，一手握着气枪，一手托着自制的铅弹，摄影留下纪念。

"808"牌气枪系折拗式，外壳用一般钢材加工而成，小统内还有一根铜管，刻来复线，是将钢丝焊接头子拉出来的。大统中的弹簧请别的厂家加工，枪身上的发蓝是拿药水涂上去的。大统比现在的气枪长，木柄却很短。由于职工少,且技术一般,因此产量很低,每月仅生产20支。

想当年洋货泛滥,不少消费者崇洋,总认为洋货质量好,所以尽管"808"牌气枪上刻有USA字样,但销售并不令人如意。为此许忠祺生产了一段时期"808"牌气枪后,索性完全仿造进口气枪,并打出洋货牌子。1935年开始,许忠祺仿造过英国的"达娜因"牌和"三枪"牌、德国的"泰尔"牌气枪。如此一来,雄明厂的气枪销售确实有了一点起色,从每月的20支增加到30支。且气枪价格也涨了一半,若以米价折算,即每支气枪从1担(相当于100斤)米的价格,卖到1石(相当于120斤)米的价格。

同年,林瑞根和徐忠恕于北京路428号合股开设"协泰机器厂",专门修理气枪和手枪。该厂经营到1940年年底歇业。翌年,林瑞根在协泰厂旧址上独资开办"林瑞根机器工场",以修理为主,制造气枪为辅,仿造进口气枪结构,每月生产10支,每支气枪售价10元法币,相当于150斤至200斤米的价格。因为仿造的气枪上刻有一个洋人头像,所以刘瑞根生产的气枪牌子就叫"老头"牌。

徐忠恕与林瑞根分手后,也于1941年在小沙渡路(今西康路)337弄10号创办"徐发记五金工场",以修理气枪、猎枪为主。经过三年经营,徐忠恕在二马路(今汉口路)开设门市部,且开始制造气枪,产量每月10支,仿造国外洋牌子,每支气枪售价也在150斤至200斤米的价格之间。

1944年,雄明厂租用牛庄路649号一幢砖木结构楼房,约216平方米,进行生产和销售,每月生产气枪36支,铅弹50磅。除了主要生产"泰尔"牌气枪外,还生产"三枪"牌大号、小号气枪,双筒、单筒鸟枪和猎枪,且生产技术有改进,枪支上小统的枪管原来是用铜管镶进去的,这时直接用麻花钻打通,插入圆钢。原来有些零件靠锉刀榔头加工制作,这时自己开模具到外面厂家借冲床进行冲压而成。至1949年年初,雄明厂的气枪、鸟枪和猎枪的总产量每月达到50支。

不过好景不长,国民党军队在战场上兵败如山倒,导致上海物价飞涨、民不聊生,手工业、轻工业等一派凋零景象,雄明厂的气枪产量从每月50支跌落到15支,销售情况也不佳,生意十分清淡。林瑞根机器工场此时已无工作可做,不得不向厂里职工宣布解散,每个职工发放解散费。徐发记五金工场同样奄奄一息。

1949年5月上海解放,百废俱兴,百业出现生机,气枪制造业有了希望,气枪销量逐步回升,雄明厂气枪生产恢复到每月50支,并弃用洋人牌子,改称"25号""27号"等。林瑞根机器工场和徐发记五金工场也于1951年恢复气枪生产。

1952年，中国百货公司上海采购站向雄明厂订购"25号"气枪，每支收购价29.14万元人民币（旧币），并由人民解放军验收。从此，雄明厂走上复兴之路。

随着我国体育事业发展，以及新兵练习需要，气枪的需求量大增。1954年，隆兴五金运动器材厂、开明气枪工业社、建华文具工业社和荣大鸟枪工业社等四家企业先后加入气枪生产行业，令上海的气枪制造业进一步扩大。1956年公私合营大高潮，由7家气枪厂（社）、3家铅弹作场、1家枪柄作场等11家小企业，合并成上海气枪厂，厂址在胡家木桥23号。上海气枪厂的成立，令上海气枪制造业形成一定生产规模，同年气枪产量达到7 881支。1958年5月，工厂注册产品商标"工字"牌。当年，厂里开始外销出口，成为中国气枪出口主要生产基地。同时，铅弹制造工艺由机器冲制替代古老的手工操作，大大减轻了工人们的劳动强度。

不过1958年的"大跃进"运动，光强调高产，速度是加快了，但质量受到严重影响。尤其是在1960年出口到加拿大的气枪中，暴露了不少质量问题，引发外商提出索赔。厂里为此非常重视，围绕如何提高产品质量，1961年年初停产三个月进行整顿，对产品从内部结构到生产工艺，都作了严格规定，且正式定型产品。因为是在1961年进行并完成的，所以命名为"工字"牌"61"型气枪。改进后的"61"型气枪，质量大幅度提高，得到用户好评，消弭了"工字"牌气枪曾经在用户中的不良影响，重新赢得信誉。

考虑到上海气枪厂是上海唯一一家气枪生产企业，除了生产一般气枪之外，上海气枪厂还不断开发新品种，为国家填补空白。如1966年1月，林业部保护司下达试制麻醉注射枪的任务给上海气枪厂，且规定当年第二季度完成5支样品，第三季度生产30支产品。因政治运动缘故，这些麻醉枪一直到1970年才交给上海西郊动物园，带去云南西双版纳捕捉野象。那头明星大象"版纳"，就是使用了"工字"牌麻醉注射枪，才被捉住带回上海的。上海电影制片厂还将捕捉过程拍成了一部电影《捕象记》，轰动全国。该麻醉注射枪并可用于动物园猛兽的治疗。1974年3月，轻工部、国家体委下达试制气手枪、气步枪和铅弹任务给上海气枪厂。经过两年多努力，参照国家体委审定的《射击竞赛规则》，上海气枪厂为第七届亚运会和第三届全运会，成功试制了一批合格的枪和弹。我国运动员在第七届亚运会上，使用上海气枪厂生产的气手枪，荣获团体第三名，并获得一枚金牌，打破亚运会纪录。几十年来，国内越来越多的射击队使用"工字"牌比赛用气枪，在国内外比赛中取得出色成绩，多次打破世界纪录和获得金牌。

鉴于"工字"牌比赛用气枪在国内外比赛中性能良好,国家体委体育器材设备审定委员会于1986年2月26日颁发给上海气枪厂审定证书:"上海气枪厂,你厂生产气步枪、气手枪、铅弹,经中国射击协会审查,符合全国比赛要求,同意在全国比赛中使用。"

1984年5月,上海市轻工业局给上海气枪厂下达试制导轨绘图机的任务。绘图机是一种由机械结构组成的、集垂直绘图尺、水平绘图尺(即比例绘图尺)、绘图尺角度变换器为一体的、使绘图尺绘图平面平行运动的绘图工具。而采用纵横向导轨作导向基准,实现机头在最大绘图幅面平行移动的绘图机称为导轨绘图机。我国传统绘图工具是三角尺、丁字尺、量角器。国际上从20世纪70年代起,已广泛使用绘图机来绘图,导轨绘图机在许多国家已经作为科技人员普及使用的绘图工具。

尽管气枪和绘图机是八竿子也打不到一块的东西,但上海气枪厂接到试制任务后,马上组成四人研制小组,并制订出试制规划。正是因为枪膛与导轨有某些相似之处,所以试制人员还是比较快地进入状态,通过对进口样机进行拆卸解剖分析,设计出"英雄"牌SDM导轨绘图机图纸,并在全厂职工努力下和外协单位支持下,于当年12月拿出样机。1984年12月29日,由上海市轻工业局主持,在上海气枪厂召开"英雄"牌SDM型导轨绘图机鉴定会。鉴定意见认为:(1)该产品的设计图和技术文件基本完善;(2)经上海制笔工业研究所测试中心测试考核,该产品达到原设计要求。会议认为该机具有国内先进水平,同意通过技术鉴定。投放市场后,用户反映该机结构设计合理,操作方便,外形美观大方,深受好评和欢迎。上海市文化用品批发部的评价是"在市场销售上有一定的深度和广度";上海市文教体育用品进出口公司办公用品科的评价是"目前是小批量出口,没有发生质量问题"。

"英雄"牌SDM型导轨绘图机经上海制笔质量监督检验站两年跟踪测试,各项技术指标均已达到国家标准,且质量稳定,接近先进国家的同类产品水平。从1988年起,打入国际市场,当年即出口75台,成为上海气枪厂的又一个拳头产品。

螺蛳壳里做工场

街市的繁华往往不只在于名声远扬的大店,而更在于小商铺林立。20世纪初叶，开设在北京路上的利昌、协昌等28家五金店铺已初具规模。到20世纪30年代，老闸区段（山西中路至西藏中路间）的北京路以旧货店、木器工场为多。"一·二八"淞沪会战之后，虹口遭战火重创，原先聚集在百老汇路（今东大名路）上的五金店铺受到搜刮而极度萎缩，纷纷向苏州河对岸的北京路转移，逐渐形成沪上经营五金机电最集中、规模最大的地区之一。到了20世纪40年代中期，浙江中路至福建中路间的北京路，漆号、铁铺、竹器店、木器店成行成列。这些商号不仅提供原材料，且往往是店铺与作坊一体，接受客户定制。因而，在北京路以"五金机电一条街"闻名的同时，更成了"手工业一条街"。

不仅在马路边，弄堂内也常常设有工场。如北京路658弄建于1919年的新余庆里，即有售卖金条和金饰品、五金、布匹，以及提供水木油漆工程服务的商号近10家。其中就有一家名为"同义和"的木板箱加工场，就开办在新余庆里8号的灶披间（即厨房）里，工作场地仅12平方米，生产包装用的木板箱。1950年时雇用4名工人和学徒。

上海滩上的板箱业始于19世纪70年代。从事板箱行业的，可分为江西、湖北和江浙三大帮。而同义和木板箱工场的老板张银山，便属于湖北帮，其手下也都是湖北人。1950年，学徒工三年学徒期工资是两担米的价格。工场每月休息一天，活忙时则不让休息。那时候正值抗美援朝战争打响，许多医疗器械要被运送到前线，包括注射器、手术台等。这些器械运输前均需用木板箱包装，以免损坏。为此，同义和工场的工人经常每天工作10小时，晚上还要加班加点到九、十点钟。

制作木板箱的原材料存放在码头和火车站的仓库里风干。需要用时，由两个学徒工手推老虎车（即手推车）前去拉货，完工后再送货。最远时要从北京东路往返真如火车站（今上海西站）。此时北京东路的交通已相当拥挤，道路又狭窄，且明文规定早上7点钟以后，手推车不得进入，学徒工只得起早贪黑，或推着货物勉强穿行弄堂之间。若在炎热的夏季，老虎车的铁轮容易陷入融化的柏油路面，推起来更加吃力。

手工业工人的文化水平普遍不高。凭着"荒年饿不死手艺人"的观念，工人们往往仅以自己的工种技能谋生。少数上过小学已属难得，甚至有些老板都不识字。同义和的老板张银山就是一个文盲。反之，那些识字的工人便占有优势，更多从事开发票、收货款、量尺码等与数字和记录相关的工作，不参与重体力劳作。且与客户交往熟悉后，工场只需知道货物的品类，即可按照之前量测过的尺寸和用料进行制作。如此，许多生意通过电话便能进行，而不必再上门测量，节省人力和时间。

1949年上海解放后，为了提高工人们的文化水平，减少文盲，人民政府采取了一系列措施。里弄和工会举办业余夜校，招收工人，教授小学程度的语文、数学、历史、地理等学科知识。但因为经费和师资所限，尤其是老师的出身问题，造成夜校难以为继。1951年，北京东路里弄在厦门路举办夜校，不久教语文的老师便作为"暗藏反革命"被揪出，历史老师则因曾是米店老板而被解职。缺少了老师，夜校也就不了了之。

1951年下半年，上海手工业工会发展到北京东路从山西中路至西藏中路一段，凡是依靠工资收入的工人一般都能参加。企业成立工会组织后，各个行业均制定了工资标准，板箱业学徒工第一年10个折实单位，次年20个，第三年30个。一名学徒工的工资收入，在当时可以维持一个人中下等生活水平。老师傅的工资则分成三等，头等99个折实单位，二等84个，三等69个。

折实单位系新中国在1949年至1956年，实行的用实物为基础的计算工资的单位，以保证职工生活免受物价波动影响。实物种类起初只有粮食一种，后来逐渐发展为粮、布、油、盐、煤5种，其权重由各地自己制定，数额定期公布。上海每一个"折实单位"相当于白粳米1升、12磅龙头布1尺、生油1两、煤球1斤的时价之和。1955年全年，每个折实单位的牌价稳定在5 525元人民币（人民币旧版，合币制改革后的0.55元）。

1952年，全国工商界开展"五反运动"（反行贿、反偷税漏税、反盗窃国家财产、反偷工减料和反盗窃经济情报），发动工人进行群众斗争，将资本家划分为"守法、基本守法、半守法半违法、严重违法和完全违法"等五种人，实行区别对待，并根据确定的类型，对企业老板做出不究、罚款直至法办的处罚。专责包装的同义和，老板张银山最后被认定为基本守法户，不予追究。

1953年朝鲜战场停战后，医疗器械生意萧条，同义和也每况愈下。想要维持日常生活都捉襟见肘，工人仅能糊口，张银山一家八口人与职工一样，也在店里吃饭。时间久了，老板只好停发工人工资，拖欠最长者达11个月之多，少的也逾半年。在工会调停协商下，职工工资按收入额与工资比例折合发放。工人则自己记账，自己去南京东路的手工业合作社为工场寻找新的订单来源。

同义和职工们艰难维持。直到1956年2月，国务院发布《关于目前私营工商业和手工业的社会主义改造中若干事项的决定》，其中规定：对于小商店，"不论他们是已经合营的或者是尚未合营的，都应该按照全行业统筹原则，安排他们的营业"。因此,同义和的三名工人,很快就在统一调度下,调往位于卢湾区泰康路的胡福兴板箱厂工作。

五金业面向工业生产和建筑施工,逐渐构成了北京东路店铺的主线,而本来与五金业杂处的木工、油漆店等小作坊,则不见了踪影。

北苏州路

北苏州路，东起东大名路，西到西藏北路，全长 1 960 米，1864 年至 1905 年分段修筑，因位于苏州河北岸，故名。由于靠近外滩，所以该马路一侧留下不少优秀历史建筑，在上海滩老式大楼里也榜上有名，譬如位于北苏州路 20 号的上海大厦、276 号的上海邮政总局大楼、340 号的河滨大楼和 470 号的上海总商会大楼。但在那些知名大楼之间，也矗立着几幢跟工业有关的房子。

近代中国工业高层建筑第一楼

20 世纪二三十年代，随着中国经济贸易发展，上海工业建筑进入了一个新阶段，民族资本异军突起，建筑设计打破了外国设计师一统天下的局面，华人设计师承担起相当一部分业务，其中包括施嘉乾与蓝荣庠合伙创办的大昌建筑公司。

施嘉乾，江苏吴县人，1898 年出生于上海一个普通家庭，祖父是老介福绸缎店店员，父亲是该店送货工人，母亲只是粗识文字的家庭妇女。施嘉乾 6 岁时，父亲不幸早逝，家里陷入困境。肩挑家中生活重担的母亲，带着幼年的施嘉乾，投奔远在山东的弟弟。靠母亲帮助舅舅管理家务的收入，维持母子两人生活。舅舅家儒家学风较浓，对施嘉乾影响很大。在青岛，施嘉乾完成中学学业，考入德国人开办的青岛特别高等学校（又名"黑兰大学"）德文速成班，修读两年德文，1914 年考入唐山路矿学校（今西南交通大学）结构专业，毕业后留校做了两年助教。1919 年，施嘉乾返回上海，先在美国人开设的慎昌洋行实习两年，后来到华丰纺织厂担任工程师。1921 年，经过刻苦努力，施嘉乾考取公费赴美留学,赴麻省理工学院深造,获结构专业硕士学位,并在美国桥梁及房产建筑公司实习了一段日子。1924年,施嘉乾学成归国,就职于上海沪宁、沪杭甬铁路局,从事建筑测绘和档案整理工作。1928年,凭借为申新纺织公司设计的厂区专用铁路所获得的"第一桶金",自主创业,开办了大昌建筑公司。

大昌公司开业初期,规模很小,主要业务是配合较大的设计事务所做结构设计,从中分得"一杯羹"。其间,施嘉乾结识了一些知名华人建筑师,如范文照、赵深、陆谦受等,为他今后业务上的拓展铺设了人脉。1934年,那时候中国最大的华资银行——中国银行,在外滩建造总部大楼,大昌公司参与了部分结构设计。中国银行存贷款最大业主乃纺织业,而纺织厂有大量棉花、棉纱和纱布需要堆放,中国银行便同沪上纺织业合作,准备在距离外滩不远的西藏路桥附近,享有运输便利的苏州河边上,建造一幢近代上海最大的工业仓库——中国银行总库。

正因为施嘉乾口碑一向不错,且无论是投资方,还是经营管理方,均深知施嘉乾为人,因此该仓库的设计和施工业务均交由大昌公司。接下业务后,作为专业人员,施嘉乾非常清楚,这幢高达11层楼的工业仓库,在国内尚属首例。由于大楼每层都要堆放货物,还得安装电梯和货物起吊运输设备,因此大楼整体结构受力程度要超过上海滩上任何一幢建筑。所以任务是艰巨的,尤其是建筑,涉及生命和财产安全,方方面面都马虎不得,要一丝不苟,精心设计。

图纸设计通过后,施嘉乾马上组织施工队伍,其中监理一职相当重要。施嘉乾聘请北洋大学(今天津大学)结构专业毕业的吴世鹤担任现场工程师。考虑到中国银行总库工程的施工难点是深基础及主体结构,施嘉乾和吴世鹤又请来当时做基础工程名气最响的康益洋行承担大楼地基施工。康益洋行针对苏州河边上土壤含水量较高、土质较软的特点,先在大楼底部中心区域打入一组长约60米的木桩,采用两根30米木桩衔接新工艺。然后在底部四周打入钢板桩,围成一圈,并在围堰里挖出一个4米深基坑,基坑中扎一个高密度的钢筋箍,再往里浇灌混凝土,做成箱型基础。而大楼上部则采取梁柱一体的混凝土框架结构,确保建筑坚固性和稳定性。为此,康益洋行设计了专用的木模板,在现场搅拌和浇灌混凝土,既提高了建筑质量,又加快了施工进度,达到半个月建成一层楼的速度。

中国银行总库大楼施工只用了一年多时间便竣工落成。60多米的高度,远远超过当年号称"上海第一仓库"、位于黄浦江边上的18米高5层楼的公用局仓库。同一般以灰黑色为主、简单粉刷的仓库建筑不一样,中国银行总库立面富有艺术感,清水外墙、红砖立柱、钢窗、半挑出阳台,虽然历经半个多世纪沧桑,且几经改造,但风采依旧,至今矗立在北苏州路1040号。

源昌铁号兴旺一时

祝兰舫,名大椿,1856年12月9日生于无锡南门伯渎港。家世贫寒,父燮堂早丧,母胡氏以纺织缝纫为生。祝兰舫幼年失学,却聪颖过人。稍长,习业于无锡曹三房钉铁油麻店。1872年,祝兰舫16岁时只身来到上海,入虹口老街英商祥生茂洋行为学徒,熟悉了该行经营的各种铁货品类规格。当时外商将废旧钢铁由夹板船装运来沪销售,价格低廉,颇合国内打铁铺改制各种铁器需要,销量极大,不过数年,祝兰舫已经熟悉此项钢铁业务,便于1883年,凑集资本,于北苏州路104号自设"源昌煤铁号"。源昌成立初期,进货来源是由英商丰裕洋行赊卖的现货,一次数吨。丰裕洋行为了扩大推销废旧钢铁,一般可以延迟一两个月付款。这样,就解决了源昌早期资金不足和周转困难。当时源昌经营的废旧钢铁有旧钉条铁、车边铁、马脚铁、铁条、链条、打包铁皮、三角箍铁等,且向英商壳件洋行进口老山煤。几年间,源昌连铁带煤,销售给上海及近郊打铁铺,打制农具和各种铁器,并通过苏浙皖一带钉铁油麻食锅店或航船班子销往农村打铁铺。营业鼎盛,利润丰厚。年营业额达万两白银以上,其中煤炭营业额约占十分之一。源昌刚创建时,财力缺乏,但祝兰舫善于经营,调度有方,周转灵活,使得同业刮目相看。1890年左右,源昌煤铁号基础已经牢固,而祝兰舫又富于创业精神,故聘请宁波人严志祥为源昌号经理,自己则逐步向创办工厂方向发展。

1900年前后,源昌铁号已有相当积累,经营仍以旧钢铁为主,但已有一些新货钢材如字版铁、钉条铁、招牌铁等。这时其向洋行订货较多,曾经向英商麦边洋行订购红牌钢皮,作为定型锯木锯条,名为源昌锯条,销路遍及全国各地,亦带动了各种钢材的销售。那时源昌客户较著名者有外埠的牛庄茂记、汉口韩福祥、镇江盛源、芜湖张洪兴、绍兴张泉记等,经常赊销金额达三四万两白银;供应本市铁铺铁厂者主要有于义昌、张顺泰、朱聚兴、浦万兴等,赊销约六七千两白银。无论外埠还是本市,均采取三节结账方法,年营业额达到十余万两白银，企业已拥有资金六七万两白银。

  1900年至1913年间，轮船航运畅通，夹板船已经过时，洋商手上现货极少，而国内对进口铁货需求与日俱增。源昌铁号经营的钢铁品种又增加了元方扁丝及各种型钢头子。此时德商洋行崛起，同英商洋行竞争极为激烈。德商进口钢铁不仅在定价上略低于英商，且货源充沛。一战前几年，德国钢产量已远远超过英国，上海德商洋行又采用订货送提单方式，即底货不付定银，货到提取以后，还可打六个月期票。如当时德商禅臣、泰来、顺全隆、吉定洋行等，经常赊销给源昌一家的货款就达七八万两白银之多，迫使英商丰裕洋行等退出五金进口贸易，转营其他。与此同时，进口钢铁的大部分是型钢洋元方板头子、方元扁丝、马口铁、双马牌双鹿牌箱钢、剑牌灯牌轧钢、黑白铁皮、洋钉、铅丝等新货，而旧钢铁来源趋少。有鉴于此，祝兰舫开始向英商麦边、太古洋行等定购旧轮船，或在上海拍进旧轮船，进行拆船业务，并自备两部剪刀车，将拆下的旧船板剪成字板、钉料、筷条铁以及客户需要的指定规格，以应城乡打铁铺及外地同业客户客帮的需要。在参与洋行拍卖旧船过程中，祝兰舫表现出特有的干练，多次拍进且获利。有一次，某洋行通知各铁行老板，一艘旧船停泊于浦东其昌栈码头，定期估勘拍卖，祝兰舫便随同铁业大户周舜卿（1878年开设昇号）、唐晋斋（1890年开设怡昌号），来到码头看现场。周、唐两老板背着手在码头边上踱方步远望，而祝兰舫一跃跳上船去，在船首、船尾、桅楼和舱底仔细反复观察质量好坏。估勘完毕，洋行讨价还价，索要3万大洋，周、唐两老板都嫌贵，唯独祝兰舫认为价钱可以，照价买下。实际上祝兰舫手上的头寸不足3万，但他胆大心细，向唐晋斋借了一部分。经拆卸出售，如约加上利息偿还，仅月许就结清旧款。当然，这次祝兰舫获利甚多。通过扩大进口与多次拆船业务，源昌号资金日益雄厚，营业更加蒸蒸日上。到1913年左右，年营业额已达40余万两白银，资金达20余万两白银。

  1908年左右，祝兰舫任英商怡和洋行买办，越发春风得意，源昌号则趋于顶峰时期。因为一次世界大战缘故，进口货源断绝，货价猛涨，内地铁货，倒流上海，源昌曾收进几百吨，且转向美商茂生、吉时洋行定货白铁皮、黑铁皮、洋钉等500吨，到货后获利数倍。一战期间，源昌号年营业额最高可达100万两白银左右。战后，英国推销战争剩余物资防空铅丝网上万吨，源昌抓住机会进货千余吨，改成绳索，半数销往四川作为盐井吊缆用。这时候，进货来源已经全部依赖洋行定货。由于内地钢铁存货已清空，需要量极大，故源昌号销路一派繁荣景象，几乎遍及全国，连西北各地的铁号铁栈，也纷纷跑来采购。不过进口生意结汇风险很大,外汇牌价跌宕起伏。自 1920 年以后几年间,物价下跌,外汇暴缩,销路呆滞。为了维持市价,同业大户组织公益公司,统一经销价格,源昌也算其中之一,占 10% 股份。但公益公司的负责人盲目定货,销路不畅,仅一年就无法再运作下去而解散。1924 年,源昌号向洋行定货约 2 万吨,其中 1 张订单就向英商安利洋行订购了马口铁 3 万箱之多,货到后亏蚀八九万两白银。源昌与洋行协商,将已订而未装船的货物(约占定货总额 2 万吨的 60% 以上)停运取消,由源昌补贴损失 20%,又亏蚀六七万两。当时源昌存货约 12 000 吨,年营业额约四五十万两白银,连年亏蚀 4 万两左右白银。

从 1921 年起,源昌号由张秋园担任经理,因连年亏损,经营失利,资金周转发生困难,硬撑了 5 年,向祝兰舫辞职,改由顺全隆洋行买办张丕基接任源昌号经理一职。1926 年 7 月 11 日,祝兰舫因车祸救治无效,在上海寓所去世,终年 71 岁。同年,其子祝伊才抽出资金 1 万两白银开设盛昌煤号,账房祝雨亭(祝兰舫侄子)投机损失近十万两,牵累源昌。源昌前期积累的巨额钱财,由于分散投资,又投机失利,企业业务萎缩,加以连年亏蚀,早已摇摇欲坠,勉强维持到 1930 年,源昌铁号停业关门。

怡和洋行的"三产"

北苏州路 912 号,一幢 3 层红砖外墙的建筑,显得特别有派头。这就是曾有"洋行之王"之称的怡和洋行打包厂。

进入 19 世纪后,西方列强使用机器纺织的丝绸成本低、品质好,令中国手工制作的丝织品失去了竞争力。从此,中国出口的"丝",主要是"生丝"和"厂丝",而不是丝绸。在商储和运输行业中,将分量轻却体积大的货品称之为"轻抛货"。轻抛货因为松散,在储运途中容易损坏。同时,轻抛货由于体积庞大,占据货仓较大面积,使得远洋轮船无法多装货物,造成运输成本提高。所以,轻抛货包括出口的"生丝"必须通过水压机打捆才能装船,"打包"行业应运而生。

怡和洋行于 1843 年上海开埠后来到上海发展,沿河建码头造仓库,操纵了中国内河运输,收购茶叶、生丝、桐油等物资运销世界各地,获取丰厚利润。由于水运既便利又便宜,1907 年,怡和洋行把怡和丝厂的打包部扩大,并搬迁到洋行设在靠近苏州河边上的北苏州路 912 号仓库,1917 年,改组为"怡和打包厂",面向社会服务,主要经营棉花、棉纱、生丝、废丝、羊毛、皮革等轻抛货出口商品的打包业务。该厂每年的打包业务约4至5万包。怡和打包厂虽然名为打包厂,实际上是一个经营性的加工仓库,提供存储、打包、外运等业务,成为怡和洋行在上海最重要的物流据点之一。

漕宝路

漕宝路，东起沪闵路，西至七宝镇接沪松公路，全长8 220米，最初修筑于1936年，以该路东头的漕河泾镇和西端的七宝镇名字中各取一字命名。

或许因为路名中带"宝"字，所以马路边上一些工厂生产的产品也相当值钱。譬如上海地毯厂，位于漕宝路25号，创建于1958年。由于该厂继承了中国地毯传统工艺，织出来的地毯色彩丰富，光泽鲜艳，立体感强，富有民族风格，在国际上享有盛名，有"东方锦缎和软浮雕"声誉，产品远销世界40多个国家和地区；上海玉石雕刻厂，位于漕宝路33号，前身为上海工艺美术生产合作社，创建于1955年，社址在徽宁路徽宁会馆，共有50余名职工，其中玉雕工17人，牙雕工14人。1956年，成立上海玉石雕刻生产合作社，有职工200余名，主要玉雕产品有人物、炉瓶、花鸟等。牙雕产品有细花镂空雕。1958年迁入现址，同年，该厂被评为全国八面红旗之一。1959年正式成立地方国营上海玉石雕刻厂，玉雕二社、嘉定竹刻并入。1960年，上海制扇厂、高跟拖鞋厂并入，职工增至近500人。1966年改今名。该厂的玉石牙雕工艺继承民族艺术传统，以纤丽精巧取胜，玉雕产品达到2 000多种花色，牙雕产品达到600多种花色。其中玉雕炉瓶和牙雕细花是具有上海地方独特技艺风格的全国著名产品，精湛技艺赢得"东方瑰宝"美誉，产品远销世界各地。

工业明珠"上微"牌

20世纪60年代初，西方国家对中国实行全面经济封锁，国家为发展国防和电子工业,于1960年7月由大威电机厂和恒通棉纺厂合并成立上海微型轴承厂。两厂合并时职工人数为1 187人,厂区就落户在原恒通棉纺厂的厂区(机厂路68号)内。大威电机厂创建于1941年,生产"三角"牌电钻等产品,1958年建立轴承车间,专为电动工具配套,1960年3月准备转产微型轴承;恒通棉纺厂前身是同昌纱厂,建于清光绪年间,1941年改名恒通棉纺厂,绝大多数工人都是一些上了年纪的纺织女工。

刚建厂时,在"一无技术、二无设备、三无人才"情况下,工厂只能依靠"自力更生、艰苦奋斗、干群团结、知难而上"的创业精神。厂里组织了一些技术人员前往哈尔滨轴承厂,学习苏联包建后留下的微型轴承生产技术、工艺和设备,但不能记录、不能测绘,更不能拍照,只能把看到的东西留在每个人的脑子里。回来后凭着回忆,经过反复摸索、设计,仿制出了台磨、抛光机等加工设备,还自行研制了中频发电机、每分钟六万转的电主轴,改制了加工微型轴承的小砂轮,等等,并开始组织轴承的试制和量产。

当年,想要进口10套用在医疗器械上的23型号微型轴承就需用1吨花生米来进行交换(易货贸易),上海微型轴承厂憋着这口气仅用了不到一年的时间,就造出我国自己的设备(主要以台磨为主),生产出我们自己的"上微"(SW)牌微型轴承。

1961年10月,上海微型轴承厂成为国家军工微型轴承主要配套厂,那年的产量就占全国军工微型轴承总量的80%以上。1962年9月,组建了23线车间,生产出第一批精密轴承2D23M,经上海空军13厂试用,全部符合部颁标准,使用合格率达到和超过了苏联当时的轴承水平。1964年12月,生产的C6025J型轴承装机试验,各项性能指标均获第一。1965年10月,在全国轴承行业质量检查中,产品质量全部达到一类品,名列华东地区第一。

在全国开展"工业学大庆"运动中,1966年3月,上海微型轴承厂被评为全国70家大庆式先进企业之一(其中上海市仅八家),当时被称为"上海市八面红旗"。1966年7月,为响应国家内地的建设,上海微型轴承厂上百名干部和职工离开了上海,奔赴贵州安顺。上微厂与哈尔滨轴承厂、北京轴承厂(称为"三驾马车")以及当地政府建起了虹山轴承厂,为大三线建设贡献了力量。

随着国内对微型轴承需求的迅速增加,光靠手动台磨和摇摆磨床的生产远远满足不了,厂里组成了"三结合小组",消化、吸收、仿制美国勃朗特的磨床,开始研制开发我们自己的"自动磨床"。在制造技术落后、机械零部件和电气元件的品种单一和产品质量差的状况下,"三结合小组"坚持研制、开发,保留关键的"洋机床"核心部分,独创了适应当时国情的液压技术来替代了电机驱动的结构。经过反复的试验和摸索,终于造出了自动磨床,不仅为当年上海微型轴承厂的扩大轴承出口创汇提供了高效、高质量的自动化装备,且正因为上海微型轴承厂将这一系列加工微型轴承的自动磨床全套图纸无偿转让给无锡机床厂,才有如今在全国轴承行业中遍地开花、广泛使用的3MZ20、3MZ14、3MZ13系列的微型轴承专用自动磨床,上海微型轴承厂为中国微型轴承事业的发展作出了巨大贡献。

20世纪60年代后期,因国内飞机故障造成机毁人亡严重事件后(原因就是出在小小的微型轴承上),周恩来总理下令把军工任务交给了上海工人阶级(即上海微型轴承厂)来完成。1969年年底,上海市将原停课的上海印刷学校(内江路)校区划给上海微型轴承厂发展扩大军工产品,开始筹建内江路军工车间和钢球车间。

该项目由上海民用建筑设计院院长郭博(郭沫若之子)承担主设计,从厂区的规划到变配电所的高、低压柜制作,一直到车间每台机床的布线、开启、运行都是由上海微型轴承厂自己动手来完成。建厂初期"自力更生、艰苦奋斗、干群团结、知难而上"的创业精神又一次得到了发扬,一个军工生产车间和配套的钢球车间很快地建成,就在用教室改建的车间里,生产出国防急需的微型轴承。

一年后,原中国乒乓球厂(约180名员工)划归上海微型轴承厂,大部分职工充实了这个车间,从而进一步增强了企业的实力。同年,为支援小三线建设,上海微型轴承厂又承担起黄山的支内任务,出技术、出设备,并抽调了厂里几十名技术骨干建立了微型轴承车间,之后发展为"上海小型轴承厂",首批产品为57高炮雷达配套。

从20世纪70年代开始,面对国内专用微型轴承的需求量逐年下降,而工厂的生产能力又在逐年增长的形势,上海微型轴承厂遵循周恩来关于"多出口机电产品"的指示,于1973年12月,首次通过上海机械设备进出口公司,向伊朗发运"SW"牌微型轴承,出口28 800套36个品种;1974年春季广交会上,与法国客商华洛斯成交了279万套的业务,占当年产量的54%,弥补了当时上海微型轴承厂军工任务不足,制止了生产滑坡,为我国的微型轴承出口开创了新的销售局面。

但是,由于国内价格体系不合理,导致出口不如内销,出口亏损严重,造成

1973年至1978年这6年间出口量徘徊不前（一直保持在300万套左右），创汇也仅几十万美元。1979年6月开始实行全面质量管理，成立了QC小组，在提高产品质量的同时，加强了技术改造，降低了出口产品的成本，主动让利，调动了外贸公司的积极性，当年出口创汇223万美元，出口量829万套，占全年总产量的64%。

20世纪80年代，行业开始调整和归口。1982年8月，上海微型轴承厂由仪表电讯工业局仪器仪表公司划入机电一局轴承公司，进行了企业的"五项整顿"，制订了企业的各项管理条例、制度和实施办法。1983年，内江路和机厂路两个厂区部分迁至漕宝路。1984年年底，上海微型轴承厂开始全面搬迁至漕宝路115号新厂区。而"SW"牌微型轴则成为中国微型轴承领域的第一品牌。

冠生园食品甜酸咸

漕宝路200号是冠生园食品厂所在地。该厂生产的"大白兔"奶糖属于网红产品，被评为上海土特产（现在时兴称作伴手礼）。

冠生园食品厂是家老字号，由冼冠生（原名冼炳成）于1919年创办。"冠生园"原本系20世纪初年代中国香港地区一家食品店的牌子，由于经营不善倒闭，被冼冠生一眼相中，觉得该字号名称吉利，就移花接木拿来作为自家小作坊的招牌。

冼冠生，广东佛山人，16岁那年，被远房亲戚从家乡带往上海，在"竹生居"宵夜馆打工。三年学徒期满后，冼冠生自己开了一家宵夜馆，以为凭着吃苦能干，定能赚钱。谁知埋头苦干了近15年，仍然一事无成。然而冼冠生受挫后并不气馁，痛定思痛，悟出经商应该脚踏实地，从而打消了开店念头，改做小摊贩生意。

冼冠生以零食起步，白天与母亲和妻子一起制作，到了晚间，冼冠生便挑着担子，来到新舞台戏院门口叫卖。由于冼冠生自产自销的零食风味独特、价廉物美，相当受看戏顾客的欢迎。冼冠生每天现做现卖，差不多都能卖完。再加上冼冠生那张祥和福气胖胖的脸，对顾客总是笑容可掬，热心作答，使得顾客倍感亲切。"冠生园"这块招牌也给冼冠生带来了运气，生意越做越好。

广东人擅长做蜜饯，而冼冠生又爱看书读报，他受医书中介绍梅子具有性平敛肺、生津止渴、清凉润喉的药用原理启发，生出用梅子做蜜饯的念头。于是就尝试着先把梅子烘干,然后加入蔗糖、薄荷等配料,吃起来味道还真不错。但给这新品种蜜饯取什么叫得响的名字好呢?冼冠生想起在古书里看到过的一句老话:"不特推陈出新,饶有别致。""别致"两字令冼冠生豁然开朗,便给梅子蜜饯取名"陈皮梅",并拿到南市新舞台去试销。那些看戏看得口渴唇干的观众在中场休息时会买上几粒尝尝,果然酸而生津、唇齿留香。"小广东的陈皮梅,价廉物美,好吃来。"就这样一传十、十传百,凡来新舞台看戏的观众都会吃了再买点带回去。

冼冠生每晚在新舞台门口摆摊头,引起了一个人的关注。此人就是新舞台检票员薛寿龄,上海滩上京剧名伶薛小青之子,精明能干,擅长社交。见冼冠生生意兴旺,预感将来必定有出息,便主动提出合伙开店。冼冠生听了求之不得,两人一拍即合。很快,薛寿龄找来四人,筹资2 500银元。冼冠生没有现金,以家具作价500银元入股,在南市九亩地租得一间市口较好的店面房子。众股东一致同意用"冠生园"这块招牌作为店名。1915年,冠生园正式对外开张营业。

冠生园创办后,除了购置设备,还改进了手工操作的方法。冼冠生投入全部精力,经营业务,使得冠生园获得较大发展。1918年,冠生园增资到15万银元,同时合伙作坊改组成为股份有限公司。公司设董事会,冼冠生被推举为董事,并担任总经理,薛寿龄担任副总经理,并在斜桥局门路建立了一家食品工厂。再将南市九亩地的冠生园,搬迁到上海最繁华的南京路(今南京东路)。从门面到店堂、餐厅,均精心设计,布置得堂皇雅致,冠生园初具规模。在上海奠定基础后,冼冠生的目光瞄向外埠,积极筹划向外拓展。但他并不冒进,步步为营,先开好一家分店,获得效益,再筹建另一家分店,先后在南京、杭州、武汉、天津等大、中城市建立起分店,分店下面设支店、代理店。同时冼冠生为了解决陈皮梅原料问题,亲自跑遍了全国产梅子的地区。最终他认定浙江超山梅林的梅子核小肉厚、酸甜香醇,最适合制作陈皮梅。于是在该地置办了冠生园超山梅林林场,并建造了制梅厂,为冠生园陈皮梅几十年长盛不衰打下了基础。

为了进一步扩大冠生园的社会知名度,冼冠生毫不犹豫将自己的名字由冼炳成改成冼冠生,还请人设计了一个别具一格的汉字"生"作为企业产品的商标,含有希望企业将来能够"生生不息,兴旺发达"的意思。第一次世界大战结束后,洋商纷纷返回上海开厂,企图垄断上海的食品市场。冼冠生面临挑战毫不示弱,专门撰写了《提倡国货与改善食品》一文,提出要想提倡国货、抵制外资入侵，必须先提高国货的质量，改良国货生产的落后状态。之后，冼冠生还制订了雄心勃勃的发展计划。由于冼冠生在经营中坚持执行"三本四不"原则，即"本心、本领、本钱"和"不吸烟、不酗酒、不赌博、不讨小老婆"，并奉行"质量第一、顾客至上、信誉如宝"的营销策略，公司产销两旺，"生字牌"糕点、糖果、蜜饯等各类食品成为江南一带的名牌产品。1926年年初，冠生园应政府和上海食品同业公会等邀请，携"生"字牌糕点、罐头食品等远赴美国费城参加世界博览会，一举夺得"罐头食物"类甲等大奖。

冼冠生不但要求公司全体职工把"冠生园"当成自己的事业，齐心协力，恪尽职守，重视食品安全，且自己同样身体力行。冼冠生平时生活比较俭朴，心思全部放在公司业务上，从不涉足歌场舞厅，仅看看京戏。冼冠生每天上午到工厂督导生产，不是走马观花，而是从原材料就开始，对每道生产工序进行仔细分析观察。冼冠生业务熟稔到只要用舌尖碰一下，就可判断出食品的好坏，对有质量问题的能准确指出毛病所在，并同职工商量如何来改进。下午回公司处理事务，主要是听取销售人员推销产品汇报，以便从中了解产品销路以及对产品质量的反馈。此外，冼冠生还亲自跑到各分店和餐厅，检查服务质量和清洁卫生，发现问题，及时解决，从不拖拉。如此工作规律，二三十年如一日。

在和同业竞争中，冼冠生主张企业应有与众不同的独特产品，从而引起消费者的关注，并树立商业信誉。因此，冼冠生尤其注意消费者对公司产品的反馈意见，了解消费者的喜好和需求，及时改进质量，经常上柜新产品，以满足消费者不断增长的消费需求。功夫不负有心人，冠生园生产的不少特色名牌产品，不仅行销国内，且远销东南亚。冠生园在上海食品行业中，与泰康、梅林形成三足鼎立之势。

20世纪30年代，美国沙利文饼干和日本糖果在上海食品市场上横行。冼冠生为了替国货争口气，欲与之较量。但当时冠生园实力尚显不足，不能与洋商硬碰硬。冼冠生便想出了用做月饼的方法来制作饼干。即在两层薄薄的面粉皮子中，夹入碾碎的花生、芝麻、核桃仁、葡萄干等，烘干后就成了"夹心饼干"。在各门市部柜台试销后，居然大受消费者欢迎。夹心饼干一炮打响后，冼冠生又用同样方法，制作了"果酱夹心糖"。但饴糖不比面粉，容易稀化。冼冠生经过多次试验，将饴糖调整到适当比例，不仅解决了稀化问题，且做出来的糖果不粘纸不粘手，同样受到消费者的追捧。冠生园的夹心饼干和果酱夹心糖在市场上热销，严重影响了洋商的经济利益。于是沙利文和日本糖果商不约而同地刺探起冠生园的生产工艺来。殊不知，冠生园的这两种畅销品种，不用洋机器,全靠手工土办法制作。那些洋商还认为冠生园的保密工作做得好,无奈之下只得各买了一批冠生园的夹心饼干和果酱夹心糖,送回国内研究。面对初步胜利,冼冠生头脑清醒。他并不满足用土办法生产饼干和糖果,而是通过上海机制工厂联合会,分别向英国和德国定制了两套制作夹心饼干和果酱夹心糖的机器,并再次增资扩股,在漕河泾购地60余亩,创办了一座大型现代化加工厂。1935年7月25日,冠生园的两套新设备正式投产,夹心饼干和果酱夹心糖从此源源不断流向市场。"冠生园"成为上海滩上一个响当当的品牌。

1937年7月抗战全面爆发。上海华界沦陷后,冠生园在日军、伪军双重骚扰下,业务无法正常维持,下属各厂、店相继停业,损失极大。但冼冠生并未因此灰心,他将业务重点转向大后方,计划以重庆为中心,打开新局面。为此,冼冠生报名加入上海工厂内迁行列。同时冼冠生赶往南京,与国民政府军需署签订在重庆开厂生产军用罐头的协议,并获得一笔订货款和搬迁补助费,还领到一批原材料。到了重庆后,冼冠生将冠生园重庆分店设在最热闹的都邮路,依旧经营各类糖果及新式糕点以及粤菜粤点。由于门庭若市,冼冠生又陆续在重庆开设了四家分店。

1949年5月上海解放,1956年上海冠生园公私合营。如今,民族品牌老字号冠生园名列中国食品工业二十大杰出企业之一,拥有"冠生园"和"大白兔"两个全国驰名商标。

常德路

常德路,分为两段,南段南起延安中路,北至安远路;北段南起新会路,北至吴淞江岸,全长2811米,1862年前后修筑,最初以江海关总税务司、英国人赫德命名路名,1943年,以湖南常德改今名。

1932年春,聂耳、黎锦晖、王人美、周璇等明月社数十人,搬到赫德路恒德里65号(今633弄),据说该幢房子因"闹鬼",空关了两年多没人居住,积尘很厚。在房东派人打扫后,聂耳又拉了几个人重新进行了洗刷,使得房子焕然一新。65号小楼底层作为排练厅;二楼是男生宿舍,聂耳住在最靠北的那个房间;三楼系女生宿舍。平时大家就在一个锅里吃饭,待遇一律平等。明月社成员在恒德里大约居住了半年光景。聂耳与王人美等五个女演员还站在65号大门北侧墙前,列成一排拍过集体照。正是居住在恒德里的那段日子,聂耳结识了田汉,受到进步思想教育的影响,并由田汉介绍加入了左翼剧联及其剧评小组,也开始了两人配合默契的艺术合作。

常德公寓对面的"电车厂"

张爱玲"喜欢听市声",她"是非得听见电车响才睡得着觉的"。因为张大小姐住的赫德路(今常德路)195号爱丁顿公寓(今常德公寓)"近电车厂邻",深更半夜,张大小姐依然睡意全无,双手交叉抱在胸前,立于阳台上,兴趣盎然地瞧着楼下马路,"看电车进厂的特殊情形"。就见电车"一辆衔接一辆,像排了队的小孩,嘈杂、叫嚣、愉快地打着哑嗓子的铃:克林、克赖,克林、克赖",而"车里的灯点得雪亮。专做下班的售票员的生意的小贩们曼声兜售着面包。

有时候,电车全进了厂了,单剩下一辆,神秘地,像被遗弃了似的,停在街心。从上面望下去,只见它在半夜的月光中袒露着白肚皮"。

张爱玲于《公寓生活记趣》里描述的那家电车厂便是沪上著名的英商电车公司,是我国最早经营有轨电车业务的外资企业。鸦片战争后,英国首任驻沪领事巴富尔以"华洋分居,避免纠纷"为借口,同上海道台签订了《上海租地章程》,采用威胁和欺诈手段在上海设立了英租界。接着法国、美国殖民者也相继效仿设立了法租界和美租界。1863年9月,英、美两租界合并成公共租界。至19世纪末,公共租界已扩张到21平方公里,横跨申城东西。如果光靠步行或驾马车、乘黄包车,难以用较短时间从东端的杨树浦到达西面的静安寺,发展机动公共交通迫在眉睫。

英商电车公司的创办

其实在1895年,一个叫亨特的美国人就向工部局提交过一份计划书,建议在上海开通有轨电车,起讫点就是自杨树浦沿着杨树浦路、东百老汇路(今东大名路)开到外白渡桥。同年9月,法国人罗发步美国人后尘,代表法国轨道总公司撰写了一份非常详尽的开通上海法租界有轨电车的报告。最后两个租界经商议决定联手合作,共同开发。1904年3月,公共租界工部局首先招标,在租界内准备开辟公共交通电车线路。英国、法国、比利时等三个国家的四家公司参加竞标。经过一番折腾,由英国的布鲁斯·庞波尔公司中标。1905年10月10日,工部局与该公司签订专营合约,定期35年。同时规定,期满若工部局不想收购,合约自动顺延1期,每期为7年。如公司出售其产业时,承购一方必须是英国公司或英国人,从法律上保证英国人控制企业的特权。因为合同中约定中标者除了负责建设,还享有21年的电车经营权,于是庞波尔公司另外组建了上海电气制造公司,即老上海所称的"英商电车公司"(简称英电)。

英电在取得公共租界电车专营权后,于1906年4月24日在杨树浦正式破土动工铺设铁轨。同年在赫德路80号建造静安寺车栈,也就是所谓的公交公司停车场,当年叫"老栈"(即1949年后的上海市第一电车公司)。1910年又在杨树浦路麦克利克路(今临潼路)建造了汇山车栈,当年叫"新栈"(即1949年后的上海市公交公司第二电车公司临潼路停车场)。

两年光阴一晃而过。自1908年3月起，《申报》刊登的一则广告不断冲击沪上市民眼球："外洋泾桥往静安寺，头班车晨5:30，末班车11:30，每5至10分钟开一次。"当月5日清晨，上海滩上第一条有轨电车线路1路正式通车营业，首辆英电的英制"勃勒许"红色四轮单厢电车，叮叮当当从静安寺开往外滩的上海总会（位于今南京东路延安东路），途经爱文义路（今北京西路）、卡德路（今石门二路）、静安寺路（今南京西路）、南京路（今南京东路）。全程长6.04公里。那时候静安寺一带还相当荒凉，特别是石门二路一带，轨道两旁全是河浜、农田和村庄。但是通车典礼那天，沿线却热闹非凡。街道、茶楼均张贴印有电车通行的宣传画。路上熙熙攘攘、人声鼎沸，市民们都以惊讶的眼神目睹一种会自行滚动的车厢从自己面前缓缓驶过。而车厢两侧配上起落式大型玻璃窗和遮阳百叶窗，玻璃窗上端另有翻落式气窗。车厢内漆白色，分隔成两个等级。头等12席，藤制软席；二等、三等20席，橡木硬座。车身两端为驾驶台，乘客由两头上下车。驾驶员开车时站立操作，遇见行人时脚踏铃发出"当当"声响，以示警告。为方便乘客乘车，每隔300到500米设一站点。但分正式站和招呼站两种。正式站必须停车，而招呼站乘客要招呼才停靠。站点标志漆在电线杆上，后来用木牌装在电线杆上。

英电是沪上开办的第一家公共交通公司，从没见识过电车的市民们少见多怪，担心坐电车会"电人"，甚至危害性命。所以乘客稀稀拉拉，围观者多于乘客。为此，英电雇来一帮游民，让其身着统一蓝短衫裤，挤眉弄眼坐在电车上招摇过市，现身说法电车的安全和快捷。此外，英电施展促销手段，在车厢外刷上"大众可坐，稳而且快"的字样广为宣传，还给乘客赠送花露水、牙粉、香皂之类日用品。在电车边徘徊良久的市民，随着时间推移，逐渐放下顾虑，陆陆续续乘上电车，享受现代化公共交通的便捷，客流量因此日长夜大。1911年全年乘客已达2 725万人次，1912年全年乘客更是增长67％，有4 073万人次，公司盈利大幅度提高，业务继续扩张。

1914年11月15日，英电在福建路上新辟上海第一条无轨电车线路14路（至今仍然在营业）。该线路南起郑家木桥（今福建中路延安东路），北至老闸桥（今福建中路北京东路），全程长仅1.1公里。随着上海城市的发展，英电线路不断增加。通过数年经营，英电已形成较大的电车路线网。公共租界的主要街道上都有英电的车辆在行驶。到抗战全面爆发前夕，英电共拥有有轨电车和无轨电车216辆，营业路线总长度为82.7公里。其中有轨电车107辆，且有相当数量的拖车，路线长度为52.1公里；无轨电车109辆，路线长度为

30.6公里。职工人数由开办初期的290人,增加到2600人。

日伪占据时期的英电

1937年8月13日淞沪会战打响,英电经营受到一些影响。11月,日军占领了上海除租界以外的全部地区,并自办公共交通,致使英电经营举步维艰,不少线路停驶,损失巨大。但在1939年,英电一度畸形发展,营业旺盛,除部分区域禁止通车,其余线路逐一恢复,营业收入近600万元法币。究其原因:一是租界人口高度集中,200万人口的生活消费量;二是抗战全面爆发后,上海租界成了商业贸易中心,租界商业获得畸形发展;三是大后方内地所需物资也要通过上海供应。1941年12月8日,太平洋战争爆发,日军开进租界,强制接收了上海全部英美产业,将英电和其他12家英美企业实行军管,直接归日本中支那振兴株式会社管辖。公司内部所有重要职位,统统由日本人充任,英国人则被关进集中营。1942年,日军将英电转交南京汪伪政府,换上一块"上海都市交通股份有限公司"的招牌,又把原来由日本人经办的华中公共汽车公司一并合在一起。

1944年,中国人民的抗战已进入战略反攻阶段,日军在太平洋战争中同样遭到重创,汪伪的都市交通公司也每况愈下,物资严重缺乏。据1944年11月30日《第十届股东常会决议记录》显示,因为受战局影响,公司经营困难日益加重。在电车方面,因为华中供电实施限制,电力自7月21日起减少10%,过了5天又减少了20%。为此,公司不得不缩减白天空闲时的车辆以及将末班车时间提前,还停驶5路电车。到8月10日,电力供应只有原来正常情况下的一半,只能再度缩减行驶车辆,并缩短营业时间,以竭力维持主要线路的运行。仅仅三个月,与上年同期相比,车辆行驶里程减少26%。即使如此,局面依然没有多大改观。1944年年底和1945年2月,日本还借"停薪留职"为名,两次裁减行车人员共1080人,以节省开支。在日军侵占英电近4年时间里,日本为了搜刮战争资源,从英电拆走了一部分电车轨道和架空线网。据统计,太平洋战争爆发之前的1941年与抗战胜利前夕的1945年相比,由于日军拆走了电车轨道和线网的缘故,英电营业规模缩小,有轨电车线路长度从54.7公里减少到49.1公里;无轨电车线路长度从37.8公里减少到17.8公里。此外,公司内部管理紊乱,账册散失,仓库器材消耗殆尽,电车破旧。英电实际上已经千疮百孔,一副烂摊子。

抗战胜利及上海解放初期的英电

1945年8月,抗战胜利。同年9月19日,国民政府上海市公用局派西南联大工程系主任章名涛前来接管英电。此刻英电资方人员已从日军集中营被释放出来。经与国民政府谈判,公用局于11月3日,把英电正式归还英国人继续经营。英电资方收回企业经营权后,恢复了原公司名称,管理体制也照旧,仍设董事会。董事长哈依姆爵士,总经理兼秘书爱·柏禄克,总会计师兼副秘书哈惠,总工程师赫脱,车务总管琪·柏禄克,机务总管亨脱。不过租界已被收回,英电资方感觉权势大不如前,再加上中国时局动荡,因此经营消极,车辆更新缓慢,除1946年和1947年有盈利之外,其余年份均有亏损。

1949年5月,上海解放,人民政府公用局派联络员进驻英电,同工会筹委会一起,监督资方进行生产营运。对此,英电资方抱有抵触情绪。于是,工会筹委会贯彻党的"发展生产,繁荣经济,公私兼顾,劳资两利"方针,采取既团结又斗争的原则,希望资方积极经营,继续维持生产营运。与此同时,为照顾职工生活,工会筹委会向资方提出发放工资、预支工资和发放食品等要求,资方被迫接受。

由于国内形势已经天翻地覆,英电资方无意继续经营,企业管理不良、服务不力、设备陈旧、保养废弛、安全缺乏保障等问题严重。虽经上海市人民政府多次贷款和给予技术上的帮助,以及工会的大力支持,但仍然未有多大起色,公司共欠电费和中国人民银行巨额款项,濒临破产。为了维持好市内交通,上海市军事管制委员会于1952年11月20日宣布对英电实施征用。即日起,将前"英商上海电车有限公司"改名为"上海市电车公司"。征用时,上海市电车公司共有有轨电车110辆、拖车119辆、无轨电车164辆。营业线路10条,其中有轨电车线路4条,无轨电车线路6条。线路总长度76.88公里,职工总数为3 464人。自此,英电真正回到了人民手中。

长宁路

长宁路,东起万航渡路、长寿路,西至北新泾哈密路、北翟路,全长5 653米。1901年2月1日,葡萄牙驻沪总领事华德师与英国驻沪总领事白利南同时照会时任上海道台袁树勋,要求开辟新马路。袁树勋接受各领事请求,于同年由公共租界工部局在租界外越界辟筑3条马路。其中,由曹家渡至北新泾间沿着沪西苏州河堤岸辟筑的道路,以英驻沪总领事白利南名字命名为白利南路。1943年10月,以四川省长宁县改今名。

"申新"从这里起航

吴淞江自北新泾流到外白渡桥,曲曲弯弯淌至沪西周家桥得转9个弯。前面8个弯都是小转弯,唯独在白利南路周家桥,却突然来了个90度大转弯,然后潇洒地奔流北上。所以当地有"吴淞九曲出名堂"一说。

过去老板开厂讲究风水。无锡荣宗敬、荣德生兄弟并不满足于无锡振新纱厂的小打小闹,打算扩大生产规模,进军上海滩。经过一番市场调研,看中了周家桥这一地段,苏州河涨潮,河水巧好涨到周家桥转弯处为止,预示财源滚滚而来。且那里有一家濒临倒闭的轧油厂正要出售。加上旁边一家织呢厂,共有24亩大小。于是在1915年10月,荣家兄弟出资4.1万两白银,买下地皮以及土地上两座办公楼、一幢单层厂房等。再双管齐下,一边改建原有厂房;一边集资30万银元,向安利洋行订购英国先进纺织机36台,共计12 960锭,建成"申新第一纺织厂",日产棉纱30件,注册"人钟"牌商标,每月盈余达万余银元。自从申新一厂开工后,纺机轰鸣声、工人上下班喧闹声,令周家桥这块昔日荒凉之地顿时热闹起来。商业意识颇强的商人在申新一厂附近造房的上梁、开店的进货,原有土路则改筑成柏油路,以便让车辆快速进出。

荣家兄弟俩在开办申新一厂之前,已设有茂新、福新面粉厂。第一次世界大战爆发后,面粉畅销,利润优厚,面粉厂生产大增,茂新、福新厂年产量从10万包猛增至800万包。荣家兄弟俩肥水不外流,想到如果把这800万只面粉袋业务全部交给申新一厂,岂不两得其利。于是在1916年添设织部,安装布机织制面粉袋布。不久又陆续增添织机至1378台。生产面粉袋,给申新一厂带来双倍利润。据估计,第一次世界大战期间,申新一厂从面粉袋上赚到的钱就可以再开三个申新一厂。

申新一厂系荣家兄弟在上海创建的第一家纺织厂。荣家老大荣宗敬深知机器生产,产量越多,成本越低,利润也就越高。市场竞争如同打仗一般,能多添一只纱锭,就像多得一支枪,可以加强实力。因此,申新一厂历年获得的大量盈余,大部分用于扩大再生产。1929年,荣家兄弟引进新式纺机,在申新一厂旁边空地上,创建了申新八厂,与一厂统一管理。申新八厂技术人员大多是从日商纱厂招来的青年职工和录取纺校毕业的优秀学生,其纱布出品产量、质量均打破沪上记录。在20世纪30年代初,华商纺织厂采用"立达"纱锭还很少见,而申新一厂是订购较早的一家。经过不断努力和打拼,像滚雪球一样,荣家兄弟在上海滩上一共开办了9家纺织厂,一举成为我国近代最大的民族棉纺织生产企业,被人们誉为"棉纱大王"。追本穷源,白利南路是荣氏家族纺织业发祥地。

1921年,为了同日商争夺国内棉纱销售市场,荣家兄弟率先联合全国棉纱行业华商在上海成立华商纱布交易所,主要目的就是控制棉纱销售价格。由于申新纺织厂"人钟"牌棉纱产量高、质量佳、销路广,全国棉纱同业公会一度推选"人钟"牌棉纱作为全国唯一的标准交易商品。也就是说,在全国棉纱交易市场上,要以"人钟"牌棉纱质量为标准,来衡量其他厂家棉纱产品质量等级。"人钟"牌棉纱成了中国棉纱优劣的一杆鉴定尺。此荣誉一直保持到1934年,前后长达14年之久。

1937年7月抗战全面爆发。申新一厂、八厂自8月16日起停工,职工疏散回乡。32天后,厂方以为战事很快可告结束,便决意复工。10月27日,日军飞机盘旋申新厂上空,投下重磅炸弹,两个工厂顿时一片火海。那天当场被炸死者七八十人,重伤者300余人。邻近申新一厂的日商丰田纱厂,一直觊觎申新,趁打仗期间厂里空虚,暗中雇佣日本浪人和汉奸流氓打砸抢,将申新一厂纺机逐台捣毁,抢走重要机件和库存原材料。上海华界沦陷后,申新一厂被日军占领，不久就由丰田纱厂接受"委任经营"，改名丰田第三纺织厂。其间，厂里工人大多数转业，有的经营摊贩，有的帮佣度日，有的跑单帮，有的甚至流离失所，很少有人转入日本人手下干活。

1945年8月抗战胜利，按理申新一厂可以重整旗鼓，恢复旧日规模。无奈经过战争洗劫，申新一厂尚可部分修复，先行开工；八厂则厂房机器统统毁损，已成一片焦土。而重建和购置设备，需要大量资金。此时部分股东生活都尚感困难，无力再投资。申新八厂从此彻底消失。

申新一厂复工自10 000纱锭开始，边修边生产。由于第二次世界大战胜利后，全球棉纺织品极度缺乏，中国棉纺织业出现一片繁荣景象。所以申新一厂趁此机会加紧修复，到了1946年，已恢复至28 000纱锭。另外向国外订购新机器，添建厂房。1947年厂里进行全面配备和大检修，该年年底纱锭已增至40 000余枚，布机也恢复至1 100台。不过好景不长，随着人民解放军在战场上节节胜利，申新一厂厂方一面在上海维持残局，一面将设备暗中拆迁，运往香港开设南洋纱厂和大元公司，并在台湾开厂。上海解放前夕，国民党军在申新一厂附近广筑碉堡，且将该厂作为司令部所在地，弄得厂里职工人心惶惶。

1949年5月上海解放，申新一厂亏空巨大。因为资金周转困难，那时甚至到了晚上开车纺纱，上午才刚刚进原料的地步。棉花款子赊欠，要待棉纱纺成售出后才还欠账。到了1950年年初，厂里积欠棉花纱布公司和客户的棉纱再次达到1 000多件。至于生产更大大缩减，开工班数从每月50余班（两班制）减到10班左右。工人则做一天歇两天，生活苦不堪言，企业陷于停顿。关键时刻，人民政府伸出援手，大力扶植、重点照顾，办理加工订货，紧急配给棉花。人民银行大量贷款，企业获得新生。同时，申新一厂由荣毅仁统一领导，厂里健全了规章制度。在广大工人群众监督下，整顿和肃清了厂里不良分子，严格执行奖惩制度，增加工人集体福利，加强劳动保护，提高了工人生产积极性，劳动生产率不断增长。企业进行初步改造后，逐渐取得发展，资方也获得一定利润，实现了"四马分肥"（"四马分肥"是当时对民族资本企业利润分配形式的形象说法，指企业利润分为国家征收税金、企业公积金、职工福利奖金和资方股息红利四部分。1956年全行业公私合营后，资方股息被定息取代）。

1955年，申新一厂与启新、纬昌等厂合并公私合营。20世纪60年代，改名为国棉二十一厂。20世纪90年代，有职工7 000多名，曾是上海大型纺织企业之一。随着纺织系统改革和上海市区产业结构调整，国棉二十一厂撤销，原厂址（长宁路1860号）于1998年起改建住宅楼，就是现在上海花城和虹桥河滨花园所在地。为了纪念那段民族纺织工业史,长宁路锦屏路附近竖起了一座名为《瞬间》的雕塑,用剪影艺术表达方式,生动展现了当年纺织女工形象。雕塑《瞬间》取材于真实照片,共有9位纺织女工形象,头戴工作帽,身着围裙,每个雕塑女工身上都写着字,拼在一起为"国营上棉二十一厂"。

"孔雀"站在这里开屏

1910年,江苏南京人林宝琛在上海创办了钜康花边号和华美花边厂。八年后,公司经营由林宝琛长子、毕业于圣约翰大学的林桂庆接班。林桂庆接管后顺风顺水,花边业务兴旺。林桂庆便打算改进设备,扩大生产规模,但苦于缺乏足够资金。林桂庆想到了圣约翰大学的老同学刘鸿生,便向他发出加盟邀请。那时刘鸿生已经是上海颇具影响力的实业家,当他了解了林桂庆的公司业务和目前遇到的难题后,决定为该公司注资44万银元,并于1920年将华美花边厂改名为中华工业厂股份有限公司,林桂庆任经理,姜子祥、李名植为协理,使用"孔雀"牌商标。中华工业厂股份有限公司成立后,在沪西白利南路123号购地20亩,建造1 000余平方米面积的南北两个车间,引进国外先进丝绸锭子织机,专门织造鱼鳞式、水浪式等各式花边。经过不断的技术改造,至20世纪20年代初,中华厂已经拥有先进的葛绸缎纺织机等各种交织丝绸机器600台,织造各种花边。又置有电力丝织机200台,织造有光、无光人造丝(150号为纬)与棉纱(60支双股线3 200根为经)交织的"中华葛",不需染练印即可上市,每码(合2.743 2市尺)售价六钱五分白银。因色泽光亮、手感光滑而受消费者欢迎,获利丰厚。那时候国内同行业中像美亚绸厂、物华绸厂等知名企业的产品,论经营规模、产品商标和社会影响力,均无法与"孔雀"牌中华葛相提并论。

刘鸿生参股后,中华厂名气大增。因为要将产品销往国内外,所以不仅在杭州、武汉、天津等地设立了"孔雀"牌各类交织丝绸产品发行所,且通过该公司设在香港的发行所,将"孔雀"牌产品远销东南亚各地。20世纪20年代,"孔雀"牌交织丝绸产品生意兴隆,发展势头良好,年均获利白银高达200万两以上。

刘鸿生号称"企业大王",由于开办的企业太多,因此顾不上中华厂生产、销售等经营活动,主要由林桂庆等负责日常管理。到了20世纪30年代,自我感觉良好的林桂庆,不再愿意听取刘鸿生的业务指导,致使产品销售有所滑坡。尤其是东北九一八事变后,国内和海外的交织丝绸市场销售形势急转而下,中华厂陷入困境。更糟糕的是公司股东之间出现严重分歧,尤其是误中洋商诈骗,即林桂庆认为在第一次世界大战期间,凡是订购洋货的,莫不大发洋财,因而热衷于大批引进本厂也常用的人造丝,订货量常常在5000箱(每箱200磅)以上。不料到了1923年,意大利人造丝厂合并成三个垄断组织,为谋取独占中国市场,不惜贬价求售,每磅售价从3先令逐步下跌为1先令。中华厂由此大亏白银200万两以上,等于一年白做。经理林桂庆、协理姜子祥均在1929年引咎辞职,由董事会改聘圣约翰大学毕业的徐志诚任经理,但徐志诚不善于工厂经营管理,营业每况愈下,至1931年,企业经营又陷于困难,刘鸿生只好出手干预,以上海惠工银团名义,借贷白银17万两,以缓解工厂燃眉之急。并改聘丝织行家蔡昕涛为厂长,花边行家沈宝山为营业主任。无奈因为连年亏损,积重难返,加上世界经济不景气潮流已波及上海,产品销不出去。1932年,中华工业厂把全部设备,连同厂房一起,出盘给刘鸿生企业集团的章华毛纺织厂,改行从事生产呢绒、毛料产品。

"英雄"在这里成名

绒线最初是由国外传入中国的。早在清朝末年,英、德两国便将本国生产绒线大量输入中国,其中就有英国"蜜蜂"牌和德国"鹅"牌。1914年第一次世界大战爆发,英、德两国绒线进口数量锐减,但日本生产的"鸭"牌等绒线趁机倾销中国内地市场。1918年第一次世界大战结束后,英国博德运公司,一家专门从事毛纺行业生产销售的大型跨国企业,卷土重来,将本国生产的"蜜蜂"牌等各种牌号绒线,销往我国。那时国内各地绒线零售商,均销售过博德运公司生产的各类绒线制品。在英商生产的各种牌号绒线里,以"蜜蜂"牌绒线品质最佳,花色多,社会影响力也最大。英商之所以要用"蜜蜂""鹦鹉""杜鹃"等众多产品商标,其主要目的一是要区分绒线产品的粗细品种,二是得区分绒线等级差异。而"蜜蜂"牌高级细绒线,系博德运公司质量最好的产品。20世纪20年代之前,我国绒线市场几乎被英国"蜜蜂"牌绒线所垄断。

1919年,中国第一家绒线厂——上海三新纱厂开始生产国货"火车"牌绒线。不过该厂在原材料、生产技术和销售方式等各个环节,根本无法与洋货

"蜜蜂"牌绒线展开竞争,因此在经济上损失巨大。遭此打击,三新纱厂灰心丧气,再也不生产绒线了。尽管三新纱厂失败了,但华商并不甘心,不断有仁人志士挺身而出,继续同英商竞争。邓仲和创办的"安乐毛绒厂"就是一例。

邓仲和祖籍江阴,商人家庭出身,但父亲病逝后家道中落,辍学的邓仲和跟随兄长到大上海当学徒。当年上海滩上洋行众多,邓仲和在日常工作中发现洋泾浜英语也能派上用场,便不赌不玩,不为社会上花花世界所心动,闲暇空余时间自学英语,因此各方面进步很快。由于办事干练,邓仲和深受老板赏识,未届满师即被提为跑街。1922 年,邓仲和与阿哥自筹资金 500 银元,在市中心天津路开设大庆棉布号。虽然自己做了老板,但邓仲和仍然不放弃学习,一面做买卖,一面在上海法政学院攻读法律,下班后还赶赴夜校进修英语。勤奋终于得到回报,邓仲和不久就可用英语与洋商直接洽谈业务,甚至靠经销怡和洋行面粉袋小赚了一笔。

20 世纪 30 年代,邓仲和又在交易所投机生意中赚了一笔后,急流勇退,改做实业。经过市场调研,邓仲和将创业目光瞄准了纺织品中的绒线业。邓仲和认为,国货绒线之所以遭到挫折,无法与洋货竞争,关键在于产品质量和品牌宣传的差距。如果国货绒线的质量能同洋货媲美,且品牌宣传得力,再加上大力推销,完全可以打破"蜜蜂"牌绒线长期垄断我国绒线市场的局面。在充分掌握市场信息后,邓仲和决定开办一家绒线生产厂家,重点生产高档绒线。1936 年,邓仲和投下巨资,在白利南路 34 号创办安乐毛绒厂,向英商信昌洋行订购 600 枚精纺锭子,到澳大利亚采购高档原材料,请来技术人员进行试生产。不到一年,厂里就生产出一种与"蜜蜂"牌绒线不相上下的高档绒线。为了表明要以英雄气概和精神,同一切洋货展开竞争,邓仲和将试生产出来的新产品取名为"英雄"牌。产品上市后,邓仲和加大广告宣传力度,在产品广告上一再印上"请用国货"字样,提醒和鼓励同胞爱国。

"英雄"牌绒线主要竞争对手就是"蜜蜂"牌绒线。由于"蜜蜂"牌藏青色绒线含有红光,经过洗涤、日晒容易褪色,显得又旧又脏。针对"蜜蜂"牌这一弱点,邓仲和特地聘请印染专家悉心研究,通过反复试验,终于将自家生产的藏青色"英雄"牌绒线改进为不褪色的青光藏青色,一上市就深受消费者欢迎。

为了扩大"英雄"牌绒线销路与知名度,邓仲和充分运用广告宣传,大造声势,并根据绒线消费者大多数是各界妇女的特点,专门请广告设计人员精心设计了"英雄"牌绒线样板,上面排列各色绒线 100 种,写上"请用国货英雄牌绒线"字样,以吸引眼球。除了广告宣传,邓仲和出资在上海滩上最繁华的南京路(今南京东路)福建路口的中国内衣公司,开办"英雄"牌绒线展览会,陈列原材料样品和绒线成品,并聘请著名绒线编结师在会上讲授各种新颖花样编结法,使得"英雄"牌绒线家喻户晓。通过不断提高产品质量,持续改进销售方法,加强各种广告宣传,安乐毛绒厂"英雄"牌绒线商标在社会上小有名气,同时也打破了英商"蜜蜂"牌绒线长期垄断我国绒线市场的局面。1938年,英商不甘心"英雄"牌绒线的崛起,抛出50万磅绒线由8家特约绒线店经销,并不须预付定金,企图由此一举挤垮中国人创办的绒线厂。可是,"英雄"牌绒线仍以品质优良而取胜。1941年太平洋战争爆发后,日军侵占公共租界,加紧经济封锁,上海对外海运断绝,仓库内进口羊毛被搜刮一空,安乐绒线厂被迫全部停工。1945年8月抗战胜利,邓仲和预料由于抗战期间绒线供应短缺,战后绒线需求量定会激增,因此安乐厂直接从国外进口毛条进行生产。不久绒线价格果然暴涨,邓仲和仅以"英雄"牌绒线一年的销售利润,就偿清了购买汇中饭店(今和平饭店南楼)的款项。当时中国人能够购置如此巨产实属罕见。于是有传言说邓仲和是与宋子文合买的,也有人讲是与孔祥熙合购的,还有人称邓仲和以官僚资本做后台,可谓众说纷纭。当然不管事实究竟怎样,委实为安乐厂做了个大广告。

1949年5月上海解放,"英雄"牌绒线仍以颜色坚牢、质地优良享誉市场。1955年,安乐毛绒厂并入裕民毛纺厂(今上海第七毛纺厂)。次年公私合营,"英雄"牌商标图案重新设计为一位身穿披风的军人骑在前蹄凌空而起的骏马上的形象。1958年年底"英雄"牌商标注册获准。1982年,"英雄"牌绒线成为国内第一个挂国际羊毛局"纯羊毛"标志的绒线产品。

抗战时期第一家内迁的工厂

20世纪20年代,著名实业家马润生敏锐地发现,国内制造工业所用的粉状原材料绝大部分由国外进口,磨粉工业还是以人工动力居多,有一二家采用所谓新法,也仅仅是一种不健全的尝试,因此磨出来的粉末,品质既不纯净,细度又难划一,不能适应各种新兴工业的生产需要。

1924年2月,马润生在白利南路2365号创办顺昌石粉厂,使用铁磨磨制矿石粉,产品不仅在国内销售,且销往欧美各国。1929年,马润生的长子马雄冠以全班第一名的成绩从同济大学机械专业毕业,进入顺昌石粉厂工作,担任工程师，负责管理石粉厂的机器设备。马雄冠自幼跟着父亲学习，目睹了父亲创业的艰辛和不易，继承了父亲爱国报国之志，终身以"实业救国"为理想，为人方正，工作勤奋踏实。马雄冠就职后发现，随着石粉厂规模逐渐扩大、机器逐年增加，磨损程度也相当惊人，急需配套机修。1930年，马雄冠将石粉厂的机修车间发展成铁工厂，定名顺昌铁工厂，并开始自主生产机械设备。

20世纪30年代，中国民族机械企业规模小、技术含量低，大都以修配为主。但顺昌铁工厂拥有大量毕业于同济大学机械专业的技术人员，在马雄冠的领导下专注技术研发和产品设计，并博采众长。马雄冠培养了一批高水平的技术工人，经过数年锤炼，顺昌铁工厂已能设计制造出复杂机器，成为当时中国少有的具备高技术实力的机械制造企业。

1936年3月6日，顺昌铁工厂在《申报》上发布《上海顺昌机制石粉厂顺昌铁工厂启事》，正式宣告承制机器业务。这标志着顺昌铁工厂经过马雄冠和技术人员、技术工人数年艰辛努力，已经初具规模。此时的马雄冠雄心勃勃，准备进一步扩大业务规模，开始建造钢结构的金工车间。但1937年8月日军进攻上海，顺昌铁工厂计划遭到重大挫折，不仅金工车间未能建成，加之石粉厂和铁工厂均不在租界内，被迫停工。

其实在抗战全面爆发初期，马雄冠就未雨绸缪，开始策划搬迁事宜。鉴于当时全国的工商业比较集中在沿海商埠，特别是上海因为交通、原料、电力、技术、市场、金融、劳工等方面所具备的优势，工业特别发达。假如这些代表中国先进制造业的工厂陷入日寇之手，势必会增加敌方的经济实力而削弱我方的抗战力量，后果极其严重。为此，广大爱国实业家出于民族大义，不甘心让自己呕心沥血所创建的工厂沦落，宁愿冒着炮火，不计个人安危以及可能的财产损失，积极响应国民政府将工厂迁往内地的号召，为国家保存建设力量，马雄冠更是模范带头。在顺昌厂的引领作用下，一批上海企业纷纷踏上内迁的路途。"中国工业史上的敦刻尔克"，拉开序幕。

当时上海战事激烈，已经无法雇到卡车、轮船和搬运工人，厂里的工人们就自己动手，不惧日军飞机的轰炸和猛烈炮火，加紧拆卸和搬运机器设备。有的人被炸倒的房屋掩埋，有的人被炸伤，稍加休息后又投入紧张的工作。通过人拉肩扛，终于将87吨重的机器设备搬到好不容易雇来的4只木船上。8月22日，顺昌铁工厂首批机器零件在日军的炮火硝烟中"冒险用民船划出，取道苏州、武进而至镇江转船拖至武汉"，成为第一个撤离上海、内迁后方的企业。考虑到路途中保护机器设备以及为今后复工留下火种，马冠雄还精心挑选了厂里主要工种的7名技工随船队一起出发。一路上，船队经常要遇到日军飞机骚扰，工人们巧妙地用树枝和茅草遮盖船身，日夜兼程。经过近三个月的艰难跋涉，10月中旬，顺昌铁工厂由上海迁出的机器设备陆续到达武汉，四批物资共17条木船，由高功懋、孙孝儒、瞿世范等人领队，随迁工人45人，内迁343吨物资均奇迹般地安全到达武汉。马雄冠不顾舟车劳顿，在硚口租厂房紧急装机复工，为抗战生产军需紧急物资，内迁人员不顾水土不服，夜以继日地赶制南京兵工署所需车床。

然而随着战场形势的恶化，日军经常轰炸汉口，汉口也成了抗日前沿，军用物资必须要保证。在得到经济部工矿调整处借款协助后，1937年12月7日，马雄冠率领顺昌厂再度内迁，首批机器零件运离汉口，沿途由于战乱，补给困难，饿肚子是常事，再加上船只重载，船行较慢，工人们还要同船工们一起负重拉纤。于12月20日抵达重庆江北猫儿石，有工人45人，物资约200吨，其中有车床11部、镗床11部、铣床及磨床4部等设备，铁板29吨、生铁60吨等原料和机器。大批物资、人员的远程搬迁，需要耗费大量的资金、精力和时间作系统规划，这番折腾给顺昌铁工厂带来了巨大创伤，极大削弱了制造实力。不幸中的万幸是，重要的机器设备完好地保存下来。但在第二次迁移中，顺昌铁工厂接到军事任务，为重庆炼钢厂从汉阳钢铁厂抢运了约500吨的大型设备，为了抗战，马雄冠放弃运输自己工厂的部分物资。令人悲痛的是，在迁移途中5名技术工人不幸牺牲于日军飞机的轰炸。截至1938年9月15日，顺昌铁工厂到运物资262.1吨，到达工人47人，这些都成为后来坚持抗战的宝贵资源和重要力量。

内迁过程中曲折艰辛，危机重重。顺昌铁工厂的员工们在马雄冠领导下，誓死不当亡国奴，"大家为了抗日，没有一个人喊冤叫苦"，都深知机器设备在国家军事竞争中起到决定性的作用。马雄冠更是展现出一个爱国企业家实业救国、勇敢精干的精神。沪西沦陷后，马雄冠不顾危险，由镇江返回上海，拆运第二批机器和原料，当第二批木船刚离开厂区，交通被日军彻底封锁，再也不能通行了。

顺昌铁工厂内迁到重庆后，改组成立顺昌股份有限公司重庆铁工厂，以支援抗战为宗旨，以制造机器为己任，为抗战出力加紧生产，工人们经常冒着日军飞机狂轰滥炸，加班加点为兵工厂生产炮弹壳体。同时根据抗战需要，生产鼓风机、空气锤和纺机等，还研制出我国第一台日产2吨纸张的造纸机。顺昌铁工厂成为内迁大后方的钢铁机器厂家中赫赫有名的"六大金刚"之一。

1945年抗战胜利后,马雄冠返回上海,在闸北横浜桥"优惠承购敌伪工厂"——中华实业玻璃厂并建厂。不久,马雄冠接受国民政府资源委员会邀请,担任上海通用机器公司筹备处主任、总经理。1955年7月,顺昌石粉厂响应人民政府号召,实行公私合营,后并入天原化工厂。

长寿路

长寿路,东起长寿路桥,西至万航渡路,其中胶州路口附近以西路段系越界筑路,全长3 140米,1900年由公共租界工部局辟筑,以19世纪英国驻厦门、上海和广州等地领事名字命名为劳勃生路,1943年以四川长寿县改今名。

学者筹资办长城铅笔厂

由于中国铅笔厂的孵化器作用,我国民族铅笔制造工业从抗战前的独一无二,发展到抗战后的三足鼎立,其中两家开在沪南,还有一家便是开设在劳勃生路上的"长城铅笔厂"。从"辈分"上来讲:中国铅笔厂是老大,上海铅笔厂系二师兄,长城铅笔厂为三弟。前面两家铅笔厂,都是由民族实业家创办的,但长城铅笔厂迥然不同,该厂居然由一批科学家创办,这种情况在民国时期实属少见。

长城铅笔厂发起人张大煜,1906年生于江苏江阴,留学德国,获德累斯顿大学工业化学博士学位。学成回国,执教清华大学。敏锐的目光令张大煜注意到文具用品中消耗最大的铅笔绝大多数从国外进口,每年竟花掉数百万两白银,而国内制造铅笔的工厂稀少。抱着实业救国的愿望,张大煜邀约同校教授赵忠尧、中央研究院研究员施汝为等,共同发起创建铅笔厂,并委请当时在清华大学实验工场任职的郭志明、郑介春两人在北京筹备。

郭志明,1908年生于崇明沈家湾镇,父亲开中药铺。郭志明5岁读小学。1919年小学毕业考入崇明县农业学校。1923年农校毕业到上海,进江湾镇上海模范工厂机械班工读。1927年5月国立劳动大学以模范工厂为基地创立,郭志明遂以国立劳动大学劳工学院机械系学历毕业。1927年7月郭志明回到崇明故乡,任裕生碾米厂机械师。1930年离职重回上海进建设铁工厂任工程师。1935年,经中央研究院同乡施汝为介绍,入清华大学物理系实验工场任实习技师。

1936年,因华北地区时局紧张,郭志明等南下上海继续筹建。铅笔厂初期集资法币3万元,投资者大部分是教授和科技界学者。1937年4月,国民政府经济部审定核准,长城厂注册"鹰"牌和"长城"牌商标。6月,"上海长城铅笔厂股份有限公司"(简称长铅)正式成立开业。第一届董事会董事是:张大煜、赵忠尧、郑涵清、施汝为、吴诗铭、王淦昌、王松坡,并推选张大煜为董事长。先后聘请施汝为、吴诗铭任经理。

长铅厂厂址位于劳勃生路323号,初时只有工人、学徒10多人。主要生产价格低廉、适合小学生使用的"长城"牌铅笔。生产规模每月不足10万支,大部分销往上海附近地区学校。制造铅笔的铅芯和铅笔板向国外购买。因为资金有限,笔杆制造设备从德国进口;笔芯制造设备、成品加工设备等由郭志明参照德国设备样本自行设计,再委托新民机器厂、华森机器厂分别加工制造。自制设备虽然同进口设备存在明显差距,但郭志明却由此入门,逐渐成长为中国铅笔机械制造行业的专家和权威。

1937年抗战全面爆发,长铅被迫停工,直到1938年6月才逐步复工。那时洋货来源断绝,长铅产品供不应求。于是加建厂房、增添设备、职工增至50多人(其中70%是学徒),增加生产四种"鹰"牌铅笔。同时开始自制铅笔芯;试用本国杉木、银杏等木材生产普级、中级铅笔;用进口铅笔板和铅笔芯生产少量"鹰"牌高级铅笔。努力开拓销售渠道,产品通过福建远销内地,并在天津、香港等地设立特约经销处。1939年铅笔年产量达到近700万支。1940年,长铅产品甚至销往南洋、印缅等地。1941年7月,长铅厂隔壁邻居失火,殃及整个厂房,原材料和产品全部被焚毁,一片狼藉。幸亏机器设备损失不大。经清理后作价法币5万元为股本,另募新股法币10万元,以改组公司复兴工厂。新资金主要来自张季言,他是浙江镇海人,中央大学机械系毕业,时任中央研究院仪器工场主任、星星工业社经理等职。公司改组后仍维持原名,注册资本法币15万元,1941年11月23日重新开张。并改选董事会,推选王贡三、陈元康、江辅汉、周子祥、张季言、赵忠尧、蔡松甫、张大煜、董葵轩为董事。王贡三为董事长,施汝为、吴诗铭、陆德泽为监察人。聘请张季言为经理。1941年12月太平洋战争爆发,日军占领上海租界,市场顿时萧条。长铅厂内外交困,郭志明以董事身份出任厂长留守,仅雇佣数名熟练工人和数名不供应膳食的女工生产眉笔维持生活。稍后生产少量中级、普级"长城"牌铅笔支撑残局。长铅曾几次增资试图解困,但均回天无术。郭志明一度转向买卖工业机器。1944年,郭志明又与郑介春合资开办光辉工业社生产学生蜡笔等文具用品以求生路。

1945年8月抗战胜利,长铅召回散居各地的技术工人迅速复工,且全部采用中国台湾省出产的桧木并在当地锯成铅笔板运回上海生产铅笔。当时洋货铅笔泛滥倾销,特别是美国"维纳斯"黄杆皮头铅笔几乎占领了整个中国铅笔市场。郭志明积极研制、开发出款式近似的"鹰"牌(后因商标纠纷改成"长城"牌)黄杆皮头铅笔,以抗衡美国"维纳斯"黄杆皮头铅笔,并取得绝对优势。该铅笔上市后受到热烈欢迎,销路剧增。由于在铅笔上安装铜套以及皮头都须依靠手工操作,难以大量增产。郭志明独立构思、设计完成了"铅笔装橡皮头机",并委托大明铁工厂试制成功。这是中国第一台自制铅笔制造设备,极大提高了橡皮头铅笔生产能力。橡皮头机也因此推广到整个铅笔行业。1946年6月,长铅增资法币1 200万元,郭志明又向交通银行贷款法币4 000万元,以增强经营实力。1948年,郭志明与中国台湾铅笔板商新益公司合资,在邻近桧木产地台南县建立白杆铅笔厂,制成白杆铅笔运回上海加工成品铅笔出售,此举大大降低了铅笔制造成本。在上海市场失控,金圆券替代法币引起的强烈经济震荡中,长铅因此得以站稳脚跟,勉强生产。

1949年5月上海解放,郭志明等民族实业家终于可以大展身手了。到了1953年,经过3年多全厂职工辛勤劳动,长铅壮大成拥有资本人民币(旧版)7.2亿元,职工200人,月产铅笔430万支的全能型铅笔厂。大明铁工厂业务更是蒸蒸日上,其铅笔制造设备遍销祖国各地。1953年11月,长铅董事会通过"积极争取公私合营"决议,并委托郭志明全权代表提出申请。郭志明在积极争取企业公私合营的同时,继续筹划扩大生产。由于长铅厂房分散在三处,建筑陈旧,主要生产基地长寿路第一分厂属市政建设改造范围,而厂里向国棉七厂租借部分也期满归还,于是长铅规划迁厂重建,在真如择地,于1953年破土动工。为扩充建设基金,经人提供消息,了解到拥有巨额资金的上海公裕颜料行有转业意向,长铅董事会当即授权厂长与公裕颜料行接触洽谈。公裕颜料行是宣宝濂独资开设,由赵庆涛任经理,经营颜料和工业原料的商贸企业,在当时国家经济政策促进下,劳资双方协议决定把资金转向有利于国计民生的企业。而贺德康等合伙投资的申大颜料号同时也有意和公裕行一起转业。

三方面经多次洽谈协商统一了意见。1954年4月22日,三单位填写企业合并申请书呈报上海市黄浦区人民政府工商科。

1954年5月11日,上海市地方工业局通知长铅,政府已批准该厂公私合营申请。7月底,长铅办理了申请变更登记手续,公裕和申大则分别办理了歇业登记手续。1954年9月,上海市人民政府地方工业局与中铅、上铅和长铅三方代表共同签订了《合营合并协议书》。10月1日公私合营中国铅笔公司成立,长铅改名为公私合营中国铅笔公司三厂。真如新厂重作规划中止执行。1955年,上海市轻工业局批准中国铅笔公司一厂和三厂合并的改建计划。1956年1月1日起,中国铅笔一厂、三厂统一为一个计划单位,中国铅笔三厂建制取消。而中国铅笔三厂的"长城牌"商标也因此摇身变为中国铅笔一厂商标,并以后扬名全球。

沪西纺织重镇

20世纪初,日本内外棉株式会社的川村千山,受日本三井洋行派遣,来上海勘地设厂。他一眼相中了苏州河南岸一块地皮(今长寿路582号),新开办了第十三、十四工场。

这块地皮原来为一片农田,其间有三座祠堂、几条小河和几处坟地。川村通过一个掮客对当地农民威胁利诱,从而"征购"下来。1921年,内外棉株式会社在那里平坟填河,破土动工,一幢三层楼的办公楼于厂区右侧最先落成。同时,一座高达50米的烟囱矗立在厂区中央。随后,由日本人大西喜一设计的两个纱厂相继建造。1922年3月,第十三工场竣工投产;1923年6月,第十四工场竣工投产。三井洋行发起人之一川村伴三的儿子为内外棉第十三、十四工场的第一任大班,五卅运动后改由森代理,后来又由藤山导彦接任。1943年左右盐田续任大班一职,直至日本帝国主义战败离任回国。1930年,内外棉十三、十四工场在靠近厂大门口左侧营建了一幢三层楼花园洋房,供三井洋行高管和职员膳宿。接着内外棉又新建造了两个织布厂。1931年9月,第一工场织布厂竣工投产;1932年7月,第二工场织布厂竣工投产。同年,日商内外棉株式会社第十三、十四工场分别与第一工场织布厂、第二工场织布厂合并,成立内外棉第一工场纺织厂、第二工场纺织厂,即内外棉一厂和二厂。两个纱厂工人合计达到3 000余人。1944年,穷途末路的日本人将两个纱厂归属日军管制,称为"棉纱布制造购入组合第四工场"。然后对厂里细纱机进行扩充,在各自原有 80 台的基础之上,第一纱厂添装了 16 台,第二纱厂添装了 8 台。其时,两个纱厂规模共计纱锭 73 600 枚,两个布厂共计布机 2 016 台。1945 年 8 月,日本投降后,国民政府经济部指派耿一心担任内外棉一厂、二厂厂长。10 月 8 日,又由张方佐接任厂长职务。15 日起工厂开始局部复工,至次年 2 月才将全厂纺纱机和织布机基本开动生产。同年 12 月 24 日,中国纺织建设公司(简称中纺公司)在沪正式成立。翌年元旦,内外棉一厂、二厂改称为"中国纺织建设公司第一纺织厂"(简称中纺一厂),原厂长张方佐上调中纺公司任职,厂长一职由吴欣奇继任,并将原内外棉一厂纺织两部改为北纺厂和北织厂,原内外棉纺织两部改称为南纺厂和南织厂。1949 年 5 月上海解放,中纺一厂改称为"国营上海第一棉纺织厂"(简称国棉一厂)。1966 年后,又改名为"上海第一棉纺织厂"(简称上棉一厂)。

劳勃生路上除了第十三、十四工场之外,早在 1914 年 11 月,内外棉还开办了第五工场(即后来的国棉二厂三纺分厂),该工场拥有纱锭 46 400 枚,工人 1 300 多人;1918 年 10 月开办了第七工场(即后来的国棉二厂织造分厂),该工场拥有普通织布机 634 台,自动织布机 256 台;1922 年 2 月开办第八工场(即后来的国棉二厂一纺分厂),拥有细纱纱锭 32 000 枚,拈线纱锭 20 480 枚;1919 年 4 月开办第十二工场(即后来的国棉二厂二纺分厂),拥有细纱纱锭 23 200 枚。

另外在劳勃生路与叶家宅路交界处,有华商刘柏森开设的宝成纱厂(20 世纪 20 年代拍卖抵债成了日资喜和纱厂,新中国成立后为国棉七厂)。

纺织厂扎堆的原因

纺织业曾经在很长一段时期是上海工业经济支柱产业。尽管上海纺织工人声势最大、贡献也最大,但上海纺织厂分布却不均衡,主要位于沪东和沪西两个地段。沪东基本上在杨树浦路和长阳路,沪西则主要集中在长寿路周围。

原来在第一次世界大战期间,日本内外棉株式会社通过出售军火和军事物资获得巨大利润,使其形成对外扩张的雄厚资本。同时日本趁西方列强精力都在集中应付战争,顾不上向远东投资以及输出纺织品之机,大量投资中国纺织业。第一次世界大战结束后,日本国内棉纺织业出现萧条,中国纺织业却开始繁荣并达到高潮。于是，日商便将战时订购的、刚准备交货的、国内已"搁置"的纺织机器搬运到中国来开办工厂。内外棉株式会社于1905年至1932年期间，在上海新开办了11家纺织厂，纱锭数30万枚以上，且主要位于沪西地区。为什么长寿路会成为上海纺织业重镇？其中缘由有三：一是此地还未大规模开发，地价便宜（沪西的地价仅仅是沪南和南市老城厢一带的20%左右）；二是沪西靠近苏州河，水上运输纺织厂所需的原材料便捷；三是沪西有着大量廉价劳动力，想当年劳勃生路、英华里、梅芳里、石灰窑（即药水弄）、滚地弄（即番瓜弄）、小沙渡（今西康路）一带，是上海几大棚户区之一，居住着大批从江浙两省流浪逃难来沪寻找生计的农民。这些打工者为了养家糊口，千方百计想进工厂做工，于是正中日商下怀。据统计，内外棉一厂、二厂的工人大多来自外地逃难的农民。工人平均年龄普遍较小。这是因为纺织厂劳作繁重，而年轻人力壮且少家庭拖累，能够胜任。男工中16至20岁的占21%，21至25岁的占26%，26至30岁是占31%。女工中16至20岁的所占比例稍高于男工，约占27%。另外因为土地被日商征用，长寿路一带失去家园的农民，也成了内外棉第一批工人。

在上海纱厂中，日商厂工人遭受的压迫和剥削最深重。日商为了实现扩大再生产规模，以达到最大限度榨取中国工人剩余价值的目的，实行日夜两班轮流工作制。工人们"六进六出（早晚6点交接班）"，一天工作12小时。往往一个班头工作下来，人累得筋疲力尽。不过辛苦付出，得到的却很可怜。与上海其他行业产业工人比较起来，棉纺织工人工资最低。而在棉纺织工人工资中，又数日商纱厂工资最低，平均要比英商纱厂低10%—15%，比华商纱厂低5%—10%；与日本国内纱厂相比，只有日本工人工资的41%—52%。

不仅工资低，工作时间超长，劳动环境也相当恶劣。车间里没有任何通风设备。夏天车间像只蒸笼，机器热得发烫，摸不上手；冬天像个冰窟，要穿棉袄才能干活。每当黄梅季节来临，为防止外面潮湿空气进入车间，影响棉纱质量，日本人竟将车间里所有门窗紧闭，致使车间里闷热无比，时常会有人晕倒。日商为了追求更多利润，不顾中国工人安全，机器上的安全设备少之又少，因此工伤事故频频发生。就拿织布厂来说，被飞梭打伤而留下瘢痕的工人比比皆是。

正因为内外棉纱厂工人深受压迫和剥削，所以在工人中蕴藏着强烈的反抗精神；又因为内外棉纱厂工人年轻、团结、集中，且斗争性特别强，所以容易组织发动，这就为以后厂里中共地下组织建立，以及开展一系列对敌斗争，创造了有利条件。在著名的"二月罢工""五卅运动""1936年反日斗争""1945年迎接抗战胜利""1946年捍卫工人民主利益""1948年支援申新九厂罢工工人""1949年迎接上海解放"等斗争中,都可以看到内外棉一厂、二厂工人们积极的身影。

除了内外棉株式会社,日商富士纺绩、日本棉花、伊藤忠商事三家于1918年,在劳勃生路834号,投资创办了日华纺织株式会社第三、第四厂。1939年扩建为一个完整的棉纺织厂。1945年8月抗战胜利后由国民政府接收,更名为经济部日华第三、第四纺织厂。1946年由中国纺织建设公司接管,改名为中国纺织建设公司上海第六纺织厂。1949年上海解放后改称国营上海第六棉纺织厂。1958年大同纱厂并入。1966年改称上海第六棉纺织厂。该厂拥有纱锭86 112枚、布机1 008台,主要生产各种化纤及纯棉的纱、布,出口产品约占26%。"兰凤"牌棉纱是该厂的传统名牌产品,畅销中国香港、日本、美国等地区和国家。

华商徐静仁于1924年在劳勃生路30号创办的溥益纺织第二厂,注册商标为单、双"地球"牌。1935年由中南、金城两银行接办,改名为新裕纺织第二厂,后因管理不善,于1937年2月委托诚孚公司管理,更名为诚孚公司新裕二厂。1954年公私合营,新裕实验所并入。1957年7月1日改称国营新裕棉纺织厂。1958年12月定名为国营上海第十四棉纺织厂,1966年后改称上海第十四棉纺织厂。该厂拥有纺锭50 408枚、气流纺2 000锭、线锭11 400枚、75英寸织机360台,生产棉纱、棉布两大类产品。

永和实业:先做牙粉后做橡胶

据1915年《农商日报》上一则《日本化妆品输入中国之状况》记载:1913年,日本输华化妆品额达226万银元,为日本重要输出商品之一,且有逐年增加趋势。

在洋货化妆品涌入之前,中国女性绝大多数用香粉、胭脂和土肥皂。随着各种样子好看、使用更便利的舶来品传入,令传统香粉业受到极大冲击,甚至逐渐被淘汰。如此被动局面刺激了不少有志之士民族自尊心,决意实业救国,迎接挑战,譬如江阴人叶钟廷、叶翔廷兄弟。

叶氏兄弟原在南市新北门积善寺街(今积石街)大康里开设"德余号西洋

庄"(主要销售欧美产品)和"昌盛号东洋庄"(主要销售日货产品),从事日用杂货批发、零售业务。1918年,叶氏兄弟不满足小打小闹,开始进入实业界,以5 000银元为资本,创办"茂昌工业社"。根据多年从事日用杂货和日用化学品销售经验,再经过多方面市场调研,决定选择日用化学品中的牙粉行业作为本企业主攻方向。因为生产牙粉技术含量不高、投资金额不大,但收效较快。当时国内牙粉市场只有进口的日本"狮子"牌和"野猪"牌牙粉。国货仅有中国化学工业社生产的"三星"牌和上海家庭工业社生产的"无敌"牌牙粉,竞争对手不多。

叶氏兄弟通过对牙粉原材料以及生产工业进行多次研究和摸索,不久便生产出成品。至于给新产品取个什么响亮名称呢? 一日晚间,叶钟廷在家中赏月,忽觉得月中有人影飘动,便当场赋诗一首:"月影映铅华,理容镜光下。嫦娥浅分笑,娥黛蹙眉间。"也许是冥冥之中巧合,四句诗的首字正好组合成"月理嫦娥"。若将"理"改为"里",正如赏月时看到的美景。叶钟廷随即决定把新产品品牌名称定为"月里嫦娥"。

茂昌工业社创办初期,生产规模很小,仅雇用两名工人,不过叶氏兄弟工作非常卖力,对"月里嫦娥"牌纸袋牙粉大力推销了一段时间后,产品销售有了较大起色。但社会上其他小厂生产的各种牌子牙粉也在日益增多,激烈的市场竞争在所难免。头脑清醒的叶氏兄弟俩请正在南京高等师范学校理化科读书的另一个兄弟叶吉廷出场,打出"专家技术指导"的牌子,在牙粉纸袋的正面印上"特请南京高等师范理化科叶枚(即叶吉廷)先生检定"字样。结果消费者认可了,产品销售大幅增长。

20世纪20年代初,"月里嫦娥"牌纸袋牙粉在市场上经常出现供不应求的现象。叶氏兄弟商量后决定扩大生产规模,在厂附近的老北门民珠街62号,租借一套民房作为生产场地,还招收了6名工人,集中力量生产"月里嫦娥"牌牙粉。1923年,叶氏兄弟俩增资3万银元,购入闸北西宝兴路民生路60亩地皮新建厂房,并更名为"永和实业股份有限公司",且先后增加了牙膏、香皂、润肤膏、蚊香等日用化学品生产。1928年年初,叶吉廷从德国柏林大学获得化学博士学位回国,加入了家族企业管理,增加了胭脂、唇膏、爽身粉、雪花膏等日用化妆品生产,尤其是雪花膏,很快就成为化妆品市场上的紧俏产品。

1928年年底,叶氏兄弟发现市场上洋货热水袋等橡胶产品非常热销,便利用公司宽裕场地,增辟橡胶车间,添置炼胶机等生产设备,生产"永字"牌热水袋等橡胶产品。不久,又扩大生产"永字"牌橡胶球鞋、套鞋、人力车胎等橡胶产品,其生产规模仅次于大中华橡胶厂的"双钱"牌和正泰信记橡胶厂的"回力"牌,工厂拥有职工800余人。1932年"一·二八"事变爆发后,由于永和公司地处闸北工业区,成为日军进攻重点,生产厂房被炸,工厂停产。1937年"八一三"淞沪会战打响后,闸北工业区再次遭到日军炮火轰击,永和公司又一次被炸,职工们冒险仅从炮火中抢救出一部分机器及物资,转移到法租界巨籁达路(今巨鹿路)租赁厂房,维持生产。1939年,永和公司在长寿路147号重建新厂。上海解放前夕,永和公司在日化产品洋货大肆倾销、通货膨胀、政局动荡不安等不利因素影响下,生产断断续续,勉强维持。

1949年5月,上海解放。永和公司生产的"月里嫦娥"牌牙粉等日化产品,全部由中百公司负责经销,公司没有了产品销售后顾之忧,牙粉产量大幅提高。1956年永和公司实行公私合营,有30余家小厂(社)先后并入,后改名为国营上海橡胶制品三厂。1965年,根据国家产业结构调整和区域经济发展需要,上海橡胶制品三厂全厂生产设备及437人,搬迁至重庆,并更名为长江橡胶厂。

长阳路

长阳路，西起提篮桥海门路，东至军工路，全长4500米，1901年由公共租界工部局辟筑，原名华德路，取自镇压太平天国有功的"洋枪队"第一任首领、美国小混混华德（又译华尔）的名字，1943年改今名。

长阳路上多工厂，数量和重要性在大杨浦仅次于杨树浦路。尤其是有好几家跟纺织有关的厂家，其规模都不小，如长阳路1687号的中国纺织机械厂，原为日商1920年所建的东华纱厂。1945年抗战胜利后，由中国纺织建设公司接收，1946年成立中国纺织机器制造公司。1952年改名为中国纺织机械厂，主要产品是纺织机械。该厂足球队在20世纪六七十年代沪上业余队中排三甲之列。如1750号的上海第三十棉纺织厂，原为1917年创办的永元机器染织厂，1919年卖给日商东华纺织株式会社，后改为东华第一纱厂，1929年又更名隆茂纱厂，1934年成为苏纶纱厂上海分厂，1935年改名仁德纱厂，1954年公私合营时更名仁德棉纺织厂，1966年正式定名为上海第三十棉纺织厂，主要产品是棉纱和坯布。当然，名气最大的还属国营上海第三十一棉纺织厂。该厂不仅规模大、身世显赫，最重要的是成分比较复杂。

国棉三十一厂的前世

第一次世界大战爆发后，西方列强忙于打仗，暂时减少了商品和资本输出，放松了对中国的侵略和掠夺。华商则因没有了洋货的竞争，有了喘息机会，民族工业纷纷勃兴，纺织业更是异军突起。德大纱厂便是在如此大好机遇中应运而生的。1914年10月，创办人穆藕初与胞兄用20万两白银，买下一家位于杨树浦高朗桥东尚未完工的纱厂。再经过8个月的建造和筹备,于1915年6月正式开工投产。建厂初期,拥有纱锭10 300枚,职工600余人,分南北两厂,主要生产棉纱,产品商标为"宝塔"牌。由于经理穆藕初试行西方近代科学管理法,注重原棉质量,因此"宝塔"牌棉纱深受客户青睐,投产后的第二年,德大纱厂的棉纱质量便超过了全国所有华商的棉纱质量,甚至压倒了英商、日商的棉纱质量,在1916年北京商品陈列会上荣获第一名,德大纱厂的棉纱销售也由此颇为兴盛。随着生产不断发展,穆藕初又投资10万两白银,增添新设备。到1921年,德大纱厂资本金增至60万两白银,次年达到100万两白银。1924年,北厂安装英国进口的纺纱机,计有纱锭15 000多枚;南厂安装美国进口的纺纱机,计有纱锭10 000多枚;另有2 800多枚线锭。全厂建筑面积19 000多平方米,厂门口有小桥与华德路相连。

德大纱厂风光了大约10年光景后,陷入困境。究其原因,首先是第一次世界大战期间,虽然欧洲列强暂时放松了对华的经济侵略和掠夺,但日本和美国资本却乘虚而入,且加紧扩张,其中对棉纺织业的渗透最快最深,令民族棉纺织业无法与之竞争;其次是当年市场上棉花贵棉纱贱现象越演越烈,纱厂经营者无不亏损;最后是国内军阀混战,民族企业家开办的纱厂备受倾轧,以至于纺织业销路不畅,产品堆积。1924年,由于负债而破产拍卖的纱厂,仅仅上海一地,就有8家之多。德大纱厂也因负债累累而举步维艰,穆藕初只得以60万两白银的价格将工厂卖给债权人,暂归钱庄经营,生产处于停顿状态。翌年,世界金融迅速好转,内外贸易均有起色,又适逢全国棉花丰收,棉花价格大幅度下跌,纺织业成本下降,销路大开,盈利猛增。民族纺织业又呈现回升态势。

申新纺织公司老板荣宗敬,已经预测到纺织业萧条状况将出现转机,便凭借雄厚经济实力,仅以65万两白银,买下了钱庄所属的德大纱厂,并改名为申新第五棉纺织厂,于1925年3月15日正式开工生产,时有职工2 200余人。因为原有机器设备配置尚未完备,荣宗敬添加投资,总额达到130万两白银,添置了清棉机、梳棉机以及头道、二道和三道粗纺机和精纺机,生产10支、16支和20支"人钟"牌棉纱,还有32支、42支双线"宝塔"牌棉纱。不久五卅运动爆发,全国民众掀起爱国反帝浪潮,"抵制洋货,使用国货"呼声日益高涨。华商纱厂生产的产品深受国人欢迎,从而使得民族纺织业摆脱困境,兴旺发达。申新五厂的"人钟"牌、"宝塔"牌棉纱销路大增。至1926年,该厂的棉纱产品达到2万多件。

1932年1月28日,日军进攻上海,申新五厂生产受到影响,一度停工,停工总时间为737小时。按照1天两班24小时计算,相当于全厂停工1个月。1933年11月,为了提高生产效率,厂里添置了1台新机器,从弹花、光丝、粗纱、细纱,一直到整理打包,整个工艺过程一条流水线。以前需要100个工人,现在只需10个人就够了。同年,上海棉纺织业又遇空前危机,棉纱价格跌到20年以前的水平,申新五厂负债累累。到了1935年年初,连申新总公司的银根都极其紧张。又碰上棉花贵棉纱贱,逐日亏耗,申新五厂亏损已达44万多银元。2月19日,申新五厂宣布关门,2 000余名工人失业。次年秋,国内棉花丰收,经济复苏,纺织产品行情走俏,棉花与棉纱差价复转正常。趁此转机,申新五厂于1936年10月复工,全年棉纱产量2 700多件。

1937年"八一三"淞沪会战打响。次日上午11时许,中日双方军机在沪东地区上空激烈交战,申新五厂遭炮火破坏,生产车间、生产设备、栈房、办公室、宿舍和工房等均严重受损,损失总计约200万法币。日军占领上海后,申新五厂被日本裕丰纺织株式会社接管,实际上由日本军部委托上海纺织会社接管。但日本管理人员不足,因而厂里生产经常处于停顿状态。1943年7月24日,裕丰纺织株式会社无条件将申新五厂交还给申新总公司,同时解除军管。之后,申新五厂开始招收员工、采购原材料,逐步恢复生产。1945年8月抗战胜利后,由于南厂和整理工场几乎全部被毁,仅北厂10 000枚纱锭可用,其余尚需改装或大检修。为此在1946年至1948年期间,厂里添置了许多机器设备,以扩大生产规模。

1948年,国民党军队在战场上节节败退,政权风雨飘摇。同时财政经济也陷入崩溃边缘,政府滥发金圆券,造成严重的通货膨胀,影响到纺织业。上海申新各纱厂的棉纱产量明显下降,申新五厂比1947年下降30%。1949年5月上海解放,申新五厂获得新生,时有纱锭约47 000枚。

而当年穆藕初创办德大纱厂,赢得极大声誉,沪上一些实业家便邀请他再开一家纱厂。穆藕初一门心思"实业救国",爽快答应,并认为与其另建小厂,不如开一家规模大点的纱厂。其主张得到"颜料大王"薛宝润、贝润生的赞同与支持。于是在1916年5月,三人共投资120万两白银,合股买下了与德大纱厂南边一篱之隔的40亩地皮,通过美商慎昌洋行向美国柯劳惠尔纺织机件厂订购纱机。经过近2年的筹建,厚生纱厂于1918年6月正式投产,穆藕初任总经理,产品有32支、42支及42支双股纱线,质量极佳。那时候华商纱厂一般只能纺制20支以下的粗支棉纱,故厚生纱厂的产品声誉甚著,国内打算新办纱厂的实业家纷纷前来参观考察,有的还派员来厂实习。一时间厚生纱厂成为中国纺织工业的成就展览会和实习基地。

厚生纱厂在德大生产管理经验基础上,积极试行近代科学管理法,并不断改进完善。1923年,北洋军阀与西方列强相勾结,洋货大量涌入国内市场,对于民族工业的发展构成极大威胁。穆藕初率先表示抗议,痛斥北洋军阀的所作所为。为此,毛泽东撰写文章,赞誉穆藕初的爱国行为。

1930年12月20日,厚生纱厂在日本、美国资本的排挤打压下,无法继续经营,宣布停业,准备卖厂。此时该厂价值200万两白银,拥有工人4 315人。但华商中具备接盘实力的寥寥无几,国人都担心该厂将会落入日本人手里。厚生纱厂去向成为社会各界关注焦点。1931年,因荣氏家族设于常州的申新六厂租期已到期,老板荣宗敬觉得一旦还掉常州厂房后,申新系列从一厂到九厂,独缺六厂,正考虑补办一家新厂,便以340万两白银高价买下厚生纱厂,改名申新六厂。原来约定11月正式移交。按照常规,移交后才能筹划开工事宜。但那时国人强烈期盼国货能取代洋货。申新六厂若能马上开工生产,一定会获利丰厚。因此,荣宗敬当机立断宣布一星期内将已经停顿一年之久的机器全部开出。于是各车间立即投入紧张的整修设备之中,同时招收大批工人,不到一个星期,拥有5万多纱锭、813台布机的大型工厂重新转动起来,厚生老牌子"欢喜"牌棉纱又畅销市场。1935年年初,国内市场呈现棉花贵棉纱贱行情,申新六厂开始逐日亏耗。7月19日,被迫停工,2 000余人失业。入秋后,国内棉花丰收,经济渐渐复苏,花纱差价急剧翻转。申新六厂开始复工,并迅速扭亏为盈。至抗战全面爆发前夕,申新六厂拥有纱锭75 000多枚、线锭近6 000枚,布机864台,工人2 050人。

1937年8月13日,日军进攻上海,地处沪东地区的申新六厂同五厂一样,损失严重,当日下午不得不停工。事后统计被毁货物价值200多万法币。1938年3月,日军武力侵占该厂,挂牌"上海纺织株式会社管理所"。数日后,换上"海陆军特务部指定日商上海纺织株式会社经理"牌子,实行军管,利用厂里存有的棉花开始招工生产,并将存余纱布陆续运出销售。由于日方管理人员不足以及管理制度不善,生产很不正常,时停时开。1943年7月,日方无力经营,被迫解除军管,发还申新总公司。此后申新六厂陆续召集职工回厂,无法正式开工,仅靠收买一些下脚棉花及零布角料,打松后纺成杂色棉纱出售,并利用下脚花衣通过硫黄熏白后纺制毛纱,以维持职工最低生活。

1945年8月抗战胜利,申新六厂生产逐渐趋于正常。1946年,厂里积极改造机器设备,精纺机每台由288锭接长为400锭,马达一律改为封闭式。同时修机间添置车床等必要机械,车间面貌焕然一新。整顿后,全厂有纱锭67 000多枚、线锭25多枚,布机557台。还向协兴铁工厂购置丰田式自动布机201台,于当年安装生产。另外将已毁损的公事房旧址改建为货栈,并陆续买下厂房周围大面积空地,先后建造办公大楼、职员宿舍、锅炉房、电机房、机动部工场、水泥码头、警卫室等建筑。

1947年3月,与申新六厂毗邻的国光纺织印染厂,因为资本弱小,不堪经济冲击,无奈拍卖工厂。申新公司仅以1 680件20支纱的价格,便将其印染车间买下,随即拆除隔厂篱笆,申新纺织第六厂则更名为申新纺织印染第六厂,时有职工3 100人,成为沪上纺织行业规模较大的全能型企业。是年全年棉布产量高达16多万匹,相比10年前的14多万匹,增长9.5%。1948年,申新六厂同申新五厂一样,产量只有1947年的一半。到上海解放前夕,厂里资金周转困难,结欠美国援助棉纱近1 800件之多,借贷无门,陷于困境。1949年5月上海解放,申新六厂获得新生,时有纱锭57 000多枚、布机567台及2套印染机。

申新五厂东面、申新六厂北面的华德路1382号,还有一家纱厂,即上海印染厂,是浙江湖州人章荣初于1928年创办。五卅运动后,国人以购买国货为爱国之举,市场上出现了争购国货的场面,尤其是国货印花布,更受欢迎,成为热门商品。凭着商人的敏锐眼光,章荣初看好国货印花布行情,又恰巧沪东高朗桥以东行将倒闭的中国樟脑厂(1921年创办)等待拍卖,章荣初便以20万两白银买下,改建成印染厂,招收职工500余名,章荣初自任经理。建厂初期,章荣初从日本进口了2台较为先进的印花机,配有10只染缸。

上海印染厂出产的"十姐妹"牌、"三结义"牌印花布深受民众喜爱,一度成了市场上的抢手货。于是章荣初就在老家湖州以及上海新开了两家布号,以解决白坯布的来源和印花布的销售,厂里产销两旺。上海印花布市场曾经被英商纶昌印染厂所垄断,而上海印染厂的印花布在市场上畅销后,直接威胁到洋商的利益。因此,英商依赖其雄厚资本,采取大幅度降低印花布价格的手段,将每匹印花布价格由4两白银猛降到3.5两白银。实力薄弱的上海印染厂,自然无法与之竞争,面临倒闭。

1931年,世界经济危机波及上海,再加上国民政府苛捐杂税沉重,上海印染厂成品栈房几乎空仓。章荣初为了维持工厂生计,登报招股,并令工人用烂棉花、破棉布等,包扎成一只只大包,装出印花布成堆的样子,给想来投资的人一种库存十分充足的假象。不料隐情败露,贷款银行决定来封厂清盘。章荣初不甘心停业散伙,在银行派人前来封门时,唆使工人留在车间不走,并以关厂就得失业的利害关系,让工人出面反对封厂,致使银行无法执行。为了挽救奄奄一息的工厂,章荣初最后请到大财主老乡郁震东,终于渡过难关。

1932年,章荣初先是投资50万两白银,扩大工厂生产规模和经营范围,以根本解决白坯布来源,提高企业在洋商包围圈中的自立能力。然后经董事会批准,委托日本留学生张润之前往日本,以报废的烂铁皮价格买回一批旧纺机,运回国内,聘请高手机匠,修机校车,并陆续投入运转。因为涉及纺织业,两年后遂改厂名为上海纺织印染厂,聘请张润之担任厂长一职。随着生产规模不断发展,该厂逐步成为具有自纺、自织、自印、自染和自拉绒能力的全能型纺织企业。

1937年7月,抗战全面爆发。在"八一三"淞沪会战中,上海纺织印染厂同申新五厂和六厂一样,被迫停工。章荣初为了保全苦心经营的家业,出双倍工资,叫数十名职工看守工厂。日军占领上海后,来到高朗桥,见该厂大门紧闭,且有"铁将军"把关,便翻墙进厂,用小钢炮后座砸开铁锁。守厂人员与日军发生冲突,一个工人被日军打死,工厂也被日军强占,受日商裕丰纱厂接管,实行军事管理。

1938年10月,工厂在日军管制下,陆续恢复生产。抗战期间,章荣初为了赢利,设法依靠日商运进一批日本产的印花布,换上本厂商标出售。1940年五、六月间是上海印染厂最艰难的日子,原先向国外订购的印度棉和美国棉断供,而控制外汇市场的伪平准基金委员会又停止供应外汇,章荣初只得把已经冻结的外汇全部结定。谁知道不久金融市场外汇兑换率突然回升,造成法币大幅度贬值,章荣初损失极大,就是将整个工厂变卖掉,也不抵其半。上海印染厂第二次破产。由于负债累累,该厂被上海银行和交通银行接收代管。

经过两次破产的挫折,章荣初深感自己文化浅薄,意识到要使企业兴盛,必须有科学管理方法,于是慎重考虑后,在1941年1月作出决定,将企业管理大权交给时任会计主任韩志明,并任命金思义为厂长。此举无疑是一个明智的决断,两人上任后,殚精竭虑,惨淡经营,终于使上海纺织印染厂逐步转危为安。1942年,日军提出所谓中日提携政策,强制章荣初与其合作,并强行拆除了该厂的200台旧布机,当作废铜烂铁处理掉。又从老怡和纱厂和裕丰纱厂弄来200台比较新式的布机,但生产状况依然很不正常,工厂再次面临关门困境。厂里为了挽救残局,暗中通过关系,与日商裕丰纱厂进行协作,得到电力供应和原材料，才勉强维持。不过到了1943年，股东们见工厂经营实在太差，便纷纷退股。次年，日军也无力管理工厂，只得解除军管。

1945年8月抗战胜利。9月1日，为了逃避国民政府把工厂当作敌产接收（抗战期间，日方曾入股上海纺织印染厂），将厂名改为上海荣丰第二纺织印染厂，且陈果夫亲自出面为章荣初说话，才躲过一劫。后来陈果夫还给工厂拉来印制国民党党旗布的生意，利润要比一般的印花布高出好几倍。

1949年5月，上海解放，荣丰厂获得新生，时有纱锭11 000多枚，线锭100枚，自动布机204台，普通织机319台以及染色机、印花机和全套附属设备。

1958年10月，根据市里有关部门统一安排，公私合营申新第五棉纺厂、公私合营申新第六棉纺厂、公私合营荣丰纺织印染厂合并，组成公私合营杨浦棉纺织印染厂，厂址就是原来荣丰厂的门牌号。1966年10月，更名为上海第三十一棉纺织印染厂，1970年8月，印染车间撤销，工厂改名上海第三十一棉纺织厂。

"鹅"牌内衣五和织造

19世纪末20世纪初，中国纺织品针织市场完全是洋货一统天下。虽然有些华商不甘示弱，但总体来讲并没有从根本上动摇洋货垄断国内针织市场的根基。到了20世纪20年代，全国各地多次掀起反帝反封建高潮，海归的怡和洋行建筑部监工任士刚，决定辞职自己创业，筹办织造厂，使用国货商标，与洋货争夺市场。任士刚的大胆设想，得到了四位海归好友罗庆藩、杨光启、钱箕传、梁悟庵的响应和支持。其中两位是其同窗，另外两位是其同学兼宁波同乡，分别毕业于美国和中国香港地区的大学。结果五位热血青年集资白银2万两，在爱文义路（今北京西路）永吉里开办了"五和织造厂"。工厂称"五和"，意思是"五个老板和气生财，团结致富"。产品商标取名为"鹅"牌。在宁波方言中，"鹅"与"和"读音相谐。

当年上海市民习惯用粗布料做内衣，而针织内衣刚刚在社会上流行，还是一种奢侈品。但针织内衣因为面料富有弹性，穿着贴身，其舒适度要比一般粗布内衣好得多。任士刚紧紧抓住市场机会，投入大量人力和财力，吸取同行在试制针织品中的教训，特别对制造工艺进行重点攻关，较快掌握了针织内衣生产门道。仅仅过了一年多时间，"鹅"牌汗衫产品质量就达到了国内领先水平，与洋货不相上下,价格却比舶来品便宜一半,消费者自然踊跃购买。20世纪20年代末,"鹅"牌针织内衣商标已经成为同行业名牌,曾经先后参加国内上海、青岛、南京、镇江等以及海外新加坡、泰国等地的国货流动展览,并荣获西湖博览会等全国性展会优等奖。"鹅"牌汗衫也因此打破了汗衫长期以来由洋货独占我国市场的被动局面,其质量赶上日货、超过法国货。为此,讲究实惠的德商礼和洋行索性向五和织造厂订货,然后偷偷摸摸打上自己商标,冒充进口货在市场上出售,大发横财。

有了市场,任士刚等并未停止前进的步伐,继续开发新产品。1930年,五和织造厂开始生产"鹅"牌60支双股麻纱汗衫,率先改变国货汗衫无上等货的落后面貌。首批产品上市后,消费者反映汗衫虽然轻薄,但衣骨太软,出汗后会紧贴皮肤,穿在身上很不舒服。厂里闻讯立即着手改进,经过反复试验,发现用高浓度碱液处理针织坯布,再漂白洗涤后,穿起来有一种麻纱感觉,完全不粘皮肤,十分凉爽,一举解决问题。

在生产过程中,任士刚等偶然看到原来生产麂皮手套的织机,能使织物形成链锁状,做成面料手感更加柔软,产品肯定更加有销路。于是厂里就购入了一批手套织机,并对其进行技术改造,用来织造内衣面料。任士刚还专门采购英国筒管,用40支精梳棉纱作为针织原材料,终于生产出一种柔软光滑、富有弹性的内衣。被定名为"鹅"牌棉毛衫的新产品一经问世,便因为在冬季穿着温暖舒适,马上打开了市场销路。

除了不断改进生产工艺,"鹅"牌产品一直讲究用料,五和织造厂所使用的棉纱始终经过严格挑选。起初,生产高档麻纱汗衫的面料是从日本进口的60支以上精梳细纱。后来申新九厂生产的国产棉纱完全达到日货水平,五和织造厂便弃用日货采用国货。

任士刚不仅在质量上倾尽全力,且在广告宣传方面,也花了不少功夫。任士刚认为要使产品在同洋货竞争中保持优势,就要在创名牌上狠下功夫。创名牌一靠货真价实,二靠广告宣传。五和织造厂规定,每年在工厂所获利润中拨出一部分资金作为广告费用,进行社会宣传。在广告宣传方面,任士刚的确绞尽脑汁,别的厂家做平面广告,五和织造厂推出的"鹅"牌广告是立体广告。通过广告公司精心策划,企业在静安寺路(今南京西路)成都路路口草坪上,用水泥塑造了五只姿态各异、栩栩如生的大白鹅,背景是如茵草地和飘拂垂柳。那种立体广告在当年也属于创新,引来众多路人驻足观看。厂里还在风景如画的杭州西湖专门打造了数条鹅形游船,供游客泛舟西湖。船工平时总是把游船内外打扫得干干净净,招待温馨而周到。在风和日丽的日子,人们远远地看去,总有几只巨大的"白鹅"游船缓缓地游弋在碧波荡漾的西子湖上,成为五和织造厂的活广告。对乘船游客来讲,泛舟是一种户外活动,对岸上游客来讲,白鹅游船又是一种引人注目的广告宣传。经过广泛宣传,"鹅"牌卫生衫"绒厚暖热",麻纱汗衫"凉爽细洁",棉毛衫"柔软舒适"的理念深入人心,广大市民认同了五和产品"冬暖夏凉,唯'鹅'独尊"的名牌地位。

由于"鹅"牌产品的名牌效应,五和织造厂产品销量大增,工厂也因此得到飞速进步。任士刚等不满足现状,不断扩大再生产规模,分别在华德路建造了总厂,在康脑脱路(今康定路)和辣斐德路(今复兴中路)建造了二厂和三厂,职工人数从当初的三四十人,发展到抗战前夕的六七百人,日产卫生衫达到800打,麻纱汗衫、背心达到1000打。企业资本总额也增加到50万元法币,成为国内著名针织企业,产品远销东南亚一带。

1937年7月抗战全面爆发,总厂毁于日军炮火,任士刚遂将炮火中抢出的设备,移至租界内辣斐德路和小沙渡路(今西康路)分设缝纫工场、织布工场。上海沦陷后,一向以"使用国货,抵制洋货"冲在前的五和针织厂,成为日商同行眼中钉,对五和织造厂怀有刻骨仇恨的日商康泰株式会社,雇佣一帮日本浪人,放火烧毁了五和织造厂总厂厂房、生产设备和原材料,迫使总厂不得不停产。幸亏任士刚早有预见,已在康脑脱路设立二厂,尚能维持生产,逐渐恢复元气,才免于倒闭。但因电力限制,产量大为减少。

1945年抗战胜利,五和织造厂恢复部分"鹅"牌产品生产,但与抗战前夕鼎盛时期相比,简直不能同日而语。1949年5月上海解放后,"鹅"牌产品获得新生。1954年10月,该厂积极响应人民政府号召,在同行业中带头实行公私合营。1958年6月,按行业专业化生产要求,五和织造厂一分为二,长阳路总厂定名为公私合营五和织造一厂,生产卫生衫裤、棉毛衫裤。康定路分厂定名为公私合营五和织造二厂,专产鹅牌汗衫、背心、棉毛衫裤等,一直到21世纪,"鹅"牌汗衫照样在各大商店里"嘎嘎嘎"。

"英美烟草"垄断市场

卷烟是国外发明的,进入中国已有上百年历史。清末,随着外资流入,上海出现了外资烟厂,但规模较小,主要是由于国人不习惯抽卷烟。直到英美两国将10支包装的"品海"牌卷烟输入中国,卷烟才在市场上逐渐打开销路。19世纪末20世纪初,英国帝国烟草公司与美国烟草公司合资成立英美烟公司,且以中国为共同掠夺的主要对象。1902年,英美烟公司在上海投资21万两白银,收购并扩建了原花旗烟公司在浦东的一家工厂,俗称浦东英美老厂,又叫英美烟一厂。1914年,英美烟公司又在浦东开办了英美烟新厂,又叫英美烟二厂。1925年,英美烟公司在浦西韬朋路(今通北路)新开了英美烟三厂。该厂初创时占地40余亩(厂区朝南面向华德路),并在该地皮上建造了2万平方米厂房及千余平方米办公楼。因五卅运动冲击,1925年英美烟三个工厂只生产热销卷烟6 700箱,且在民众"提倡国货,抵制洋货"的呼声中,英美烟浦东新、老厂工人于黄浦江边拦截并焚烧了英美烟公司妄图偷运出去的大量"哈德门"牌卷烟。这一行动,令英美烟公司的洋高管大为震惊。为此,英美烟公司开始把生产重点转向浦西的英美烟三厂,于是英美烟三厂生产得到迅速发展。1929年,英美烟三厂增开夜班,同时建造仓库、扩建厂房、增添设备。翌年,英美烟三厂新厂房(位于今长阳路733号)竣工,卷烟机增至80台。当年,英美烟公司为了进一步垄断中国卷烟业,在英美烟三厂附近增设了英美烟草公司华盛路(今许昌路)印刷厂,专门承印各类烟草商标和广告,以满足日趋扩大的包装需求。1932年,英美烟公司下属厂家所生产的红锡包、绿锡包、前门、老刀等牌子卷烟产量占全国的45.9%。1934年,英美烟公司为了逃避国民政府实行的税制改革,少交税款,将公司化整为零,成立了颐中烟草公司和颐中烟草运销公司。驻华英美烟公司下属机构、企业也相应更名。与此同时,颐中烟草公司对上海几家烟厂进行了调整,关闭工潮迭起的浦东两个工厂,重点扶植浦西颐中三厂,并搬入大量浦东老厂设备。接着盘进原美商独资经营的花旗烟厂。1936年,颐中三厂职工人数已经增加到2 700人,生产规模不断扩大,产量直线上升。1937年颐中烟草公司产量突破百万箱,比10年前几乎增长一倍。其中颐中三厂为18.2万箱,雄踞全国第一,一跃成为中国最大卷烟厂。

全面抗战前期,因为颐中烟草公司所属各厂托庇于租界,且暗地里与汪伪政权相勾结,所以生产渠道未受严重干扰,卷烟产量继续保持较高势头,且逐年上升。1941年12月太平洋战争爆发,日军对颐中烟草公司加以军管,作为"华中烟草配给组合"主要部门。1942年3月,日军正式接管颐中各厂,随之为日本生产"旭光""共荣"牌军用卷烟。而颐中华盛路印刷厂除了开始印制大量军用卷烟包装纸品外,还为"储备银行"印制汪伪储备钞票,搜刮中国人民物资,以谋取日军侵华军需。该时期,颐中各厂生产平缓。1944年秋,日军已力不从心，处于被动挨打困境。颐中三厂卷烟产量大大萎缩，仅为1937年的25%。1945年8月，日本无条件投降后，颐中三厂由原颐中烟草公司董事沈昆三以国民党经济部接收大员身份加以接收。接收后不久，沈昆三就把颐中产业原封不动还给了英美烟公司。之后，英美烟伦敦总部根据中国当时政治发展形势，对在华企业做出"尽量汇出资金，决不汇入分文"的决定。受此影响，颐中各厂机器设备得不到更新，卷烟产量下降，生产到了摇摇欲坠的地步。

　　1949年上海解放后，政权回到人民怀抱，惯于仰仗特权、攫取暴利的英美烟公司在中国卷烟业的垄断地位受到影响。本来产量就已经很少的颐中三厂，因为资金大量抽逃，短缺严重，入不敷出，以致负债累累，颐中烟草公司不得不向中国政府提出转让全部资产申请。在国务院、中央财政委员会以及华东工业部、上海外事处、市劳动局、市工商局等有关部门关心下，经过一年多时间内部酝酿，上海烟草公司与颐中烟草公司于1952年4月2日，签订了关于转让颐中烟草公司在华全部企业草约。同年7月28日，双方代表在上海市人民法院公证下，正式签署协议，从而结束了英美烟公司在中国利用特权进行整整50年经济掠夺的历史。转让后颐中三厂更名为上海卷烟二厂。20世纪50年代末60年代初，为了适应国民经济发展需要，上海卷烟一厂、三厂相继转产，上海卷烟四厂并入上海卷烟二厂，厂名改为上海卷烟厂。从此，长阳路上的上海卷烟厂成为上海地区唯一一家生产高、中、低档卷烟的门类齐全的大型卷烟厂。

国货经典"康元"玩具

　　康元花铁印刷制罐厂系我国近代知名铁质罐头生产企业，由著名实业家项康原创办。项康原，南洋公学就学，后考入吴淞商船学校。毕业从军，因痛恶军阀混战，毅然离开军界投身实业。20世纪20年代，血气方刚的项康原眼见中国每年光进口印花铁罐盒一项就被洋商赚走不可胜数的银子，遂于1922年集资5万银元，在虹口区有恒路（今余杭路）武陵里创办了康元花铁印刷制罐厂，中国制罐工业从此起步。初创时康元厂只是个弄堂小厂，机械化程度不高，仅几台拆边机，其余工序全得依靠40余名工人手工制作完成。生产的产品刚开始只有一种白铁罐，但项康原十分注重产品质量，凡是铁罐接口处和方圆角稍有不符合质量要求的，都不允许出厂。这样，康元厂生产出来的产品优质精美,且产品定价合理,受到消费者欢迎,全国各地客户订单源源不断,康元厂产品也因此扩展到各种形状的罐、听与盒等。

经过两年多时间不断努力和发展,康元厂产销两旺,获利丰厚,年营业额达到5万银元。企业发展了,原来生产场地不敷使用,项康原便在离厂址不远的华德路965号购入由于民众抵制日货而无意经营的日商制罐厂生产厂房和主要生产设备。1927年,康元厂对原有厂房重新翻建,生产场地比日商经营时大了几倍,并添加了新的生产设备以及操作工人,厂里年营业额也上升至12万银元。1933年,经银行家王志莘推荐,上海颜料大王周宗良参股,共投资50万银元,对康元印刷制罐厂进行改组,成立股份有限公司。公司注册资金高达200万银元。公司经营实力增加后,生产规模再度扩大,项康原不失时机又开发了几个新品种,包括弹子门锁、汽水瓶盖、大小五金产品和铁皮儿童玩具。项康原涉足儿童玩具,其实源于中华民族勤俭持家理念。因为康元厂生产铁罐时,会产生大量边角料,全部扔掉非常可惜,且还要支出不少人工运输费。厂里通过多次市场调研,并经过讨论,决定利用厂里印铁设备优势,将那些边角料加工成铁皮儿童玩具。如此,生产玩具既不需要购买原材料,又可使得厂里多出一个产品种类,在增加收入的同时,省去一大笔运输费,一举两得。为此,开康元厂专门成立了玩具部,从铁皮玩具较为发达的德国引进一系列铁皮玩具,进行借鉴、改进,并以日本玩具产品为竞争对象。康元厂最早生产的儿童玩具是"小鸡吃米",又称"跳鸡",其外壳用薄铁皮经印刷后冲压成型,上足发条后,小鸡便开始跳跃,做出啄米动作。后来又逐步发展成"三跳一游",即跳鸡、跳蛙、跳雀与游鸭,成为国货经典,一经投放市场便深受儿童喜爱,风靡一时。

小型铁皮玩具销售不愁了,但还得吆喝。为了加大产品宣传力度,项康原请来广告公司设计人员,专门为儿童玩具设计了一个相当人性化的商标图案,名称叫作"碗箸"牌。该商标图案除了一只饭碗和一双筷子,饭碗一侧注有厂名"康元"两字,很简单又很有创意,完全打破了那时人们普遍以"福禄寿喜""招财进宝""荣华富贵""三阳开泰"等吉祥词语作为商标内容的传统观念,把项康原主张的"人人有饭吃,个个有活干"的理念以及宣传爱用国货、振兴民族工业充分表达出来。由于生产儿童玩具属于无心插柳,所以项康原非常注重对"碗箸"牌儿童铁皮玩具的售后回访,积极鼓励产品设计人员走向市场,深入幼儿园和小学,去了解少年儿童日常喜好,以及对"碗箸"牌儿童铁皮玩具的意见,然后回厂再改进和开发新产品。

康元厂做大后，原来华德路等厂区已经满足不了生产规模需要，项康原便出资购进一家制罐厂，使得整个公司拥有一个总厂、两个分厂和一个工场间。华德路总厂主要印刷制罐；塘山路（今唐山路）分厂生产铁皮儿童玩具，是当年中国规模最大的玩具制造厂家；倍开尔路（今惠民路）分厂生产弹子门锁等；工场间专门印制瓷器贴花。公司不仅地盘扩大，人丁也兴旺，拥有各类中高级技术人员、管理人员和工人一千余人。项康原用人很有个性，厂里招来的工人都是宁波籍，且得互相介绍、互相担保。因此厂里有许多工人全是一家人，甚至整个家族，如此就形成一种地域性家族性自我制约。不用老板多费心，只需紧紧抓住几个德高望重的家族头头，工人就管得服服帖帖。项康原还实行全员股份制，厂里每个工人都要买下一份小股。为此项康原总是对工人讲：工厂有你自己的一份，我是老板，你也是老板。所以工人们在外都自称是康元厂股东老板，十分自豪。另外项康原管理企业还有一个绝招，即发行厂币。厂币同社会流通货币等价。工资一半是发厂币。工厂里设有商店，货架上放满日用品，厂币可用于购日用品，售价比外面商店里便宜，工人当然拥护。

抗战全面爆发前夕，为了扩大产品社会影响，项康原别出心裁，将"康元"牌各类产品拍成影片，拿到东南亚华侨居住区放映，大力宣传国货和企业形象，以争取广大华侨的支持。因为海外华侨心系祖国、爱用国货，所以"康元"牌产品很快就在东南亚地区开拓了新市场。项康原还热心参加社会公益事业。在轰轰烈烈的"抵制洋货、提倡国货"的群众运动中，项康原是组织者之一。如参与筹建爱国社会团体"上海机制国货厂商联合会"，参与组建经济实体"国货联营公司"及行业组织"星五聚餐会"等。1937年"八一三"淞沪会战爆发，康元厂未能幸免于难，遭日军飞机炸毁后一蹶不振。项康原无奈只能将部分机器设备运至中国香港地区。1949年上海解放后，人民政府对与儿童教育有关的玩具行业给予高度重视。在人民政府扶持下，一些老玩具企业如康元厂迅速恢复生产。1957年年底至1958年年初，上海市轻工业局把玩具行业作为积极发展行业之一，私营玩具厂经过公私合营后，和一部分任务不足的企业一同划入玩具行业转产玩具，先后有黎明火柴厂、大东烟厂和军工109厂的一个车间并入康元玩具厂，后改名上海玩具二厂。

重庆南路

重庆南路,北起淮海中路,南至徐家汇路,全长1 537米,1889年开始修筑,为法租界公董局越界筑路,因临近卢家湾,先称卢家湾路,1902年以法国驻华公使吕班改名吕班路,1943年更名为灵宝路,1946年改今名。

只供应法租界的卢家湾电厂

1882年7月,公共租界开办的发电厂开始发电。时隔15年,即1897年6月,法租界设在洋泾浜畔带钩桥(今延安东路山东路口)的洋泾浜电气厂也落成,以直流电供法租界道路、商行和住户用电。1902年2月,公董局决定再增加发电机组,总容量增至180千瓦,供电范围东起黄浦江西岸、北临洋泾浜、西至八仙桥、南沿老城厢北城墙。法租界扩大后,西面又延伸到顾家宅。

洋泾浜电气厂自开办后,一直到1902年年底,不进行独立核算,一切费用开支,报公董局核销。从1903年起,路灯及租界机构用电按照实耗计费列入营业收入,从而实行自负盈亏。1906年1月,比利时国际东方公司用22.5万法郎收购洋泾浜电气厂,且联合几家法国财团组成股份有限公司,于6月26日,成立上海法商电车电灯公司,资本总额300万法郎,并于11月购得卢家湾位于吕班路东侧、徐家汇路以北土地22.17亩,着手建造新电厂,由法国南茜电气公司总承包电厂全部土建工程,供应并安装设备。从1908年10月动工,至次年2月竣工,卢家湾蒸汽机发电厂(简称卢家湾厂)总容量1 500千瓦。电厂常年发电量为300万千瓦时,1919年全年发电约410万千瓦时,购入电量约220万千瓦时,售电量510万千瓦时,营业收入38.43万两白银,盈利17.85万两,电灯用户4 409家,电力用户32家。

随着法租界人口不断增多，用电需求量逐年上升，电力供应紧张。但卢家湾厂因受肇家浜水源不足、淤塞严重所限制，无法扩建。经权衡，公司决定在吕班路西侧另建柴油机发电车间。相比较蒸汽机，采用柴油机发电，优点是不需要大量水源进行冷却，建个水塔足以应付。另外电网主要供照明用电，24小时负荷率极不均衡，而柴油发电机组启动迅速，开停灵活，可根据电网实时需求，适当调节。1920年9月，扩建厂房开始动工，一期工程安装1、2号机组，于1922年12月投入运行。两年后，为了增设3、4号机组，厂房向西延伸扩建。后来又于1928年和1931年，分别扩建厂房，安装了5、6号和7、8号机组。建成后的卢家湾第一柴油机发电车间，总容量2.16万千瓦。

到了1934年，厂里准备进一步扩充发电设备，但原有厂房已不可能再向西面延伸，遂在吕班路另建坐西朝东厂房一座，规划分两期，共安装两台大型柴油发电机组。同年秋季动工，1935年5月竣工。不料首先安装的9号柴油机组投入运行后，极不稳定。三个多月里，因为设备故障，停机达45天之多，显然，瑞士产万匹柴油机质量未臻完善，令公司对继续订购安装大功率柴油机产生顾忌，使得后续打算安装的10号机组，未能按照原计划进行。因此卢家湾第二柴油机发电车间仅仅安装一台机组。

1937年"八一三"淞沪会战后，租界成为"孤岛"，畸形发展，人口剧增，工厂迁入，用电量持续上升，发电机组利用率提高。1939年，卢家湾厂柴油机机组发电达8100万千瓦时，售电量7700多万千瓦时，营业收入近1100万元法币，盈利600万元法币，电灯用户37317家，电力用户4977家，电热用户2308家。1941年12月太平洋战争爆发，日军强行进入法租界，日海军向法商电车电灯公司征用动力设备，公司将1、2、3、4、9号共计5台机组交付征用，于1943年3月被日军强行运走，空闲出来的厂房仅用作存放器材物件。当时油源断绝，一般只有在点灯高峰时，靠存量油维持柴油机运转发电。1944年年发电量锐减至140万千瓦时，根本无法满足用户需要，只得增加购电量以维持电网供电，同时实行严格的节电、限电措施，全部供电区域划分为7个地段，每周轮流停止供电1至2天。

1945年8月，抗战胜利，9月17日，上海各电力公司由国民政府经济部接收，发还原主经营。由于法商电车电灯公司发电设备被日本人抢走一半以上，所以只能依赖美商上海电力公司供给一部分负荷。为了尽快恢复发电能力，公司向瑞士购置两台柴油机组，作为新3、4号。但新3号机组因机件损坏，迟至1948年10月才投入正式运行。在新3号还未修好前，卢家湾厂共装有柴油机组6台,总容量2.18万千瓦,是年发电8 700多万千瓦时,创历史最高纪录。

公司曾以规模小、用户少、24小时负荷不均衡等不利办电条件为理由,一再提出法租界电费应高于公共租界的要求。经过公董局审议,终因法商电车电灯公司售电量中,不仅收费较高的照明电所占比重大于美商上海电力公司,且平均电价也远远超过,其历年利润均居上海滩上各中、外电气公司之首,故驳回该公司提价申请。

1949年年初,上海港与海外航运受阻,燃油供应中断,但是广大电业职工在中共地下组织领导下,开展护厂斗争,迎接上海解放。直到5月27日,卢家湾厂发供电设备得到完整保护,电力供应从未停止。不过到了8月底,厂里存油不足300吨。在重油到货前,只能掺用植物油发电,两个月里,共用掉半炼菜油460多吨。因植物油含热量低于矿物油,发电油耗相应增大,且植物油价格高出甚多,致使卢家湾厂发电成本激增,无奈只能尽量减少机组运转。20世纪50年代初,西方帝国主义国家对新中国实行经济封锁,柴油来源偏紧,柴油机组发电有所限制,加上燃油发电成本高,机件备品补充困难,公司就沪上电网全部由上海电力公司(该公司主要烧煤发电)供电的设想,向市人民政府提出报告。当上海电力公司供电紧张、馈入不足或系统发生故障时,再启动卢家湾厂柴油机组发电,起应急作用。这一招在应对1950年"二六轰炸"时尤显突出,当日12点58分,上海电力公司发电厂被炸,13点7分卢家湾发电厂柴油机组投入运行,14点28分起向上海电力公司电网送电,供应重要用户急需,承担了上海电力公司系统60%左右的负荷。

1953年11月2日,上海市人民政府宣布代管法商电车电灯公司财产,并成立地方国营沪南水电交通公司接办全部业务,从而结束了法商电车电灯公司在上海历时47年的经营活动。

一马当先"马头"牌

清朝时期,西方绘画随着外国传教士来华传播宗教一起进入中国。同时,国内一些青年受西风东渐影响,留洋学画。20世纪初,一批从欧洲学成归国的年轻画家,如刘海粟等,在上海等国内一些大城市,开美术学校、办美术画展,极大地推动了西洋画在中国的发展。但与之形成鲜明对照的,却是国内美术颜料市场充斥洋货,难觅国货芳踪,价格昂贵的洋货颜料令大批具有绘画天赋的年轻人被拒之艺术门外。洋货在中国西洋画颜料市场一统天下的尴尬现象,使供职于商务印书馆的谢锦堂、徐宝琛等发现了商机。因为在日常经营中,他们发现学生们学习西洋画时使用的进口颜料经常发生断档。为了提倡国货,填补西洋画颜料这块空白,两人萌发了自己开厂生产西洋画颜料的念头,如此既能为国家挽回利权,自己又能增加收入。

而此刻正值"五四运动"期间,全国各地掀起了一场声势浩大的反帝反封建的爱国运动,国人纷纷起来抵制洋货,使用国货。在这种有利形势下,谢锦堂、徐宝琛等一致认为,这是发展民族美术颜料工业的大好时机,要加快进度早日投产。于是在1919年5月,两人邀集同事洪季棠、朱文奎、施荚舟集资办厂,并邀请五洲贸易公司的沈学文、纺织厂的赵国良一起参加,每人出资50银元,共计筹得350银元,以合伙方式,在徐宝琛老宅、沪北地价较为便宜的江湾颜家洼,正式兴建中国第一家生产西洋画颜料的文教用品企业——马利工艺厂。谢锦堂担任经理,徐宝琛担任厂长,洪季棠管技术,朱文奎做会计,施荚舟为供销。

马利厂创建之初,生产规模很小,仅仅雇用了两名操作工人。由于生产技术、资金及设备等客观因素所限,只能生产一些技术含量较低的6色方块颜料,习画学生只需将画笔蘸水在方块颜料上反复涂抹,再在画盏上调配自己所需色彩即可作画。

为了讨口彩,希望自家工厂能在生产和销售中,做到每时每刻领先一步;希望自家工厂能在经营中,取得经济效益和社会效益的成功,谢锦堂、徐宝琛等给自家产品商标取名"马头",图案是一个头颅高扬的侧面马头形象,寓意是"一马当先""马到成功"。设计者是与徐悲鸿齐名的戈湘岚,当年他在商务印书馆印刷所学习设计,应谢锦堂之邀,欣然设计了中国第一个美术颜料商标。

尽管马利厂生产的颜料使用方便,价格实惠,但谢锦堂、徐宝琛等还是在营销方面做足功夫。一方面依托商务印书馆在国内各地分支机构组成销售网络;另一方面通过批发商向各地文具店销售,并按照销量给予优惠折扣。除此之外,还在国内各主要城市的大型文具店设立特约经销处。"马头"牌颜料迅速扩大市场份额,迎来了"骏马奔腾"年代。由于初创时期,"马头"牌颜料经营有方,获利不少,到了1923年,马利厂决定增加生产市场销售看好的"马头"牌软管水彩颜料和广告画颜料。国货"马头"牌颜料降低了学习美术的门槛,受到国内画家和美术爱好者欢迎。

随着业务越做越大，厂里对资金周转需求也相应提高，谢锦堂便邀请俞葆生、王莲生入股，其中王莲生将其经营的华光颜料厂所存原材料作价抵充股款。1927年，由赵国良介绍，谢锦堂、徐宝琛邀请心系国产美术颜料研制生产的美术家张聿光入股。至此，马力工艺厂股东增加到10人，恰巧"马"字繁体字笔画为10笔，于是就有了"马"字代表10位股东一说。

有了资金保障，马利厂凭借其优异的产品质量、适中的价格，不但创出了属于国人自己的国货颜料，具备与洋货比试高低的实力，且作为中国最早漂洋过海出口的民族品牌之一，打入东南亚地区，成功开启海外市场。经过短短十几年经营，弘扬民族精神的"马头"图案，越发深入国人心中，一举成为我国早期美术颜料市场上的名牌产品。

正当"马头"牌美术颜料进入全面发展之时，在国内美术市场上，多了一个竞争对手。1926年，潜心钻研绘画颜料制造的江苏青浦县（今上海青浦区）青年黄菊森，在上海也开设了一家专门生产美术颜料的工厂——金城工艺社。刚开始黄菊森生产印泥，使用产品商标"金字"牌和"老鹰"牌，其中又以"老鹰"牌商标的社会影响较大。"老鹰"牌商标图案是一只站在岩石上展翅欲飞的雄鹰目视远方。为何要将产品取名为"老鹰"牌，并使用这样的商标图案？因为那时马利工艺厂"马头"牌商标已经是社会上知名美术颜料商标，黄菊森心想自己创立的金城工艺社起步虽然比马利厂迟，但有决心要和"马头"牌商标作一番市场竞争，取名"老鹰"牌商标名称，就是寓意"老鹰飞起来要比马跑得快"。"老鹰"牌暗地里与"马头"牌较劲，实际上两者之间的良性竞争，对促进我国民族美术颜料生产、不断提高产品质量，是有很大帮助的。

1932年"一·二八"事变爆发，马利工艺厂地处江湾战区，厂房被日军炸毁，"马头"牌颜料被迫停产。无奈之下，工厂只能选择搬迁，租借吕班路蒲松坊53号民居，作为临时过渡性厂房。1937年7月，抗战全面打响，"马头"牌颜料生产每况愈下，经常是断断续续，很不正常。

1949年5月，上海解放，人民政府对文化教育事业十分重视，"马头"牌美术颜料的社会需求量快速上升，工厂恢复生产，规模比过去扩大很多。1956年，根据上级指示，马利工艺厂与金城工艺社两厂合并。之后，又先后合并了一些小厂，同时将厂名更名为上海美术颜料厂，由此成为国内规模最大的美术颜料专业生产企业。

成都北路

成都北路，北起南苏州路，南至延安中路，全长2 023米，北段（今南苏州路至凤阳路）原先以该处庙名被命名为大王庙路。1905年以四川地名改名成都路。1914年至1917年向南延伸，改名北成都路，1946年，改今名。

领导全国工人运动的总机关

1921年7月23日，中国共产党第一次全国代表大会在上海召开。中共一大通过的《中国共产党第一个决议》指出："本党的基本任务是成立产业工会。凡有一个以上产业部门的地方，均应组织工会；在没有大工业而只有一两个工厂的地方，可成立比较适于当地条件的工厂工会。"8月11日，党在北成都路19号C（今成都北路893弄7号）成立公开领导全国工人运动的总机关——中国劳动组合书记部，并由张特立（张国焘，时为中共中央局组织主任）兼任主任，干事有李启汉（后负责具体工作）、李震瀛、包惠僧、李新旦、刘荩人、董锄平等。对于机关名称，罗章龙曾回忆："劳动组合原是日本的名词，因为当时日本工会很多，比较发达，这个名字是译来的。"

至于为什么选择北成都路作为中国劳动组合书记部机关驻地，是有讲究的。自从上海开埠后，随着工商业发展，到20世纪20年代初，申城工人总数已逾51.3万人，其中产业工人超过18万人，约占全国工人总数的1/4，并形成了五大工业区。那时，上海北成都路、新闸路一带，正位于五大工业区居中位置，是申城缫丝厂分布最密集的地方，而缫丝业则是申城工人数量最多的支柱产业。另外，此处还设有轨电车站，便于书记部工作人员随时前往各个工业区，经常深入众多工厂。

书记部下设北京、武汉、湖南、广州、济南等分部,分部首任主任有:邓中夏、罗章龙、包惠僧、毛泽东、谭平山、王尽美等。中国劳动组合书记部及各分部成立后,即投入了繁忙的宣传教育和组织工作,出版《劳动周刊》,举办工人补习学校,组建工人俱乐部,成立产业工会等。为了加强对工人运动的领导,由书记部发起,于1922年5月1日至6日,在广州召开了全国第一次劳动大会,出席代表162人,代表百余个产业工会的30万会员。大会通过了《在中国全国总工会成立之前,中国劳动组合书记部为全国总通讯机关》案,公认书记部在全国工人运动中的领导地位。在提高工人觉悟和建立产业工会的基础上,有组织地开展了反对帝国主义、封建军阀和资本家三重压迫的罢工斗争。全国劳动大会前夜,以1922年1月香港海员罢工为起点,1923年2月京汉铁路工人罢工为终点,掀起了中国工人运动的第一个高潮。在13个月的时间里,全国共发生罢工100余次,参加人数在30万以上;上海罢工54次,参加人数8万以上。其中著名的罢工有香港海员、安源路矿工人、开滦煤矿工人、京汉铁路工人四次大罢工,这些罢工都是在书记部支援或直接领导下进行的。由于书记部支援和领导罢工斗争,尤其是"香港海员后援会"的活动,使公共租界当局十分恐惧,便采取各种手段进行阻挠和破坏。他们察觉到这个极有组织的罢工司令部无疑就是设在北成都路19号C的劳动组合书记部内。于是在1922年6月以"扰乱治安"等罪名逮捕了被工人誉为工运"健将"和"先锋"的李启汉。同年7月17日又封闭了总部办事处,其成员遭通缉。当时,北京尚可公开活动,总部遂迁往北京,邓中夏任总部主任,上海变为分部。北京总部成立后,联合各分部开展了"劳动立法运动",以争取工人阶级的政治自由。同时,继续派出特派员深入重点工矿企业,参与罢工组织领导,如毛泽东、刘少奇到安源路矿,彭礼和去开滦煤矿,罗章龙、林育南等深入京汉铁路沿线等。1925年5月在广州召开了全国第二次劳动大会。会上选出以林伟民为委员长、刘少奇为副委员长的领导机构。中华全国总工会正式成立,中国劳动组合书记部已完成历史任务而宣告撤销。书记部从成立到结束的三年零九个月里,为工人阶级的解放事业作出了不朽贡献。

沪上最早的缫丝厂

中国劳动组合书记部租用的房屋,始建于1909年,原是沿街七开间门面,由丝厂用作办公场所。那家丝厂赫赫有名,乃近代中国首家纺织厂。

中国是"丝绸王国"。古代,中国的丝绸通过"丝绸之路"销售到世界各地,中国也与世界各国建立了商业往来和良好关系。近代以降,上海成为中国最大的对外贸易港,浙江杭嘉湖地区是中国丝茧的主产地,杭嘉湖地区的生丝(以传统手工缫的丝被称为"生丝")大多在湖州集中后,走水路通过苏州河进入上海,再运到国外。于是,上海人把生丝称之为"湖丝",湖丝的堆栈称之为"湖丝栈"。

1843年上海开埠,洋商纷纷来上海滩淘金。丝绸是出口大宗商品,但洋商觉得"生丝"质量粗糙。而西方经过工业革命后,纺织厂普遍机械化,用机器缫丝(称之为"厂丝"),质量大大提高。因此,洋商设法将机器引进中国,利用中国廉价劳动力,开厂赚钱。1859年,怡和洋行聘请英国商人梅杰来上海试办纺织局。实际上将缫丝厂设在上海,并非怡和洋行初衷,他们原本想就近在江浙养蚕地区开办机器缫丝厂,但未获当地政府批准。怡和洋行只能凭借不平等条约制度的庇护,把缫丝厂设在与长江三角洲养蚕区有水运之便的上海租界内。

通过两年努力,1861年5月,以蒸汽为动力的怡和丝厂在苏州河边的北苏州路上建成投产,缫丝设备从法国和意大利引进。该厂用机器缫出的"厂丝"一举取代了土法缫丝。第一批"厂丝"运到海外销售,因其质量优良,售出高价,令英商喜形于色。随后,怡和丝厂扩大生产规模,由100台缫丝车增加到200台。

怡和丝厂最初是雇佣有经验的中国男工,工资每天300铜板(约合0.27美元)。但精明的英国人很快发现女工才是最经济也是适应力最强的劳动力来源,因此陆续辞退男工。开工两个月后,厂方便雇佣了25名女缫丝工,工资每天只需100铜板。从此,上海纺织业以女工挡车为主。上海熟手纺织女工的工作效率,成为评估一个纱厂生产率的主要指标。

女工们一天工作13个小时以上是非常普遍的,而微薄的收入都被占有女工的包工头赚去了。包工头买一个女孩子花三四十块银元,而在三年的合同期间,他希望从每个女工身上赚到200块银元左右。打工期间,包工头让女工们住在拥挤的宿舍里,给她们吃的是腐败的食物,还要看住她们不让逃走;如果走失了1个女工,包工头得赔6块银元给厂里。

那时候,中国与许多国家签订的不平等条约和协定都是"通商条约",即洋人可以在中国的通商口岸贸易、做生意,但不能投资建厂,所以,怡和丝厂刚创办不久,就被清政府下令停办。尽管上海道台三令五申,但洋人置之不理。无奈的上海道台只能向中国的丝商施加压力,不准代理洋商到产地收购蚕茧,不准中国商人向洋商提供蚕茧。巧媳妇难为无米之炊,怡和丝厂持续运转了10年后,终因原材料供应及储存蚕茧的设备未尽如人意,无法维持常年生产,于1870年5月,在最后一包"厂丝"出口到欧洲后,关门大吉。

自19世纪70年代中期起,国际市场上,"厂丝"较"生丝"的价格高出2至5成。面对高额利润诱惑,怡和丝厂于1882年重新开业,厂址设在苏州河成都路新闸桥南堍的大王庙里。厂里机器设备全套进口,时有缫丝机200台。

与先前遇到的难题之一相同,原材料蚕茧难收购,以至于因为供应缺乏而曾经停工了一段日子。但是狡猾的洋商想出了对策,就是吸收华商入股,以发挥中外商人互补互利的实效。考虑到华商虽有资金和原材料渠道,却无直接的海外关系;怡和的短处则在于原材料难求。因此,华商除了提供部分资金外,更大的作用在于赴江浙农村收购蚕茧,以避开清政府对洋商的限制。

上海著名华商徐鸿达,以怡和丝厂股东身份兼任董事,是后来怡和丝厂成功的关键人物之一。徐鸿达既熟悉洋行业务,与洋人关系密切;又有深厚的商业背景,尤其是在上海丝界纵横多年。所以怡和丝厂的蚕茧收购,主要便由徐鸿达等华商出面解决。正因为华商在原材料采购上解决了洋商的难题,所以怡和丝厂生意兴隆,财源广进。到19世纪末,资本达到白银50万两,缫丝机增至500台,工人1 100余名。

1894年爆发的中日甲午战争以大清战败而告结束,翌年,中日签订《马关条约》,条约规定,日本人可以在中国的通商口岸投资建厂,根据"最惠国"条约规定,任何与中国签约的国家均同时获得此项权利,怡和洋行也趁火打劫,选择交通更为便捷、地价更为便宜的杨树浦开办纱厂,以谋取更多利润,而位于大王庙的丝厂,则悄然歇业。后来的成都北路1007弄、1019弄、1033弄以及成都北路999号至1031号,取名"怡和里",依然保留了怡和丝厂的痕迹。

沪上最早的机器印花厂

中国传统丝绸印花滥觞于汉,至隋唐时期凸版印花、型版印花、扎染、蜡染、夹缬、碱剂印花等技术已趋成熟,到宋、元、明、清时期,贴金印花、木版砑光印花、木棍印花、弹墨印花等也得到相应发展。中国传统丝绸的应用范围宽泛，包括服饰、家居、宗教仪式用品等方面，印花的品种也极为丰富，当时使用的染料主要为矿物染料和植物染料。19世纪后期，由于传统丝绸印花存在的矿物、植物染料色彩牢度及印制过程繁复等问题，在服饰用丝绸印花方面逐渐被西方输入的现代印花技术和化学合成染料所替代。

在多种文化、技术形态的交织下，民族传统丝绸印花经历了从被动接受到主动突破的过程，在印花技术、品种发展中也创造了继秦汉、隋唐后的另一个高峰。中国近代丝绸印染业在引进国外染料和染色技术，普遍采用人造丝织造生货以后，引发了炼染业和印花业的分离，全国各地逐渐兴起了一批引进西方技术的新式精炼工厂和印花工厂。1912年以后，上海逐渐成为除了苏州、杭州两个传统丝绸生产重镇之外，全国丝绸印染业较发达和品种开发的引领地区。

镂空型板直接印花是新型丝绸印花的一个主要大类，其主要品种有水印、浆印及后来发展起来的丝网印花的雏形。上海的丝绸浆印工艺起始于1912年。浆印所用的印花染料为较为厚稠的浆状，即用染料与糯米粉、糠粉等调和而成的色浆，印花时需要用刮色板进行刮印。浆印工艺的印花版一般使用比水印稍厚的纸质或胶皮材料镂刻而成。印花需要在一定长度的印花台板上，以便获得纹样连续性较好的匹料。一副印花凳脚需要配备5至6块台板，台板长度7米，宽度有1.4米和1.25米两种，厚度为3厘米左右。印花时分上下手两个工人配合刮印操作和移动、校准花位。台板为可移动式，亦可通过翻身两面进行印制。每套色印制完成后，需将台板搬移至搁架上晾干，一般5至6块台板依次轮流印制。印制过程为：根据纹样刻好比印花丝绸幅宽稍阔的型版待用。用糯米粉糨糊将需要印花的坯绸平贴于台板上，根据纹样和工艺需求，在坯绸的相应位置放置印花版，每套色以不同颜色的色浆用刮板刮印在坯绸上，纹样各套版印制完成后，再在匹料上全部刮印上约0.5厘米厚的底色色浆，放置晾干，再进行蒸化固色，水洗去浆，最后脱水、晾干、整理。

日商松冈洋行首先输入浆印技术，利用上海本地坯绸进行印花加工，以利销售。该工场设于上海虹口区，规模极小，只有一两副凳脚，并用廉价雇佣不识字童工，以防止印花技艺外泄。后来由于浆印丝绸产品销售量的不断增加，继而又开设了丸雄、福田、田中等丝绸印花厂，并开始少量雇佣中国成年工人，浆印技术得到推广。至1919年，钦英斋于成都路开设中国机器印花厂（此处的"机器"，主要指用于印后整理的多种电动设备），为中国人效仿日本新法印花之始，拥有浆印用凳脚近百副，雇佣工人五六十人。

浆印工艺的纹样一般以清地朵花和折枝花为主,由于印花工艺和印花浆的改进,浆印与水印相比较,纹样清楚完整、立体感较强、颜色鲜艳,摩擦色牢度与水洗色牢度也较佳。正因为丝绸浆印色彩艳丽、花样多变,迅速成为都市时尚女性竞相争购的时髦产品,也是旗袍织物中使用量较多的品种。1926年仅杭州一市,5、6月份每天平均售出绸缎即达3 500余匹。但浆印工艺工序比较多,调浆时需要使用糯米粉、糠粉,且浆料调配不稳定,容易产生瑕疵品,故产量有限,且浆印设备由于笨重,使用不便,直接导致劳动力成本升高,获利不易,在当时推广难度较大。钦英斋创设的中国机器印花厂,最后也就不了了之,湮没在弄堂里。

"大白兔"的摇篮

成都北路上还有一家工厂,名气比上面两家工厂小多了,但其产品享誉海内外。这就是上海爱民糖果厂。

中国曾是世界重要产糖国,19世纪初期,糖一直是继茶叶和丝绸之外,清朝最大宗外销商品。上海开埠前,当时的乍浦接近海滨,帆樯林立、运输便利,系中国东南沿海蔗糖贸易的主要港口。不过因为鸦片战争缘故,中国蔗糖生产优势也随着清王朝的国势衰败而走向衰弱,中国从蔗糖出口国变成进口国。五口通商后,上海由于其地理位置上的优势,中国糖业集散中心从乍浦转移到上海,上海成为洋糖转运内地的集散地,上海糖号荟萃。依靠原材料优势,1920年,开利糖果食品厂最早开始在上海机器化生产五色丝光糖、果汁味硬糖。丝光糖以散装为主;果汁味硬糖以蜡纸包装,较散装卫生,且果汁糖因具有各种水果味道和颜色,颇受消费者欢迎。

1937年7月抗战全面爆发,11月上海华界被日军占领,成为"孤岛"的租界一度出现畸形繁荣,上海的食品工业得到强劲发展。因为糖果生产投资少,生产简易,一些糖果厂竟然在"孤岛"时期产销两旺、风靡一时。其中有伟多利食品厂生产的"甜甜蜜蜜"鸟结糖、爱皮西糖果厂生产的"米老鼠奶糖"。

爱皮西糖果厂成立于1942年5月,所谓"爱皮西"其实是英文字母"ABC"的汉语谐音,最初厂址选在海格路(今华山路866弄43支弄6号),后来迁移到北成都路979弄22号,注册资金150万法币,主要生产各种糖果、饼干、面包等食品,产品商标为"ABC"牌,名誉董事长黄金荣,董事长沈长赓,经理冯伯铺,协理谢尔昌。

冯伯镛早年留学英国,非常爱吃英国奶糖,回国后念念不忘,决定自己仿制。通过对洋糖配方的钻研,采用液体葡萄糖、白砂糖、奶粉、炼乳等原材料,反复试验几经周折,终于研发成功。但酒香也怕巷子深,产品出来后,下一步的营销很重要。冯伯镛一番冥思苦索,从那时候家喻户晓的"米老鼠"卡通形象上得到灵感,给自己研制的糖果命名为"米老鼠奶糖",并在广告形象和糖果包装纸上均印上米老鼠图案。虽然那时候的原材料全部都要进口,但由于国内低廉的劳动力成本,所以爱皮西糖果厂生产的"米老鼠奶糖"要比从英国进口的"米老鼠奶糖"价格低很多,一经推向市场,非常畅销。不过国货"米老鼠奶糖",也只有有钱人家才吃得起。当年一个普通工人每月工资很低,而1包"米老鼠奶糖"大约须花掉月工资的1/4,所以"米老鼠奶糖"称得上是一种高端零食。且由于生产设备和生产工艺落后,日产仅200多斤。

1949年5月上海解放。1956年,爱皮西糖果厂积极响应人民政府号召,与东山、华富、中兴、联安等私营糖果厂公私合营,采用"五爱"公德中的"爱民"二字,组成"上海爱民糖果厂",厂址就设在原来爱皮西厂,商标名称"三喜"牌和"三塔"牌,生产"米老鼠奶糖""三喜奶糖""大红兔奶糖"等各种糖果,出口糖果的包装纸上仍然印有"ABC"字样。

1959年,为了庆祝国庆10周年,厂里在"米老鼠奶糖"和"三喜奶糖"基础上改进配方、提高质量,开发出新品种——"大白兔奶糖",并作为国庆献礼产品供应市场。由于"大白兔奶糖"香而不浓、甜而不腻,受到老中青小消费者一致好评。20世纪六七十年代,物资相对匮乏,牛奶可是奢侈品,"大白兔奶糖"相对比较容易买到,因此坊间流传"7颗大白兔奶糖相当于1杯牛奶"。不过"大白兔奶糖"产量较少,属于高档糖果。有谁家结婚发喜糖,如果其中能放两颗"大白兔奶糖"装点一下,说明那袋喜糖有档次。由于"大白兔奶糖"仅仅在上海、北京等大城市才可买到,所以全国各地到上海等大城市出差的人,都不惜排长队几个小时或托人购买"大白兔奶糖",回去好"交差"。

1960年,"大白兔奶糖"开始向海外出口。1972年,美国时任总统尼克松访华前夕,打前站的美国代表团成员在中方给他们准备的接待食物中,最喜欢的就是"大白兔奶糖"。细心的中方工作人员发现美国人的偏好后,逐级上报周恩来总理。周恩来与毛泽东谈起此事,毛泽东很大方地表示,美国人爱吃大白兔奶糖,那就给他们每人带10斤回国。当天,爱民糖果厂便接到这一特殊任务,连夜制作了500斤"大白兔奶糖"作为"国礼",并通过代表团,给尼克松也带了一份。据说尼克松尝食后,同样非常喜欢。从此,"大白兔奶糖"名声大振,无意之中帮助"大白兔奶糖"顺利打开了美国市场。后来美国人尤其青睐听装的"大白兔奶糖",复活节时甚至会排队购买。

  1976年,爱民糖果厂并入上海益民食品五厂,商标名称"大白兔"牌。20世纪90年代,为建造南北高架路,原来成都北路厂房被拆除。2002年,"大白兔"商标被认定为消费者"十大认知率最高的商标",2004年,"大白兔"被评为中国驰名商标和国家免检产品。

崇德路

崇德路，东起柳林路，西至顺昌路，全长391米，1902年修筑，当时取名黄河路，1906年以法国公使名改名为喇格纳路，1943年复名黄河路，1946年以浙江崇德改今名。

弄堂出品的"百雀羚"

20世纪20年代前，国内化妆品市场是各种洋货一统天下的局面，商店柜台里摆放的尽是"妮维雅""夏士莲"等洋货。这些洋货化妆品不仅价格昂贵，且不完全适合我国广大寒冷、干旱地区使用。随着民族企业家开始涉足化妆品行业，国货化妆品陆续出现在市场上，同洋货化妆品展开竞争，该类企业有广生行、大陆药房、香亚公司、家庭工业社等。与此相比较，由顾植民于1931年8月创办的"富贝康家用化学品无限公司"，因起步较晚，且品种单调，所以刚刚创办时在社会上的影响力不大，在消费者中的知名度不高，生产的"花月"牌花月霜，不仅无法与"双妹""雅霜""蝶霜"等国货知名化妆品进行市场竞争，更不能同畅销的"妮维雅""夏士莲"等洋货化妆品相提并论。

顾植民，嘉定黄渡人，出生于1903年，14岁就来到上海城里打工谋生，分别在烟纸店、茶馆、工厂当学徒，在米号、典当行做账房先生，在百货店当店员，以及当过上门推销的跑街，饱尝生活的艰辛。1929年，顾植民看到南京路上的先施公司登报招聘营业员，便报名应聘。尽管竞争激烈，顾植民还是凭本事被录取。不过先施公司老板马应彪觉得顾植民很有才干，做营业员委屈了，临时决定分配顾植民负责化妆品的市场调研和销售。为了报答老板，顾植民勤奋工作，常年在外奔波，结果销售业绩年年上升，职位也从最普通的职员提到公司中层。但顾植民并不满足现状,心想既然化妆品市场那么大,且利润丰厚,为什么不自己创业？于是他果断辞职,在法租界喇格纳路91弄(培福里)33号创立了富贝康公司。一幢石库门的底层4间房间100平方米左右成了车间。顾植民高薪聘请了一个技术工人,再加上两三个操作工和两三个包装工,挤在一条香料搅拌生产线和包装台上,只生产一种叫作"花月"牌的化妆品。

考虑到保证产品质量,顾植民采用的香料大多数从国外进口。公司创办初期,顾植民既当老板又做工人。一直到生产稳定了,顾植民才从车间里脱身出来,全身心投入对外销售。渐渐地公司生产的"花月"牌花月霜有了销路,所获利润也能基本维持企业的日常开销。但顾植民对公司业务发展并不满足,经过多次走访和调研,决定放弃生产市场销售量不大的花月霜及社会名气不响的"花月"牌商标,重新使用一个与公司名称相匹配的商标,并转产爽身粉和美发霜等市场热销产品。

1940年秋,经过一番精心准备,顾植民正式推出全新的商标"百雀羚"牌。百雀,取百鸟朝凤之意,喜庆吉祥;羚,上海话"灵光"的谐音,相当讨口彩。且羚(羊)就是生活在我国北方的一种极能抗御寒冷的动物。"百雀"后面加个"羚",即向消费者暗示"百雀羚"护肤品具有御寒防裂作用。

通过十几年在商场上的摸爬滚打,顾植民已深谙经营之道。"百雀羚"正式上市那一天,顾植民当场放飞了100只麻雀,引起广大市民极大关注和兴趣。"百雀羚"问世后,富贝康公司除了在报纸上刊登广告、在电车车身上喷画广告、在大街小巷的墙上张贴图片广告之外,他还亲自领着厂里的技术人员走进当年最流行的广播电台直播间,向广大听众讲解"百雀羚"香粉的种种优点。顾植民打出的一连串奇招很见效,因"百雀羚"牌香粉品质精良、独特芳香、价格适中,上门订购的客户络绎不绝,来要货的电话响个不停。上海各大商店化妆品柜台,顾客纷纷跑来点名要买"百雀羚"。"百雀羚"牌在上海滩上一炮走红,成为时尚畅销货。富贝康公司仅凭香粉一种产品便赚了许多钱。

"百雀羚"取代"妮维雅"

"百雀羚"牌名气响了,接下来的问题是如何扩大市场占有率。顾植民认为必须改变原有的家庭作坊式的生产模式,便拿出几十根金条买下喇格纳路西侧靠近济南路的一处旧厂房。新厂址底楼作为成品仓库和原材料仓库,二楼是生产车间。顾植民又大刀阔斧对生产设备进行改造,将原来人工搅拌改成机械搅拌。在"百雀羚"牌香粉销售获得成功后不久,顾植民根据洋货"妮维雅"等产品的特点,再结合我国东北、华北和西北等地秋冬季节人们皮肤容易干燥、龟裂和生红斑等常见病,研制成功一种多功能护肤品,即后来在全国各地畅销几十年、大名鼎鼎的名牌产品"百雀羚"牌润肤膏。该润肤膏不仅能滋润皮肤,使之不干燥、不皲裂,还可令皮肤光泽、白皙、留香。正因为"百雀羚"润肤膏具有的实用功效,早期富贝康公司的广告中便如实写有"滋养细胞,缩小毛孔,柔嫩肌肤,防止燥裂"和"白嫩皮肤,增加美丽,经常搽用,四时皆宜"等宣传语。随着"百雀羚"牌化妆品名气越来越响,连著名影星胡蝶、周璇等也用百雀羚护肤美容,产品越卖越好,永安公司化妆品柜台的样品,都常常卖到断货。

1945年8月,日本宣布投降,广大民众对和平、美好的生活又有了追求,因此化妆品的需求量又有了极大的提高。尽管各种国货和洋货化妆品在市场上争奇斗艳,但"百雀羚"牌化妆品销得特别好、特别快,甚至完全取代了在我国畅销多时的德国"妮维雅"雪花膏,一举成为国货润肤膏产品中的第一品牌。

1949年5月上海解放后,上海市工商界订立爱国公约,顾植民带头在爱国公约上签字。1950年朝鲜战争爆发,入朝作战的志愿军将士急需防寒护肤品。顾植民在工商联带头表态,捐赠百雀羚冷霜给志愿军将士们。会议一结束,顾植民就赶回厂里,建厂以来第一次安排两班倒,连续半个月生产百雀羚冷霜,并全部装箱送到朝鲜前线。

20世纪50年代中期,为了进一步扩大"百雀羚"牌护肤膏的生产规模,按照上级指示,富贝康公司先后将上海市15家中小化妆品生产企业并入。之后,公司又积极响应人民政府号召,实行公私合营,把企业改为"公私合营上海富贝康家用化学品厂",生产的产品系列增加到以"百雀羚"牌润肤膏为代表的8大类、38种规格、66种产品。1962年,富贝康家用化学品厂更名为"上海日用化学品二厂",继续生产名牌产品"百雀羚"牌润肤膏。1986年,日化二厂资产重组,变成"上海凤凰日化有限公司"。若干年后,凤凰日化公司连年亏损,濒临倒闭,不得已,"百雀羚"牌商标仅以50万元人民币的价格变卖给香港商人,百雀羚在上海市场上销声匿迹。2008年,上海市政府重新买回"百雀羚"牌商标权,并成立了百雀羚有限公司。百雀羚获得了新生。

大连路

大连路,南起杨树浦路,北至四平路,全长3 110米,1906年由公共租界工部局修筑,命名为大连湾路,1943年更名为大连路。

国货橡胶是这样炼成的

1843年11月17日,根据《南京条约》和《五口通商章程》的规定,上海正式开埠。从此,中外贸易中心逐渐从广州移至上海。外资和洋货,纷至沓来。橡胶制品也强势涌入上海,甚至占领全国市场。而民族橡胶工业发展缓慢,即使到了民国初年,国内还没有一家专业的民族橡胶制品生产企业。因为要开办一家橡胶制品生产企业,启动资金、生产场地和制造技术等,均是必须面临的难题。但考虑到经营橡胶制品获利丰厚,所以那些从事橡胶制品买卖的华商,都想有朝一日自己开橡胶厂,生产国货橡胶制品。刘永康就是其中一位。

1902年,19岁的江阴人刘永康来到上海兴圣街(今永胜路)隆兴昌杂货号当伙计。由于勤奋肯干,颇得老板赏识,仅一年后便被老板委以负责经营隆兴昌杂货号的重任。老板去世后,刘永康盘下杂货号,成为业主。1926年,刘永康与人合伙开设"正泰昌华洋杂货抄庄",专营日货橡胶日用品,见橡胶制品用途日广而国内尚无人设厂制造,遂有心创业。1927年,刘永康与同样销售日货橡胶日用品的"义大华洋杂货抄庄"老板石芝珊合伙,出资1万两白银,在塘山路(今唐山路)41号,创办"义昌橡皮物品制造厂",为中国首家民族橡胶厂。石芝珊担任厂长,雇工百余人,采用日本技术,聘请日籍技师。开厂初期由于投入资金有限,工厂生产规模很小,只有两台小型炼胶机、一台压延机和一只硫化罐,每天仅生产"八吉"牌胶鞋约200双,且质量不高,市场销售较为困难,经常亏损。幸亏靠"正泰昌华洋杂货抄庄"的资金支持,才勉强维持生计。

1928年5月,山东"济南惨案"爆发后,日军侵占济南,滥杀我国无辜平民,激起民愤,在全国范围内掀起一场声势浩大的"抵制日货,使用国货"爱国反帝运动,包括各种橡胶制品在内的日货大量滞销,给义昌橡皮物品制造厂带来机会。而此刻该厂生产的胶鞋质量,经过技术改进,有了较大提高,产品销售出现转机。但是好景不长,1929年,世界经济危机爆发,至年终,义昌厂发生巨额亏损,石芝珊等股东要求拆股。刘永康则认为萧条之后必有景气,橡胶工业又是新兴产业,更有前途,于次年初追加投资12万两白银添置设备,恢复生产。1930年1月,义昌橡皮物品制造厂改组为"正泰信记橡皮物品制造厂",刘永康、程厚坤担任督理,黄剑青出任经理,盛嗣贤担任协理,郑菊人担任厂长,并在大连湾路512弄租地添建厂房。

20世纪30年代,市场上行销的胶鞋,已不像早年那样只是套穿在皮鞋、布鞋外的"套鞋",而是在雨天换穿的全胶鞋。与此同时,布面胶鞋(跑鞋)也开始在大城市中流行,备受上海学生、工人和外地城镇青年的喜爱。因此,胶鞋是正泰厂的拳头产品。为了解决胶鞋表面光洁度不高的问题,刘永康于1930年6月又集白银6万两,添置蒸缸一只及有关附属设备,终于使产品在市场上站稳脚跟,工厂发展到日产胶鞋2 000双、年耗胶200吨的规模。至1931年年底,正泰厂获利白银30万两。尤其是"九一八事变"和"一·二八"事变爆发后,国人爱国热情空前高涨,"抵制洋货,使用国货"成为一时社会风尚,正泰厂适逢其时,又一次获得商机,国货胶鞋的销售日渐兴旺。不料,1933年2月21日,正泰厂硫化罐发生爆炸,造成死81人、伤120余人的惨剧,直接经济损失达40余万银元。加之工厂高层以及管理人员严重营私舞弊,内部管理混乱经营不善,致使工厂濒临破产困境。幸好刘永康并不气馁,以自身信用作担保,一面筹措资金整修厂房恢复生产,一面紧缩机构改善经营,并将正泰橡皮物品制造厂易名为"正泰信记橡胶厂"。刘永康还意识到,要在橡胶工业中走出自己的发展道路并在竞争中获胜,必须要从根本上改进加强企业生产经营管理办法。而解决问题唯一的方法就是聘请熟悉工业企业管理的能人。于是,1934年春,刘永康派人专赴广州,礼聘薛铭三来厂工作。当年5月,正式聘任薛铭三为正泰信记橡胶厂经理,同时委任洪福楣为协理、洪福荣为工程师,提拔学徒出身的杨少振主管供销。毕业于清华大学经济系的薛铭三,上任后一出手就是两个大招:第一件大事,抓生产经营管理,首创胶鞋成型流水作业法;第二件大事,创立"回力"牌商标,这是根据英文名"warrior"翻译过来的,含义就是"回力回力,回天之力",寓意能够拥有战胜困难的巨大力量,相当符合那时年轻人想做勇士和英雄的心态。此外,商标图案以一名强壮男人张弓射日作为主体画面,暗示抵制日货含义。

20世纪30年代中期,国内橡胶制品工业发展势头很猛,其中数大中华橡胶厂生产的"双钱"牌球鞋、套鞋名气最大,且该厂资金雄厚,拥有四个分厂,在橡胶行业坐头把交椅。而正泰橡胶厂在与同行大中华橡胶厂的市场竞争中,经常处于不利地位。为了早日摆脱尴尬局面,刘永康决定在厂里实施全面改革。在销售方面,刘永康提出"等价我货好,等质我价低"的口号,抢占尚未有人注意的帆布高帮运动球鞋市场,并聘请著名画家蔡振华参与广告设计,推出"回力"牌新型鞋类,且积极参与体育运动等社会活动以扩大影响,如1948年,全国运动会在沪举行,正泰橡胶厂包租专机在江湾体育场上空散发有奖广告。同年组建"回力"篮球队,蜚声沪港两地。正泰厂还经常采用降价促销、奖励促销、上门走访促销等策略;在生产管理方面,厂里公开向社会招聘人才,形成较强的技术管理队伍。刘永康还创建球鞋生产流水线,改变原先作坊式的"独工"操作法,降低了生产成本,提高了产品质量;在财务管理方面,刘永康调整工资计算法,增加工人收入;在产品设计方面,刘永康捕捉到当年布面胶鞋(跑鞋)价值重大这一市场需求信息,及时迎合社会上年轻人追求生活时尚的心理,敦促厂里设计人员根据流行元素在胶鞋布面上不断翻新,经常设计出各种新颖的胶鞋款式,以满足青年一代的需求。

通过一年多努力,并在国人抵制日货运动的推动下,正泰厂不仅创出"回力"牌商标,且"回力"牌胶鞋的销售量大幅增加,完全扭亏为盈。到抗战全面爆发前夕,正泰厂已盈利50万元法币,其"回力"牌胶鞋的生产能力仅次于大中华橡胶厂的"双钱"牌胶鞋。正因为"回力"牌异军突起,令正泰橡胶厂成为中国近代橡胶工业里第二大规模的专业橡胶制品厂。1937年8月淞沪会战爆发,该厂厂房遭到日军炮火轰炸,工厂不得不停产。为了生存下去,正泰厂被迫悬挂日商爱克隆洋行橡皮部招牌,后改为人陆洋行橡皮部,才恢复生产。1943年,厂里设立化学试验室,以便更好掌握各种原材料性能。1945年抗战胜利后,厂里为了扩大生产范围,试产汽车轮胎并批量生产,借此渡过难关。

1949年5月,上海解放,正泰厂按照人民政府要求,赶制了大批优质的"回力"牌军用解放鞋,供应部队。同时又拓宽汽车轮胎的生产规模,使得"回力"牌汽车轮胎被誉为价廉物美的国货橡胶产品。1954年2月,正泰信记橡胶厂正式公私合营。1955年起"回力"牌胶鞋出口,1957年"回力"牌汽车轮胎开始出口,一直受到国内外消费者欢迎与追捧。

民族出版业探花

上海是中国近代出版事业的发祥地和出版中心。这里曾诞生了出版社或书局300余家,其中龙头老大就是商务印书馆。1900年,18岁的浙江绍兴人沈知方,进入商务印书馆打工。十几年的学徒生涯,令沈知方具备了精明的商业头脑和敏锐的洞察力。当时正值晚清大厦将倾、革命风暴呼之欲来之际,沈知方和陆费逵等审时度势,与人私下组织编写新教材,并着手筹建中华书局。1912年元旦,随着中华民国成立,中华书局应运而生,沈知方出任副经理主管营业和进货,后因挪用公款做投机生意失败,令中华书局陷入困境,加上建造厂房、添置设备耗资过大,导致资金周转不灵,到了1917年濒临倒闭。沈知方因债务纠葛不得不离开中华书局,另谋生路。后沈知方重操旧业,用3 000银元资本在闸北义品里及四马路(今福州路)青莲阁茶馆对面弄堂内其昌旅社租下一间房,作为营业基地。所出版的图书,比较正规的,以"广文书局"名义;属于投机的,打"世界书局"或"中国第一书局"牌子。由于自己没有门面,便委托大东书局代为发行。如此做了一段时间,沈知方发觉用"世界"名称的书籍销路最好,故后来就采用"世界"一名,作为招牌。

世界书局开办不到五年,营业额逐年增加,资金不敷使用,沈知方便于1921年夏季改组成立股份公司,股本为25 000银元,职工100余人,下设营业部、信托部、会计部、分局事务部、门市部、批发部及编辑所、印刷厂。世界书局地址选在四马路靠近山东路西首还远里内,并在还远里弄堂口租得店面,漆成红色,颇受行人注目。其时该书局已出版书籍200多种,采用廉价赠品手段,广为宣传,一时间营业鼎盛。为了适应业务蓬勃发展需要,沈知方于1924年在大连湾路130号购入10多亩地皮,建造世界书局总厂。

世界书局初创时由沈知方个人经营,所以一开始就是为了赚钱,以出版一些迎合小市民低级趣味的社会新闻报道、言情小说、武侠小说为主,在世人心目中没有什么地位。后来世界书局以商务印书馆、中华书局为竞争对象,奋力追赶,做出改进,其社会影响和经济实力大增,逐渐成为继商务印书馆和中华书局之后的中国第三大民族出版业企业。首先在教科书方面,1924年起,世界书局推出小学教科书,一举打破了民国初年以商务和中华独占的教科书市场。据1930年上海特别市教育局编的《上海教育》月刊,在上海市立小学各年级所用书领域,商务印书馆、中华书局、世界书局和国民书局四家总计2734种。四家中世界书局的市场占有率仅稍弱于商务印书馆,且能占有1/3的市场,与商务、中华两家形成"三足鼎立"态势;其次在科普方面,世界书局发现了20世纪20年代末经新文化运动洗礼的中国读者对于科学知识的阅读需要,推出了包括《市政管理ABC》《都市论ABC》《市政组织ABC》等在内的一套ABC学术普及性丛书,风靡一时。至20世纪30年代,世界书局前后共推出丛书多达三四十种,除"ABC丛书"外,还有"文化科学丛书""文化史丛书""汉译世界名著丛书""学艺丛书"和"国学丛书"等,一改过去世界书局在读者心目中"专出鸳鸯蝴蝶派书刊"的低级书局形象;再次在学术方面,出版了"国学名著丛刊",其中如影印"四史"和《十三经注疏》《经籍籑诂》《说文解字段注》《说文通训定声》《资治通鉴》《昭明文选》,以及《诸子集成》《元曲选》和历代古人诗词专集等,且精选善本,加上圈句,或加校勘记,或加评述,使得卷帙浩繁的线装书,摇身一变成普及本,便于翻检和携带,并廉价发售,深受广大读者欢迎;最后在工具书方面,世界书局出版的《英汉四用辞典》,颇受大中学生青睐,且被"黄牛"当作保值物资而囤积。世界书局还仿照商务印书馆的《辞源》、中华书局的《辞海》,在苏州设立编辑分所,聘请编辑多人,准备编纂《辞林》一书。因抗战全面爆发,致使编辑分所为躲避战火解散而未编成。中国第一次较全面译介莎翁的作品——1947年朱生豪所译的3辑共27种《莎士比亚戏剧全集》,也是由世界书局出版的。世界书局还致力于世界学典(类似于百科全书)的编刊,除编撰《世界学典》中文版外,出版了包括《永乐大典》《图书集成》《四库全书》在内的中国学典,并首先筹划编纂《朝鲜学典》,使其成为推动朝鲜独立运动的重要文化工作之一。

因为许多早期的世界书局职工是从商务印书馆和中华书局跳槽过来的,上至总经理,下到各部门员工,所以其经营管理模式摆脱不了商务印书馆和中华书局的影子。譬如商务编译所职工每天工作6小时,夏季高温只工作上午4小时,世界书局照搬;商务印书馆办过数期补习班,造就不少书业人员。世界书局效法,数次招考练习生,约七八十人,毕业后大都成为书业骨干;世界书局设一处三所(总务处、编辑所、印刷所和发行所),所下面再分部、科、股,机构组成大致与商务印书馆和中华书局相同。世界书局职工最多时约有一千余人。

1932年1月28日,日军进攻上海,世界书局位于大连湾路的总厂因在日军控制区域内,总管理所和编辑所暂迁四马路发行所内办公,而印刷厂不得不停工。国难当头,进步文化界人士为抗日御侮奋力疾呼,世界书局也发出了自己的声音。1931年,世界书局出版的《世界杂志》第2卷第5期上,登载马相伯撰写的《为日祸敬告国人》一文,号召共赴国难,抵抗暴日,且刊印日寇侵略照片。随后又出版了《日军侵略满蒙史》《帝国主义侵略中国史》《各国对中国的不平等条约》等书籍,吹响了抗日御侮的号角。1937年7月,全面抗战打响后,大连湾路世界书局总厂被日军占领并作为军营,厂里财物损失巨大,大批教科书被没收,送到造纸厂回炉做纸浆;经史子集国学名著、小说名著等被劫往日本;书籍的金属品底版被熔作军火原材料,其中影印的《十三经注疏》《康熙字典》《资治通鉴》《史记》《汉书》《三国志》等锌铜版被毁。上海沦陷期间,日伪找到已退居幕后的沈知方,要求合作,遭到断然拒绝,令日伪所忌恨。1938年11月,日军将定时炸弹带入四马路世界书局发行所内,炸死炸伤职员各1人。为此,病中的沈知方立下遗嘱,有"近遭国难,不为利诱,不为威胁"等句,彰显其民族气节。租界成为孤岛后,畸形发展,游资充斥,世界书局趁机吸收社会游资,所发股票,可在交易所证券市场进行买卖,成为当时证券交易所文化产业的热门股票。

  1945年8月,日本宣布投降。不久,因抗战期间退入内地形同虚设的老董事会成员返沪,推选李石曾为总经理,管理层几乎都是李石曾手下的人马,并带来大量资本,其股份约占总股本的一半。官僚资本的注入,使得世界书局由一个完全商业性的企业转变为官僚资本占多数的企业。1949年5月上海解放,世界书局成立临时管理委员会。仅过两个多月,8月6日,因世界书局涉及官僚资本,被上海市人民政府军管。1950年2月,世界书局宣告清盘停业,全部资金以股金形式投资"上海新华印刷厂"。

岁月留声"双鹦鹉"

  1877年7月18日,大发明家爱迪生在美国新泽西州工作室里,用自己制成的世界上第一台滚筒式留声机,成功录下并重现了自己所说的"玛丽有一只小羊"这句话。那是人类历史上第一次对声音进行存贮和还原。翌年4月,爱迪生即在纽约百老汇大街成立了留声机公司,生产用锡箔卷成圆筒,然后涂上石蜡制成的留声片(即唱片)。几年后,留美德国工程师伯利纳将圆筒录音载体改为圆盘,使其更具备实用性,且易于复制。仅仅过了10年,上海读者就已经从《申报》上获悉:蜡筒式留声机流行于欧美。两年后,位于四马路上的丰泰洋行将留声机带入上海滩,放在店内公开展示,供顾客欣赏观摩。若有顾客有意向购买,则可以通过该洋行向国外厂商直接订购。那时候,唱片仅是留声机的附属商品,也是洋商推销留声机的一种辅助手段。因为唱片得依靠留声机才能播放,所以人们称之为"留声机片"。

虽然留声机成了当年最时尚的玩意,却因受价格、功能等因素制约,普及率并不高。为此,洋商们都希望通过各种喜闻乐见的音乐留声机片,来推销留声机。例如,为了迎合中国人喜好,洋商灌制了各种传统戏曲节目。

1915年,法国百代公司在沪开设唱片制造厂,获利颇丰。面对新兴的唱片市场,华商不甘心洋人一统国内留声机片天下,孙中山也在百忙之中抽空关心民族留声机片行业。1917年,孙中山邀请日本友人、留声机片生产商铿尾庆三来中国留声机片主要销售地上海考察。1923年间,经过中日两国留声机片经销商和部分社会爱国人士慷慨资助,日商铿尾庆三与华商许冀公等,以中日合资模式,在虹口大连湾路创办了"中国留声机器公司"。

由于有了日本技术支持,中国留声机器公司成立不久,便生产出品质优良的国货留声片。得知此消息后,孙中山赞许道:"中国留声机器公司所制唱片,为宣传之无上利器,将来当可大有助于中华民国革命。"并应邀亲自把公司命名为"大中华留声机器公司"。大中华公司在创办和生产过程中,能得到一代伟人孙中山的热情襄助和高度赞扬,这在中国早期民族工商业中比较少见。

大中华留声机器公司生产的产品,使用"双鹦鹉"牌商标。为了方便顾客选购留声片,公司特地采用不同颜色片芯纸,来区别留声片种类,如红色为京剧、绿色为歌曲、蓝色为地方戏曲。留声片主要内容有戏剧、歌剧和歌曲,其中戏剧及流行歌曲占很大比例,如我国近代著名作曲家、"流行音乐之父"黎锦晖创作的许多作品。1925年"五卅惨案"爆发后,国内掀起了一场大规模的"抵制洋货,使用国货"的爱国反帝运动。由于民心所向,大中华公司的"双鹦鹉"牌留声机片广受消费者欢迎,销量猛增。翌年,大中华公司应上海总商会等邀请,携带"双鹦鹉"牌留声机片参加在美国费城举办的世博会,荣获该届世博会留声片类产品银质奖章。

1927年,大中华留声机器公司决定收回日商股份,改由中国人自己独立经营。因此,公司在生产制作的留声片封套上印有:同胞勿忘,唯一国货,音朗韵长,出品神速,质料精良,售价低廉。同时,大中华留声机器公司改名为"大中华留声唱片公司"。更名后,公司为了扩大生产规模,索性把创办于1924年的上海《中国晚报》留声部,即后来的中山留声话盘制造厂等相关企业,一起并入本公司,收编后,大中华留声唱片公司产量高居华商唱片厂之首,与百代唱片公司和胜利唱片公司三足鼎立。

1937年"八一三"淞沪会战打响后,大中华留声唱片公司的生产和销售受到很大影响。1941年年初,公司被日军强行占领,日常生产经营统统被日商所掌控,厂名也被迫改为"孔雀唱片公司",出品"孔雀"牌唱片。1945年8月抗战胜利,大中华留声唱片公司恢复原来公司名称和产品商标名称,但工厂的生产与销售无法再恢复鼎盛时期的局面。1949年5月上海解放,上海市军管会有关部门接管大中华留声唱片公司,"双鹦鹉"牌留声机片从此退出历史舞台。

凤阳路

凤阳路,东起六合路,西至南京西路,全长1 400米,1890年填浜筑路,1897年以工部局总董名字命名为白克路,1943年以安徽凤阳改今名。

凤阳路上有家著名医院,那就是德国医生宝隆于1900年创办的"宝隆医院"(今长征医院)。而药厂和医院是好搭档。既然凤阳路办了一家医院,再开两家制药厂,也就不足为奇了。

名人创办的九福药厂

黄楚九,一生创业横跨诸多领域,时人称他为"百家经理"。黄楚九创办的第一家企业中法大药房,因制造销售"艾罗补脑汁"引起轰动并畅销,获得巨额利润。1923年,黄楚九又推出一款新药"九福"牌百龄机,其主要成分为酚酞和乳酸钙,除了起到治疗便秘和增进食欲的作用之外,实际上百龄机没什么特别疗效。但黄楚九会做生意,并未遵循常规的"薄利多销"原则,而是利用了消费者"便宜无好货"的购物心理,把价格定得偏高。此外,黄楚九再大做广告,以一句"意想不到的效力"吸引消费者。仿佛一切都在黄楚九的预料之中,出其不意的高价格以及广告宣传,给他带来了巨大经济效益。特制的百龄机广告赠品走进了千家万户后,新药销售业务发展很快,经销范围遍布全国各地,甚至远销东南亚各国,年营业额一度高达50万银元以上。

新药百龄机由九福制药有限公司出品。该公司是黄楚九于1923年10月独资开办,公司地址位于爱多亚路(今延安东路)710号。初创时,九福公司只是中法大药房下属一个部门。虽然对外自主经营,但资金无法独立使用。且公司自身不设厂房,靠中法大药房的生产设备,生产"九福"牌百龄机药片。看到百龄机畅销,黄楚九又开动脑筋。1927年,九福公司改组为股份有限公司,独立核算。公司注册资金50万银元。有了富余资金,九福公司便可以扩大生产规模,在白克路(今凤阳路)250号购入地皮1266平方米,于1928年10月,开工兴建了一幢三层钢筋混凝土厂房。其中一楼是"九福"牌药品销售部和公司职工的办公室;二楼为公司制药部和化验间;三楼系公司产品和原材料储存仓库。自从九福公司有了白克路生产基地后,就选择同中法大药房脱钩,成为一家综合性制药厂。

1931年1月,黄楚九去世。经九福公司董事会研究决定,由黄楚九的女婿臧伯庸继承。于是臧伯庸通过社会集资20万银元,收购了九福公司的厂房、生产设备等全部资产,包括产品"九福"牌商标的专用权。同年10月,臧伯庸向国民政府企业登记注册机关更改公司名称为"九福化学制药股份有限公司",由臧伯庸全面负责公司的经营活动。

臧伯庸入主后,经营思路同老丈人有所不同,他出资引进"浓缩及拉真空"等制药新设备,生产研发出一批新产品,如主治支气管炎的"补力多"咳嗽糖浆等。为了不被仿冒,臧伯庸将"补力多"三个字作为产品商标,及时向国民政府实业部商标局登记注册。由于新药"补力多"主要是参考美国派德公司生产的"帕勒托"咳嗽糖浆处方加以改进制成的。与同类洋货药水相比,国货"补力多"牌咳嗽糖浆价廉物美,一经上市就立即受到消费者欢迎,并一举成为九福公司的又一个名牌产品。

1932年,正当"补力多"牌咳嗽糖浆生意日益红火时,美商派德公司向上海地方法院提出上诉,认为"补力多"牌与其公司出品的"帕勒托"牌商标读音相似,实为仿冒。后经法院审理,认定"补力多"与"帕勒托"商标虽在读音上有点相似,但文字和含义迥异,不能看作仿冒,判决驳回上诉。美商不甘心,又派人向国民政府实业部施压,实业部竟然以行政命令取消了"补力多"牌商标的专用权,且否决了上海地方法院的原判决。臧伯庸不愿屈服,通过各种社会关系,向国民政府最高法院提出上诉。尽管诉讼最终取得胜利,但由于"补力多"牌咳嗽糖浆在诉讼期间停产,且为了打官司耗费大量钱财,令九福公司元气大伤。不久,美商又出花招,打算出高价收买国货"补力多"牌商标的专用权。九福公司在经营方面虽已困难重重,但"不蒸馒头争口气",臧伯庸还是拒绝了美商的请求。由于已经过了产品销售高峰,"补力多"牌咳嗽糖浆再度上市后,销售大不如前。再加上抗战战火影响,运输受阻,九福公司的原材料供应不上,只能暂停"九福"牌百龄机乳酸钙药片和"补力多"牌咳嗽糖浆的生产。没有收入坐吃山空，造成九福公司日常资金严重短缺，一度只得向同行借钱来维持公司运转。但这毕竟不是长久之计，痛定思痛，臧伯庸决定寻找新的出路，开始与公司里的药剂师商量如何转型。因为公司本身具备生产医用冲剂的基础，臧伯庸很快就将目光集中到速溶式麦芽饮料上。当时上海速溶饮料市场上"华福"牌麦乳精（"阿华田"的原名）卖得很火，于是臧伯庸从瑞士引进配方，于1937年研制出中国本土第一款速溶麦芽饮料——乐口福麦乳精。其中"乐口福"是商标名称，"麦乳精"为产品名称。由于乐口福麦乳精价廉物美，又有国货情感分加持，一经上市便风靡上海。可惜时运不济，因为公司内部上层之间经营理念不和，内讧不断，致使九福公司差点关门。1945年8月抗战胜利，九福公司各种"九福"牌药品及乐口福麦乳精等的生产，稍微有点起色，但因国内时局不稳，社会动荡不安，公司每况愈下。到上海解放前夕，公司仅剩下11名员工，乐口福麦乳精也几乎停产。

1949年5月上海解放，九福公司获得新生。1953年，公司积极响应人民政府号召，首批公私合营，不再生产食品，而是在国内首先试制成功"九福"牌"六六六"杀虫剂和"净水锭"药片，为抗美援朝和确保农业生产做出贡献。自1957年起，先后有9家小药厂并入九福公司，劳动生产率大幅提高，固定资产增加5.2倍，利润提高12倍。1961年，上海咖啡厂接管乐口福麦乳精生产后，企业迎来"第二春"，不仅改革了配方，且将乐口福麦乳精简化名称为"乐口福"，延续至今，成为国货经典。

从批发做起的华美药厂

1907年10月12日，《申报》一则报道称："上海新开华美大药房本日先行交易择吉开张。"一个月后，11月11日，由黄运华（原威济药房）和陈梦飞（原中洋药房）合伙创建的华美大药房在大新街（今湖北路）正式营业。虽然名称叫大药房，但规模很小，仅是一开间店面，注册资金只有2 000银元，专做长江帮的小批发生意。后来迁往宝善街（今广东路）。两人经营了十多年，因黄运华无意继续做下去，陈梦飞也已和同行开办了太和药房，所以于1918年6月，以15 470银元的价格，全盘出让给徐翔孙。

徐翔孙，嘉定人，少年时家境贫寒。经人介绍，从老家来到中英大药房当学徒。因为徐翔孙勤奋好学,自奉简约,工作卖力,视店如家,且善于接待顾客,深得经理赏识,不久便被提拔为营业主任。自从徐翔孙与他人盘下华美大药房后,逐步将合股企业转变为独自经营,并对药房原来陈旧的经营理念和管理方法进行改革,及时引进西方先进的药品经营模式,令华美大药房每个月的营业额节节攀升,利润也是逐年提高。1922年,徐翔孙为了扩大营业场地和经营种类,将华美大药房搬迁至四马路356号。

尽管徐翔孙文化水平不高,但他为人朴素低调,具有较高的管理才能,善于用人。做了华美大药房的老板后,徐翔孙分别启用业务经验丰富的张昌敬和中英药房出身的老职工黄裕生为店经理,为药房的发展起到了关键作用。由于徐翔孙的慧眼识才,店里能人辈出、相辅助理,业务蒸蒸日上。徐翔孙还非常注重兼并同业,广设分支机构,低价收购厂房自己开药厂,使得华美大药房的规模不断扩张。如1921年,华美大药房低价收购位于四马路山西路路口,创办于1918年的美泰西药行;1929年,在白克路祥康里开办"长生化学制药厂",主要生产家庭常用成药,有"狮球"牌华美十滴水、海力福命丸、疗百肤药膏、速治而针剂和片剂等;1936年春,徐翔孙通过同行介绍,以4.4万元法币的超低价,买下华英大药房早年耗资10万银元建成的平凉路药厂的厂房,再花费少量资金,对该药厂的部分生产设备进行必要整改,恢复生产原由华英药厂生产的市场传统畅销药品,像润肺止咳露、明目精奇水、刀伤止血药等,扩大了自家企业的生产规模和药品种类。没过多久,为了便于管理,徐翔孙将平凉路厂房的制药设备,全部搬到靠近白克路的派克路(今黄河路)327弄40号,单独开设华美制药厂。其间,华美制药厂主要生产已是国内药品市场的名牌产品"狮球"牌华美十滴水、海力福命丸等。

华美大药房以批发起家。徐翔孙做生意灵活,经常利用洋商之间相互竞争的矛盾,一次性订货,大批量低价购入进口药品,进而垄断市场。而对国货,徐翔孙采取直接投资、预付货款或贷款等方式加以控制,取得优先购进或得到特别折扣优惠。由于有货源垄断优势,徐翔孙遂以薄利多销的手段广揽客户,且用降低批发起点、放宽付款期限或分期结算、代办托运等措施,吸引客户。另外徐翔孙会用热销药品低价招徕客户。至于市场紧缺药品或华美大药房独有的药品,仍高价出售,谋取厚利,以保证总账盈利。除了在本市设有联号分店之外,徐翔孙还另辟外埠领牌加盟店号11家,货源由上海总店优惠供应。虽然总店和分店店名相同,却是别人出钱投资开设,经营自负盈亏,而徐翔孙只赚不赔。

通过徐翔孙一系列举措,令华美大药房在1923年至1936年期间,生产和销售两旺,营业额快速上升,在同行中仅次于五洲大药房,完全超过比自己资格老的中西大药房和中法大药房,位居业内第二位。据统计,1936年年底,华美大药房的营业额高达380万元法币,比10年前增加了726%,纯利润达到157万元法币。

1937年7月抗战全面爆发后,华美大药房位于白克路和派克路上的两家制药厂,因对外交通中断,产品和原材料无法正常运输,徐翔孙只能暂停生产"狮球"牌各种药品。上海华界沦陷前,国民政府动员上海各大企业,将机器设备和生产原料等内迁。华美大药房积极响应号召,把厂里的成品和设备,总共价值约70万元法币,分两批运往大后方重庆。第一批货物在运输途中,不幸被日军飞机炸毁,损失惨重;第二批价值约10万元法币的药品,在取道浙江丽水、转运温州途中,再次遭到厄运,被一伙强盗抢走。1941年12月,太平洋战争爆发,日军强行进入租界。白克路、派克路两处华美大药房的生产厂房,均被日军占领,一度成为军用物资仓库。1945年8月抗战胜利,华美制药厂恢复各种"狮球"牌药品的生产。不过因为解放战争爆发,人心惶惶,国内药品市场又不断受到美、英等西方列强的严重冲击,"狮球"牌药品销售很不景气,华美药厂日常主要开支由华美大药房补贴。

1949年5月上海解放,华美大药房和制药厂均获得新生。人民政府给予企业外汇照顾,使其能够从国外进口原材料。不久,人民政府有关部门对本市医药行业的经营方向进行调整,华美大药房和制药厂完全脱钩。1952年,华美制药厂搬到杨浦区河间路,生产的药品种类在原来基础上增加了"狮球"牌盐酸麻黄素、黄连素、乳酸碘肽钠等新产品。1955年,药房和药厂分别公私合营。之后,华美大药房继续在福州路356号经营药品、化学试剂等,而华美制药厂则于1958年4月并入上海科发药厂。

共和新路

共和新路,南起苏州河桥接成都北路,北至蕰藻浜桥接蕰川路,全长 11 130 米,其南段修筑于1920年,因南面跨沪宁铁路接共和路而得名,1957年到1959年间,该路向北延伸。

中国民族机器工业翘楚

中国民族机械工业起点很低。尤其是第一次世界大战结束后,大量的机械设备从国外进入中国市场,使中国机械工业发展速度极慢,机械设备的产量提高不快。1925年"五卅"惨案后,上海掀起罢工浪潮,"抵制洋货,提倡国货"呼声日强。出于爱国热情,支秉渊联络了大学同学魏如、吕漠承、朱福驷和校友张延祥、黄炎,每人出资250银元,在上海市泗泾路6号设事务所筹办新中工程股份有限公司(今上海新中动力机厂,简称新中)。"新中"寓有"新中国"之意,反映了支秉渊等爱国知识分子强烈的民族自尊心和振兴民族工业的志向。

支秉渊,1897年生于浙江省嵊县,1915年进上海南洋公学(今交通大学)电机科,经过数年寒窗苦读,获电机工程学士学位。大学毕业后,支秉渊被聘为美商慎昌洋行实习工程师、工程师。负责发电机组、内燃机、水泵、压气机等机器设备的销售业务,参加安装了不少机器和若干个发电厂的建设,熟悉了所经办机器的基本知识、安装和使用。

新中厂刚刚创办时,支秉渊、魏如等人白天仍在洋行谋生,利用业余时间代客设计洋行不愿意承接的特殊电气和机械装置。1926年,新中约请原在慎昌洋行的工人吴梅生加入,在长安路租设机器厂开业,同年秋在闸北宝昌路建厂,有翻砂车间、装配车间、机器间等,设备有各种金属加工机床 22 台,以及淬火电气炉等,生产抽水机、煤油机、小马力柴油机及碾米机等,并承接设计一系列工程项目。1926 年,上海南洋大学举办了一届工业展览会。该会第三会场,为德商天利洋行及丹商罗森德洋行陈列的柴油机、抽水机、电动机等。支秉渊敢于与此一决高低,在天利洋行陈列品之前,摆下新中自制的 8 寸口径离心抽水机,同时开机抽水,当场比较。结果,新中的产品轻巧坚实,价格特别低廉,较之舶来品有过之无不及,令国人非常振奋。由于支秉渊等人热衷于研究开发新产品填补空白,花费了大量资金,使新中多年来仅有微利可图。

这一时期,民族工业在洋商和官僚资本的双重倾轧排挤下处境艰难,支秉渊等克服种种困难,以坚韧的毅力和不怕失败的精神,坚持实业救国。20 世纪 20 年代,中国市场上的狄塞尔柴油机都是洋货。支秉渊不甘心受外商摆布,有志于填补国内空白,于 1929 年,仿制成 36 马力双缸狄塞尔柴油机,开中国制造该类柴油机之先河。新中制造的柴油机,同华生电机厂设备配套,安装在安亭以及萧山的永安电灯公司、嵊县的开明电灯公司、嘉定的南翔电灯公司等企业,发电机组装机容量达 200 千瓦以上,约占上海民族机器工业售出用于电厂的发电机组总装机容量的 30% 左右。1932 年"一·二八"事变中,地处闸北前线的新中厂房设备全部毁于日军炮火,损失巨大。同年 5 月重建厂房。

第一次世界大战起,中国关内(东三省除外)长期没有兴建铁路。当时已在修筑的铁路亦都中途停顿,支秉渊考虑到国家经济发展需要,以及新中本身利益,从 1934 年起,先后毅然承包了粤汉、浙赣、苏嘉等铁路桥梁 10 座,克服了许多技术上的困难,取得成功,也获利颇丰。

由于柴油较汽油价廉,用柴油汽车较汽油汽车经济。在制造柴油机的过程中,支秉渊产生了试制柴油汽车发动机的想法,并曾多次在外国汽车面前驻足沉思,流连忘返。尽管难度大,成本高,技术上无把握,在一般人看来得不偿失,但支秉渊却决心闯一闯。通过近两年的研究与试制,于 1937 年春,成功制造出中国第一部自制的高速柴油汽车发动机,并由支秉渊亲自驾驶着安装着那台自制发动机的卡车,向上海市公用局报告试车成功。不久,新中内迁时,装着自制发动机的卡车在市内运输过程中,发挥了重要作用。

1937 年 8 月淞沪会战打响,支秉渊等积极响应资源委员会等部门组织的内迁号召,率领新中员工历经艰辛,将上千吨机器设备迁往武昌,准备长期制造汽车发动机。武汉告急以后,新中继续内迁长沙,试制较大马力的汽车发动机。长沙大火后,新中又迁到祁阳,复工生产的同时,还举办了 5 期技工训练班,培养车钳工种技术工人近300人。那时的新中具有相当规模,职工人数最多时达1 000余人,先后开设了锻铁、铸铁、炼钢、轧钢、金工、发电等11个工场,生产各种煤气机、蒸汽机、切削机、抽水机、鼓风机等。1943年11月中国工程师学会在桂林召开学会期间,颇多会员专程到祁阳参观新中,时任国民政府经济部长翁文灏亦特地前来视察。翁文灏看到,随着新中的到来,使得祁阳一个小城市俨然成为工业基地,绝对是抗战时期自给自足的一个非常可贵的奇迹,对此感到非常高兴,对支秉渊的爱国之举、强烈的创业进取精神和出色才干倍加赞赏。而大马力汽车发动机的试制工作,也从长沙转到祁阳。1939年6月,65马力柴油汽车发动机在新中祁阳制造厂被成功试制出来。

1939年夏,由于日寇封锁,赴香港购买附件更加困难。太平洋战争爆发后,德国附件和原料供应中断,新中无法批量生产柴油机。另外,战时的柴油成了十分紧张的战略物资,柴油发动机因缺油而几乎停用。支秉渊审时度势,考虑到后方生产煤炭,便着手把柴油机改为煤气机。经过半年多试制,终于试车成功。该煤气机功率45马力,可与发电机匹配。支秉渊以月产30部煤气机为目标,最初月产3部,后来达到月产6部。该发动机在大后方相当受欢迎,被用于发电或驱动小型船舶。支秉渊将其和煤气发生炉装在一辆卡车上,1942年支秉渊驾驶这辆汽车从祁阳出发,经湖南、广西、贵州的崎岖山路,成功地驶抵重庆,开创了国产煤气发动机驱动汽车的历史,成为中国近代机械史上的一件大事。当时重庆《大公报》发表文章,将支秉渊喻为"中国的福特"。

1944年4月,日军进攻豫湘桂,逼近祁阳,新中又一次受到严重威胁。厂里除了给不愿撤退的工人发给少量遣散费外,将一千多吨机器设备先由湘桂铁路运往柳州,再经黔桂铁路辗转运往重庆。由于黔桂铁路秩序混乱,新中的器材几乎散失殆尽,撤退工人与家属沿途忍饥受饿失散不少,又遇瘟疫,有的死于途中。退到重庆,工人只剩100余人,带到重庆的残余物资,仅有几箱图纸和几吨残缺不全的器材,由厂里一台旧卡车运了些小件工具到达。于是新中一面由支秉渊去美国购买机器,一面由魏如组织恢复生产,在沙坪坝设厂,制造加工引信的自动机床、钻床及工夹具,大批量生产急需的通用加工装备,并招收训练重庆当地以码头工人为主的合同工数百名,总计职工达400多人。后来又在李家沱建厂,供应前方作战需要以及满足后方百姓生活。1944年10月10日,新中厂与内迁工厂在重庆举办"厂矿出品展览会",轰动山城。

1945年8月,抗日战争胜利,新中从重庆迁回上海,优惠承购了位于惠民路251号的敌伪"淡海机器厂",购买了一部分日本赔偿的机器,加上由支秉渊从美国买回的机器,恢复了生产。但是,由于美国大量剩余物资倾销,国内工商业生产受到打击。为了维持生计,新中只能扩大品种组织制造泥浆泵、深井泵以及各种口径的高低压抽水泵、型砂试验设备、100 吨油压机及起重机等,此时职工人数减至 196 人。

1949 年 5 月上海解放,新中把存放在重庆等地的旧机床设备运回上海,整修利用。1951 年 8 月,新中董事会向人民政府申请公私合营,1952 年 11 月 1 日获正式批准,是全市机器行业最早的合营企业之一。合营后改名新中动力机器厂。公私合营后,厂里先后并入榆林路的铁工厂,惠民路的蛋厂、锅炉厂一个车间、协新翻砂厂。全厂下属车间(部门)跨越上海四个区,规模日益扩大。1955 年改名新中动力机厂。1956 年造出当时国内功率最大的 6L350 型和 8L350 型柴油机;1958 年制成国内第一台轴流式增压器,成为中国第一家增压器生产厂家。1960 年至 1970 年,工厂先后在彭浦工业区建成精密铸造车间、综合车间、电镀车间、锻工车间、柴油机试验车间、增压器车间、柴油机机工车间等。1971 年,为适应中速柴油机铸件生产的需要,着手在彭浦厂区新建 3 200 平方米的铸造车间,1974 年建成并交付使用。同年,还兴建 2 346 平方米的木模间、木模库和铸件粗加工工场,于 1978 年年初竣工使用。1979 年,建成 693 平方米的冷作、焊接车间,1980 年年底又落成 2 058 平方米有色铸造工段厂房交付使用。至此,分散在各处的车间拆迁完成,集中在共和新路 201 号新厂区内。

中国第一台工业锅炉

1865 年,李鸿章在上海开办江南制造局,兼办船舶修造业务,开始了中国工业锅炉修造的历史。而蔡正粹,正是中国第一台工业锅炉的设计者和制造者。

蔡正粹,1901 年 6 月出生于浙江鄞县,8 岁念私塾,10 岁到上海澄衷中学读书。1916 年进上海聂中丞公学机械科,1918 年 7 月毕业,次年 2 月考入南开大学理工科,两年后辍学,即在英商通用电气公司天津支行工作,任工程师助理员,先后参与天津、烟台、蓬莱、湘潭、凤城等地的汽轮发电机组、蒸汽发电机组的设计和安装。1925 年成为英商通用电气公司大连支行中唯一华人技师,从事安装发电动力机器工作。1927 年,蔡正粹的才能引起东北矿务局总办王正甫的重视,遂向张学良推荐蔡正粹,他被委任为总局机械工程师,享受矿长待遇。此后,蔡正粹在八道壕煤矿、复州湾煤矿任机械工程师,负责管理8 000千瓦发电机、矿用机器以及高压馈电线输电工作。如此丰富的经历,让蔡正粹在安装和管理发电动力机器方面积累了一定的实践经验。

1931年"九一八"事变后,蔡正粹立志走工业救国之路,毅然只身从东北回到上海。先在其父蔡方源开办的上海协泰机器厂帮忙。同年11月,在虹口西华德路(今长治路)其自家住所创办了四方机电工程公司,自任经理。凭借自身技术,承揽洋商和国内厂家委托加工的零件、修配、安装设备和旧货翻新业务。为了扩大业务,1934年3月,蔡正粹与蔡加林、张汉瑞等合伙,在宁波路原香港国民银行大楼开设写字间。其间,蔡正粹曾为达丰印染厂制造过锅炉上的水箱;在烟台,安装过10吨锅炉和全套设备;也为苏州苏纶纺织厂安装过236只马达及7根地下电缆。1935年1月,蔡正粹独资在公平路公平坊开设写字间。同年,其父蔡方源于1896年开办的协泰机器厂因资金枯竭,无力维持,宣告倒闭。蔡正粹利用协泰机器厂倒闭时分到的房屋和机器,于1936年3月,把自己的公司改名为四方机电工程公司,并迁址昆明路。当时公司占地1亩8分,设备共有小钻床3台,牛头刨床1台,其他车床约10台。雇用工人、学徒约30人,职员近10人。1935年,世界上大多数资本主义国家度过了1933年经济危机最低点,进入复苏阶段,国际市场渐见活跃,中国民族实业家认为经济发展的时机已到,也纷纷上马。当年夏天,上海大隆机器厂厂长兼苏州苏纶纺织厂总经理严庆祥与常州工业界的江上达筹建创办常州民丰纺织印染厂(今常州国棉二厂),且决定尽量采用中国自制设备。工厂的关键设备是工业锅炉,但是,当时国内还没有一家工厂制造过,过去用的都是进口货。蔡正粹获悉民丰厂需要一批锅炉后,就利用严裕棠(严庆祥之父)和自己父亲曾是同事、严庆祥又与自己是老同学的关系,立即找严庆祥商量,要求承担这项工程。对此,严庆祥与江上达两人经过反复考虑,最后同意把这一重任委托给蔡正粹。因为早在1933年蔡正粹曾为苏纶纺织厂出色地完成了发电设备建设和动力设备革新工程,成效显著,节约能源竟达50%,所以,严庆祥对蔡正粹十分信任和赏识。而蔡正粹也早有雄心想亲自试制工业锅炉,只是苦于没有机会。双方一拍即合,当年年底签订了合同,锅炉价格要比进口货便宜一半左右,且四方机电还负责安装和校车。

第一次自制锅炉,困难是可想而知的。首先是没有数据。尤其是管子辘在汽包上究竟有多少压力,当时连交通大学的教授也无法查到;其次是公司根本没有整套设备,无力制造锅炉的全部部件。对此,蔡正粹采取的方法是:本公司负责总设计、总安装,并制造阀门等部分零件,而将锅炉汽包的轧圆、封头、铆钉以及炉架等绝大部分部件包给了数十家小厂承制。蔡正粹凭借自己多年来的工作实践经验,对照国际锅炉压力容器标准,根据民丰厂的技术要求,经过反复计算,终于取得了各种材料应力的可靠数据,并参照、改进了美国斯久灵型号的结构,构思设计出一台在蒸发对流、节约材料和安全性能方面都独具特色的新型锅炉。整台锅炉共有炉管130根。当时的制造工艺和加工方法都十分简单,炉管孔是用手扳钻钻成,封头是用大铁锤人工扳成。经过努力,到1936年10月,中国人第一台工业锅炉——水管锅炉,终于制造成功。

锅炉制成后按时运往常州民丰厂安装,并进行了水压试验,当压力增加到20公斤时,锅炉无渗漏现象,各方面完全符合设计要求。且与当时英商名牌"拔柏葛"锅炉相比,其优点是:(1)升荷快。同样从生火到升荷,"拔柏葛"牌锅炉要4个小时,而国货只要两小时多一点;(2)金属耗量小。此锅炉用料只有"拔柏葛"牌锅炉的1/2;(3)安全性能好。此锅炉不会引起整体爆炸,若发生意外,只会在局部爆炸;(4)安装占地面积小。此锅炉不像"拔柏葛"牌锅炉那样庞大,占地面积要小得多。对此,民丰厂感到非常满意。由于是四方机器工程公司设计制造的,因此取名为"四方式水管锅炉",又称"蔡氏安全水管锅炉"。

中国第一台水管锅炉从签约到安装完工,只花了10个月的时间,且质量又能同洋货媲美,这在当时是一件很不容易的事。此事震撼了英商拔柏葛公司,他们做梦都没有想到在中国市场上会突然冒出这么一个竞争对手。为此,英商马上派出专家和工程师到常州暗查,并倚仗公共租界工部局的特权,强行颁布法令,声称"为了避免高压容器爆炸事故,凡在租界内制造锅炉者,事先需获工部局检验师的准许和监督,对擅自制造者予以追究"。很明显,这项法令是针对四方机器工程公司的,但是,蔡正粹不畏高压,请专家作多次冷压抗拉试验,结果证明"四方式水管锅炉"完全符合安全标准,工部局在无可辩驳的事实面前,只好同意发给许可证。

1940年年底,蔡正粹向社会招股,成立了四方工程股份有限公司。1945年8月日本投降后,改组成三人合资的四方机器厂。同年底,四方机器厂一分为三,即蔡正粹的四方机电工程公司,傅云仙(蔡正粹之妻)的四方铁工厂,傅兆云(蔡正粹妻弟)的中建锅炉厂。1947年9月,蔡正粹将公司改名为四方工程公司机械厂。次年,承接了为上海招商局制造"江华"号轮船用的锅炉业务。

到1949年,制造成功了两台2 400马力的锅炉安装在船上,经试航,总蒸发量比原来大很多。为此,蔡正粹受到了中国人民解放军驻招商局管制委员会的好评。1950年,为支援解放舟山战役,四方机械厂制造了3台2吨人字式船用锅炉。1953年,开始小批制造4吨以下工业锅炉。1955年,先后有勤兴铁工厂、万兴铁工厂等28家小厂并入,成为上海市第一批公私合营单位,有职工708人,定今名。1958年,工厂由昆明路迁到共和新路2901号。

共和新路数厂家

共和新路上的厂家,还有不少是该行业的头部企业。

譬如上海华通开关厂,位于共和新路2500号,前身是华通电业机器厂,由杨树浦发电厂变压器间总领班姚德甫等四人集资白银6 250两,于1919年1月创办,并利用与英籍大班的关系,承揽电力公司外装业务。初期租借两间厢房,雇用10余名工人,制造熔断器和从事电器修理业务。1931和1940年,工厂先后进行了扩建,职工增至900人左右。1941年在小沙渡路(今西康路)596号扩建新厂,改名华通电业机器厂股份有限公司。1950年元旦,经上海市人民政府批准,实行公私合营,成为上海市第一家公私合营的电工企业。1953年改今名,1958年迁入现址,1968年更名上海开关厂,1980年恢复原名,主要生产高低压电器、高低压开关柜和自动化装置等4大类、100多个系列、500多个品种、近2万种规格的产品。20世纪50年代至70年代,先后试制成功国内第一台自动空气断路器、220千伏少油断路器、1 000千伏工频试验室的高压试验大厅及自行设计制成属国内首创的大型铁板轧平机、电脉涂漆油热交换烘道流水线。

上海新华铸钢厂,位于共和新路1346号。前身为新兴坩埚铸钢厂,建于1953年,厂址在黄河路319号,用石墨坩埚炼钢,浇铸镍、铬不锈钢医疗器械零件。1953年年底,迁址光复西路575号,坩埚由4号扩大为10号至40号,每炉钢水产量由2.8公斤增加到96公斤,主要铸造汽车配件。1958年以后,坩埚被淘汰。1959年改名为新兴铸钢厂。1967年改今名。

上海造纸机械总厂,位于共和新路3001号,前身是慎和翻砂厂,由孙正友等三人合资创办于1948年,是上海一家较大的私营翻砂厂。1949年上海解放初,与中华铁工厂合作生产造纸机烘缸和辊筒,1955年并入中华铁工厂,1957

年,改名为上海造纸机械厂铸造车间,同年迁至现址,并有宝源祥、裕兴、徐永兴等翻砂厂并入。1958年12月,浇铸成功36吨重的6米立式车床下花盘。1978年3月10日,铸造成功直径4.5米的烘缸铸件。1971年,与新并入的革命铸造厂、东方造纸机械厂铸造车间合并组建成了上海造纸机械厂铸造二车间。1979年年底,轻机铸造厂部分并入铸造二车间,原车间改称铸造一车间。1986年,为上海重型机器厂铸造成功单体重100吨钢锭模提供了型芯和锭核。同年,上海造纸机械总厂成立,铸一车间、铸二车间与木模车间分别更名为上海造纸机械总厂铸一分厂、铸二分厂、木模分厂。1988年,三个分厂合并为上海造纸机械总厂铸造分厂。

上海鼓风机厂,位于共和新路3000号,前身是中国柴油机公司,创建于1947年7月,以经销柴油机及汽车配件为主,兼营修理业务。1949年上海解放初期,转产风机和水泵。1950年,自行设计制造成国内第一台离心通风机。1951年,为青岛毛纺厂试制成功国内第一台42立方米/分罗茨风机。1952年,试制成功坑道式通风机,支援抗美援朝战争。1954年,先后并入林惠昌铁工厂、德庆机器厂和华生机器厂等8家企业,并开始生产透平鼓风机。1956年起,产品开始援外出口,先后销往非洲、欧洲和东南亚等27个国家和地区。1957年,改今名,专业生产离心式压缩机、离心式和轴流式鼓风机、通风机、罗茨鼓风机和各种配套消声器及联轴器。1968年,为黄浦江第一条隧道设计试制了轴流式通风机,风机叶轮直径达2.8米。1969年,开始生产离心式压缩机。1970年,为南京梅山铁厂试制成功重达60吨的S6500大型烧结风机,高11米的冷却轴流风机和援助阿尔巴尼亚的S4500大型烧结风机。1974年,试制成功燃油和燃煤两套30万千瓦火电机组的送引风机,风机最大风量每小时133万立方米。同年,完成了国内最大流量的500立方米罗茨风机。1979年后,从联邦德国、丹麦、比利时等国引进多种类型风机的先进制造技术,从而使该厂技术水平达到国际20世纪80年代水平。

上海冷气机厂,位于共和新路1301号,是由雷电冰箱行中心厂和江南冷气工程行中心厂于1957年合并而成。雷电冰箱行中心厂则是在1955年由雷电冰箱行为主,合并华电电业行等5家小厂而组成。而江南冷气工程行中心厂是在1956年以江南冷气工程行为主,合并北美电冰箱修理行等6家小厂而组成。1958年,又有钱合兴机械厂和丁祥鑫家庭手工业社并入。同年,试制成功第一批2F63氟利昂制冷压缩机和全国第一台P-2型冷风机。1961年,试制成2F10型、4F10型氟利昂制冷压缩机,并在当年形成小批量生产。1963

年,该厂与七机部联合设计试制成功第一台 1 立方米高空箱,为国家填补了空白。

彭浦机器厂,位于共和新路 3201 号,1958 年 10 月,由上海铸造厂等 16 家工厂合并组成,定名上海冶金通用机械厂,1959 年改今名。建厂初期主要生产冶金车辆、炼焦设备等。1964 年 6 月,试制成功当时国内最大马力推土机——上海 100 型推土机。1979 年,引进国外推土机制造技术,技改项目被列为国家第六个五年计划时期重点项目之一。1986 年,厂技改项目又被国家第七个五年计划列为重点项目之一。该厂生产的履带式推土机,行销全国 29 个省市,出口美国、澳大利亚、古巴、孟加拉、芬兰和智利等国。

共青路

共青路，位于杨浦区东南部复兴岛上，南起定海路桥，北至海安路，全长2 323米，1937年由浚浦局筑，名浚浦局西路，1949年改名西浦路。1958年因共青团员义务修路，改今名。曾名复兴岛路。

浚浦局与黄浦江疏浚

上海地区河网纵横，水运便捷。随着经济中心南移及长江流域的不断开发，到鸦片战争前，上海港已经从一个区域口岸，壮大为名列全国前茅的枢纽大港，黄浦江也从一条农田水利河道发展成名副其实的"黄金水道"。1843年上海开埠后，船舶大型化与航道自然条件之间的矛盾日益突出，黄浦江航道治理逐渐被提上议程。由于当年没有专门的管理疏浚机构，黄浦江泥沙日渐淤积，水深仅4米左右，只能容吃水1米多深的驳船航行，外国的远洋货轮无法直接驶进黄浦江码头卸货，需靠驳船转运。如此不仅增加货物滞留时间及驳船运输成本，同时增加了船舶碰撞和海难风险，更不利于地方财政收入。为此，沪上一些洋商曾提出改换贸易地点。但考虑到上海优越的地理位置，令绝大多数洋商认同治理航道而非另寻航道。1863年，驻沪外国轮船公司联名要求海关总税务司赫德出面敦促清政府疏浚黄浦江航道。翌年，上海外国总商会向英国驻华公使威妥玛提出，如果中国政府不愿疏浚，则由英国公使牵头组织集资疏浚。当时正逢苏伊士运河开通，各国轮船公司对于疏浚黄浦江的要求相当感兴趣。1872年，包括怡和、旗昌、太古在内的76家洋行联名致信江海关税务司和北京外交使团，表示"吴淞江内沙已阻碍黄浦江航道，使得船主和商人非常焦急，请你们寻求适当的方式，提请中国政府注意这一紧急情况"。

到了1874年,外商要求治理黄浦江航道变得更加迫切,英国驻沪总领事照会江海关称:"浦江涨滩大而且坚,将来越久越涨,迨至口门将闭,则上海通商日渐萧条矣。"赫德也在备忘录上写道:"黄浦江将淤塞,不能通航。20年后,镇江将取代上海成为终点和转运站。"

洋人咄咄逼人,清政府却迟迟未有回应,主要是存在三方面顾虑:一是安全问题。清政府认为淤积的河道可形成阻拦外国军舰进入上海的天然屏障。且对于吃水较浅的中国船只来说,影响不大。如果为了洋人的利益而丧失本国的天堑不合算。二是担心疏浚工程受制于人。1882年,上海引进疏浚船,并展开小规模的疏浚。然而由于没有系统性规划,施工效果大打折扣。究其原因,疏浚工程须因地制宜,即便是自然条件非常相似的两处河港,因为各自水文条件和泥沙情况迥异,治理方法千差万别。但是中国不具备专门从事机械疏浚的人才储备,工程一旦开始势必必须仰仗洋人,导致中国政府官员不能接受。三是巨额经费。机械疏浚需要投入大笔经费购买设备和雇用人才。1894年讨论黄浦江疏浚时,估算治理经费不低于200万两白银,而江海关每年的船钞收入不过20万两白银。且清政府对外有连年的战争赔款,对内有镇压起义的军费开支,再也无力承担如此之大的工程。

但是面对黄浦江航道的现状,无论是清廷和地方官员,或是当地有识之士,都意识到其危害性,即航道淤积不仅不利于贸易,进而影响船钞收入和地方财政,且不利于农田灌溉。并逐渐认同传统航道治理方法有限,需要借助国外船舶动力机械;而对于洋人,航道条件的好坏,不仅直接关系到其在华经济利益,且对于租界侨民的生活也造成了一定影响。可仅靠清政府,无法解决巨额资金筹集,以及技术和人才储备问题。而洋人要想克服来自中国民间的阻力(譬如驳船业帮助外轮在河口卸货,分批运送进港,从中牟利。1874年德商禅臣洋行因卸货增加的成本相当于全部运费的7%至10%。一家美国公司3年内共支付2.2万两白银驳船费,甚至还有公司支付驳船费高达3.3万两白银),顺利处理拆迁、征用土地等事宜,也离不开地方政府和民间社会的配合。最终,黄浦江治理"在义和团运动后作为问题总解决的一部分来对待了"。

1901年9月7日,清政府不得不全盘接受西方列强要求,被迫在《辛丑条约》中写进疏浚黄浦江航道的内容,即设立一个专门负责疏浚和管理黄浦江的机构。1905年10月5日,光绪皇帝在《改订修浚黄浦河道条款》奏折上朱批"知道了"后不久,时任上海道台袁树勋奉命于12月26日正式成立浚浦工程总局(后简称浚浦局),并设计了一个30年疏浚黄浦江的治理方案,开始疏浚黄浦江。该机构属于中国机关,却聘任外籍工程师担任总办。第一任总办是荷兰工程师奈格,其年薪高达3 000英镑。

经过四年整治,黄浦江航道水深由0.9米增加至5.8米。初步治理成效对上海港的航运贸易产生积极影响,进出口数量增长一倍以上。1910年,浚浦局改为善后养工局。两年后重新设立浚浦局,主持航道整治及管理。1925年至1934年,黄浦江航道不断挖深至八九米,从吴淞口一直疏浚到十六铺。疏浚黄浦江吸出的泥沙,被运到靠近杨树浦东南角的周家嘴沙(1927年浚浦局以40万两白银向政府买下的一片浅滩),吹填出一个新月形的岛屿周家嘴岛(今复兴岛)。然后浚浦局在岛上筑路,并在386号建造职员俱乐部。

1937年抗战全面爆发后,浚浦局损失严重,被日军扣留大小挖泥船10艘,强行"租用"去日本,导致黄浦江淤泥日积、河道日狭。国难当头,众多浚浦局职工参加抗日队伍,不屈不挠进行斗争。

1949年5月,上海解放后,曾被西方列强和官僚资本控制多年的上海港口治理养护权,终于回到人民手中。1964年9月,浚浦局更名为上海航道局。

造"争气"船的工厂

1923年,日本长崎三菱造船所,一位中国籍年轻人对所长提出不想做了。日本籍所长十分诧异他为什么要辞职。青年答复准备回中国造船。所长嘲笑中国人搞什么造船业,要用船的话请日本造就行了。中国青年觉得受到了极大的侮辱,更加坚定了回国创办造船厂的决心。他就是我国著名爱国实业家杨俊生。

杨俊生,江苏淮安人,1890年9月出生在当地富裕人家,幼年上私塾,接受传统儒家教育。青少年时受到新思潮影响,于1906年跟随回乡探亲的留日学生东渡日本求学,先去宏文学院读语言,再进日本东京第一高等学校预科,1912年考入日本熊本第五高等学校学习。在日本,杨俊生接触到革命思想,参加了孙中山领导的同盟会,经常阅读同盟会主办的《民报》,和诸多进步青年一同去听章太炎演讲。因为孙中山曾讲过,中国要发展自己的造船和航运业,所以杨俊生在1916年考入日本东京帝国大学船舶工学科,成了一名公费留学生。由于东京帝国大学选择学生的标准很高,全班仅18名学生。经过四年刻苦学习,杨俊生以优异成绩毕业,被当时日本最大的造船企业三菱重工长崎造船所录用,先后在商船设计部制图课、装课和船型试验所等部门担任技师,并兼任三菱造船所工业学校造船学教师。五年的工作经历,令杨俊生积累了丰富的船舶设计和建造经验。尽管杨俊生作为东京帝国大学毕业生,在日本工作前途宽广,但他忧国忧民,放弃优厚待遇,于1925年举家回到上海,开始筹划办厂事宜。不过那时候的中国正处于军阀割据的乱世之中,内忧外患,国内造船业几乎被英美企业所垄断,想从中杀出一条路来谈何容易。于是杨俊生暂时搁置创业计划,受聘于中日合资的东华造船厂,担任工程师一职。杨俊生边工作边寻觅机会。翌年,东华厂因经营不善而破产倒闭。杨俊生意识到机不可失,便立刻向留日同学、同乡、时任金城银行总经理周作民贷款 5 000 银元,买下原东华厂的部分机器设备。并向日本大阪商船会社租用一块空地,独资创办了一家从事船只修理业务的工厂。刚刚起步时,厂里仅有四名职员,数十个工人,且工种也不齐全,但杨俊生还是给自己的工厂起了一个响亮的名字:大中华造船机器厂。因为杨俊生相信总有一天中国造船业定会大展宏图闻名世界。

1926年10月10日,位于杨树浦路上紧邻江浦路码头的大中华船厂正式开工生产。杨俊生自任厂长兼设计部主任,有不少设计图纸是杨俊生晚上在家里画成的。工厂投产次年,便为四川长风轮船公司建成"民俗"号客货轮。正当厂里业务渐有起色时,突然面临被强制搬迁的窘境。杨俊生只得另找新厂址。通过朋友介绍,他向上海浚浦局租赁了周家嘴岛上的一块地皮,但是待杨俊生拿到图纸不禁傻眼了。原来,浚浦局批给他的是一块面积不足20亩,且是一面临江、三面沿马路的土地,将来毫无发展余地可言。杨俊生赶紧去问手握批租大权的英籍工程师,请求他另外批块大点的地方。谁知那英国人不屑一顾地认为大中华船厂只不过修修小船,20亩地皮足够了。

洋人的鄙视反倒激起杨俊生不服输的犟劲,偏要造出大船来给洋人瞧瞧。此后,杨俊生越发勤奋。在全厂员工齐心协力下,不仅迅速建成新厂房,将机器设备悉数搬入,且建造了两座长60米、宽14米的船台。1932年年初,大中华船厂在周家嘴岛新厂址恢复生产。谁曾料到,刚刚开工便祸从天降。日本发动"一·二八事变",周家嘴岛落入魔掌,日军强占了厂里的厂房和设备。杨俊生也因是抗日救国会的成员,成为日军搜捕对象。尽管身处险境,但把工厂视作子女般的杨俊生,为了企业生存和工人饭碗,不畏强暴,据理力争,要求发还工厂。通过不懈努力和一番智斗,令日寇理屈词穷,不得不将工厂还给杨俊生。虽然开局不利,杨俊生仍带领全厂加倍勤奋工作,弥补损失,相继建造出

"长江"号炮艇和"天赐"号客货轮。其中"长江"号炮艇是专为川军定制的,排水量400吨。至1932年年底,大中华船厂的固定资产已达13.5万银元,船舶修造业务初具规模,成为中国民族造船业的一颗新星。

1934年,杨俊生为天津航业公司设计建造了国内第一艘破冰船"天行"号,彰显了民族造船业的实力与潜力。该船在两年后天津港严重冰灾的救援过程中发挥了重要作用。"天行"号的及时营救事迹为大中华船厂声誉增添了一笔浓墨重彩。自1926年到1936年期间,大中华船厂承造江轮10余艘,渔船2艘,油驳、煤驳等40余艘。另外建造炮艇、破冰船、摆渡轮等特种船舶多艘。除了船舶,大中华船厂还建造了浙赣铁路的钢结构桥梁数十座,其中芦溪、贵溪等铁路桥长达数百米;承建了导淮船闸水道工程、江阴要塞等;还有储油罐、油池、浮动码头、浮桥、1万立方米气柜、厂房等,为民族工业在重工业领域争取到一席之地。

不过大中华船厂的迅猛崛起招来国外同行嫉妒。枪打出头鸟,杨俊生差点为此身陷囹圄。事情缘于建造"大达"号客货轮,杨俊生以46万银元低价突出众多国外造船企业重围,一举中标南通大达轮船公司项目。根据合同规定,客货轮的两台主机须向英商瑞镕船厂订购。"大达"号于1934年5月18日开工,同年11月9日下水。该轮是当时中国民营船厂所建造的吨位最大的客货轮,其设备完善程度,系国产客货轮中仅有。可载客1 400人,航行于上海至扬州航线。

建造"大达"号,为大中华船厂赢得殊荣。表面风光,杨俊生却负债累累。因为在竞标时,为了能击败对手,杨俊生一再压低造价。所以虽说成功中标,但利润薄得可怜。在"大达"号建成后,厂里的流动资金几近枯竭。屋漏偏逢连夜雨,英商瑞镕船厂偏偏在杨俊生缺钱当口上门催讨工程款。杨俊生短时期里根本拿不出钱来。于是英商借机发难,向法院起诉,要求宣布大中华船厂破产,拍卖工厂物资设备用以偿债。结果法院查封了大中华船厂的所有资产。作为工厂法人,杨俊生则被告上法庭。幸得著名律师沈钧儒出于维护民族工业的爱国之心,仗义执言,免费为杨俊生辩护。由于大中华造船机器厂属于有限公司,虽然被判罚后倒闭,但杨俊生免去牢狱之苦,且能东山再起。在全国金融界和实业界人士襄助下,由金城银行周作民、民生实业公司卢作孚、永利制碱公司(南京化学工业公司前身)范旭东等注资25万银元,改组大中华造船机器厂,厂名更改为"中华造船机器厂股份有限公司",由卢作孚担任董事长,杨俊生出任厂长兼总工程师。

有了雄厚的资金做后盾，杨俊生摩拳擦掌，满怀憧憬，准备进一步扩大生产规模。无奈好景不长，1937年8月13日，淞沪会战爆发，上海华界沦陷，日本海军陆战队占领周家嘴岛，并强行赶走岛上的职工和居民。中华船厂被迫停工，日军将其改成军械修理厂，并几次三番邀请杨俊生出任"三菱重工业株式会社江南造船所"负责人，条件相当优厚，就是把中华船厂交还给他，让杨俊生自行管理。但爱国至上的杨俊生不为所动，断然拒绝，且冒着危险偷偷将工厂里的少量设备运了出来，又千方百计运到湖南，打算在湖南建立中华船厂分厂，开始筹备建设湘黔铁路的沿线桥梁。但战火很快就蔓延到了湖南，杨俊生不得不暂停分厂的建设工作。而日本人见杨俊生不愿为日军效力，便把目标转向杨俊生的日籍妻子，企图通过家属来说服杨俊生。好在杨俊生妻子深明大义，对日军的百般诱惑和威胁置之不理。1941年12月，太平洋战争爆发，日本人再次找到杨俊生，威逼利诱，软磨硬施，想要让杨俊生出来为日本人做事。为了表达自己绝对不向日本侵略者妥协的决心，杨俊生披起袈裟，借口吃斋念佛，始终不接受伪职，保持民族气节。

苦熬八年，总算盼来抗战胜利，杨俊生兴高采烈，满以为自己的工厂能物归原主了。但是直到1946年1月，上海区敌伪财产处理局才同意发还工厂。杨俊生回到共青路130号一看，大惊失色，车间里的生产设备被搬运一空。民族工业如此命运多舛，令杨俊生痛彻心扉。然而，杨俊生很快振作起来，仰仗举债，使得中华船厂在最短时间内走上正轨。1947年，厂里为民生公司建造了一艘排水量为1880吨的客货轮"民裕"号。当年，中华船厂的总资产达到法币60亿元，拥有职工850人。

1948年淮海战役前后，厂里部分股东多次催促杨俊生，变卖设备换成美元，并将工厂转移到香港，但都被杨俊生逐一婉拒。由于中共地下组织做了杨俊生的思想工作，使得杨俊生对时局有较清楚的认识，决心不离开上海、不搬迁机器、不抽逃资金，保护好工厂，迎接上海解放。

1949年5月上海解放后，中华船厂在人民政府的关注之下，很快得到了恢复和发展，杨俊生感慨万千，决定把自己苦心经营的工厂无偿交给国家。尽管由于政策所限，暂时不能实行国有化，但1951年经中央财经委员会批准，人民政府还是投资50亿元(旧版人民币)入股，雪中送炭，为中华船厂的稳定发展提供了新的动能。

1953年元旦，中华船厂加入了首批公私合营行列。此后三年多时间里，先后有顺记机器造船厂、兴中机器造船厂、金钢锅炉铁厂等14家私营企业并入中华船厂,工厂的资金、规模得到空前扩充。

修渔轮的工厂

上海渔轮厂,位于共青路430号,其前身最初系1939年由日伪华中水产株式会社创办,为修理日本渔轮,在齐物浦路(今江浦路)鱼市场内设立的修缮工场,1945年8月抗战胜利后,由中华水产公司接管,改名华利船厂。那时工厂设备简陋,职工仅40余人,只能承担渔轮航次小修理。1949年5月上海解放,由上海水产公司接管,改名上海水产公司渔船修理所,并于同年11月迁至复兴岛现址,1951年改名华利机器船厂。全厂占地面积扩大到1.5万平方米,共有金属切削机床8台。在新中国成立初期的经济恢复时期,国家给予较大投资,1951年建成全长84米木滑道两条,能同时容纳4艘100吨以下的渔轮上排大修。同时建造铸工间两座,建筑面积530平方米,增添各类金属加工机床18台,初步完成了搬迁后的基建配套工程。全厂固定资产原值由1950年的68 300万元(人民币旧币)增加到1952年的723 300万元(人民币旧币),提高了修船的生产能力。1953年厂区面积扩大到4万平方米。1954年建成钢轨滑道1座,长84米,宽9.6米,能同时容纳2艘300吨以下的渔轮上排,扩大了渔轮的修理能力。在生产发展的基础上加强管理工作,设生产技术股、财务业务股、人事保卫股、材料股及钳工工场、金工工场、电器工场、船体工场,生产逐步走上正轨。1952年12月改名为上海水产公司船厂。1953年,国家开始实行发展国民经济的第一个五年计划,该厂继续扩大和完善生产基础设施,进一步扩大和提高生产能力。1955年,该厂修造并举,除大修渔轮外,开始建造日式木壳对拖渔轮,渔轮主机118千瓦,排水量140吨,船长25.7米。同时,自行建造油泵、离合器等重要零部件。当年大修渔轮75艘。在这一阶段内该厂很快发展了渔轮大修能力,从1950年的48艘上升至1955年的75艘,工业总产值从42万元人民币上升至171万元人民币。1956年是大发展的一年。根据全国水产会议精神,该厂积极进行扩建和组织机构调整,将原来的4个工场扩建为5个车间;将原来的4个股调整为11个科室。职工人数由年初的325人增加至年底的941人。这一年又设计制造了184千瓦柴油机及主机184千瓦、排水量218吨、船体长32.79米的大木壳渔轮两艘。1957年又增设5吨汽锤1座,包括厂房、加热炉及吊车等设备共投资46万元人民币。当时这样大的锻压设备在上海还是第一台。同时增设大型车床、龙门刨床、镗床及工业 X 光机、万能试验机等设备与仪器,在修造船及造机中发挥了很大作用。同年 12 月改名为上海渔轮修造厂。1958 年又设计制造 258 千瓦的铁壳渔轮,排水量 250 吨,船长 32 米,航速达到每小时 10.5 海里,且锚机、舵机、网机等甲板机械设备均为自行制造。该产品 1964 年获国家新产品三等奖,同时改进设计 6260ZC 型废气涡轮增压柴油机,使功率提高到 294 千瓦。年底,该厂进一步扩建。1960 年投资 44 万元人民币将钢轨滑道改建为 250 吨摇船架,全长 125 米,钢轨距 3 米。1962 年投资 48 万元人民币新建四座横向区船台及其横移架等配套设备,可同时供 12 艘渔轮在陆上施工。这一阶段共新建渔轮 56 艘,年修船量从 1955 年的 75 艘提高到 1965 年 145 艘,工业总产值从 1955 年的 171 万元人民币上升到 1965 年的 1 454 万元人民币。同时新建轮机、船体、锻工等车间厂房,增添了大型车床、龙门刨床、剪板机、卷板机等加工机械设备。全厂组织机构调整为 21 个科室。1964 年,该厂将 6260ZC 型柴油机的功率提高到 441 千瓦,大量用于新建的拖网、围网渔轮上。该柴油机 1983 年获农业部科技成果二等奖。20 世纪 70 年代向几内亚出口渔轮 4 艘。1981 年改今名。

光复西路

光复西路，东起南王家宅路，西至丹巴路，全长6 508米，1924年始筑，因位于光复路西，故称西光复路，1949年改今名。

"兵船"开进苏州河

甲午战争失败后，清政府被迫与日本签订《马关条约》。通过侵略手段，日本获得在华开设工厂的权利。随后，大批洋商纷至沓来。精明的洋商发现在华利用中国的小麦，加工成面粉出售给中国人吃，收益相当可观，便争先恐后在我国各地城乡办起机器面粉加工厂。1902年，无锡荣宗敬、荣德生兄弟俩不甘心国人利益旁落，在家乡创办"保兴面粉厂"，同洋人竞争。不久保兴厂发展盈利了，荣氏兄弟决定集资扩建企业，并改名为"茂新面粉厂"。经过几年资本积累，茂新厂于1910年再次投入巨资，引进当年世界上最先进的美国磨粉机，将生产能力足足扩大了3倍。同时，启用新的商标名称："兵船"牌。由于荣氏兄弟十分注重产品质量和社会声誉，绝不以次充好，分量足，甚至还有抽奖，"兵船"牌面粉的销量一度超过那时候国内面粉市场上的名牌、上海阜丰机器面粉厂生产的"老车"牌面粉。

无锡已经不能满足荣氏兄弟的雄心壮志了。1913年，为了进一步扩大"兵船"牌面粉的生产规模，荣氏兄弟决定到大都市上海开厂。因为用船运输麦子和面粉较之陆路便捷且省钱，所以就在紧邻苏州河的光复路上，新建了上海福新面粉厂，同时继续使用市场信誉颇佳的"兵船"牌商标。一年后，荣氏俩兄弟又在隔壁陆续开办了福新二厂和三厂（今光复西路145号）。三家以"福新"顺序命名的面粉厂，一字排开在苏州河沿岸。人们很远便能望见厂里高耸的烟囱里冒出来的滚滚浓烟,抵近就可听见从磨粉机里传出的轧轧声响,而苏州河上泊满等待卸载小麦和装载面粉的沙船。

第一次世界大战期间,原在我国经商的洋商们忙于回国参战,顾不上对华经济掠夺,因此减少了洋货面粉在我国市场上的倾销,给了民族面粉工业一个难得的发展良机。更想不到的是由于战争的消耗,加上生产不足,欧洲各国的物资供应链出了问题,食品严重短缺。尤其是英、法、德等面粉生产大国,不但自己无法像过去那样输出面粉,更需要大量进口面粉,以维持国内面粉市场的需求。正因为国货"兵船"牌面粉产品质量佳、产量大、销路广、信誉高,所以成为欧洲各国商家争购对象。自1924年起,福新厂的"兵船"牌面粉产量已占全国华商面粉厂产量的30%以上,且直接销往华北、东北地区。"兵船"牌面粉的对外出口量也占华商面粉厂的30%左右。1925年"五卅运动"爆发,全国各地掀起"抵制洋货,使用国货"的爱国反帝群众运动,国货面粉销售再次掀起高潮。是年,福新面粉厂的"兵船"牌面粉的利润比上一年增加73%,属于建厂以来最鼎盛时期。九一八事变后,东北沦入日本帝国主义之手,整个东北面粉市场均被日货占领。随着日军继续入侵华北,该地区的国货面粉市场也同样受到日货排挤,导致福新厂的面粉销售变得日益艰难。正当荣氏兄弟准备寻找新的市场时,1937年7月,抗战全面爆发,福新面粉厂也和国内其他民族企业一样,惨遭日军洗劫。地处华界光复路上的三家福新面粉厂,先后被日军占领,"兵船"牌面粉的生产和销售均受到很大影响。1938年年初,福新面粉厂又被日军委托给日商三兴面粉公司经营,"兵船"牌商标也被迫暂停使用。

1945年8月抗战胜利,福新面粉厂刚刚恢复元气,就因解放战争爆发,国内面粉市场动荡不安,更有美国面粉大量倾销,工厂生产和销售规模大不如前。1948年,由于蒋经国搞所谓"限价"政策,"兵船"牌面粉每袋(50斤装)面粉限价为金圆券7.78元,而实际成本就要9元金圆券,卖出一袋则亏本1.2元金圆券。整个福新公司被迫卖出数十万袋面粉,元气大伤。1949年年初,国民政府限制更多,交通阻塞,原料奇缺,销售停滞,福新厂1至5月开工率仅9.8%,处于停业状态。直到1949年5月上海解放,在人民政府的关心和帮助下,从外地调来大批小麦委托福新厂加工,并予贷款帮助解决资金不足的困难。厂里职工还自动减薪、接受欠薪,帮助厂方克服困难,但因开工不足,开支大,成本高,依然连年亏损。1954年5月31日,福新面粉总公司向上海市工业生产委员会提出公私合营要求,同年11月,厂方制订"调整生产改善经营计划",并开展增产节约,长期亏损局面开始扭转。1955年4月11日,福新厂分别向上海市工商行政管理局申请登记合并改组为上海福新面粉厂股份有限公司。4月16日,福新面粉总公司撤销,福新一、三厂与二、八厂合并为福新面粉厂。1955年9月27日,福新面粉厂再次提出申请公私合营的报告,上海市粮食局根据"需要、可能、自愿"原则,同意自10月1日起正式成立公私合营福新面粉厂。

火柴厂汇聚苏州河畔

1827年,西方发明火柴。道光年间,英国人把火柴当作贡品献给道光皇帝,"洋火"一时成了权力和富贵的象征。火柴输入中国始见于1865年天津海关报告。初期进口的主要是欧洲火柴,后有日本仿造运入,至1891年,从原来每年二三千箱增至十万箱。有人记载:"近来英、德、美各国运载来华,行销内地日广,日本仿造运入通商各口尤多。""洋火"充斥国内主要城乡市场,导致大量白银外流。舶来品的横冲直撞,极大地刺激了民族有识之士奋起抗争以实业救国。上海最早的民族火柴厂是创建于1877年的制造自来火局。民族火柴业初创时,大都举步维艰。第一次世界大战爆发,令民族火柴业得到喘息。其中成就最突出的是刘鸿生创办的鸿生火柴厂。为了同"洋火"抗衡,精明的刘鸿生使出三招:一是高薪聘请人才、高价进口设备,从而保证了产品质量;二是率先建立会计制度,对厂里的生产、消耗、工资等各项费用逐项进行分析比较,精打细算,力争降低生产成本;三是倡导国货,注重宣传,如联袂华成烟公司,把上海滩当红影星画像搬上火柴盒,同"美丽"牌香烟一起推出,效果极佳。经过一段时间努力,鸿生火柴厂的"宝塔"牌火柴不仅质量大大超过"洋火",且生产成本也降低不少,因此市场售价比"洋火"低,产品销路迅速打开。

1925年5月,五卅运动爆发,全国各地掀起一场大规模的"抵制洋货,使用国货"的爱国反帝群众运动,日本的"猴子"牌火柴和瑞典的"凤凰"牌火柴销售一落千丈。刘鸿生趁此机会扩大再生产,以增加与洋货竞争的实力。正当鸿生火柴厂处于蓬勃发展之际,世界著名火柴企业瑞典火柴公司又一次将经济掠夺目标指向我国火柴市场。该公司联合美国金刚石火柴公司,在我国东北和华北地区大批收购华资火柴厂,同时还兼并日商在上海生产"猴子"牌火柴的燧生火柴厂,就地生产瑞典"凤凰"牌火柴。其间,瑞典火柴公司还多次提出要高价收购鸿生火柴厂和已经小有名气的"宝塔"牌商标的使用权,但这些要求均被刘鸿生拒绝。碰壁后,瑞典人恼羞成怒,再次向我国火柴市场跌价倾销"凤凰"牌火柴,准备一举压垮民族火柴业。

为了抵御洋货的经济入侵,保住民族火柴业,刘鸿生认为只有团结起来,才能同势力强大的洋商竞争。1930年7月,刘鸿生将上海荧昌、周浦中华两家火柴厂与苏州鸿生火柴厂合并,组成大中华火柴有限公司,其资产总额高达191万银元。到了1934年,大中华火柴公司又把杭州光华、九江裕生、汉口炎昌、东沟梗片等四家火柴厂联合起来,七个分厂加起来公司资本达到365万银元,成为当时全国规模最大的火柴公司。而大中华火柴公司生产的"宝塔"牌等火柴的数量及销售量已与瑞典在华火柴公司不分上下,彻底打破了"洋火"一统中国的局面。民间戏称:刘鸿生缚住了"凤凰"(瑞典火柴品牌)的一对翅膀,捆住了"猴子"(日本火柴品牌)的四只脚。为此,刘鸿生被人们誉为"火柴大王"。1933年,国产火柴远渡重洋,亮相芝加哥世博会,令世人刮目相看,也让更多的国人扬眉吐气。从此,大中华生产的"宝塔"牌火柴,不仅是日用品,也成为中国民族工业的象征。

国货火柴逐渐兴旺,日本等西方列强不甘心看到民族火柴业的崛起,绞尽脑汁一方面逐年增加输入我国火柴的数量;另一方面通过在华开厂形式,攫取巨额利润。尤其是1937年7月日本发动全面侵华战争后,更是用刺刀对我国民族工业进行军事打压。荧昌火柴厂等原先发展势头较好的企业被日军实行"军管",中华火柴厂则被定为"敌产"嫌疑,经常有日军士兵前去大肆骚扰,最后又蛮横宣布所谓"军管"。上海火柴业遭到前所未有的打击。

直到1949年5月上海解放,饱受磨难的上海火柴业才得以焕发新春。根据新的形势发展需要,人民政府重新整合上海火柴业,以燧生火柴厂为班底,成立了上海火柴厂。燧生火柴厂由日商东亚磷寸株式会社于1923年在光复西路2521号创办。1928年,在美国注册的瑞典火柴公司借助美商招牌兼并燧生厂,但仍保持原名。1931年更名为美光火柴公司,并建造锯齿形六连体车间,俗称"大车间",安装火柴自动连续机。1953年由华光工业公司承租改名为地方国营上海华光火柴厂,该厂是国内最早采用机器制造火柴的现代化工厂,公私合营后,华光厂积极为各地同业兄弟厂培训操作技术,将火柴自动连续机推广到全国。1958年收并大中华火柴公司上海荧昌火柴厂,令该厂技术和管理水平更上一层楼。1966年10月23日更名为上海火柴厂。工厂于21世纪初关闭,土地置换,现原址为火花商标收藏馆。

机器漂染第一家

辛亥革命之前，国内纺织印染行业只有几家手工印染小作坊，其所染织布匹的质量，无论从布面的色泽、花纹清晰度，还是面料经印染后的纤维牢度等各方面，均无法与进口洋印染布相提并论。其中最主要原因是手工漂染工艺较为落后，染料质量也不过关。国人中的有识之士，对国内传统手工染织的落后工艺以及不尽如人意的产品质量进行大胆的改革。1913年，王启宇经过市场调研，联合好友崔福庄等人投资4 000银元，购置新式机器设备，在塘山路（今唐山路）创办了达丰丝光漂炼染工场，并在大门外墙上书写"中国首创漂染工场"八个大字。王启宇，浙江宁波人，1911年考入圣约翰大学。肄业后随父亲一起在荷商和兴洋行打工，任司计兼簿册。一天，王启宇偶然得到一本英文版的《丝光染色》，如获至宝。研读后，他联想到国内市场上的洋货棉纱、棉布等，在经过烧碱煮练等加工后，便可使产品变得色泽艳丽，且比原来更加耐用，产品价格自然也可随之上涨好几倍。为此，王启宇决定辞职自主创业，在染织行业闯出一片新天地。

工场开办初期，主要业务就是来料加工，对客户送来的棉纱、坯布进行漂炼、丝光和染色。由于产品质量优良、价格公道，工场经营日益兴旺。而王启宇也在日常生产中不断摸索，改进工艺流程，产品质量越来越好，所加工的丝光线极受厂商欢迎，就是与市场上的洋货相比较也毫不逊色。其间，又适逢第一次世界大战爆发，进口洋货骤减，达丰产品供不应求，短短数年便获利5万银元，同时工场知名度不断上升，工场规模也逐步扩大。通过几年经营，王启宇等高管以为，从工场长远发展眼光来看，完全从事单一的棉纱、棉布印染，根本无法同洋商竞争。只有扩大生产规模和增加经营种类，才能一拼。于是王启宇通过社会集资方式，在沪西曹家渡购地43亩新建厂房，并向英国订购成套印染设备。1919年光复西路1161号新厂房竣工，除了原有的印染，还增加了织造部门。新厂投产后，因机器生产效率高，日产布达2 000余匹，且统统贴上"日晒雨淋，永不褪色"标签，其中又以黄卡其销路最佳。客商每每提及卡其（一种布的名称），必曰"达丰卡其"。另外，其生产的利元哔叽（也是一种布的名称）、双童泰西缎等产品，均替代了进口洋货。

为了减少对洋纱线的过度依赖，王启宇等人于1921年年初又募集资金80

万银元,在达丰厂旁边创办了振泰纱厂,生产"月虎""鸿福"牌棉纱、棉布。至此,达丰厂集纺、织、染三项于一体,成为上海第一家机器漂染厂。1921年年底,王启宇再次进行增资扩股,将工厂改组成股份有限公司。1923年,达丰厂与振泰厂联合成立"中国首创达丰染织厂",并向国外购置新式四式印花机及附属设备,第一次由国人生产出机印棉布,成为中国第一家现代化棉布机器漂染厂,从此改变了过去国人手工生产花布的历史,大大改善了原来手工生产所造成的花形单调、套色少、色泽暗淡等不足。达丰厂生产的"孔雀"牌精元羽绸、哔叽等产品,因为质量上佳,成为消费者争相选购的国货名牌产品。达丰厂不仅生产规模一再扩大,且产品种类也增加不少。从开创初期的卡其、哔叽等,又新增了直贡呢、直贡缎、人字呢、丝光绸、不褪色蓝布等20余个品种。由于王启宇在技术上用重金聘请外国专家任工程师,并培养国内技术骨干,所以生产蒸蒸日上;在质量上狠抓管理,因此在国内外举办的各种展览会、博览会等大型现代产品展示活动中,达丰厂的产品多次荣获大奖。譬如1929年,达丰厂就曾荣获国民政府工商部中华国货展览会特等奖。达丰产品不但在国内各地畅销,还远销东南亚等国华侨居住地区。当然对于这一切,王启宇并不满足。1930年,达丰厂又投入巨资,在市郊宝山顾家宅创办宝兴纱厂,生产"红宝兴"牌棉纱。另外,在南通投资创办达记织布厂。此时,达丰厂已拥有4家功能各不相同的工厂,总资产高达400多万银元,厂区占地100余亩,职工5 000余人,纱锭总数4万多枚,布机1 200多台,成为自纺、自织、自染、自漂、自印花和自整理的大型全能型纺织染工厂。据中国海关资料统计,在达丰厂创办之前,中国每年进口洋印染布高达200多万担。但到了20世纪30年代初,海关进口量大幅度减少,只有45万担。由此表明,国货印染布在产品质量和花色品种等方面,已经完全扭转了洋印染布长期垄断中国市场的不利局面。

1937年,"八一三"淞沪会战爆发,地处宝山的宝兴纱厂不幸被日军飞机炸毁,而曹家渡的达丰染织厂也被日军侵占。工厂为了一大批职工能养家糊口,无可奈何与原来就有业务联系的英商信昌洋行商议,将达丰厂改为信昌染织厂。1939年,达丰厂所属4家企业,改组成立英商中纺公司。一直至1945年8月抗战胜利,才恢复达丰旧名。

1949年5月上海解放后,达丰厂通过代纺代织以维持生产。至1951年,"孔雀"牌印染布等产量已全面恢复。1954年10月,达丰厂更名为公私合营达丰第二印染厂。1958年9月,庆丰纺织印染厂等16家中小型企业先后并入。1960年6月,又有静安棉纺织印染厂等并入。1966年9月,达丰厂改名为上海第七印染厂。

中央造币厂落户苏州河畔

"废两改元"政策在清末便已提出,及至南京国民政府成立,统一币制再次被提上议事日程。1920年,上海银行公会鉴于各省铸造的银元,重量、成色不一,不能相互流通,为了建立统一币制,树立本国币制信誉,集议呈文在上海设立造币厂,自制硬币及其他货币。翌年,经北洋政府核准后派员开始筹建,由美国通和洋行设计,姚新记营造厂承建。银行公会则提供筹集到的250万银元资金,购进公共租界苏州河北岸"朱家湾"(今光复西路17号)103亩土地,建造"江苏造币厂"(那时上海属于江苏省)。1922年,造币厂的主体建筑,即生产车间完工,但是,资金也花得差不多了,没有余钱购买生产设备,工厂只得停工待料。没过几年,北洋政府倒台,北伐军进入上海。1927年,南京国民政府建立,国民政府愿意追加注入资金使工厂重新开工。于是,"江苏造币厂"还没有投产就易帜。1928年,国民政府财政部长宋子文宣布在上海成立中央造币厂,委派唐寿民为厂长。厂里全部设备均从美国费城造币厂引进,设计生产能力为日产银币40万枚。厂方先后聘请美国、日本等国家的造币和钢模雕制专家,原天津造币厂的部分技术人员也陆续被调入上海中央造币厂,其他省份的造币厂相继关闭或被改为造币分厂。

中央造币厂的厂房,从原料库到成品库多建成一个"回"字的形状,为保证货币生产的安全,整个过程在一个封闭的环境中完成。造币厂的生产车间原配备有3扇各重13吨的保险库门,分别安装在生银库(原料)、银条库(中转)和银元(成品)库。

金银币生产的原材料是贵金属,称量的精度要求比较高,原料、半成品、成品批量称重都由天平来完成,各工序间配备了不同规格的天平。最重每次可称重300公斤,精度为0.01盎司(约0.3克)。

生产过程先是浇铸,将配完料的金属熔化后,注入浇铸模,铸成条片。早期熔炉的燃料主要是煤和焦碳,后改用柴油和煤气。每炉一次最大熔银量150公斤。浇铸后的条片,经过碾片机轧制成铸币所需要的标准厚度。碾片机又称轧片机或轧机,分粗轧和精轧。银条经过8道轧制工序后,由原长560毫米被碾成长2 500毫米的银片。因轧制后的银片过长,不便于再加工,需经剪刀机分段后通过精轧工序,轧制到生产硬币所需的标准厚度。

  银材经过冷轧加工后,变得脆而硬,不利于压制花纹,需经烘饼炉退火后恢复原有软度,烘饼的温度达到 700 摄氏度。烘饼后坯饼的表面被氧化,去除氧化层需经酸溶液洗饼,再加热甩干。印花前的最后一道工序是坯饼光边。光边机又称轧边机。坯饼通过光边机的转盘和月牙形边板间的凹槽,使边缘凸起,便于压印时花纹成型,可降低流通时对花纹的磨损。光边机每分钟可加工银元 550 枚以上。

  压印机是硬币成形的专用设备,该机器将模具上的花纹印于坯饼上,同时将模圈上的丝齿印于硬币边缘。造币用模具制作,由设计图稿、油土浮雕、石膏型、铜型再由雕刻机刻制原模。工作时雕刻机的右侧放置铜型,左侧放置需加工的模具坯。缩刻的比例可以根据需要来调整。压印后的硬币必须经过检验剔除废品,银币需要经过称重、验面、验声。

  1933 年国民政府财政部发布《废两改元令》,规定所有公私款项收付、契约票据及一切交易,一律改用银币,不得再用银两。同年中央造币厂正式开铸银元,正面为孙中山头像,背面为帆船,直径 40 毫米(简称船洋),每枚重 26.6971 克,含银 88%。

  1935 年国民政府宣布实施法币政策,定中央、中国、交通三银行钞票为法币,原有银本位币禁止流通,中央造币厂停止生产银元,改铸辅币。1937 年 7 月抗日战争全面爆发,中央造币厂停止生产。抗战期间,中央造币厂被迫内迁,在陪都重庆设立办事处,相继在武昌、成都、桂林、兰州、昆明设立造币分厂,铸造辅币。

  1945 年 8 月抗战胜利后,国民政府接管上海中央造币厂,经过两年整修,于 1948 年恢复铸币。1949 年 5 月国民政府将部分设备与人员迁往台湾。上海解放后,中国人民解放军上海市军事管制委员会金融处接管中央造币厂。1954 年定名为国营 614 厂,1992 年更名为上海造币厂。

民族机器制造业老大

  兴办现代化机器工业,首在机器。然而在近代,中国民族机器制造业十分落后。大隆机器厂老板严裕棠能在 40 余年间将一个弄堂小作坊发展成中国最大的本土机器制造企业,20 世纪 40 年代末就能够生产成套棉纺机械设备,筚路蓝缕,实属不易。

大隆机器厂初名大隆铁厂,合伙人是严裕棠和铁匠出身的诸小毛两人,严裕棠担任经理,负责跑街接揽生意;诸小毛任副经理,负责厂里的生产技术管理。工厂初创时在杨树浦太和街梅家弄,只有两间平房作为车间,还是向别人租借的。当年厂里仅有7名工人,4名学徒,设备简陋,主要业务是为来华的外国商船修理一些小机件,也给一些缫丝厂和轧花厂做些零配件修理。

1903年,大隆厂由梅家弄搬到平凉路25号,租用严裕棠父亲严介廷的12间铁皮木板平房作厂房,厂里有皮带车床8台,牛头刨床和龙门刨床各1台,以20匹马力的水汀炉子引擎作为动力。全厂工人增至50名,大多为学徒工。培养学徒工的最直接好处就是省工钱,这是严裕棠以前做老公茂洋行跑街学到的经验。

当时上海与世界各国的贸易往来日渐频繁,停靠在上海口岸的外国轮船日益增多,因此外轮到上海港口后的检修业务也多了起来。在经营一段时间后,大隆厂在外轮中建立了良好信誉。甚至有一位外国船主还为该厂取了英文厂名"Oriental Engineering Work Ltd"。由于许多外轮在上海没有专用码头,也不想花钱租用码头,到上海后就不靠码头而是停泊在黄浦江中,所以大隆厂专门购置了两艘小火轮,为外国船家主动提供上门服务,结果客户不断增多。除了修配外轮机件外,大隆厂还为上海的棉纺厂家承揽设备修配业务,生意也逐渐兴旺起来,陆续增加的长期客户有永茂轧花厂、中兴面粉厂、日商云龙轧花厂、德商增裕面粉厂等。修配利润相当可观,不要说那些工价较高的外轮修理业务,即使是国内厂家的机器修配,利润也有50%到200%。

不料经营三年后,诸小毛发现一年辛苦下来结账时竟然亏本,怀疑严裕棠从中做手脚,两人在财务上发生矛盾。双方对簿公堂,经益泰轧花厂老板穆湘瑸从中调解,诸小毛退出大隆,从此由严裕棠独资经营。

自1905年起,洋商相继来华投资开设纺织工厂。据统计:从1905年到1914年,国内纱锭总数已达100万枚,相应的纺织机械却极少由本土生产,都是高价由外国进口。不仅购价高昂,而且维修也不方便。而做外轮修配业务的厂家越来越多,利润日薄,精明的严裕棠立即转型,放弃外轮生意,把生产业务转向纺织机件的修配上。凭借各种社会关系,严裕棠将多家厂商的机修业务揽到了自己厂里。大隆厂亦因为生产技术日臻成熟,赢得众多客户信任。有一次内外棉厂发电机上的16英寸S形蒸气管损坏,请英商瑞熔船厂修配,因无弯管设备,工艺又比较复杂,且费用又不高,故被推辞。最后是大隆厂出面组织有技术的工人用手工的方法将管子内灌进砂子,用炉火加热弯头处,正反两次加工成了这件S形蒸气管,帮该厂解决了难题。自此,内外棉各厂的修配任务便都交给了大隆厂,直到1920年内外棉各厂有了自己的机修厂为止。另外专门经营机器设备的恒丰洋行,为降低成本,也将纺织、面粉厂的传动装置都包给大隆厂生产,但图纸和加工要求都由洋行方面提供,这为大隆机器厂技术水平的提高和加工经验的积累,创造了极好的条件。此时的大隆厂不仅规模初具,而且拥有了较强的技术力量,虽然一时还不能完全自制自销,但仿制和修配水平却是同业中的佼佼者。

大隆机器厂之所以在这段时间内接到如此多的订单,与严裕棠一口流利的英语不无关系。在外商云集的上海,能独立与外轮船长和洋行大班自如交流,这一点在那时的机修行业厂主中几乎是绝无仅有的。严裕棠60多岁还请外籍教师教授英语,可见其求知欲望之强烈。

大隆机器厂业务发展后,原来的规模已不能适应,1914年沿平凉路增建的厂房落成,这时工人已增加到100余人。同年,第一次世界大战爆发,西方列强无暇顾及对中国的经济掠夺,长期受到遏制的中国民族工业得以复苏,纺织业发展很快。严裕棠马上意识到大隆厂也要逐渐与外国在华企业脱轨,转向与民族工业合作。因此,大隆厂承包下荣氏兄弟申新厂的机器修配任务。同时,大隆厂组织技术力量试制部分纺织机器,为整机制造打下基础。

1920年大隆机器厂迁到大连湾路(今大连路),厂区占地10亩,工人已达500多人,成为当时上海滩上机器制造厂中最大的一家。企业日益发展,但在很长时期内也是以机器的修配业务为主。虽然严裕棠施展浑身解数,从洋商手中接了不少大订单,但是要实现机器厂的大发展仍然困难重重。为了广开渠道,严裕棠愿意"接别人不愿接的活,做别人做不了的活"。大隆厂对于别家机器厂不愿承担的小活零活总是来者不拒,及时为其排忧解难,赢得了很好口碑,大隆厂声望不断提高,也因此赢得更多的长期订单。当然要想"做别人做不了的活",则需要技术实力做后盾。为此,严裕棠在大隆厂建立了严格的学徒工制度,以此来保证一线工人的技术水平,达到"重视技术,保质保量"的目的。学徒工进厂之前要经过严格挑选,学习时间三年,白天跟随师傅当助手,晚上则学习相关理论知识。学徒工实行淘汰制,表现不好随时可能被辞退。表现出色的学徒工满师后可被本厂留下当工人,有的逐渐选拔为工头、领班以至厂长。据统计,大隆厂培养的技工和管理人员总计在10 000人左右,这些技工不仅加强了大隆厂的技术力量,也成为中国早期机器制造业技术队伍的重要组成部分。

不过总是搞些修修配配,并且沪上搞修修补补的机器厂已多如牛毛,严裕棠强烈意识到工厂的生存空间狭小,发展制造纺织机械才是解决企业生存的根本出路。于是,严裕棠组织全厂工程技术人员和技工对美国布机逐一测绘,再按图进行加工制造,仿制出12台机器,申新纱厂购置了10台,赠送给厚生纱厂2台,经纱厂工人实际生产操作,发现美国样机"先天不足",不符合中国国情。因此再用日本丰田厂的布机仿造,并吸取仿制美制机器的教训,根据中国女工身材特点作出适当修改,一举成功。成批生产后,受到国内棉纺厂工人好评而被广泛使用,开创了大隆机器厂制造中国纺机的先河。在试制成功的基础上,大隆厂对于纺织机械系统的清花机、梳棉机、并条机、钢丝机、粗纱机、筒子车、摇纱车、筒子车、浆纱车、染布机以及120吨压力的打纱包用的油压机等,全部都能自己制造,且经过不断改进,与进口产品质量不相上下,成为华商机器制造业的骄傲。

大隆厂搬迁到大连湾路五年以后,又在光复西路5号购地70余亩建设了新厂。依靠本厂技术人员,大隆厂由机件修理、配件仿制逐步向整机制造迈进。1928年,上海举办"中华国货展览会",大隆机器厂制造的纺织机械和农业机械在展览会上展出,出足了风头,大长了中国人志气。1933年至1935年,上海的纺织机器制造业在第一次世界大战后的西方经济危机冲击下,许多工厂濒于倒闭,唯大隆厂随机应变取长补短,反而得到了进一步发展。

除了注重提高工人技术水平,大隆厂还重视职工的业余生活,根据厂里工人体格健壮的特点,于20世纪30年代成立足球队。球队比赛活动消息登载在上海报纸上,且经常赢球,成为沪上一支足球强队。足球队的成绩和名气,既提高了大隆厂声望,也增强了工厂凝聚力,球员们为自己是大隆厂的一员感到荣耀,更重要的作用是足球队员都是大隆厂的活广告。

1932年,严裕棠的第六子严庆龄留德回国,被任命为大隆机器厂厂长。严庆龄在生产技术和工艺组织方面实行全面改革,聘请擅长内燃机制造的连忠静为工程师,还聘请了两位德籍工程师,与原有的技术员共同组成总工程师办公室,在铸冶、机械加工、量具制造、热处理等方面进行了一系列改进。经过努力,大隆厂从机件仿制,逐步做到能够仿制整机和自行设计各类机器设备,并实现了流水线生产。到抗战全面爆发前,大隆厂发展到顶峰。1937年,大隆厂资本总额为法币50万元,各种工作母机500余台,工人多达1 300多人,所获纯利20余万元法币。

1937年"八一三"淞沪会战爆发,国民政府要求大隆厂内迁。严家父子对蒋介石的抗战决心有所怀疑,故而消极对待国民政府的迁厂命令,把贵重的机器设备和原材料寄存在公共租界江西路禅臣洋行的仓库和镇宁路严氏第二公学内,仅仅将一部分工厂迁往苏州。日军占领上海华界、苏州后,大隆厂被日军所占,原有设备和材料损失一半以上,折合法币62万元。大隆机器厂成了一具空壳,被日军改名为内外铁厂,后转向为日军的军工生产。

其时上海及周边的棉纺织厂纷纷关闭,纱布价格日长夜大,在上海的各地厂商又欲重开企业。严家父子就是在这种情况下,以存放在租界的机器和原材料为基础,在江苏路诸安浜路,以美商泰利机器制造有限公司名义开办了泰利机器厂,工人和技术人员都是原来大隆厂的员工,泰利厂筹办时工人仅30人,到1940年年底又发展到1193人。除了保存下来的一部分设备外,还自己制造了龙门刨、锡令车床等装备。泰利机器厂主要仿制英国和日本的纺机产品,到1941年年初共制造和销售42 000锭棉纺机械,其资产总额已近63 075元法币。

1941年12月太平洋战争爆发后,日军对租界实行军管,并以合作之名要泰利机器厂生产军火。严家不肯接受,于是日军借口其私通重庆,扣押了厂长严庆龄,还抢去2 000余吨生铁、铁板和许多大米。经多方交涉后严庆龄被释放,日伪同意以华商名义让泰利厂继续营业。可是他们对泰利厂的迫害并未停止,动不动就对泰利厂断水、断电,但泰利厂并未为此屈服,团结工人用木炭引擎发电,掘井取水,解决了水、电的困难。泰利厂在艰难中挣扎,从1941年到抗战胜利,生产下降了78%,工人从1 193人减少到320人,只能靠一些乡下小生意维持生计。

1945年8月抗战胜利,大隆机器厂作为"敌产"被国民政府经济部接收,改为上海机器一厂。1947年9月由国民政府行政院批准,严家以600根金条赎回。

1949年5月,上海解放,大隆机器厂在党和人民政府的支持和指导下,恢复了生产,在以生产棉纺机器为主的同时,开始制造船用推力轴、火车轮、金属切削机床、空气锤等设备。到1952年全厂职工人数增至1 438人。1954年大隆厂实行公私合营,改名为公私合营大隆机器厂。随着国家石油工业发展,产品开始以生产石油机械配件为主。同年,开发出高强度合金钢链条。1955年,并入大昌电焊厂等50家小厂,到1958年,大隆厂发展成为能生产冶炼、锻压、石油、化肥等成套设备的国家大型骨干企业。

造纸业中的"国货独创者"

1925年,虞洽卿、吴耀庭等沪上实业家发起筹建江南造纸厂,吴耀庭担任董事长,厂址位于光复西路1003号。该厂成立之初资本金40万银元。吴耀庭拿出15万银元,向日本进口了整套造纸设备,包括3台造纸机、打浆机、蒸球等,一举成为沪上实力雄厚、生产中高级印刷用纸的专业厂家,制作的纸张质量上乘、光泽细腻、色彩丰富、层次清晰,印刷适应性强,不掉粉、不掉毛,是印刷精美画册、挂历、图片、产品样本、包装招贴的理想用纸。

1928年,江南厂的技术人员经过反复试验,发明用芦苇草制作纸浆,打破了国外的垄断。该方法成本低廉、质地极佳,立刻受到正在大力提倡国货运动的国民政府内政部肯定,认为江南厂的产品是"国货中的独创者",因此通令各政府机关,均采用江南厂出品的纸张为公文纸。为了保证有足够的芦苇供应纸浆生产,江南厂在镇江购买了5 000亩芦苇滩,每亩可出芦苇10石,满足了该厂全年造纸之需。1929年,江南厂的3台造纸机全部开动,每天最高可生产纸张7.5吨。产量的增加,给厂里带来了丰厚利润,令厂里能拿出更多的资金投入研发。1930年,江南厂推出新产品"妇女卫生纸"。该纸用消毒水配制,细致柔软、洁白、吸水性强,有益妇女卫生健康,且定价低,深受广大妇女喜爱。

考虑到不能让洋商插手江南厂,吴耀庭一方面招收大量大学毕业生进厂实习,另一方面利用私人关系资助相关人员出国留学。该举措在工厂成立六年后初见成效,随着留学人员陆续回国,厂里逐步辞退日籍技师和日籍员工,并改由留学德国的造纸专家陈彭年出任厂长一职。此刻国内纸品市场不景气,造纸销路停滞,江南厂出现亏损。为了降低生产成本,厂里实行紧缩,只开一台造纸机,且遣散了全厂2/3员工。1932年,"一·二八"事变爆发后,广大民众抗日情绪高涨,纷纷上街游行,抵制日货,购买国货,使得江南厂的产品销量骤增,厂里三台造纸机又全部开动起来,原来被遣散的员工们也都被请回来重新上岗。

1937年抗战全面打响。上海华界沦陷后,日军占领江南厂,强迫工人开工生产。1940年8月,日军强行要大股东吴耀庭以40万日元的低价将江南厂卖给日本"钟渊纺织株式会社",并改名为江南制纸工场,专门生产中储券钞券用纸和军用卫生纸等。

1945年8月抗战胜利,江南厂作为"敌产"被国民政府接收,改名为中央印制厂上海第一造纸厂,总经理为凌宪扬,厂长依然由陈彭年担任。此时厂里有职工301人,分日夜两班。同年10月起生产钞票纸。翌年2月,更名为经济部第一造纸厂,恢复生产各种纸张。1947年恢复原名,归属中央信托局,当年年产量达到10吨。1948年5月,国民政府为了筹措经费,开始拍卖部分官僚企业,詹沛霖、刘孟靖等实业家以4 100万元法币购得,组建了股份公司,沿用"江南造纸厂"名称,并聘请时任交大理学院院长裘维裕出任厂长。同年8月,江南厂重新开工,但不久就因为国民政府的"限价"政策遭受巨大损失,导致资金并不雄厚的江南厂,产品售价低于成本价。再加上洋货倾销,迫使江南厂的产品价格一降再降,最后仅为成本价的一半。而当时上海其余造纸厂的日子也不好过,相继停工或减产,举步维艰。江南厂更是难以为继,不得不在1949年元旦停工。

1949年上海解放。1953年因发展生产需要,由戴焕堂、詹宋成等集资组织协成企业公司,受托经营江南造纸厂。1954年2月,工厂实行公私合营,益中纸厂并入,更名为江南造纸总厂,另在斜土路2143号设江南造纸分厂。1956年总厂与分厂分开,总厂仍旧叫江南造纸厂,分厂则改为前卫造纸厂。

汉口路

汉口路,东起中山东一路,西至西藏中路,全长1593米,是上海开埠前通往黄浦江边的四条土路之一,开埠后筑外滩至河南中路段,因靠近江海北关,故名海关路。1865年以湖北地名改名汉口路,俗称三马路。

1861年,苏州人朱剑吾在三马路昼锦里经营"老妙香室粉局",集产销于一体,前店后场,以香粉、生发油为主要产品,为沪上首家化妆品工厂。至清末,其生产的香粉、香油占领了上海及浙江的市场。后研制成护肤"宫粉",因受到皇家青睐销路大开。三马路昼锦里也因香粉工场、化妆品经销店汇集而几乎成为一条脂粉街,被称为"香粉世界"。半个世纪后,在这条"女人街"上,后起之秀是雪花膏。

国民记忆——"雅霜"雪花膏

绿盖子、白瓶子,雪白柔滑的膏体散发出浓郁的桂花香味,一罐外包装朴素的面霜,在相当长的岁月里,是外婆妈妈们的护肤神品。它就是在国内化妆品市场上风靡了100多年、经久不衰的知名品牌——"雅霜"牌雪花膏。

民国初期,曾经在上海中法大药房担任副经理的我国近代著名实业家、宁波人范和甫,看到我国化妆品市场长期以来一直被英、法、美等国的各种洋货占据,心里很不服气,就利用在药房工作之机,学习和掌握了一些药品和化妆品的生产知识。1912年,范和甫集资1万银元,在三马路河南路口创办了大陆大药房,主要经营西药、医疗器械和进口化妆品。不久,范和甫建立车间、办公楼和仓库,开始生产国货化妆品雪花膏。

雪花膏,顾名思义,涂抹在皮肤上像雪花一样很快会消失。按照化学原理分析,雪花膏是一种油加水的乳化体,一般由硬脂酸和碱类溶液中和而成,能使皮肤与外界空气隔离,调节表皮水分挥发,从而达到防止干燥、皲裂或粗糙,保护皮肤之功效。当第一批雪花膏顺利生产出来后,范和甫决定要给自己的产品起个非常吸引人的名称。当时国内市场上已有英国"白兰霜"等畅销洋货,范和甫想起中国古代有句诗为"雅似幽兰,洁同霜雪",便将自己品牌的中文商标名称命名为"雅霜"。"雅霜"牌雪花膏系桂花香型。大陆大药房在雪花膏生产过程中,对原材料是十分讲究的,除了采用德国进口的天然桂花外,檀香使用的是印度进口的檀香等。雅霜雪花膏面世后,很快以品质优良、价格低廉,更加上其香型独特、沁人肺腑,受到市场欢迎,受众涵盖阔太小姐、平民妇女各个阶层。国货化妆品的崛起,必然会在国内市场上,同洋货面对面交锋,展开激烈的市场竞争。1934年,英国远洋货船在驶往中国途中,遭遇风暴,触礁沉没,船上所有货物包括大量"白玉霜"化妆品全部沉入海底,导致中国市场上的"白玉霜"脱销。于是许多消费者不得不改用国货"雅霜"牌雪花膏。原先已经在国内化妆品市场上有着较高人气的"雅霜"牌雪花膏,销售量一下子比过去增加6倍,社会名气更大。到了1935年,"雅霜"牌雪花膏的年产量达到100多万瓶,不仅作为国货化妆品的代表,拥有国内广阔的消费市场,完全压倒了本来在我国市场上畅销的洋货化妆品,并且走出国门,行销东南亚各国,甚至一度销往欧美国家,成为当地华侨首选的护肤用品。而"雅霜"牌雪花膏的崛起,更令大陆大药房达到历史鼎盛时期,上海本地一时竟有"无雅不成店"的美谈。那年月,国内大中城市街头,常常可以看见"雅霜"牌雪花膏的广告。当红电影明星白杨的甜心一笑,辅以"最为爱美仕女之妆台良伴"的广告语,让众多爱美女士心向往之。

1937年7月抗战全面爆发,"雅霜"牌雪花膏的生产和销售受到极大冲击,导致大陆大药房亏损严重。1949年5月上海解放后,在人民政府关心和帮助下,大陆药房的"雅霜"牌雪花膏等化妆品生产又获得新生,并一度被列为国家化妆品行业重点发展的拳头产品。当时女性化妆,除了一把梳子、一瓶雪花膏,大概再也找不到其他与化妆品有关的东西了。而精打细算的女性们,会把用完的"雅霜"牌雪花膏瓶子继续保留着,然后到烟纸店或百货商店去买分零的雪花膏,瓶子可反复使用。1954年,根据人民政府有关部门对本市化妆品的发展规划,大陆药房及时对产业结构进行调整,即从工商业并举,改为完全从事工业生产。企业名称也从上海大陆大药房更名为上海大陆化学制品厂。1958年,大陆厂与上海市广生行化妆品生产厂及另外一家化妆品厂合并,组建上海日用化学品厂。1960年,因市轻工业局对化妆品行业再次进行产业结构整合,"雅霜"牌雪花膏划归上海家化厂生产。

合肥路

合肥路,东起肇周路,西至重庆南路,全长1 004米。1916年筑东段至黄陂南路,以徐家汇天文台命名为天文台路;1922年筑西段。1927年以天文台台长劳勋命名为劳神父路。1943年以安徽合肥改今名。

合肥路上绝大多数住宅都是20世纪二三十年代建造的,如14弄的贤成坊、29弄的文盛里、77弄的顺鑫里、82弄的德祥里、117弄的五丰里、148弄的光明邨、168弄的安吉坊、196弄的瑞华坊、349弄的九如村、366弄的永益里,其中1号楼,建于1926年,常有同济大学老师带学生参观并讲解,说此建筑是"真正的老式石库门建筑"(传统的新式与老式石库门建筑区分在于有无卫生设施),此外还有376号的花园洋房、552号至576号的淡水村、592弄的新式里弄住宅等,以及360号的法租界公董局公共卫生处及施药处,该机构创办于1905年,1930年7月迁到合肥路,1943年7月改名第八区公署卫生处诊疗所,1945年10月改名第三区卫生所诊疗室,1947年1月改名嵩山区卫生事务所诊疗室,1950年10月更名嵩山区人民政府诊疗站,1974年5月并入区中心医院,现为黄浦区卫生科学研究所。

弄堂里现身小工厂

合肥路上有不少弄堂小厂,如213号的上海亚洲刀厂,1933年开业,生产各种小刀,品种主要是单开、双开折叠型小刀,其中较著名的是"金刚"牌(1960年改为"亚光"牌)。215号的上海精益模具厂,1934年创办。玻璃模具是玻璃制品成型过程中的重要工具,精益模具厂是为上海日用玻璃制品行业各厂提供模具的配套供应单位,该厂制作的模具以满足业内各厂的需要为主,多余的生产能力接受业外玻璃厂的订货。223弄54号的上海塑料制品九厂,1956年创办,主要生产塑料周转箱子和塑料体育用品等;301号的上海第七煤球厂,1935年创办,过去上海居民做饭主要靠煤球生火。不过这些弄堂小厂中,有一家工厂竟然在行业中挂全国头牌,那就是民生墨水厂。

民生墨水名气大

五四运动后,国内爱国反帝运动此起彼伏、蓬勃发展,为民族工业的崛起打下了基础。一批有志于实业救国的仁人志士,为挽回民族权益而纷纷开厂办企业。郑尊法就是其中一位。

郑尊法,生于1899年,浙江镇海骆驼桥人,1917年毕业于浙江省立第四中学,同年9月赴日本留学,先入东京东亚预备学校学习日语,次年考进东京高等学校攻读应用化学。1922年3月毕业,1923年1月回国,同年在商务印书馆编译所担任理化部编辑。

对比日本,郑尊法觉得中国工业太落后,因此有志于发展民族工业。考虑到我国市场上所销售的墨水绝大多数是洋货,如英国的"司蒂芬"牌墨水、美国的"华脱门"牌墨水。尽管也有些国货墨水,但质量差,沉淀杂质极多,只好当作低档产品,给小学生使用。郑尊法决定从生产墨水着手,于是在1924年春,邀集中学同学张左甫、张鲁峰及在日本相识的同乡梅汀荪,每人出资800银元,筹办生产墨水的工厂。工厂定名为"民生墨水厂",租赁闸北中华新路两幢楼房作为厂房,雇佣男工1人,女工2人,推举张左甫担任经理,郑尊法兼任厂长一职(当时还在商务印书馆工作),负责生产技术。1925年7月1日,民生厂正式开工,第一批民生墨水在"抵制洋货,使用国货"的浪潮中上市,填补了中国采用化学方法制造墨水的空白。

建厂初期,由于资金少,缺乏销售经验,且洋货墨水牌子老、名气响,牢牢占据市场,所以销路一时很难打开。辛辛苦苦做了一年,盘点结算,还亏1000多银元。郑尊法不得不坐下来重新思考今后的经营方法。研究决定改组经理人选,改变经营方式。另外扩大产品生产范围,以蓝黑墨水为主,增加印油、印水、胶水和白糨糊等,并注重提高产品质量,讲究经营信誉。通过两年多的努力,民生厂自1928年起开始进入稳定发展阶段,厂里生产的产品质量均可与洋货媲美，而售价较洋货低，颇受消费者欢迎。民生墨水在国货文具中站稳了脚跟，工厂逐步走上正轨。到了1931年，民生厂已经是全国最具规模的墨水厂，当年墨水销售量达到4万打左右，厂里工人增加到15人左右。

1932年"一·二八"事变，地处闸北的民生厂毁于日军炮火。待战事一停，郑尊法便利用回收账款，积极筹备复工，租赁租界白尔路（今自忠路）继续生产墨水等。由于那时候民生墨水信誉佳，业务扩展，厂房不敷使用，1933年冬，工厂搬迁到吉安路222号。正当民生厂蓬勃向上发展之时，美国"派克"牌墨水打进中国市场。派克墨水的特点是色泽鲜艳，含铁量低，沉淀少，用来灌注金笔，出水流利，大有超越"华脱门"墨水的趋势，更是日益威胁民生墨水的销路。面对不利局面，郑尊法下决心改革墨水生产工艺，克服缺点。经过反复试验，废弃原来的五倍子发酵法，改成单宁酸等直接配制墨水，且增加染料用量，使得墨水色泽大有改进，生产周期也大为缩短，墨水类型由"华脱门"墨水型向"派克"墨水型转变。同时改进包装，从而令民生蓝黑墨水在内在质量和外观包装上均接近洋货墨水。结果，拳头产品"民生787蓝黑墨水"销路大增，销往全国，在国货墨水中无竞争对手。至1936年，民生厂墨水销售量达到12万打，厂里职工人数增加到约25人，资本总额扩充为6万元法币。

1937年"八一三"淞沪抗战爆发后，民生厂生产一度停顿。但因内地对墨水有大量需求，民生厂机器重新开动，生产出的墨水，由安徽屯溪和浙江温州等地转运到内地。厂里因此出现暂时繁荣景象，业务订单不少，生产场地紧张。因此，郑尊法于1940年租赁济南路64弄23号为管理处，并将印台和印油等产品移到该处去生产。然而好景不长，1941年12月太平洋战争爆发后，租界局势恶化，需要进口的原材料供应中断，而通往内地的交通也被切断，致使民生厂业务一落千丈，陷于半停顿状态。1945年8月，日本宣布无条件投降，民生厂于1946年春正式复工，郑尊法再度兼任经理一职。那时候业务虽然较抗战期间有所发展，但因美货倾销以及国内同行的激烈竞争，尤其在1946年至1947年期间，派克墨水、华脱门墨水大量涌入，几乎占领了上海市场，华商墨水厂大部分被迫歇业，民生厂也举步维艰。郑尊法只得使出浑身解数，采取多种措施，加强技术力量、提高产品质量、增加花色品种、注重广告宣传，以壮大企业竞争力，从而使得民生787蓝黑墨水盛销不衰，经营业务有了进一步发展。到了1948年，民生厂的产量已达25万打，系建厂以来最高年产量，职工人数增加至50人。

1949年5月上海解放，随着新中国文化教育事业的普及和提高，文具生产高速发展,民生厂也日益兴旺。1950年,工厂购进合肥路311号作为新厂址,1954年有23家小型墨水厂并入该厂。1956年,郑尊法积极响应人民政府号召,工厂实行公私合营。1958年和1960年,四达实业公司和大中墨水厂先后并入该厂后,民生厂成为当时上海唯一一家生产墨水、墨汁、印台和印泥的专业工厂,同时年产量为全国第一。1966年,工厂更名为上海墨水厂。

凹凸彩印质量佳

另有一家弄堂小厂,也算是行业翘楚,但只能一半归功合肥路,因为该厂大楼恰巧位于合肥路与顺昌路转角上,所以门牌号合肥路挂128号,顺昌路则挂330号,那就是上海凹凸彩印厂。

1843年,英国传教士麦都思在老北门大境阁开设墨海书院,从海外运来一台"长一丈数尺,广三尺"的"铁制印书车床"。由于当年上海还未用上电力,要滚动印书机上沉重的齿轮,只得靠老牛拖。1876年,由徐家汇土山湾印刷所引进石版印刷。那时的石印机是以木料作为机架,手摇当动力,印刷效率极低。从1881年起,上海出现中国人自办的石印局——同文书局和拜石山房。19世纪末和20世纪初,上海的印刷业方兴未艾,国人运用近代印刷技术,开办了众多的书馆和书局,如1897年的商务印书馆、1901年的文宝石印局、1902年的文明书局、1912年的中华书局、1916年的大东书局、1922年的大业印刷公司、1925年的协升印刷厂,等等。市区印刷厂星罗棋布,结束了外国人垄断上海印刷业的局面。

1900年,美国人罗培尔发明了胶印印刷机。1911年,上海英美烟草公司在浦东烟厂路(今烟台路)开办印刷厂,使用胶印机印刷商标和香烟包装,这是上海最早出现的胶印机。不久,上海引进凹版印刷,上海江海关印务处最先使用雕刻铜版印刷印花,后来三一印刷公司用凹版来印刷画刊,尽管成本较高,但质量极佳。考虑到市场需要,尤其是彩色的画朋和精美的包装,有实业家涉足凹凸版印刷。1933年,鲍正樵创办上海凹版印刷公司,业务范围主要是印刷商标和有价证券以及地方银行钞票原版雕刻等。至1940年年底,上海已有包装装潢印刷厂700多家。1949年5月上海解放,随着国民经济的恢复发展,上海包装装潢印刷业也随着轻工业产品的增长而得到飞速发展。1956年公私合营,包括上海凹版印刷公司、福兴泰纸盒厂、金锦记纸盒厂、精美凹凸彩印厂、美生凹凸彩印厂、明明印刷所、中兴纸盒厂和良友印刷厂等在内的21家印刷企业合并,两年之后更名为上海凹凸彩印厂,专门印制商标及凹凸印刷品。1966年,当顺昌路上的天厨味精厂搬迁后,部分厂房便出让给凹凸彩印厂。

从此,凹凸彩印厂走上了一条稳健、持续的发展之路。1958年,该厂革新成功自动圆盘印刷机,实现了进、出纸自动化,既减轻了工人劳动强度,又提高了产量,使整个包装印刷行业技术水平上了一个新台阶,于国庆10周年被评为全国工交、财贸战线社会主义建设先进集体。1960年,该厂工人、技术人员等群策群力,经过100多次试验,首创印金新工艺,把三四百年前明朝先人运用于商品生产的刷金、银和镶金、银工艺改为金墨印金、银工艺,并在全行业得到推广。1961年,该厂在不断实践、摸索中,首创了胶凸印新工艺,将胶印和凸印两种不同的印刷工艺结合起来,扬长避短、相互补充,同时再应用凸印的轧凹凸、烫电化铝和印金等特种工艺,促进了包装印刷产品的升级换代。1963年,该厂同上海戏鸿堂印刷厂革新制成了电化铝烫印机,成功开发了在塑料薄膜和各类纸张上烫印电化铝新工艺,成为高档商品包装和书刊装帧必不可少的美化手段,填补了国内空白。1964年,该厂研制成功"四色凹印轮转甩刀分切联合机",开创了我国凹印包装的新技术,再次填补国内空白。在中国包装印刷业的工艺变革历程中,上海凹凸彩印厂做出了重大贡献,不断地将我国包装印刷工艺技术水平推向一个又一个新高度。

进入20世纪80年代,市场疲软,不少包装印刷企业出现局部停产现象,经济效益严重滑坡。凹凸彩印厂却是一枝独秀,声誉越来越高。该厂能够摆脱困境,持续发展,主要是适应市场变化,积极调整产品结构:第一,看准市场对酒类包装档次要求提高的趋势,主动为客户大力开发酒类包装纸盒新款式,提高了酒类产品的身价,受到酒厂欢迎,且为酒类产品在国内外市场畅销助了一臂之力。第二,随着对外开放,以及人们生活水平的提高,许多企业纷纷向包装印刷厂提出印制高档包装的要求,而用珍珠型光泽油墨印刷的包装纸色彩鲜艳夺目、精美。但该油墨及工艺当时在国内属于空白。如果请国外印刷,不仅将花费大量外汇,且周期长。面对新形势新业务,凹凸彩印厂立即组织科研团队日夜攻关,分析研究国外包装纸所用珍珠型光泽油墨成分及其印刷工艺。通过反复试验,终于试制成功,填补了国内空白,且获得上海市和轻工业部新产品开发奖。1988和1989两年,该厂共提供1.2亿张"力士"香皂包装纸,产值517万元人民币,并节约195万美元。珍珠型光泽油墨及其印刷新工艺问世后,国内许多厂家慕名来到凹凸彩印厂,要求用新工艺为其产品印制高档新包装,如上海制皂厂的"白丽"牌香皂、上海日化四厂的牡丹系列化妆品等外包装,以及精美的贺年卡、请柬和国家级企业证书等。第三,1990年,第十一届亚运会在北京召开,这是一次开发新产品的极佳机遇。凹凸彩印厂与上海造币厂合作开发了亚运会系列纪念品,包括两种亚运会特制纪念卡、吉祥物纪念即时贴、"亚运之光"纪念卡等共计1 310万件,产值300万元人民币。亚运会纪念品的印制,既为企业争取到一大笔订单,又向亚洲和世界展示凹凸彩印厂的雄厚技术实力。工厂不仅获利丰厚,且取得明显的社会效益。为此,该厂多次受到亚运会组委会的表彰,命名该厂是"十一届亚洲运动会优质服务企业"。中央电视台对于该厂为亚运会服务情况向全国进行了专题报道,新华社也向国内外进行了专题报道。第四,印刷画册和精美杂志,以前一直属于出版印刷行业的高精尖业务,包装印刷行业不敢问津。而凹凸彩印厂自从通过印制高档样本后,具备了技术实力,敢于参加市场竞争,大胆承接画册和精美杂志等高难度印刷业务。1988年7月,中法文化合作交流,拟在国内发行世界著名时装杂志 *ELLE* 的中文版——《世界时装之苑》,这也是第一本在中国印刷、出版的外国杂志。该杂志每集120页,全部是彩页,用纸克重低、印刷开面大、墨量浓、画面跨页拼接多,印刷难度相当高。一开始外商对中国印刷厂能否印制缺乏信心,通过招标形式在国内选择了上海凹凸彩印厂及其他3家印刷厂,试印从法国带来的样张,然后封存样张,拿到中国香港请专家评审。最后专家一致认为凹凸彩印厂的印刷质量最佳,于是确定该厂为《世界时装之苑》的定点印刷厂。*ELLE* 杂志法国总编特地从巴黎打来国际长途,称赞《世界时装之苑》印刷质量"好极了"。成功承接印制《世界时装之苑》,使得凹凸彩印厂率先开创了上海包装印刷行业直接创汇的新局面,从而迈出外向型经济的第一步。

虹桥路

虹桥路,东起华山路,西至虹桥机场,全长8 623米,1901年由上海公共租界工部局越界筑路至程家桥,初名佘山路,后以其附近的虹桥镇命名。

在一般上海人心目中,提起虹桥路,首先就会想到虹桥机场。1921年,北洋政府鉴于京沪两地"绾毂南北",决定先行筹建京沪航空线,随即选址上海县与青浦县的交界处,圈地267亩。同年3月10日,机场始建,并于同年6月29日基本竣工。一直到1999年9月16日浦东国际机场启用之前,虹桥机场是上海的主要空港。

中国厨师试做洋调料

19世纪末,随着西方列强在上海设立租界、开办洋行、贸易公司和工厂等,大量侨民来沪工作、生活,而专为外国人服务的西餐馆便应运而生。外国人的饮食习惯、口味与国人完全不同,譬如他们喜欢开吃时才在主菜里放调料,最常见的调料便是番茄沙司。但这种番茄沙司当时均从国外进口,比较有名气的就是来自美国的"台尔蒙"牌番茄沙司。但从美国进口货物,海上运输周期较长。对于上海的西餐馆来讲,如果一次性购进的"台尔蒙"牌番茄沙司太多,一时用不完,存放时间过长,产品质量就会受到较大影响;如果进货少了,有时候又会不够用。因此西餐馆老板难以把握番茄沙司的较精确的进货量,造成番茄沙司在市场上时有时无,甚至影响到平时正常营业。在上海几家西餐馆工作的中国籍西餐厨师在闲聊时,常常会议论"台尔蒙"牌番茄沙司供不应求的状况。机会往往是留给有心人的。别人听过就算了,有一个叫石永锡的西餐厨师,却留意了。经过认真思考,一个大胆的创业思路浮上心头:我们中国人是否也能生产番茄沙司,既解燃眉之急赚了钱,又能振兴民族经济。且凭多年做西餐的经验,石永锡觉得番茄沙司的成分和配料应该不会很复杂,关键是制作出来的番茄沙司,顾客品尝后会怎么评价。如果味道不错,便意味着成功,反之就是失败。石永锡与几位同行一致决定尝试一下。

于是在1921年,石永锡同几位西餐厨师,租借了蓝维蔼路(今肇周路)德祥里13号的石库门房子,购置了一具土灶、一只蒸锅,以及其他一些工具,并雇佣了两名工人,开始试制番茄沙司。由于"三无"(即一无生产条件、二无师傅指导、三无技术资料),石永锡等全凭经验,反复配料,然后一个一个分别品尝一遍,仔细观察和研究刚调制出来的番茄沙司,味道究竟如何,并将试制出来的番茄沙司送到西餐馆试用,邀请顾客品尝,进而听取他们的点评。几家大型西餐馆使用后,认为国货番茄沙司的色、香、味与美国大名鼎鼎的"台尔蒙"牌番茄沙司不分上下。

通过一番努力,终于得到认可,石永锡等几位参与试制的中国西餐厨师信心十足,决定开办工厂,自产自销国货番茄沙司。1930年7月,石永锡、戴行水等各自拿出积蓄,并向银行贷款,合股成立"梅林罐头食品厂",专门生产番茄沙司等罐头调料食品。"梅林"二字取其"梅花香自苦寒来"之意,象征着艰苦创业精神。

施巧计打开市场,供不应求远销海外

因为梅林厂生产的番茄沙司,绝大部分销往上海市的西餐馆,而当时大多数外国顾客对新产品的质量和口味都不怎么了解。所以如何才能打开产品销路?石永锡脑筋急转弯,将梅林厂生产的番茄沙司装入"台尔蒙"牌番茄沙司的空瓶里,跟原装的"台尔蒙"牌番茄沙司混在一起,免费让西餐馆的顾客品尝,并让其猜哪瓶是美国货,哪瓶是中国货。结果连一些老吃客一时都无法区分。事实证明梅林厂生产的番茄沙司的质量已经过关。由于国货的价格比"台尔蒙"牌便宜,因此梅林厂生产的番茄沙司很快在调味品市场上赢得一席之地。

1933年5月,冯义祥、屠开泰等注入新的资金,成立梅林罐头食品有限公司。为适应公司发展,是年工厂迁至虹桥路,开启了梅林厂的虹桥路时代,厂址在今虹桥路882号一带。关于梅林公司在虹桥路的具体门牌号,有"119号"和"808号"两种说法,实际上都是正确的。由于虹桥路越界筑路道路的特殊性,119号为公共租界当局订立的门牌号,808号为华界当局订立的门牌号。20世纪30年代梅林公司的广告中也多将这两个地址同时刊载,这一门牌号的"怪相",亦是近代上海越界筑路地区市政管理体制的真实写照。

购置了新的生产设备,并向国民政府实业部注册"金盾"牌商标,梅林公司从最初的作坊式制作,发展到规模化生产,以"生产救国"提倡国货自勉,确立"著名土产制造罐头食品,以抵制舶来品,争取外汇"为宗旨,再加上一番广告宣传,"金盾"牌番茄沙司的社会影响力越来越大,同"台尔蒙"牌一样出现供不应求的局面,还一度销往日本、印尼和马来西亚等国。1934年,梅林厂生产的"金盾"牌番茄沙司等产品,应邀参加美国芝加哥世博会。因为"金盾"牌番茄沙司品质精良、包装精美,一举荣获"大会感恩"奖和"成功合作"奖。从此以后,梅林厂的"金盾"牌番茄沙司不仅在东南亚各国畅销,且进入美国和欧洲市场。到1938年,梅林厂外销罐头产品已达126种。

梅林公司在虹桥路期间取得长足发展,1945年8月抗战胜利后不久,梅林公司即向上海市工务局申请建造3层仓库一座,并将原有建筑的木楼板及屋顶改建为钢筋水泥结构,整个工程颇具规模,充分显示了梅林公司的兴盛。

1949年5月上海解放,梅林罐头食品厂股份有限公司于1954年公私合营,由上海轻工业管理局主管。1958年1月8日,《人民日报》发表社论《从梅林看全国》,掀起增产节约、反对浪费的高潮,在全国产生了很大的影响,同时也极大地促进和激发了员工的创造热情。于是,梅林厂开启竞赛热潮,罐头品种增加到200余种。

1960年,为扩大发展梅林企业与梅林品牌,上海在行业调整中,将梅林罐头食品厂迁至军工路224号。原军工路224号的国营益民食品二厂的设备以及人员全部并入,梅林罐头食品厂的生产规模再次扩大。与此同时,梅林厂加大罐头产品的研发力度。20世纪50年代末,梅林厂聘请专家按西餐定位研发出特制的午餐肉罐头,后经改良,大量外销。从20世纪50年代到70年代,梅林罐头出口苏联、捷克、新加坡、马来西亚等国家和地区,直至打开了非洲、中东地区的市场,梅林出品的八宝饭罐头、番茄沙司、火腿罐头等风靡世界。

虹桥路上数厂家

　　虹桥路上还有不少名人和洋人住过的优秀历史建筑,门口都悬挂着牌子。而在众多具有异国情调的建筑群中,竟然曾经夹杂着一些工厂,譬如上海新风色织厂,位于虹桥路223弄17号,原名大中织造厂,创办于1944年。原厂址在南市区蓬莱路普育里29号。1946年买进现厂址(原建新染织厂),更名大中织造厂,撤销蓬莱路普育里老厂,生产产品有"大钟图"牌漂白厚衬绒、彩条绒、色府绸、男女线呢、中联呢(全线劳动布),为上海市畅销产品,并在广东、福建一带颇负盛誉。1956年大中织造厂公私合营后,为中心厂,大通利、协大新、孙原祥、周顺昌、长兴等布厂为关系厂,到1959年这些厂全部并入大中织造厂,1966年更名为上海色织十七厂,1980年3月改今名,全部生产纯靛蓝防缩坚固呢,成为靛蓝劳动布专业生产企业,畅销国内外市场。

　　上海整流器总厂,位于虹桥路640号,原名大中瓷电厂,创办于1946年,是私人股份有限公司,厂址在宛平路,生产设备仅有车、刨、钻、剪刀、冲床等5台机器,主要产品有变压器、高压开关板、高压开关、高压油断路、高压电瓷、面砖等。1954年公私合营后,产品进行调整,以生产低压电器为主,产品有低压开关板、照明箱、熔断器、刀开关、低压空气断路器、低压电流互感器等。1956年根据国民经济发展的需要,产品再次进行调整,以生产高压电器为主,产品有高压开关板、隔离开关、负荷开关、高低压电流互感器等。1960年和上海星华电子厂合并,改名为上海整流器厂,主要产品有玻壳水银整流器、铁壳水银整流器、直流快速断路器、控制箱等。此外,开始对硅半导体材料、硅粉、单晶等进行研制。1963年厂内成立"中央试验室",以加快硅半导体元件的开发试制工作。同年先后试制成功30A、50A、200A整流器元件,通过鉴定为小批量生产。1964年在硅元件试制获得成功的基础上,对成套设备加紧开发,同年试制成功300A、600A的硅整流成套设备,先后获得成功,并正式投入生产,从而使硅整流成套设备的生产技术水平又进一步提高。1983年10月由原上海整流器厂(虹桥路640号)、上海电子器材厂(北宝兴路851号)、上海电子元件厂(延长路162号)合并组成上海整流器总厂,有6个生产车间:第一车间是硅整流成套设备总装车间,第二车间是"ZP"和"ZK"型硅整流元件车间,第三车间是"KP""KS"和"KK"型可控制硅整流元件车间,第四车间是新产品及与外国合作生产车间,第五车间是金属切削零部件加工车间,第六车间为变压器车间。此外,在动力科及工艺科内也设有专门生产工艺装备、模具制造以及机床设备、维修保养等部门。产品有各种规格的硅整流器、硅元件等,产品主要销售国内,其中部分产品与外单位配套出国。

上海电讯器材厂,位于虹桥路808号,该厂是生产有线通信设备的专业厂,于1960年由宝光电机厂和上海第一有线电配件厂等电讯器材小厂合并组成。该厂有7个生产车间:电话机总装车间、交换机总装车间、注塑件车间、模具车间,金工车间、动力机修车间和电镀车间等,建有比较完善的电话电声测试实验室,具有年产50万至60万部电话机、20万门交换机的生产能力。主要产品有电话机、交换机、电声元件、水下通信设备等30多种。电话机年产量约占全国年产量的一半,在有线通信产品的行业中占重要地位。电话机的型号有HZ-1型、818型等拨盘式自动电话机,888型、HZ-1P型和HA-1型等按钮式自动电话机。电话交换机的型号有20JG-2型无绳式、JG1型50门、100门、300门等,还有HC-2型号盘测试器、电声元件和国内首创的特种专用有线通信产品,如10门调度总机与扬声单机、水声通话器、潜水打捞和水下深潜氦氧电话。1972年开始投产的"上讯"牌HZ-1型自动电话机,由于造型美观、色彩鲜艳、性能可靠,为全国邮电、部队、机关、企业等部门普遍采用,其改进品种HZ-1B型自动话机荣获1983年国家银质奖。HZ-1型自动电话机,远销也门、黎巴嫩、菲律宾、科威特、泰国、哥伦比亚等国家和中国香港地区。

上海毛巾十四厂,位于虹桥路850号,该厂前身是由长宁生产合作社(成立于1951年)、黎明生产合作社(成立于1956年)于1958年合并后,成立的地方国营卫星毛巾被单厂。1997年年初改今名。厂内分织造、成品、漂染、金工等四个车间。产品有全棉毛巾被、浴巾、枕巾、面巾、方巾、沙发巾、腈纶毛巾被、旅游配套产品等,畅销国内外市场。

虎丘路

虎丘路,南起北京东路,北至苏州路,全长334米。19世纪60年代,由公共租界工部局修筑,1865年命名为上圆明园路,理由是"西上东下"的说法。据说,当时马路命名者为1860年英法联军火烧圆明园,将暴行当作功绩纪念。1874年,英国皇家学会亚洲文会北中国支会在该马路上设立亚洲文会博物院,后经工部局批准,于1886年将门前的"上圆明园路"重新命名为"博物院路"。1943年以江苏苏州虎丘山改路名至今。

华人工程师创业,实业家赞助成立大华

中国的电子仪表工业同世界上发达国家相比,起步不算太晚。1901年,国人就在上海创办了科学仪器馆,经销仪器。两年后,该馆增设制造所,修理和仿制理化、测绘仪器,是上海科学仪器商兼制作之肇始。1909年,商人张伯岸在河南路开设实学通艺馆。1915年该馆在南市九亩地(今豫园商城附近)开设工场,专门仿制、修理进口仪器(多为实验室用物理、化学仪器)。1925年,美国西屋电气公司副工程师、芝加哥大学电气工程硕士生、中国人丁佐成,在被美国人拒绝参观威斯登电表厂,并且以讽刺的口吻讲中国人恐怕再过30年也造不成电表时,气愤难平,一怒之下,毅然放弃国外优厚待遇,于当年3月回国,开始自己创业。

其实早在1918年金陵大学任教期间,丁佐成便发现所有的实验仪表全是进口货,一旦损坏,没有人懂得修理,只能到处丢弃。因此产生了一个想法:为什么我们中国人不能自己制造仪表?从此立下要为国家研究和生产仪器的人生目标。再加上由于旧中国贫弱,中国人处处受洋人轻视,也一次次地刺激

着丁佐成，他发誓要制造出中国自己的仪表。

为了开办一家国货仪表企业，丁佐成将自己在美国省吃俭用积储下来的1000美元全部贡献出来，于同年10月盘下博物院路20号（今虎丘路131号）二楼写字间，并用剩余资金买下外国人维修幻灯机的部分设备和工具，创办了"中华科学仪器馆"，雇佣了四名职工。由于缺少设备，资金匮乏，所以只能接一些日用幻灯机和实验仪表的维修业务。但丁佐成并不因为实力有限而丧失信心，他一面为客户修理日用仪表设备，一面自行研制船舶和航空用的无线电导航设备。经过一段时间反复研究和制作，终于成功制作出中国第一代船舶与航空用导航装置。为此，他一举拿下中国航空公司两条航线上全套导航设备订单，盈利14万银元，为企业蓬勃发展打下了扎实的经济基础。

丁佐成的业务能力得到宁波籍巨商朱旭昌的赏识。朱旭昌看好仪器仪表行业，认为将来必有很大的向上空间。因此于1927年，邀集沪上几位经济实力雄厚的实业家，集资6万银元，与丁佐成合作组建仪器仪表股份有限公司。新公司由"中华"更名为"大华"，其中丁佐成占六成股份，并担任经理一职，朱旭昌为董事长，史久丰、丁慎庵为董事，颜任光为工程师。

新成立的大华公司扩大了业务范围，为英商马尼克无线电公司加工船舶用发电机零件和制造电器设备，另外经销美国"永备"牌电池以及利兹仪器公司的实验仪表和劳姆公司的光学仪器。大华公司还很快抓住发展新机遇，原来是南京国民政府交通部颁布了一项新规定，要求所有的航海船舶必须安装无线电通信设备。但问题是当年的无线电发报技术被外商所垄断，英商便利用这一优势，一面趁机抬高发报机价格；一面故意拖延安装工期，向客户索取额外费用。丁佐成闻听强烈不满，决定由自己来研制无线电发报机，以打破洋商的垄断经营和暴利行为。经过一番努力，试制获得成功。消息传出后，许多船舶公司转而向大华公司订购发报机。丁佐成不仅按时交货，且亲自上船安装。有些船舶吨位较大，无法开进黄浦江，丁佐成就搭船来到吴淞口外，登上客户轮船，顶风冒浪、不畏艰险攀上轮船高高的桅杆，安装天线。丁佐成的敬业精神和优质售后服务，赢得了客户的交口称赞。各轮船公司如招商局、宁绍、三北等纷纷向大华公司订货。一时间，大华公司在上海滩上声名鹊起，业务蒸蒸日上，职工人数也逐渐增至约60多人。

"大华"电表国内首创广受欢迎

经过苦心经营,大华公司的资产增至20万银元。有了经济实力做后盾,他可以着手实现制造国货仪表的梦想了。于是丁佐成添置生产仪表用的车床、刨床、铣床、刻字机等机器设备,并自制精密专用小型车床,到处采购原材料,还参与设计和管理,甚至零件装配、成品检验都亲自动手。通过近两年的努力,中国第一只301型国产直流电表终于试制成功。丁佐成怀着喜悦心情,取自己英文名"Robert Ting"的第一个字母R,来为新电表命名。新产品是研制成功了,细心的丁佐成明白这不等于该产品就能在市场上畅销。为了便于今后广告宣传,同时便于消费者容易记住公司名称,丁佐成提议以"大华"两字作为产品的商标名称。从此,大华仪表厂开始生产制造各种类型的交直流电表、电力表、功率因数表,开创了中国人自制物理仪器和实验设备的先河。

然而,事情并非一帆风顺。因为那时就连磁钢、漆包线和电阻丝等一些生产仪表最起码的原材料都得向洋商购买,更不必说仪表所需的三大易损件——宝石、轴尖和游丝,国内根本无法生产。当威斯登公司得知大华公司试制出第一只"中国造"电表的消息后,担心会对自家产品在华销售构成威胁,便不惜拒绝履行供货合同,中断重要零部件供应,妄图以此迫使大华公司不再继续生产电表。面对洋商的无赖行径,丁佐成丝毫不屈服,与厂里的技术人员共同研究,攻克一个个技术难关,另辟蹊径,采用进口钢琴的钢丝制成轴尖;细磷钢带制成游丝;又转向德商百禄洋行订购磁钢。结果不但"R"型3寸直流电表得以继续生产,且在此基础上,不断推出新品种,大华公司先后试制出2寸M型直流电表、3寸S型交流电表、4寸HA型交流电表、7寸K型直流电表。后来又推出精密度比较高的一级携带式T型交直流电表、整套配电板式和手提式各类一级和二级电表。

国货电表的问世,极大地鼓舞了国人,轰轰烈烈的五卅运动后,国人多次掀起"抵制洋货,使用国货"的反帝爱国高潮,提倡使用国货的呼声不断深入人心。由于国货"大华"牌产品价廉物美,且售后服务良好,被国内各大机电设备制造企业选中、争相订购,不仅大型机电机设备制造企业中的华通、华成、华生、益中等纷纷采用,还有全国一些著名高校,如交大、金陵、中央、浙大、厦门、沪江等大学,也使用国货"大华"牌手提式仪表等产品。"大华"牌仪表成为20

世纪 30 年代国内仪表市场上的名牌产品,并在国际市场也打出了牌子,尤其是在南洋一带的信誉和号召力日益扩大。因为受到中国人使用国货运动的影响,东南亚各国华侨厂商都指名要购买"大华"牌各类电表产品,一度令"大华"牌电表出现供不应求的现象。

1931 年年初,为了扩大"大华"牌电表的市场销售,满足客户不断增加的需求,丁佐成决定在虹口其美路(今四平路)二道桥附近购置 6 亩土地建造新厂房。公司另外投资 3 万银元,在北四川路(今四川北路)仁智里开设大华仪器公司分部,专门扩大生产"大华"牌直流电动机。经过快速发展,到了 20 世纪 30 年代中期,大华仪表厂已拥有 1 幢钢筋混凝土厂房、7 间仪表实验室。公司职工也由最初的 4 人,一下子增加到 130 人。厂里除了大量生产"大华"牌电表、电动机、无线电收发报机、电钟之外,还能自己制造各种"大华"牌实验仪器。

正当大华公司准备生产和制造高级精密"大华"牌仪表产品,同洋货进一步进行市场竞争时,1937 年 7 月抗战全面爆发。"八一三"事变中,大华公司位于其美路分厂的大部分厂房,先是遭到日军战机的狂轰滥炸,部分生产设备和原材料均被炸毁,不久又被日军强占,改成酒厂。上海华界沦陷后,大华公司全体职工只能挤在位于租界内的博物院路总厂里。即使在经济十分困难的情况下,丁佐成依然每月发给留厂职工工资,对于高级职员还发放生活补助,帮助支付房租和日常开支。丁佐成同大家一道勉力支撑,组织职工经商,以商养厂,惨淡经营,共渡难关。1939 年,公司业务有所起色。1941 年 12 月,太平洋战争爆发,日军强行进入租界,提出要与大华公司合作制造军用导航仪表,被丁佐成一口拒绝。为了不让日本人阴谋得逞,一心爱国的丁佐成忍痛遣散职工,藏匿机器设备,并将废铁等杂物堆放在车间里,做出一副准备关厂的样子。日军起初不信,来到现场一看,只见一片破落相,认为大华公司已经没有利用价值,丁佐成才算躲过一劫。

1945 年 8 月抗战胜利,苦苦支撑了 8 年的丁佐成,终于盼到光复的一天。原本以为把日本侵略者赶走了,自己又能够在和平稳定的日子里大展宏图、为国贡献了,万万未料到前来接收的国民党要员,竟然把被日寇强占的四平路分厂当作"敌产",要予以没收。丁佐成据理力争,向国民政府一次次交涉,却得到"须赎买"的答复。无可奈何之下,丁佐成只得自己出钱竞标买回自己的工厂。结果厂是买回来了,但丁佐成元气大伤,无力重建,不得已只好将收回的四平路厂房暂时充作仓库用,公司所有职工 160 余人依旧集中在虎丘路总厂内生产。尽管重振大华的道路上充满荆棘，但丁佐成还是全身心投入恢复生产、扩大生产的工作之中。为了企业东山再起，1946年丁佐成再度赴美，一方面考察美国几家著名电气仪表厂，学习管理经验和技术，另一方面采购电表仪器设备等原材料，装了500多邮包寄回国内，打算扩大生产规模，却因为解放战争爆发未能如愿。而对丁佐成打击更大的是1948年国民政府发行金圆券，且强令民众把黄金、美元兑换给中央银行，因而通货膨胀，物价飞涨。为了减少兑换带来的资金损失，丁佐成将自己的10万美元购置东大名路一块地皮，又购进钢材、水泥、电木材等，以建造厂房来达到保值目的。

  1949年5月上海解放，大华公司获得新生，生产的产品广受欢迎。为了增加产量供应市场，丁佐成加快建造东大名路4层电表装配大楼。1951年8月，大华公司搬进新厂房，并在人民政府扶植下，生产发展迅猛，业务蒸蒸日上，产量雄踞全国第一。1954年6月大华公司申请公私合营，10月与太平洋电工厂、中国磁钢厂、新华电器制造厂等合并，更名为大华仪表厂。20世纪60年代后，大华仪表厂成为我国机械电子工业的骨干企业，其产品品种、产量和质量等均居全国同行业之首。

黄浦路

黄浦路,西起大名路,东至青浦路,全长456米,原来仅是苏州河入黄浦江口北岸滩地的一条纤道,约19世纪中叶由公共租界工部局拓建为马路,因位于黄浦江北岸,故名。后来各国驻沪领事馆纷纷来此地驻扎,所以民间习惯称其"领事馆路"。又因为靠近黄浦江,水运方便,所以黄浦路上也适宜建造仓库,且曾经风光一时。

鲜蛋出口异军突起,茂昌冰蛋不惧洋商

长期以来,丝与茶在中国对外出口中一直占据龙头地位,辛亥革命后,由于日本、印度等国相关产品的崛起,中国丝、茶出口受到巨大挑战。不过中国蛋品出口却异军突起,20世纪30年代至50年代,更是名列中国出口商品前茅,弥补了丝与茶出口的不足,为国家赚取了可观的外汇收入。其中,郑源兴及其主持的上海茂昌公司十分引人注目。时人称,中国蛋业的发展使国外同业、国内洋商刮目相看。郑源兴也因此成为当年上海滩上闻名全国的行业大王,即"蛋大王"。

郑源兴,浙江宁波人,13岁来到上海,在一家蛋行学生意,为人勤奋好学,短短五年时间,这个刚年满18岁的年轻人,便成为上海鲜蛋行业的"老法师"。不久,他被朱慎昌蛋行聘为经理。后来自己创业,集资2万银元创办"承余蛋公司"。1920年,资本额增至20万银元,改办"茂昌蛋厂",经营外销鲜蛋和冰蛋业务。生意刚起步时,郑源兴接到汇丰银行所属的一家英国食品公司一笔20箱鲜蛋的小额出口生意。郑源兴明白这是外商的一次试探,生意虽小,若能做好令客户满意,今后定有更多订单。于是他精心挑选最新鲜的南通鸡蛋,雇请包装技师妥善装箱,由英商公司自行托运。不出郑源兴所料,这批鲜蛋一到

英国码头,买主有意把20箱蛋先从楼上推滚下去,再开箱检验。奇迹出现了:20箱鲜蛋只只完整无损,且蛋质新鲜。英国买主不禁跷起了大拇指,赞不绝口。郑源兴的商誉从此树立起来,大批外商订货单源源而来,鲜蛋出口生意从此越做越大。

20世纪初,鉴于德商礼和等洋行在我国汉口等地开设蛋品加工厂,将蛋品加工、冷藏、包装后销往国外,获得巨大利润,洋商们便一哄而上,蛋品加工企业迅速增加,达到30多家。上海的鲜蛋和冰蛋的加工出口贸易,也自然全部操纵在几家洋商蛋厂之手。第一次世界大战爆发后,英、法、德等国洋商先后回国,民族蛋品加工业如雨后春笋,最多时发展到100多家。但那时蛋品的对外出口经营权始终被洋商所控制,华商大多只能为洋商定牌加工,或在内地小批量销售。结果大多数华商蛋品加工企业在经过一段时间为洋商定牌加工后,无利可图甚至亏本,无奈纷纷宣告关门歇业。

茂昌蛋厂同其他华商一样,开始也是定牌加工,主要为美商"大美冰蛋厂"加工出口冰蛋,再由英商洛士利洋行和美商斯威夫特食品公司以"双钥匙"牌商标直接出口到英、法等西欧国家和北美各国。1923年,大美冰蛋厂因经济纠纷等缘故宣告倒闭,郑源兴闻讯后,立刻拿出20万银元,买下大美厂全部设施和设备。当郑源兴生意上的主要竞争对手、英商和记洋行闻讯后,马上提出以5万两白银、1 000银元月津贴,劝茂昌公司退出竞争,遭到郑源兴断然拒绝。郑源兴认为若自己能直接出口冰蛋等产品,所获利润远远不止这点钱。和记洋行与郑源兴商谈"合作"不成,恼羞成怒,暗中阻挠大美厂将设备和冷库转让给茂昌公司。但郑源兴开出的价钱要比其余竞争对手高,大美厂最终还是答应了茂昌公司的条件。

为了扩大冰蛋生产能力,1925年至1926年间,郑源兴又在原址邻近的黄浦路44号,购买空地一方,建设4层厂房及冷库,冷库容量1 000吨,日产冰蛋能力达30吨。同时将原有厂房改作公共冷气堆栈,供上海市各鱼行、肉店、海味店、餐馆、水果业、南北干果业、乳制品进口业堆存货物。并增添制冰设备一套,日产机冰20吨,供应渔轮及其他行业。茂昌公司一举成为中国第一家大型冷藏企业。

想方设法走出国门,扩大规模行销全球

设施和设备有了,接下来最关键的就是怎样获得蛋品的出口经营权,怎样

获得与洋商同等的关税待遇。这些麻烦均是令许多华商最头痛的。郑源兴却胸有成竹,因为他在收购大美厂之前就巧妙地解决了这些难题。原来郑源兴通过葡萄牙籍朋友的襄助,顺利地办妥了入籍葡萄牙的手续。茂昌公司也顺理成章变成了一家葡商,在葡萄牙驻沪总领事馆备案登记。成功注册后,郑源兴仰仗葡商身份,享有与洋商同等的出口待遇,获得了梦寐以求的出口经营权。且郑源兴脑子灵活,重金聘请原大美厂经理卡尔登为茂昌公司的对外贸易顾问。

在茂昌公司自主经营蛋品出口时,郑源兴具有产权意识,为自家产品取了一个很有特色的英文商标名称"Cepco",含义就是"China Egg Produce Co.",即"中国蛋品工业公司"的英文缩写。

尽管在1923年年底,茂昌公司就通过英商和美商将冰蛋贴牌外销,但真正在国际市场上站稳脚跟的还是在1925年,郑源兴在英国伦敦成功注册成立了"海昌蛋品公司",把中国人的产品"Cepco"牌冰蛋直接销往西欧及北美各国。因为海昌公司销售的"Cepco"牌冰蛋质量上佳、价格公道,在欧洲市场上十分畅销,一度成为西方蛋品市场上的名牌产品。随着郑源兴多年来与各国蛋商在经营中所保持的各种良好的关系,茂昌公司的出口订单源源不断。茂昌公司终于打破了多年来洋商对我国蛋品外销的垄断地位,开创了中国人在国际市场上独立经营蛋品的局面,同时奠定了我国早期蛋品出口经营方面的龙头地位。20世纪20年代后期,"Cepco"牌冰蛋年出口量为1.5万吨,鲜蛋5万箱,其蛋品出口量占我国商品出口贸易总额的第三位。"Cepco"牌蛋品完全走出了国门,对国际蛋品市场销售的影响力举足轻重。

郑源兴天生会做生意,不仅重金聘用专家,精制冰蛋,承接冷藏客货,开国人办冷冻业的先河。且他学什么像什么,精通英语,略谙俄、法、德、日语,曾多次前往欧美考察蛋业,积极与外商和外国政府相斡旋。同时郑源兴相当重视企业制度建设,努力建立现代企业制度并不断加以完善,所以企业具有强大凝聚力。公司内部建立出勤奖励、养老退职金等制度,建造职工住房,开办职工夜校,设立医务室等,职工有优惠购买公司股票、参加股东会、享受分红的权利。郑源兴审时度势,抓住机遇,努力做大做强企业。1930年在青岛创办冰蛋厂,后增设干蛋厂12家,鸡蛋收购网点数百处,又沿黄浦江建仓库、码头,在郊县开办养鸡场,除了在英国伦敦设立海昌公司,还在法、德、荷、意、美、日、菲、澳等国设立分理处,鼎盛时职工近两万人。

郑源兴目光敏锐、见识远大,又敢于担当、处事公允,因此得到同业乃至外商的推崇与拥戴,推举他担任中国蛋业同业公会会长、世界蛋业公会理事长,以带领中国蛋业开拓进取,披荆斩棘,不仅屡屡叫板在华洋商,还走出国门,占据了20世纪三四十年代世界蛋品市场的半壁江山,"蛋大王"的赞誉实至名归。至1937年8月淞沪会战前夕,茂昌公司达到鼎盛,日产冰蛋60吨,年产量达到8 000吨,厂里固定职工1 000余人,旺季雇用临时工和季节工3 000余人,拥有全国33%的冰蛋生产份额。在郑源兴的不懈努力下,蛋品出口成为我国对外贸易的重要商品,有的年份甚至占据第二,受惠的蛋户更是遍及大江南北,达数百万人。

  1937年年底,日军占领上海华界后,多次提出要与茂昌公司"合作"经营,但每次都被郑源兴拒绝。1938年,郑源兴遭侵华日军拘禁,为躲避日商三井洋行迫其"合作",公司更名并迁至法租界独立经营。抗日战争胜利后,恢复公司原名,积极恢复生产与出口。为了扩大生产规模,茂昌公司的生产品种由原本单一的蛋品加工,发展到多种经营,如海鲜、茶叶、罐装食品等。1946年4月,一场大火将茂昌公司的主要生产场地烧毁,公司从此一蹶不振。

  1949年5月上海解放后,茂昌公司得到人民政府的扶持,很快恢复活力。50年代初期,为打破西方帝国主义禁运封锁,茂昌公司积极筹划,恢复生产与出口,努力为国家争取外汇。1954年4月,茂昌蛋业公司实行公私合营,并更名为"公私合营茂昌蛋业冷藏有限公司"。

黄兴路

黄兴路,北起五角场环岛,南至长阳路,接宁国路,1926年辟筑,是大上海计划中连接市中心和杨树浦的主干道,全长3 860米,以中国近代民主革命家,中华民国创建者之一、孙中山第一知交黄兴名字命名。上海解放后一度改称宁国北路,20世纪80年代恢复原名。

虽然黄兴路边上的工厂不多,但品种齐全,譬如有上海第二钢铁厂,位于黄兴路221号,前身为亚细亚钢业厂黄兴路分厂。1940年2月由日商村川善美圈地始建,1942年投产前,更名为亚细亚钢业株式会社黄兴路轧钢工场,习称"北亚细亚"或"新亚细亚"。1943年9月工场划属中华制铁株式会社。1946年11月由中央信托局敌伪产业清理处邀上海钢铁业厂商洽谈官民合办,改为上海钢铁股份有限公司第二厂。1949年5月上海解放后,由人民政府接管。1953年2月定名上海第二钢铁厂。譬如有上海光学仪器厂,位于黄兴路1545号,前身为中国科学院上海实验工厂,1953年1月由华光仪器厂、中国精密机械工具厂、余记木作工场、兄弟喷漆厂等合并而成,是我国第一家民用光学仪器制造工厂。原来厂址在河间路788号,1958年改今名,1964年迁现址。譬如有上海乳胶厂,位于黄兴路1700号,建于1957年9月,由云利乳胶厂和潘茂昌玻璃厂合并而成。该厂曾是上海市唯一的生产乳胶制品的专业厂家。不过,最有名气的还是属于纺织业的华丰毛纺厂。

洋货毛织品进入国内,华商进军呢绒制造业

毛织品在我国用以穿着,至少有四五千年的历史。不过那时的毛织衣料,

绝对不能与今日缤纷世界的精纺呢绒织物同日而语。到了汉末晋初，制作羊毛手工织物开始成为我国北方人家的家庭副业。当时的羊毛工业，能在短时间内凑足三万匹，可见民间毛纺织绒之发达。但鉴于我国羊毛质量不甚良好，又因纺织技术落后，造成生产出来的毛织品粗劣并容易污染，此外生产费用过高，以至于毛织品售价较昂贵，令一般百姓无力购买。所以尽管我国毛纺织生产历史悠久、发展较早，但相比较棉纺织业，稍显逊色。

　　1684年，清廷解除海禁后，洋货进入中国市场。舶来毛织品宛如丝绸、手感柔滑，且耐久保温，吸引有钱人家竞相购买，结果大量的羽毛缎、军衣绒等呢绒进口。及至清同治年间，国人渐渐知道我国自己出产的羊毛也颇为丰富，才开始计划使用国产羊毛为原材料，从事羊毛织品的生产，以抵制洋货，防利权外溢。1876年左宗棠在甘肃兰州创设织呢总局，采用西欧国家生产毛织物工艺，织制呢绒。该企业系中国毛纺织工业的嚆矢。

　　上海一直到1907年，才出现第一家呢绒厂，为缙绅樊棻、叶璋等人在日晖港开办的"日晖织呢商厂"。该厂规模不大，拥有1 750枚粗纺走锭和44台毛织机，以及全套染整机，均来自比利时，职工百余人，生产粗纺呢绒。那时国人称国货呢绒为"华呢"，其主要销售对象是军队士兵，学生也有一部分购买，范围比较狭窄。再加上产品质量难以同"洋布"相抗衡，未及两年即告停业。1919年，具有经营缫丝厂经验，仍在上海总商会会长位置上的著名实业家沈联芳，出面承租了日晖厂，不过生产的产品与先前完全不一样，是以生产绒线为主。由于日晖厂生产的"火车"牌绒线质量不及洋货，数量也不及进口的多，不久便销声匿迹。但国货绒线的亮相，改变了舶来品一统天下的局面。

　　此后，不断有华商创办毛纺织厂。1946年10月，华商王厚甫、葛杰臣合伙投资28亿元法币，从美国购进英国制造的陈旧设备一套，共3 808个纱锭（翼锭1 224枚、帽锭1 948枚、环锭636枚），租用杨树浦临青路66号，开设"华丰毛绒厂"，职工217人，聘任原中国纺织机械公司总工程师黄郁炎为厂长，主要生产粗细绒线、精纺手纱及长毛绒纱，产品有"长城"牌中级粗绒、"双马"牌高级粗绒（后改"金马"牌）、"白马"牌细绒和"力士"牌针织绒等，产品原料全靠进口。

华丰绒线畅销国内外

　　由于经营得法，赚了一些钱，1948年厂方退了临青路租房，购入黄兴路桥埭、走马塘北侧32亩过去曾是贫瘠农田的荒地造厂,挂门牌号1616号,并招收当地农村妇女入厂当职工。由于雇用廉价劳动力,厂方又注意创牌子,华丰绒线在市场上很畅销。

上海解放初期,经济尚不稳定,市场动荡,沿海又遭受美蒋封锁,进口原料缺乏,华丰厂一度面临停产危险。资方厂长黄郁炎响应国家"生产自救"号召,依靠全厂职工努力,在行业中率先采用国产羊毛,试制成"丰年"牌绒线及长毛绒毛纱,受到消费者的欢迎,使企业渡过了难关,也自此摆脱了依赖进口羊毛的压力。1953年,实行产品由国营中百公司全部包销政策,工厂正式纳入国家统一管理轨道。与此同时,华丰厂率先制订实行《绒线品质标准及质量管理》等一整套法规,被纺织部推广到全国绒线行业并采用,不久又连续在国内首创"脚水连染法"、绒线防蛀剂和制成纱线防缩机。1954年华丰厂成为公私合营企业。1955年10月,由英国海归高士愚创办的上海民治毛纺厂并入华丰厂,职工增加到368人。翌年,上海第二毛纺织厂的绒线部并入,至此职工增至918人,纺锭增加到6 224枚,年生产各类绒线890吨,且提前1年零16天完成第一个五年计划的生产指标。

20世纪50年代末,受片面高速度的影响,细纱机车速一再提高,使细纱断头率成倍上升,产品质量明显下降。20世纪60年代起,厂方注重产品质量,合理调整车速。贯彻"以工艺为中心,全面加强技术管理"的方针,建立健全上机、纱线、试验、操作、工艺、设备保养等一系列管理制度。还开展技术革新,自制花式捻线机、印花机,并将帽锭、翼锭改为环锭,效率提高40%左右,产品一等品率达99%。1963年在全国优质绒线评比中,236全毛针织绒,285全毛粗绒被评为全国第一。产品原料由全毛扩大到纯粘胶、羊毛粘胶混纺、纯腈纶、羊毛腈纶混纺等;产品品种也由常规绒线增加到印花绒线、小珠绒、皱皮绒、粗节绒、金银丝绒、防蛀绒等36个品种,畅销国内外市场。

1966年10月,华丰厂更名国营上海第十八毛纺厂。20世纪70年代中期,厂里技术革新不断,老式英国造细纱机改用锥面钢领后,粗纱机又改为双排锭子,生产率提高35%左右。采用染色筛选静电防止剂,解决了腈纶染色"烂花"问题。1974年率先选用成套国产阳离子染料,替代进口染料,每吨绒线可节省外汇2万元人民币。1975年,又选用毛型活性染料试制成纯毛坚牢色绒线。经过全面整顿,修订和健全各部门规章制度135项,厂里狠抓色花、色差、色光、油污、乱线等质量关。试制成功国内最新定型绒线纺纱机及配套设备,使细纱纱管容量提高8倍左右,获上海市重大科技成果奖。

20世纪70年代末、80年代初,建厂以来规模最大的一、二期基本建设项目开始。投资3 700万元人民币,先后建成二纺车间、二染车间、试验大楼、原毛仓库、工人俱乐部、浴室楼、生活综合大楼等,建筑面积达23 000平方米。添置国内最新绒线精纺机7台及配套设备,并在行业中第一个从联邦德国、意大利、法国、日本、瑞士等国引进新型花式绒线机等多种纺染设备和一整套先进测试仪器,新增纺锭4 000余枚,全厂形成粗细绒线、针织绒、花式纺纱、间隔染色、毛条防缩、长丝束轧染和毛条印花7条生产线,年生产能力达5 000吨,生产出超级洗手编绒线、针织绒线及其他各类花式绒线,填补了国内空白。

1982年,新建车间投入三班运转,大批新设备相继开出,职工由1 300人增至2 600余人。但由于各项管理未能跟上,产品质量严重下降,成品漏验率全年平均在5%以上。自1983年起,经过全面整顿,新车间建立以岗位责任制和操作制度为中心的十大制度,开展技术培训,坚持定原料、定工艺、定设备、定人员、定操作,逐步使成品漏验率降至标准以内,使华丰绒线再次在市场上赢得了声誉。与此同时,利用引进设备优势先后设计制造出120余种花式绒线,形成圈圈绒、波形线、拉毛绒、间隔染色线等四大系列产品,创造了较好的经济效益。产品不仅畅销全国各大城市,在海外市场也非常热销。

1985年4月,重新恢复上海华丰毛纺厂原名。

嘉善路

嘉善路，北起复兴中路，南至肇嘉浜路，全长794米，1913年筑，以法国驻沪领事名命名甘世东路，1943年以浙江嘉善改今名。

弄堂里厢拍电影

宁波籍商人邵醉翁，早年分别在上海、天津、宁波等地经营商号，因获利甚微，另找门路，与人合作创办了和平新剧社，上演新式文明剧。1924年，风行全国的影片《孤儿救祖记》给明星公司带来巨额利润，对邵醉翁产生了极大启发，遂同兄弟邵邨人、邵仁枚和邵逸夫，利用自己的戏班班底，于1925年6月在虹口横浜桥，创办天一影片公司，并提出"注重旧道德、旧伦理，发扬中华文明，力避欧化"的拍片思路。循此主张，天一公司首先拍摄了影片《立地成佛》，其后又出品了《女侠李飞飞》《忠孝节义》等影片，进一步宣传和提倡传统伦理道德。翌年，天一公司迁至华德路（今长阳路），规模扩大，除了购置灯具设备，还广罗艺术人才。同时，创作上也发生了重大变化，拍摄了大量稗史片（即早期古装片），如胡蝶主演的《梁祝痛史》，以及《珍珠塔前后集》《义妖白蛇传》《孟姜女》等。那些题材多数取材自民间故事和古典小说，虽在内容上有不少值得商榷的地方，艺术上比较粗糙，可是由于故事情节家喻户晓，内容通俗易懂，加上浩大的宣传声势，拥有大量观众。1928年，天一公司又拍摄《混世魔王》《乾隆游江南》等神怪武侠片。其他影片公司见天一公司获利丰厚，争相仿效，顿时掀起一股竞拍"古装片"热潮。天一公司拍摄的影片在国内市场获得成功后，邵醉翁并不满足，派三弟邵仁枚和六弟邵逸夫，赴新加坡和马来西亚开拓南洋市场。

因为发展迅速,开办不过一年多的天一公司,已然成为明星公司以及大中华百合公司的强劲对手,且在20世纪20年代中期,形成"明星""大中华百合""天一"三足鼎立之势。为了夺回市场份额,明星公司与上海影戏公司、大中华百合公司、民新公司、华剧公司和友联公司组成"六合影片营业公司",上演了一幕"六合围剿天一"的闹剧。好在天一公司并未受到太大影响。随着公司的影响力和观众群不断扩大,20世纪20年代末,天一公司在甘世东路232号(今嘉善路232弄)建造摄影棚。从此,天一公司将拍摄重心转移到沪西。甚至包括不少为天一公司拍摄影片的电影明星,也搬入甘世东路200号至230号慎成里3号、10号、36号、40号、43号等处居住。

1931年,邵醉翁利用美国的有声器材和技术,拍摄了中国最早的两部片上发声影片之一《歌场春色》。1932年"一·二八"事变爆发后,在左翼电影运动影响下,天一公司相继拍摄了《王先生》《花花草草》《飞絮》《飘零》《挣扎》《海葬》《母亲》等较有社会意义的影片。不过该公司仍以制作商业电影为主,后在中国香港地区成立分公司。1933年,天一公司聘请粤剧表演艺术家薛觉先主演影片《白金龙》,在中国香港地区、南洋各地公映,好评如潮。1937年春,天一公司在完成《花花草草》等影片后,结束了在上海的制片活动,将全部资金和设备转移至中国香港地区,成立了南洋影片公司。自1925年至1937年,该公司在沪共完成故事片约百部(包括有声片35部)、长短纪录片20部。

邵醉翁兄弟在上海创立的天一影片公司是20世纪上半叶的电影公司中对后世影响最大的一家。公司在成立之初就以明确的市场取向获得了商业上的成功,尽管是后起者,却成功地引领了"稗史片"等时尚潮流。该风格也给天一公司在20世纪下半叶的继承者"邵氏兄弟"电影公司打上了深深的印记。

弄堂里厢造金笔

1919年爆发的五四运动,不仅是爱国反帝的政治运动,同时也是反封建的新文化运动。那场运动给我国当时的文化生活带来了巨大影响,使得我国固有的书写工具——毛笔,已不再适应新文化生活需要,这就成为孕育我国自来水笔和铅笔工业的重要因素。且由于爱国反帝运动的掀起,特别是在五四运动后,全国发生了轰轰烈烈的"抵制洋货,提倡国货"的群众性运动,为我国民族制笔工业的萌芽和诞生提供了政治上的有利条件。殷鲁深正是在这种背景下走上实业救国之路的。

殷鲁深,江苏省江阴人,生于1888年7月,前清两江优级师范毕业后,留学日本。学成归国后,从事教育,先后担任江苏省立第四师范、浙江省立甲种农业学校、江苏省立第一中学等学校的教员、教务主任、校长等职。1926年,殷鲁深的同学卢寿笺从日本回国,提议两人合伙开办国益自来水笔工厂,各投资5 000银元(卢寿笺事后并未拿出一分钱),厂址选在虹口黄罗路(今黄渡路)。由于此前我国还没有制造自来水笔的工厂,所以国益自来水笔厂的创立,实乃中国自来水笔工业的开端。

建厂初期,国益厂聘请日本技师一人,雇了四五名学徒工,生产设备仅有一只小马达及几台脚踏制杆机和抛光机,所需原材料和零配件均从日本进口,主要从事自来水笔的装配加工业务,生产规模很小。如此干了一年多时间,才逐步自己制造部分笔尖,并招雇了一些工人,当时月产量约一二百支。因为卢寿笺经营管理不善,三年后,由殷鲁深投下去的资金已荡然无存。其时恰逢卢寿笺父亲去世,他回乡料理丧事,从此一去不返。决心做番事业的殷鲁深,在进退两难的处境下,毫不气馁,一个人再筹资15 000银元,于1929年10月,在蓝维霭路(今肇周路)敦仁里17号重新开厂,并将厂名改为大中华自来水笔厂,产品商标"博士"牌,聘请日本技师2人、职工8人,学徒数人,以美货"派克"牌为追赶目标,当年年产量约1万支,行销国内及南洋一带。

除了抓产品质量,殷鲁深还深谙广告的重要性。"博士"牌自来水笔的广告最早见诸报端是在1930年6月7日的《申报》上,其广告语为:"要想做博士,须先用博士牌自来水笔。""用自来水笔的学生,谁不想做博士?"并由中华书局和开明书店经销。因为"博士"牌金笔质量不断提高,多次参展并获得荣誉,如在北平国货展览会上荣获特等奖、在上海市第四届国货运动会上荣获最优等奖状。

产量上去了,厂房不敷使用。为了适应业务扩大需要,大中华自来水笔厂三次搬迁,先移至马斯南路(今思南路)西三合里8号,再搬到西爱咸斯路(今永嘉路)慎诚里59号,最后于1933年迁往甘世东路519弄光裕南里。殷鲁深特地亲笔书写厂名并悬挂在弄堂口。

厂里经营稳定了,殷鲁深还想更上一层楼,于是先后两次东渡日本考察,并从广岛一家制尖厂聘来一名制造笔尖的技师。1935年,殷鲁深考虑到"博士"牌自来水笔已在市场上打开销路,且知名度越来越高,甚至超过厂名,所以干脆去掉"大中华"三字,更名为博士金笔厂,资本总额增加至65 000法币,职工人数也扩充到30人。

　　为了扩大生产规模,掌握核心技术,殷鲁深耗资1万法币筹建笔尖车间,并从日本进口所需的机器设备和原材料。至于笔尖上的那粒铱金属颗粒,是日本技师提供的配方,由殷鲁深一人配置烧结的。所以笔尖车间属于禁地,门口挂有"非经许可,不准入内"警示牌,严格对外保密。

　　1936年是博士厂的鼎盛时期,全厂职工已有80多人,笔杆、笔套、笔舌、笔尖、弹簧、铜管、活塞、铱粒、笔夹、电镀等均能自行生产解决,年产金笔5万支以上,产品在市场上供不应求。因为销路好,厂里经常加班。1937年"八一三"淞沪会战打响,博士厂地处法租界,虽未直接遭受日军炮火袭击,但终究因为战事影响,大部分职工不得不离厂返乡避难,生产随即处于停顿状态。租界成为"孤岛"后,一时出现畸形繁荣,上海与内地的部分货运交通恢复。由于那时候内地没有生产钢笔的企业,不少商人纷纷来上海要货,且共产党的敌后根据地也很需要钢笔学习文化。再加上南洋一带的国家和地区因为战争缘故,原来从日本进口的自来水笔数量急剧下降,也跑到上海来采购,结果给困境中的博士厂带来了复工的机会。殷鲁深急忙去信江阴乡下,召回逃难返乡的部分职工约20人,恢复生产。

　　1941年太平洋战争爆发,日军强行开进租界,控制了上海与大后方的交通运输,南洋贸易也同时中断,博士厂产品销路不畅通。制笔行业中几家原先稍具规模的金笔厂均不同程度缩小生产规模,又逢物价飞涨,到1942年2月春节前,厂里职工提出节前增加一点年终奖,经理穆伯勒去殷鲁深家请示,回应是"生意清淡,历年有亏欠,无法增加支出"。至此谈判破裂,全厂宣布解散,每人发放解散费3个月的工资,穆伯勒将厂里库存成品去银行抵押才解决了解散费的来源。而殷鲁深为了不使博士厂中途夭折,拜托老同学将工厂转手,最后以22万元储备券盘给孙瑞璜等人,改名为博士笔厂股份有限公司,陆乾惕任厂长。

　　1949年上海解放。1954年该厂积极响应人民政府号召,实行公私合营。1955年12月,博士金笔厂与关勒铭金笔厂合并。

江川路

昔日的"申江门户,水路要津"老闵行,于新中国成立初期建起了中国第一座工业卫星城。纵贯其中的"一号路"系卫星城中枢,承载着上海甚至是中国工业发展的荣光。作为向新中国成立10周年的献礼,历时3个月建成的闵行"一号路",东起沪闵路,西至西河泾东岸,初建时全长5 925米,后拓展到7 000多米。当年老闵行区域内新规划的路名多以数字代号作为名称,诸如二号路(今华宁路)、三号路(今剑川路),等等。自20世纪60年代初起,上海市基本建设委员会对闵行、吴泾地区19条马路,除保留少数原路名之外,均以云南省所属市县的名称命名。到1980年,就连闻名全国的一号路,也以玉溪市边上的江川县名改为江川路。

江川路曾经是上海大规模社会主义经济建设的成果,一时成为全国学习的工程典范。而人们口中的"四大金刚"——上海汽轮机厂、上海电机厂、上海锅炉厂、上海重型机器厂,则是江川路最耀眼的"代言人"。

中国汽轮机生产企业的摇篮

上海汽轮机厂,位于江川路333号,前身"通用机器有限公司"为国民政府资源委员会在抗战胜利后创设的机械制造企业之一。1946年3月28日,国民政府资源委员会通用机器有限公司筹备处成立,马雄冠任主任,办公地址设在南京路(今南京东路)245号沙逊大厦(今和平饭店)。筹备处人员经过勘测,选定水路交通均便利,且距离上海市中心60里路的上海县闵行镇西首、黄浦江北岸为新厂厂址,建造通用机器有限公司闵行制造厂。1946年12月,筹备处购地 496 亩,于 1947 年 5 月初开始建造。厂房由资源委员会拨款投资。机器设备一部分系联合国善后救济总署拨给的约 100 台设备,另外一部分是从日本拆迁过来的作为战争赔偿的 200 余台旧机器。1948 年勉强开工。通用机器有限公司的业务范围虽然规定可生产各种通用机械,但因经济状况不佳,仅生产了个别水泵、鼓风机、电动葫芦和电梯等。自 1948 年起,通用机器有限公司实际上是靠变卖一部分工作母机来维持。这种艰难局面,一直延续到 1949 年 5 月上海解放后才结束。

1949 年 5 月 14 日,通用机器有限公司闵行制造厂获得新生,人民政府苏南区行政专员公署派遣工作组到厂接管。13 天后,位于市区的公司办公处也随着上海全市的解放而得到解放,上海市军管会决定通用机器有限公司包括闵行制造厂均改由上海市军管会重工业处接管。5 月 30 日,军代表正式到厂上任。接管时有美国造机器 80 余台,日本赔偿机器 200 余台,已安装使用 116 台。同年 11 月,通用机器有限公司更名为华东工业部通用机器厂,归华东区财政经济委员会领导。第一任厂长马雄冠,军代表陈去非。

通用机器厂自 1950 年起,为扩大生产规模,扩建了机械加工车间 2 000 平方米和铸铁车间 1 000 平方米。1951 年由华东工业部决定将精美机器厂并入。1952 年该厂试制成功国内第一台 300 马力柴油机和 375 马力蒸汽机。其中 300 马力柴油机与 200 千瓦发电机配套,是那时国内最大的国产柴油发电机组。经过 3 年经济恢复时期建设,把一个原来只能修修配配的工厂基本改造为能完整并批量生产动力和通用机械的中型专业工厂,厂区占地面积由 1949 年的 33.1 万平方米扩大到 38.6 万平方米,建筑面积从 1 万平方米扩大到 3.6 万平方米;职工人数由 397 人增加到 1 483 人;工业总产值增长 14.7 倍,利税增长 30.8 倍。

1953 年,国家实行第一个五年计划,全国对发电设备需求量很大。同时,国家考虑要改变发电设备完全依赖进口的落后面貌,必须要有自己的发电设备制造工业。于是,中央决定首先在上海成立发电设备工业基地。同年 4 月,根据中捷技术合作协定,哈特等首批捷克专家来厂,并成立了汽轮机试造委员会,将旋转车间改为试造车间,开始试造国产第一台 6 000 千瓦中压冷凝式汽轮机。6 月,在北京召开的全国工业会议上,确定通用机器厂改建为我国第一家汽轮机专业制造厂,划归第一机械工业部直接领导。1953 年 8 月 30 日,在厂门口举行了中央第一机械工业部第四机器工业管理局上海汽轮机厂正式命名挂牌仪式。

中国电机制造工业的老大

上海电机厂,位于江川路555号。前身是建于沪东通北路上的国民政府资源委员会中央电工器材厂有限公司上海制造厂第四厂。1948年1月,葛和林受国民政府资源委员会中央电工器材厂总经理恽震召唤,从美国回到南京,葛和林抵达南京时,恽震不在,协理张承祐出面接待,要他到上海分厂去做厂长,并告之总厂的规划:上海分厂以生产电缆为主;湘潭分厂以生产电机为主。而总厂交给张承祐的任务,一是把在上海懂电机的技术人员动员到湘潭去,二是将电缆厂生产尽快搞起来。

我国电机工业的起步要比机械工业晚50年左右。上海在1914年才有钱铺记电器铺出现,华生电器制造厂、华通电机制造厂也都在1920年前开设的。到1937年7月抗日战争全面爆发前为止,上海电机工业厂家总共约200多家,小厂居多数,较大的工厂不过20多家,其中资本额在50万元法币以上者有两家。抗日战争全面爆发后,日本军队进攻上海,经过20多年发展起来的一些电机厂,大部分毁于炮火,一部分如华生、华成等厂迁往内地,沿途损失很大,到了重庆,也陷于无法开工的境地。抗战期间,上海"孤岛"出现了畸形繁荣,电机工业和机械工业一样有了一些发展。1938年,上海租界内就新开了电机厂14家,到1939年、1940年,新开的电机、电器厂有45家之多。太平洋战争爆发后,日货大量倾销,上海电机工厂处于歇业、停工和半停工状态。抗战胜利,国民政府资源委员会接收了上海的敌产企业,合并成中央电工器材厂上海厂,当时制造的最大电动机功率不超过100千瓦,变压器2 000千伏安。

1931年12月,葛和林在上海交通大学读书时加入中国共产党,翌年在恽震领导的国民政府建设委员会工作。恽震乃恽代英侄子,崇尚实业救国,十分器重葛和林,命他任技佐。1933年秋,中共南京特支改为地下市委,葛和林任组织干事兼交通文书,其住处就是党的机关所在地。1934年4月,南京地下市委遭到破坏,葛和林失去组织关系。但他认识很多地下党员,因此短期内重新取得联系。来到上海,葛和林联系上地下党员汪季琪。当汪季琪听说葛和林就任中央电工器材厂上海分厂厂长时,为他出谋划策:保护工厂、掩护进步人士、迎接解放。

当年中央电工器材厂上海分厂设4处工场。葛和林一上任,就到电工四厂调研。原来电工四厂自电工五厂并入后才开始制造电机,由于合并后工厂规模较大,造的又是15匹至20匹马力的小电机,很快就变供不应求为供大于求,订货不足,人浮于事,月月亏本。葛和林了解情况后,巧妙做电工四厂厂长孟庆元的思想工作:若大家都不愿去湘潭,就得设法接足业务,完成指标,至于上面的要求由他去顶。孟庆元为了大家都不去湘潭,竟然雄心勃勃接下了我国以前从来未生产过的200匹马力的大电机单子,且电工四厂不但从设计到工艺加工没有经验,连厂房和设备都不够条件。不过全厂齐心协力,设计科参考国外资料精心设计,工艺技术人员同工人一起开动脑筋,克服设备不够大、厂房不够高等困难,掀起一场轰轰烈烈的技术攻关运动。这么一搞,葛和林不仅将电工厂的技术人员全部留在了上海,还把总厂派往湘潭的几位电机专家也截了下来。

1948年12月,淮海战役打响,蒋介石开始安排后路,亲自督促南京有线电厂等5个工厂迁往台湾。不久,一艘满载南京有线电厂物资的轮船开到上海,停泊在吴淞口,要接已在上海的南京有线电厂总工程师陆崇真随船去台湾。葛和林通过中共地下组织成员给陆崇真出主意,以借口搬迁费没有发足为借口,拖着不走。

一波刚平一波又起。张承祐带了管财务、管营业的人匆匆赶到上海,要求葛和林把上海的原材料运一部分到湘潭去。接着,张承祐亲自去查看了仓库,且在一些铜线上做了标记,即凡是张承祐做过标记的原材料,都得运往湘潭。这个意外令葛和林非常着急,一旦那些原材料被运走,待上海解放后如果恢复生产电机,就会遇到极大的麻烦。葛和林思考后,认为应该发动高级职员来抵制张承祐的行动。于是一份请愿书被递到总管理处,提出3点要求:一是发放寒衣费;二是拨给上海分厂"安全米"1 000石;三是要求不搬迁,且原材料也留在上海。葛和林一面去总管理处请愿,一面派人进驻原材料仓库。最终,总管理处无奈同意了发放寒衣费和储备"安全米"两项要求。虽然未同意不搬迁原材料一事,但葛和林千方百计拖着,一直拖到上海解放后不了了之。

受反搬迁斗争胜利鼓舞,葛和林再接再厉,又向总管理处提出上海分厂实行经济独立的要求,居然也获得总管理处的同意。葛和林在取得经济独立权后,面对的是解放战争节节胜利的形势,考虑到国民党疯狂出逃、共产党政权尚未建立之际,社会秩序必然混乱。为了保护工厂和职工的安全,有必要采取相应的应对措施。1949年2月4日,葛和林召开由厂行政、工会、职员联谊会成员参加的联席会议。会议决定成立中央电工器材厂上海分厂安全委员会。

在上海分厂安全委员会统一领导下,下属各厂分别成立分会。电工四厂安全委员会分会由厂长孟庆元担任主席,下设消防卫士、膳食、住宿、警卫纠察和总务5个组。

上海分厂安全委员会成立后立刻着手做了几件事情:在1949年3月初,购进大米1 077石、食油30担、盐95担、面粉200袋、火油3 000斤,以保障护厂期间职工生活;用50两黄金换成银元,库存备急;购进一批枪支,以备护厂之用;将家住在郊外有炮火危险的家属迁到厂里住下。电工四厂安全委员会还委托原电工四厂厂长丁舜年负责保护厂里从美国西屋公司引进的技术资料。丁舜年马上组织力量,把发电机技术资料转移到广东路总受理处存好,且用沙袋围住,日夜派人值班看护。

5月25日,电工四厂早已停工,厂里只有护厂队员值班巡逻。除了从远处传来的枪声之外,整个厂区一片寂静。人们躲在家里闭门不出。工厂门前的通北路上几乎人影全无。朱长松等几名护厂队员出去查看外面的动静,走到汇山公园门口,发现迎面走来一个国民党军士兵,垂头丧气扛着一挺机枪,身上挂着两枚手榴弹。朱长松上前同他搭讪,得知该士兵上刚从战场上败退下来,独自一人,无家可归,满腹牢骚,说是已经两天没有吃东西了。朱长松好言相劝,把该士兵带到厂里,叫他留下武器、换下军装,让他饱餐一顿后放他自谋生路。

26日,为防止国民党军散兵游勇的扰乱和敲诈,电工四厂护厂队主动担负起"真空"时期维持社会秩序的任务。是日下午,护厂队员李兆钧、郭顺福在长阳路通北路一带巡逻时,先后遇上6个国民党军士兵,便冲上去缴了他们的武器。翌日,上海全境解放。5月30日,上海市军管会派高飞、杨之华为正副军代表,接收国民政府资源委员会中央电工器材厂有限公司总管理处包括上海分厂所属各厂。

1949年12月1日,电工四厂改名为上海电机厂,有职工174人,工厂占地面积3 948平方米,生产最大容量为147千瓦电动机。1952年9月迁到闵行,有职工2 060人。1952年勤丰铁电厂,1953年华通电器厂生产变压器部分车间,1956年震威无线电厂、究学翻砂厂和俞兴昌翻砂厂并入上海电机厂。由于生产发展需要,1953年该厂进行第一期扩建工程,翌年就成功试制出我国第一台6 000千瓦汽轮发电机。1955年又试制成功我国第一台20 000千伏电力变压器。两年后,进行第二期扩建工程,设计年产汽轮发电机45.5万千瓦、交直流电机41.8万千瓦等。同年,试制成功360千瓦二极高速直流电动机和

1500千瓦二极高速交流异步电动机。还未等第二期工程竣工,第三期扩建工程上马,设计年产汽轮发电机84.25万千瓦、直流电机15.27万千瓦。然后投资1.3亿元人民币进行第四期扩建工程,但没有全部完成。

1958年年初,厂总工程师孟庆元组织浙江大学、上海交通大学部分教授、讲师及本厂职工讨论赶超计划,大家就双水内冷技术制造汽轮发电机一事进行了热烈议论。6月27日,浙江大学教授郑光华到上海,建议厂里试制1台6000千瓦双水内冷汽轮发电机(在此之前,厂里已经进行了转子线圈通水模拟试验)。双水内冷指的是发电机的定子和转子内部均用水冷却。定子水内冷国际上已有先例(1956年年底,英国人制成1台定子水内冷发电机),但对转子水内冷未取得试验成功。而双水内冷是公认的最有效冷却方式,而要提高发电机容量,就必须突破冷却技术瓶颈,采用双水内冷。

1958年7月10日,上海电机厂成立双水内冷汽轮发电机设计试验小组,由汪耕出任组长。试验小组夜以继日开展设计工作。设计工作是根据设想方案展开的。但设想仅仅是抽象的概念,要把抽象的设想变成具体的蓝图,设计人员往往难以下笔。其中有一个设想的零件,因为形状曲折奇特,就是讲得出,却画不出,技术人员无奈跑到车间里向老师傅请教。工人师傅按照技术人员的设想进行制作,后来竟然做出来了。设计人员再根据实物描绘图纸。有了图纸,零件加工不成问题。将加工好的零件装配起来,再试验,但还是没有达到预期目的和效果。一切都得重来。就这样,试验反反复复。

就在上海电机厂攻关时,主要合作伙伴浙江大学也没闲着,他们把1台12.5千瓦坏电机改造成60千瓦新型冷却发电机,进行小型双水内冷试验。由于容量小,材料容易解决,经过45天苦战,于8月26日运转发电,试验获得成功。浙江大学的小型试验结果,令上海电机厂试验小组对双水内冷的原理不再怀疑,于是集中力量攻克水系统的漏水难关。

转子水冷却的关键,就是转子在每分钟3000转高速下,由于离心力作用,水流较难通过,且水流产生的气泡,会影响高速旋转的转子平衡。另外高速运转的转子如何保证进水密封装置的可靠性,即要流水按照人们安排的导向流动。但是,见缝便漏乃水的特性。试验小组为了堵漏不知道熬过多少不眠之夜。当试验小组想尽办法仍然无法解决漏水问题时,有人急中生智,想到水泵水管上有转和不转的连接点,于是试验小组来到水泵厂取经;再了解到汽车和飞机上的油管有软和硬的连接点,于是来到汽车软管厂和航空部门请教;又知道机床液压传动是硬和硬的连接点,于是来到机床厂学习。仔细研究了已有的技术成果,试验小组再取长补短,根据自己厂里的条件和要求进行进一步试验。经过边改边试,一共试了17种结构,做了90次试验,终于找到合适可靠的连接结构,漏水问题得到初步解决。

局部试验时解决了漏水问题,并不等于漏水问题已经彻底解决。当转子在高速运转时,本来不漏水的地方却发生了渗水现象,且因为转子在高速运转,渗水看上去是一圈细雾。不过一旦转子停止运转,丝毫不见渗水踪影。因此,水是从什么地方渗出来的,很难找。试验小组开动脑筋,最后还是解决了转子高速运转中的渗水问题。

1958年10月27日,世界上第一台1.2万千瓦(3 000转/分)双水内冷汽轮发电机在上海电机厂诞生。同年12月4日,该台发电机安装在上海南市电厂运转发电。不久,苏联(1959年)以及丹麦(1968年)、联邦德国(1970年)、瑞士(1971年)、美国和日本都相继制成了双水内冷汽轮发电机。

中国机械制造的大型骨干企业

上海锅炉厂,尽管工厂大门开在华宁路(即二号路)250号,但厂区依然沿着一号路,所以还可以算是一号路的一分子。工厂占地面积50万平方米,建筑面积27.5万平方米,其前身是美商慎昌洋行慎昌工厂。1840年鸦片战争后,中国闭关自守的社会格局被打破,外国资本纷纷随之输入。慎昌洋行中国分部的创始人为丹麦人马易尔。马易尔同丹麦人安德生、裴德生合伙,于1906年3月31日在上海泗泾路2号设立营业所。两年后,三人买下圆明园路4号的一幢大楼作营业所。1915年,马易尔与美国纽约慎昌总公司搭上关系,营业所正式悬挂"慎昌洋行"牌子。然而马易尔并不满足于做个推销商,他花了18万美金,在杨树浦路铜梁路86号买下26亩地皮,于1921年开办了慎昌工厂。不久,刻有"慎昌"商标和"奇异"商标的产品倾销中国、远销全球。

慎昌洋行到20世纪20年代末已初具规模,厂高层在管理上采取雇用临时工的办法,以便降低生产成本。进厂考试很严格,雇用条件更苛刻,却保证了工厂高效运转。自1931年到1938年,慎昌厂参加了上海和外埠许多重要工程的建造,为中国经济发展作出了一定的贡献。太平洋战争爆发后,日本东京芝浦电力公司接管了慎昌洋行和慎昌厂。日本人利用慎昌厂的机器设备,制造战场上急需的武器。慎昌厂的工人在沦陷期间受尽侮辱,生活非常艰苦。

但是在民族大义上，工人们绝不含糊，冒着生命危险与日本人展开斗争，致使在整个抗战时期，慎昌厂生产的军火大部分存在质量问题。

具有光荣革命传统的慎昌厂工人，从建厂开始到上海解放，同外国老板、日本人和国民政府进行过多次斗争。上海解放前夕，国民党军的1个连进驻慎昌厂。响应中共地下组织的号召，工人们开展护厂运动，里应外合，不放一枪就解决了企图固守的敌军。上海解放后，工人们在党和人民政府的领导下，又以大无畏精神，克服困难，挫败了外国老板设法关厂、将资金转移到国外的阴谋。1950年12月28日，慎昌厂正式实行军管，隶属华东工业部领导。

1949年8月，上海一批流动的冷作工人以包工方式组成生产合作工厂。1951年9月，该厂迁入慎昌厂邻近的杨树浦路1900号。由于生产合作厂的厂房、设备简陋，两家工厂合并后也不能独立生产制造一种产品，所以华东工业部于1952年7月19日决定，以慎昌厂和生产合作厂为班底筹建浦江机器厂。1953年9月1日，为了适应国家建设需要，第一机械工业部第四机器工业管理局决定，把浦江机器厂改名为国营上海锅炉厂。中国第一家以制造锅炉为主的大型专业工厂诞生。

"二五"期间，国家又把发展发电设备制造工业，列为我国工业建设的重点项目。为满足国家经济建设需要，实现上海锅炉厂产品从主要生产工业锅炉到主要制造电站锅炉和大型压力容器、化工设备的转型，该厂就必须在内涵和外延两方面继续扩大再生产，才能使工厂大型化、现代化、专业化。1958年8月1日，在闵行华宁路250号新建上海锅炉厂金结车间破土动工，只用了145个工作日，使建成当时华东第一大车间。汽包车间则于1958年12月开工，到1963年12月投入使用。其间落成的项目还有铸钢车间、总配电站、空压氧气站、铁路专用线等，一个规模宏大、较现代化的制造厂在闵行初具雏形。

1980年5月1日，经市机电一局批准，上海锅炉厂（闵行）和新成立的上海电站辅机厂（杨树浦）正式成为两家独立经营、独立核算的专业工厂。为此，国家拨款346万元，用于新建厂房和添置设备。一分为二后，上海锅炉厂主要生产制造电站锅炉、工业锅炉、化工设备、高中压容器、核电设备及备品配件。

中国第一台万吨水压机诞生地

上海重型机器厂，位于江川路1800号，前身是上海矿山机器厂。而上海矿山机器厂的前身又是原大鑫钢铁厂、建兴机器厂、中和机器厂等三厂合并的大鑫机器厂，以榆林区（今杨浦区）江浦路730号的大鑫钢铁厂和江浦路727号的建兴机器厂作为大鑫机器厂厂址。

大鑫钢铁厂由方文年、余名钰等30人集资16万银元，创建于1934年。当年厂里有1台0.75吨电炉、1台1.5吨化铁炉、几台皮带车床，以及一些简陋设备，主要是浇铸一些小钢锭和零星配件。抗战全面爆发后，余名钰和方文年之子方之重等率约200名职工携带电炉、变压器等设备前往大后方重庆，与民生实业公司、金城银行合资经营渝鑫钢铁厂股份有限公司，以冶炼浇铸小钢锭和铸钢件为主。

在重庆期间，周恩来曾经多次会见包括余名钰在内的工商界知名人士。1942年，周恩来在陪同冯玉祥视察渝鑫钢铁厂时，欣然题词："没有重工业，便没有民族工业的基础，更谈不上国防工业。渝鑫钢铁厂的生产已为民族工业打下初步基础。"毛泽东到重庆谈判时，曾经和周恩来几次约见胡厥文、刘鸿生、余名钰等人士，同他们长谈。

由于多种因素，西迁时工厂无法将厂里所有设备统统搬光，因此为了保存上海厂里的地皮及未能迁走的设备，余名钰曾与德国侨民孔士德签了一个假合同，对外声称已经将厂"卖"给了孔士德，企图借德侨产业之名，保住大鑫钢铁厂。不料孔士德不善经营，弄到后来工厂难以为继。结果孔士德先后将大鑫钢铁厂730号和727号部分财产分别卖给日本人和朝鲜人，沦为日产。抗战胜利后，国民政府经济部接管了那两个被日本侵占的工厂，实行军管。其中江浦路727号部分易名为建兴机器厂，主要生产小型卷扬机、煤车车轮和翻斗车。

至于中和机器厂，是由陈伯陶独资创办于1943年，厂址位于鲁班路181号。该厂主要生产小型车床、钻床、铣床等，并附带修理业务。抗战胜利后，陈伯陶因汉奸罪被捕入狱，中和机器厂则由国民政府中央信托局代管。1949年上海解放后实行军管，将该厂分别并入大鑫机器厂和吴淞机器厂（今上海柴油机厂）。1950年7月，上级决定大鑫、建兴、中和3厂合并为大鑫机器厂，合并后全厂职工达到383人。1953年8月，大鑫机器厂划归第一机械工业部第三机械工业管理局领导，并改名为上海矿山机器厂。1958年7月29日，经上海市委批准，在闵行设立上海矿山机器厂筹备处，开始新厂建设。1959年1月，上海市重工业党委决定改称上海重型机器厂筹备处。1962年3月23日，经上海市机电一局批准，正式对外启用上海重型机器厂厂名。

能否制造和拥有万吨水压机,是衡量一个国家重型机器厂等级和发展水平的主要标志。在我国国民经济恢复时期和第一个五年计划期间,我国还不能自行设计、制造水压机,只修复过 1 000 吨和 2 000 吨水压机。到了第二个五年计划初期,在苏联专家指导下,我国也仅仅设计和制造过 2 500 吨水压机。为了加速发展我国重型机器制造业,1958 年 6 月,党的八届二中全会决定我国将自行设计和制造万吨水压机,并以原一机部副部长沈鸿为首组成设计班子,由上海江南造船厂为主,会同上海重型机器厂等几十个工厂共同制造。按照常规方法,制造这样等级的水压机,必须具备特大型铸钢、锻造、热处理、机械加工、起重运输等能力,丰富的制造重型机械经验,以及拥有一支训练有素的技术专家团队。但这三项条件当时我国均不具备。正因为如此,外国有人曾经扬言,上海要在"三缺"情况下设计制造万吨水压机是根本不可能的。

以沈鸿、林宗棠为首的创业者,解放思想,把敢想敢干的宏伟胆略同严谨求实的科学态度结合起来,变不可能为可能。首先是狠抓第一手资料,打好科学实验仗。他们组织一个班子,跑遍全国各个中小型锻造水压机车间,认真观察和记录设备的结构原理和动作性能,并与操作工人开座谈会,深入了解不同设备的优劣之处,以增加对水压机的感性认识。同时,设计人员广泛收集国内外技术资料,如图纸、样本、杂志、书籍、照片等,将各台水压机按照部件,甚至零件进行分析对比,集各家之精华为我所用。譬如,对水压机主机基础这一个易被忽视的地方,总设计师足足研究了世界上大大小小一二十个类似的水压机基础才最后定稿。在设计过程中,设计人员还用纸片、木板、竹竿、铁皮、胶泥、沙土等材料做出主机、辅机甚至车间模型,请来老工人一起研究、评价,尽可能把日后设计、制造、安装过程中将会出现的问题事先解决掉。还规定凡是新的结构,不经过设计人员亲自参加的反复试验,不能轻易作出决定。为了验证设计方案,设计人员先将万吨水压机缩小到 1/10 大,造了一台 1 200 吨试验型水压机,进行各种试验(这台水压机目前还在厂里正常使用)。由于贯彻了大胆试验和慎重制造相结合的原则,坚持科学态度,实地考察、分析对比、多做模型、反复试验,试验人员切切实实掌握了许多第一手资料。万吨水压机的设计蓝图终于搞出来了。

其次是群策群力,闯过"金、木、水、火、电"5 道制造难关。"金"就是特大零件的金属切削关,"木"就是特重零件的起重运输关,"水"就是四五百个大气压的水压试验关,"火"就是特大零件的热处理关,"电"就是电渣焊接关。关关难过,但试验人员不怕困难、奋发图强、自力更生、土洋并举、以土为主,充分利用现有条件,斩关夺隘。其中电渣焊接是万吨水压机整个制造过程首先碰到的最大障碍。因为上海没有生产特大锻件和铸钢件的能力,立柱、横梁、工作缸等零件只能采用"以小并大"的办法来制造。譬如立柱和工作缸便采用铸钢焊接来代替整件锻造结构。3根大横梁采用钢板整体焊接结构来代替铸钢组合结构。这样的话,焊接工作量要占到万吨水压机制造总量的30%左右,光立柱和横梁的焊缝就长达1300米以上。焊接一根下横梁,先要把300吨重的100多块钢板焊接装配起来。由于焊缝很厚,焊接工作量很大,且技术要求很高,有着30多年焊接经验的工人工程师唐应斌运用了刚从国外传入的电渣焊接新技术,历经几百次试验,终于保质保量,成功闯过了几个特大零件的焊接关。第二个难关是起重运输。1台万吨水压机,100吨左右重的零件有12个,50吨左右重的零件有20多个,最大的下横梁,毛坯就重达300吨。这些"大家伙"有的须运到车间里来焊接、加工,有的在焊接过程中须吊高、翻身。而当年厂里的加工车间,厂房框架虽已盖好,但没门墙,行车尚未安装。车间里仅有1台8吨履带式起重机,以及几十只油压千斤顶和枕木。就凭那些简单的起重设备,富有经验的老起重工,人称"老山东"的魏茂利,带领起重工人,用木头做把杆、枕木当填木、千斤顶为起重工具,硬是将上百吨重的零件运进工地。更让人叫绝的是,工人师傅们运用大船下水原理,在枕木上涂上牛油,用"牛油滑板"土办法,将一些大零件稳稳地就位在加工处。根据下横梁的工艺要求,在焊接过程中需要上下翻身。而要翻身,就一定先得将下横梁顶起来,让其悬挂在空中。工人师傅们则利用几百根枕木和几十只千斤顶,将下横梁1毫米1毫米地顶起来。每当顶起一点空间,便垫上1根枕木。就这样,硬是把300吨重的大家伙顶到6米高空,然后在横梁中心焊接上两根轴承,再用废料做成两个轴承架子,以托住那两根轴承。如此,只要把两根绕在轴承上的钢丝绳轻轻一拉,300吨重的横梁就可以灵活作360度翻身。大家高兴地将那种翻身办法叫作"银丝转昆仑"。第三个难关是要对长10米、宽8米、高4米的水压机下横梁进行热处理。正因为考虑到横梁超大,所以设计小组向厂里有经验的砌炉工人请教,共同研究,结果用了不到两个月的时间,就造好了1只特大型热处理炉。在对横梁进行热处理的过程中,炉内温度烧到900摄氏度并保温后,须降温,让横梁冷却下来。为了加速降温,烧炉工打破在100摄氏度左右拆炉门的常规,当炉温还有400摄氏度时便开始动手拆炉门。拆第1块耐火砖时,炉内的火舌直往外窜。但工人们毫不畏惧,个个奋勇向前,整整用了7个小时,终于将由3万块耐火砖砌成的炉门给拆了下来。等到第二次砌炉门时,工人们脑筋急转弯,用几根扁铁在炉内做了只"门阀",再在炉子外面装上1只钩子,以后拆炉门时用几根钢丝绳,几十个人一道拉,仅需两个钟头便能拆下炉门,大大提高了效率。后来又搞了机械化,将钢丝绳绕在履带式吊车上,不到1分钟就可以把炉门拆下来。依靠苦干加巧干,闯过了特大件热处理关。经过鉴定,质量完全合格。在整个万吨水压机制造过程中,金属切削是难度很大的一道关口。光水压机全部特重的关键零件,就有3根大梁、4根大柱、6个大缸和3个工作台,总重达到2 000多吨,且加工精度要求都很高。但厂里又没有特大型机床可用来加工。为此,广大干部、技术人员和工人采用"三结合"攻关,巧用小设备,大摆蚂蚁阵。譬如要加工1个大平面,在牛头铣床上,用53个刀盘将大平面铣削出来,且53个刀盘的接刀缝也处理得很平滑。譬如下横梁的10米大平面平直度误差,设计要求是万分之一,实际做到一万五千分之一。譬如3根横梁的12个大立柱孔,设计要求这12个孔在每7米同一直线上不能误差0.7毫米。工人们利用一排土镗床,精雕细刻,并扛着几十斤重的量具,上上下下测量了几百次,最后使得3根横梁的12只孔累积误差仅有0.24毫米。

闯过了以上难关后,万吨水压机的制造者们再接再厉,用了半年时间,对4万多个零件进行了安装和试车,并成功通过最后一道关——超高压水试验关。1962年6月,我国自行设计、制造的第一台万吨水压机开始投入生产。

水泵制造业骨干企业

除了"四大金刚",位于江川路1400号的上海水泵厂,也很有名气。该厂前身是上海机器厂,由颜耀秋创建。颜耀秋,浙江桐乡人,1915年2月,考入上海同济大学,攻读机械专业。1919年6月毕业后,到上海中华职业学校任教。1922年1月,经人介绍进上海商务印书馆机器部任工程师、总工程师等职。1928年,机器部从商务印书馆划出,独立组成华东机器厂,任代理人。1930年,与友人集资5万银元,在丹阳路创办上海机器厂,职工40人,主要生产"五福"牌4马力小型柴油机、抽水机、碾米机等。产品先在浙东黄岩地区试销,很受用户欢迎。次年,遇到洋货竞争,但颜耀秋以质取胜,销售额增长2倍。1931年,颜耀秋仿制成德国式6至16马力多种规格的立式冲床、单汽缸发动机,畅销浙江、安徽、江苏等地区,还接受金陵兵工厂业务,兼营制造枪弹和军械零件。1936年,颜耀秋经营的上海机器厂成为上海民族机器工业中的佼佼者。

1937年抗战全面爆发,颜耀秋与胡厥文一起代表上海机器同业公会,上书国民政府资源委员会,"鉴于国难严重,自愿将各厂机器迁移内地,以应军事制造之需"。并组成上海工厂联合迁移委员会,颜耀秋任主任,胡厥文、支秉渊任副主任,余名钰、严裕棠、叶友才等8人为委员。先后组织工厂146家(其中机器厂66家),技术工人1500余人,物资5000多吨,从上海迁至武汉。并在汉口成立上海迁鄂工厂联合办事处,颜耀秋任主任,突击生产地雷、炸弹、手榴弹等军需产品支援抗日前线。1938年4月,日军逼近武汉,颜耀秋又被推举为迁川桂工厂联合会主任,组织工厂继续内迁。除部分厂迁往湖南、桂林外,大部分厂于1939年春迁往重庆。1943年,在最困难时期,颜耀秋将自己厂的军需生产业务,分散给20个小厂,共渡难关。次年冬,在重庆的周恩来、王若飞等中共领导人邀请颜耀秋和胡厥文等40多位民族工商业家到特园座谈,鼓励他们为抗战胜利作贡献。1945年8月抗战胜利后,重庆战时生产局宣布终止订货合同,停止付款。颜耀秋无路可走,只得贱价出售机器和原材料,遣散职工。后以迁川桂工厂联合委员会主任身份回上海。面对战后惨状,颜耀秋联合22个内迁厂负责人,向国民政府请求优惠承购敌伪工厂。同年10月,颜耀秋以4亿法币标购国民政府接管的敌产上海江南造机厂,改名为上海机器厂,当时有职工100余人,主要生产小型船用柴油机等。1948年秋,由于物价飞涨,美货倾销,工厂倒闭。

上海解放后,1949年6月2日,颜耀秋应邀参加陈毅市长召开的实业界人士座谈会。同年9月,颜耀秋千方百计使上海机器厂正式复工,并为支援解放舟山,承接制造了大量船用发动机。1951年,颜耀秋研制成功国内第一台口径51英寸的大型轴流泵和44英寸混流泵,为闸北发电厂研制成功口径36英寸国内最大单级双吸离心水泵。1954年公私合营后,先后有17家小厂并入,主要生产柴油机、水泵等。1960年8月,又有华昌机器铁工厂等6家小厂相继并入,并迁至闵行新厂址,定今名。

江宁路

江宁路，南起南京西路，北至苏州河，全长2594米。19世纪末，那里还是上海西郊一片农田。1899年，公共租界大规模扩张时被划入界内。1900年，公共租界工部局修筑马路，并以太平天国时期英国洋枪队总兵戈登名字命名，1943年改今名。

"美丽"牌卷烟呼之欲出

20世纪20年代至40年代末，许多消费者就是冲着"美丽"牌香烟商标上的那位美女来买华成生产的香烟，华成烟草公司便是因其生产的"美丽"牌香烟曾经家喻户晓、风行一时。

华成烟草公司的前身是沈士城、沈延康、虞成龙等人于1917年开办的华成烟厂。到了1924年，经理同协理间发生分歧，沈延康、虞成龙相继辞职，厂家无意经营，便将一切机器原料出盘给新股东。同年4月，新股东完成接盘手续，新公司定名为中国华成烟草股份有限公司，烟草大王戴耕莘任董事长，陈楚湘任总经理。厂址设在南市华成路（今会稽路）紫微里4号，当时工厂规模较小，职工仅10人，3间石库门房屋作为厂房，生产设备只有3架柴油卷烟机。工厂每天最多出产15大箱较为低档的"金鼠"牌、"三旗"牌卷烟，行销于上海、江浙及山东沿海地区。

1925年，五卅运动激发起国人的爱国心，社会上提倡国货抵制洋货。华成烟草公司借此东风，更新换代卷烟设备，很快试制出一种新品种。新卷烟烟味芬芳、品质醇厚，质量完全能和"老刀"牌、"三炮台"牌等舶来品媲美。至于新品种采用什么样的商标名称和图样，才能招来广大消费者，成了一道难题。某日,陈楚湘路过南京路(今南京东路),被一家照相馆门口橱窗里一张漂亮的半身女郎照片所吸引。陈楚湘思忖如果出钱买下这照片作为新产品的商标图案,一定能赢得广大消费者的欢迎。于是,他与照相馆老板经过多次商谈,出高价买下了这张照片。为了更好地突出照片的内涵,并与厂里新试制的产品巧妙地联系起来,陈楚湘为新商标取名"美丽"。然后,陈楚湘又花钱请专业广告公司对新商标进行了整体设计。就这样,一张与众不同的"美丽"牌卷烟商标图案诞生了。因为"美丽"牌卷烟品质优良、价格适中,且商标名称和图案新颖别致、非同一般,在市场上一露面,立刻受到众多消费者的喜爱。华成烟草公司还邀请沪上专业广告公司,把"美丽"牌商标制成大量广告画,散发、张贴在国内各大城市的车站、码头以及闹市门口;制作各种广告牌竖立在闹市街头,从电台广播里,也经常传出"有美皆备,无丽不臻"等对仗工整的广告语。

爱"美"之心,人皆有之。随着"美丽"牌广告深入人心,人们对该商标图案上的美女究竟芳名为何,产生了各种传说。很多人讲是一代京剧名伶吕美玉,还有人猜是著名演员李丽艳,认为是北方一位极负盛名的交际花名叫项美丽的则更多,而华成烟草公司就是使用了项美丽名字中的"美丽"两字作为商标名称的。最终是社会上有个热心人,费尽心思找到一家杂志上刊登的两张吕美玉的彩色时装照片,其中一张同商标上的完全一样,包括发型、发夹、耳环以及蓝花圆领套衫等,这才水落石出。

由于华成烟草公司大肆广告宣传,加上人们对那位美女的好奇,令消费者纷纷掏腰包,购买"美丽"牌卷烟,结果公司生产的卷烟销售一空,厂里日夜运转不辍。不少零售商因经销"美丽"牌卷烟而致富。如此一来紫微里的生产场地顿时显得狭窄,公司便租用虹口狄思威路(今溧阳路)11号的两层仓库作新厂房。投产后,又在附近租用了五间楼房、一间过街楼和一些零星房屋。随着生产的发展,盈利逐年增长,公司决定自建厂房。1927年,公司购进大连湾路(今大连路)、汇山路(今霍山路)处约8亩地,建造起一座三层钢筋水泥厂房。竣工后,汇山路厂房共有美制卷烟机28架,男女职工1 500人。1928年,公司购入毗邻汇山路总厂的汇山路大连湾路处地皮约4亩,并在此建造了一座四层钢筋水泥厂房。1932年,汇山路上的新厂落成,两处厂房连为一体。翌年,公司总股本增至360万银元,一跃而为我国最大规模烟草企业之一。

华成烟草公司的生产规模持续扩大。至抗战前夕,公司职工人数达到最高峰。1937年"八一三"淞沪会战爆发,工厂被迫停产。9月7日,汇山路厂房和生产设备被日军炮火焚毁,损失惨重。公司只能委托别的厂家生产"美丽"

牌等卷烟。1939年1月,因为公司委托生产的卷烟供不应求,便决定筹建新厂,自行生产。2月,公司出资25万法币,购入戈登路处8.6亩土地,计划建造一幢四层的钢筋水泥厂房、一间砖木结构仓库、一栋砖木结构栈房等,交由久记营造公司负责承建。1941年,新厂房竣工,并于次年3月开工投产。因为日军对原料、电力及销售方面的控制,从1942年至1945年间,工厂的生产线一直处于半停工状态,全厂仅有职工530人。1945年8月抗战胜利后,公司恢复正常产销,卷烟产量大增,产品仍以"美丽"牌和"金鼠"牌为主。1949年5月上海解放不久,华成烟草公司一度停产,后在人民政府的支持下重新恢复生产,卷烟销量上升。1954年4月,公司召开董事会,一致要求实行公私合营。次年,经人民政府批复同意,华成烟草公司更名为公私合营华成烟厂。1960年7月,华成烟厂被转并入新建电子仪器厂。

"长命"牌牙刷长命百岁

老年人念旧,每天早上起床后,喜欢用国货老品牌"长命"牌牙刷刷牙,那是几十年的老习惯了。而长命牌牙刷也确实好用、耐用。据说在20世纪七八十年代,长命牌牙刷曾经一度成为上海年轻人结婚嫁妆的标配,可谓风光一时。

生产长命牌牙刷的厂家叫华义毛刷厂,1939年5月成立,厂址位于戈登路861号。该厂开办初期,只有861号一座厂房,周围均为住宅。后来随着生产规模不断扩大,原有的生产场地不够使用,厂方就再租下江宁路829号和831号两幢楼房作为厂房,并重新调整布局:861号楼上是办公室和成品车间,楼下是衣刷车间、保全间和原材料仓库,以及浴室;829号楼上楼下全是漆刷车间;831号是牙刷车间,其中楼下为平孔、穿毛、切毛、磨光、打印小组,楼上为修毛消毒、包装等小组。三处厂房总面积加起来共有2100平方米。

考虑到扩大企业影响,华义厂向社会上广泛征求产品广告语。最后录用者是"长命牌牙刷——一毛不拔",来比喻牙刷不易掉毛、经久耐用。该广告语遂成为那个年代上海滩上最流行的广告语。

为了壮大企业,华义毛刷厂于1941年11月开始筹集社会资金,共筹得100万元法币,分成1万股,并于1942年6月正式成立华义毛刷厂股份有限公司,推选股东王艿斋、李锡三、王仰先、杨溯吾、姚伟文、郭兴周、徐望之等七人组成董事会,王升三、沈服五担任监察人。厂长谢惠恩,浙江上虞人,1936年毕业于圣约翰大学化学系,分别在大中中学和圣约翰中学教过3年化学和数学。自华义厂开办起便担任厂长一职,年仅27岁。为了更好地兼顾工作与家庭,谢惠恩把家就安在工厂旁边(今江宁路853号),栉风沐雨、呕心沥血,为华义厂的发展做出了非常大的贡献。由于工作出色,谢惠恩被推选为上海市制刷工业同业公会主任委员。

上海解放后,华义毛刷厂于1953年公私合营。自1955年7月起,公私合营华义毛刷厂由中国畜产公司上海分公司转归上海市第一轻工业局领导,并更名为公私合营华义毛刷厂。1966年改名为国营上海制刷厂,曾一度打算将产品商标"长命"牌变为"红卫"牌,之后定名为"红梅"牌。1979年改革开放,恢复上海制刷厂厂名,"长命"牌牙刷商标也就一直沿用至今。

胶州路

胶州路,南起愚园路,北至长寿路,全长1 868米,1913年公共租界工部局修筑此路,以山东胶州命名。胶州路是租界内为数不多的以中国地名命名的马路。

"孤军牌"产自胶州路

1937年10月30日24时,坚守四行仓库的八百壮士在打退日军多次进攻后,成功突围,冲到西藏路东面安全区域的中国银行内。随即,八百壮士被迫交出手中武器。翌日,公共租界工部局用大卡车将八百壮士送至位于胶州路与新加坡路(今余姚路)交叉口西北角的一座遗弃军营"休整"。

八百壮士死守四行仓库是战斗,在孤军营艰难生存下来,同样是战斗。孤军营是兵营、堡垒、战场。在谢晋元等军官的督促下,士兵在孤军营内生活紧张有序。1938年8月11日,是孤军官兵所在的第88师誓师出征淞沪会战一周年纪念日。清晨6时,孤军营举行隆重升旗仪式。飘扬在孤军营上空的中国国旗,给上海市民极大振奋。市民们奔走相告,很快就在孤军营外围聚集起数以千计的人群。市民们向国旗欢呼鼓掌,向孤军官兵挥手致意。孤军营内外一片沸腾。不料,到中午风云突变。公共租界警务处帮办马飞闯进孤军营,声称升国旗已经引起日军不满,为避免发生严重事态,限10分钟内降旗。谢晋元理所当然拒绝了洋人的无理取闹。马飞悻悻而去,临走前放狠话要报复孤军官兵。果然不一会儿,1 000余名万国商团士兵手持棍棒向孤军营扑来,大打出手。手无寸铁的孤军官兵无力招架,共有4名士兵殉难、111名官兵受伤。

孤军官兵不畏强暴,虽然他们手中没有刀、没有枪,但是有真理、有正义。孤军官兵决意用自己的生命当作武器,进行绝食,以向公共租界当局作殊死抗争。上海百万市民则纷纷走上街头,游行集会,谴责租界当局迫害孤军官兵的无耻行径,声援八百壮士的正义斗争。全市性罢工罢市,甚至停止供应洋人聚居的静安寺一带的水电。孤军营四周马路上,每天人山人海,群情激昂。这是自1925年"五卅运动"以来上海市民针对租界采取的又一次大规模行动。工部局致信公共租界纳税华人会,转弯抹角表示认输,并做出种种让步,以改善孤军官兵待遇,其中之一就是对外开放孤军营,允许上海市民前来探望、慰问和联谊。

开放孤军营的第一天,天刚蒙蒙亮,门外就排起长队。市民们穿戴得整整齐齐,捎带着精心备好的礼物,从四面八方赶来,翘首以待。8时光景,万国商团士兵打开铁门,急不可耐的人群顿时向前涌动。按照事先约定,入营参观市民,每批25人,每批参观1个小时。踏入营区,首先横在人们面前的是铁门内侧的4座坟茔。在护旗斗争中牺牲的4位烈士长眠在这里。参观的市民低头致哀,有的甚至跪倒在地,斟上一杯白酒,抔上一把黄土。离开烈士墓,在孤军营值班连长引导下,市民们按规定线路参观营区与观看士兵们的集体操练。

操练结束后,军民水乳交融、握手、拥抱、促膝谈心、摄影留念。此后,要求入营参观的市民越来越多,有个人,也有团体,孤军营门前人流如织、拥挤不堪。为了满足市民愿望,其实也是出于八百壮士渴望接触更多同胞的心意,谢晋元请求工部局放宽限制。租界方面已领教过中国民众爱国的威力,不敢过分为难孤军,同意将每天参观时间增加2小时,每批参观人数增至50人。即便如此,仍难以满足广大市民的迫切心愿。百万上海市民将期待的目光一齐投向孤军营,将满腔热情倾注孤军官兵。

为了配合国民政府整个抗战期间的外交政略,无可奈何的谢晋元决定一切根据"长期坚守、忍辱负重"原则,重新安排和规划孤军营的训练以及生活。既然打算长期作战,谢晋元便产生了生产自救的念头。他不愿意心安理得躺着靠国家拨款,靠市民赈济。连难民们都懂得组织起来生产自救,孤军官兵几百号人几百双手,为什么不能自己养活自己,以减轻国家的负担?谢晋元甚至考虑到战后,官兵们不可能一辈子扛枪打仗,抓住孤军营里的宝贵时光,让官兵们学点手艺,掌握一两门生产技能,等到将来不打仗了,就能自谋职业、立足社会。谢晋元要把15亩大的孤军营,打造成一座永久的营地和生活乐园,同时也是在孤军官兵心灵里营造起长期作战的信念战壕。

工部局华董何德奎,闻听此事积极支持,并极力说服洋人。工部局则顺水推舟,没过几天就有了回音。这是两年来,在中国孤军与工部局交涉中,办得最干脆的一件事。拿到批文,谢晋元和军官们经过仔细研究,打算从易做起,从小开头:办个藤器作坊,不需要添置什么机器;办个制皂作坊,工艺简单,资金周转快;办个织袜作坊,虽需置点机器,可主要是手头上出活。若顺利的话,再办个汽车驾驶和修理学校。

为扶持孤军生产,上海工商界爱国人士争先恐后慷慨解囊、鼎力相助。"棉纱大王"荣德生赠送10台织袜机,棉纱价打对折优惠供应;"肥皂大王"五洲固本化学公司赠送制皂设备,原料半卖半送;附近几家杂货店老板早把几十捆藤条用手推车送进孤军营,就连编织使用的小刀和手套都给备齐了。依靠上海市民强有力的后盾,孤军官兵搭厂房、安机器。开工那天,孤军营里贴对联、放鞭炮,跟办喜事似的。在谢晋元发表完激情似火的动员后,官兵们按照事先分好的作业组,进入各自岗位。新建的厂房用竹席被分隔成几块:东面系制皂作坊,里面垒一眼炉灶,砌一个皂化池;中间为织袜作坊,10台崭新的织袜机排成两行;西边的藤器作坊摆了大捆的藤条,虽然制作工艺简单了点,却首先制造出产品,当天下午就编成几把藤椅;织袜作坊在申新一厂工人师傅手把手传授下,一个星期后也大功告成织出第一批10打袜子;就是制皂作坊交的学费最多,折腾了好长时间,还是在固本化学公司技术员的指导下,才做出合格的肥皂。

孤军营手工作坊成了上海市民又一个令人振奋的参观景点。孤军官兵生产出来的产品受到前来参观的上海市民争相购买,或留作纪念;或当礼品赠送友人。谢晋元高兴地给孤军自己劳动生产的产品起了一个响亮的商标——"孤军牌",并设计了具有鲜明特色、让人过目不忘的图案:一顶钢盔加两把刺刀。永安、先施等几家大型百货公司设专柜推销孤军产品,并打出"孤军产品,上海名牌"宣传广告,引得顾客盈门,生意兴隆。在经济空前繁荣的上海租界,孤军作坊生产的产品,论产量微乎其微,论品种都是大路货,但是以"钢盔加刺刀"为商标的独特,作为八百壮士的孤军象征,备受青睐,风靡上海滩。

南洋烟厂落户胶州路

1937年"八一三"事变后,胶州路不仅迎来了八百壮士,还迎来了简照南、简玉阶兄弟俩创办的南洋兄弟烟草公司。1905年4月,广东南海人简氏兄弟,集资10万元港币,于香港创办广东南洋烟草公司。刚起步时,就在罗素街租了一间旧仓库作为生产车间,并购置了2台烟丝机,又从日本买进4台卷烟机。通过几个月的反复试验,公司很快便生产出第一批国产"白鹤"牌香烟。新产品上市后,立即受到国人喜爱,销售直线上升,为抗衡英美烟草公司在华倾销洋烟起到了积极的作用。英美烟草公司唯恐南洋公司做大,便恶人先告状,向港英政府投诉"白鹤"牌外包装同英美烟草公司的"玫瑰"牌商标相似。尽管南洋公司提出反驳,但港英政府偏袒英美烟草公司,迫使大量"白鹤"牌香烟被销毁。南洋公司也于1908年歇业。洋人的霸道行径并没有吓倒简氏兄弟,1909年2月,南洋公司东山再起,改名为广东南洋兄弟烟草公司,向市场投放了"飞马""三喜"等几个卷烟新品牌,销路依旧一路高歌。1914年第一次世界大战爆发,趁西方列强无暇东顾,南洋公司借国内各地掀起的"抵制洋货,使用国货"爱国反帝运动东风,又向市场推出了"地球"牌卷烟等新品种。1917年,南洋公司为扩大上海地区的销售规模,巩固和发展内地市场,通过社会集资3万多银元,筹建南洋烟草公司上海烟厂,并买下百老汇路(今东大名路)一处私房,作为南洋公司的总厂,而香港的卷烟厂则降格为分厂。到了20世纪20年代初,南洋公司不仅没有被英美烟草公司击垮,反而发展得更加强大,产品销售更是突飞猛进,仅1921年就获利400万银元。

"五卅运动"爆发后,南洋公司及时向市场推出了以中华民族的象征"长城"为商标的卷烟,且打出"不吸香烟,固然更好;要吸香烟,请用国货长城牌"的广告语。公司派出去的推销员在上海等地大量发送"长城"牌香烟的广告纪念品,并在每件纪念品上印了一只大乌龟,嘴里叼着英美烟草公司生产的"哈德门"牌香烟,商标图样旁注一行字:"你仍在吸哈德门或其他牌号的英国香烟吗?"以此告诫国人自觉抵制洋烟。公司还通过报刊等宣传媒体大力宣传国货"长城"牌卷烟,号召国人选购国货卷烟,并公开同英美烟草公司的老牌子"大英"牌和"老刀"牌展开市场竞争。在一片"抵制洋货,使用国货"的浪潮中,英美烟草公司损失巨大。该公司设于伦敦的总部获悉后,坐立不安,立刻派手下来华,与南洋公司商谈联合经营,包括联合使用"长城"牌商标事宜等,均被简氏兄弟拒绝。至1926年年初,南洋烟草公司所生产的"长城"牌等优质国产卷烟,已经占全国卷烟产量的20%,且一举成为国内产量最高、销路最广、利润最大的民族卷烟企业。曾经垄断我国卷烟行业的英美烟草公司,在同南洋烟草公司几十年竞争中,始终没能压倒这个强有力的对手。

在同英美烟草公司的竞争中,简氏兄弟三次粉碎洋人企图吞并企业的阴谋,两次拒绝北洋政府妄想垄断烟业和谈判合办的要求。南洋烟草公司是在帝国主义和封建官僚主义压迫下壮大的民族企业,为奠定我国烟草工业基础做出了贡献。但任何事物都有其两面性。该厂对工人的剥削也很严重。因此,在中国共产党领导下,具有光荣斗争历史的南洋烟草公司的工人们,同资方展开了针锋相对的斗争。

1924年2月,受资方操纵的上海南洋烟草职工同志会遭到工人的强烈反对,被迫改组。改组后的工会委员大多是工人,这下资方不乐意了。同年4月,资方任命受工人反对离职的前工会会长邝公耀为工务稽察长。邝公耀上任后取消了原来实行的工人病假期间发给工资的决定,且制定了30余条极其苛刻的管理条例。不久,厂方无故开除了10余名工人,工会前去交涉非但无效,还变本加厉将工会代表陈倩如、伍惠芬一并除名,此事引起公愤。在忍无可忍的情况下,7 000余名工人决定自9月9日起举行罢工。向警予、杨殷等共产党人也加入了罢工行列。

9月9日上午,资方雇佣30多个地痞流氓,公然在马路上殴打拒绝开工的工人。12日清晨,资方再次雇佣打手百余人,持枪剑等凶器,强拉工人上班,不从者就动手殴打。沪上各界群众成立的"南洋失业工人救济委员会",在向警予等共产党人领导下,募捐救济被资方无理开除的500多名工人。30多个社会团体向全国发出宣言和通电,争取各界对南洋烟厂工人罢工的声援。中共中央机关刊物《向导》连续发文,揭露资方破坏罢工的卑劣手段,指斥国民党破坏罢工的反革命行为。

当工人们被迫局部复工后,向警予等共产党人又发起与联合37个公团举行会议,推举代表进行调解。当资方表示拒绝调解后,共产党人组织南洋烟草工人罢工后援会,推举中共党员李立三、郭景仁等9人为执行委员,并以后援会的名义通电全国各报馆,支持南洋烟草公司工人将罢工继续进行下去。9月25日,资方采取武力方式夺取了原工会会所,并以"掠夺会内什物"的罪名,通缉原工会所有工作人员,开除1 700余名工人。被开除的工人丝毫不屈服,他们一边另行组织工会,一边派遣代表赴香港、澳门,以及广东等地寻求援助。各地工会闻讯立刻行动起来,积极支援南洋烟草工人罢工斗争。广州的"南洋兄弟烟草公司罢工后援会"没收了该公司在广州销售的229箱卷烟,价值5万多银元,拍卖后作为上海被开除工人的救济金。11月,中共发动各地团体,以"南洋失业工人救济委员会"名义,向罢工工人每人每天发放2角银元救济金。

1923年"二七"惨案后,共产党领导的早期工人运动陷入低谷。随着国共合作开展,工人运动从低谷转入高潮。上海南洋烟草公司工人罢工斗争,就是这一时期的典型事例。受此影响,一个新的工人运动高潮在全国范围内迅速兴起,极大地推动了全国革命运动的发展。而南洋烟草公司工会也于1927年1月加入了上海总工会。接着,又参加了共产党领导的上海工人第二次、第三次武装起义。

1937年8月淞沪会战爆发,南洋烟草公司地处前线,为保证工人人身安全,厂方被逼无奈只能暂停"长城"牌等卷烟的生产。之后,公司作出大胆决定,购置公共租界内胶州路668号地皮,重建厂房,再买进6台卷烟机,以此维持公司名牌"长城"牌等卷烟的生产。1949年5月上海解放后,南洋烟草公司是上海市第一批公私合营的卷烟生产企业。1951年改名为上海南洋烟厂。1959年,国家对卷烟工业进行调整,将南洋烟厂和"长城"牌商标撤销,与钱镛记等厂家合并为上海南洋电机厂。

"414"牌毛巾成名胶州路

胶州路上还有一家厂家也是由于日军进攻上海而来此落户的,这就是生产"414"毛巾的中国萃众制造公司。1932年1月"一·二八"事变期间,中国第一家毛巾厂三友实业社被日军炮火摧毁后,上海等地各大百货公司柜台的高档优质国货毛巾一度出现脱销。著名民族实业家李康年认为,三友实业社要完全恢复"三角"牌毛巾的生产,起码也要两三年时间,且还得投入大量资金,否则无法达到原来的生产规模。为满足市场需求,李康年决定另起炉灶,重新创办一家毛巾厂。经过一段时间筹备,中国萃众制造公司成立,厂址为胶州路273弄60号。毛巾产品商标以企业名称"萃众"两字,巧妙地组成一口大钟图形,并直接取名"钟"牌。寓意是千万不要忘记日军入侵之国难,必须时刻警钟长鸣。"钟"牌毛巾上市后,缺乏社会知名度,李康年便利用自己在南京路繁华地段开设的中国国货公司和其他各大百货公司,大力开展推销活动。因为怕广大消费者对"钟"牌毛巾不甚了解,许多大百货公司唯恐进货后造成积压,李康年不得不先采用寄售方法,凡愿意代销"钟"牌毛巾的商店,全部实行卖出后结账,并邀请广大消费者"试一试"。那时,国内其他毛巾厂生产的毛巾一般只有毛巾印花图案、颜色和款色等标识,不专门标注货号。唯有萃众公司生产的

"钟"牌毛巾,不但有图案、颜色,还标明货号如"414"号、"101"号等,以示不同。由于消费者使用了"414"货号的毛巾,对其质量、颜色、手感等均很满意,且"414"这三个数字的发音同沪语"试一试"谐音,再加上购货时,营业员反复在嘴里唠叨让消费者"试一试",所以时间久了有很多消费者误以为萃众公司生产的毛巾牌子就叫"414"。口头语"试一试"与"钟"牌毛巾货号的"414",竟以讹传讹在坊间成了"钟"牌毛巾商标的代名词,也成了萃众公司优质毛巾的代名词。

"414"毛巾产品逐渐打开市场局面后,不但畅销国内,还远销南洋,成为人们所公认的国货精品。这时李康年意识到"414"已经有意无意之中在消费者中口口相传,为了不让来之不易的"414"声誉被其他同行假冒侵权,萃众公司于1947年,向国民政府经济部商标局呈请注册该商标。

1948年,"414"牌毛巾在上海国货展览会上获特等奖。当年,国民政府因物价飞涨而推行生活指数,钟牌"414"毛巾(每条)竟然被列为指标系数考核之一。1949年5月上海解放后,"钟"牌"414"牌毛巾因为选料讲究、品质精良、价格合理,迎来了大发展,1951年,年产量达到264万条。1954年公私合营后,萃众公司改名为萃众织造厂,申请注册了复合商标"钟牌414"牌。1966年,更名为上海毛巾九厂。1978年,又更名为上海萃众毛巾厂。

美亚织绸胶州路分厂成行业翘楚

胶州路上的美亚第四织绸厂,尽管不是总厂,却是美亚10个分厂中效益最好、影响最广的。而美亚厂在上海滩丝绸织造行业里规模最大、实力最强,由湖州人莫觞清、蔡声白翁婿联手打造。

莫觞清生在中国丝绸之乡,家境殷实,从小就对外语感兴趣,经营土丝行的父亲专门为他聘请了英语家教。踏上社会后,莫觞清凭借熟练的英语,被上海勤昌丝厂聘为总管车。但他并不满足仅仅帮别人打工,一直在等待机会。1907年,莫觞清发现位于新闸路的一家小丝厂经营不善,就与两个同乡联手将该厂租赁下来。由于恰巧那年国际上机器缫丝大涨,莫觞清轻而易举赚到第一桶金。于是莫觞清趁热打铁,第二年又在沪西药水弄租下第二家丝厂。经过四年运作,莫觞清将赚到的钱投入再生产,在马浪路(今马当路)徐家汇路北首380号购地建厂,称作"久成一厂"(即美亚总厂)。同时,他又租赁恒丰丝厂。莫觞清的生产规模扩张与持续看好的国际丝价相互匹配,势头上升迅猛。到1914年第一次世界大战前夕,久成发展到"一厂"加上"四租"规模,5家丝厂共拥有丝车近1 500部,工人3 700余人,年产丝2 000担。

受第一次世界大战战事影响,国际市场缫丝价格跌宕起伏。为了化解生丝销售风险,莫觞清等与美商乐兰碧合资在华德路(今长阳路)开办美亚绸厂。由于内部人员不和、技术不过关等因素,开了不到三年即告歇业。1920年,莫觞清东山再起,独自重开丝绸厂,仍然启用"美亚"做厂名。一年后,事务繁忙、年事已高的莫觞清,做出了一个对其家族乃至整个中国丝绸织造业来讲都非常重要的决定,将企业交给自己的大女婿蔡声白全权打理。蔡声白,莫觞清的同乡,清华幼童留美生。由于喝过洋墨水,管理企业的思路不同于莫觞清的传统模式,所以当蔡声白意气风发走马上任后,立刻采取"添置机械,罗致人才,革新管理,扩大营业"的治厂宗旨。因为他发现美亚厂的厂房和生产设备明显不足,美亚厂要想成为国际一流丝织厂,必须拥有一流的机器、一流的人才,才能生产出一流的产品。当年下半年,蔡声白凭借他对美国工业技术的了解,率先引进那时候最先进的美制全铁电力丝织机及络丝、并丝、捻丝等新型丝织机械。独一无二的硬件令美亚厂具备了无可替代的技术领先优势,先后研制出"美亚"牌各种"葛"型花色品种。直至20世纪70年代,依旧风行国内的"印度绸""乔其纱""派力司",其实就是美亚的产品。

现代化生产设备再先进,还是需要人来操作,尤其是操作电力丝织设备需要较高的技术水平,所以人才是企业的软实力。日本东京高等专科纺织科留学生虞幼甫、张叔权,以及绘图打样、机织、染织等领域行家,均被蔡声白高薪招揽麾下,使得美亚厂技术精英人才济济,傲视同侪。对于普通员工,蔡声白则主张劳资协作,让职工入股参与经营,发挥其主人翁作用,实现劳资双赢。

蔡声白相信机器却不迷信机器,他引入泰勒的"科学管理"体系,运用定额工作原理,为一线工人制定"合理工作量",选拔"第一流工人"担当重要岗位,制订统一技术标准,计件超产奖励工资等,工人劳动积极性被极大地激发出来。为了加强工人对工厂的集体认同感,蔡声白又率先在业内废除"工头制",建立工务处来负责生产管理。此外,蔡声白还设立事务处、工账部、雇用部、检查部、惠工处等职能部门,形成一整套符合现代工业规模化的生产管理体系。独树一帜的"美亚"管理模式及出色的业绩,不仅令丝织业同行竞相效仿,同时也对其他行业产生了示范效应。

除了提高生产率,降低成本,开发新产品,还得拓宽销售渠道,才能使得国货"美亚"牌丝绸在国内丝绸市场上畅通无阻,并与美、日等国的洋货展开市场竞争。为了在竞争中掌握先机,蔡声白做到知己知彼。接手美亚厂不久,蔡声白一边派出技术人员赴日本考察丝绸加工技术,一边到日商在我国东北和华北地区投资开设的丝织厂去调查研究,还充分掌握丝绸产品的销售季节,在产品宣传上做足广告。1922年,蔡声白就选择端午期间,以低于市场价20%的幅度,一次性出售"美亚"牌华绒葛3 000匹,引起同行极大震惊。那次超低价销售,达到了蔡声白原来预想的目的,令"美亚"牌产品一举成名。后来,工厂每逢销售旺季,都会不失时机推出新产品,如"美亚"牌双绉、绉缎、真丝被面等。

蔡声白四箭齐发,收效颇大,短时间内,美亚厂生产和销售焕然一新。到1923年,美亚的丝织机已经增至116台,独占上海丝织业鳌头。面临国内外同行的激烈竞争,蔡声白坚持走产品创新之路,厂里所生产的"美亚"牌各种绸缎产品,力争在"精""美""新"三方面大做文章。首先是要以"精"争胜,即不断提高产品质量。1926年10月,蔡声白在《美亚特刊》上撰写的《美亚厂六周年之回顾》一文中谈道:"要保持美亚牌产品良好的市场信誉,只有4个字,就是经常做到出品求精。""美亚"牌产品能在同行业中领先一步,能与洋货竞争,靠的就是这一基本准则。其次是要以"美"取胜。由于丝绸产品不同于一般生活消费品,那时的消费对象主要是社会中高层人士,特别以城市上层女性为多,要适合在大庭广众、交际场合穿着。因此,"美亚"牌丝绸产品必须特别讲究色彩、花样和款式。只有在"美"字上考虑周全,方可产生魅力,引起消费者的购买欲望。再次是要保持"美亚"牌产品的市场占有率,应以"新"巧胜。所谓"新",就是得根据市场变化、消费者喜好的变化,及时调整产品结构,经常推陈出新。美亚厂设计人员,在蔡声白主持下,10多年来坚持每周必推一款新品的工作制度。即使在抗战期间也很少中断,这在当时较为少见。厂里还建立了一个"美亚"牌各种丝绸精品陈列馆,馆内所展览的"美亚"牌丝绸产品真可谓琳琅满目、美不胜收,每位前来参观的消费者无不齐声赞叹。

美亚厂不断扩张地盘,做大做强。自1924年起至1929年,蔡声白在交通路619号盘入天华绸厂,即美亚二厂;与小沙渡路(今西康路)天纶绸厂合资,后称美亚三厂;在胶州路868号新建美亚四厂;在斜土路578号新建美亚五厂;在斜土路2093号新建美亚六厂;在瞿真人路(今瞿溪路)1403号新建美亚七厂;在共和新路1047号新建美亚八厂;在徐家汇路1001号合并美工绸厂,即美亚九厂;在闸北八字桥购并文记丝织厂,即美亚十厂。其中特别一提的是美亚四厂,原名美孚织绸厂。1926年由美亚织绸厂、天锦绸庄、同永泰绸号三方投资规银3.6万两创办,初期租赁上海杜神父路(今永年路)绍兴会馆平房一所设厂,购铁木机40台及配套设备,有员工80余人。人事、财务及经营权归美亚厂统管。1931年,在胶州路868号购地4.5亩建新厂房并于次年迁入,织机扩至100台,主要生产六号葛、和合绉(印度绸)、真丝双绉、乔其纱、鸿喜葛(美亚被面)。产品除畅销国内市场外,主要出口印度、安南(今越南)、暹罗(今泰国)及南洋等地。1933年美亚织绸厂改组为股份有限公司时,即作为四厂,至抗战时,已有织机120台。

虽然蔡声白已经与老丈人莫觞清的缫丝业并驾齐驱,成为"丝绸大王",然而他身处的市场环境远比前辈更加艰难:中国丝绸在欧洲市场的萎缩不容置疑。但蔡声白经营企业具有国际前瞻性,除了继续技术革新和改造,同时调整策略,将市场向海外前移。由于南洋一直是华侨聚集地区,对中国产品有天然好感。因此,蔡声白于1928年5月亲自带队下南洋,宣传国货丝绸,并在当地电影院播映美亚耗巨资拍摄的《中华之丝绸》,甚至亲自跑到绸布店、街头门市去了解经销商和顾客的意见。历时两个月的考察,蔡声白有了新想法,于是向国民政府财政部申请美亚十厂为"保税工厂",免税向南洋出口,结果成效显著,销售额翻番。由于售价低于日绸,质量却在其上,订单函电纷至沓来,中国丝绸在南洋重塑形象。

至于国内市场,蔡声白积极参与提倡国货运动,自1921年起,所有重要的国货展览会,美亚织绸必定现身。蔡声白还担任过1928年中华国货展览会顾问,为该会纪念特刊撰写《我国丝织业之概况》一文。1929年,在上海五国货团体春季国货展览会上,美亚厂获得工商部奖励。1930年美亚产品获西湖博览会金奖。

1931年,全国民众反日爱国运动一浪高过一浪,国人纷纷联合起来抵制日货。翌年,美亚厂与国内9家知名企业发起组织了"九厂国货临时联合商场",利用"九一八"事变一周年纪念日之际,联手宣传国货品牌,销售国货。一年后,蔡声白联合一批实业家集资创办的中国国货公司在大马路(今南京东路)大陆商场开幕,推销优质国货,以抵制日货的倾销。1937年扩大为中国国货联合营业公司,美亚是公司大股东,蔡声白因此担任总经理。该公司先后在全国56个城市建立国货分公司,形成一张全国范围的国货推销网而大获成功。国货运动的兴起也极大地推动了民族企业的发展。

1937年,"八一三"淞沪会战爆发,美亚厂除将国民政府管区内的大部分工厂迁往汉口、广州、重庆、香港等地外,另将美亚染练厂、美亚经纬厂、美亚纹制厂、美亚织物试验所及美亚二厂部分设备和技术人员,并入当时尚处于租界内的美亚四厂,使之成为一家从织物设计到成品出口的全能型丝织厂。上海华界沦陷后,因华商使用电力受到限制,美亚请意大利商人史毕瑞挂名经营该厂,悬挂"意商久安洋行绸业部"招牌。1942年恢复原厂名。1945年8月抗战胜利,美亚厂又面临新挑战。为了使美亚产品早日进入需求量很大的欧美市场,蔡声白马不停蹄赴海外实地考察,并于美国开设丝绸销售点。1946年9月,美亚厂在美国特拉华州政府成功注册美亚丝绸厂美国分公司。同时,蔡声白还在英国伦敦设立销售点,令美亚丝绸产品真正走向国际市场。

1949年5月上海解放,美亚四厂于1952年开始接受国家部分产品的加工代织,次年10月全部由国营中国蚕丝公司包销,主要品种有天香绢、乔其纱、五彩缎幛。1956年,并入源成、永宁、亿记等三家私营绸厂,定名为公私合营美亚第四丝织厂,织机150台,职工599人。1966年9月,更名为国营上海第四丝织厂。

进贤路

进贤路,东起长乐路362弄,西至陕西南路,全长442米,1926年筑,初以旅沪侨民、英国造船专家普恩济世命名。1943年以江西进贤县改今名。现在进贤路上茂名南路以东段(门牌号单号小于129号、双号小于118号)已经湮灭,于是,茂名南路成为东面起始点,全长295米。

虽然进贤路很短,却有一个魔都夜生活新地标,即进贤路120号,一幢三层楼高、占地700平方米的大酒吧。不过无论怎么看,大酒吧都像一座厂房。翻开历史档案,果真如此。

宝锠号诞生记

1886年,世界上第一辆汽车诞生。过了15年,由匈牙利人李恩时携带两辆轿车进入上海,公共租界批准第一张特别临时牌照,中国始有汽车。到了1911年,公共租界已有汽车217辆。因为那时候技术不够完善,造出来的汽车存在很多质量问题,导致行驶途中故障频发,零件损坏。由于进口汽车零配件被洋商所垄断,价格昂贵,民族汽车零配件制造业浮出水面,1912年,机工出身的浙江慈溪人应宝兴于北云南路(今云南北路)59号,开办宝锠号,专门从事汽车零配件修配。

应宝兴,1904年从老家来到上海打工,先在德昌铜铁号当学徒,三年满师后进德昌机器厂做铜匠。宝锠号创办初期,纯系家庭小作坊,小本经营,并不雇佣外来工人,一切均由人工劳作,以修配马车为主。到了1915年,方购置一台日货8尺车床,不用电力,以人工手摇带动皮带使得机器运转,开始生产汽车零配件。1917年至1919年间,应宝兴将历年盈余购置了两台车床、两台钻床、一台德国造铁床,用电力拖动。

国产第一只活塞诞生记

活塞乃汽车发动机的"心脏"和关键零部件之一。1918年,1辆进口的"雪佛兰"汽车,因为活塞突然卡死,无法启动。上海市面上该类型号的"雪佛兰"活塞正巧断货,欲赴美国原来厂家购置,一来一去需要花费好几个月时间,而车主急着用车等不及,慕名宝锠号技术精湛,便上门求助。从来没有做过活塞的应宝兴,硬着头皮接下这块难啃的"骨头"。为此,应宝兴面对着卡死的活塞,仔细研究了好几天,才动手制作。那时没有产品图纸,应宝兴便将实物拆开,依葫芦画瓢制成砂模,然后浇铸铁水,制成铸铁,最后上车床加工。客户取回活塞,装入发动机里,居然发动起来。宝锠号试制成功中国第一只铸铁活塞,名声大噪,从此一发不可收,制造起供汽车修配用的各类活塞。

宝锠号刚开始制造活塞时,技术工艺水平不高,设备相当简陋,只有几台通用机床。因此仅仅是按照实样仿制,没有产品图纸,只能搞些进口汽车活塞的零星修配。制造出来后,也没有专用工具检测,以能装上汽车去可用作为验收标准。在1934年之前,宝锠号生产的活塞原材料均为铸铁,采用泥芯砂模,品种有福特、雪佛兰等数十种,生产效率低下。

宝锠汽车材料制造厂诞生记

1934年,应宝兴在北成都路(今成都北路)同寿里开办活塞制造工场,开始用金属模生产铝活塞,铸铁活塞则逐渐淘汰。1939年,宝锠号更名为宝锠汽车材料制造厂,原材料改用铜铝合金,机械加工上则改变以往普通机床单件加工的做法,购置了一些较为简单的专用机床,批量生产活塞,从几十只到近百只不等。

1945年抗战胜利,宝锠号改独资为父子四人合资,由应宝兴担任总经理。随着业务陆续扩大,应宝兴不断更新技术和设备,先后从瑞士和美国引进镗缸机、磨缸机、莱尼斯磨床、沙斯贝纳车床以及专门制造活塞的生产设备。不仅进口,厂里还自行设计双头毛削孔车、割环槽车洗浇口机、椭圆磨床等专用设备,产品供不应求,活塞生产规模当年堪称"远东第一"。在提高产量的同时,应宝兴注重产品质量,积极参加"爱国请用国货"运动,提出宝锠产品有6个月保用期。在保用期内,产品包退、包换,不收分文,以扩大产品信誉,使得宝锠产品畅销国内并远销东南亚。

上海活塞厂诞生记

1949年5月上海解放,应宝兴所经营的宝锠汽车材料厂在国营经济指导下,从汽车修配业务,转向以生产铝活塞和活塞销为主要产品的专业生产厂家。工厂在产品工艺技术上,根据中国交通电工器材公司上海采购供应站(简称交电公司采供站)提出的产品技术质量要求,制订和贯彻活塞、活塞销工艺技术规范,使得产品质量进一步得到提高。1952年下半年起,该厂接受交电公司采供站的加工订货任务,占到年营业额的80%。1954年11月,上海市人民政府重工业局批准宝锠汽车材料厂公私合营,厂名定为公私合营宝锠汽车材料制造厂,成为上海汽车工业率先进行公私合营的厂家之一。1965年更名为上海活塞制造厂,1966年改为上海活塞厂,专业生产汽车、摩托车等用内燃机、空压机和各种工矿机械活塞。

局门路

局门路,北起徐家汇路,南至铁道路,全长1 342米,1914年筑,因路南对着江南机器制造局(今江南造船厂)北门,故名。

中国近代航空工业摇篮

中国人很早就认识到风或空气动力的作用,纵观中国古代的航空技艺活动以及与航空有关的发明,上古时人们已知利用气流和空气动力。在出土的4 000多年前仰韶时期新石器时代文物中,就有石制陀螺;约2 000年前有了风筝;王莽时代有人尝试滑翔;到了南宋以后,出现利用火药喷气反推力的地老鼠以及适用于军事上的火箭;还有降落伞、竹蜻蜓、走马灯、松脂灯、平衡环、风扇、风车;等等。可以说近代大部分的航空发明,都可以从中找到渊源,甚至具有原始雏形。可惜的是这些成就仅仅停留在娱乐玩具和一般兵器阶段,未能进一步发展成现代航空科学。近代以降,西方列强的侵略和清廷封建统治严重阻碍了中国社会发展和政治进步,同时也严重阻碍了包括航空在内的中国科技进步与发展。而欧洲由于17世纪至18世纪,英、法等国资产阶级革命胜利,为生产力发展和科学技术发明创造了有利条件,特别是18世纪后半叶开始的工业革命,显著推动了科学技术发展,因而载人升空的热气球、氢气球、飞艇和飞机都先后在西方研制成功。

实际上中国近代航空事业起步并不晚。1840年鸦片战争之后,西学东渐,国外航空知识也随之传入。从19世纪后半叶到20世纪初,国内介绍氢气球、飞艇和飞机的文章、图画已屡见不鲜。1887年,天津武备学堂数学教授华蘅芳设计制造出 1 个直径 5 尺的气球，灌入自制氢气，试飞成功，这是中国第一次制造氢气球。1909 年，留学生冯如在美国制造飞机且试飞成功，这是中国人制造的第一架飞机，标志着中国近代航空工业的开端。1910 年，清政府委任留日归来的李宝焌和刘佐成在北京南苑建设厂棚，制造飞机，并在次年 4 月试造出一架飞机。这是中国近代飞机制造的萌芽，但不幸的是飞机在试飞时因发动机故障坠毁。1918 年，北洋政府海军部在福州马尾海军船政局设立海军飞机工程处，从事水上飞机制造，这是中国历史上第一家正规的飞机制造厂，中国的飞机制造业由此起步。

马尾海军飞机工程处的首任主任巴玉藻是内蒙古克什克腾旗人，出生于镇江（因其父系驻防镇江的八旗兵）。巴玉藻 1910 年入英国阿姆斯壮学院学习机械工程，民国建立后转赴美国麻省理工学院就读航空工程学，毕业后在美国寇提司和通用飞机公司任职，1917 年和同学王助、王孝丰、曾诒经等辞职回国，于 1918 年担任海军飞机工程处主任，牵头设计出中国第一架飞机：甲型一号水上飞机。1929 年，赴欧洲考察回国后的巴玉藻突发急病，一开始以为是肠炎，后确认为脑部中毒，终于回天乏术，当时未满 37 岁。

巴玉藻的继任者王助是中国近代航空事业的一位奇人，他与巴玉藻同窗，一起赴英、美留学，一起回国创立中国自己的航空事业。王助还有一个光环，他是美国太平洋飞机公司（波音公司前身）聘任的第一位航空工程师，为波音公司设计了第一款获得商业成功的飞机，也有人称其为"波音之父"。波音公司在介绍王助时，用了"the first and the best"（第一和最好）这样的赞美词语。在王助所处的时代，即使在美国，航空人才也是稀缺的，当时波音公司只有王助一名工程师，他对波音公司的意义是显而易见的。王助在杭州笕桥机场发现了优秀实习生钱学森，1935 年钱学森赴美留学，就读于王助的母校麻省理工学院。

巴玉藻和王助这类的航空人才都是清政府送出去留学，北洋政府时期回国的，在蒋介石国民政府的系统里，均属于边缘人物，无论是经费申请还是各种资源调配，都得不到重视，上头对这些知识分子"防一脚"。果然，1931 年国民政府把海军制造飞机处从福建马尾迁往上海，并入江南造船所，独立经费也随之被砍掉了。王助则转入中国航空公司任总工程师，不久入军政部航空署担任上校参事，1934 年王助担任中央杭州笕桥飞机制造公司监理，后来又担任过一些其他职务，总之地位不低，但职权却越调越小。

而主持海军飞机工程处搬迁事务以及在上海生产制造的是巴玉藻和王助

的另一位同学曾诒经。曾诒经,1909年从烟台海校选派赴英国留学,考入阿姆斯壮工学院,取得机械学士学位。1915年北洋政府与美国新伦敦电船公司议购潜艇,同时也为培育航空人才,抽调在英国学习的12位中国留学生转赴美国再留学。巴玉藻、王助、王孝丰等3人学航空,曾诒经等9人进入新伦敦电船公司研究潜艇和发动机。不久,因国内政局混乱,向美国订购潜艇之事作罢,学潜艇的留学生先后回国,曾诒经一心要钻研动力学,经巴玉藻介绍,进入美国寇提司公司学习飞机发动机,很快就成为出色的航空动力学专家。

1918年1月,北洋军政府在福州船政局附设海军飞机工程处,组建了我国第一家飞机制造厂,任命留美归来的巴玉藻为工程处主任,王助、曾诒经、王孝丰为副主任。翌年8月,马尾飞机工程处造出了第一架水上飞机,机体设计制造由巴玉藻等人负责,曾诒经负责飞机动力。首制飞机在试飞时因操纵不慎坠水,机身损坏,曾诒经将发动机修复后尚可再用,就用那台发动机又制成了第二架飞机,试飞顺利成功。马尾飞机工程处至1930年共造出各式水上飞机17架,发动机外购,型号涉及寇提司、劳斯莱斯、莱特、霍尔、罗尔斯·罗伊斯等五六种,曾诒经负责飞机动力工程,发挥了重要作用。

1928年马尾海军飞机工程处更名为海军飞机制造处,归海军部直辖。1929年6月巴玉藻遭日本间谍暗算去世后,海军部任命曾诒经接任处长,并决定将马尾飞机厂迁往上海并入江南造船所。曾诒经担当起了迁厂职责。后来回忆工厂从福建迁到上海时,曾诒经感叹道:"工厂移至上海时,飞机处已成'无龙之首',若让这些熟练工人和技术人员散掉,未免可惜。因此,我个人不得不尽绵薄之力维持局面。"飞机厂很快在新的地方形成生产能力,1931年将马尾运来的两架飞机部件组装成拖进式水陆互换双翼飞机,使水上飞机发展出也可在陆地上起飞的新机型。正是曾诒经的坚持,从福建马尾起步的海军飞机制造处,在上海延续了六七年时间。到1937年,在局门路这座小小的厂房里研制出"江鹤"号、"江凤"号水陆两用飞机、陆地教练机等20架,其中1933年建造我国第一架舰载水上侦察机,1934年7月制成了配套"宁海"号军舰的舰载飞机"宁海"二号,还仿造组装了美式"佛力提"式双翼陆上教练机12架,成绩斐然。

1937年抗战全面爆发。区区二三十架飞机要抗击日军是不可能的。为保存中国飞机制造的一点血脉,1937年8月海军飞机制造处先迁到湖北宜昌,后撤到成都,合并于中央航空委员会,最后改组为第八修理工厂,海军飞机制造处终于消失在历史长河之中。

益丰搪瓷生产爱国脸盆

19世纪初,欧洲研制出铸铁搪瓷,为搪瓷由工艺品走向日用品奠定了基础,但由于当时铸造技术落后,铸铁搪瓷应用受到限制。19世纪中,各类工业的发展,促使钢板搪瓷兴起,开创了现代搪瓷的新纪元。19世纪末至20世纪上半叶,各种不同性能瓷釉的问世,钢板及其他金属材料的推广运用,耐火材料、窑炉、涂搪技术的不断更新,加快了搪瓷工业的发展。1878年,奥地利第一次将搪瓷制品输入我国。到了1914年,第一次世界大战爆发,日本趁欧战之际,将大量的低质搪瓷制品倾销我国。一些有识之士不甘心、不屈服,向洋人洋货发起挑战。1920年苏州籍珠宝玉器商董吉甫、董希英、谢翔鸣等人集资数万银元盘下广达搪瓷厂,改名上海华商益丰搪瓷厂,并于1921年9月2日正式开工,生产"金钱"牌搪瓷产品。

创办初期,工厂规模很小,只有十几个工人,生产设备也相当简陋,仅1座炉窑和1台手动轧机,搪瓷杯子的生产都是用手工敲制。所用的产品主要原材料包括铁皮、珐琅粉等,也全是从国外进口的。翌年,工厂赚了一点钱,董吉甫等便决定增资2万银元,将企业改组为股份有限公司。不久搬入局门路52号新厂址。1924年该厂研制出堆花食篮(即饭格),这是国货加花搪瓷的发端。刚刚开始推向市场时,作为广告手段,厂里在每一箱没有加花的食篮中搭配一打有花的食篮,且不提价,结果大受消费者青睐,供不应求。于是,厂里在原来的制坯、搪瓷两个生产车间之外,又增加了美术工场,不久,再增加了制琅车间。

尝到甜头后,益丰厂继续开发新品种,开始研制喷花脸盆。恰逢五卅运动爆发,益丰厂及时向市场推出了一款毋忘五卅惨案的白色脸盆。该面盆盆底印有"勿忘五卅"四个红色大字,脸盆外面喷有益丰厂老职工沈辅舟书写的爱国诗句"一片冰心盟白水,满腔热血矢丹忱"。这是益丰厂生产喷花脸盆的第一个花样,直径34厘米,平边蓝花,一经上市,人人争购。甚至有百货公司事先派人在厂里发货经过的路上拦住送货卡车,将发票上原来别的客户的户名涂改成自己的户名,然后把货直接取走。爱国脸盆令益丰厂声誉大大提高,获利丰厚。

1925年冬,益丰厂技术人员采用日本造的贴花纸,生产贴花脸盆。1926

年又仿制德商谦信洋行的堆花脸盆。这时益丰厂已拥有10多个搪瓷窑,每天生产30至34厘米直径的脸盆总数达到12 000只,益丰厂业务进入快速发展时期。同年,益丰厂应邀参加在美国费城举办的世界博览会,产品荣获丙等金质奖章。

除了研发新产品,益丰厂在销售上也想出新招,即将大批存货放欠账,过了年底再收货款。因为那时各商号与银行往来,到了年底有清算账款的习惯,同时外地驻沪办货的客户又有结算账款后返回外地的习惯。对于未售出的大批存货,反正在年底也换不到现款,益丰厂索性就把这批存货的款项放过年,以争取更多的营业额。由于产品价廉物美,四川、汉口、长沙、华北、天津、青岛、广州等地都有大批益丰的客户驻沪采购,益丰每次放过年账的总金额达20万银元。此举对那些外地的采购人员来讲等于是一次交情,因为他们在年终回老家时不用付现款就可以随身带一批货一起回去,也能在老板面前显示其光彩的工作业绩。

20世纪30年代初,面对广大工商业界人士要求保护民族工业发展的多次呼吁,国民政府决定对部分洋货制品提高进口税额。而进口的搪瓷制品也在调整范围内,从5%提高至15%,此举有效地遏制了洋货搪瓷对我国的倾销。益丰厂也趁机扩张,拥有16座炉窑、1 200余名职工,生产销售蒸蒸日上。

1937年抗战全面爆发,益丰厂位于南市局门路的厂房、生产设备和产品原材料等,均被日军炸毁。董吉甫等只能决定在少量生产搪瓷脸盆、口杯和饭碗等传统日用搪瓷产品的基础上,于1938年设立保温瓶厂,以解决困境。1945年抗战胜利,益丰厂积极筹备复工事宜,还决定对外增加资本至4亿元法币,但随着国民政府滥发钞票,导致通货膨胀,物价飞涨,益丰厂无力回天,举步维艰。1949年5月上海解放,益丰厂在人民政府扶持下,重获新生。1954年7月1日,工厂积极响应人民政府号召,实行公私合营,改名为上海公私合营益丰搪瓷厂股份有限公司。1966年,工厂更名为国营上海搪瓷一厂。

军工路

军工路位于上海市区东部，南起平凉路黎平路，北过逸仙路，直达长江路，全长 10 公里有余。军工路路基原是连接上海县和宝山县的江边土塘，名衣周塘（所以军工路又名衣周塘路），兼具防洪和交通的双重功能。1918 年，因堤岸无人管理，年久失修，崎岖不平，给行人和货运带来不便，且直接影响淞沪兵防联系。为军务需要，在沪北工巡捐局局长曹有成筹划下，得到淞沪护军使卢永祥积极支持，由步兵第 10 师抽调士兵千余人，将护堤削平，修筑成一条公路。当年 8 月 24 日动工，翌年 4 月底全路告竣，煤渣路面，因军工联合修筑而起名军工路。

中农公司——上海柴油机厂的前身

1943 年年底，世界反法西斯战争已经取得决定性胜利，44 个国家的代表在美国华盛顿开会，于 11 月 9 日签订协定，决定在战争结束之后，对在战争中损失严重的国家恢复人民生活和生产进行援助和救济，并设立了联合国善后救济总署。中国是受战争损害最严重的国家之一，因此被列为重点受援国。国民政府为了对口联合国救济总署，于 1943 年 12 月 18 日，在重庆成立了中国农业机械特种股份有限公司（简称中农公司），由孔祥熙担任董事长，蒋经国等担任常务董事，潘光迥担任总经理。中农公司名为官民合办，实为四大家族控制的官僚资本企业。

1946 年 8 月，中农公司接受联合国救济总署在华设置农具厂计划，并将公司由重庆迁往上海，设在外滩汇丰银行大楼内。

当年的联合国救济总署，表面上是联合国下属部门，但实际上已被美国所控制。第二次世界大战后,美国每年生产的出口物资已经达到200亿美元,但只能找到80亿美元的海外市场。于是,联合国善后救济总署驻华办事处,便成了美国打着援助幌子,实则推销生产剩余物资和战争剩余物资,并从经济上对中国进行侵略的机构。

而中农公司迁沪后,国民政府为了遮人耳目,欺骗舆论,制订了一个准备在全国各大省市建立18家分厂、在各县设立3 000所铁公铺的庞大计划,且委派私营新中工程公司经理支秉渊担任中农公司总经理。支秉渊对筹建机器制造厂较为内行,事业心较强,是个在国内实业界中声望较高的企业家。接任中农公司总经理后,支秉渊广泛网罗人才,勘定厂址,于1946年下半年在虬江桥建立了虬江厂。同时,支秉渊不仅从新中公司带来一批技术人员和技术工人,且通过推荐、聘请和登报招考,招收了一批较有才能的技术人员和技术工人,其中许多是大学毕业或留学回国找不到工作的工程技术人员或抗战时期西迁的技术工人。

随着美国剩余物资到来,还跟来了27个美国顾问,他们美其名曰帮助中国搞建设,实际上是美国经济侵略的执行者。这些顾问大多数不懂生产,有的在美国就是不务正业的流氓。即使美方负责人奥伯朗,在美国也只是一家电话公司的小职员,根本不懂技术、不懂生产,却操纵着中农公司大权。公司的协理,技术部的经理,技术部下属的各处处长,甚至各工场的主管(相当于车间主任),都由美国人充当。支秉渊一门心思要造出国产农用发动机,但是建厂不久便同美国人产生了矛盾。那些美国顾问自己不懂生产,但对中国技术人员和工人却严密控制和横加干涉。1947年,拥有上千名职工的中农公司仅仅生产了几万把锄头。为了将锄头造得快一点、好一点,新中公司来的工人出身技术员做了一只压模,对美制油压机搞了一点小改进。结果让美国顾问看到后,大为不满,说是该技术员破坏了机器,要将其开除出厂。靠支秉渊出面打圆场,该技术员才得以留下来。

支秉渊原想凭借中农公司的实力,建立民族工业。在虬江厂建厂时,就边建厂,边准备生产,并提出建立总厂和分厂的设想及计划。但是这些设想和计划,是直接违背美国的在华利益和"援助"宗旨的。这令支秉渊同美国顾问的关系变得越来越紧张。不久,美国人华莱士代表美国政府向国民政府提出抗议。而国民政府不敢得罪美国,只能对中农公司的领导层进行改组,任命CC系的林继庸担任总经理,美国顾问奥伯朗继续为协理,支秉渊则改任总工程师。

民族自尊心强烈的支秉渊，同另外一些爱国的工程技术人员，不愿受美国人的控制，打算另辟途径，提出到中农公司在上海开设的工厂工作，并由支秉渊担任总经理，这就是吴淞示范分厂。此外，支秉渊强调该厂不需要外国人参与。1947年4月，中农公司迁址爱多亚路（今延安东路1314号），并勘定军工路神农路（今军工路2626号）厂址。同年9月平整场地、建造厂房。1948年1月，支秉渊带着十几个人，开始到军工路吴淞厂办公。当时虬江厂因为建厂较早一步，住房和生活设施较完善，待遇也较吴淞厂高，但一批爱国的技术人员和技术工人，为了建设自己国家的机器制造业，不顾条件差，心甘情愿去吴淞厂。

吴淞厂从建厂起，便受到美国人的种种刁难和破坏，很多关键设备扣押不放，有的设备已安装好，被发现后竟然还要拆掉运回虬江厂。工厂被迫缩小规模。中农公司从1943年到1947年年底，总共在虬江厂生产了几万把锄头。而吴淞厂在技术人员和工人的共同努力下，克服重重困难，于1948年3月试制出5匹马力的汽油机，当年共生产了50台。原来计划生产3 000台水泵，由国民政府行政院下属的善后事业保管委员会（简称善保会）收购，作为美国救济物资。吴淞厂在1948年基本完成了3 000台水泵所需的工装，还向美国订购了轴承、火花塞、磁电机等配套件，且有的已到货。但因为美国顾问的蛮横干涉，拿来美国企业的报价来威胁"善保会"不予订货，导致订单作废。这对吴淞厂来讲无疑是一个沉重的打击，工厂的资金周转发生极大的困难。为了维持生存，工人们除了制造各车间所需的生产设备，还千方百计从外面接来一些订单，如农具厂的修配、造纸厂用的大烘缸、印钞厂用的合金钢底版等等。可仅靠那些零星活计根本无法满足工厂日常开支，无奈再变卖生铁和钢材等生产物资。临近上海解放前夕，吴淞厂已经处于奄奄一息、濒临破产的局面。

1949年5月，上海解放。上海市军管会正式接管了吴淞厂。通过全厂职工的努力，同年七、八月间就恢复生产，开始接受订单，是全上海解放后恢复生产接受订单最早的重要工厂之一。凭借雄厚的技术力量和较为完备的生产设备，吴淞厂在新中国成立之初国民经济恢复时期，做出了一系列较大的贡献，如为保证城市用煤抢修淮南铁路用的铁路道钉，为抗美援朝生产5.5马力汽油发动机、防滑链和汽车弹簧钢板，赶制治淮工程用的水闸升降油缸和高压油泵，并派出有经验的技术人员和工人前往治淮工地安装。在完成那些突击任务的同时，吴淞厂的技术人员和工人一直坚持试制国产柴油机，并于1950年生产出12马力柴油机。1953年8月，工厂正式被命名为"上海柴油机厂"，后逐步发展成为专业生产柴油机的大型企业。

华丰——国棉三十二厂的前身

20世纪20年代初,无锡人强锡麟看到商店出售的都是冠着洋字的商品:洋纱、洋布、洋钉、洋油、洋火,甚感遗憾。深受五四运动精神影响,强锡麟决定"实业救国",并认为衣、食、住、行,衣是首位,立志投身纺织行业。1922年,初创的无锡丽新纺织厂招考练习生,中学毕业不久的强锡麟前去应聘,被录用。由于好学勤勉,深得老板赏识。1925年,厂里调派强锡麟到丽新纺织厂上海营业所担任推销员,这为他日后的发展开拓了新天地。强锡麟兢兢业业、勤俭工作、艰苦经营,在实践中努力学习各种商业经营知识和诀窍,积累了丰富经验,成为该行当非常老道的里手。工作之余,强锡麟心中酝酿起白手起家创业的志向、冲动和憧憬。

1928年,25岁的强锡麟觉得时机已成熟,即辞去无锡丽新纺织厂上海营业所推销员职务,将历年积蓄拼凑成数百银元资本,在南市租得一间亭子间,开始经营棉布批发业务。从此,强锡麟每天在皮包内带上样本,向湖南、湖北、安徽、泉州、四川、江西等外埠棉布商店驻沪申庄兜售产品。每谈成一笔交易即向小型手工织布厂采购,随后向客户交货收款。因为深知客户实际需求,所以一个购销来回较快,一转手就可获得丰厚的利润。一年后,强锡麟将店铺从南市的亭子间搬进了宁波路的厢房,并购置办公桌和堆布橱,聘请了一名会计人员,正式建立"华丰厂布批发所"。公开营业后,强锡麟仍然沿袭原先的生意模式,上午跑客户推销布匹,下午乘人力车向各织布厂采购,再贴上"华丰"牌子运往各地驻沪申庄。就这样,强锡麟争取速销,加快资金周转,弥补资金短缺之弊。由于重视质量,严格守誉,深得客户信任,华丰批发所营业蒸蒸日上,商品供不应求,资金积累日益增长。

1930年,强锡麟为进一步拓展业务空间,将"华丰厂布批发所"改称"华丰染织厂",实质仍是批发所。强锡麟会做生意,不直接生产产品,却注册了"美亭""学生""美球"等商标,然后将一些商标租给其他企业,坐享分成。除了继续经销色织布之外,强锡麟凭借较为宽裕的流动资金,买进白坯布委托染厂代为加工,加染各种色彩的布匹。由于强锡麟对市场熟悉,感觉灵敏,善于把握商机,因此屡屡成功。想当年阴丹士林布畅销,但是"阴丹士林"商标属于德孚洋行专利,任何厂不能袭用。强锡麟采取新的营销策略,将华丰染织厂用"阴丹士林"颜料染色的布称为"美亭士林"和"学生蓝布"上市。待学生蓝布受到市场追捧时,即向美国、瑞士等国购进与"阴丹士林"同类的颜料加工成学生蓝布,大大降低了成本,推销顺利,照样成为名牌产品,与美亭士林布并驾齐驱。随着业务范围扩大,职工增加,一间厢房不敷使用,随即迁到天津路426弄一幢两层楼两开间的房屋营业。

  1931年,因业务发展,需要收购大量坯布,而委托加工,往往受到市场供求及其他因素限制,难以满足进一步发展之需。强锡麟准备自己开织布厂,但苦于资金不足,乃吸收新股东入股,组成华丰染织厂股份公司,股本总额为5万银元。强锡麟用积累的2万银元投资,以无限责任大股东的身份主持工作并担任经理,其余新股东都负有限责任。在南市斜土路新桥路(今蒙自路)口购地3亩建造厂房,陆续安装100台纺机,开始进入实业界。

  强锡麟办厂用人有一定标准,对高级决策人员,要求一个"博"字,即知识面广,不局限于某一项研究;对专业技术人员,要求一个"精"字,即精通专业,具有精益求精、不断探索的精神;对一般管理人员,要求一个"达"字,即对所任工作应有所通达。强锡麟十分重视技术人员的选用。当得知苏州工专的校风好,出人才,经人推荐大胆选用20余名苏州工专毕业生来厂担任技术工作。为谋企业发展,强锡麟还十分重视智力投资,支持职工的求知要求。厂里办有练习生学习班、技术人员外语班、工人文化班等,并鼓励职工到厂外读夜书,设立粹君(强锡麟又名)助学金,奖励有志就学青年。强锡麟还注意企业用人的年轻化、知识化、专业化,为了增加企业技术骨干的知识广度和深度,资助本企业中有为的青年人才去专科学校深造,派出三名技术骨干去日本考察,后又资助一名技术人员去美国工厂实习。

  1933年,市场繁荣,各类色布畅销,呈现供不应求之势。作为厂家,必须根据客户的订货要求,安排生产任务,保证按时、按质、按量交货。但是,委托染色加工,安排生产日期的大权掌握在别的印染厂之手,很难自主安排。因此,不自设染色厂,不仅无法满足业务发展的需要,且有可能影响华丰厂在客户中的信誉。为了抓住产销两旺的大好时机,强锡麟召集股东研究,决定将两年来盈利投资建立印染厂,于是在南市大木桥路购地16亩,筹建"光明染织厂"。开办时股本5万银元,以后增至8万银元,产销两旺,年年有盈利。为了加速企业发展,在强锡麟的提议下,股东每年仅分配少量红利,大部分盈利都用于扩大生产。1936年的染布年产量达到15万匹,成为有一定规模的染布厂。至此,强锡麟真正实现了织布和染布生产系列化、规模化,且销售自主化的产销一体连锁计划。

正当强锡麟事业上一帆风顺之时,爆发了"八一三"淞沪会战。强锡麟所开办的华丰织布厂和光明染织厂均地处南市战区,炮火之下被迫停工。为响应国民政府内迁号召,强锡麟把光明染织厂能染1 000匹蓝布的生产设备拆卸装箱,拟水路运往汉口。不料等了三个星期,因日军封锁,轮船仍无法驶出吴淞口。只能将机器卸下,在南通路(今淡水路)租地堆置。鉴于运费和人工费太高,强锡麟打算就地修建临时厂房。可战争时期建筑执照批不出,无奈租赁拉都路(今襄阳南路)地皮存放,并把建筑图纸送市政当局审核,仍然不批。后来总算在东京路(今昌化路)租得两亩空厂房,因陋就简将染织厂的机器安装到位,且充分利用场地和空间,在阁楼上也装上拉幅机。从1937年11月开始生产。那时候上海各染织厂基本停产,因此强锡麟的企业一枝独秀。为了避免日伪骚扰,强锡麟在光明染织厂名下添加"协记"两字。后来商请德孚洋行介绍德国人雷拔担任名誉经理,聘期一年,并改厂名为"德华染织厂"。谁知第二次世界大战正酣,雷拔应征入伍回国参战。强锡麟干脆解除与德国人的雇佣关系,恢复原来厂名。

强锡麟一贯重视工作效率,强调时间就是金钱,仅花了三个月时间,即安装竣工投产,继续生产"学生蓝布"和"美亭士林"。由于上海与各地运输线通畅,市场有很强的需求,客户争相竞购,营业鼎盛,供不应求。但因场地有限,难以扩产。1939年,在海防路觅得12亩空地,筹建新厂房,完工之后将东京路机器迁入新厂,并添扩了染色设备和16页提花织布机200台,实现了迁厂不停产。考虑到当时的局势仍处于动荡之中,沿用老厂名,容易引起日伪注意,强锡麟就将新厂定名为"富中染织厂",全部产品仍然贴用"华丰"的各种注册商标。1940年的产量达到30万匹,营业额倍增,生意兴隆。

强锡麟早年就立志提倡国货,但觉得自家企业生产的产品却是德国染料染成的,就准备以国产染料取代德国染料,完全自产"美亭蓝布"和"学生蓝布"。于是他决定创建"大宇化工厂"生产染料,先从制造漂粉和液体烧碱做起,逐步实现自主生产染料。为此,强锡麟特意在恒丰路桥附近购地20余亩准备作为染料厂和扩展用地。

可惜好景不长,1941年"珍珠港事件"引发太平洋战争,日军占领上海租界。日方通过某日本纱厂要求与强锡麟合作,意在吞并,企图把日本纱厂生产的坯布经染色后贴上"华丰"的商标,冒充国货运销西北和西南大后方。强锡麟大义凛然拒绝合作，索性关厂停工，并随之隐居。此时已年近不惑之年的强锡麟，利用这一时期继续深造，整整四年在上海大夏大学经济系攻读工商管理，毕业后获学士学位。

1945年8月抗战胜利，强锡麟召回全部职工，原"富中染织厂"也恢复生产，"美亭蓝布"和"学生蓝布"又迅速行销全国，次年的产量达到50万匹左右。为了继续扩大生产，强锡麟着手筹建"华丰纺织厂"，并在军工路1436号购地200余亩，其中120亩为生产区，其余均为生活区，形成大规模的新型工厂。接着向英商信昌洋行订购3万纺纱锭子。当时的洋行都规定是开口价格，条件均非常苛刻：尽管先付款订货，洋商却可以任意涨价；可以附加其他各种费用；可以任意拖延交货日期不受约束，而华商利益实无保障可言。结果信昌洋行不仅涨价，且只付给5000锭，其余2.5万锭不了了之。同时，强锡麟还向美商慎昌洋行订购最新型的自动络纬机和络筒机，以及控制槽浆温床的关键零件，后来美方认为全自动纺纱机是高精尖产品，不愿卖给中方，于是借口"中国技术低，难以维修"，拒绝履约，最终以20世纪30年代的老产品交货完事。这给强锡麟以深刻教训，下决心创办制造自动纺织机的工厂，并在斜土路原华丰织布厂址筹建"力生铁工厂"。"力生"，就是自力更生。唯有自力更生，才能建设图存。强锡麟计划从自动织机入手，积累经验后扩大生产其他类型的纺织机械。当时厂里技术员有两种不同意见：一种认为先试制，逐步批量生产，以稳为主；另一种认为不必试制，即大批生产，省时省钱。强锡麟认真考虑后决定宁可慢些，但要稳些。经过攻关，试制成功，力生厂批量生产出1200余台全自动纺织机。其中1000余台安装在军工路华丰厂，其余的出售。同时生产3万锭纺纱机。国人能规模生产国产全自动纺织机械，在那时是绝无仅有的创举。

抗战胜利后不久，解放战争爆发。国民政府面对高昂的军费造成财政赤字，采取大量印刷法币的手段，导致了严重的通货膨胀，货币贬值，物价疯狂上涨。久经商场的强锡麟，眼见法币贬值，为了保存自身实力，当机立断将全部存款买入建筑材料和机器设备，大造厂房，总算保住了多年来积累的财产。然而，1948年国民政府发行了替代贬值严重的法币的金圆券，并用金圆券强制换取国人手中的真金白银，且实行限价。货币贬值仍在加剧，华丰厂库存的棉布被抢购一空，换来的大量金圆券却又无法买入生产急需的原料。上海解放前夕，47岁的强锡麟担任华丰印染纺织有限公司总经理，这个公司拥有华丰纺织厂、力生铁厂、富中染织整理厂，共有2000多名职工，形成从制造机械、纺纱、织布到染整的企业集团。但是他已感心劳力拙,疲惫不堪,三个企业原料被控制,成品被收光,资金周转不灵,仅留下空厂房、机器、工人,濒临破产。

1949年5月上海解放,强锡麟把纺织厂和印染厂合并,成为"上海华丰纺织印染厂"。1950年"二六轰炸"后,上海工业生产困难,强锡麟立即将在国内外订货的所有资金集中起来,用于厂里的扩大再生产,推动上海市纺织工业发展。抗美援朝期间,强锡麟带头捐献飞机大炮,折合旧版人民币22.6亿元(15亿元为一架战斗机)。1954年,强锡麟又带头申请公私合营,华丰厂成为上海市较早公私合营的企业,后改为第三十二棉纺织厂。1971年,整体转产化纤,更名为上海第五化学纤维厂。

康定路

康定路，东起泰兴路，西至万航渡路，由公共租界工部局修筑于1906年，全长2852米，以英国驻华公使爱德华七世的兄弟之名命名为康脑脱路，其中延平路以西路段属于越界筑路。1943年以四川省省会康定改今名。

"关勒铭"牌自来水笔的起步

20世纪初，美国盛行自来水钢笔，但华侨还是习惯用毛笔书写信件，不少商人、手工业者仍习惯使用毛笔记账，而毛笔在美国很难买到。纽约唐人街开小饭馆的广东开平人关伟林，偶然同亲友谈起此事，得到启发，设想从国内购得毛笔笔头，装上美国当地制造的自来水笔杆，生产出一种新型毛笔，必定会受广大华侨欢迎。为了学到制笔技术，1920年，关伟林毅然将饭馆出盘，经人介绍进入美国最大的制造自来水笔的华脱门公司，当了三年半的工人。学到技术后，关伟林自己创业，在纽约创办生产自来水毛笔的工场，并以他的儿子关勒铭的名字，命名为"关勒铭自来水毛笔光滑墨汁股份有限公司"，自任总经理兼厂长。产品商标与企业名称一样，也叫"关勒铭"牌。关伟林除了从国内邮购狼毫毛笔笔头，制成自来水毛笔外，还兼售用美国原料配制的专用墨汁。1925年，关伟林向美国政府注册，获得专利。

"关勒铭"牌自来水毛笔一经上市，就受到消费者的欢迎，但主要局限于旅美华侨购买，且一支自来水毛笔买来后一时不易用坏，因此销量始终无法提升，消费对象也一时无法扩大。要想摆脱困境，关伟林思考再三，觉得应该把立足点移向国内，才可能有广阔市场。

1928年10月,56岁的关伟林在亲友们的劝说与鼓励下,携家眷及全套制笔生产设备、原材料等回到上海开厂,在康脑脱路(今康定路)497号至501号租得房屋数间,聘请刚从复旦大学商科毕业的同乡甘翰辉为助手,雇用职工30余人,开始生产"关勒铭"牌自来水毛笔。工厂仍用原名,资本12万银元。

然而国情不同:美国通常使用道林纸或新闻纸,写上去不会渗化;中国则用毛边纸或连史纸,容易渗化。再加上从美国带回的墨汁原料用罄,进口又较困难,只好改用国产烟灰墨汁。但因内含胶质过多,笔头容易胶结,引起出水不畅,影响书写,有时将笔插入衣袋里,常常会发生渗漏墨汁、污染衣服的现象。因此自来水毛笔不受国内消费者的欢迎,销售不畅,造成产品积压,资金亏蚀得所余无几。这时市场上自来水钢笔销路日畅,却只有洋货而无国货。关伟林感到如能改产自来水钢笔,设备现成,可望成功。况且那年正处于五卅运动不久,"抵制洋货,使用国货"运动此起彼伏,为民族实业家生产国货和提倡国货与洋货竞争,起到了积极的推动作用。为了提高市场竞争力,关伟林遂于1929年再度去美国集资,又在沪招股,得资金数万银元,商请广东银行总经理梁冠榴任董事长,大安保险公司总经理陈巳生以及甘翰辉等任董事,改产自来水钢笔及少量金笔。由于自己还造不出笔尖,关伟林便从英国和日本进口,装上笔杆厂里生产的笔杆后对外出售,并取得工商部门批准的专利。

20世纪20年代末,洋货在国内市场上非常畅销,文具行业的笔类产品也是如此,像上海各大百货公司和文具商店,大都经销美国"派克"等名牌高档自来水金笔。关勒铭厂上门推销时,受到冷遇,有的店家干脆拒绝;有的虽允许寄售代销,但条件是售出后再结账付款。而在一般的文具店货架上则摆满了日商低价劣质的自来水钢笔,每支只售银元五六角,甚至两三角,关勒铭自来水钢笔成本每支在银元五角左右,再加上文具店的销售费用(关勒铭钢笔的批发价是零售价的七折双九扣,即厂方收入仅是零售价的57%),售价须定在一块银元以上,因此很难与日货竞争。销路不畅,亏损累累,甚至连职工工资也发不出,后来只能降低售价。

为了把产品推销出去,关伟林想到大马路(今南京东路)上的提倡国货的中国国货公司。与该公司经理李康年的交谈中,关伟林了解到该公司吸引顾客的一些有效措施,即国货要与洋货的华贵、奢侈、包装精致特点相反,以实用、价廉、耐用见长。经过协商,关伟林就在该公司大楼特设的"九九商场"里,实行买1支关勒铭钢笔,送1瓶国产墨水的销售方法,售价合计银元9角9分。在1931年"九一八"事变后,广大群众爱国热情高涨,一再展开抵制日货、提倡国货运动,关勒铭厂由此受益,终于勉强维持下来。

热销、困境与恢复

笔尖是自来水笔的主要构件,考虑到降低成本、提高市场竞争力等因素,关勒铭厂向德国购买不锈钢,自制笔尖。笔尖的点铱工艺,是制造笔尖的关键工艺,关勒铭厂起初请日本技师来厂辟专室秘密加工,后来甘翰辉学会了这项技术,从此厂里生产上需用的笔尖,便不再向国外进口了。且关勒铭厂应用了笔尖镀黄工艺,增加了产品的美观。1936年,关伟林派甘翰辉秘密去日本考察制笔技术。甘翰辉深入日商笔厂车间,亲自参加实际操作,又学到了用赛璐珞原料热模压制笔杆的技术,回国后自制笔杆,研制生产出一种非常适合青年学生使用的"关勒铭"牌价50型自来水钢笔。该笔价格低廉,每支售价不到5角银元,且造型美观,五颜六色,很受广大学生的青睐,出现了供不应求的局面,厂里为此获利不少。经过一系列技术改进,"关勒铭"牌金笔受到国人的关注,并成为市场上的国货名牌。尤其难能可贵的是,工厂装配金笔所用的零配件,已经全部实现国产化。同时,关伟林重视广告宣传,在沪上各大报纸杂志登载广告,在戏院剧场、车站码头以及闹市街头树立广告。上柜台销售则采取奖励商店营业员的办法,凡售出钢笔1打,赠毛巾或香皂半打。关勒铭厂还在各大城市设立发行所、经销处或办事处,扩大经销范围。那时"关勒铭"牌钢笔除行销国内各地外,还远销东南亚一带。

关伟林平时生活俭朴,不擅对外交际,因此对外业务全由当时任厂长的甘翰辉负责联系。关伟林开厂时用他儿子命名,原想传之后代,为子孙创基立业。但其子关勒铭毫无事业心,不善经营,使做父亲的十分痛心,后来索性就把厂里的一切业务都交给甘翰辉经管。

1937年"八一三"淞沪抗战爆发后,虽厂址在租界内未受战火波及,但关勒铭厂因交通阻塞,市面萧条,曾经一度停业。不久战事内移,上海与内地逐步恢复货运,内地人口众多,工业品匮乏,文教用品大多需向上海采购。尤其是敌后抗日根据地对自来水笔的需要量甚大,全到沪上购办。因此从1938年起,关勒铭厂开始复工,生产迅速发展。1939年雇用工人数增加到50多人,月产自来水等约200罗(每罗144支),其中少数是彩杆金笔。日、美商人曾一再要求投资"合作",都被关伟林拒绝。1941年12月太平洋战争爆发,日军强行进占租界,加紧对上海的控制,上海与内地的交通日趋困难。加上抗战后期,日伪穷途末路,滥发中储券,物价飞涨,工厂售出产品后,无法补充原材料,关勒铭厂又陷入困境。1945年关伟林因其子勒铭患病去世,精神上受到很大打击,健康也大受影响。

抗战胜利后不久,关勒铭厂董事陈巳生介绍美德文具公司宁思宏参加投资,同时还吸收了一些实业界人士参加。1946年完成增资后改组董事会,梁冠榴仍任董事长,陈巳生、宁思宏、甘翰辉、刘镜清等为董事,且分任经理、厂长等职,负责关勒铭厂的经营管理,并改以生产金笔为主,扩大经营。此时,关伟林因年老多病不大管事,未安排具体职务,次年回广东原籍休养。

值得一提的是董事兼副经理刘镜清,在众人眼里,是位老成持重、事业有成的生意人,但其真实姓名叫刘晓,是时任中共中央上海局书记,全面主持上海地下组织工作。至上海解放前夕刘晓撤出上海时,一再叮嘱关勒铭厂的几个老板,因为黄金是制笔的重要原材料,所以一定要掌握好黄金来源,保留这个来之不易的民族企业。

1949年5月,上海解放。1950年,关勒铭厂成为上海最早的公私合营企业之一,而由关伟林一手创建的"关勒铭"牌金笔等各种笔类产品,也迅速恢复生产。

溧阳路

溧阳路南起黄浦江畔虹口港,北至四川北路,全长2 661米,1889年至1916年修筑,中间被四平路拦腰截为南北两段。原来以工部局总董狄思威命名路名,称狄思威路,1943年更名为溧阳路。

总同盟罢工令从这里发出

上海总工会秘密办公机关位于狄思威路麦加里21号(今溧阳路965弄21号附近)。1925年5月,顾正红事件和五卅惨案发生,迫使上海总工会结束地下状态,公开成立。9月18日,奉系军阀的淞沪戒严司令部发出布告,解散并封闭上海总工会。当晚8点半,戒严司令部派出大批军警来到闸北宝山路宝山里总工会,将职员驱出门外,查封案卷物件,没收救济款,在大门上贴上封条,强行封闭总工会。同时,逮捕了总工会会务科主任刘贯之和交际科主任杨剑虹,并以"传讯"方式,企图逮捕李立三、刘少奇,但两人已经秘密转移。9月21日,奉系军阀正式下令通缉委员长李立三,上海总工会遵照中共中央指示,又转入地下,并在被封第二天,一面发表宣言严正抗议,一面紧急通告各工会工友:不罢工;不乱动,守秩序;工会照常办事,不要惊慌。全市工人对总工会被封无比愤慨,痛恨帝国主义和军阀,一致要求启封。9月24日,上海纱厂总工会、铁厂总工会、印刷总工会及各业各厂共117个工会,为总工会被封联合发出告全国同胞宣言,热情赞颂了上海总工会为工人群众作出的卓越业绩和艰苦奋斗的革命精神,谴责军阀摧残工会的罪行,以争取社会各界的同情和支持。正因为上海工人与总工会的血肉联系和真挚感情,中共中央紧接着第二天就发表了《为总工会被封告工友》书,指出工会是建筑在工人身上的,房屋和招牌可以被封条查封,但封不掉在工人心中的总工会。总工会是20万工人所组织的,虽然一时被封,总有恢复的一天。同日,为适应秘密工作需要,中共上海区委决定改组上海总工会党团,由汪寿华、谢文锦、项英和林育英4人组成新的党团,并在狄思威路麦加里21号秘密办公,领导全市工人运动。

之所以选择麦加里21号作为上海总工会秘密办公地点,是因为那个地方是石库门房子,前后都有门,还有一个过街楼,万一碰到紧急情况,可以迅速撤离。且狄思威路属于公共租界越界筑路,仍然在华人管辖之下,方便党的地下工作者来来往往。为了掩人耳目,房间布置成普通人家一样。楼下客堂间里有床、桌子、茶几和凳子;楼上有双人床、桌子、写字台、椅子。过街楼里只放了一张单人床。汪寿华、龙大道等都在这里住过。李立三、项英、林育南等经常来此地研究工作,以"工人代表会议"名义进行整顿、恢复全市各业工会,组织抗议活动,营救被捕的工会领导人,深入工人群众中去指导斗争积极筹划和准备工人武装起义等事项。

吸取了前两次武装起义失败的教训,1927年3月21日清晨,上海总工会在狄思威路发布上海工人第三次武装起义的总同盟罢工令,上海80万工人一致响应。中午12点,全市各工厂的汽笛和黄浦江上的轮船汽笛齐鸣,各工厂工人闻声后立即关车停工,纷纷涌出厂门冲向街头。而上海的学生们在上海学联会的发动和组织下,为了与各界采取一致行动,也宣布了总同盟罢课。还有学生组织纠察队,参加了工人斗争的行列。根据预定计划,全市总同盟罢工实现后,立即转入武装起义。因此,全市7个地区的罢工工人在武装纠察队的带领下,涌至指定集合地点,向着预定的目标发起冲击。武装起义解放了除租界以外的地区,并取得胜利。

为了适应新的革命形势发展需要,3月22日,上海总工会搬到闸北湖州会馆办公,总工会的活动也从秘密转为公开。

"鹿头"商标名满天下

溧阳路马路两旁基本上是旧式里弄房子,其中有48幢花园洋房,灰砖红瓦,维多利亚风格,假3层。这些基本上是20世纪一二十年代建造的花园洋房,大多设两个门牌号,从中轴线划开,如今称该形式为"双拼联体别墅"。回溯历史,曾经有不少名人在溧阳路居住过,如郭沫若、曹聚仁、金仲华、陆澹安、贺子珍等。现在都被辟为历史名人旧居。本以为溧阳路在虹口区属于比较高档的住宅区,都是民居,不料却在四平路以南一段,挂着一家工厂招牌,且是国内最早生产针织产品的知名企业。这家工厂就是景纶衫袜厂。

中国针织工业的发展就是从织袜开始起步的。织袜工业隶属于针织业范畴,以前我国从未有织袜类工业存在,那时候国人穿的皆是布袜。从1879年起,西方的针织品输入中国,受其影响,在一些沿海进口商埠相继办起了针织企业。《民国时期社会调查丛编(二编)·近代工业卷(上)》记载:"清光绪末叶,德货'鹰球''麒麟'等牌洋货汗衫、裤、洋袜,盛销于沿海各口岸,人民赏用,逐年增多,漏卮亦日大,于是热心之士,有起而自办工厂者",于是,我国的织袜工业开始兴起。

1896年,杭州籍富商吴季英,集资5万银元,购置了先进的国外生产设备,包括德国、英国制造的圆袜机和吊机,生产汗衫和袜子,并聘请德国工程师主管技术,在虹口狄思威路284号创办了"云章机器织造衫袜厂"(景纶衫袜厂前身)。六年后吴季英病故,吴氏子侄邀请姻亲、我国近代著名实业家徐润合作经营,陆续投资,扩展厂房,增购设备。同时,为了做生意吉利,徐润将厂名改为"景纶衫袜厂",改为以生产内衣为主。1904年,吴氏家族退出经营,产权全部转归徐润。

徐润入主后,组织技术人员大胆试制生产了社会上需求量极大的锦地衫(凸纹汗衫)、椒地衫(小网眼汗衫)、桂地衫(大网眼汗衫)等新品种,受到国内市场和南洋等地欢迎。就在新产品上市不久,1905年国内掀起了一场声势浩大的"抵制洋货,使用国货"的爱国反帝运动,景纶衫袜厂的针织产品趁此东风,在原来洋货针织品充斥我国市场的情况下,一炮打响,迅速打开市场销路。1910年,景纶衫袜厂生产的"鹿头"牌汗衫、袜子等国货针织产品,在中国第一届国货博览会上获得银质奖章,且当时该厂织、染、缝工艺配套,已初具全能生产规模。

第一次世界大战爆发后,西方列强的洋货针织品进口量减少,这给国货针织行业带来了难得的发展机遇。厂里的技术人员又多次进行技术革新,开发生产出厚绒卫生衫等新产品。经过几年经营,由于景纶衫袜厂注重产品质量和广告宣传,因此获得丰厚利润。为了取得更大发展,1917年,景纶衫袜厂改组为股份有限公司。景纶公司的股票是老上海股市上的"三小龙"之一。为了增加知名度,"鹿头"牌等各类针织内衣、袜子等,还经常参加国内组织的各种展览会、展销会,更于1926年,在上海针织业同业公会的推荐下,参加美国费城博览会,获得纺织品丙等金质奖,从 1934 年起,景纶衫袜厂决定停止生产袜子,专门从事针织内衣生产,为此大量投入人力和财力。付出得到回报,每年研制生产的针织新产品层出不穷,如 60 支网眼麻纱汗衫、加厚精梳棉毛衫和儿童衫等,均受到广大消费者的欢迎。1937 年 7 月抗战全面爆发,日军占领上海华界后,工厂生产与销售一落千丈。至 1949 年上海解放前夕,景纶衫袜厂一直没有缓过来,全厂职工只剩下 70 多人。

  1949 年 5 月,上海解放,景纶厂生产迅速恢复与发展。到 1956 年公私合营,再加上 1958 年"华庆"等 8 家小厂先后并入,景纶衫袜厂规模逐渐扩大。1959 年,按照上级指示,景纶衫袜厂暂停汗衫、棉毛衫的生产,集中生产卫生衫裤,当年实现利润 214 万元人民币,为建厂几十年以来的最高纪录。1967 年,景纶衫袜厂曾经改名为上海针织十五厂。随着化纤工业兴起,1973 年该厂试制成功腈纶针织产品,为针织生产开辟了一条新的方向。1978 年恢复上海景纶厂名称。

辽阳路

辽阳路,南起惠民路,北至周家嘴路,全长950米,1917年始筑,以辽宁辽阳命名。

胡西园立志造出国货灯泡

20世纪20年代初的上海滩,每当夜幕降临,十里洋场灯火辉煌,却没有一盏电灯泡是中国人自己造的,都是洋货,其中有德国的"亚司令"牌、荷兰的"飞利浦"牌以及美国的"奇异"牌。外商不仅将大量洋货输入中国,且在上海投资开办现代化灯泡制造厂。面对洋货灯泡垄断的局面,胡西园不愿甘拜下风,发誓要让中国人能用上自己制造的电灯泡。

胡西园,1897年生于浙江镇海,家道还算殷实。从浙江高等工业学校机电专业毕业后来到上海,胡西园毅然放弃所有谋生职业和就业机会,立志研制白炽灯泡,腾出自家的一间空房当作实验室,不分昼夜开始试制。凭借年轻人勇猛闯劲,按照书本指引,胡西园和另外两位海归工程师义无反顾地干起来。不知经历了多少次灯泡走气、漏电、断丝、断芯、裂壳、烧毁,甚至爆炸的挫折,1921年4月,中国人自己制造的第一只白炽灯泡终于在胡西园家简陋的实验室里发出了令人惊喜的、耀眼的光芒。

试验获得成功后,胡西园马上筹划办厂事宜,期望尽快投入批量生产,以打破洋货灯泡垄断中国市场的局面。为此胡西园变卖一部分家产,筹集到3万银元资本,租下北福建路(今福建北路)唐家弄242号一处房屋,另通过日本隆记洋行购买了两套旧机器,开始生产电灯泡。第一批生产出来的电灯泡因为设备陈旧,工人技术生疏,导致残次品相当多,生产成本比市场价高出10余倍,产品销不动。3万银元本金转眼用完,为了维持工厂正常运作,胡西园只得继续变卖家产,以维持生产。通过一段时期试生产,产品合格率终于过关,生产成本也降了下来,不料却碰到销售难题。当时国内灯泡市场充斥洋货,起初,上海没有一家电料行愿意代理推销国货灯泡。有几家大电料行干脆对胡西园说:顾客只相信洋货。眼看厂里灯泡越积越多,资金周转困难,家人和亲友均劝说胡西园关门转行。但胡西园认准的事情决不会轻易放弃。他经过仔细调研,果断采取壮士断腕和避实就虚策略:首先是大幅降价销售积压的电灯泡;其次是开设一家经营电料的五金商号,靠商业利润来弥补资助电灯泡生产。同时胡西园的两位金融业同乡"金子大王"王伯元和福康钱庄副经理梁陈岚慷慨出手。最后是转向外省市,沿着沪宁沪杭线,开辟江浙等内地中小城市市场。胡西园每到一地,先了解当地电灯泡普及情况,联系一家电料行做特约经销处,接着向纵深发展,扩大市场覆盖面。功夫不负有心人,较短时间内签订销售合同的地区遍及苏浙皖赣等省近30个中小城市。工厂生产的灯泡半数以上有了固定销路,经营状况立刻得到改善,且获得了银行、钱庄的小额资金放贷。

1922年11月,胡西园盘下德商奥普经营的一家小型灯泡厂。1923年,胡西园正式通过工商登记注册,成立"中国亚浦耳灯泡厂"。至于为什么取那么古怪的厂名,胡西园确实煞费苦心。起初他曾经试过"神州""国光""三海"等纯粹民族化的厂名和商标,但都未受到经销商和消费者青睐。由于当年社会上弥漫崇洋风气,为了迎合大众心理,胡西园只好起一个带洋味的厂名。胡西园表面上选德国"亚司令"、荷兰"飞利浦"这两大世界名牌灯泡的首尾二字"亚"和"浦",实际上寓意自己要超越洋人执中国灯泡制造工业牛"耳"之雄心,并特意在厂名前冠以"中国"二字;在包装上加盖"国货"二字,通称"老牌国货亚浦耳"。使用带洋味的厂名是胡西园无可奈何之举,其最终目的就是有朝一日将中国亚浦耳电灯泡打入国际市场,为国争光。

亚浦耳灯泡逐渐在国内市场站稳脚跟,但胡西园深知,其经济实力和技术水平仍然相当弱,亚浦耳的资本仅为美国奇异公司的1/15,工人人数仅为奇异公司的1/20。唯有不断改进产品质量和开发新品种,奋起直追,才有出路。"亚浦耳"牌产品就这样从最初的长丝型变成螺旋丝型,然后变为照明效果更好、携带更方便的充气型。当亚浦耳攻克难关生产出质量达到国际标准的充气灯泡时,美国奇异公司不得不降低其无理抬高的价格。"亚浦耳"牌灯泡一举成为当时的国货名牌和精品。

那时中国贫穷落后,民众万万没料到中国人能自己制造电灯泡,更想不到中国人自己生产的灯泡可与欧美名牌媲美。所以当人们了解事实,亚浦耳厂作为新兴民族工业立即引起社会各方关注和重视。国内不少著名的大专院校以及研究机构纷纷派人赴亚浦耳参观学习取经。上海国民政府也把亚浦耳厂列为招待外地来宾的观光项目之一。

胡西园闯过初期最艰难岁月后,至1923年,生意渐趋兴旺。随着"亚浦耳"牌灯泡销路打开,亚浦耳厂也由最初的告贷无门变成门庭若市,一些富商巨贾纷纷愿意前来投资。胡西园得以不断招股集资,一步步实现他壮大亚浦耳厂的理想。1927年,胡西园集资32万银元,在沪东公共租界辽阳路66号买下10余亩荒地兴建新厂房。1929年,胡西园再次招股增资,在杨树浦建造分厂,生产电机、电风扇、电炉等多种电气产品。亚浦耳厂由单一生产电灯泡扩展为多门类、综合性的电器制造厂。

"亚浦耳"点亮万家灯火

胡西园研制第一只国产灯泡,开办第一家华商灯泡厂,填补了近代民族电光源工业空白,大长了国人志气,结果遭到外国灯泡同行敌视。一场旷日持久、残酷的商业竞争不可避免。20世纪20年代末,在美商压制下,亚浦耳厂产品销售受到较大影响。但胡西园对外商的超低价倾销早有准备。除了进一步提高自家产品的质量,努力降低生产成本,还充分利用当时国内广大民众掀起的"抵制洋货,使用国货"的反帝爱国运动,在各种场合大做"亚浦耳"产品广告,以"中国人请用国货""使用国货最光荣""勿空言救国,要购用国货""中国首创,省电耐用"等各种朴素语言,打动千千万万国人的心,令"亚浦耳"牌商标家喻户晓。

亚浦耳电灯泡不但在国内崭露头角,且渐渐走向世界。20世纪30年代前,亚浦耳在海外推销一直是依仗华侨经营的工商企业,华侨们非常关心国货"亚浦耳"灯泡的命运,不但大力资助胡西园,且大量购买"亚浦耳"牌灯泡,造成"亚浦耳"牌灯泡在南洋一带广泛的社会影响,结果印度、爪哇、暹罗等地的一些外商也纷纷主动找上门来,要求与胡西园签订经销合同。更有趣的是许多停靠上海港的外轮添货时,不但船上用灯是亚浦耳厂产品,往往还会顺便多采购一些"亚浦耳"牌灯泡随船贩运到大洋洲、非洲等地,产品深受当地用户喜爱。

20世纪30年代初,一些日本灯泡市场企业将大量日产劣质灯泡冒充优质国货"亚浦耳"牌灯泡,在我国市场上跌价倾销。对此,胡西园与日商展开多次激烈的商战。此外,1935年,美国奇异公司出笼一种"日光"牌灯泡,每只仅售一角银元,且施出压低批发折扣、延长结款期限等伎俩,大肆在市场上倾销,冲击国货。胡西园利用该灯泡未在中国商标局注册,提出以假乱真计谋,并以上海电工器材同业公会负责人身份,动员下属华商灯泡厂,捐献少部分产品,贴上"日光"牌商标,每只售价五分银元。同时在全国各地报纸刊登广告,把局面弄复杂,使各地经销商吃不准到底孰真孰假,没几家敢进该货。胡西园因此打了奇异公司一个措手不及,洋商企图扼杀民族灯泡工业的如意算盘又一次落空。

为了将乐用国货观念播入孩子们心田,培养国货长远用户,胡西园经常开展针对少年儿童的宣传工作。亚浦耳厂每年都要组织千余名小学生来厂区参观,每人赠送一包食品,食品包装袋上印"爱国同胞,请用国货"字样。还赠送"亚浦耳"牌灯泡1只,并将统一印制的意见征求书请孩子转给家长,诚意征集批评和建议。胡西园听闻圣约翰大学准备举行盛大校庆,他当即承诺用于布置电灯牌楼、会场和舞厅的灯泡全由亚浦耳出借,条件是校方得允许亚浦耳在校园内做些广告宣传。校庆之时,3万只灯泡把这所教会大学校园装点得五彩斑斓。各个会场张贴彩纸标语,上书"本会场都用国货亚浦耳灯泡"。

因为受到同胞们的爱护和提倡,更由于亚浦耳产品确实价廉物美,从20世纪30年代初开始,就连一些外国在华著名企业也只得收敛轻视国货的傲慢态度,为了他们自身经济利益而采用亚浦耳灯泡,如英商电车公司、法商电车公司、英商自来水公司、英商亚细亚公司、英商太古轮船公司等。法租界部分路灯长期购用"亚浦耳"牌灯泡。

至于国内大中城市的道路照明灯泡,胡西园同样全力以赴叫板洋商。一次,上海市公用局在市面上抽检灯泡质量,觉得"亚浦耳"牌灯泡与洋产品不分上下,十分惊异,怎么也不敢相信这是华商工厂生产的。于是上自局长下至技师,浩浩荡荡来到厂里全面考察。最后不得不佩服、赞赏,并做出华界部分路灯采用亚浦耳厂产品的决定。

对南京市路灯供货权,胡西园则是苦苦争取了好多年。先由上海国货团体出面致函请求,再递上中央工业试验所对"亚浦耳"牌灯泡的检测报告单,证明该产品性能与美国奇异灯泡相当,希望政府部门身体力行提倡和使用国货。

且告之上海、武汉等大城市的路灯采用"亚浦耳"牌电灯泡反映良好,请南京市有关部门大可不必顾虑重重。经过坚持不懈努力,亚浦耳厂一举获得南京市全部路灯供应额的 1/3,后来又增加到 1/2。

仅仅花了短短 10 余年时间,胡西园就将亚浦耳发展成中国规模最大、产量最高、品种最多的电灯泡制造企业。"亚浦耳"牌电灯泡照亮了世界各地。

1937 年,抗战全面爆发,胡西园为了保存民族工业血脉,坚持生产,供应前线和市场,历经千辛万苦,毅然将工厂迁往重庆。1949 年 5 月,上海解放,该厂技术人员研制成功我国第一根"亚浦耳"牌日光灯管。1956 年公私合营,先后有 30 多家小型灯泡厂以及上海灯泡厂灯泡车间并入亚浦耳灯泡厂。1959 年 10 月,根据人民政府要求,亚浦耳电器厂更名为亚明灯泡厂,同时将使用了 30 多年的"亚浦耳"牌商标改名为"亚"字牌。上海亚明灯泡厂继承了亚浦耳电器厂的光荣传统,依然是我国规模最大的专业灯泡生产企业。

龙华西路

龙华西路,东南起龙华机场,西北至中山南二路,全长1499米,1928年筑天钥桥路至中山南二路段,后名中山西路;1959年筑龙华港至天钥桥路段,习称机场大道,又称新马路。1970年后因在龙华路西,全路合称今名。

龙华西路180号的龙华烈士陵园,是上海最大的红色革命纪念地。烈士陵园前身系国民党淞沪警备司令部和龙华革命烈士就义地。1927年,国民党在此设立淞沪警备司令部,由看守所、电话队、卫兵营房等组成,东北方向为刑场。1927年至1937年间,国民党在这里囚禁和杀害无数共产党人和爱国志士,正所谓墙外桃花墙里血。除了龙华烈士陵园,龙华西路上还有一家收音机厂,值得关注。

改行研制收音机,亚美产品生意兴隆

鸦片战争以降,中国国土沦丧、洋货倾销。一批爱国志士为了挽回利权,同外商与舶来品抗衡,譬如苏祖国,中国民用无线电事业先驱者之一。

苏祖国出生于上海名门,其曾祖父苏升作为上海商界领袖,因在多次赈灾中的公益之举,被晚清政府赏赐"四品顶戴花翎"。父亲苏本炎获赠"一品封",曾当选上海城厢内外总工程局义董、南市商团工会参谋长、上海城自治公所议事会名誉董事、上海市政厅议事会董事等,还曾参与发起成立"中华进步党"。苏氏家族是上海闽商的成功典范。苏祖国的母亲曾泽新乃上海另一著名闽商曾铸之女。

自幼受爱国家风熏陶，苏祖国立志为富强中华尽力。1922年从上海民立中学毕业后，就业于正利银行。因为从小爱好新兴的无线电技术，在银行当了一年练习生，便跳出专业考入美国万国函授学校，利用业余时间攻读无线电专科，旋即装配成一架矿石机。接着从单晶体管收音机向多管机发展。为了解决学习中的实验问题，苏祖国和兄弟苏祖圭、苏祖修在家中办起了实验室和工场间。在探索和实践中，苏氏兄弟发现无线电元件的制作原理和工艺并不复杂，就自己动手研制，获得成功，即委托新中华电气公司和依巴德电料行代销。由于售价远低于洋货，深受消费者青睐。

在家里小打小闹，苏氏兄弟开始不满足现状，便在原有工场间的基础上，于1923年10月，正式成立公司，专业生产无线电元件和收音机。公司名称叫"亚美股份有限公司"，地址最初设在江西路（今江西中路）323号，一楼是门市部，出售无线电元件和收音机；二楼为工场间，制作无线电元件。苏祖国自任公司副总经理兼工程师。

第一次世界大战之后，原来限于军用的无线电器材逐渐转向民用。美国、德国、英国和荷兰等西方国家的产品纷纷运销中国，但售价昂贵，非普通中国民众所能承受，如1台矿石收音机在市场上要卖70多银元。苏氏兄弟敢于向洋人叫板，因为亚美自产无线电元件比洋货低廉，如1只矿石卖1元多银元，刻度盘每只卖4银元，纸质电容器卖1银元，自己装配成1台矿石收音机，不到洋货的1/10，结果招徕了众多无线电爱好者争相购买，生意兴隆。1925年，亚美公司自行设计制造了国货"亚美"牌自差式两波段收音机，颇受欢迎。

亚美公司的产品商标名称与公司名称一样，唤作"亚美"牌。1929年，受世界经济危机影响，"亚美"牌各类收音机在国内外市场销路不畅。但苏氏兄弟并未采取消极的大削价，而是通过普及无线电知识和提高兴趣的方法，筹办无线电产品技术展览会，以吸引民众。结果口口相传，带动了亚美公司产品销售，亚美公司又兴旺起来。在科普过程中，针对大量无线电爱好者咨询，苏氏兄弟索性好事做到底，义务创办了《无线电问答汇刊》（后改名《中国无线电》）半月刊，积极主动向广大无线电爱好者传播和推广无线电基础知识。当年，"亚美"牌收音机等产品参加了上海市国货展览会和杭州西湖博览会等，均荣获嘉奖。1923年1月23日晚间，中国第一家民办广播电台，由在华经营电讯业务的美商奥斯邦与英文《大陆报》联合创办的广播电台开始播音，但好景不长。第二家广播电台也仅仅维持了数月。直到1924年6月第三家广播电台出现，即美商开洛电话材料公司创办的广播电台，才算稳定下来，且影响面较广。到了1929年10月,开洛公司因经营不善而破产,导致上海市广播电台停止播音。关键时刻,苏氏兄弟挺身而出,自愿免费提供有关无线电技术,致力于公共传播,为无线电事业的顺利发展解除忧患。苏氏兄弟试制成功1套50瓦功率的广播设备,设立"上海广播无线电台",于当年12月23日起正式播音。后来该台改名为"上海亚美麟记广播电台",这是国人最早创办的广播电台之一,也是私营电台中历史最悠久的一座。

亚美公司电台开播,令上海的无线广播不致中断。所播内容以学术为主,娱乐为辅,并积极为公众事业服务。苏祖国担任电台总经理。1931年,苏祖国辞去银行职务,一门心思从事亚美公司管理,兼任广播电台的技术维护工作。同时主编《中国无线电》杂志,发行全国及南洋、澳大利亚等地。亚美公司除了编辑杂志,还出版了《应用无线电学》《业余无线电精华》等书,销往全国。是年起,亚美公司集厂、店、电台于一身,如虎添翼,生产和销售蒸蒸日上。

援助淞沪抗战将士,改行生产仪器仪表

1932年"一·二八"淞沪会战爆发,交通受阻,亚美公司各种成品和原材料运输被迫中断,只能暂时停产。公司位于江西路的门市部则免费为抗日将士提供战事帮助,苏祖国主持的电台以宣传抗日、支援前线为主要内容,并与南京、苏州、杭州等地电台联系,相互合作,及时播出前线战报,并配合宋庆龄、何香凝等发起的抗日募捐活动,通过广播募集慰劳和赈济钱物,代收抗战物资和慰劳品。第十九路军指挥部曾致函感谢亚美广播电台。

1935年,亚美公司试制出"亚美"牌1651型超等外差式五管收音机,投放市场后,由于其灵敏度高、选择性好、音质优良而供不应求。十几年里,亚美公司一共生产了7 000多种无线电元件和零配件,除了电子管之外基本均能自己制作。至1937年,亚美公司年销售额增长率达600%。抗战全面爆发前夕,亚美公司又推出"亚美"牌1614型超外差式四灯交流收音机,价廉物美,深受消费者欢迎。"八一三"淞沪抗战爆发后,苏祖国义无反顾投入抗日宣传活动,担任上海市抗日救亡后援会广播组委员。他联系了沪上24家民营电台进行联合广播,由《时事新报》《时报》提供战地新闻,组织抗日救亡歌曲大合唱,介绍防空知识,并发起支前捐献和救济难胞等活动。1941年12月太平洋战争爆发,日军进入租界后,不断向苏祖国和亚美电台施加压力,企图禁止抗日宣传。

苏氏兄弟破釜沉舟,干脆关掉电台停止播音,并拆毁全部机件,免为敌用。亚美公司被迫停止生产无线电器材,改营自行车链条。公司所办的《中国无线电》月刊,因拒绝在汪伪政府有关部门登记,也被迫停刊。1945年8月抗战胜利,苏氏兄弟在龙华西路兴建亚美二厂。翌年9月8日,亚美电台复业,苏祖国担任经理一职。1949年年初,国民党军在战场上兵败如山倒,亚美公司大批无线电器材被国民政府强行征用,损失巨大,造成公司经营困难。

1949年5月上海解放,亚美公司重获新生。1955年,亚美二厂公私合营,更名为"公私合营上海亚美电器厂",生产和销售大幅度提高。一年后,受地质部委托,工厂试制生产铀矿资源勘探辐射仪,为中国核工业的诞生和发展奠定了基础。20世纪60年代,亚美电器厂改名为"上海无线电二十六厂",专门生产仪器仪表。

龙水南路

龙水南路，东起上海水泥厂，西至龙吴路。中与喜泰路、龙水支路相接，呈弧形。长1670米，于20世纪30年代初辟建，原系煤渣路面。本路与龙水北路原是一条相连的道路，因其北接龙华西路，东连上海水泥厂（原名华商上海水泥股份有限公司龙华厂），遂以龙水路命名。1958年辟建龙吴路后，龙水路中段约1400米路段改作龙吴路，1960年8月，将北段（龙华西路至新辟龙吴路）称为龙水北路，南段改称为龙水南路，使原路成为不相连的南北两段。

"煤炭大王"开水泥厂，"象"牌抗衡日货

第一次世界大战爆发，欧洲列强忙于欧战无暇东顾，给了中国民族实业家难得的机遇，国内经济快速发展，上海成了东亚最大的商埠之一，城市里各行各业大兴土木，租界、华界内工厂、新式住宅、商务楼、大厦如雨后春笋般不断出现，为水泥行业带来极大商机。对于幅员辽阔的中国，那时只有四家华商、两家洋商水泥制造企业，远远不够，结果水泥成为紧俏产品。著名实业家刘鸿生头脑灵活，认为若经营水泥，能获得相当可观的利润，且他于一战期间从销售煤炭生意中赚了一大笔，又投资过火柴厂，再投资企业熟门熟路。于是刘鸿生经过仔细研究后，决定利用原有的运输煤炭的部分设备及码头，开办一家水泥厂。1920年12月25日，刘鸿生邀请沪上23名商人发起筹建"龙华水泥厂"（后改名"华商水泥股份有限公司"和"上海水泥厂"），选址龙华机场旁边一块空地（即龙水路1号），并从德国进口了一批当年最先进的机器，还聘请德国专家前来指导。

华商水泥以"象"牌作为企业产品商标。1923年8月7日,华商水泥正式投产。从那时起,刘鸿生便以成为中国最大的水泥厂为工厂发展目标。由于厂里引进了当年最先进的水泥制造技术,凭借着港口位置优势,起初,工厂经营非常顺利,"象"牌水泥一经上市,不仅很快打开上海市场,且快速进入华北、华中和华南等地,并建立了分销点,同"启新洋灰"和"中国水泥"两家华商企业并驾齐驱,成为中国最大的三家水泥制造企业。但没过多久,华商水泥便遭遇了日货"龙"牌水泥的大量倾销,且"龙"牌水泥牌子老、产品信誉高,国货"象"牌水泥在与其竞争过程中常常处于不利地位。为了打开产品销路,刘鸿生不得不采用降价手段,来跟日商周旋。考虑到人多力量大,1927年8月,刘鸿生决定联手唐山启新公司的"马"牌水泥,共同对付日商,以国货"象"牌加上"马"牌与日货"龙"牌展开竞争。而全国各地民众掀起的"抵制日货,使用国货"爱国反帝运动,犹如一场及时雨,为国货水泥最终战胜日货水泥,提供了良好的社会环境。

到20世纪30年代,华商水泥不断扩大生产规模,同时逐渐摆脱对外国专家的依赖,完全由华籍技术人员来解决一切工程技术方面的问题,厂里生产销售两旺,而以"象"牌为代表的国货水泥已占全国水泥总产量的85%,其中"象"牌水泥一举成为全国水泥行业第一名牌。

抗战期间拒绝与日伪合作

1937年7月抗战全面爆发,上海水泥厂试图通过停产、遣散工人、将资产转由德国人代管等方式来保住工厂,但所做的一切无济于事,1938年3月,日军依然占领了上海水泥厂,并交由日商托管。日商利用上海水泥厂的原材料、燃料和设备,非法生产水泥,并假冒"象"牌商标及印有"国货水泥"字样的外包装袋,以欺骗国内消费者。两个月后,刘鸿生发现日商卑劣行为,为了维护名誉,上海水泥厂在中外各大报刊上披露消息,及时反映日商假冒"象"牌商标的事实真相。日商被迫停用不久,贼心不死,又继续非法使用"象"牌商标。上海水泥厂收集证据后,向伪上海特区地方法院起诉日本奸商行为。经过判决,日商败诉、罚款。当年上海各大报纸纷纷刊登长篇报道,并加以评论。日商虽然还是强占上海水泥厂的厂房、设备、原材料等,但面临强大的社会舆论压力,不得不改用"黑龙"牌水泥商标。

1941年12月,太平洋战争爆发,日军强行开进租界,而强占上海水泥厂的日商假惺惺地邀请厂方与其"合作"经营,妄图使用"象"牌水泥商标。日商不怀好意,被刘鸿生一口拒绝。而厂里的工人们在中共地下组织领导下,同日本人进行艰苦的周旋和斗争,迫使日本大班将配给工人的发霉玉米、蚕豆等改为大米,且每月每人增配18斤大米。1945年8月,日本宣布无条件投降,中国人民终于迎来了胜利。但上海水泥厂的厂房、设备等,八年下来已被日军糟蹋得面目全非。经过清理整顿,到年底,工厂恢复生产,但生产能力已远不如抗战前,1948年,"象"牌水泥产销量仅为4.3万吨,不及1937年(近9.7万吨)的一半。国民政府不仅不伸出援手襄助,且在逃往台湾地区前夕,借"打老虎"行动,对上海水泥厂进行变相抢劫,经此打击后,刘鸿生无能为力只好暂时停产。

1949年5月,上海解放,工厂迅速恢复生产。1951年年底,上海水泥厂产量创下建厂以来最高纪录,达10.28万吨。厂里还根据国家社会主义建设需要,共派出140多名干部和技术人员,支援全国各地。仅1953年,就有30多名工程师、经济师和技术员等调往国家建材局、驻南京空军部队、巢湖水泥厂、大同水泥厂等单位工作。1954年7月实施公私合营,1956年1月,天祥水泥厂并入。

龙吴路

龙吴路,南起吴泾地区剑川路,北至龙华西路,1958年始筑,全长15 500米,以起讫地龙华、吴泾首字命名。港口以北段,曾名华港路,1959年向南延筑后统称今名。

天原电化厂的今生

1929年,中国近代史上著名爱国实业家,"味精大王"吴蕴初为了解决生产"天厨"味精所需的原材料难题,创办上海天原电化厂有限公司。"天原"即"天厨原料"之意。吴蕴初从电化化学的阴阳两极联想到"太极生两仪",于是把"太极"图作为天原产品(主要有烧碱、盐酸、漂白粉等)的商标。天原电化厂成为中国第一家电解化学工厂,被视为中国食盐电解工业的鼻祖。天原盐酸出货之后,日本货的盐酸首先被打倒;烧碱本来是英商卜内门洋行的主要商品之一,是固体碱,天原则改做液体碱,同时设法降低液碱的含盐量,不仅降低了成本,且便于本地工厂使用,受到用户欢迎。

当时,由于电解食盐工业在国内尚处于空白,吴蕴初觉得对这方面的生产技术了解还不够,因此于1932年去美国了解生产情况。回国后,吴蕴初对厂内一部分生产工艺进行了适当改进。后来,吴蕴初又派遣厂内一名技术员去美国一家工厂实习,以培养专业人员,继续改进生产工艺。同时,吴蕴初搜集国内外有关电解工业的资料,于1934年自制电解槽获得成功,在国内化工界传为奇闻。这使天原厂成为国内第一家设备基本国产化的化工原料企业,并开创和拓宽了中国民族化工企业自力更生的发展道路。不久,天原厂进行了一次扩建,把电槽从原来的1列增加到6列,机器设备也逐步改进。

由此,中国氯碱工业在上海滩蹒跚起步,历经民国磨难、抗战烽火、内战烟云,在新中国逐渐壮大。1959年,天原厂在龙吴路4747号建立分厂,1960年分厂独立运行,即成为后来的中国氯碱行业排头兵——上海电化厂,随之与上海吴泾化工厂、上海焦化厂等大型化工企业一起,形成了在国内著名的吴泾化工基地。

1975年,电化厂以自力更生的精神,当年兴建当年投产的速度,一举攻克金属阳极工程项目,成为国内第一家年产烧碱超过10万吨的氯碱企业,1978年,电化厂设计制造了国内最大的金属阳极电解槽,1983年烧碱产量达到15万吨。1987年至1989年,又通过一系列技术改造,烧碱产量达到20万吨。至1990年,电化厂生产烧碱、液氯、盐酸聚四氟乙烯、氟制冷剂系列等17种产品、35个品种,全年生产化工原料超过100万吨,为当时国内最大的氯碱生产厂。

随着国家改革开放政策的不断推进,上海30万吨乙烯吴泾工程破土动工。吴泾工程虽为重点项目,但财政紧张,资金困难。建设者们解放思想,开创了共和国重点项目建设的先例——举债建设。项目先后向世界30多家银行及金融机构签订贷款协议1.48亿美元。在国内,以配售紧俏的彩电、冰箱等家用电器购物券的办法,发行人民币企业债券7.9亿元。在当时国家资金短缺期间,吴泾工程创出了一条"自筹资金,自行归还"的工程建设新路子,为工程项目的顺利建成投产进行了重大制度性的探索与突破。上海30万吨乙烯吴泾工程,被喻为"东方奇迹",1987年5月21日,上海市工业党委、市经委正式宣布:依托老厂——上海电化厂,成立上海氯碱总厂。

飞遍国内外的"蝴蝶"

缝纫机是舶来品,最早用于制帽业。1872年,晋隆洋行进口了数架"微荀"造缝纫机投放上海市场。三年后,华泰洋行开始在上海销售进口工业缝纫机,用于缝制皮鞋。不久,天和、茂生、复泰、信生等各大洋行来沪推销各种牌号的缝纫机,但在竞争中被美国胜家公司所垄断。随着缝纫机社会拥有量的增长,维修业务逐渐发展。1900年,浙江奉化人朱兆坤,在郑家木桥(今福建南路)开设美昌缝纫机商店,经营缝纫机修理业务。后来,这一带又有施泰茂、瑞泰、桂龙顺、复升、久昌等缝纫机修理商店开张。1919年1月18日,原永昌缝纫机商店账房沈玉山、胜家公司业务员高品章和友人张明生合作的"协昌铁车铺",在郑家木桥13号正式开门营业。"协昌"寓意三人协力、事业昌盛,主要从事家用缝纫机的销售和修理业务,并不生产缝纫机。

新开张第一年,因为不懂经营,店铺生意清淡,入不敷出。三位股东中,高品章和张明生萌生退股之意,该店铺由沈玉山独家经营,随即店号改为"协昌玉记铁车铺",以表示同原店铺的切割。由于沈玉山对缝纫机维修业务非常熟悉,技术精湛,并一改过去"坐堂等客,店家不分"的经营模式,生意逐渐向好。沈玉山还增加与缝纫机相关用品的销售,大到电熨斗、裁剪刀,小到洋线团(木纱团)、划粉、卷尺等,形成主业(缝纫机和零配件)、副业(各种缝纫用品)一应俱全的经营格局。

1927年,随着"抵制洋货,使用国货"反帝爱国运动日益高涨,再加上手上有了一些积蓄,沈玉山决定创办一家缝纫机制造厂,专门生产国货缝纫机。经过一段时间筹备,包括购置车床、钻床等必备生产设备,租借葛罗路(今嵩山路)70号生产场地,"协昌缝纫机器制造厂"正式开工,这是沪上最早的工业用缝纫机生产厂家。年产自行设计制造的"红狮"牌草帽缝纫机约200台,由于该产品博采众长、价廉物美,颇受广大消费者欢迎。

为了推广缝纫机,沈玉山想出开办缝纫机技术学校的主意,以培养缝纫机潜在客户。对于部分想要购买缝纫机的学员,厂里允许分期付款,以减轻学员们的经济压力。

到了20世纪40年代,沈玉山根据国内缝纫机市场的发展趋势,决定试制家用缝纫机,并使用"金狮"牌产品商标。1946年下半年,为了配合新产品五斗台式和脚踏式家用缝纫机问世及正式大批量投放市场,协昌厂设计使用了一款全新的商标"无敌"牌,以替代原来的"金狮"牌。"无敌"寓意"无敌于天下",从此,拥有一个金色图案的蝴蝶的协昌缝纫机,飞进了上海乃至全国的千家万户。

1949年5月上海解放,协昌厂在人民政府的积极扶持下,生产能力得到进一步提升,年产"无敌"牌五斗台式等各种款式缝纫机1000余台。1950年春,协昌厂接到中南军区订购900台"无敌"牌工业缝纫机的任务,原来生产场地不敷使用,搬迁至厂房更大的徐家汇路1070号新址,又增加了先进的生产设备和一大批技术骨干,使得"无敌"牌缝纫机的年产量达到1500台,同时,在重庆、汉口、广州等地设立分公司或经销处,并首次在马来亚联合邦等地获得商标注册。1956年年产量迅速提高到3.89万台,又在泰国注册。同年公私合营,先后有翻砂、烘漆、零件、皮革、文具、牙刷、火柴、自行车行业的59家厂、店并入。而厂址再由徐家汇路迁至龙吴路2544号,更名为"协昌缝纫机厂",工厂生产规模扩大很多,年产量一举突破38 900台。1966年9月,沿用了20年的"无敌"牌知名产品商标被当作"四旧",厂里只能匆忙将"无敌"换成"蝴蝶",协昌厂也被改为"上海东方红缝纫机厂"。好在"无敌"与"蝴蝶"的上海话发音完全相同,且商标图案得以幸免,所以并未引起消费者的任何不适应,依然还是那只"飞遍"国内外的"蝴蝶"。1972年更名为上海缝纫机二厂,1984年9月,恢复上海协昌缝纫机厂厂名。

龙吴路上数厂家

上海大理石厂,位于龙吴路288号,该厂是新中国成立以后发展起来的大理石加工企业。1956年公私合营期间以建华为核心的全上海市17家小作坊合并组建而成。厂址在虹桥路塘了泾,1958年与孙隆兴大理石加工厂合并,改今名。1959年后,装饰加工厂与上海宝山石料厂先后并入,扩大了生产规模。1959年,胜利完成了北京十大建筑所需的大理石板材生产任务,并荣获全国工交、财贸、基建先进集体称号。1963年10月,工厂由虹桥路迁至现址,逐步发展为大理石板材出口企业之一。在1978年至1986年间,工厂先后从西德和意大利引进花岗石板研磨流水线和大理石薄板流水线各一条,加快了设备改造进程,提高了生产能力。现已成为我国大理石、花岗石加工企业中规模最大的企业之一,年产大理石板6万半方米,花岗石板2万至3万平方米。生产品种有大理石建筑板、大理石天平板、花岗石精密检验平板、花岗石建筑板、金刚石刀片及大理石镶嵌浮雕、水石盆景等工艺品。其中"闪光"牌大理石建筑板曾两次荣获国家质量银质奖,"晶岩"牌花岗石检验平板曾获市优产品称号,产品远销东南亚、中东、欧洲等地区,并多次承接苏丹、多哥等国重点工程的大理石安装任务。

上海市食品公司龙华肉类联合加工厂,位于龙吴路731号,该厂前身是中国食品进出口公司华东区分公司龙华仓库,始建于1953年11月,主要承担来自华东各省市和中南区部分省、市生猪仓储、保管,再中转给上海冻肉加工厂等单位,作为出口或市销猪肉的加工原料。1955年改名为中国食品公司上海供应站龙华生猪饲养场,1973年改今名,有饲养车间、屠宰车间、冷库、综合车间等四个主体车间,是一个中型肉类联合加工企业。工厂在1979年新建

50 000吨冷库以后,又陆续新建了日宰4 500头以上生猪的屠宰车间和血粉、油脂车间。从此,工厂生产已由单一的白条肉发展到制罐肉、袋装分割肉、袋装副产品、食品油脂、工业油脂、血粉、机冰等产品。1985年10月建成了熟肉车间,生产红肠、方腿等熟肉产品。1986年又扩建一个引进国外生产线的猪肉小包装车间,日产成品60吨。

上海耐火材料厂,位于龙吴路1270号,该厂前身是私营泰山砖瓦厂,生产民用建筑砖瓦,创建于1922年。国际饭店、锦江饭店、马勒别墅等沪上著名建筑外墙立面所贴面砖,就是该厂于1926年研制成功的薄式外墙面砖。1954年全面转产耐火材料,为钢铁生产服务,定名为泰山耐火材料厂。自1958年起经过3年大规模的扩建工程之后,填平补齐,发展成为品种多、规格齐、具有一定规模的耐火材料生产专业厂,年产耐火材料23万至25万吨,产品的70%供给冶金企业,其余供给机电轻工、化工、建材及造船等行业,是全国耐火材料工业重点企业之一。工厂设有5个生产车间,拥有耐火材料成型主要设备84台、隧道窑5座,各种金属切削机床145台。在黄浦江畔建有3个工厂专用码头。

上海人造板厂,位于龙吴路1595号,该厂原名长桥港木材厂,建于1958年。1959年木材二厂、森顺太台板厂、上海胶板厂、中孚胶板厂等厂并入,改名为地方国营上海木材综合加工厂,以生产胶合板、台板、锯材加工等业务为主。1960年建成胶合板车间,1961年建成碎料板车间、制胶车间、木材干燥烘间及扩建大炉间,后又陆续扩建胶板新厂房、碎料板贴面厂房。1966年9月,改今名。1984年4月转为林业部林产工业公司与上海市木材工业公司的联营企业,主要产品有胶合板、纤维板、刨花板、缝纫机台板、板式家具和木制品,以及中密度纤维板等产品,除行销国内外,胶合板和纤维板还远销国外。

上海合成洗涤剂厂,位于龙吴路1900号,该厂是目前国内规模最大的洗涤剂生产企业,前身是私营永星化学工业股份有限公司,创建于1949年年初。当时仅有职工36名,其中技术人员3名,拥有简易制皂设备1套和一些硬脂酸、甘油设备,生产洗衣皂、硬脂酸、甘油等产品。1951年8月益民肥皂厂并入,改名永星化工厂,1953年改名为永星制皂厂,生产工农肥皂,隶属轻工业部,1958年洗衣皂停产,改建合成洗涤剂厂,1959年建成烷基磺酸钠车间,以后又相继建成烷基苯磺酸钠、磷酸盐、二氧化硫、成型、包装等车间,1960年原五洲皂厂转业,将烷基苯磺酸钠车间部分职工并入,并改名为上海永星合成洗涤剂厂,1966年改今名。工厂有烷基苯、洗衣粉、油脂、五钠、包装等5个生产车间和 1 个辅助车间（供气动力）。拥有能制造各种类型洗衣粉的喷粉塔两座和与之相配套的后配料装置两套，有一整套可用以制备各种有机磺酸和硫酸盐类的最新降膜式三氧化硫连续磺化装置，并拥有制备各类油脂化工制品用的新型装备。该厂洗衣粉产量及出口量占全国之首，"白猫"牌、"扇"牌洗衣粉行销全国，并远销 25 个国家和地区，在国内外市场享有较高声誉。

  1958 年 1 月，上海市政府决定兴建上海氮肥厂，8 月 1 日改名上海吴泾化工厂，1960 年第三季度开始全面施工，1963 年 9 月 25 日建成，厂址位于龙吴路 4600 号。1965 年 9 月 15 日尿素生产装置建成投产，年产尿素 4 万吨，1969 年 4 月 28 日，改建年产 3 万吨甲醇的生产装置，1974 年 11 月 27 日用轻油作原料经蒸汽转化生产甲醇的装置试车投产，年产甲醇 8 万吨以上，1975 年 11 月投入生产，1979 年 12 月 31 日自行设计、施工、安装的第一套大型化肥设备试车成功，生产颗粒尿素。随着经济发展，工厂规模不断扩大，1963 年江苏药水厂并入，1969、1990 年先后有中国二氧化碳厂、天山塑料厂并入，1990 年 1 月实行总分厂制，更名上海吴泾化工总厂，下设合成氨一厂、合成氨二厂、精细化工厂、硫酸厂、天山塑料厂等 5 个化工生产厂和水汽厂、化工机械厂等 2 个辅助生产厂。总厂生产的工业硫酸、尿素、甲醇、中变触媒、十八胺、硫酸二甲酯、尿醛塑料等产品为名特优产品，产品销往全国和日本、新加坡、巴基斯坦、泰国等国。

鲁班路

鲁班路,北起徐家汇路,南至黄浦江边,全长1997米,1914年筑,以中国传说的木工祖师爷鲁班命名。

"国光"口琴悦耳动听

20世纪初期,口琴传入中国。由于其构造简单,即使胡乱吹吸,也能发出悦耳和谐的声音,且售价便宜,因此很快成为国人学习的时髦乐器,流行于上海滩。但市场上倾销的都是德国"和来"牌和日本"蝴蝶"牌口琴,潘金声痛感洋货侵我中华权益,决心自造口琴。

潘金声,1902年生于台湾台北市,渔家子弟,家境贫寒,14岁离台赴日本半工半读,后进入横滨高等工业学校攻读机械专业,课余喜爱口琴吹奏。1928年潘金声以优异成绩考入台湾总督府担任技士。那时台湾正处于日本殖民统治下,潘金声目睹同胞受日本人欺凌压迫,愤然辞职,于1930年怀着"实业救国"的信念来到上海。

虽然潘金声心中有理想口袋里却没钱,但其志向得到北新书局经理李志云的赏识与支持,并由李志云、陈肇援等人发起,集资两万元法币,筹建"中国新乐器股份有限公司",租赁福熙路1242号(今延安中路1234号)近百平方米作为厂房。1931年8月,公司正式成立,李志云担任董事长,陈肇援担任经理,潘金声担任工程师,负责技术、设备等全部建厂事务。由于资金不足,且既无图纸和设备,又缺乏技术人员,潘金声不得不亲自上阵,不辞艰辛,前后10余次远涉重洋去西欧、日本考察,回国后还自绘图纸,并带领六七名技工研制。经过无数次失败和挫折,终于试制成功8孔、10孔小型玩具口琴。由于刚试制出来的口琴无论外观还是内在质量,均不如人意,因此在试制期间,许多股东缺乏信心相继离去,但潘金声凭着满腔爱国热情和百折不挠的精神一直坚守。同时,公司股本由北新书局转让给上海商务印书馆的侯可九。

1933年3月,潘金声终于成功向社会推出了精心制造的"宝塔"牌20孔口琴,这是第一只国货口琴,结束了中国人不能制造口琴的历史,填补了中国口琴工业的空白。为了不断提高国货口琴质量,潘金声亲自监督校音,还特聘中华口琴会创办人王庆勋、王庆隆兄弟及光明口琴会会长鲍明珊(中国四大口琴家之一)作为监制人。考虑到为了更有利地开拓销路,除了遍做广告,潘金声还将全部产品委托商务印书馆和国货公司大陆商场总经销。从此国货口琴打开了国内外市场,一举打破了德国口琴在中国一统天下的局面,潘金声因此被誉为"中国口琴之父"。

国货口琴制造出来了,还得让广大消费者了解、接受并喜欢。潘金声身体力行,宣传、普及国货口琴,假座四川路(今四川中路)青年会大礼堂主持召开"中国第一次口琴大家潘金声先生口琴表演大会",领衔表演口琴独奏、重奏等精彩节目,博得台下一片掌声。之后又赶赴新加坡演出,以扩大国货口琴的影响,结果很快就在星岛华侨中形成"口琴热"。

1934年7月,在"宝塔"牌20孔口琴基础上,潘金声又连续推出新品21孔、24孔口琴,以满足消费者的不同需求。由于潘金声在国难时期致力于发展民族工业,为提倡国货做出贡献,深受社会各界人士推崇,时任国民政府主席林森特题词"国产增光",以资鼓励。于是自1934年起,潘金声将题词中"国光"两字作为新的商标名称,一直沿用至今。

为了推销"国光"牌口琴,潘金声另辟蹊径,从提高国人音乐水准出发。1936年9月,潘金声编选了大量口琴乐谱,由北新书局出版,总目为"潘金声选曲标准乐谱",内有《春之歌》《乘风破浪》等527首,还出版了《潘金声氏口琴吹奏法》一书。这些选曲和口琴教材,在口琴会大量建立、口琴吹奏者日益增多的情况下,起到了辅导和推动作用,当然也带动了"国光"牌口琴销售。

1940年后,德国和来口琴厂经理为寻求新的经营渠道,专程来上海新乐器公司参观,并有意收购该厂作为和来厂的远东分厂。此时正逢新乐器公司股东之间意见分歧,无意继续经营。通过商谈,双方一拍即合,自1940年4月1日起,由德国伟茂洋行经理梅亚代表和来口琴厂出面收购,厂名则改为"中国新乐器昌记制造股份有限公司",职工人数从50余人增加至100余人,潘金声仍受聘为工程师,负责监制口琴生产。

潘金声乃中国口琴事业创始人,在国内口琴界享有盛誉,曾被列入 1941 年 1 月出版的《上海人名录》。但他不愿寄洋人篱下,于 1943 年 9 月脱离"昌记公司",在洛阳路 146 号创办"致公机械研究设计制造厂",专门从事研究各种金属制造、加工精密自动机械。

1945 年 8 月,抗战胜利后,新乐器公司恢复生产。1949 年 5 月上海解放,同年 12 月 15 日,新乐器公司由上海市军管会接管,改名为"华东工业部国光口琴厂",后又改成"地方国营国光口琴厂",迁入鲁班路 193 号新厂址。

口琴生产初期,基本上是手工操作,仅有几台冲床之类的简单小设备。其中琴格采用木材制作,工序繁多,且易受潮变形,影响吹奏效果,成本也高。1955 年起,上海各口琴生产厂家开始以胶木琴格取代部分木材琴格。次年用塑料琴格取代大部分木材琴格,为此缩短了生产周期,形成产品标准化。1958 年前后,上海口琴业经过调整兼并,生产规模不断扩大,特别是 50 年代末,开展群众性技术革新,自制各类音簧机床,革新成功各类模具,又购置了注塑机和有关设备,逐步实现了半机械化、半自动化,使得音簧零件和金属零件加工精度提高,工序简化。60 年代前,生产口琴凭听觉校对标准音。1964 年,轻工业部制定口琴生产标准,企业开始自制、购置和引进一批口琴生产监控、检测仪器,建立规范的质量检测系统,令口琴质量稳步上升;口琴品种不断扩大,除了最早的木格口琴之外,增加了电玉格口琴、24 孔玻璃格口琴、15 孔对头贝斯口琴、16 孔单面印铁口琴、24 孔月亮形口琴和受儿童们喜爱的 8 孔香蕉形玩具口琴。

生产口琴的主要原材料是铜带、不锈钢、铝、聚苯乙烯和木材。1956 年前,均由生产厂家自行采购。后来由国家计划分配供应。同样,口琴的销售从本来的自己解决,到改由上海市文化用品采供应站总经销。国家统购统销,令销量稳步上升,1960 年销售量是 219.4 万支。1962 年上海市体育文娱用品工业公司所属的乐器经理部成立,加入口琴销售行列。

国光口琴厂在经营高峰时,口琴品种多达 40 余种,并兼营生产校音器、电子管电子琴、手风琴等产品。1965 年 7 月,厂里试制成功国内第一架晶体管复音电子琴。1967 年,厂里研制成功"东方红"乐曲电子发音器,并于 1970 年 4 月 24 日安装在我国发射的第一颗人造地球卫星上,使得庄严嘹亮的乐曲回旋在宇宙空间。

"飞人"缝纫机展翅高飞

18世纪英国工业革命,促使纺织业从家庭手工作坊开始转向工厂大规模生产,由此刺激了缝纫机的发明。但直到1851年,美国人胜家才令缝纫机得到广泛应用和较大发展,缝纫机也从美国逐渐走向世界。21年后,上海滩上首次出现了由洋行进口的数架工业用缝纫机,且在《申报》上刊登广告,其余洋行随之效仿。至1900年,国内缝纫机销售统统由英、美、德等西方商人所垄断,仅在上海开设的缝纫机销售店便有数十家。同时,也有些嗅觉敏锐的华商,关注到缝纫机市场的潜力,从此试水。浙江奉化人阮贵耀就是最早发现缝纫机行业商机的华商。

阮贵耀,早年在上海一家"傅祥记袜针行"小店打工。1924年8月自己创业,在老城厢新北门三星里1号开设"阮耀记袜机袜针号",经营针织机械中的织袜机械配件。小生意做了几年后,阮贵耀觉得不过瘾,便于1929年,涉足获利更大的针织机械制造业,开办了"阮耀记横机制造厂",专门制造袜机的零配件。

20世纪30年代初,国内缝纫机需求量激增,洋货大批输入中国。看到经营缝纫机的利润远远超过织袜机的利润,宁波人做生意脑子活络,阮贵耀认为既然洋人能造出缝纫机来,国人早晚也能生产。中国人的钱不能全让洋人给赚走。为此,他毅然决定改做缝纫机生产加工。1934年,阮贵耀先从国外购进大量废旧缝纫机,然后翻新,或修理内部机械零件,或直接用自己生产加工的零件调换,再重新喷漆,并贴上阮耀记厂商标"飞人"牌,在市场上销售。

阮贵耀加工的"飞人"牌缝纫机,因为其产品质量同洋货不相上下,但价格却只是洋货的1/4,很受国人欢迎,给美国胜家缝纫机的市场销售带来了不小的冲击。1935年3月,胜家缝纫机公司以阮耀记厂"伪造商标"名义,向上海地方法院起诉。虽然阮贵耀聘请律师反复辩解,并请求主持公道,但最终还是被地方法院处以罚款。

官司打输后,阮贵耀并未因此屈服,反而激发起更旺盛的斗志,决心生产真正的国货"飞人"牌缝纫机,与洋商竞争到底。1936年,经朋友介绍,阮贵耀结识了创建于1928年的中国第一家缝纫机生产厂家——胜美缝纫机厂老板计国桢等同行,在胜美厂的技术和资金的大力协助下,阮贵耀买下上海"针记公司"的部分产品零配件,在郑家木桥(今福建南路)30号,成立"阮耀记缝衣机器无限公司",自己生产缝纫机机头及附件,同时自己装配整机,并在年内制造出国产第一批"飞人"牌家用缝纫机。不久,阮贵耀等投入5 000元法币,成立"阮耀记制造缝纫机器厂"。为了扩大"飞人"牌及阮耀记厂的社会影响,阮贵耀除了在上海等地的报纸杂志上大做产品广告之外,还邀请国民政府要人孙科、于右任等为工厂题词,如于右任题写了"为国争光,爱用国货"八个大字。与此同时,阮贵耀又对郑家木桥30号厂发行所的4层楼房进行了全面外观改造,商铺正门两侧设有大块玻璃窗,里面陈列着自产的"飞人"牌缝纫机。楼顶则竖起写有"阮耀记缝纫机行总批发所"字样的大型广告牌,并从楼顶垂下4条3层楼高的条幅,分别书写"重实际,推销名机益普同胞""守信用,出售机件负责保用""兴商战,价实货真交易诚实""遵训令,协助生产福利民生"。通过宣传,新装修后的总发行所起到了良好的社会效应,提高了"飞人"牌的知名度,使得该厂生产规模也随着迅速扩大。到了1940年,阮耀记厂的缝纫机月产量已由起初的20台足足翻了一倍。

1941年,阮贵耀带领厂里的技术人员先后研制成功多种"飞人"牌缝纫机新品种,其中有"飞人"牌面粉袋缝边机、缝口机等。从1943年至1945年,阮耀记厂的技术人员还设计制造了"飞人"牌毛毯锁边缝纫机、中厚料平缝机等4种新产品。考虑到工厂今后更大发展,为了使"飞人"牌商标走向世界,阮贵耀邀请广告公司设计人员为产品设计了全新的"飞人"牌商标图案。

1949年5月,上海解放,因停止进口美国胜家缝纫机,阮耀记厂生产得到进一步提高。1954年8月,经上海市地方工业局批准,阮耀记厂更名为"地方国营上海第一缝纫机器制造厂"。据统计,从1936年至1954年的18年里,"飞人"牌缝纫机家族先后诞生了17个新品种,几乎每年都向市场推出一款新品,这在中国缝纫机制造史上是绝无仅有的。1955年,厂里先后并入37家中小企业,并新辟鲁班路449号厂区。1972年,改厂名为"上海缝纫机一厂"。

茂名南路

茂名南路,北起延安中路,南至永嘉路,全长 1 275 米,法租界公董局于 1919 年修筑,以比利时主教名命名为迈尔西爱路,1943 年,改名桂林路,1946 年改今名。

上海汽车制造业从宝昌修车行起步

汽车是舶来品。旧上海是世界各国汽车的展览场所,但满大街跑的车,没有一辆是国货,且修车业也大都为洋商所有。1915 年,德商在法租界宝昌路(今淮海中路西段)228 号开设宝昌公司,经营汽车修理。3 年后,归属英商利喊汽车公司,1931 年迁往茂名南路 100 号(锦江饭店对面),除了修车,还经销奥斯汀和雪佛兰轿车。1947 年,该公司 98% 股权被孔令侃收购。1949 年 5 月上海解放,由上海市军管会接管,改称军管利喊汽车公司。1950 年 1 月至 1958 年 3 月,公司名称随其管辖机构的数度调整而七易其名,但均隶属于商业系统。1958 年 4 月,划归上海市机电局动力机械制造公司,并由上海交电站汽车装修厂更名为上海汽车装配厂。

从改装车向国产三轮汽车过渡

1956 年,上海市邮电局要求上海汽车装配厂改装一批铁皮封闭式运送邮件的汽车。厂里便从成都买回来一批旧美式吉普车,经过拆修整理,改装成 20 辆封闭式车厢货运车,交付邮电局使用,很受欢迎。从该批改装车中,厂里摸清了吉普车的构造和技术要求,于是大胆根据本厂技术条件与借助兄弟单位协助,自己制造汽车。1957年年初,厂里将自己造车的想法先同有经验的职工商量,得到支持后向兄弟单位借了1辆参考样车,着手自行造车。鉴于本厂技术设备落后,试制时采用土法上马,首先自制了20台"背包"车床和一批落锤锻打设备,用于自制件制造,大件整机采用协作的方式解决。通过全厂职工共同努力,第一辆吉普车于1957年9月16日试制成功。成功的喜悦,激发起进一步试制汽车的念想。

同年12月28日,第一辆国产三轮汽车"581"在上海马路上试车。这辆完全采用国产原材料、以日本DAIHATSU大发SDF-8为蓝本、进行部分改进制成的汽车,是由上海内燃机配电厂、上海汽车底盘厂和上海汽车装修厂3家工厂为主,组织许多小厂家协助完成的。被人们俗称为"小三卡"的三轮汽车,是吸收了多种汽车的优点,并结合我国交通运输具体情况自行设计的,小巧、轻快、灵活,能载重1吨。车上装有30匹马力的新型汽油发动机,耗油少,每公里的燃料费只要3分钱人民币。车上还装有特别的避震器,可在崎岖不平的道路上行驶。试车时,"小三卡"开足马力,走得很稳健,一点也不摇摆。即使爬坡,车上载着21个人,也可以从厂里车间底层沿着15度的坡道顺利开上3层楼顶。正因为"小三卡"结构简单、经济实用、灵活方便,完全符合当年平民大众的生活需求,所以一经推出,立即受到消费者的青睐,不仅用来载客,且在短途货运及环卫车辆上都有广泛应用,成为20世纪60年代上海主要运输工具之一,穿梭在城市的大街小巷和农村的乡间小道。

榔头敲出上海第一辆小汽车

两次试制都取得了成功,给全厂职工向着更高目标进军,增添了勇气。1958年5月,由时任厂长何介轩到锦江车队借来"华沙"牌和"顺风"牌两辆轿车,并成立了工人、技术人员和干部组成的"三结合"试制小组,边学边干。新车车身模仿"顺风"牌样式,底盘参考"华沙"牌无大梁结构,动力采用南京汽车厂生产的M20型4缸50马力发动机,并对样车里面的每一个零部件进行研究和攻关。因为厂里设备加工性能实在一般,底盘上的金属零件还能上机床制作,而轿车的前后4扇门、发动机盖、后行李厢盖以及车顶,全靠手工敲制。且车身成形后,再刮腻子、上油漆,也全是最原始的操作,凭着翻身当家做主人的奉献精神,工人们硬是用手工敲出了一辆"史无前例"的轿车。光1只车顶,工人要用榔头敲10万次才能成型。那些特殊曲面还要分段打造,然后拼拢。敲得工人手都抬不起来。在全厂职工不怕疲劳、不计报酬的努力下,第一辆轿车于同年9月28日试制成功。

"凤凰"牌轿车诞生

给这辆黑色轿车取什么名字好呢?何介轩联想到长春一汽给新中国第一辆国产轿车起名"东风",源自毛泽东对国际新时代著名论断"东风压倒西风",果然叫响全国,于是计上心来,来个南北呼应,将国产第二辆、上海自产第一辆轿车起名为"凤凰"。"东风"牌轿车车头前端镶有金龙腾飞标志;而"凤凰"牌轿车车头前端配上凤凰展翅标志,象征着一北一南"龙凤呈祥"。

不久,厂里又试制了一辆绿色"凤凰"牌轿车,由上海汽车装配厂司机乐根祥驾驶,开往北京向中央领导报喜。1959年2月15日,周恩来在中南海试乘之后,高兴地鼓励了送车进京的工人代表,并在车前合影留念。同时周恩来指出了还存在的问题,这使得工人代表明白了仅靠热情和闭门造车,是造不出现代化轿车的。返沪后,厂里总结了两辆试制车研制生产的经验和教训,开始加紧对第三辆"凤凰"牌轿车的试制。鉴于轿车结构复杂,零部件门类繁多,高新技术密集,需要大量投资,且关系到国民经济的发展速度。因此,"凤凰"牌轿车一面世,就引起了上海市政府的极大关注和支持,在上海市动力机械制造公司的牵头下,上海汽车装配厂与二十几家主机厂和配件厂以及七十多家协作厂共同开展了规模较大的专业化协作攻关,以联邦德国生产的、功率为90马力的"奔驰"220S轿车为样本,进行更大的技术改进,进一步提升了制造水平,终于试制出第三辆"凤凰"牌轿车,实现了上海汽车工业轿车制造"零的突破"。"凤凰"牌轿车试制成功1年后,即1959年国庆十周年前夕,第一批5辆新型"凤凰"牌轿车驶向上海街头,参加了当年的庆祝国庆活动。

试制成功后,厂里开始小批量生产。1960年8月11日,工厂易名上海汽车制造厂,迁址安亭于田路。当年该厂三轮汽车年产1 317辆,"凤凰"牌轿车年产12辆,总产值从1956年的177.4万元人民币增加到1 160.7万元人民币,员工从289人增加到518人。但是从1961年起,由于国民经济发生严重困难,轿车生产被迫停止,待1963年国民经济一好转,市政府就决定恢复轿车小批量生产。为此，时任上海市副市长宋季文亲自主持召开跟轿车生产有关的钢铁、纺织、化工、石油、轻工等15家工业局、专业公司负责人会议，就建立轿车制造协助网络事宜作了部署，并指示上海市经委、计委和机电一局以技术革新项目拨付。接到试生产计划，厂里成立了"凤凰"牌轿车试生产及生产准备技术领导小组，以促进各协作单位进行技术文件的整改和工艺装备的补充。通过1年奋斗，试制了10辆，并为1964年进一步扩大小批量生产做好了准备。当年厂里同时生产了1 500辆三轮汽车。1969年，三轮汽车转由手工业局生产，而上海汽车厂累计生产了18 800辆。

更名"上海"牌

为形成轿车批量生产能力，扩大上海生产的轿车在全国的影响，1964年，"凤凰"牌轿车更名为"上海"牌。通过一系列的技术革新，使得车身制造实现了大型冲压成型，轿车质量得到进一步提高。1965年12月，第一机械工业部汽车局组织有关专家对"上海"牌轿车进行技术鉴定，批准"上海"牌轿车基本定型。1966年生产轿车202辆。1971年，在安亭洛浦路增建新厂。1972年10月，一级部下达5 000辆轿车扩建任务书。1973年轿车车身制造和总装迁入新厂房，建成总装流水线和整车检测线，拼装台配备点焊机。1975年面积2.6万平方米连跨厂房竣工，年产5 000辆轿车生产能力基本形成。1976年年产轿车2 500辆。1979年12月20日，改名上海汽车厂。1980年年产量突破5 000辆，轿车生产进入稳步发展阶段，"上海"牌轿车成为那时候全国各省、市、自治区（除台湾地区以外）的主要用车。

正因为"上海"牌轿车生产形成了一定规模，才有了后来上海大众的合资和引进项目。1991年10月，为了上海"桑塔纳"牌轿车抢时间、争速度、上规模，上海汽车厂壮士断腕，将已经生产了30多年且为中国汽车工业发展做出重大贡献的"上海"牌轿车下马，上海汽车厂则并入上海大众。

万丈高楼平地起，全凭地下牢地基。那句家喻户晓的"拥有桑塔纳，走遍天下都不怕"的广告语，就是建立在"凤凰牌"和"上海牌"轿车基础之上的。

莫干山路

莫干山路，东起西苏州路，西至昌化路，全长602米，1918年修筑，以浙江莫干山命名。

M50 的前世

"M50"并不是某个秘密潜伏特务代号，而是莫干山路50号艺术天地的简称，在当今申城颇有人气。各地来沪的旅游者、前卫奔放的艺术家、高鼻梁蓝眼睛的老外，时不时地在M50高大斑驳厚重的厂房里穿梭。

把停产、废弃的工业厂房打造成时尚的、以视觉艺术和艺术设计为主体的园区，属于脑洞大开的创意。虽然M50已经成为文艺青年和老外的打卡圣地，但是跟其原先的主人的名气相比较，似乎还差一口气。将日历翻回到20世纪30年代。1937年抗日战争全面爆发，民族企业家周志俊把青岛华新纱厂的机械设备转移至上海莫干山路60号（新中国成立后改为50号），在上海开办了信和纱厂。信和的英文译名是"New China"，昭示周志俊等一批民族企业家复兴中华的雄心壮志。有趣的是，为了给信和纱厂壮声势，那年周志俊甚至请来了声名显赫、曾任北洋政府外交总长以及总理的颜惠庆当首席董事。

周氏家族无论在政界还是商界，均在我国近代史上占有重要地位，可以同盛（宣怀）家和聂（缉椝）家平起平坐。周志俊（1898—1990）的爷爷周馥（1837—1921），安徽建德人，先做两江总督，再任两广总督，积极参与了后期洋务运动；周志俊的父亲周学熙（1866—1947），著名实业家，做过北洋政府财政总长，分别是开滦矿务总局、启新洋灰公司、华新纺织公司和耀华玻璃公司的创办人。1918年，周学熙开始筹办青岛华新纱厂。为了同美国美兴公司洽商订购机器设备事宜,周学熙挑选儿子周志俊担任翻译。从此,周志俊便踏上民族工业之路,和父亲一起共同管理华新纱厂。当时,青岛地区除了华新纱厂,其余均为日商企业,如大康纱厂、丰田纱厂等。由于同日商纱厂竞争激烈,华新纱厂时常处境艰难,但周家父子在业务经营上和生产管理上,尽心竭力、出奇制胜,生产、销售始终蒸蒸日上。该厂出品的"五子登科"牌棉纱粗细规格齐全,质量良好,不仅畅销华北、东北各地,销售范围还一度扩大到江南地区和华南的广东、广西一带。1936年华新纱厂研制出著名的阴丹士林布,取名"爱国蓝",立即成为市场抢手货。至抗战全面爆发前夕,华新纱厂在周家父子苦心经营下,拥有4.4万枚纱锭、8 000枚线锭、500台布机规模,属于纺织印染全能厂。

抗战期间,爱国实业家周志俊用200辆卡车运送自产纱布和战略物资支援大后方。抗战胜利后,周志俊除了继续经营信和纱厂之外,还陆续创办了10多家企业,成为上海久安系的掌门人。

1950年,周志俊作出惊人之举:向正在朝鲜前线英勇抗敌的志愿军捐献1架飞机。1954年,周志俊将自己名下的主要企业(包括信和纱厂)全部实行公私合营,信和纱厂更名为上海第十二毛纺厂(改革开放后又改名为春明粗纺厂)。1956年,周志俊主动提出放弃上百万元定息,以支援祖国建设。1999年,春明粗纺厂停止其主营生产。2000年起,通过都市型工业园区的建设以及业态调整,M50登台。

阜丰机器面粉厂的创办

尽管当今莫干山路以M50闻名于沪上,但真正深藏不露、具有历史渊源的却是M50"贴隔壁"的"上海阜丰面粉厂"。阜丰厂是由安徽寿州孙氏家族中的孙多森、孙多鑫兄弟俩及一些亲友合资创办的。

孙家是大地主,见洋面粉泛滥,利权外溢,生意如此之好,而麦价与粉价相比,利润又如此丰厚,于是,兄弟俩一合计决定开办面粉厂。1897年,孙氏兄弟派遣亲信宁钰亭,前往芜湖益新米面公司、天津贻来牟机器磨坊、上海英商增裕面粉厂做前期调研。翌年,孙氏兄弟在苏州河边上(莫干山路102号)购地80亩,建造厂房,并以22 000元美金订购了1套美国爱立司机器厂生产的先进磨粉机,这是我国从国外进口的第一套近代制粉设备。1899年,按照美国建筑工程师设计的图纸,建造厂房,安装进口设备。由于磨粉机操作复杂,当年国内无人可以胜任,阜丰厂便以每月200美元的高薪,聘请美国技师法默来沪负责具体操作,并培养中方操作人员。

1900年春季,我国民族企业家创办的第一家近代机器面粉厂正式开工生产。时有工人46人,职员32人,日产"老车"牌面粉2 500包(每包净重50斤)。开办第一年,因为孙氏兄弟缺乏管理现代企业的经验,竞争不过洋商,造成产品严重滞销。年终结算,亏损7万多两银子,导致资金周转困难。幸得扬州盐商出手相助,才渡过难关。孙家兄弟吃一堑长一智,从第二年起,及时吸取教训,大做"老车"牌广告宣传,设法增加产品销路,继续提高产品质量,并采取回佣、期票等手段与洋面粉竞销,终于打开销路,扭亏为盈,获利10余万两白银,且一连三年皆盈利10余万两白银。3年收益就超过了投资。

1904年日俄战争爆发,我国东北的面粉厂纷纷停产,而交战双方以及东北各地对面粉的需求量却直线上升,面粉的价格也因此不断上涨。阜丰厂决定扩大生产规模,日产7 500包面粉,销往东北,获利甚厚。1905年全国抵制美货,国产面粉畅销,阜丰厂利润倍增,每年盈利20余万两白银。日俄战争结束之后,东北地区面粉销路受挫,利润一度下降。阜丰厂想尽办法,于1908年进一步打开我国北方地区的面粉销路,盈利随之上升,延续至1913年,每年盈利均在10万两左右。1914年,第一次世界大战爆发,西方列强忙于互相厮杀,根本无暇顾及对中国的经济侵略,客观上给我国的民族工业以喘息、发展甚至壮大的机会,民族面粉工业进入"黄金时期"。因为中国的面粉价廉物美,很自然成为交战各国采购首选,阜丰面粉内外销两旺,价格上涨。1918年盈利15余万两白银,1920年更是达到32万余两白银。1921年秋美国面粉源源不断运来上海,国产面粉的销路受到冲击,不过该年盈利还是达到24万余两白银。至1920年初,阜丰厂的账面资本已经升值到100万两白银。1927年,孙氏兄弟再次扩大生产规模,新造厂房,建成一座日产8 000包面粉的生产车间。

孙氏兄弟将优厚的利润以提取公积金的形式,不断购买新的磨粉机扩大再生产。从1900年开办以来,经过1904年、1929年和1932年3次用盈利拨款扩建,令阜丰厂日生产能力增加10倍,达到26 000包,职工总数近500人,工厂规模相当于初创时期的5倍,不仅远远超过当时民族企业中号称最大的机器面粉厂——阜丰的邻居福新八厂,更是被誉为"远东第一"。而"老车"牌面粉商标,也同样成为民族面粉行业中的第一名牌。

阜丰厂立足于巩固与发展,大大增强了竞争能力,不但在内外销两旺的第一次世界大战期间在行业中处于领先,且当第一次世界大战结束,西方列强卷土重来,洋面粉又大量输入,民族面粉工业危机重重时,尤其是中小型面粉厂相继倒闭的情况下,阜丰厂则凭借其稳固的经济基础和实力,以及优质产品的信誉和银行资本信贷,依然能获得较好的盈利。为了与洋商展开激烈的市场竞争,阜丰厂在面粉的包装分量和价格上给予用户以实惠;对粮号、面行进货给予优惠。面临洋面粉倾销,以及国内机器面粉厂不断兴起,市场竞争更加激烈的局面,阜丰厂继续在产品质量上狠下功夫,如重金聘请外国专家,对产品质量严格把关。由于阜丰厂生产设备先进,工艺操作与生产管理制度严格,保持了"老车"牌产品质量长期稳定,令阜丰厂面粉能够保持市内畅销、外埠争购,经常出现供不应求的现象。

1937年抗战全面爆发前,阜丰厂投资100万元法币,新建一座24 000吨自动化圆筒仓库,进一步扩大了厂里的生产规模。"八一三"淞沪会战爆发,开设在华界的几家面粉厂,有的毁于日军炮火,有的被日军强占,只有位于公共租界内的7家面粉厂(包括阜丰厂)未遭破坏。在上海沦为"孤岛"的畸形繁荣时期,阜丰厂盈利不但没有减少,且还有所增加。但好景不长,1941年12月太平洋战争爆发后,日军占领租界,横行霸道,阜丰厂陷入困境,开工量10%都不到。1945年8月抗战胜利,阜丰既为"联合国善后救济总署"代磨运华之"救济麦",又自行生产面粉,还与福新面粉厂等组成"五厂公记",为国民政府粮食部代购小麦、代磨面粉。1948年由于"八一九"限价,国民政府在发行金圆券的同时,荒唐实行硬性规定,将各种物价冻结在8月19日的水平上,导致阜丰厂年盈利减少。加上国民党发动内战,工业凋敝、物价飞涨、洋面粉倾销,阜丰厂开工严重不足,只能勉强维持。1949年春,孙氏兄弟将资金抽往中国香港,企业濒临停产。

1949年5月上海解放,面粉工业仍处于生产能力严重过剩、资金缺乏、原料短缺的状况。人民政府采取了委托加工、给予贷款、鼓励自营的政策帮助面粉工业走出困境。但阜丰厂经营不当,致使资金亏蚀殆尽,1950年至1953年连年亏损。1954年,全行业经济改组逐步深入,阜丰厂亏损局面得到扭转,并于当年开始盈利,获利15多万元人民币(折合新版人民币)。1955年10月,阜丰厂公私合营。1956年11月,上海市粮食局进一步调整上海面粉工业的生产布局,将阜丰和与之毗邻的公私合营福新面粉厂(莫干山路260号)合并,成为"公私合营阜丰福新面粉厂"。合并后日产面粉47 000多包,成为全国最大的机器面粉厂。1966年更名为"上海面粉厂"。

统益纱厂：从纺棉纱到产化纤

莫干山路上另有一家纱厂是由于创办人出名，那就是吴麟书创办的统益纱厂。吴麟书，1878年生于广东四会（又有一说是江苏吴县），16岁那年，随父亲来沪谋生。1908年，吴麟书与人合作设立源盛洋货号，主要经营洋货纺织品、日用品等。不久，吴麟书买下全部股份独自经营。第一次世界大战期间，吴麟书经营的进口印度棉纱，因畅销获利10万两银子。吴麟书拿出其中2万两白银独资开办益大棉纱号，除了经销印度棉纱外，还为英美和日本等洋行推销进口棉纱。到了1918年底，吴麟书通过多年苦心经营，获利达500多万两白银。

吴麟书并不满足成为上海滩上3个最大棉纱销售商老大，决定实业救国创办企业。1919年，吴麟书邀请好友邵声涛、董仲书等人，投资30万两银子（其中吴麟书占70%股份），购买美国寒克络纺机5000锭和制线全套设备，在苏州河边上的莫干山路9号，创办当年全国唯一的全能辘线厂——中华第一辘线厂，生产"金鸡"牌线团和20支棉纱。翌年，厂里增资40万两银子，增添1万只纺纱锭子，生产10支、16支粗纱等市场热销产品，厂名则更改为统益纱厂。同年，为了与日本棉纱投机商设立的"取引所（即交易所）"在国内棉纱市场展开激烈竞争，吴麟书和中国近代著名实业家穆藕初、荣宗敬等，联合发起成立上海华商纱布交易所。

1925年5月，"五卅惨案"爆发，吴麟书组织本厂广大员工参加罢市斗争，出资捐助工人罢工，并积极参加"提倡国货、抵制洋货"爱国反帝运动。之后，因抵挡不住英商洋行"链条"牌洋线团的大量廉价倾销，统益厂停止生产国货线团，转为全部生产棉纱和辘线。1930年，吴麟书因病去世，该厂管理事务由其长子吴瑞元继承。

1932年"一·二八"淞沪抗战爆发，地处闸北工业区的统益纱厂正好位于前线，时常面临日军飞机轰炸，只能暂时停产。1937年7月，抗战全面爆发，面对日军大肆入侵，统益纱厂为了保护厂里财产和维持日常生产，借助英商同行的关系，悬挂英商牌子。1941年12月，太平洋战争爆发，日军全面开进租界，统益纱厂被日本视作敌产而遭勒令停产并解散职工，随后又对工厂进行军事掠夺，厂里的产品原料和生产设备等各类物资遭到抢劫。1945年8月抗战胜利,统益纱厂完全恢复生产。因战后棉纱、棉布的市场需求量猛增,进口棉纱一度减少,国货棉纱产品出现短暂的繁荣景象。但从1948年起,因各种原因,该厂生产一落千丈。

1949年5月上海解放后,统益纱厂得到人民政府政策扶植,很快就恢复生产。而"猫蝶"牌等棉纱产品一时成为本埠以及外地各大织布厂的主要供应对象,产量也全面超过抗战前的最高水平。1954年1月,统益厂积极按照市纺织工业局的要求,进行公私合营。1966年工厂更名为上海第二十三棉纺织厂,继续生产几个原有的传统棉纱老品牌,产品在市场上享有盛誉。

1971年,为了适应国民经济发展需要,根据市有关部门统一安排,国棉二十三厂由纺棉纱改为生产化纤,厂名也因此变成上海第十一化学纤维厂,主要生产锦纶和涤纶,是我国首家批量生产以锦纶为原材料的帘子布专业厂家,产品商标"双翼"牌。帘子布系生产轮胎的骨架材料。在此之前,我国每年须花费大量外汇进口帘子布。所以化纤十一厂的"双翼"牌帘子布,闻名全国。该厂还开发了尼龙帆布、子口布等品种,为国家填补空白以及节约大量外汇。

1971年改产化纤的设备,按规定使用14年就该更新换代,因为化纤生产携带有害气体,腐蚀性很强。事实上设备已经运行了20年,且是超负荷,原来设计能力是年产3 500吨,实际是每年要生产5 000吨。生产设备老化,既影响产品质量,增加能源消耗,又加大操作工人的劳动强度。但当时国家经济也不宽余,拿不出更多的资金来更换全部设备,反而因为发展需求,要求该厂每年完成的承包指标须递增2%,即1988年核定上交所得税1 243万元人民币,1991年计划应该是1 345.5万元人民币。

面对困难和挑战,该厂职工没有退缩,而是脚踏实地、齐心协力、奋发拼搏,闯出一条老企业求发展的新路子。首先是对老旧设备的改造更新。按照常规,年产5 600吨锦纶和1 200吨涤纶的厂房设备至少得占地面积100亩,但化纤十一厂全厂仅有52亩。工厂便充分发挥螺蛳壳里做道场的精神,先拆掉老设备,然后在旧址上安装新设备,并对陈旧的老厂房拆东墙补西墙,维修加固,再根据实际情况改造新设备。如新添置的纺丝机,属于比较先进的国产设备,但仍然达不到该厂产品的质量要求。于是厂里组织技术人员攻关,大胆革新,使得该台机器的强力接近国际新标准;如该厂依靠自己的技术力量,努力吸取国际先进技术,自行设计更新了主要生产设备——1台直径为1.2米的萃取塔,生产能力相比原来提高5倍。

在狠抓本厂设备改造更新的同时,厂里还借助外界力量,做到堤内损失堤外补。如在市郊仅用了8个月,就自行设计,安装建成投产了一家年产1 000吨化纤的联营厂,弥补了本厂厂房和设备的先天不足。

该厂在深挖潜力的基础上,争取将产品打入国际市场。1990年,该厂同港商签订了来料加工600吨帘子布的合同,创汇19.2万美元。通过尝试,为企业在市场竞争中向外拓展,在困境中自我完善找到一条生存和发展之路。且通过产品出口,进一步促进产品质量的提高。

一份汗水一份回报。1990年全厂上缴利润2 580万元人民币,超过国家规定的要求,名副其实成为化纤行业和上海市创利税大户,又被评为上海市先进企业。

南京东路

南京东路在1847年上海刚刚开埠后，还只是河浜旁边的一条泥泞小径。随着租界建设拓成两丈宽的小路，河浜也改造成了路旁边的阴沟。但那年还没有起路名，就叫"四分地之南"。根据是当时沿外滩由北向南被划分成9个地块，设有8家洋行，这是外滩最早的一批建筑。其中义记洋行所在的位置（即今天和平饭店北楼）被称作第四分地。1851年英国殖民者为了跑马场遛马，将那条小路扩建为马路"派克弄"。1854年延筑至浙江路，俗称"大马路"。1862年再次向西延伸至西藏路。1865年后，公共租界工部局正式将其命名为"南京路"，全长1599米。

震惊中外的"五卅"

1925年年初，中共四大决定加强党对工农群众运动的领导，蓬勃开展爱国反帝运动，因此上海、青岛等地的日本纱厂工人，先后举行大罢工，结果遭到日本帝国主义和北洋军阀政府血腥镇压。5月7日，上海日本纺织同业会开会决定，拒绝承认工人组织的工会，要求租界当局及中国官方取缔工会活动。5月15日，上海内外棉七厂的日本大班借口存纱不敷，故意关闭工厂，停发工人工资。中共党员、工人顾正红带领群众冲进厂里，与日本大班论理，要求复工和发放工资。日本大班非但不允，且拔出手枪向工人开枪射击，当场打死顾正红，打伤工人十余人。结果激起全市工人、学生和市民极大愤怒。次日，中共中央发出第32号通告，紧急号召各地党组织动员工会等社会团体一致援助上海工人的罢工斗争。19日，中共中央又发出第33号通告，决定在全国范围内发动一场反日爱国运动。

上海工人阶级抗议日本资本家剥削、压迫和残杀而进行的罢工斗争，立即得到上海学生界声援和响应。24日，日商纱厂工会在潭子湾召开大会，公祭顾正红烈士，上海大学的4位学生因参加大会，并走上街头进行反对帝国主义暴行和支援受难工人的宣传、募捐活动，遭到租界巡捕拘禁。与此同时，上海公共租界工部局准备于6月2日召开纳税人会议，通过工部局此前提出的4项提案，且无视中国主权，越出租界筑路。这进一步激起包括工商业者在内的各阶层民众义愤。28日晚，中共中央和中共上海地委召开联席会议，分析上海民众反帝斗争形势，讨论领导罢工斗争方针，决定以反对帝国主义屠杀中国工人为中心口号，发动群众于30日在公共租界举行大规模的反帝示威游行。会议还决定由侯绍裘、杨贤江等9人负责与各学校联系，发动学生开展宣传活动。

29日清晨，恽代英在上海学联召集侯绍裘、杨贤江等9人紧急开会，传达昨日联席会议精神。会后，侯绍裘、杨贤江等9人各偕工人代表1人，分赴沪上各学校，报告日本资本家虐杀中国工人经过。上海各校学生听了报告后，义愤填膺，一致决定30日停课，游行宣传。当晚，恽代英主持召开上海学联会议，对明日反帝示威演讲活动作具体布置。会上，由恽代英、侯绍裘及上海大学附中教师、共产党员高尔柏、黄正厂共同商定、执笔，形成一份《打倒帝国主义》的问答式传单和一份《关于顾正红烈士被害事实真相》的传单。那两份传单用事实深刻揭露和控诉帝国主义的罪行，让人一听就懂，群情激愤。

5月30日上午，上海大学、南洋大学、文治大学、复旦中学等校学生提早出发，在会审公廨（位于今浙江北路）及北火车站一带演讲。学生们手执小旗，站在马路两旁，向路过的市民讲述顾正红被枪杀、学生被捕经过情形，控诉帝国主义残暴行为。学生示威指挥部则设在望志路永吉里（今兴业路205弄）34号国民党江苏临时省党部，由恽代英、侯绍裘负责指挥。高尔柏坐镇环龙路44号（今南昌路180号）上海执行部，负责对外联络，有30多名学生骑自行车传达信息。

下午1点钟，五卅示威游行指挥部一声令下，各路人马3 000多人拉起巨幅标语浩浩荡荡向南京路挺进。示威的学生一路走到南京路后，每隔十几家店面，就有1队学生站在高处演讲，四周围满了凝神听讲的路人。当学生们讲到顾正红惨遭日本人杀害时，听者无不动容，唏嘘不已。而印有"打倒帝国主义""上海是中国人的上海""学生被捕"字样的传单从永安公司、先施公司大楼顶上散发下来，随风飘舞，满蔽天日。橱窗上、电线杆上、墙头上贴满了"抵制日货""反对印刷附律""反对越界筑路""取消一切不平等条约"等内容的标语。

反帝的怒火已经熊熊燃烧起来。南京路上,市民摩肩接踵,沿街各幢房子窗口里、阳台边及电车上人头攒动。人们不时挥舞拳头、摇着帽子,高呼反帝口号,以支持学生和工人的游行示威。一时间,在南京路上形成了一股巨大的反帝洪流。

为此公共租界当局恼羞成怒,下令大肆拘捕爱国学生镇压示威游行。于是巡捕朝示威群众扑去,殴打示威者,一见演讲者上前便抓。下午两点多钟,仅南京路、老合路(今六合路)口的老闸捕房(位于今南京东路 766 号至 772 号)附近就被拘捕了近 100 名学生。3 点左右,示威游行指挥部得悉学生群众被拘捕,立刻指挥各路队伍集结老闸捕房门口,万余名愤怒至极的群众将捕房围得水泄不通,要求释放全部被捕者。走在最前列的学生群众甚至离捕房大门只有 18 米。

英国巡捕不仅拒绝放人,竟悍然向手无寸铁的群众开枪射击。南京路顿时血流遍地。当场中弹牺牲的是上海大学学生会负责人何秉彝(中共党员)、同济大学学生会负责人尹景伊(共青团员)、南洋大学附中学生陈虞钦、华洋电话局接线生唐良生、东亚旅馆厨工陈兆长、洋务职工朱和尚、新世界职工邬金华、电器公司职员石松盛、包车行车匠陈光发、琴行漆工姚顺庆、裁缝王记福、味香居伙友谈金福、商贩徐落逢等 13 人,还有 10 余人重伤,被捕 150 余人。

血案发生后,刽子手为了掩盖罪行,飞速驶来救护车,将尸体拉走。几辆消防车忙于冲洗老闸捕房门口路面血迹,且立即封锁路面。《民国日报》主编邵力子和记者前去察看、拍照,马上被驱赶出去。上海友联公司司机胡廷芳驾驶汽车,载着公司老板陈铿然、摄影师刘亮婵、女演员徐琴芳驶抵现场,出其不意地拍下了冲洗血迹的一些镜头。巡捕察觉后,勒令停车检查。徐琴芳急中生智将那个小摄影机藏在大裤脚管里(那年月妇女流行大裤脚管),免去一场灾祸,为日后辑成影片《五卅风潮》留下了一组珍贵镜头。

中共中央则连夜召开紧急会议,决定号召上海市民举行罢工、罢课、罢市,以抗议帝国主义的大屠杀。"五卅"当晚,上海全市大中学校的四五百名学生代表,集中在上海学联门前广场上,情绪十分高昂。恽代英主持会议。会上决定:全市大中学校次日起率先一律罢课;组织学生,明天继续到大马路演讲示威;要求全市工商界立即罢工、罢市,用"三罢"誓同帝国主义斗争到底。31 日,南京路成了标语、传单的海洋,学生继续演讲示威。

"五卅惨案",中外震惊,这是继"五四运动"后,又一次大规模的革命群众运动,沉重打击了帝国主义,推动上海及全国人民反帝爱国运动继续高涨。

银楼初现罢工潮

党章守护者张人亚自1913年到上海打工,在南京路盆汤街老凤祥银楼(今南京东路432号)整整做了九年。

金银业工人主要从事加工制造金银饰品,属于传统工艺。工人受老板盘剥,待遇很差,生活困苦。工资多者每月七八块银元,少者两三块,一般四五块。为了维持生计,工人们只能加班加点多干活,一天要工作十几个小时,甚至更多。对于学徒来讲,学生意期限很长,名义上是五年,实际上还得为老板义务干一年,才能正式转正。

由于张人亚上过学堂有文化,曾经在老家镇海县立中学接受过进步思想的教育,且在打工期间,不断从进步书刊和身边的革命志士的言行中,接触到一些先进的革命思想,萌生了革命要求。所以面对金银业工人的现状,张人亚及时发现了其中的不合理和不公平,挺身而出,曾自发地组织了附近同行业工友与资方进行过一些谈判、交涉。因为张人亚超出一般工人群众的文化水平和思想觉悟,以及在工人群众中的影响力,引起了革命组织关注。同时,张人亚也积极靠拢革命组织。1921年,张人亚加入上海社会主义青年团,随后加入中国共产党,是上海地区最早的工人党员之一。1922年5月,首届中国社会主义青年团上海地方执行委员会成立,领导成员有3人:施存统担任书记,秘书袁孟冰,委员张人亚。

张人亚参加党团组织后,就利用在老凤祥工作的关系和群众基础,并在中国劳工组合书记部上海分部帮助下,出任上海金银业工人俱乐部主任。1922年9月16日,上海金银业工人俱乐部成立。在南市迎熏路职工教育馆举行的有1 600余人参加的成立大会上,张人亚以大会主席身份报告了开会宗旨,希冀上海金银业的工人团结在俱乐部周围,"努力去做"。

当时上海金银业职工2 000余人,分散在全市33家大小银楼里。要把如此分散的手工业工人集中到一个地方来开大会,实在是一件不容易的事情。张人亚等就是一家一户地磨破嘴皮宣传讲解,使得工人们明白大会召开的重要性,其虽然需要工人既不怕企业老板阻挠,又愿意至少牺牲半天工资收入,如果路远的甚至还要自掏车钱,但大会的成功召开将为工人们带来巨大的利益保障。经过张人亚等人执着动员,大会终于胜利召开,并获得圆满成功。这样规模的工会成立大会,在那时是空前的。大会结束时全体与会者拍照留念。该合影如今作为国家一级文物就珍藏在中共一大会址纪念馆里。

20世纪20年代,共产党领导的工会组织还只有上海机器工会、上海纺织工会、上海烟草工会、上海浦东纺织工会、上海海员工会、上海金银业工人俱乐部等。其中多数是大型产业工人工会,只有金银业工人俱乐部是手工业工人组织的中小型工会,足见党组织对该行业的重视和该行业已经具备的政治环境。

上海金银业工人俱乐部成立后,立刻着手布置和开展工作。通过20来天的准备,俱乐部代表全体工人发函向银楼公所提出5项条件:增加工资、学徒期减为3年、星期日休息、废除包工制、改善待遇。然而,资方对俱乐部的合理要求非但不予理睬,反而趁中秋节期间断然解雇了张人亚等3名俱乐部执行委员。工人们闻讯怒火中烧,誓不罢休,添码再增加2项条件,即承认工人俱乐部有代表全体工友之权利,将被开除的3名执行委员复职,并限定资方24小时答复。但资方依然置之不理。金银业工人于是决定1922年10月7日发表罢工宣言,举行全行业罢工。

罢工宣言深刻揭露了资方对工人们残酷剥削和压迫,指出:罢工是逼迫的,俱乐部是工人的第二生命,必须誓死捍卫之。罢工宣言正式提出了复工9项条件,除了前面提到的7条之外,又增加了:罢工期间不得扣除工人的工资,开除新凤祥德记银楼欺负工人的工头陆志香。

起初资方根本无视工人们罢工,甚至马上进行反扑。当日,大同银楼公所在报纸上对工人进行恫吓诱骗,企图破坏工人团体,编造什么俱乐部是罢工机关,系别有用心的人煽动;又胡说罢工触犯刑章,工人们有什么要求,可派代表直接找银楼公所董事部商谈解决。工人俱乐部则针锋相对发表通告,严厉驳斥了资方的谎言。此刻,加入俱乐部的工人越来越多,罢工规模越来越大。到了罢工第5天,南京路商界联合会会长方椒伯出面调停。因为银楼公所方面拒不承认工人俱乐部,仅仅同意就增加工资进行磋商。调停不欢而散。

10月16日,大同行银楼公所第二次在报纸上发出通告,限工人们3日内复工。若既不复工,也不派代表与资方磋商,则"依法解约"。两天过后,老凤祥等数家银楼勾结中西"包打听",强令工人们上班。新同行银楼也限工人们于10月20日一律上班。面对资方步步紧逼,工人俱乐部采取了一系列斗争措施:要求每家银楼作坊公推两名代表,同俱乐部保持密切联系;选派纠察维持作坊内秩序;强调罢工必须守纪律,要以和平方式抵制资方强迫开工,坚持不上班;对单独承认工人俱乐部方面提出条件的银楼,应区别对待,并通知该银楼工人先行复工;对未满足复工条件却强迫工人开工的银楼,进行干涉等。这些措施为坚持罢工斗争起到了一定作用。罢工坚持到10月下旬,公共租界巡捕房公开插手镇压罢工运动,打伤六七人,放狼狗咬伤三四人,拘捕了包括工人代表吴忠法在内的25名工人,并将他们解往公共租界汇司捕房关押。接着淞沪警察厅以"私设秘密机关""要挟罢工"罪名,于25日取缔了金银业工人俱乐部,还下令通缉俱乐部负责人张人亚和庄向初。

虽然罢工运动遭到了中外反动势力残酷镇压,但工人们毫不畏惧,团结的力量极大地震撼了资方。11月1日,资方终于做出一些让步。在宁波旅沪同乡会理事长李征五和方椒伯的重新调停下,张人亚等6位工人代表与资方签订了复工协议。根据协议内容,工人们在经济方面收获不小,主要有:工人全部增加工资,增加幅度分为两类,大同行银楼规定原来收入4块银元以上的增加25%,4块银元以下的增加40%,新同行一律增加40%;学徒年限从5年减为4年,第一年补贴鞋袜钱6块,以后则视其程度增加;革除日间包工制;并且罢工期内一概不扣工资。

对于罢工工人来讲,稍有遗憾的是要资方承认工人俱乐部的目的没有达到,被开除的3位执行委员包括张人亚也没有复职。虽然不完全尽如人意,但上海金银业工人俱乐部毕竟动员全行业工人坚持了28天罢工,为中国共产党成立一年多以来,持续时间最长的一次罢工。此次罢工不仅改善了工人待遇,且还破天荒地迫使资方同意在罢工期间照发工资。

为孙中山留声第一人

"诸君,我们大家是中国人,我们知道中国几千年来是世界上顶富顶强之国家。我们的文明进步比各国都是领先的。当这个中国顶强盛的时代,正所谓千邦进贡、万国来朝。那个时候,中国的文明,在世界上是第一的,中国是世界上头等强国。到了现在怎么样呢?现在的时代,我们中国是世界上顶弱、顶贫的国家。现在世界上,没有一个能看得起中国人的。所以现在世界的列强,对于中国,就是有瓜分中国的念头,也就是由各国来共管中国的意思。为什么我们以前顶强一个国家,现在变成这个地步呢?这就是中国,我们近来几百年,国民睡着了,我们睡了,不知道世界他国进步的地方。我们睡着的时候,还是以为我们几百年前是这样的富强的。因为睡着了,所以我们这几百年来,文明退步、政治堕落,变成现在不得了的局面。我们中国人,在今天应该要知道,我们现在这个地步,要赶快想想法子,怎么样来挽救。那么,我们中国还可以有得救。不然中国就要成为一个亡国灭种的地位。大家同心协力来救国,中国就可以反弱为强、转贫为富,就可以同今日之列强并驾齐驱。"以上这段久远却亲切的国语演讲是孙中山去世前一年留下的,且是孙中山一生中仅有的一次录音留声,更是孙中山利用近代科学发明来宣传政治主张、唤起民众觉醒的尝试。而为孙中山演讲录音的,是沈卓吾创办的上海《中国晚报》。

沈卓吾,1887年生于江苏如皋,自幼家贫,父亡母寡,就读于如皋孤幼小学和如皋工业学堂,因学习成绩优秀,被选送到江南高等工业学堂深造,毕业后留校。任教期间,由于接受并宣传革命思想,与学生谈论革命,一度被清廷通缉,被迫东渡日本避难。1905年,由朋友热情引荐,沈卓吾在横滨见到了仰慕已久的孙中山,并加入同盟会。归国后,沈卓吾任职于上海英商胜家缝纫公司,同时秘密从事革命活动。

20世纪20年代初,国内报纸刊物、社会舆论、文化宣传等领域出现一种难得的新气象。为了更广泛传播革命思想,1921年5月9日,沈卓吾经过一段时间紧张筹备后,正式创办《中国晚报》,报馆地址位于南京路238号。因为与沪上其他一些创办多年的老报馆相比,《中国晚报》的社会知名度不高,所以该报发行量一般。

1924年,为了扩大自家报馆的社会影响力,同时也为了提高报馆的经济效益,沈卓吾决定增设留声部,录制生产各类名人演讲留声话片(即唱片)和音乐歌曲等。那时国内市场上,由国人制作的国货留声片并不多见,但此行业赚头不小。虽然1张留声片只有几角银元微利,但是如果留声片内容吸引人,购买的人必然较多,靠跑量还是能获得丰厚利润。至于销售,沈卓吾觉得除了要有必要的产品销售渠道之外,录制内容最为关键。因此,沈卓吾指示报馆留声部,将重点放在国内戏曲界、音乐界名人录制上。由于事先做了充分准备,《中国晚报》馆留声片的生产和销售,取得了不错业绩。

1924年5月下旬,沈卓吾获悉孙中山将去广州白云山休养一段时间,认为这是请孙中山录制留声片的难得机会。可以通过为孙中山录制并发行演讲留声片,来宣传孙中山的革命理论,并借此扩大报馆影响。于是,沈卓吾带领留声部技术人员和先进录音设备,远赴广州。不料抵达广州后,无法立刻见到孙中山。沈卓吾又想办法托熟人,找到孙科和戴季陶,详细说明来意。一生非常关注舆论宣传的孙中山,在孙科转达《中国晚报》的意思后,爽快答应了沈卓吾的录音请求。

5月30日,孙中山在广东大学(今中山大学)南堤俱乐部里,拿着事先准备好的文稿,对着留声机演讲。为了方便更多国人都能听懂演讲内容,孙中山当场录制了两个版本,一段是为北方民众收听的国语版,另外一段是带有广东香山口音的粤语版。录制完毕后,沈卓吾返沪,将孙中山演讲录音制作成全套3张6面(即国语2张4面、粤语1张2面)、每分钟78转的胶木留声片,并于当年下半年以《勉励国民》《敬告同志》为题正式向海内外出售发行。

1925年3月12日,孙中山在北京不幸病逝,这段录音便成了一代伟人留存于世的唯一声音(此留声片如今仅存不超过10套)。同年3月25日,上海《中国晚报》留声部为了缅怀孙中山的丰功伟绩,便在上海当时最有名的开洛电台,连续3天播送孙中山应报馆邀请录制的演讲录音。孙中山勉励国民的演讲声音异常洪亮清晰,听了令人肃然起敬、心潮澎湃。翌年,《中国晚报》留声部携带自己生产的各种留声片,应邀参加美国费城世博会,获得该类产品银质奖章。

既然留声部名气已经打出来了,沈卓吾认为再附属于报馆,不利于生产,于是单独组建留声话盘厂。为了纪念孙中山,沈卓吾决定将设在南京路上的工厂直接命名为"中山留声话盘制造厂",同时正式以孙中山正面肖像作为留声话片的产品商标图案,即"孙总理肖像"牌。

1931年11月,江北发大水,哀鸿遍野。沈卓吾携赈灾款从上海乘坐"大德"号轮赶赴灾区查勘,途中不幸船毁于火,落水殒身,时年44岁。虽然英年早逝,但为孙中山留声的"无量功德"非沈卓吾莫属。

上海滩发电始于此

1843年上海开埠,西方列强纷纷抢滩上海,在进行经济掠夺的同时,也带来了大城市管理经验和方法,各种公用事业相继兴办。1882年5月10日,英国人立德尔等招股筹银5万两,成立上海电气公司,从美国购得发电设备,在南京路江西路西北角(今南京东路181号)创办了上海第一家发电厂。并在电厂转角围墙内竖起上海第一盏弧光灯杆,且沿着外滩到虹口招商局码头立杆架线,串接15盏灯。7月26日下午7点,电厂开始供电。夜幕下,15盏弧光灯一齐发出亮光,炫人眼目,吸引了成百上千市民带着惊喜又新奇的心情聚集围观。翌日,上海中外报刊都作了电灯发光的报道。如《字林西报》写道:"昨夜,上海的景色将长久地遗留在中外居民的脑海里,他们第一次看到租界的马路上用上了电灯。……以上这些都是上海电气公司第一次灯展取得卓越成果所产生的力量,也促使我们去盼望用这种美好的灯具来美化整个租界的那一天的早日到来。昏暗的煤气灯光给人一种可怜的形象,它在新电灯的强光下看上去完全和紫铜的颜色那样,毫无光彩。这种新灯具,推广到居民家里使用或许还要有一段时间,但可以肯定,推广这项革新只是时间问题。"

上海电气公司发电厂系全国第一家,比世界率先使用弧光灯的法国巴黎火车站电厂晚了7年,但比日本东京电灯公司早5年。当年,对使用电流点燃弧光灯发光,存在两种截然不同的意见:有识之士对此赞赏,称之为"奇异的自来月",并咏诗加以称颂;清政府上海道台却认为"电灯有患",若有不测,将焚屋伤人无法可救。于是下令禁止中国人使用电灯,且照会英国驻沪领事馆必须停用。然而,电灯的效用是油灯、煤气灯等其他照明用具无法比拟的,其优越性被越来越多的人所认识,结果不但禁不住,反而竞相装接。

为了扩大经营,上海电气公司又从英国订购蒸汽发电机组,并于1883年2月23日将电厂从南京路迁移到乍浦路41号。同年6月,上海电气公司与公共租界工部局签订合约,在外滩、南京路、百老汇路(今大名路)等三条主要干道上安装弧光灯,令道路照明得到改观。

1888年11月1日,上海电气公司改组,成立新申电气公司。但一年后,弧光灯数量仅从60盏增加到72盏。新申电气公司又从英国购买了新式交流发电机组,并推广使用更方便的白炽灯,公司业务因此出现转机。由于公共租界工部局对于马路旁架线限制极严,而公司又缺乏资金购置价格昂贵的地下电缆,难以进一步发展。

1893年8月20日,公共租界工部局纳税人年会通过提案,以白银6.61万两,收购新申电气公司全部产业,并成立工部局电气处。1929年8月8日,工部局由于政治、经济等诸多因素,将电气处的全部产业和专营权以白银8100万两,出售给美国电气债券和股份公司所属的美国和国外电力公司。尽管公共租界华人纳税人会议曾发表宣言进行抵制,上海特别市政府也以电力在租界收回时,工部局应无条件交还政府为由,呈文行政院进行外交干预,但均未成功,电气处被更名为上海电力公司。

美商入主后,在原址上投资建造公司总办事处大楼,委托法商哈沙德洋行设计和承建,于1931年9月竣工。新大楼以上海电力公司名称命名,7层钢筋混凝土结构。建筑风格为哥特式样,灰白色花岗石墙角,赭色泰山砖外墙。正门高大宽敞,面朝东北方向,配置古铜色大门,内有两扇四叶式旋转门。底层为营业大厅,白色大理石地面,落地玻璃窗。大厅内竖19根粗方柱,方柱底部镂空装百叶窗,直通地下室,风可从百叶窗吹出,调节大厅温度,相当环保。大厅南面开腰门,通电梯和楼梯。边门将设在楼梯口,有一道活络铁门,门上方装雨棚。楼梯及室内窗台均采用樱红色大理石铺砌。

之前,电气处系工部局内具有自主经营权企业,其下设立发电、馈电、用户工程、电表校验、秘书与事务共6个处和1个技术咨询委员会,共有外籍人员50人和中国职员355人。美商收购后留用了全部人员,机构也基本没变,仅把馈电处的设计机构改为工程处,新设了人事科。

原电气处的全部领导和技术干部均由外籍人员担任,主要是英国人,并按国外聘请合同聘用,不但需支付高额外币薪金和提供优惠的生活待遇,且在法律上较难解聘。美商接办后,建立新聘用制度,就地招聘只需较低工资的中外人员担任各种中、低级职务,使得公司人员结构产生显著变化。到1941年,外籍与华籍职员各占一半。

由于美商电力公司采取降低成本、增加售电等措施,虽然其电价在全市电力公司中最低,但仍能每年获取白银1 000万两左右收益。自美商接手到抗战全面爆发前,共获利9 000余万两白银,这与其付给工部局的全部价款本息9 530余万两白银相比,已经回收了投资额的94%。

1941年12月8日,太平洋战争爆发当天,日军强行进入租界,宣布对美商上海电力公司实行军管,且命令全部中外职工照常工作维持生产。随后,日军派出由东京电力公司工程师为首的11人小组,分别进入发电厂、馈电处和南京路总办事处,并将公司名称改为华中水电公司上电办事处。1942年8月至11月,英美籍职员先后被押入集中营,许多主持工作岗位空缺,只得任用华籍技术人员。因为进驻公司的日方人员并无成熟的管理方法,因而原有制度仍被继续沿用。不过在被占期间,公司发电机组有的被拆走,有的损坏严重无法修复,并先后5次遭到美军飞机轰炸,电厂中弹42枚,死伤21人,部分发电设备被炸坏,输变电设备也遭受损失,供电能力骤降。加上燃料缺乏,至1945年,全年售电量大为减少,以至于工商业和居民用电量被严格限制,难以维持正常营业和生活。

1945年8月,日本宣布无条件投降。9月17日,张家祉、汪经镕代表国民政府经济部,正式从日伪手中接收华中水电公司,然后,在市公用局局长赵曾钰主持下,将上海各电力公司发还原主经营。美商收回上海电力公司,并调查了设备损坏情况后,即着手进行修复工作。到1946年,公司的年售电量已回升到战前水平。这时,海路交通尚未恢复正常,电厂燃煤十分紧张。公司设法从美军那里获得紧急支援的燃油,以维持发电。接着向美国的石油公司订购廉价重油,全厂锅炉陆续改烧煤为烧油。此刻,上海市公用局开始对美商上海电力公司实行监督,电价需经核准,且专派一名联络员每天了解该公司发电量,负责协调向其余电力公司供电配额。

上海解放前夕,通货膨胀,物价飞涨,工商业日趋凋零,市民生活水平不断下降,美商上海电力公司的营业也随之低落。公司高层见大势已去,遂在财务上抽逃款项设法转向国外,人事上相应作了更迭,将英美籍人员分批撤离。1949年5月27日上海解放,6月,公司任命业务经理汪经镕、财务经理徐贤怀、工务经理李德庆3人组成经理会,以及一个在经理会主持下由各处长参加的行政委员会,领导公司全部工作,但依然留有4名外籍人员以顾问名义对公司和电厂的工作进行监督和控制,人事任免仍需顾问签署方可生效。

1950年12月30日,中央人民政府决定对美商企业实行军事管制,委派军管专员正式接管美商上海电力公司,并向各部门派遣代表。至此,美商上海电力公司收归国有。

第一套中山装诞生地

宁波人特别擅长制衣,早在清朝初年,慈溪县成衣制作者就在京城设立浙慈会馆。1843年上海开埠后,西风东渐,"洋广衣业"渐趋发展,来自宁波所属的奉化、鄞县、慈溪、定海、镇海和象山六邑的裁缝形成洋装裁缝的一个重要帮派。"六邑宁帮"(或称宁帮裁缝)后来在近代上海西服业的地位举足轻重,其中奉化人王才运,更是领头大哥。

王才运,1879年生于奉化县江口镇王溆浦村,13岁离开老家到上海打工,先在杂货店学生意,后改学裁缝。由于其父早年曾东渡日本,学得一手高超的西服制作手艺。待年老回国后,传授其子。王才运刻苦钻研业务,不仅手艺突飞猛进,且有更大的抱负,他打算开一家西服门店,为顾客定制西服。由于缺乏资金,王才运只能先做"包袱老板"(即携带衣料,流动为顾客量体裁衣)。挖到第一桶金后,便在小马路上租了间店面,创办"王荣泰西服店"(荣昌祥前身)。经过多年勤劳经营,手头宽裕,并得到同乡潘瑞璋资助,于1910年在南京路(今市百一店西藏中路口转角上)开设"荣昌祥呢绒西服号",铺面辟为商场。二楼前半部是呢绒批发,后半部为裁剪间、配料间和工场间。三楼前半部为工场间,后半部是职工宿舍。该店号系那时候南京路上第一家前店后工场、门售与加工合一的西服店。

荣昌祥的经营范围除了零售批发呢绒之外,以定制西服为主,兼营衬衫、羊毛衫、领带、领结、呢帽、皮鞋等,凡跟西服有关的商品,店里一应俱全。荣昌祥的经验与特色是能够紧跟国际上西服款式的变化,及时适应新潮流,不惜拿出外汇直接向英国长期订购西服样本,供顾客选样参考。同时聘请来自日本、俄国等国家的著名华籍裁缝,来工场间指导,做到精工细作、讲究款式、注重质量。至于面料,荣昌祥采用洋货呢绒(当时尚无国货呢绒),通过怡和、天祥等洋行,向英国、意大利等厂商订货。由于备货充足、花色众多,旅居上海的侨民均乐于光顾。因为在上海做的西服,面料质量好,做工考究,出同样的价钱,在国外是买不到的。所以荣昌祥名气越来越响,南京、北京、广州等地顾客,纷纷来沪选料定制。

辛亥革命后,孙中山曾经在荣昌祥定制过几套西服,穿着相当满意。于是在1916年,孙中山带给王才运一套日本陆军士官服,要求以该服为样本,做一套直翻领且有袋盖的四贴袋服装,并要求袋盖做成倒山形笔架式样,称为笔架盖,显示革命须重用笔杆子(即知识分子)。起初门襟是七粒纽扣,后来孙中山将其改成五粒,象征"五权分立";四个口袋,意思"国之四维";三粒袖扣,表示"三民主义"。在这套新式服装中,孙中山建立民主共和体制的理念得到完整体现。该服装做成后经孙中山试穿,大为赞赏,认为简朴庄重,胜于西装。因此定型,取名"中山装"。荣昌祥常常以能为孙中山制作第一套中山装而自豪。

荣昌祥的职工多数是老板王才运亲自跑到老家奉化请来的子侄辈,或外甥等亲戚,关系密切。尽管王才运待人和蔼,但对下属尤其是学徒却管教严格,除传授西服等专业知识,还聘请文化教师,在业余时间教授国义、英语、珠算、会计等课程。那些来自农村的学徒,进店后先得在裁缝工场实习,初步学会服装结构、裁剪技术、缝纫手艺等基本功,再视其表现、专长和能力,安排合乎其个性、特长和爱好的岗位。譬如有些继续留在工场间做裁缝;有些分配到门市部当营业员;有些则算账和管理,总之量才录用。所有留在工场间的学徒,得拜师傅学习裁剪、缝纫、熨烫等技术,使其能够熟悉各种不同性能的面料，按质缝制，并做到款式不走样。一旦发现不符合标准，立刻返工重做，在实践中提高技术水平；而分配到门市部当营业员的学徒，先做些辅助工作，如整理商品、招待顾客等，逐步学会营业员必须掌握的量、算、裁、试等4项基本技能。另外王才运在店堂明显处悬挂18条店规，规定职工要和颜悦色、礼貌待客、热情接待、尽心服务。即使生意不成，也要热情送客出门，而决不允许与顾客顶嘴争论。如遇到洋人，应用英语接待，做到对答如流。结果荣昌祥的服务态度、服务质量深得中外消费者赞许。由于王才运对职工严格培训和管理，历年来培养出许多服装行业的优秀人才，为上海服装业的发展提供了人力资源。先后离开荣昌祥自立门户开店开厂的，几乎垄断了20世纪三四十年代南京路上的西服店。那些企业后来绝大部分成为上海名牌商店，对于繁荣南京路，起到了一定的推动作用。就是到现在，奉化县王溆浦村几百户人家，就开办了两家服装厂，大概每三四户中就有1人从事服装产业，是上海西服行业主要协作生产基地之一，上海一些著名的特色商店，也往往将业务送到那里去加工，畅销国内外。

王才运不仅为闻名海内外的"奉帮裁缝"输送人才，且富有反帝爱国心。1925年"五卅惨案"发生在南京路云南路口原老闸捕房门口，位于荣昌祥附近。西方列强的野蛮暴行，激起全国人民同仇敌忾，上海人民更是义愤填膺，工人罢工、学生罢课、商人罢市，形成反帝怒潮。鉴于王才运在沪上商界颇孚众望，既是南京路商界联合会会长，又被推举为上海各马路商界联合会总会长，他带领上海商界与工人、学生联合，义无反顾投入爱国反帝斗争。当天下午，上海各马路商界联合会等社会团体，在上海总商会讨论决定，于5月31日全市商界罢市，整个上海滩上的马路顿时变得冷冷清清、毫无生气，为上海有史以来未见。租界洋人们慌了手脚，不得不惩办开枪杀人凶手。为此，王才运遭到公共租界巡捕房的搜捕，幸亏及时转移，才免受其害。

"五卅惨案"后，王才运爱国之心愈发坚定，他发动上海商界展开"抵制洋货，提倡国货"运动。考虑到荣昌祥所经营的商品主要来自英国，为了说到做到不买洋货，在经商与爱国两者不能兼得的情况下，王才运毅然弃商归里，以表达他爱国反帝决心之坚定，遂将荣昌祥全部资产盘点核算，以分红形式把2/3的财产分别分给追随他多年的职工，企业则由其得意门生、外甥女婿王宏卿继承。

王宏卿接手后，秉承王才的运经营理念，并设法拓展经营范围，接受团体订单，如铁路员工号衣、航空军校学生制服，再发展承接军服和雨衣，另外还扩大了呢绒批发,为全国各省市西服店提供货源,令荣昌祥保持兴旺发达。鼎盛时期,荣昌祥呢绒备货价值高达50万银元之巨,被誉为上海西服业老大。

20世纪30年代初,财大气粗的广东富商相中南京路西藏路口地段(包括荣昌祥店址在内),建造大新百货公司。荣昌祥在得到一笔经济补偿后,被迫迁到原址斜对面(今新雅酒店点心部)继续营业,但只有底层铺面,无法设立工场间。为了从长计议,王宏卿再次搬家,迁至南京路782号(今王星记扇子店前身),新址系一幢双开间假三层房子,比较宽敞。王宏卿进行了精心装修,分设商场、试样室、裁剪间、缝制工场间、经理室、账房间、职工宿舍及休息活动室,又调整了经营范围,以批发呢绒、定制西服、团体服装为主,不再兼营皮鞋、衬衫及西服附件等商品,使得业务更加集中化、专业化。王宏卿还派遣技术人员赴日学习西服制作,向欧美长期订购时装样本,及时收集世界流行款式,令荣昌祥的工艺、款式、质量始终保持领先于同行。

1937年7月抗战全面爆发,王宏卿会同汇利西服店经理周永昇、亨达利钟表行经理莫高明等,克服种种困难,先后在汉口、祁阳、中国香港等地开办被服厂,生产军需服装、被子、水壶等物品,供应前线,为抗战出力。而留在上海的荣昌祥,为了大后方持久抗战需要,抽调了一批技术、管理骨干及缝纫设备、原辅料等物资,辗转内地,共赴国难,充分发挥了民族企业家的爱国主义传统。1945年8月抗战胜利后,王宏卿返回上海,重整旗鼓,恢复传统经营特色,业务迅速上升。无奈内战烽火重起,物价飞涨,民不聊生。尤其是上海解放前夕,国民党反动派垂死挣扎,对中共地下组织进行残酷镇压。作为上海西服业同业公会理事长的王宏卿,深知国民党所作所为不得人心,便以自己在社会上的地位和名气,掩护地下党员活动,荣昌祥的经理办公室一直是中共地下党员蒋本青、潘念之等的秘密会议场所。

1949年5月上海解放,王宏卿积极参加社会活动,被选为上海市人民代表、市政协委员、市工商联委员、市西服业同业公会主任等。抗美援朝期间,王宏卿捐献飞机大炮、购买折实公债。在接受社会主义改造时,王宏卿以身作则,响应人民政府号召,带动同业公私合营,荣昌祥于1959年9月,根据行业布局调整安排,并入春秋西服商店。

南山路

南山路，东起和田路，西至共和新路，全长362米，1921年修筑，以洪南山宅命名。

海派徽墨"曹素功"

墨，位列中国文房四宝（笔、墨、纸、砚）第二。墨的发明乃我国古代劳动人民对文化发展的一项伟大贡献。中国制墨历史非常悠久，尤其是明清时期，最为灿烂和繁盛。而徽墨作为制墨业代表，明代有罗小华、程君房、方于鲁、邵格之等，清代更出现了曹素功、汪近圣人、汪节庵、胡开文"四大家"，并有"天下之墨推歙州，歙州之墨推曹氏"之说。

作为清代制墨四大家的曹素功墨业创始人曹素功，顺治年间秀才，深得制墨遗法，又善于经营，因而所制成的墨声望日高。康熙皇帝南巡江宁时，曹素功六次献墨，颇得赏识，获康熙御赐"紫玉光"三字，因此名声大震，旋被列为贡墨。靠着口传心授，曹素功制墨技艺代代相传。所有步骤均手工操作，分别为点烟、蒸胶、和料、制墨、翻晾、锉墨、描金、检验和包装等九个步骤，以确保墨锭品质。至曹氏六世孙曹尧千，其制墨水平达到曹素功墨业最高水准。1840年鸦片战争以降，战乱迭起，曹素功墨肆毁于战火，曹素功九世孙曹端友于1861年举家迁徙离开歙州，携带仅存的制墨工具，辗转常州和苏州。三年后，曹端友奔赴上海，在南市小东门方浜路马姚弄交口处开设墨庄，继续制墨，重兴祖业。同时，一批来自浙江、江苏、安徽的画家集中在上海，画风与本地画家相结合，形成了海派书画流派。曹素功后人从抵沪之初，就与海派书画家赵之谦、钱慧安、任伯年、吴昌硕等建立友谊，共同探索一条海派徽墨的发展道路。尤其是在20世纪二三十年代,海派文化兴盛时期,曾熙、李瑞清、王一亭等海派书画大师和社会名流,给予曹素功墨特别多的关照和支持。海派书画孕育了海派笔墨;海派笔墨为海派书画增辉添彩,达到了书画界与笔墨界两者艺技相长、相得益彰的境地,实现了互勉共进、共兴同荣。

1917年,由于方浜路原址不敷使用,曹素功墨庄搬至南山路128弄30号。虽然受到动荡局势影响,处境艰难,但曹素功墨庄依然坚守祖业,勉力支撑。一直到1949年5月上海解放,社会逐步稳定,制墨业始有恢复,旧式墨庄相继通过公私合营,成为国营墨厂,曹素功墨庄也一样。历经十三代之久的曹素功,与沪上胡开文等墨坊合并,于1956年公私合营,成为上海墨厂。值得一提的是该厂还有一个厂名叫徽歙曹素功,实属国内唯一的一厂两名。从此,上海墨厂凭借徽歙曹素功的历史底蕴和雄厚基础,依托上海大都市的优势,成为国内制墨业当之无愧的领军者。

上海墨厂成立后,作为全国最大的国营墨厂,继承了曹素功墨庄延续300余年的精湛传统制墨工艺,生产出具有很高水准的墨锭,作画浓而不滞、淡而不灰,层次清晰;作书色泽黝而能润。该厂在满足国内市场需求的同时,更多的是承担着出口任务,是我国创汇的生力军,得到市里有关部门的特殊照顾,如制作高档墨品必须添加的金箔、冰片、麝香等珍贵辅料,在严格管控的情况下,获得特许使用权,且保证供应。不过到了20世纪60年代中期,该厂基本处于停产状态。1972年中日恢复邦交后,为满足国家外汇需求,上海墨厂逐步开始恢复生产。1978年,上海墨厂完成旧厂房的翻造新建,使用了70年的老闸北陈旧矮平房,改建为4层标准厂房,车间内外旧貌换新颜,为此该厂工人生产热情无比高涨。那时候传统书画艺术重新焕发青春,对笔墨需求急骤增长,厂里经常加班加点还供不应求。传统产品恢复生产,让已有300多年历史的曹素功得以展示其深厚的历史底蕴和文化内涵。尤其当年一批技艺高超的老技师,有的即将退休,有的退休后仍被返聘,依旧奋力苦干,挥锤杵墨、挥汗铸墨,为上海墨厂的复兴和再创辉煌作出了巨大贡献。到了20世纪八九十年代,随着"境外探亲热""出国热",带来了"礼品热",结果既价位适中、品位高雅、精巧便携,又富有中华传统文化内涵、具有较高工艺水平的墨品,得到普遍青睐。无论是出境的国人,还是来访的华侨和外宾,都将其作为馈赠礼品的首选。当时,曹素功的中高档墨品特别热销,个别品种甚至还要在友谊商店用"代汇券"购买。

尽管产品热销,工艺百年传承,但上海墨厂没有停止发展脚步。为了不断提升制墨质量和试制新品,厂方经常登门拜访或邀请许多声誉卓著的名家来厂试墨。当年留下签名、对新墨品试用发表书面意见、留下试墨的底稿以及留赠墨宝的人士分别有:郭沫若、宋日昌、赵朴初、汪道涵、沈迈士、朱屺瞻、王个簃、万籁鸣、许士骐、王蘧常、苏步青、申石伽、钱君匋、叶潞渊、苏渊雷、谢稚柳、唐云、应野平、吴青霞、吴铁生、关山月、启功、曹简楼、任政、邵洛羊、陈从周、胡问遂、乔木、程十发、高式熊、陈佩秋、黄胄、富华、林曦明等,可谓星光灿烂。

2021年6月,因为南山路一带旧区改造,上海墨厂动迁到军工路1300号,新厂区将建设成集生产、展示、旅游、研究等功能于一体的笔墨工坊,继续辉煌。

"孔雀"香精全国第一

我国古代就有用桂花、玫瑰、薄荷、橘子和柠檬等天然植物作为香料,为食品饮料加香的做法。自19世纪中叶,海禁开放,西洋香精大量涌入中国,对我国一向以天然原料为主的香料业造成严重冲击。1929年,民族实业家李润田从家庭手工业入手,附设于鉴臣进出口行,开始配套销售"飞鹰"牌和"花果"牌香精,供应制皂、制药、卷烟、食品及家用化学品等行业。"飞鹰"牌香精的问世,打破了外商独霸中国香料市场的局面。1937年7月抗战全面爆发前,上海民族香料业计有鉴臣、百里、嘉福等大小香料厂37家。日军侵占上海时期,民族香料厂处境萧条,经营惨淡,上海的香料市场几乎为日商占领。1945年8月抗战胜利,百业待兴,上海民族香料业也乘势奋起,积极经营、不断努力,产品大有进步。同时为扶植民族工业,海关禁止舶来品输入,国人也乐于采用国货,呈现战后经济繁荣的新气象,涌现出许多香料厂。1947年8月13日在上海发起成立香料同业公会,李润田任筹备主任,郑廷荣和奚永康为副主任,同年10月11日,经社会局同意正式成立上海市香料工业同业公会,会址设在滇池路110号,负责人李润田,会员单位有24家。据1950年统计,同业公会的工业会员计26家,商业会员有3家。不过大部分厂家的生产仍然停留在作坊式、实验式的状态,设备简陋,生产能力低,品种单调。

1949年5月上海解放,香料业得到复苏,上海各家私营香精厂进行分工,香精实行统一配方。但是由于西方帝国主义国家的封锁政策,进口货逐年减少,客观形势逼得上海各家香精厂走自力更生的发展道路。起初,市人民政府还分配定数量的国家外汇额度,由香料工业同业公会按照营业额比例分配给各厂,自行委托进口商各自进口。抗美援朝战争爆发后,进口货源完全断绝,从而迫使各厂注重发展中国自己的香料工业,同业公会组织人员到外省市去寻找天然香料,用以提取柠檬醛香料的野生香料植物山苍籽油就是20世纪50年代初被发现的。各厂根据自己的技术力量,在单离香料、合成香料的各个领域进行了探索和研究,按先易后难的程序,试制出一批质量达到调香要求的香料,既代替了进口香料,又发展了生产。

  1953年10月份起,中国化工原料公司上海分公司开始经营香料香精业务,对工厂的产品实行了全面的收购包销,使私营香料工业的生产、经营管理得到了初步的改善,开始纳入计划经济的轨道上来,限制了盲目发展。1954年7月份开始,上海私营香料业各大型厂通过专业分工及技术改进后,提高了对产品的质量和价格要求,明确化验分析方法和产品规格,走向正规化生产道路。随着生产规模的日趋扩大,产品质量不断提高,并经进出口公司的努力,开始向苏联、东欧等国家出口香料香精,年出口量达数百吨之多。但当时尚无总体发展规划,企业都是私营性质,产品仍难免重复,研究和生产的技术水平也仍属初级阶段。1956年上半年,全国资本主义工商业基本上实行了全行业的公私合营。在上海市政府的大力扶植下,对香料行业进行整顿,根据各厂生产方式和产品性质,有计划、有步骤地采用了裁、并、改、合的措施。位于南山路上的上海日用化学品一厂,就是由原大陆、丽华和华胜3家私营化妆品厂合并,于1958年5月建立。1960年,上级主管部门将正广和汽水厂的香精车间划入该厂,从此,上海日用化学品一厂专业生产"孔雀"牌食用和烟用香精,年产食用香精245吨、烟用香精124吨。1983年,该厂更名为上海日用香精厂,位于南山路99号。20世纪80年代以来,为了适应饮料、食品卷烟、酒类等行业的高速发展,该厂针对厂房设备陈旧、增产潜力有限等困难,实施固定资产全面更新计划,并在上级有关部门有力支持下,陆续兴建了食用香精车间大楼、仓库大楼、乳化车间、粉末香精车间和调味香精车间,且为食用香精车间添置了3条灌装包装流水线,使得产品从洗瓶到灌瓶,从贴商标到旋盖子,全部实现了自动化,提高劳动生产率40%以上。

  产量上去了,"孔雀"牌香精10多个品种,分别获得轻工业部和上海市优秀新产品奖等称号。要想使企业持续发展,保持名牌产品桂冠,必须要有看家本领,做到产品质量不断精益求精、新产品不断开发创新。为此,该厂根据市场竞争需求和自身条件,选调一批具有一定造诣的技术骨干,分别建立了食品香精研究室、烟用香精研究室和香料研究室,放手让科技人员集中精力专门从事提高产品质量和新产品开发的科研工作。虽然当时厂里资金并不宽裕,在国家科委和市科委"星火计划"支持下,毅然拿出 100 多万元人民币,引进了具有 20 世纪 80 年代国际先进水平的高精度液相色谱仪、气相色谱仪、红外光色谱仪、紫外光谱分析仪、色质联用仪、粒度仪等检测设备。借助这些先进设备,厂里实施了生产全过程的质量监控。尝到甜头后,厂里又投资 100 万元人民币,安装先进的原材料预处理装置、自动计量控制装置等设备,使得产品质量更上一层楼。

另外,厂里为新产品开发创造条件,除了强化信息收集和情报检索系统,以及出国展览广泛开展技术交流和贸易往来之外,先后邀请了法国和美国的调香专家来厂里交流技术,令厂里的开发研究进一步得到提高。在全厂职工特别是专家的共同努力下,研制成功烟用香精新品种,用于高档的"中华"牌、"牡丹"牌等甲级卷烟;对橘子香精配方作了修改,用进口 5 倍甜橙油代替进口单位甜橙油,质量相似,成本下降,售价由每公斤人民币 9.26 元,调低到 6.70 元;研制成功乳化香精,简化了果汁和果味饮料的生产工艺,深受饮料行业欢迎;新开发的水蜜桃、哈密瓜香精已达到进口香精水平,价格却便宜得多。于是,很多原先进口国外香精的国内客户,纷纷改用"孔雀"牌香精,为国家节约了可贵的外汇。

日用香精厂并不满足乳化、粉末两类饮料香精已在国内市场独领风骚,开动脑筋继续创新,运用食物烹饪原理,新开发了调味系列产品,先后研制成功鸡肉、牛肉、猪肉、鱼肉、虾味、爆鱼等食物香精,大大丰富了食品市场各类汤料和咸味食品的品种;配合烟草业产品升级换代,研制成功巧克力、黑香豆、咖啡、枫槭及白肋烟型的加料香精,用于许多国产牌子的低焦油混合型卷烟;鉴于我国绝大多数地区处于亚热带和温带,绝大多数民众难以品尝到热带水果,厂里又着手开发热带水果系列的食用香精,有杧果香精、番石榴香精、西番梨香精等;还试制成功蔬菜系香精,如蘑菇香精、马铃薯香精、番茄香精等,投放市场。

20 世纪 90 年代初,上海日用香精厂全厂职工仅 450 人,却是全国最大的生产食用香精和烟用香精的专业工厂,无论是产量、质量、品种、效益,该厂生产的"孔雀"牌在全国香精行业中,均排行榜首,甚至有些新型品种已经达到国际先进水平。

宁波路

宁波路，东起四川中路，西至六合路，全长1 226米。1848年，筑今福建中路至浙江中路段，名中旺街。19世纪50年代，筑今四川中路至石潭弄段，名教会大道，又称宽克路；筑今浙江中路以西路段，名爱尔白纳路。1865年贯通全路，以浙江宁波改今名，俗称后马路。

钱庄银行鳞次栉比

宁波路还有一个更加响亮的俗称：金融街。1934年出版的《中国建筑》杂志里是这么描述的："沿黄浦而西，头顶四川路，介于南京路北京路之间，即海上之宁波路也。沿是路也，银行钱庄，鳞次栉比，握全市金融之枢纽，素有中国华尔街之誉。"能够获得"中国华尔街"美誉，宁波路金融业之发达可见一斑，而钱庄业在宁波路的发展，则是功不可没。虽然钱庄规模有限，设备简陋，操作方法陈旧，况且抢滩上海的洋商银行资本雄厚，似乎难以匹敌，但钱庄仍然以"小车不倒只管推"的勇气，稳步经营、经久不衰。晚清以降，宁波路沿线钱庄多达60余家，在全市占据了相当比例，尤其是全市的划汇钱庄，几乎都设立于宁波路。位于宁波路276号的原上海钱业公会大楼，就是那段往事的最佳见证者。

据统计，在宁波路上，先后开办的钱庄和银行有：4号的上海通和商业储蓄银行、24号的永大银行、50号的上海商业储蓄银行、52号的广东银行、74号的生大信托公司、77号的大来商业银行、86号的建华银行、89号的亚洲银行、103号的正明商业储蓄银行、109号的江海银行、112号的大康银行。120弄兴仁里，更是以弄内钱庄拥挤而闻名，有大小钱庄11家，仅宁波方家经营的就有安康、安裕和赓裕3家,以及121号的光华商业储蓄银行,144号的上海至中商业储蓄银行,180号的美丰银行,266号的永亨银行,316号的存德钱庄,320号的五丰钱庄,515号的农商银行,等等。

不过在号称沪上金融街的宁波路上,竟然开办过一家工厂,其产品也大名鼎鼎,于1979年荣获国家金质奖。那就是上海第二衬衫厂。

"海螺"四精追"阿罗"

1950年9月,荣新内衣厂在延安中路604号成立,专业生产男式衬衫。1951年5月,该厂启用"绿叶"牌和"红叶"牌商标,并试制成功化学领专用药水,填补了国内空白。1954年,"绿叶"牌衬衫作为中国衬衫的唯一代表,参加在苏联和民主德国举办的展览会。1956年工厂实行公私合营后,首创衬衫流水作业,推进衬衫规格的标准化,并将衬衫制作分解成46道工序,形成专业化。1958年5月,该厂搬迁至宁波路74弄4号,1966年改称国营上海第二衬衫厂。

早在20世纪50年代,"绿叶"牌衬衫就出口海外,并一直保持较好的声誉,在国内外消费者心目中具有一定的影响。该厂为了进一步打开国际市场,提高中国衬衫的国际声誉,决定更上一层楼,把目光瞄准国际名牌衬衫的先进水平,以美国的"阿罗"牌和英国的"鳄鱼"牌作为赶超目标。1973年,"海螺"牌在"绿叶"牌成功的基础上诞生。

为了创出"海螺"名牌,该厂千方百计精益求精,努力做到四个"精"。首先是商标设计精巧。市场上,特别是在国际市场上,要想使得一个产品在琳琅满目眼花缭乱的商品群里给消费者留下深刻印象,商标的突出形象不可缺少。"海螺"牌风格独特、别出心裁的商标设计,令人耳目一新。想当年,上海第二衬衫厂为了商标设计富有特色,遍访上海自然博物馆、上海水产学院等单位,试图摆脱以纯粹花鸟图案作为商标的老套路,最终选择"海螺",寓意就是立志赶超美国的"阿罗"。嶙峋峥嵘、傲然挺立的"海螺"牌商标图案,体现了上海第二衬衫厂赶超国际名牌的坚忍不拔毅力。其次是面料选用务求精美。巧妇难为无米之炊,衬衫质量的优劣,与其所选用的原材料密切相关,如果没有合适的面料,无法生产出称心如意的衬衫。考虑到原材料的质量优劣和供应便利,该厂直接同国棉八厂以及上海第二印染厂挂钩,选用那两家工厂生产的80支至 120 支全棉精梳树脂整理的高级府绸。该府绸具有细密均匀、防皱防缩、柔软滑爽、吸湿性好等多种优点,为"海螺"牌衬衫创出独特的风格提供了基本条件。再次是精选人员。为了保证产品质量,提高生产效率,该厂精选一批技术水平高的操作工人和管理能力强的管理人员,专门从事"海螺"牌衬衫的生产。同时将该产品从裁剪到小包装,固定在一个车间内封闭式流水生产。最后是精工细作。"三分裁,七分做"和"三分做,七分烫",是服装业内行常说的一句话。为了能使"海螺"牌衬衫款式精美,该厂加强了生产技术管理,具体做到裁剪找窍门、缝纫用功夫、熨烫讲科学。在裁剪前,该厂将所需要裁剪的面料进行预先缩水,然后再进行裁剪,免得成衣落水后衬衫变形走样。同时,在裁剪时为满足不同消费者的需求,采取了一个领号三档袖长的不同规格尺寸,以此来适应不同的体型。在缝纫中,每个操作工人做到双手前拉后掯,以保持缝线平直挺括。还有熨烫时,该厂技术人员经过反复测试,科学地得出了衬衫领子的黏合衬与尼龙衬的压烫温度和压烫时间,从而确保衬衫领子的定型效果,且防止因为熨烫温度过高或熨烫时间过长而损伤衣料的内在质量。此外,在"海螺"牌衬衫纽扣的选择上,该厂也是通过反复推敲,才决定采用天然贝壳加工而成,将其点缀在纯棉织物的衬衫上,显得华丽精致。

除了在设计、生产过程中做到四精,该厂为了保证"海螺"牌衬衫质量万无一失,自我加压、"自找麻烦",制订了高于轻工部部颁标准的各项质量指标,且在检验中从严掌握。由此,上海衬衫二厂可以有底气地告诉消费者:"海螺"牌衬衫质量等级只有一个,那就是一等品。不符合一等品的衬衫,一概不能出厂。

"海螺"牌男式衬衫自问世以来,以其款式精美、质地精良而进入国际市场,得到了中国香港万新公司以及外国客户的好评,销售量与日俱增,零售价逐步上扬,其单价接近英国"鳄鱼"牌衬衫,单单 1980 年,就为国家创汇 6 757 000 美元。

1983 年 12 月,因于宁波路生产场地较狭窄,上海衬衫二厂迁至沪太路 951 号。1990 年该厂被评为国家一级企业,1993 年,该厂兼并上海枫林服装厂,更名为上海海螺企业发展公司,1994 年和上海第三衬衫厂合并组建上海海螺集团公司。

平凉路

平凉路，西起临潼路，东至军工路，全长5 700米，1902年筑成，西段以印尼雅加达旧名命名为巴特维亚路，东段以印度地名命名为麦特拉司路，又作马德拉斯路，1915年全路以甘肃平凉改今名。

平凉路西段弄堂较多，最有名的就是八埭头；东段工厂较多，有2767号的上海第十九棉纺织厂、2440号的上海灯芯绒总厂、2200号的上海新华树脂厂、2060号的上海第一羊毛衫厂、1971号的上海针织运动衣厂、1404号的上海第四漂染厂、1180号的上海胶鞋六厂等等。而其中全国闻名的则是上海自行车三厂。

首家华商自行车制造厂的后世

鸦片战争后，自行车跟着西方侨民一起被带到中国，并成为报刊热门话题。1868年的报纸是这么报道的："上海地方有自行车几辆，乃一人坐于车上，一轮于前，一轮于后，人用两脚尖点地，引轮而走。人如踹动天平，亦系前后轮，转动如飞，人可省力走路。"但直到1885年，自行车及其零件才第一次被列入"五金杂货类"进入上海市场，由英商怡和、德商禅臣、法商礼康洋行代理进口自行车销售业务，不过看的人多买的人少。1897年，一位修理马车、人力车的宁波籍商人褚同生，在上海南京路604号（今泰康食品商店）开办同昌车行。1924年，同昌车行创立"飞马"牌，开民族品牌自行车先河。1930年，同昌车行选址槟榔路101号（今安远路360弄6号），开办同昌车行制造厂，专门生产零配件装配自行车。后来同昌厂在战乱中起起伏伏，勉强维持生计。1949年上海解放,同昌厂获得新生。1958年,同昌厂与亚美钢圈厂等18家中心厂及一部分弄堂小厂小店共计267家单位,合并组成上海自行车三厂,厂址选在平凉路2375号。

建厂初期,产品商标为"生产"牌和"新华"牌,但无论内在质量和外观款式,都远远落后于同行业水平。一位消费者来信批评道:"三厂的自行车,骑起来重得要命,感冒骑最好,用不着吃阿司匹林。"结果,具有讽刺味道的"阿司匹林车"便传开了,导致产品销不出去,仓库大量积压。

全厂职工不甘落后,下决心改变消费者心目中的企业形象,先从商标名称开始。于是,自行车三厂在《解放日报》和《文汇报》上刊登征求新商标名称的广告,1 000多份稿件从全国各地飞来,其中就有后来家喻户晓的"凤凰"设计稿。设计者系一位中学教师,其设计思路是:凤凰象征着美丽、吉祥和幸福,飞起来轻灵飘逸,深受百姓喜爱,而这也正是该厂追求的目标。就这样,"凤凰"被确定为自行车三厂的新商标。为了保险起见,在公布征稿答案时,顺便选了一枚"红旗"牌商标作为备用,但由于后来"凤凰"牌太火,备而未用。

1959年元旦,"凤凰"牌注册商标由中央工商行政管理局正式批准。不久,第一辆"凤凰"自行车面世。那时候厂里的生产设备和操作工艺都很落后:冲床用脚踏、车床拖皮带、锻打拉风箱、电镀靠板刷。生产效率很低,只有同行业的一半,单位成本却高出同行业30%。现实令全厂职工明白,要使"凤凰"自行车像其名字一样"飞"起来,不搞技术革新根本不行。全厂职工便行动起来,运用"四个结合,四个为主"(即专群结合,以群为主;土洋结合,以土为主;远近结合,以近为主;学创结合,以创为主)方式,开展群众性的技术革新,扭转了落后的生产面貌。

过去的制管工艺,冷轧拉拨成型后用手工焊接,共计16道工序,一个熟练工人每天最多焊接100米,返修率达到50%以上。制管车间200个工人,日夜三班倒不停地干,月产不过800副自行车钢管,如此薄弱环节拖了全厂的后腿。有工人用顺口溜来形容制管车间的现状:"月初要打山上虎,月底要打下山虎,力气用了九牛二虎,质量只能马马虎虎。"自行车质量要提高、产量要提升,就得攻下那个"老虎头"。工人们发扬自力更生、艰苦创业精神,对制管工艺进行了四次大革新:即一改手工焊接为半自动乙炔气焊;二改乙炔焊为电阻焊;三改电阻焊为高频焊;再在高频焊管机上革新,使得速度达到每分钟60米以上。革新后一个工人两分钟的产量相当于原来手工操作一天的产量,质量也合格,且始终保持质量测试满分。

不仅制管车间，全厂台台机床搞革新，道道工序有改进。经过全厂职工的不懈努力，"凤凰"自行车的精度、强度和光洁度等都超过了国家规定的标准。1960年年末，"凤凰"自行车在国家轻工业部的国产品牌评比中荣获第一名；1962年年底，在全国自行车行业质量评比中，又拿到第二名的骄人成绩；1965年，首次夺得全国质量评比第一名。

创名牌，不仅要在现有产品质量上狠下功夫，且必须按照升级换代的需求生产出更多的适销对路新产品。20世纪50年代末，"凤凰"自行车品种单一，款式陈旧，在市场上影响不大。后来经过革新，产品质量上去了，厂里就在款式上动脑筋，开展社会调查，广泛征求用户意见，并根据各地不同使用特点，设计制造出阔车把、长车把、狭车把、短车架、双档、单档、硬边、软边等各种规格的自行车。如标定自行车PA12型，就是为了适应南方地区载重需要，设计成双档硬边款式，很快扭转市场销路不畅局面。1964年，在赶超英国"兰令"牌自行车的活动中，全厂职工克服任务重、要求高、时间紧、条件差等困难，奋战55天，一共搞了306项技术革新，不断寻求在质量、款式上的新突破，终于试制成功赶超国际水平的PA14型锰钢自行车。由于该车自重轻、造型美、强度高、骑行轻快，与以往的国产自行车有很大区别，不仅全部达到国家规定的60项技术指标，有31项还超过了历史悠久的"兰令"牌自行车，所以一经推出，深受广大消费者青睐，成为"凤凰自行车的一颗明珠"，并在1965年的全国自行车行业质量评比中，拿到了冠军，此后又连续7次获得第一名。以至于周恩来在1967年称赞"凤凰"是吉祥之鸟，"凤凰"牌自行车是广大人民群众所喜爱的自行车。"凤凰"牌自行车也以吉祥的寓意和精良的品质，成为那时候青年男女新婚必选的"三大件"之一（其他两大件是收音机和缝纫机）。

1971年，厂里为了更上一层楼，对原有产品的结构进行重大改革，采用全链罩、镀铬单撑脚、转铃设计，向市场推出升级换代的"凤凰"PA18型自行车。封闭式全链罩既能避免骑车人裤脚碰到车链上的油污，骑行时车链碰击链罩又可发出悦耳的金属回响。因为PA18型自行车新颖美观，不仅适应城市代步，且适宜农村骑行，男女老少都喜爱，不久便风靡全国，连续多年成为"一车难求"的奢侈车型。难怪有一位美国记者曾报道说："在中国拥有一辆'凤凰'自行车，就像在以汽车代步的国家拥有一辆凯迪拉克或奔驰那样自豪。"

20世纪六七十年代，一名普通工人的工资大约三四十元人民币，而一辆"凤凰"牌自行车就卖到120元人民币。当然有钱还不行，得凭票、找关系。因此骑上一辆"凤凰"牌自行车是派头和享受，在马路上溜达一圈，回头无数。

尽管"凤凰"自行车抢手,但厂里仍然在创名牌的同时,做好用户服务工作,且不仅仅局限于售后服务,而是将服务的重心移到销售前。即根据用户需求和市场信息,不断改进产品结构和包装。如 PA18 型自行车属于热门货,但是由于厂里对车圈硬边成型的设备产能不足,产量满足不了消费者需求。所以很多用户急中生"智",买来 PA12 型,再配上杂牌零件,改装成 PA18 型式样。这样既花了不少钱,又不美观。厂里得知此信息后,及时研究对策,采用软边轮胎,生产出 PA20 型,受到北方地区的消费者欢迎,被消费者称之为"农用 18 型"。又如有段日子,用户反映新买来的自行车油漆擦伤较多。厂里又组织调查小组寻找原因,将车架包装瓦楞纸改为气垫塑料薄膜,还改革了装箱方式和包装。虽然工厂成本稍有增加,但确保了产品质量,消费者也更加满意了。另外厂里根据商业部门反馈信息,将成品车每箱 6 辆改成 3 辆,以适应西藏地区的特殊需求。

"凤凰"自行车不仅在国内卖得好,且通过上海轻工业品进出口公司销往海外。1964 年"凤凰"自行车首次飞到新加坡。后来又陆续飞往东南亚、非洲等国际市场。1980 年,厂里了解到欧美国家的自行车,要有装饰回光、气封式气门嘴轮胎,车把形状要做成"牛角"或"羊角"形状,还要符合 CPSC(即美国消费品安全协会)标准。尽管有难度,但通过全厂职工努力,照样制造出达到美国安全标准的带有脚刹车闸和内三速的出口型自行车,在纽约博览会上展出后,受到客商一致赞赏。崭新靓丽的"凤凰"100 型号、300 型自行车终于进入美国市场,并远销 80 多个国家和地区。

1981 年,自行车三厂迁到杨浦区武川路 111 号,20 多年后,于 2003 年再次搬离。原厂址成为上海财经大学校区。

沪东地区工人娱乐场所

1949 年 5 月上海解放后,劳动人民当家做了主人,生产劳动积极性大大提高,生活就像甘蔗,节节高。物质生活水平提高了,精神生活同样需要。但由于历史原因,杨浦区的文化设施较少,仅有几家小剧场和电影院,且设备简陋,广大工人群众下班后或周末缺少活动场所。为此在 1951 年 6 月 20 日举行的全市小型工厂代表会上,沪东地区的小厂代表提出,在工人集中的杨树区,建造一个工人自己的文化娱乐场所,并由此彻底改变"若要苦,杨树浦"的面貌。

后来数位人大代表在 1953 年 1 月召开的市第一届人代会上提出了同样建议。市政府非常重视工人代表和人大代表的提议，把杨浦区作为上海市营造工厂区文化生活园地的示范样板之一，决定由市总工会负责统筹规划这个工人文化娱乐场所，并于 1957 年 2 月成立了基建委员会，投资 250 万元人民币，在杨树浦找一块地皮，建造一座具有较高水平的工人文化宫，以满足广大工人群众日益增长的文化需求。

考虑到该文化宫建造在沪东地区，所以定名"上海市总工会沪东工人文化宫"（简称东宫）。至于东宫总体设计指导思想，是向当年的老大哥学习，模仿苏联工会大厦圆柱大厅式样。最初选址在临青路、杭州路一带荒地上，占地 36 亩。但苏联专家穆欣持不同意见，理由是该处并不是工人集中的中心地段。随即又挑选了在控江路以南、黄兴路以东、周家嘴路以北地区一块地皮，占地面积 250 亩。因为苏联专家设计方案豪华，投资过大，不符合当时国情，最终由市总工会、中共杨浦区委、区人民政府磋商决定，选择东近临青路、西靠三星路的平凉路南侧一块约 38 亩空地，请市民用建筑设计院设计 1 幢 2 层的砖木结构建筑。

1957 年 2 月 7 日，在隆重举行的纪念二七大罢工 34 周年暨东宫开工奠基仪式上，市、区领导同沪东地区职工 500 余人共同见证了破土过程。经过一年多时间的施工，1958 年 7 月，东宫大剧场竣工后先行对外开放，上海艺术剧院的话剧《烈火红心》剧组的演员们，每天分 3 场为三班制工人演出，连演两个月。可容纳 1 300 余名观众的大剧场场场爆满，盛况空前。同年 10 月 1 日国庆节，东宫正式对外开放，开幕仪式在东宫大剧场举行，时任总工会副主席沈涵主持，中共上海市委书记处书记、上海市副市长许建国在会上讲话，国务院劳动部副部长刘子久、总工会副主席钟民、中共杨浦区委书记后奕斋等到会祝贺。开幕式后，举行了为期两天的大联欢，近万名工人群众兴高采烈地走进平凉路 1500 号东宫大门。

整个东宫呈马鞍形状，其主体建筑像凹字，北侧沿平凉路的围墙内是开放型大花坛；南首的花园嵌入凹字中间，又称中央花园；东面正对平凉路的高楼是大剧场；西边进口处，耸立着"迎接上海解放"的巨幅群体塑像。东宫西边底楼是图书馆，宽敞明亮的图书馆，一长排玻璃书橱摆放着各类图书和杂志供人们借阅。旁边是阅览室，设 100 个座位，人们可以安静地坐在阅览室里阅读。后面是知识宫、棋牌室、乒乓房、弹子房和游艺室，人们在那里可以尽情娱乐，放松身心。尤其是游艺室里的许多游戏项目，如套圈、吹气球、夹玻璃弹、射门等,好玩得令参与者忘乎所以,玩了一遍又一遍。登上2楼是3间大厅,适合举办各种展览。楼上另有不少小教室,供音乐、戏剧、美术班上课用。

东宫开宫后,每周开放6天,凭工会会员证进入,无会员证者须购买3分钱人民币门票,凭票入宫。人民政府创办东宫的目的,就是要充分利用文化宫这块活动阵地,开展各种政治、生产等宣传、教育、文艺和体育活动;积极加强对沪东地区市、区属工厂的工人俱乐部、活动室进行辅导和交流,或者为基层文艺爱好者开办训练班和各种讲座,不断提高水平,以促进整个职工群众活动的广泛开展;经常举办各种对职工家属、儿童有益的文体活动。因此在20世纪五六十年代,东宫经常举办展览、大家唱、纳凉晚会、读书会、科技夜市等活动,剧场常有来自国内外文艺团体优秀剧目的演出。每天来东宫活动的人数超五千人,节假日时有上万人。东宫还先后出版《春苗》《杨浦集邮》《东宫报》等内部刊物11种。1960年,东宫被评为"上海市群众文化工作先进单位"。

考虑到杨浦区是个工业大区,大型工厂集中,爱好文艺的职工众多,所以在东宫落成后,先后成立了业余文艺创作组,下设作曲、诗歌、小说、评论、戏剧、美术、摄影等组。参加人数达300多人,其中不少组员后来成了作家、编辑等沪上知名文化从业者。还开办了舞蹈、歌咏、相声、化妆、舞台5个培训班,为沪东地区的群众文艺活动培养了不少基层人才。

东宫曾经是杨浦人心中的文化圣地,被誉为杨浦区的"大世界",在业余文化生活还十分单调的年代,它的存在满足和丰富了人们的精神需求。曾有相当长一段时间,杨浦人不约而同地来这里活动,使东宫成了大杨浦的文化地标。

浦电路

在浦东开发史上,最早用"浦东"二字命名的大型民营企业,是位于张家浜南靠近黄浦江边上的"浦东电气公司",简称浦电。浦电的创建,对浦东早期的发展起到了重要推动作用。1952年,浦电筹建职工宿舍时,为纪念那段历史,以公司简称命名为"浦电新村",旁边新建的道路就称"浦电路",并沿用至今。浦电路东起源深路,西至黄浦江边浦明路,全长约2500米。

浦东开发先行者

1905年,为引领浦东开发,一群浦东先贤组建了浦东近代史上有重要影响的浦东同人会(后改建为浦东同乡会)。1919年1月,我国著名的地理学家、实业家童世亨,经过详细考察,认定浦东是一块可以大展宏图的土地,于是与浦东同乡会的穆藕初、黄炎培、叶惠钧、钱新之等共同集资20万银元,筹办浦东电气股份有限公司(简称浦电)。同年5月成立董事会,推举童世亨担任总经理兼技术主任。1920年经农商部核准注册,并租用春江码头10号(今陆家嘴游龙路)为事务所。同时,在塘桥张家浜南靠近黄浦江处(即新华薄荷厂旧址)购入地皮两亩,建造发电所,安装两台美国制造的120千瓦煤气发电机组,并同步建设浦电第一条长10公里的2.3千伏供电线路。首台机组于1920年12月21日发电,仅供上半夜照明,使得南起塘桥,北至陆家嘴,东到其昌栈、开平局一带电灯放光,对浦东早期开发,起到了重要的推动作用。

1921年1月,浦电开始对外营业,当年营业收入3.75万元银元。考虑到浦东电力供求需要增加,1925年2月26日,发电所向张家浜口北岸(今张家浜北安里32号)易地重建,占地面积9.4亩。同年11月20日,新厂落成发电,安装两台英国制造的拔柏葛水管式锅炉和一台瑞士制造的600千瓦汽轮发电机组。新厂投运后,老厂停用,原来的煤气发电机卖给了绍兴大明电气公司。

20世纪30年代初,浦东的电气事业日趋发展,民族工业不断兴起,用电量逐步增加,发电负荷已经满载。经上海市公用局指示,浦电决定向浦西趸购电力馈供浦东用户。1930年1月,浦东与华商电气公司签订购电2 000千瓦合同。同年10月动工,在黄浦江敷设两条5.5千伏水底过江电缆,次年2月1日竣工通电。因为频率不一致,只能划区供电,起初供杨思地区,后改接线路,扩大至塘桥、洋泾、高桥等地。此时,浦电供电线路以张家浜变电所为中心,已形成三路2.3千伏三相三线制输电干线,年售电量170万千瓦时,用户3 055家,安装电表3 088只。1933年2月,为进一步发展浦东电气事业,浦电又与闸北水电公司订立购电1 200千瓦合同,并先后在浦东陶家宅配电所至闸北虬江码头处,敷设两条6.6千伏水底过江电缆,分别于同年12月和翌年11月建成通电。随着南北两路电源的建成,浦电供电范围不断扩大。1933年南汇县汇北电气公司、周浦镇大明电气公司先后停机,改由浦电放线通电。两年后南沙电气公司也停机,改向浦电购买电力。至1936年,浦电已成为有一定规模的经济实体,收买和归并了浦东地区10多家小型电气公司和电灯厂,供电范围除了当时浦东高桥、高行、陆行、洋泾、塘桥和杨思6个地区之外,还扩展到上海、川沙、南汇、奉贤4县境内,供电线路达400多公里,公用路灯2 912盏,供电负荷3 910千瓦,年供电量1 700万千瓦时,供电面积1 450平方公里,公司股本总额100万法币。为了适应浦东地区用电需要,提高自身发电能力,扩大公司业务,同年3月,浦电购买上海县第4区浦东沿江基地50多亩地皮,并向洋行订购两台5 000千瓦汽轮发电机组,用于筹建王家渡发电厂。由于浦电加强经营管理,健全各种规章制度,企业发展蒸蒸日上,国民政府评比全国民营电厂时,将浦电评为"全国民营电业之楷模",且获得连年颁发的荣誉奖状。

正当浦电踌躇满志,立志把企业做大做强时,1937年8月13日,淞沪会战爆发,张家浜发电所停止发电。由于闸北水电公司地处前线,所以从战事第二天起,闸北至浦东的输电被迫中断。11月上海华界沦陷后,一直到1945年8月日本投降,浦电营业中止,人员解散,全部资产被日伪"华中水电公司"侵吞,并改名为"华中水电公司浦东营业所"。

侵华期间,日寇对中国民族工业大肆掠夺和破坏,浦电也不能幸免。1939年9月,张家浜发电所600千瓦汽轮发电机组被拆,以12.1万日元出售给日伪华中矿业公司桃冲矿业所。在建的王家渡发电厂厂房、仓库、码头均遭战火毁坏。已向英、德两国订购的发电机组合同被迫终止,一半定金作为赔偿洋商损失。至于浦东地区的供电线路和各种设备,被日军任意拆迁、破坏或盗窃。闸北至浦东的两条水底电缆一条被拆除,还有一条被损坏造成输电不成。浦东唯一的电源由华中水电公司另敷设一条33千伏线路,从美商上海电力公司江边电站,经过闸北、沪西、南市至浦东,仅供沿江市区和浦东部分郊县城镇用电,营业区域大为缩小。此刻,除了洋泾、塘桥等附近市区外,华中水电公司只能对电力用户实行以煤换电,实施"集团购电"。1945年,售电量约76万千瓦时,同抗战全面爆发前夕相比,下降20%。

1945年8月,抗战胜利,浦电奉命接收原厂进行复业,发现发电机组已荡然无存,供电线路留存无几,简直是满目疮痍,处于瘫痪。为了修理故障、恢复供电,浦电全力整修线路,对唯一沿用的一条33千伏线路加强维护,并修复陶家宅至闸北的一条6.6千伏水底电缆,又恢复南北两路供电。次年8月南汇电气公司、大团耀昶和记电灯厂归并浦电。由于浦东地区的工厂相继复工,用电负荷激增,为解决电力紧缺,浦东杨家渡鸿丰纺织公司(此后的国棉二十七厂)和杨思桥恒大新记纺织厂(此后的上海微型电机厂)联合筹款,通过英商安利洋行,购买英国汤姆逊锅炉厂和茂伟电机厂制造的2 500千瓦、6.3千伏快装式列车发电机组一台。施工时将发电机组车轮拆除,固定安装在张家浜发电所内的混凝土基础上,于1947年7月1日勉强恢复发电。该机组是当年沪上唯一的列车发电机组,最高发电量2 600千瓦。

然而电力仍供不应求,浦电董事会决定增资法币50亿元,除了继续向美商上海电力公司购电3 800千瓦之外,采取租赁、联办等措施增加发电量,如租赁鸿丰纺织公司两台350千瓦柴油发电机组、与南汇电气公司联合开办新场发电所、与恒大新记纺织厂联合筹建杨思桥发电所。1948年9月,浦电建成一条从塘桥至周浦的6.6千伏线路,全长12.4公里,改变了原经杨思、三林至周浦的走向。10月,浦电向陆家嘴英商纶昌纺织厂购电1 200千瓦。至此,浦电设备容量4 000千瓦,全年共发电1 400多万千瓦时,输电量2 200多万千瓦时,售电量2 700多万千瓦时,最高负荷近7 000千瓦,电灯、电力用户达到12 667户。

1949年5月上海解放。在人民政府支持下,浦电很快恢复发电和供电。1950年,售电量较上年增加46%。1954年6月,浦电董事会在童世亨带动下,提出要求公私合营申请。通过反复酝酿、协商谈判,于同年7月1日正式成立公私合营浦东电气公司,在册 409 名职工全部转入公私合营。经上海电业管理局任命,童受民为公司经理,童世亨为顾问。公司下辖总务、保卫、营业、会计、用户 5 个科,下辖 13 个股。

随着第一个五年计划实施,国家急需一个灵活、机动的应急发电站。从大局出发,浦电张家浜发电所机组于 1954 年 9 月停止发电,拆下运至常州戚墅堰机车厂,装上列车底盘轮子,并配 1 节汽轮机车厢、4 节锅炉车厢(两台锅炉)、1 节机电车厢、1 节原水制作车厢、1 节高低压配电车厢,以及办公室、医务室车厢和辅助车厢等,浩浩荡荡十几节车厢,组成"流动列车发电厂",作为列车电业局第 3 列车发电站,北上承接"工业野战军"任务,30 多年来先后转战河北邯郸、河南焦作、陕西西安、浙江新安江、浙江宁波、湖北丹江口、陕西韩城、河南西平、江苏昆山等地,并于 1988 年彻底完成其历史使命。

1956 年 1 月 1 日,浦电结束公私合营,转为国营企业,成立低压浦东分区和浦东营业分所,负责浦东地区的供用电业务。后来由于经济和社会发展需要,浦电退出发电业务,彻底转变为供电所。

"白熊"薄荷国家免检

新华薄荷厂是我国近代一家专门生产薄荷脑、薄荷精和薄荷锭的著名企业。

20 世纪初,国内薄荷市场上,法国、瑞士和日本等国生产的薄荷产品一统天下,尤其是日货薄荷后来居上,充斥上海市场。由于我国化妆品、药品等行业发展速度较快,对薄荷需求量与日俱增,但当年能够生产薄荷的企业很少,只有位于华德路(今长阳路)上的永盛薄荷公司一家。

面对日货泛滥成灾的局面,一些爱国民族企业家忧心如焚。新丰杂粮行大股东李咏裳同经理曹莘耕商量,能否办一家薄荷厂,与日本人对着干,曹莘耕听了表示可行。

1889 年,曹莘耕生于宁波镇海,父亲是个家道中落的穷秀才。曹莘耕 8 岁进私塾识文断字,翌年因父亲去世,只能辍学替人家放牛。14 岁时,母亲又病故,生活难以为继。经堂兄介绍,到上海万祥杂粮行当学徒。白天,曹莘耕勤奋好学,埋头干事;晚上,读南市夜校,刻苦学习。但好景不长,南市夜校因故停办,曹莘耕再次辍学。由于天资聪明,头脑灵活,又诚恳待人,曹莘耕深得师长和同事们赞许。可因老板经营不善,万祥杂粮行亏损倒闭。曹莘耕只得失业回老家,再帮人家种田。艰辛的生活,磨炼了他自强自立的意志。两年后,曹莘耕的同事又把他叫到上海,介绍给正大杂粮行。曹莘耕深知这份工作来之不易,且自己家庭贫寒,既无学历,又无靠山,要在上海滩站稳脚跟,只有靠自己不懈努力,比别人付出更多才行。

1920年,曹莘耕受李咏裳赏识,被聘为新丰杂粮行经理。从此,曹莘耕有了发挥其能力的平台。用人上,曹莘耕平易近人,知人善任,奖优罚劣;业务上,曹莘耕先后在大江南北及云贵黔川地区扩大经营范围,增加杂粮经销品种,不到几年时间,新丰杂粮行业务得到迅速发展。1925年,适逢麦根路(今淮安路)上有家叫"大德晋"的油厂停业。曹莘耕向老板李咏裳建议:以新丰行历年积余资金,将该厂全套设备买下,改名为"大德新"榨油厂,以谋求更大发展。李咏裳见新丰行在曹莘耕管理下蒸蒸日上,毫不犹豫同意了该建议,盘下油厂后,李咏裳聘曹莘耕兼任"大德新"榨油厂经理。曹莘耕开始在上海商界鹊起。

1937年7月,按照李咏裳指示,"新华薄荷厂股份有限公司"在打浦桥附近成立,曹莘耕担任总经理。此事被卧底在沪的日本商业间谍知道后,"八一三"淞沪会战中,日军飞机把刚办起的新华薄荷厂炸为平地。日本人的卑鄙伎俩使曹莘耕等异常愤怒,不但没有屈服于日寇的罪恶行径,反而更激起了办好薄荷厂的决心。曹莘耕把厂址迁回到大德新榨油厂的几间空屋内,大刀阔斧地干起来。投产伊始,曹莘耕和职工们一起日夜苦战,狠抓产品质量。那时江海关对出口到国外的薄荷类产品有严格要求,标准是摄氏42度时,薄荷脑的薄荷油含量一定要达到50%,方可称之为合格产品。曹莘耕则规定:新华厂的薄荷脑必须在超过摄氏42度的情况下,薄荷油含量仍要在50.5%以上方可出厂。

对于各种薄荷脑产品的内外包装,曹莘耕也要求极严。如每听5磅的薄荷脑,外包装马口铁上的商标图案和文字都是彩色印刷,而不是简单地用普通商标纸糊贴;12听60磅为一箱的大包装,包装箱两头的木板必须是整块板,上下拼板不得超过三块,且里外必须刨光,全部用榫头连接,不准使用一颗钉子。木箱内再加装一层镀锌铁皮,防止渗水及薄荷脑蒸发。如此包装,即使将其扔进黄浦江里,水也不会渗透进装薄荷脑的箱子里。铁盒包装除了在四周直接印上企业、产品和商标的名称和图案之外,还印有使用说明。特别是在铁盖上,压制凹凸的中英文企业、产品和商标的名称和图案。所以即使铁盒周围所印文字和图案褪色模糊,铁盖上精制的凹凸文字和图案却依然清晰可见。

薄荷脑既能外用,又可内服,在医药、食品、日常生活等多方面有着广泛应用。

厂里根据"白熊"牌薄荷脑功能,以草绿为商标底色,再配上一只憨态可掬的白熊图案,刊登在沪上各大报刊、街头广告上,形象可人,意味隽永,令人一看顿生一种清凉愉悦的感觉,视觉效果十分显著。由于优质守信,包装精致,足斤足两,"白熊"牌薄荷脑在国内市场上一炮打响,压倒日本同类产品,企业很快发展壮大。其后,"白熊"牌薄荷脑又遍销美、英、法、德、日等20多个国家和地区,其出口率达90%以上。几十年来,"白熊"牌薄荷脑在国际市场上一直独占鳌头,成为中国民族工业的骄傲。而曹莘耕也因此名声大振,被人尊称为"薄荷大王"。

1937年"八一三"淞沪会战后,上海除租界外全被日寇占领,不少工厂内迁武汉、重庆。曹莘耕因在上海商界享有较高威望,日伪政府多次派人威迫利诱曹莘耕,要他留在上海与日本人合作,并将新华薄荷厂一半股份让给日本人,为商界作个所谓"中日亲善,大东亚共荣"表率。来者甚至表示只要曹莘耕愿意,将推荐他为上海商会会长。曹莘耕深知日本军国主义要吞并中国的狼子野心,会利用各种卑鄙无耻手段来欺骗残害中国老百姓,是中国人民势不两立的敌人。因此对来者说:"很抱歉,我不能与日本人合作共事,他们搞什么'大东亚共荣',说得倒好听,前不久,还把我们新华薄荷厂给炸了。他们要搞到自己国家去搞,我不能做遗臭万年的事。"来者威胁曹莘耕:"你要看清形势,中国很快要灭亡了,以后这里是日本人天下,人家主动提出要与你们合作,这是个难得的机会。你们别敬酒不吃,吃罚酒。"曹莘耕毫不畏惧道:"之前我们已领教了,大不了再来一次。"伪政府一次次派人来游说,都无法说服曹莘耕,只好寻找机会报复。但未等敌人找到机会,1940年年初,曹莘耕毅然离沪去渝。次年12月,太平洋战争爆发,日军大举进入租界,新华薄荷厂被迫停产。

1945年8月,抗战胜利,新华薄荷厂在曹莘耕等领导下重整旗鼓。为了扩大"白熊"牌薄荷脑生产规模,厂里立即在浦东南张家浜路(即张家浜发电站最初厂址)大兴土木,并从原先狭窄的旧厂房搬迁至新建厂房内,且迅速恢复了往日供不应求的盛况。该厂生产的"白熊"牌薄荷脑,以其生产工艺成熟、质量稳定、产品干燥纯净透明、品种齐全等特点,很快就在国际市场上占据一席之地,出口到欧美等二十几个国家。且由于"白熊"牌薄荷脑品种优良,获得国家免检资格,可以在伦敦、巴黎市场上直接挂牌销售。

1949年5月，上海解放后，在人民政府关心和帮助下，新华薄荷厂生产得到蓬勃发展。当新生的人民共和国急需外汇资金时，曹莘耕等让厂里加紧生产，扩大出口数量，从1950年至1990年，新华薄荷厂累计生产"白熊"牌薄荷脑14 299吨，出口达10 215吨，为国家创汇2亿多美元。抗美援朝期间，曹莘耕带头向国家捐献1架飞机，支援中国人民志愿军前线作战。1956年，工厂按照上级部门指示，进行公私合营，永盛薄荷厂、中福薄荷厂等上海市一批香精、香料企业陆续并入新华薄荷厂，工厂更名为"新华香料厂"。

虬江路

虬江路,东起九龙路,西至共和新路,全长2486米,1914年填虬江筑东段,故名。1922年向西延筑。1943年以河北省清河县改名清河路。1946年复名虬江路。

延续近百年的旧货市场

虬江属于苏州河(旧称吴淞江)旧道,"虬江"是吴语"旧江"的讹音。虬江路地处租界与华界接合部,交通方便,两边行政权力都较难进行管辖。这种天然的便利使虬江路成了上海最大旧货市场。虬江路旧货市场历史悠久,具体形成时间无资料可查,但可以确信的是,抗战前,广东街(今新广路)至龚家宅路、中州路一带已摊头林立。此后规模逐步扩大,从虹口区南部偏西虬江支路上,东起四川北路,西至虬江路,占地约2000平方米。抗战胜利后,日侨被遣返回国,将带不回国的东西拿到虬江路一带变卖,大批家具什物进入旧货市场。后来日伪物资及美国剩余物资云集于此,社会上各种旧货和工业淘汰品也源源流入,在虬江路附近形成一个庞大的五金、日用旧货交易市场。新中国成立后大概在1955年左右,虬江路旧货市场发展到鼎盛时期,市场内店摊成市,生活、生产资料齐全,买卖修理兼有。有历史资料显示,当年虬江路有大小旧货店88家,固定和流动摊贩314户,"交行"(用批发价交换旧货)26人,"天平担"(挑担收售旧货贩)389人,市场经营额每月达人民币20万元左右,形成各业俱全的综合性旧货市场。1956年对私改造时,将固定摊、店分别组建成五金工具、旧电料、旧油桶、旧油布、旧杂货五金、自行车、皮箱、旧木料等10家合作商店。1959年以后,虬江路市场经过几次改组,至1976年合并成虬江支路废旧物资商店和虹口五金工具商店。其间,业务一度萎缩。

20世纪80年代初,企业自主权扩大,商场充分发挥既有商品买卖、又有修理,既有办理函购、又有代客打包运输的特色,服务周到,顾客称便。进入20世纪90年代后,虬江路逐步形成了以音响、电脑、电子设备为主的二手电子市场,沿街商铺30余家,临时马路地摊不计其数。后来,虬江路不光是售卖电脑、电器、音箱了,连卫浴用品、体育用品、钟表、乐器,甚至服装都有。在虬江路生意红火的时候,商家甚至用集装箱来进货。2021年1月31日,由于市政建设需要,虬江路二手市场动迁,其中大部分商家搬到曹安路的轻纺市场。延续了近百年的旧货市场历史到此终结。

上海总工会成立之地

虬江路不仅是二手货专卖地的代名词,且在波澜壮阔、腥风血雨的大革命时期,也印上了红色。20世纪20年代,上海拥有全国近1/3的产业工人,人数约80万,工人组织程度之高是其他城市难以比拟的。对于西方列强在上海设立租界、开办工厂,残酷地压迫和剥削中国人民,上海工人早已深恶痛绝,反抗帝国主义压迫的斗争时有发生。1925年5月15日,上海内外棉七厂的日本资本家为了镇压工人的罢工斗争,枪杀了工人顾正红,并打伤工人10多名,这一惨剧成了"五卅运动"的导火线。中共中央因势利导,决定在学生和工人中发动大规模的反帝示威游行。为了领导这场游行,中共中央派遣了李立三、刘华筹建上海总工会,刚刚成立的全国总工会也委托刘少奇来到了上海。5月30日上午9时起,上海工人和学生纷纷走上街头,举行反对帝国主义的游行和讲演。在人群密集的南京路上,租界的英国巡捕突然向示威群众开枪,打死工人、学生13人,伤者数十人,逮捕150多人,制造了震惊中外的"五卅惨案"。帝国主义的暴行激起了上海工人和全国人民的强烈愤慨,当晚,上海各工会团体纷纷集会,商讨对策。中共中央则在上海召开紧急会议,决定由李立三、瞿秋白、蔡和森、刘少奇和刘华等组成行动委员会,领导进一步扩大反帝运动,发动全上海民众罢工、罢市、罢课。31日下午3点左右,成群结队的学生、工人和小商人涌向位于北苏州路上的上海总商会,在该会大厅举行各界联席会议,到会者达数千人,一致敦促总商会发布罢市令。内外棉工会代表在会上发言,强烈要求商人罢市,并提出惩办凶手、赔偿损失、承认工人有组织工会及罢工的权利;同时反对公共租界工部局制定的印刷附律,共提出 7 条要求。沪西工友俱乐部代表在会上坚决要求上海所有商店和工人应全部宣布总罢工。会议持续了四五个小时,群情激昂,迫使总商会副会长方椒伯不得不签署总罢市命令。

夜幕降临,上海各工会代表 600 余人,在虬江路 46 号广东会馆礼堂再次召开联席会议,一致通过上海总工会公开成立。会议选举李立三、刘华、孙良惠、杨之华等人为执行委员会委员,李立三为委员长。下设总务、交际、宣传、会计、组织科,各科正副主任大多为共产党员:总务科主任刘少奇,副主任谢文锦、孙良惠;交际科主任陈杏林,副主任赵子敬、郭尘侠;宣传科主任刘贯之,副主任严敦哲、张佐臣;会计科主任傅冠雄,副主任陶静轩、杨建华;组织科主任吴敏,副主任郑福宁、顾凤鸣。次日上午,上海总工会建立后的第一道命令,便是宣布上海工人为反抗帝国主义大屠杀实施总同盟大罢工。于是,因"五卅惨案"而掀起的上海工人总罢工,犹如大海怒涛,汹涌澎湃,势不可挡。

"名姝"电池一流国货

上海是中国近代民族电池工业发源地。1912 年 12 月,20 岁刚刚出头、已担任北洋政府交通部电器工程师的胡国光,不甘心国内电池市场长期被洋货占据,自筹 5 万银元资金,白手起家,在闸北虬江路开办了中国第一家电池企业——国华电池厂。初建时厂里只有五个员工,主要制造和生产各种"名姝"牌、"地球"牌和"鹰"牌干电池、汽车蓄电池、电气开关等产品。在国华厂生产出国货电池后,由于产品价格低廉、品质优良,受到国人青睐。北洋政府交通部曾多次向国华厂定制大批优质电池,分配给下属的各大电报局、电话局等使用。

国华厂起步比较顺利,不料几年之后,由于管理不善,出现亏损。再加上美国"永备"牌电池在我国市场上大量超低价倾销,导致国华厂无论是生产技术还是经济实力,均处于竞争劣势。到 1921 年,不得不宣告停产歇业。

但胡国光不服输,他反思和总结了失败教训,重整旗鼓再次集资,在国华电池厂基础上,于 1924 年创办了中国蓄电池厂,主要生产干湿电池、蓄电池、碳棒和充电机,其中不少产品还拥有自主品牌。创办初期,民族自尊心和事业心都很强的胡国光,针对国产电池生产工艺水平不高、生产的均为黄板纸衬式电池、电池质量不稳定现象,深入研究反复试验,终于采用棉纸包电芯新工艺,研制成功锌锰糊式电池,完全取代过去以吸水纸吸附电液的落后工艺。因为该工艺需将电液调制成糨糊状,所以又称面筋电池。新电池电容量大,电力充足,糊状电液不易干涸,保存期可长达一年以上,大大提高了电池使用寿命,令国产电池更新换代,且在与英、美、日等电池制造先进国家的产品相比较时,达到相同水平,为国货赢得了声誉和市场。中国蓄电池厂的"名姝"牌、"鹰"牌和"地球"牌电池,还应上海总商会和行业公会邀请,于1926年远赴美国费城参加世博会。经过业内专家评审,获得铜质奖章,是中国早期机电产品在国际上屈指可数的获奖纪录。

1929年,面对美国"永备"牌电池企图垄断我国电池生产市场的企图,中国蓄电池厂联合上海汇明电池厂等几家我国著名的电池生产企业,同美商展开激烈竞争。经过三番五次较量,国货电池并未处于下风,更没有被击垮。1932年"一·二八"事变爆发,闸北一带处于中日两军交战区,遭到日军炮火猛烈轰炸,中国蓄电池厂、原材料和成品等均被焚毁,损失巨大。胡国光只能另觅他处继续生产。在同行热情助力下,厂里恢复了部分"名姝"牌、"地球"牌电池生产。1937年抗战全面爆发后,胡国光积极响应国民政府号召,将部分电池生产设备西迁大后方重庆,一直等到抗战胜利,才返回上海。赶走了日本侵略者,中国蓄电池厂恢复生机获得较快发展。但好景不长,由于美国生产的"悦华"牌铁壳电池大量出现在国内市场上,且低价倾销,导致中国蓄电池厂的电池产品大量积压。再加上国内时局动荡不安,物价飞涨,民不聊生,也使得电池的销售很不景气。"名姝"牌、"地球"牌等中国蓄电池厂生产的电池销售量,已远不如20世纪30年代初的鼎盛时期。

1949年5月上海解放,中国蓄电池厂在人民政府有关部门帮助下,各种电池产品生产逐渐恢复。1956年,胡国光按照人民政府要求,工厂进行公私合营,其他10家电池生产企业先后并入,其生产的优质名牌电池被用于汽车等许多行业,1958年,工厂改名为上海矿用电器厂,专业生产各种工业蓄电池,被广泛运用于煤矿照明设备以及低压开关、配电箱等设备中。

人民路

人民路，东起方浜东路，西至方浜西路。呈半环形，全长2 267米，1912年7月31日，上海县城开始拆城填壕筑路。原来的老城墙，是1553年上海百姓为了防御、抗击倭寇用泥土修筑的，长九里、高二丈四。城墙外围再挖了长一千五百余丈、宽六丈、深一丈七的护城河。明万历年间，又以巨石取代土墙。辛亥革命后，封建城堡式城墙严重阻碍了政治和经济发展，老城墙终于功成身退。到1913年6月，完成从小东门经老北门到老西门的北面半圈铺路工程(南面半圈叫中华路)。由于介于华界与法租界之间，并为了庆祝中华民国成立，新路被命名为法华民国路，上海解放后改今名。

从"名士""文士"到"上原"

中国现代民族制笔工业是在内忧外患的环境下发展起来的，因此步履艰难，其特点是：第一，工厂规模小，基础相当薄弱。大部分为小作坊，利用弄堂里的灶间、亭子间作生产场地，几乎没有一个稍微像样的工厂。第二，生产设备和工艺落后。厂里设备极差，一部分操作得依靠笨重的手工劳动来完成。由于规模小、设备差、技术落后，行业中形容这些弄堂小厂有一句很形象的顺口溜，叫作"一把老虎钳，一部脚踏机，一盏煤油灯，两天做来三天停"。故有较长一段时间，该行业不能形成一个完整的体系。第三，技术和原材料存在对外严重依赖性。那时外商对我国制笔工业进行严密的技术封锁，以至于制笔的主要零件譬如笔尖、胶木、赛璐珞等，以及原材料譬如木材、石墨、油漆、黏土等，均需向国外购买，使得该行业始终处于外国资本的附庸地位，不能够独立发展。第四,地区分布上的局限性。由于上海是西方列强对中国实行经济侵略的主要阵地,制笔工业畸形地集中在上海一地,而没有充分利用我国各地广泛资源和条件。第五,产品销售困难。无论是清廷,还是北洋政府或国民政府,对民族工业根本不予扶植和保障,造成中国市场成为洋货倾销的天下。西方列强钻我国当年关税不能自主的空子,利用各种机会走私进口,开始是德国货占领市场,后来是日本货和美国货。洋货以低价倾销,其中尤以日货最为严重和恶劣。譬如1支劣质的日本自来水笔只售银元二三角,远远低于国货的制笔成本。再譬如日货铅笔仅卖几角银元1罗(144支),而国货铅笔制造成本也要银元1元1罗。据江海关中外贸易统计记载,1937年至1939年,日本铅笔输入上海的数量,相当于中国铅笔厂生产量的5倍。甚至连墨水也像潮水一般进入中国市场。《大公报》曾经报道:"从美国进口的派克墨水,其容积至少可以装满江湾游泳池",足可见洋货倾销之严重。

尽管开厂困难重重,但还是有不少民族企业家站出来,为打破洋货对中国市场的垄断而拼搏。1940年1月,周曾裕、徐竞容、蒋公惠等六人,于蒲石路(今长乐路)966号租赁一间小房,开办"新中笔厂",规模很小,只有5个学徒,1个职员(兼职),4台横机,1台刻字机,也未去工商登记,只是将海上闻人黄金荣送的匾框挂在厂里,以防地痞流氓捣乱。新中厂由徐竞荣任经理,周曾裕任厂长,聘请曹振华为技术顾问。新中厂生产"新中"牌钢笔,其笔尖是从日本进口的铜尖,笔杆用赛璐珞制成,钢笔结构采用铜管真空注墨式,但销路并不好。新中厂开工不久,改由蒋受之、曹振华、周曾裕等8人合伙,改名为"新通笔厂"。新通厂由蒋受之任经理,曹振华任厂长。1943年,新通厂股权变更,由曹振华、蒋受之两人合伙,各出一半资金。因为改了厂名,所以所生产钢笔的牌子也随之改为"名士"牌。新通厂生产的钢管金笔、真空吸水管金笔及自动铅笔,销往上海市、外省和内地。此时工厂有职工10余人,设备较前有所增加,分别增添了车床、打凹冲床、手摇滚筒车、磨铱机、开缝机、熔金器等。新通厂还在山西路176号中和大楼设立发行所,经销"名士"牌金笔和文具。

抗战胜利前夕,上海文具市场萧条,蒋受之无意继续经营,提出退股。经过双方商议,蒋受之分得成品笔、原材料和部分现金,曹振华分得机器、厂房和部分资金。此后工厂由曹振华独家经营,改厂名为"中国文士金笔厂",曹振华自任经理。1945年8月,日本投降,文士厂已能自制金笔,仿制派克51型金笔。因为式样新颖,销路大有起色,除了在上海市各大百货公司、文具店销售,还销往苏州、无锡、南京、西安、杭州、沈阳等地。职工人数也从10余人增至130人。厂房面积比原来扩大10倍,同时设备大幅度增加。月产51型金笔2000余打,产品商标名称改用"文士"牌。1948年8月,国民政府滥发金圆券,引起通货膨胀,加上曹振华做投机生意,抛空卖空,导致资金紧张,生产发生困难,最后不得不停产,厂里大部分工人遭到遣散。

1949年5月上海解放,文士厂得到新生。曹振华拿出18两黄金作为资本,又在长乐路恢复钢笔生产。次年,由于更多民众需要学习文化,市场紧缺金笔,文士厂转向以生产金笔为主。生产的品种有"将军"牌51型、"新文"牌61型和22型金笔,销路较好。1952年,全部生产"新文"牌22型金笔。那年的金笔产量为3.85万打(1打12支)。随着生产发展,厂里职工人数又增至108人,产品与中国百货公司上海采购站订立包销合同。1953年5月,文士厂从长乐路迁往延安西路1573弄新址生产,面积比原来扩大七八倍。且增添了横机、整形车等设备。全厂设立笔杆、笔尖、装配3个车间和1个机械辅助车间。

1954年2月,应曹振华申请,上级部门派出合营工作组进驻文士厂。因为文士厂流动资金不足,长期依赖贷款,所以在行业盲目发展和工厂经营不善的情况下,容易出现资金周转不灵。文士厂为了解决企业困难,在合营工作组的帮助下,职工主动提出减薪,加上人民政府在原材料、生产任务等方面优先照顾,经过全厂努力,使得文士厂短期内渡过难关。合营工作组对该厂进行清产核资,结果老板曹振华是倒挂户。经上级领导同意,估算资本为两亿元(旧版人民币)。

上海市第一轻工业局于1954年12月1日接受了文士金笔厂曹振华的公私合营申请,企业名称改为公私合营文士金笔有限公司,其中公股占85.91%。洪子云为厂长,曹振华担任副厂长。下设5个股、3个车间,产品商标仍为"新文"牌。是年职工人数为149人。为了关心职工生活,文士厂先后建立了托儿所、男女浴室和医务室等集体福利。

1956年,文士厂根据轻工业局规划,并入一批全行业合营的工厂。为此厂里专门成立了一个由18人组成的合并合营筹备工作组。先后有和平厂、大公厂、飞马厂、大华厂、云丰厂、中耀社等并入文士厂。应市场需要,文士厂停止生产金笔,转向生产铱金笔和钢笔,故文士厂厂名更改为公私合营文士钢笔厂。同年,文士厂又根据轻工业局改组规划,在上海活动铅笔厂的支持和配合下,从6月份起,两厂正式合并。为了做到合并、生产两不误,拟定了逐步迁并方案,且专门成立生产改组并厂工作委员会,下设迁并、生产、设备、人事、秘书等10个组。经过大量工作,除协众、协成、自立、良友厂因为文士厂的场地和技术等原因暂不迁并外,其余均在短时期内顺利合并,且立即投入生产。又据公司安排,文士厂从当年第四季度起停产钢笔和铱金笔,专业生产活动铅笔,并于同年12月将厂名改为公私合营文士活动铅笔厂。随着企业发展,1956年年末的全厂职工人数为337人,行政体制也从原来的5个股3个车间增加至8个股4个车间。活动铅笔品种从单一发展到高、中、低三档,产量也有较大增长。

1957年,文士厂开始研制笔类新兴产品——圆珠笔。经过多次试验,于11月试制成功厂里第一支圆珠笔,命名为"文士"牌400木杆圆珠笔,当年产量2 100支。该圆珠笔的试制成功,为文士厂大量生产圆珠笔开了一个好头。在制笔公司支持下,全厂职工继续努力,文士厂又试制成功一批圆珠笔。到了1958年,厂里已生产活动铅笔和圆珠笔两大类16个品种的产品(其中活动铅笔10个,圆珠笔6个)。考虑到场地的局限性,在轻工业局统一调配下,文士厂于1958年下半年从延安西路搬到人民路261号,厂区面积比原来扩大。1959年,文士厂在兄弟厂的协助下,研制成功具有特色的"上海"牌弯头圆珠笔,并于当年9月赶制了一批包金套的"上海"牌弯头圆珠笔,与华孚金笔厂的"上海"牌金笔配成对,专程送往北京,作为上海轻工产品向国庆10周年和全国群英大会的献礼产品之一,且一度成为国内外畅销产品。该年厂里职工人数增至802人。

由于厂里生产的产品品种发生了较大变化,1963年11月27日,经轻工业局批准,文士厂厂名改为公私合营文士圆珠笔厂,并从1964年第四季度起,专门生产圆珠笔,至于活动铅笔,仅生产小部分零件以供应市场修理需要。1965年年初,根据制笔行业专业化规划,文士厂的油墨生产将由上海笔杆塑料厂(后为上海制笔化工厂)集中生产。因而文士厂的人员和设备从3月至10月分四批搬迁。同年4月,文士厂的钢套生产由新华金笔厂钢套车间(后改名为上海制笔零件四厂)集中生产。1965年9月,又将钢珠生产迁往上海圆珠笔芯厂专业生产。

1966年10月29日,经制笔公司同意,文士厂更名为上海圆珠笔厂,简称"上原"。

来自苏州的雷允上

雷允上药店原称"雷诵芬堂",创始人雷大升,字允上。雷大升年轻时读书学医,善琴工诗,清雍正初期,正值壮年,却在北京身患重病,愈后弃儒从医经商,游历山东等地,采集中药材回到故里苏州,从此行医济众,同时研究中药丸散膏丹的制作。1734年,雷大升在苏州阊门内穿珠巷天库前开设了一家中药店,取招牌"雷诵芬堂",销售自产成药,并以自己的字"允上"在店内挂牌坐堂行医。雷大升医术高明,治病有方,自己研制的成药疗效显著,于是"雷允上医生"名声遍闻苏州,远近皆知。后来人们都习惯称该药店为"雷允上"。

1860年太平天国进军苏州,城内一片骚乱景象,药店无法正常营业,被迫关闭。雷氏族人将店内库存贵重药品分发给各房子孙,相继离乡谋生。先有绮三房的雷子纯、松五房的雷骏声结伴离开苏州到了上海,在城外新北门一带设摊卖药维持生计,以后各房子孙也陆续来到上海各自摆药摊度日,摊址也都选择在新北门与老北门之间的一段区域。经过约一年时间,流落在上海的雷氏后代生活逐渐安定,于是孙辈们合议在上海开设诵芬堂分店,以恢复祖业。因限于资金不足,就在沪招募平、童两户外姓股东入伙,于1861年在上海法租界兴圣街(今新北门永胜路)京江弄口开设药店,称为"雷诵芬堂申号",即之后的雷允上上海南号。若干年后店面扩展至民国路上营业。主要经营模式为前店后工场。由于雷允上规模较大,资产雄厚,影响面广,早年就被国药业公认为上海中药店"四大户"之一。

雷允上之所以能够出名、享誉海内外,最根本原因是其研制生产出中成药"九芝图"牌六神丸。"六神丸"药名蕴含两层意思:一是其药成分共有六味,分别为麝香、蟾蜍、珍珠、牛黄、冰片和明雄黄等中药材;二是服用六神丸后,人体六腑心、肺、肝、肾、脾和胆皆安,且具有镇痛消炎、清凉解毒等功效。对咽喉肿痛、无名肿毒和痈疽疔疮等毒症,六神丸有既可内服又能外敷等许多优点。据陈毅的通讯员回忆,抗战时期,受了枪伤的新四军战士用了六神丸,两天便可消除炎症,伤口很快就能愈合,并称如果没有六神丸,会牺牲更多的战士。

六神丸配方精妙、选料讲究、制作工艺独特。当然不是简单地将六味中药材放在一起就大功告成了,需要一定的比例配伍,这便是"秘方"。过去没有专利制度,所以老祖宗会做出"传子不传女"的传宗接代模式,以保护自家独创技术不至于流失。"九芝图"牌六神丸也不例外,且更神秘。雷家五房分立时,每房各掌握一部分配方,互不通气。待制作时,各房提供所掌握配方中的药材,最后由五房推选的负责人合成成药。六神丸名利双收,不仅获利丰厚,且多次获得展览会奖章和奖状,如1915年荣获江苏地方物品展览会奖章,1916年荣获北洋政府农商部物产品评会奖章,1929年荣获工商部国货陈列馆奖状及杭州西湖博览会大奖,1931年荣获国民政府实业部奖状,等等。那时候雷允上与北京同仁堂齐名海内外,有"南有雷允上,北有同仁堂"一说。蒋介石、张学良、于右任等政要名流服用了雷允上出品的中成药后,因感激其疗效卓著,均专为雷允上题词赠匾,盛赞有加。

因为生意好,雷允上于1934年扩大经营业务和范围,在公共租界河南路天后宫桥(今河南北路河南路桥)北首开设雷允上北号。1937年"八一三"淞沪会战爆发,由于雷允上南北两店均处于华界,为了安全起见,决定先将北号暂时关闭,人员、货物等搬往静安寺路(今南京西路)斜桥弄口避难。1939年,雷允上索性对斜桥弄店进行装修,设立北支号。1941年12月,太平洋战争爆发,日军开进租界。由于沪上交通受阻,导致雷允上的日常生产和经营受到影响,更难的是日本驻沪总领事千方百计想得到六神丸配方。正因为雷允上不忘祖宗遗训,坚决不透露,才保住了秘方。但日本人不甘罢休,回国后大量仿制六神丸,可其疗效相差甚远。1945年8月抗战胜利,不久内战烽火再起,中医药市场一片萧条,加之各地冒牌六神丸在市场上泛滥,令雷允上再次陷入困境。

1949年5月,上海解放,雷允上恢复生机,大展宏图。1952年,雷允上上海三家分号六神丸的产量,达到历史最高纪录。1958年,由上海市药材公司牵头,把雷允上、童涵春、蔡同德和胡庆余四家国药号生产工场合并,组建上海联合制药厂(即后来的上海中药制药一厂)。同时,苏州雷氏后人也本着爱国爱民意愿,将神奇的六神丸配方以及制作工艺,毫无保留献给国家,并被定为国家机密予以永久存档。

山东中路

山东中路，南起延安东路，北至南京东路，全长693米。该路在19世纪中叶之前仍是上海老城厢北郊的一片农田，紧邻英租界。19世纪50年代末，英租界筑路，名为庙街，其中南段因英国传教士麦都思而俗称麦家圈，北段俗称望平街。1865年整条马路以山东省名改名山东路，1946年改今名。

星罗棋布的报馆

1843年上海开埠后，西风东渐，因商而兴、因厂而旺的上海人，已经懂得信息交流的重要性，这也催生了上海新闻出版业的发达。1872年4月30日，英商美查等人在望平街汉口路口创办《申报》，这是中国历史最悠久、影响最大的一份综合性中文报纸；1893年2月，美商丹福士在汉口路望平街东创办《新闻报》；1899年，国人汪康年等创办的《中外日报》迁至望平街近福州路处；1904年，狄楚青在福州路望平街口创办《时报》；1907年创办的《时事报》和1908年创办的《舆论时报》合并，于1911年改名为《时事新报》；等等。清末民初因《申报》《新闻报》《时事新报》等十余家报馆设在山东路北段望平街，故其享有"报馆街"美誉。想当年望平街，每日凌晨5点钟左右，报贩子从报馆中抱出一捆捆报纸，在人行道上整理折叠，转发给报童去各处叫卖。别处的报馆也驱车来此，将自家出版的报纸批发给报贩子，一时间犹如菜场早市，熙熙攘攘，好不热闹。"报馆街"的盛况大约持续到1937年全面抗战爆发前。

上海第一家现代印刷厂

1843年12月,英国"伦敦会"传教士麦都思等,把设在爪哇巴达维亚(今雅加达)的印刷所迁至上海,命名为"墨海书馆",先在上海县城北门外(一说东门外)落脚,后迁到山东中路西侧(今福州路与广东路之间),并从南洋运来现代西方印刷设备,采用铅制活字排版,为上海最早采用西式汉文铅印活字印刷术的印刷厂。有趣的是,那时候上海尚无发电厂,墨海书馆的印刷机由铸铁制造,非常沉重,只能以牛作为动力,传动带通过墙缝从牛棚延伸到印刷机房,推动印刷机运转,在国内读书人中引起轰动。时人作诗咏之:"车翻墨海转轮圆,百种奇编宇内传。忙杀老牛浑未解,不耕禾陇种书田。"

墨海书馆起初主要印刷《圣经》和其他宗教书籍。自1850年开始印刷部分科学书刊,如《数学启蒙》《续几何原本》《代数学》《代数积拾级》《重学浅说》《谈天》《植物学》等。1857年创办的《六合丛谈》月刊是近代上海第一份综合性中文杂志。

由于麦都思自南洋带来的一批铅印设备比较先进,因此大大提高了印刷工作效率,将印刷时间缩短为原来的一半。墨海书馆可以从承接对外印刷业务中获取一定收益,伦敦会上海传教基地的围墙也是用墨海印刷所的收入建造起来的。但是印刷收入毕竟不稳定,难以支付书馆工作人员平时薪水,还需要寻求另外的收入渠道,其中主要便是来源于社会资助。墨海书馆与大英圣书公会就曾在《圣经》上进行过合作,后者曾赞助相当数量的经费、印刷设备来支持《圣经》的出版,墨海书馆也正是依靠这些收入来维持日常经营。

印刷仅仅是墨海书馆的副业,其主要目的是为了在中国传播西学,翻译西方著作。但是传教士中精通中文的不多,因此墨海书馆聘请了一批对西学较为了解的中国知识分子来参与翻译工作,这些人成为晚清科学和翻译学的先驱者,著名者有王韬、李善兰、蒋敦复、管嗣复等人。这些中国知识分子与传教士一起合作,翻译了大量的西学著作,包括宗教、自然、科技等方面的内容,其中不少译作问世后,对中国的近代化产生了重要影响,为普通的中国人了解西方提供了知识渠道,许多知识分子为此转而学习西学,并接受了一些西方资产阶级的新思想、新观念。墨海书馆还将近代的出版技术引入中国,受其影响,中国本土的出版界纷纷改良技术,开启了中国出版业的近代化之路。

然而，墨海书馆仅仅存在了近二十年光阴。先是从1856年起，英国传教士伟烈亚力接管书馆，随着墨海书馆的印刷优势丧失，其在上海的出版中心地位被美华书馆取代，地位下降的同时收益也随之难以维持日常开支。1863年，墨海书馆停业。

领先一步的申花

上海三灵电器厂是黄浦区集体事业局下属的一家街道工厂，最初生产电子琴、空调用的电风扇等电子产品。1984年12月，108名职工携带仅有的3万元人民币固定资产、几乎为零的生产流动资金，搬到山东中路227弄1号的265平方米的弄堂房子，开始重新创业。

接下去的路怎么走？厂领导深思熟虑后，一个大胆的设想提了出来：生产家用电器，为市场提供优质产品。于是，洗衣机作为三灵厂的第一个产品，被提上议事日程。当时全国洗衣机生产企业已达104家，大浪淘沙，国务院委托轻工业部对洗衣机生产企业进行整顿验收。由于三灵厂精心准备的各项指标和条件充分、到位，成功跻身国家轻工业部确定的74家"国家洗衣机生产专业厂"之一，获得洗衣机生产许可证，开始转型生产"申花"牌洗衣机。

没有生产场地，就开拓横向联营路子，借地建厂房；没有流动资金，就采用市场经济方法，借"蛋"孵"机"。以技术人员和技术工人为主体的研发小组，夜以继日试制，攻克产品质量难关，研发自己的拳头产品，不断开发适销新产品，干得风生水起。1985年，108名职工创造了1300万元人民币产值，盈利97万元人民币，向市场提供了7万台单桶洗衣机；1986年，"申花"牌XP20—3S双桶洗衣机被评为"上海市名牌产品"；1987年，"申花"牌洗衣机荣获全国部分名优产品"消费者信誉奖"；1988年，"申花"牌PB20—3S双桶洗衣机被授予国家银质奖，成为全国家用电器行业的后起之秀。

三灵电器厂以"信息灵、质量灵、效益灵"为宗旨，贯彻"立足上海，辐射全国"的经营方针，制定"领先于行业"的工作目标，在市场竞争中求生存、谋发展。1987年11月，上海三灵电器厂经上级批准升格为上海三灵电器总厂，并组建生产、销售和资金三位一体的联合公司，借助社会力量，形成以洗衣机为主体、以家用电器产品为辅的生产经营型综合企业。正式挂牌后，由于参加联营的三方各自有着明确分工，且遵照"风险共担、利益分享"原则，根据自身发展特点来支持联合公司,生产、销售直线上升。短短4个月,申花电器联合公司的营业额突破4 000万人民币,在洗衣机市场逐渐疲软的状态下,"申花"牌产品出现供不应求的盛况,上海三灵电器总厂的知名度不断提高。

同时,工厂根据企业特点,实行"四线一保证体系":即以厂长办公室为主的管理条线;以生产办公室为主的生产条线;以技术办公室为主的技术条线;以全面质量管理办公室为主的质量条线以及厂党支部的保证,走出一条不寻常的企业管理道路。

围绕新的管理模式,厂领导在厂里推行"目标值管理法",分别制订了生产经营、质量、设备运转、物资利用、资金周转、能源消耗、费用下降、人员岗位安排、8小时工作制等九大目标,用"人尽其职、物尽所用"的理念提倡"超值劳动"。

一系列辛勤付出得到丰厚回报。到1988年底,三灵电器厂位于浦东潍坊路89弄12号的厂房建筑面积达到3 000平方米,比建厂初期扩大了11倍,生产能力扩大10倍,职工人数增加至540人,其中专业技术人员130余人,形成了以电脑控制为中心的管理网络,拥有年产30万台洗衣机的装配流水线和箱体钣金成型、前处理、表面喷涂生产线,率先在洗衣机行业采用"静电喷塑"外壳,具有"三灵"特点的"上排水多功能洗衣机"和"微电脑全自动洗衣机"一经上市,一炮打响,产销量居全国之首。为此,1988年企业被评为国家二级企业,当年产值达到1.3亿元,创利1 133万元,一举成为黄浦区集体企业中的第一大厂。

三灵电器总厂并不满足现状,1990年10月7日,该厂抓住第11届亚运会在北京举行的机会,把电报与广告巧妙地融为一体,引起世人关注。三灵电器总厂在祝贺中国队勇夺金牌第一的电报中,提出了"领先一步"的口号。"申花牌洗衣机祝您在成功的道路上领先一步"的广告语,也因此成了三灵电器总厂的代名词。

上南路

上南路，北起世博园区世博大道，到陈行公路（原天塘公路）拐向东，直到周浦镇康沈公路（原沪南公路）为止。本来上南路的规划是一直到以前的南汇县城惠南镇的，后来由于种种原因未能延伸至惠南镇。周浦镇和市区之间原有条可通马车的直达通道，这是上南路的前身，但随着浦西和浦东之间交往日益频繁，原来的道路已不能满足形势发展的需要，因此在1921年5月，上海市和南汇县方面成立了上南交通事务局，并于6月集资10万银元成立了上南交通股份公司，着手上南路的修筑工作。上南路工程分两期进行，先进行的为周家渡至周浦镇段的一期工程，待筑成通车经营赢利后，再进行周浦镇至南汇县城段的二期工程。1921年10月16日上南路周家渡段一期工程奠基仪式在周家渡隆重举行，初建成的周家渡至周浦镇段上南线全长为24里。

陆伯鸿与和兴化铁厂的创办

第一次世界大战爆发前夕，西方列强纷纷备战，抢购战略物资，导致国际市场上钢铁价格迅速上涨。同时，输入中国的钢铁锐减。见此形势，任职于南市华商电气公司的德籍工程师高禽劝说老板陆伯鸿，开办一家钢铁厂。

陆伯鸿，少年时代十年寒窗，攻读四书五经，终于在18岁那年，幸运地考取了秀才。1905年，清政府宣布废除科举制度，陆伯鸿信奉天主教，到董家渡主教座堂一位龚神父那里学习法语，曾参与编纂《法华新字典》。此后任比利时洋行职员和法租界蒲石律师事务所秘书。20世纪初，陆伯鸿作为上海总商会代表，赴美国、意大利、瑞士等国观光考察，受到罗马教皇接见。回国后萌发实业救国的想法,此后陆续兴办了一系列的工商交通企业,其中就有华商电气公司。

抱着"振兴实业,挽回权利"的信念,陆伯鸿接受了高翕的建议,且派他赴安徽太平府宝兴公司矿区考察,与宝兴公司签订铁矿石和焦炭的供应合同。同年11月,陆伯鸿以"和兴实业公司"名义,提出创办和兴化铁厂的倡议,并号召各界人士投资。由于陆伯鸿系沪上华界领袖,朱葆三、乐振葆、王一亭、李济生等纷纷响应,采取股份有限公司形式,资本金12.5万两白银,由乐振葆担任董事长,陆伯鸿担任经理,在浦东周家渡西村(今上南路300号)购地20余亩,作为厂址。1917年开始建厂,并向德国西门子洋行订购10吨小高炉1座。翌年4月竣工,就在当地农村招收90余名工人,7月正式投产,日产生铁10吨左右。

因为上海市场上生铁价格从1913年每吨33两白银暴涨至1918年的190两,而进口数量从1913年的24.4万吨降到1917年的13万吨,所以和兴厂生产的生铁销路极为旺盛,开工生产不到半年,便获利8万多两白银,股东们为此乐开了花,决定不分红,扩大再生产规模,于1919年11月,又向浙江长兴青山公司订购李家港铁矿石4万吨。那年又获利10万多两白银。1920年,工厂增资到100万两白银,并以15.4万两白银的价格再向西门子洋行订购25吨高炉1座,于同年12月初投产。两只高炉日产20吨生铁。自1918年7月到1921年6月,共生产生铁2 830多吨,除了本厂翻砂部自用一部分,主要售给江南造船所、上海兵工厂、明昌机器厂以及培昌、荣泰昌、利昌、德泰等铁行,少数销往外埠。

三次停工和复工

一战结束后,西方列强卷土重来,洋货钢铁产品往中国大量倾销,生铁价格从战时最高价每吨230两白银暴跌至50两左右。和兴厂因成本高于售价,无法与洋商竞争,于1921年6月被迫停工。

不料和兴厂停工后,市场上钢铁价格在洋商操纵下反弹。鉴于钢筋混凝土建筑已被国人接受,钢材需求量随之剧增。和兴厂的股东们不甘心就这么关门,决定改变产品品种,将希望寄托在钢材上,于1921年年底,筹组"和兴钢铁厂",芜湖益华公司总经理倪幼华以4.5万两白银和3万吨铁矿砂折抵10.5

万两白银入股。次年5月,和兴厂又与德国吕桑埠陶蒙城矿务钢铁厂达成以机器入股协议。1923年1月,和兴厂向北洋政府注册,登记股本为白银100万两,其中陆伯鸿占1/20,营业范围包括炼铁、炼钢和轧钢。同时要求政府提高钢铁进口税,并免征和兴厂10年税收。1924年,因为耗电,原来向和兴化铁厂供电的浦东电气公司无力独家供应和兴钢铁厂所需的电力,和兴钢铁厂便与华商电气公司洽谈,最后从鲁班路底沿江码头西侧敷设过江电缆,解决了厂里用电问题。

该年年底,厂里新增的炼钢、轧钢设备安装完毕,随后铁工部成立,加上原来的化铁、翻砂部分,和兴钢铁厂的固定资产总价值约140万两白银,厂区面积扩大到60余亩,拥有技工和操作工人200余人。和兴钢铁厂仍由乐振葆担任董事长,陆伯鸿担任经理,陆培之担任营业部主任。1925年年初,炼钢平炉投产;二月,轧钢机投产,开始对外营业。生铁产量大致与和兴化铁厂后期相仿,而两座炼钢平炉轮流生产,日产钢近40吨。尽管平炉原来设计能力是年产1万吨,但开炉前须烘炉15天,修炉1次要两个多月,因此到1926年,钢材年产量仅有5000多吨,每吨成本为白银53两,品种有硬钢和竹节钢(即螺纹钢)两种。硬钢供开山凿子及切削车刀等用,每吨售价约90两白银,北方机器厂和矿山买主较多;竹节钢有方、圆两种,规格从直径0.6厘米到1厘米,质量可与洋货媲美,由中国工程师学会、同济大学、公共租界工部局等单位测试合格,出具证书,用于钢筋混凝土建筑上。沪上一些著名建筑如海关大楼、沙逊大厦、闸北水电厂、法商自来水厂等,外埠如中山陵等,都曾采用和兴厂的竹节钢。从1925年2月到1927年1月,两年里共生产竹节钢1100吨,分别卖给西门子洋行、五金铁号,以及营造厂、华商电气公司、浙江省铁道局等。另外江南造船所、瑞镕船厂和祥生船厂,沪宁、沪杭甬铁路局及浚浦局、华商水泥公司等所需的铸钢件,均由和兴厂承铸,质量符合要求。

1925年5月,工厂因流动资金不足,以厂基作抵押,向中央信托局等七大银团借款30万两白银。当年,由于洋货跌价竞销,厂里亏损13.8万两银子。1926年,和兴厂共生产钢材5000余吨。因为军阀混战,钢材很难运往内地,全年仅仅售出4000多吨,待年终结账,又亏损7万多两银子。考虑到连年亏损,在1927年2月股东大会上,陆伯鸿提出增资来维持正常生产,但响应者寥寥无几,只好再次停工。

到了1930年,钢材价格再次上涨,竹节钢每吨创纪录地高达120多两白银。面对高利润诱惑,7月间陆伯鸿、乐振葆等10人发起租办和兴钢铁厂,却因无人响应而作罢。同年9月,和兴厂董事会与泰兴煤号订立租赁合同,为期5年,改名"和兴昌记钢铁股份有限公司",不过合同并未履行。1931年4月,和兴厂将一部分地基、码头,连同建筑物和机器设备,包括注册商标,统统租给李鼎安主办的鼎新公司,为期6年,改名"和兴新记钢铁股份有限公司"。李鼎安计划用45万银元,先恢复炼铁部,后恢复炼钢部和轧钢部。3个月后,厂里开始修理机器设备,为开工做准备,并向湖北象鼻山铁矿订立长期铁矿砂供应合同。不料长江那年发洪水,象鼻山铁矿砂未能及时运出,再加上"九一八"事变以及翌年的"一·二八"事变爆发,和兴厂还未复工便解散。

1933年11月,向浩如等决定承租和兴厂炼铁部全部产业,改名"和兴公记炼铁股份有限公司",为期8年。由于各种原因,谈到最后不了了之。1934年,钢价又涨,一些股东又坐不住了,由潘尚林、冯永昌、陆伯鸿等发起承租和兴厂炼钢部,改名"和兴发记炼钢股份有限公司",股本15万元银元,除了每月付租金2000元银元之外,决定将营业所得纯利润的30%补贴给和兴厂,作为折旧费。是年5月,董事会推举潘尚林、赵孝林为经理,陆伯鸿担任副经理,冯永昌为厂长,于11月开工生产,轧制竹节钢和硬钢,并承接铸钢件。

虽然和兴厂再次复工,但依然困难重重,没过多久,又被迫停工。陆伯鸿等仍不甘心,经过再三努力,于1935年7月,邀请中兴煤矿公司总经理钱新之等入股,集资40万银元,租用和兴厂产业,每月租金3000银元,改名"新和兴钢铁股份有限公司",由钱新之担任董事长,任康化为厂长。重新开工后,为了激励工人多干活,厂里规定职工们可以在年度盈利中得到17.5%的红利;利用废钢铁炼钢,平均月产量若超过900吨,炼钢工人每日可得奖金5元法币,辅助小工每人可得3元法币;另外对于推销人员,厂里也有相应的奖励办法。在一系列政策刺激下,平炉月产量常常超过900吨,最高达到1200吨。为了充分利用轧钢设备能力,厂里还从德国进口6英寸钢锭,轧制钢材,销路很好,获利不少。1935年至1936年是和兴厂的鼎盛时期,炼钢高炉日夜不熄,每天出产钢数10吨,轧制竹节钢二三十吨。轧钢工人每日工资6角至1元法币,年终还可以拿双薪。所生产的竹节钢供应外滩中国银行、和平饭店等建筑之用。

抗战胜利后一个甲子的转型

1937年7月,抗战全面爆发,不久日军攻打上海。老和兴股东们为保全产业,出了5万元法币,买通西门子洋行和德国联合钢铁厂,以德商参股为名,厂区悬挂德国国旗。8月14日,新和兴接到上海市警察局命令停工。该年年底,陆伯鸿遇刺身亡,令陷于困境中的工厂更是雪上加霜。1938年3月,老和兴董事会贴出由德国驻沪总领事签署的保护和兴厂与和兴码头的布告。其实在此之前,新和兴董事会也曾与英国嘉禾公司签订合同,在厂区悬挂英国国旗。但这一切均无济于事。9月1日,日军假借军事管制为名,强行开进和兴厂,并委托有军方背景的日本中山钢业株式会社代管,改名"中山钢业公司浦东工场"。

  日军军管后,用武力强迫工人复工,日班做11个小时,夜班做13个小时,而每日工资仅为4角至9角法币,学徒减半。工人们生活极其困苦,人身没有自由,还经常遭到毒打。为了满足军工生产需要,日方霸占了附近35亩农田,用来扩展厂区。此外还拆毁附近一些建筑和设备,把原有的10吨和25吨小高炉改成12吨和33吨;扩建了第二座高炉,增加了炼焦炉、洗煤机等辅助设备以及10台车床;增设了锻铁工场;新建了生产7至9毫米线材的轧机,将原来轧机的主马达从1300匹马力调高到1500匹马力。平炉日产4英寸钢锭20吨左右,供轧制竹节钢和圆钢等之需,不足部分再从日本本土运来。1941年12月,太平洋战争爆发,日方为了加紧军工生产,对待工人更加严酷。有压迫就有反抗。工人们就以消极怠工、破坏机器设备和局部罢工等方式同日本人作斗争,以至于厂里生产一直处于不正常状态,产量很低、质量也很差。

  1943年7月,中山钢业厂向日本陆海军工场整理委员会缴纳50万日元,解除了日方军管。随后便以"和兴原主去向不明"为由,向汪伪政府交付273万日元,购进和兴厂全部资产。1945年8月抗战胜利,陆伯鸿之子陆英耕于当年11月向国民政府交涉,要求收回和兴厂,且自任总经理一职,并打算从国外进口钢锭以轧制各种钢材,但因成本过高未果。1947年6月,陆英耕经过多轮谈判,将和兴厂以30吨钢材的时价作为租金,租给官商合办的"上海钢铁股份有限公司",并利用美军在冲绳岛的剩余废钢冶炼钢锭。轧钢机则长期闲置。

  上海钢铁公司租用和兴厂后,改为"上海第三厂",由唐之甫担任厂长,有职工300多人,全厂共设炼钢部、矽砖部、石子部、电器部、机工部、翻砂间等6个生产部门。1949年1至5月仅产钢1400吨。

  1949年5月上海解放后不久,该厂由上海市军管会接管。1957年3月,正式定名为"上海第三钢铁厂"。一个甲子后,上钢三厂华丽转身,成为世博园区,其特钢车间,改建成为景观式演出场所——宝钢大舞台。

双阳路

双阳路,南起长阳路,北至走马塘,全长1981米,1922年筑长阳路至控江路段,以粤商名命名马玉山路,1952年至1957年分段延筑至走马塘,1956年以吉林双阳市改今名。

"三角"毛巾抵抗日寇

辛亥革命后,民族资本风起云涌。1912年4月,陈万运与同乡沈九成、沈启涌,经过协商和市场调研,决定每人出资150元银元,在虹口北四川路(今四川北路)横浜桥附近,租赁5间简屋,生产照明用的蜡烛烛芯。因为是三位好友合资开办,工厂名称定为"三友实业社",产品商标名称为"金星"牌。

陈万运,浙江慈溪人,幼年读过私塾。1900年离开家乡来到南汇县周浦镇三阳泰烟纸店当学徒,满师后不甘心一直打工,想方设法创业,做了老板后,仍勤奋吃苦。虽然蜡烛烛芯属于小商品,但市场上除了进口洋货外,国内尚无厂家生产,所以生意上还算过得去。到了第一次世界大战打响,此时国际航运风险增大,供应链出现紧张局面,从欧美进口的洋烛在市场上供不应求,日商却趁机囤积货物抬高价格。而三友实业社生产的烛芯价廉物美,售价只有日货一半。沪上各家零售商纷纷向三友实业社订货。陈万运因此生意兴隆,获利不少。为了适应形势发展需要,陈万运改进生产设备,使得产量增加3倍,基本满足了市场需求。

陈万运并不安于现状,且蜡烛烛芯市场销量毕竟有限。当他看到日货"铁锚"牌毛巾充斥国内市场,深受消费者欢迎,国产毛巾却因质地粗糙,少有人问津时,便萌发了生产优质国产毛巾,以国货取代日货的念头。于是陈万运增资

3万银元,成立了"三友实业社股份有限公司",在杨树浦引翔港(今双阳路62号)购地30亩,建造厂房,专门生产毛巾,与西邻日商生产"铁锚"牌毛巾的"东华毛巾厂"抗衡。因为该厂仍然是三人共同投资的,陈万运便为新产品重新取了"三角"牌商标名称。商标图案是一个等边三角形,寓意三人同甘苦、共患难。为了探究毛巾生产技术,陈万运派出技术人员东渡日本。同时,陈万运经常与技术人员一起研究,攻克毛巾生产技术难题,把生纱漂白改为熟纱漂白,令毛巾的吸水、手感、白度和纱支脱脂上了一个新台阶,是当年漂染工艺上的革新。经过陈万运和技术人员努力,三友实业社生产的国货毛巾完全能与洋货媲美。由于陈万运注重产品质量,"三角"牌毛巾不久便在国内市场上打开销路。1919年五四运动期间,全国掀起了一场声势浩大的"抵制洋货,使用国货"的爱国反帝运动,日货毛巾"铁锚"牌的销售因此直线下降,"三角"牌毛巾因为属于国货,且质地精良而广受消费者欢迎。

漂染工艺改进后,陈万运继续开展毛巾花式研究,把原来式样单调的红蓝档式毛巾,改为用鲜红色在雪白平布上印"祝君平安"字句,并为大宗客户免费加印字号。后来,三友实业社又研究生产新颖别致的回纹浴巾。一系列技术革新,使得"三角"牌毛巾质量得到极大提升,投放市场后,不仅国内畅销,且远销东南亚一带。

陈万运经营管理得法,企业发展势头良好,其产品之多、销售之旺,在当时实业界中屈指可数。随着"三角"牌毛巾市场占有率不断提高,企业获利也水涨船高,职工的收入水平远高于其他工商业。同时,陈万运还能处处为工人福利着想,在厂里分别设立了图书馆、俱乐部和医疗室等设施。为此,三友实业社的职工们以社为家,凝聚力极强。

陈万运深知,要使"三角"牌毛巾长期站稳国内市场,广告宣传是不可缺少的重要环节,于是加大宣传力度,寓爱国热情于"三角"牌商标广告宣传之中,尤其是紧密配合风起云涌的爱国反帝运动,迎合社会各界爱国人士"振兴国货,抵制洋货"的强烈愿望。如1925年"五卅惨案"发生后第二天,三友实业社就在传播影响力很大的《申报》上刊登该企业公益广告。在宣传"三角"牌毛巾的同时,刊登了一篇感人肺腑广告词:"诸君死矣,国家何堪?挽救祖国,贵惟后死。吾愿未死之中国同胞,一醒睡狮之梦,三省戴天之仇,努力奋起,以雪是耻。"至于如何御侮雪耻?广告文字马上笔锋一转,将读者视线转移到使用国货主题上来,劝国人多用优质"三角"牌毛巾,以抵制日货"铁锚"牌毛巾倾销。

"三角"牌商标广告宣传除了加入爱国元素,还根据消费时尚及社会各阶层生活方式,陈万运采取构思新颖独特、手法多种多样的广告宣传手法,令广大消费者一看到"三角"牌毛巾,便会产生强烈的消费冲动。如陈万运曾邀请著名漫画家张乐平等艺术家,设计了一幅幅宣传"三角"牌毛巾的广告画,画面别致新奇,寓意幽默隽永,给消费者心中留下深刻印象。陈万运还请著名作家冰心为"三角"牌毛巾创作了弹词《新开篇》,大力宣传"三角"牌毛巾商标。1926年,"三角"牌毛巾远渡重洋,参加在美国费城举办的世博会,获得纺织品类丙等金质奖章,为国货增添了光彩。

1931年"九一八事变"后,三友实业社职工抗日热情高涨,成立了三友抗日义勇军,有多达400余人踊跃报名参加,陈万运亲任大队长。队员们自费做军装,每天在上班前操练。三友抗日义勇军还在双阳路厂门口高墙上张贴一幅巨型宣传画,标题是"定要收复东三省",画的是一名义勇军战士,举着长枪对准日本侵略者。西邻的日商东华毛巾厂驻有日本海军陆战队,设有瞭望台,天天都能看见三友实业社的抗日举动,恨得牙痒痒,视为眼中钉。

1932年1月18日,日本特务冒充和尚在双阳路三友实业社附近刺探情报,与厂里工人发生冲突。事发后,日本方面立刻嫁祸于三友实业社工人,并以此为借口,大做文章,扩大事态。19日,日驻沪总领事向上海市政府提出严重抗议,并威胁中方如无保护侨民能力,日方将出动陆战队。20日凌晨,日本驻沪陆军武官田中隆吉纠集一帮日本流氓70余人,在日海军陆战队撑腰下,携带枪械、刺刀、棍棒和硝磺、煤油等,偷偷摸摸潜入双阳路三友实业社,纵火焚毁6间厂房和棉纱数百包,损坏织布机24台。不久"一·二八"事变爆发,双阳路三友实业社厂房被日军炮火炸毁,生产设备破坏殆尽,损失惨重,于当年6月被迫全面停产。

1937年抗战全面爆发后,日货"铁锚"牌毛巾受到国人抵制,无法在短期内恢复在我国的市场销售。而为了重新占领中国毛巾市场,日商开始打"三角"牌商标的主意,数次派人来上海,用重金利诱陈万运同日本人进行所谓的"合作"。为此,工厂召开董事会,研究如何对付日商的办法。面对日商假惺惺的"合资经营,使用'三角'牌商标"的阴谋,陈万运等一致表示坚决回绝日商的"合作"要求,并多次对社会各界宣称,誓不与日商共事,同时"三角"牌毛巾商标也绝不让日商使用。

1945年8月,抗战胜利。尽管三友实业社已恢复生产,但因资金不足,"三角"牌毛巾的生产和销售均不如意,只能勉强维持。1949年5月上海解放,在人民政府扶持下,毛巾生产蒸蒸日上。1956年,工厂实行公私合营,更名三友实业社毛巾厂,后又改名为上海毛巾十厂。

马氏兄弟与糖果饼干公司

双阳路原来叫"马玉山路"。马玉山是我国近代著名实业家,1878年出生于广东香山县(今中山市),与孙中山是同乡。马玉山和弟弟马宝山青少年时,由于家境贫寒,随叔父一起下南洋谋生。打工期间,马氏兄弟俩主要从事甘蔗种植、制糖和食品加工。后来自己创业,在马来西亚拥有不少甘蔗地和多家制糖厂,并在菲律宾创立了"马玉山糖果饼干公司",成为南洋一带著名的实业家。当孙中山在海外积极为革命事业奔走、推翻腐败的清朝政府时,马氏兄弟不但给孙中山提供了大量经济资助,且经常动员当地华侨为中国革命捐款,大力支持孙中山革命活动。

辛亥革命胜利后,马氏兄弟认识到,在国内投资食品加工业具有良好发展前景。因此在1912年,将部分资金转移至中国香港地区,创办马玉山糖果饼干厂等轻工企业,1916年,马氏兄弟经过多次实地考察,决定到上海来发展。1919年10月18日,马玉山在中华商业第一街——南京路(今南京东路)37号开设的"上海马玉山糖果饼干公司"开业,老乡孙中山题赠"脍炙人口"匾额一块,以示庆贺,并出席了当天开幕仪式。马玉山糖果饼干公司先后在虬江路设立工场、在北四川路(今四川北路)设立分店,生产和销售糖果、饼干、茄汁和果子露等200余种食品,畅销全国。

1921年12月,马玉山邀集沪上巨商严直方、劳敬修等集资400万银元,在吴淞蕴藻浜的泗塘河边,一次性购地500余亩,创办"中华制糖股份有限公司"。该公司系中国人创办的第一家现代化大型机器食糖生产加工企业,工厂于1925年建成投产,工厂向德国格蕾芬厂定购最新式制糖机,日产白砂糖300吨。在建造中华制糖公司的同时,马氏兄弟还创办了马玉山糖果饼干制造厂。为了集各国食品生产技术长处,并取得第一手资料,马氏兄弟亲自前往美国和西欧考察。经过多方权衡,向德国购置了当年世界上最先进的整套饼干制造设备,邀请两位美国饼干生产技师来上海现场指导生产。虽然当时上海也有几家饼干食品加工厂,但生产规模都很小,且只是半自动、半手工操作,不仅饼干产量较低、品种单一,且质量也一般。因此,马玉山糖果饼干厂投产之初,优势就相当明显。饼干产量有保证,马氏兄弟又在销售上下大本钱,于南京路

512号(福建路口),出资建造食品大楼,作为糖果饼干厂的销售处。

马玉山在沪期间,为了便于公司管理,在沪东引翔港建造了职工集体宿舍。考虑到沪东离沪北有点远,便用专车接送职工上下班,并专门拨款在职工集体宿舍区修筑了一条可以通车的马路。因为是马玉山出资修筑的,人们就称这条马路为"马玉山路"。

顺风顺水几年后,由于马玉山在中华制糖公司生产过程中用人不当,公司资金被大量非法挪用,造成公司经营困难,不得不宣告歇业。还有在香港的糖果饼干厂,因为受到省港大罢工等影响而严重亏损,难以维持。而上海糖果饼干厂也因资金不足等问题,无法进行正常生产,也不得不宣告关门。遭受如此沉重打击,马玉山身心疲惫,于1929年抑郁病故。

马宝山比其兄长坚强。当香港时局逐步平稳后,马宝山率先恢复香港糖果饼干厂的生产。然后募集资金18万两白银,于1926年在虹口东熙华德路(今东长治路)288号,开办以自己名字命名的"马宝山糖果饼干公司",厂里的生产设备依然还是德国机器。公司创办初期人手少,马宝山亲自上阵,担任公司总经理并兼任总工程师,生产"马头"牌苏打饼干,采用的主要原材料是来自美国和加拿大的进口面粉,配料如蛋油、白糖和奶粉,也是国内最好的,因而饼干品质精良、吃口酥脆,很快便赢得广大消费者青睐。除了加强产品质量,马宝山还经常参加国内各种国货博览会、展览会和展销会,并通过广告,大肆宣传"马头"牌饼干产品,销售则采用灵活方式。一系列成功推销,使得各种"马头"牌糖果、饼干声誉鹊起,特别是"马头"牌苏打饼干,不仅畅销上海滩和江南一带,更有一统国内苏打饼干市场的趋势,甚至远销东南亚各国。

1937年7月,抗战全面爆发。8月,日军进攻上海。位于虹口工业区的马宝山公司受到很大影响,生产厂房、主要生产设备和大量食品原材料等,均被日军炮火炸毁。马宝山只能被迫停止生产包括"马头"牌苏打饼干在内的各种市场畅销产品。1940年,经公司高层协调,由香港马宝山公司给予一定补贴,上海马宝山公司将部分食品生产设备搬到公共租界的星加坡路(今余姚路)14号,恢复"马头"牌糖果和饼干的生产。但毕竟资助的资金有限,生产能力远不如抗战前的鼎盛时期。再加上上海市食品加工行业市场竞争日趋激烈,"马头"牌苏打饼干等传统优质名牌产品的销售范围和销售数量,仅能维持在公司初创时期水平。

1949年5月,上海解放。在人民政府扶持下,马宝山糖果饼干公司的生产能力不断扩大,且公司在销售环节方面没有了后顾之忧,因为国家实行产品统购统销政策,生产规模一举超过了抗战前的鼎盛时期。1956年,公司积极响应人民政府号召,实行公私合营,并有大中食品厂和幸福食品厂等并入。翌年,上级有关部门再次调整食品加工行业,将马宝山糖果饼干公司并入上海益民食品四厂,作为四厂的二车间,仍然以生产饼干为主。后来,二车间独立成为生产厂家,即益民食品七厂。

水电路

水电路，南起俞泾浦八字桥，从柳营路经逸仙路口向东拐，接邯郸路至军工路剪淞桥段。1927年始筑，先取名闸殷路，后因修筑此路是闸北水电公司输送水、电需要，故改今名。20世纪80年代以后才将水电路南北拉直拓路至场中路，全长约3 800米。

官办闸北水电公司

20世纪初，由于闸北空地多，加上苏州河水运以及沪宁、淞沪铁路陆运之便，为工业发展提供了良好条件，民族企业家创办的企业日益增多，连年修路造房、开厂设店，但始终缺少水电供应。此时，公共租界当局企图以水电业来进一步渗透闸北，乘机越界筑路，埋水管、竖电杆，且强行规定华界居民接用租界水电必须编钉租界门牌，缴纳租界巡捕捐。为此，闸北地方人士感到，要维护民族利益、振兴闸北，只有建立自己的水电公司。

1909年，在两江总督张人骏授意下，由上海道台蔡伯浩与上海城厢内外总工程局总董李平书出面，磋商兴办闸北水电公司。初议自设水管，接用公共租界自来水。在签订合同时，却遭到租界工部局反对，并要挟非缴巡捕捐不可。这激起了闸北人士的愤慨，一致向上请愿，要求自办水电公司，以维护主权和民族利益，遂于1910年1月，经呈准两江总督张人骏，合计借白银26万两，从事筹建水电公司。

1910年6月，李平书聘请奥地利工程师恩杰尔等勘定厂址。在闸北叉袋角、恒丰路广肇山庄北首，购地17亩，租地2亩，开工建厂。历时14个月，于次年8月竣工。公司拥有的主要水电设备来自德国，每日可发电100千瓦，出水 100 万加仑。水电工程耗白银 47 万两。

1911 年 10 月 27 日,闸北水电公司举行开幕典礼。由李平书与日商大仓洋行订立借款合同,以全部厂房、机器、营业权为抵押,拆东墙补西墙,以充建设资金。

1913 年,闸北工商业有所发展,投资建筑者增多,水电供不应求。为满足需求和早日摆脱缺款困境,3 月,水电公司再向大仓洋行借款。5 月,水电公司考虑自家发电机容量小、效率低,不能适应营业扩展,决定停止发电,转而向工部局电气处购买交流电并转售,使水电用户增加。7 月,李平书东渡日本,水电公司无人主持,逐渐陷于混乱,且延欠大仓洋行第二次债息未付。日商按合同规定,拟乘机接管水电公司。公司面临倒闭危险,闸北人士见机不妙,联名请愿江苏省署,要求代为偿款,收归省办。

江苏省署接管闸北水电公司

1914 年 3 月,江苏省署在闸北人士联名要求下,派出调查员前往闸北水电公司实地调研,确认闸北地区近年工商业发展迅速,市场日趋繁荣,接管水电公司不仅有利可图,且可避免民族利益遭受外人侵犯。4 月 16 日,省署接管水电公司,改名为"江苏省立上海闸北水电厂",委派曹元度任厂长。接收后,水电厂开始清理债务。由于省署仍然无力偿还大仓洋行债款,曹元度再三周旋,请求日商暂缓偿还日期。

清理债务同时,曹元度还制订水电厂规章制度和查禁偷水偷电惩罚办法,并设立营业股、工科股、会计股,分别管理各项业务,使营业收入有所增加。但闸北市面发展导致苏州河水质污染,水源危机开始突出,水电厂全靠购电转馈,负荷只有 1 200 千瓦。虽经几年苦心经营,却无力扩大再生产,曹元度感到水电厂前途渺茫,逐向省署提议招商承顶或让渡洋人,但未获批准。

1917 年 8 月,单毓斌接任厂长,力图改变水电厂旧貌,改组机构,增设技术部。制水方面,扩充设备加强水质处理;电务方面,增加购电量,1919 年后,馈电最高负荷达到 3 000 千瓦。水电厂营业区域扩展到东北沿黄浦江至张华浜,西南从苏州河到陈家渡,东南至公共租界,西北达彭浦、江湾等镇。大仓洋行的债务从 1917 年开始逐年分还,到 1922 年全部还清。

1919 年 11 月,单毓斌调往南京电灯厂任职,由蒋宗涛接替,后又由汤文镇、冯应熊相继担任厂长。尽管营业收入随着用户增加而逐年有所提高,但省署将水电厂做摇钱树,只求图利,不下决心彻底改造。水电厂供水严重不足,水质下降,很多工厂不得不自己取水。面对闸北地区水电危机日趋严重,闸北人士屡次请愿省署,要求改归商办。由于省署与议会意见分歧,一直踌躇不决。1922年7月,闸北商业公会自治筹备会等24个团体多次召开联席会议,讨论用民间力量来振兴闸北水电事业,成立商办闸北水电股份有限公司筹备处,推举沈镛、徐懋、陆伯鸿三人为筹备处主任。8月初,筹备处着手规划扩展新厂和选购地块。8月中旬,筹备处登报广告,第一次公开招股,股东以中国人为限。当时闸北市民群情激昂,踊跃认股,两天之内筹集数额已达200万银元以上。

省署则以商办筹备处未经呈准,私自成立和登报招股为由,对筹备处发出查禁令。省议会接着于11月作出决定,将水电厂改归省商合办,立即遭到闸北人士和各公团反对。经过各界人士坚持不懈努力,并争取了许多医院支持,于1923年12月,省议会内部经过激烈交锋,多数赞成水电厂改归商办。1924年3月10日,祥经丝织厂发生大火,因供水不足,烧死79人,激起闸北全区商民罢市游行。火灾引起的公愤促使省长韩国钧同意水电厂改归商办。

商办闸北水电公司

1924年8月4日,商办闸北水电股份有限公司正式宣告成立。民国时期,在所有民族企业中,被冠以"商办"字样的,应该只有"闸北水电公司"和"江南铁路""苏省铁路"。国民政府全国注册局也于当日发给执照。翌日公司董事会成立,选举施肇曾为总董,沈镛等10人为董事。7月,董事陆伯鸿等赴省署谈判有关缴款接厂等事宜。省署以银元126万元厂价、银元60万元营业权代价把官办水电厂卖与公司,31日交割完毕。9月初,上海各报连续登载公司接收广告,并宣布9月1日起水电各项事宜统归公司办理,水电厂职员继续留用。

公司成立后,营业区域仍为原水电厂范围,供应人口约20万,有用水户约1830家;用电户约8100家。1925年,公司通过全面考察和分析,认为要进一步振兴闸北水电事业,只有建立新水电厂。为筹集资金,公司进行第二次招股,68万银元股票几日内抢购一空。11月,公司以27万银元收买自行解散的江湾电灯公司厂房和设备,备作建新厂使用。另外,公司在闸北殷行乡剪淞桥购地148亩,作为新水厂基地。

水厂开在恒丰路时,水源取自苏州河潭子湾,但那里水质浑浊,难以澄清。后来水厂迁到剪淞桥,改用黄浦江水,一举解决水质问题。为了要将大量管道埋置地下,自江湾(今大柏树一带)穿越淞沪铁路(今轨道交通3号线),向西连接闸北柳营路,输送水、电,以供应闸北一带用户。1927年,闸北水电公司专门为此新建了一条马路,并用公司名称命名这条马路为"水电路"。

同时,新电厂全部计划也已拟定。1926年9月向欧美各厂家招标。1927年1月开标,决定全部机器由捷克斯可达厂承造,造价美金51万余元,全部厂房建筑由洽兴营造厂及建兴打桩公司承造,造价32万余银元。新电厂占地37亩,位于军工路剪淞桥闸殷路口。1930年2月全部建筑先后完工,7月机组安装全部竣工。12月24日,新电厂向用户供电。新电厂建成后,结束了闸北地区依赖外国人供电的局面。同时,公司收费低廉,营业额直线上升。1931年全年发电量达4 360万千瓦,供电最高负荷为1.55万千瓦。

正当公司突飞猛进时,1932年"一·二八"事变爆发,日军大举进攻上海,闸北一带遭狂轰滥炸。2月9日,新水厂因管道被炸而停止运行,新电厂也由于线路及总变电所被炸而停机。在水电停运期间,幸亏公司事先推测局势,已与美商上海电力公司及上海自来水公司订立馈电馈水合同,使公司营业区域内的主要用户水电供给继续维持。事变结束后,公司虽然尽最大努力于4月底恢复工厂出水、8月下旬恢复电厂发电,但经济损失仍高达70余万银元,全年亏损40余万银元,营业状况下降到历史最低点。

为收拾残局,恢复生产,1933年1月,公司以全部资产作抵押,向银团和旧债权人借款规银215万两,用来修复设备及清理各项贷款。同时,为加强集体力量,走出困境,公司调整组织体系,增设总务科。2月,公司第八届股东会增选钱新之等4人为董事,推举陆伯鸿为总经理。那年,公司水电两项营业已日渐恢复到事变前水平,尤以电力发展更快,全年发电是1932年的3倍,比营业最盛的1931年增加1 000万千瓦。同年6月,电厂又增添锅炉1台,使发电量显著提高。

在稳定发展各项营业业务过程中,公司明确提出:"增加效能,减轻成本,辅助生产,服务社会。扩充水电工程,以应需求;改良水电设备,以增效能;招揽工厂,以繁荣市面;推广电力,以增加售电、供电。"

鉴于发电设备尚有待添加,银团借款也须在3年内还清,这非当时公司力所能及。为此,公司决定发行债券。从1934年至1936年曾两次发行公司债券。同时,公司又决定扩充资本金。自1935年到1937年4月,共进行三次招股,每次增资100万元法币,使公司总资本从600万元法币扩大到900万元法币。

经过短短几年的艰苦创业,截至抗日战争全面爆发前夕,新电厂拥有发电机组4台,容量3.45万千瓦,成为当年华人企业中容量最大、发展最快的火力发电厂。设备容量的扩展,促进了公司营业,尤其电力方面更为明显,全年收支盈余额从1933年的80余万银元,猛增到1936年的136余万元法币,用电户已超过3万户。

销售方面,公司十分重视向同行售电。1934年前,翔华、大耀、真如三家电气公司已分别购用公司的电力。1934年至1937年,公司又向华商电气公司、浦东电气公司、嘉定华兴永记电灯厂和南翔生明电气公司售电。这些电气公司购用后,在各自的营业区域内转馈,无形中扩展了公司的营业区域。公司对本地区用户,采用各种优惠办法,多次降低水电费,令贫苦市民也能用上水电。另外把供水范围扩大到偏僻的吴淞地区和殷行部分地区,使原来一直饮用不洁河水的居民逐渐用上自来水。

1934至1936年,公司业务蒸蒸日上,方兴未艾,上海金融界、企业界与同行,对公司周到的服务、充分的供给、公允的定价、可靠的使用,均表示认可。往日自行发电、取水的工厂都逐渐改用公司的水电,一些正在筹备的新兴工业企业也乐意与公司洽商购电,且内地一些工厂和电气业同人也有意与公司合作。因为公司在经济、营业和各项工程等方面成绩突出,经中央建设委员会考核评比,自1931年至1935年,连续五年受到政府嘉奖,获得优胜荣誉奖状。1937年年初,公司的营业状况呈现欣欣向荣趋势。

遭日军掠夺与战后恢复

1937年8月13日,日寇进攻上海。日舰在吴淞口向闸北一带猛烈炮击,公司的营业区域和水电厂首当其冲。厂里员工被迫撤到租界避难。11月10日,公司无法继续维持,决定只留用3名科长和1名文书处理业务,其余职工每人发给三个月工资作遣散费。12月底,公司总经理陆伯鸿遇刺身亡,后由朱寿丞代总经理,主持公司工作。1938年水电厂被日军占领,实行军事管制,厂名改为"华中水电株式会社北部支店",下设电气科、营业科和水道科等部门。水电厂分别改称北部电厂和闸北净水场。整个北部支店有195名日本人,254名中国人。6月,在租界内广泛招收原水电厂职工。复工后,当年即恢复供水,1939年年初才恢复发电。恢复发电过程中,3号机组因被炮弹击中、严重受损而无法原地修复,只能运往日本修理,到1941年3月方修复运回。电厂发电后,由于炉水水质不纯,炉管爆破,造成10人重伤、1人死亡。日方技术人员虽曾设法提高水质,但因管理不善,仍无济于事。而日军急需更多电力来供应战争需要,采取了杀鸡取卵的做法:既无视设备保养和维修,又不考虑设备承受能力,日夜不停运行发电。由于超负荷运行和受战争不断摧残,至抗战结束时,四台机组均已损坏,不能再发电。馈电方面,有9座变电所被毁,殃及40%架空线路和电线杆,零星损毁更无法统计。短短几年时间,一个正处于兴旺发达的民族水电企业,几乎被搞得瘫痪。

1945年8月15日,日本宣布无条件投降。国民党政府派遣大批军政人员迅速在全国各地接收日伪军政机关和受日伪控制的工商企业。留沪的公司部分董事也积极行动,制定计划,准备接收华中水电株式会社北部支店。9月17日,由公司代副经理金翰斋负责组成接收小组,随经济部电业司及市公用局等代表前往水电厂进行接收工作。其间,公司董事长施肇曾病放,各董事推举钱新之为董事长。10月底接收工作完成,董事会任命陆子冬为公司总经理。接收后的财产,经苏浙皖区敌伪产业处理局审查确认并非敌产,于1946年2月5日和4月29日正式办理发还手续。

董事会接收以后,发现设备因损坏严重不能发电,公司力图在短时间内恢复发电。1946年8月,3、4号机组恢复发电。1、2号机组一时难以修复,于1947年4月送往捷克斯可达厂修理。1946年9月,公司重金聘请陈仿陶为总工程师,主持全厂修复工程。陈仿陶深入调查后认为设备不能单纯照原样修复,应加以改造,以提高效率。公司采纳了建议,设立工程室,由潘鼎新工程师具体执行改造项目。原计划于1949年完成全部改造工程,但由于国内战乱等因素,改造计划仅实施了一部分。恢复初期,公司向美商上海电力公司购电转售。1946年,"上电"因自身发电量不足,只能有限供应"闸电"。公司的供电量则无法满足用户需求,只得限制用户用电。同时另辟蹊径,采用以煤换电方法,向蕰藻浜永安纺织公司电厂购电。那一年公司竭尽全力,但仍亏损法币7 300多万元。

由于连年战争,物价飞涨,公司电价也不得不相应上调,1947年全年共调价6次,电价提高了38倍。在修复设备、恢复发电过程中,公司急需大量资金来购买材料和支付修理费。美商上海电力公司获此消息,马上通过上海市公用局转告公司,愿意投资100万美元来帮助修复设备,回报条件是发电后的一半电量归"上电"所有。这一苛刻要求理所当然遭到公司拒绝。公司宁可向银行借款,并借助自己力量修复设备,保证公司的独立性。1947年6月23日,上海市公用局为了控制全市的发电量和电价,通知各电力公司开会,商谈成立"联合公司"筹备处。大多数电力公司出于对自身利益的考虑极力反对。公司明里保持中立,暗中采取相应对策,成立专门从事投资和收买小公司的"远东电气股份有限公司",以其名义,购买公司营业区外围的祥华、大耀、生明、黄渡、华兴、真如等电气公司的全部或者大部分股份,用控制大量的营业权来与联合公司所控制的发电权对抗。后来因时局变化,联合公司不得已于次年5月解散。

1949年春,上海即将解放,公司地下党组织发动群众,组成工人纠察队,展开护厂斗争。工人纠察队员团结群众,向盘踞厂内的国民党残兵宣传共产党优待俘虏政策。经过一昼夜的艰苦劝说和灵活斗智,国民党残兵全部缴械投降,保证了水电设备安全,迎来了胜利曙光。

从公私合营到国营发电厂

上海解放后,公司董事会解散。1950年5月24日,公司工会成立。6月12日,党组织公开。11月22日,建立劳资协商会议制度。同年,公司的1、2号机组分别修复,自捷克运回,经安装,于1951年年初投入运行。从此,公司结束了向上海电力公司购电的历史。当年的年发电量达到历史最高水平,且还清了遗留下来的各项贷款和债款。

1952年,随着国民经济恢复和发展,水电需求量日益增长。鉴于公司在1949年至1950年间屡遭台湾地区国民党军队飞机多达12次轰炸,造成多人伤亡,水电设备损坏严重,再加上公司管理不善,资金短缺,无力投资添补水电设备,为此,公司向上海市人民政府申请,要求政府参加投资和领导经营,按照党对资本主义工商业实行利用、限制和改造的赎买政策,逐步实行社会主义改造。经政府与公司双方代表协商,于1952年12月25日,上海市人民政府代表与商办闸北水电股份有限公司代表签订了公私合营协议书。陈毅市长批准，从1953年1月1日起，公司改为"公私合营闸北水电公司"，隶属上海市人民政府公用局和上海电业管理局双重领导，成为上海市首批公私合营企业之一。公司下设发电、馈电、制水、馈水、业务、会计、总务、采购、人事、计划10个科室，职工1466人。由于国家参加投资，公司有能力购买扩建发电设备，合营期间，营业情况明显好转。

  1955年2月11日，公司发电科改为"公私合营闸北水电公司发电厂"。7月1日，公司自来水部门划归上海市自来水公司管辖。年底，政府和公司代表共同协商签订了关于闸北发电厂改为国营的协议，其主要内容是：公司在合营保息的基础上，用全部资产包括债权债务，租赁给上海电业管理局，并以收取租赁费全部分配给股东的办法，使电厂完全纳入国营化轨道。1956年1月1日，公私合营闸北水电公司发电厂改为国营企业，定名"上海电业管理局闸北发电厂"。1959年1月10日，更名为"上海闸北发电厂"。

  虹口区人民政府将以上那段历史，简明扼要地镌刻在一块石碑上，并立于水电路1661弄附近，即万安路与丰镇路之间东边路旁草丛中。

顺昌路

顺昌路北起太仓路，南至徐家汇路，全长1 300米，1901年筑今自忠路以北段，名为桂林山路，1913年以法公董局董事白尔的名字改名为白尔路。因为今自忠路以南路段有个大菜场，充满市井烟火气，又叫菜市路。1943年全路段以福建顺昌改今名。

"佛手"味精鲜美绝伦

第一次世界大战结束后，国外日用化工原料和日化产品源源不断地倾销到中国市场，大量白银外流，其中来势汹汹的属日本产调味品"美女"牌味之素。那时，上海滩十里洋场南京路两侧和一些主要商业街及车站、码头等地随处可见"美女"牌味之素巨幅霓虹灯广告。这种现象极大地刺激了年少气盛的吴蕴初，心想这样的产品，"我们中国人为何不能制造"？

吴蕴初，1891年9月出生在上海嘉定城西门一户清寒人家，13岁时才进入私塾读书，1905年进上海广方言馆，后入陆军部上海兵工专门学校攻读化学，1911年毕业后，吴蕴初开始涉足实业，经常风尘仆仆或上天津或去汉阳，直至1921年回沪与人合作办厂制造生产火柴用的牛皮胶。

为了研制出中国人自己的味之素，夺回被日本人占领的市场，吴蕴初在家人和好友资助下在自己家里开始试制。经过一年日日夜夜辛苦试验，终于有了眉目，得到几十克堪与"美女"牌味之素媲美的调味品。继而便与上海张崇新酱园业主张逸云合作，筹集资金，选址菜市路，组建了一家大型调味品制造厂。1923年8月，调味品厂开工生产。

那么这个调味品厂叫什么名字呢？吴蕴初决定自己生产的调味品绝不套

用日本人的味之素的名称。他想到国人素以"精"字来命名上品,最香的叫香精,最甜的叫糖精,那么味道最鲜的就干脆叫"味精"。且由植物蛋白制成的味精却有一种鱼肉鲜味,对于吃素食的佛教信徒来说,更是可以给他们带来意想不到口福。而佛教徒信仰"西天佛国",他们心目中的珍奇美味唯天上才有,而天上庖厨不就是天厨吗?不妨用"天厨"作为厂名。厂名和产品名称都有了,还得注册一个商标。既然天厨味精寓意其出自佛教菩萨之手,那么,用"佛手"作为商标名称岂不是顺理成章之事。1923年11月,北洋政府农商部批准"中国天厨味精制造厂"开办。吴蕴初亲自出任总经理兼技师。1924年1月,吴蕴初向北洋政府申请注册"佛手"牌味精商标。

第一批"佛手"牌味精生产出来后,厂里便将新产品送到张逸云经营的各个酱园进行试销售,并在厂门口及张崇新酱园内外张贴"天厨味精,鲜美绝伦""质地净素,庖厨必备"等宣传广告画。还在上海主要马路边日本"美女"牌味之素张贴广告的地方,同时张贴"天厨味精,完全国货""天厨味精,胜过日本味之素"等广告广为宣传,与日商展开市场竞争。吴蕴初还根据消费者对新产品难免疑虑的心理,将工厂厂址,特别是采用原料公之于众。至于推销手法更是五花八门,如在大罐味精中装些现钞进去,大包装味精基本上是饭店使用,厨师多用味精便能多得外快,于是厨师们非常乐意多多使用"佛手"牌味精。另外还给沪上知名的菜馆和西湖游艇赠送印有宣传"佛手"牌味精的台布,广而告之。

天厨"佛手"牌味精推出不久,时值五卅运动爆发,全国开展"抵制日货,使用国货"爱国反帝群众运动,吴蕴初借此大力宣传"天厨国货,家家爱用""爱用国货,人人有责",一时天厨"佛手"牌味精远销长江流域以及西南和东北各地,厂里生产和销售蒸蒸日上,1925年的年产量高达5吨。1926年至1927年,吴蕴初将"佛手"牌味精的配方、生产技术等,向英、美、法等国家申请专利,并获批准,开创了我国化工产品在国际上获得专利的先河。结果"佛手"牌商标成为调味品代名词,而"美女"牌味之素因为长期无人问津、产品积压,不得不在1927年年底退出中国市场。此外,为了扩大社会影响力,"佛手"牌味精还积极组织参加国内外各类产品展览会。1926年,"佛手"牌味精由中国选送至美国费城和宾州世界博览会参展,即以纯正的中国制造和典型的东方艺术色彩的包装,赢得了参观者的青睐。经过评审,大会评审团以"天厨味精厂对食品改善的贡献"授予中国调味品制造商以大奖证书。1930年,比利时列日世博会,"佛手"牌味精在此次产业科学世界博览会上,又获大奖。1933年,美国芝加哥世博会，主题为"一个世纪的进步"。吴蕴初紧扣主题制作了中英文对照的"百年中国调味品业之进步"的宣传手册，并将产品放置在醒目的红木展示台上。由于产品品质优异，加上精妙的宣传，"佛手"牌味精再揽大奖。

天厨厂建厂初期职员人数不多，免费提供午餐，吴蕴初也同职员们坐一桌吃。由于吴蕴初健谈，饭前爱和职员们交流，因此吃顿饭往往不限制时间。职员月工资不高，而是采取有盈余分红的办法来激励。如此做法厂方平时负担小，又可使职员们兢兢业业为厂里工作。结果工厂年年赚钱，职员们也沾光分红，等于是拿双倍工资。

待遇上吴蕴初不怎么计较，但厂里规矩不少，比如严格规定技术人员进厂后，必须保证不对外泄露厂里的技术秘密。为了保密，味精制造的主要工艺，即分解面筋时，每一个分解缸中要放入一小包药粉，对操作工人讲是靠这包药粉才能使得面筋分解时氨基酸不被破坏，而这一包药粉是吴蕴初派心腹配制的，并由吴家老保姆用纸包成小包，点好数量当场发到操作车间。后来得知这药粉实际上是由淀粉和靛青配成，吓唬人的。

作为商人，做生意就是要赚钱。但在中华民族面临危难之际，吴蕴初完全不考虑私人利益，挺身而出。1932年1月一·二八事变爆发，吴蕴初立刻出钱出力，支援十九路军将士前线杀敌。当吴蕴初惊悉日军竟然惨无人道使用毒气弹，便联合大中华橡胶厂和康元制罐厂研制了一批防毒面具，送给十九路军，深得蔡廷锴将军夸奖，挥笔为天厨、天原两厂题词致谢。1933年，国民政府发起"航空救国"运动，要求全国捐献50架飞机。吴蕴初耗资12万银元，从德商手里购得1架霍克全金属双座战斗机。后因试飞时出了点故障，德商修复后又赔了1架霍克教练机。1934年3月18日，在虹桥机场举行"天厨"号飞机命名及捐赠仪式，沪上名流到场观看飞机表演。随后战斗机加入国民党空军杭州笕桥机场战斗序列，教练机则归上海航空练习社训练使用。1937年抗战全面爆发，"佛手"牌味精的生产和销售遇到前所未有的困难。由于上海地区遭遇日军炮火威胁，天厨味精厂被迫全厂停产。为了确保历经千辛万苦创立的"佛手"牌优秀民族品牌不倒和保存民族工业血脉，吴蕴初按照国民政府要求，主动将生产设备和原料迁往内地。天厨味精厂内迁分成三部分进行：一是沿着长江流域迁往汉口，在那里筹建新厂；二是沿着近海，前往香港创办企业；三是将在南市瞿真人路（今瞿溪路）的生产设备和原料，全部转移到租界内继续生产。1937年年底，吴蕴初带领本厂员工，历经艰险，克服重重困难，终于把生产设备安全运到汉口。后因武汉形势吃紧，吴蕴初毅然决然不惜损失再次搬迁,将生产设备迁至大后方重庆。1941年12月太平洋战争爆发后,日军占领香港,日本人与铃木商社胁迫香港天厨厂为日军服务。吴蕴初授意夫人、香港天厨厂厂长吴戴仪,将厂里生产设备统统拆卸损毁,人员全部潜回内地,拒绝同日寇合作。该爱国义举得到全国各界人士高度赞赏,中共《新华日报》专门就此事做了报道。抗战期间,吴蕴初始终关心战场上局势变化。当得知1944年12月湘北大捷时,尽管公司资金十分匮乏,吴蕴初依然拿出10万元法币,致电劳军总会,慰问英勇作战的将士。

1945年抗战胜利后,国民党当局忙于内战,无暇顾及经济,吴蕴初便前往欧美等国,寻找"佛手"牌味精合作伙伴。1949年上海解放,天厨味精厂的生产和销售恢复正常。1956年,吴蕴初积极响应党的号召,实行公私合营,上海各味精厂先后与天厨味精厂合并,进一步壮大了工厂的实力。

"狗头"袜子行业领头

史书记载,袜子起源中国。人类历史上第一次出现"袜子"的表述是在夏朝。《韩非子》里这么写道:"文王伐崇,至凤黄(凰)墟,袜系解,因自结。"大意是周文王去讨伐崇国,路过凤黄(凰)墟时,袜带散了,便停下来自己系上。起初,鞋袜不分家,随着人类文明不断向前,袜子作为人们身上的穿着物独立出来。

民国时期,民族纺织业得到较快发展,纺织业中的袜子产业和技术也同步得到提升。其实行业不论大小,只要能实业救国便可,所以一些民族实业家选择了织袜行业。1921年,葛胜如等引进国外114台织袜机、罗纹车和摇纱机等织袜设备,在南市文庙路创办了"鸿兴织造厂",翌年开工生产。由于设备先进,生产出来的各类袜子品质精良。因为1922年是农历壬戌年,属狗,于是就有人向葛胜如建议,将厂里所生产的袜子产品商标取名为"狗"牌。初定为"狗"牌后,葛胜如仍不满意,认为要么不做,要做就要做行业领头,所以叫"狗头"牌更加合适。结果最后商标名称定为"狗头"牌。正因为"狗头"牌袜子产品质量过硬,所以多年以来一直是国内袜子市场上的名牌产品。1923年,香港、广州地区生产的麻纱袜在上海市场上热销,鸿兴织造厂也及时选购进口棉纱,并采用最新工艺,试制成功平口男式麻纱袜。该袜不仅结构细密,且袜面能产生丝绸一般光彩,既有棉的柔软,又有麻的滑爽。1927年,该厂改名为鸿兴袜厂后,投资添置先进电动织袜机,生产出"狗头"牌新式电机中统男女麻纱袜。该产品一经上市,立刻成为上海和江南一带市场上的热销产品。鸿兴袜厂生产的优质"狗头"牌麻纱袜、丝袜等,还于1929年荣获国民政府工商部中华国货展览会一等奖。

20世纪30年代初,国内民众反帝反封建爱国运动此起彼伏,在社会上一片"抵制日货,使用国货"的形势下,鸿兴袜厂"狗头"牌各种袜子产销两旺。为了扩大"狗头"牌袜子的社会知名度,该厂多次参加国内外举办的各种展览会、展销会。1933年,鸿兴袜厂携带新式"狗头"牌各类线袜、丝袜和麻纱袜等产品,应邀参加美国芝加哥世界博览会,荣获大奖。获奖后,葛胜如喜上眉梢,为了向消费者表明"狗头"牌袜子过硬的产品质量,鸿兴袜厂特地在产品包装盒内外印上芝加哥世博会大奖和国货展览会一等奖获奖凭证。

1937年"八一三"淞沪会战爆发时,鸿兴袜厂正处于交战区域,因交通受阻,原料脱档,被迫停工。1941年,鸿兴袜厂迁址菜市路221号,并实行改组,成立股份有限公司,厂名则改为鸿兴织造厂股份有限公司。公司在注入大量资金后,再次引进新式织袜设备,并恢复生产麻纱舞袜。1943年,厂里精选原料,开始生产"狗头"牌丝光线袜,"狗头"牌各类产品不仅行销华北、东北和西南地区,还销往东南亚各国和非洲南部地区。因为消费者认可,"狗头"牌袜子年产量逐渐上升,到了20世纪40年代中期,年产量高达8万多打。1949年5月上海解放后,鸿兴生产的"狗头"牌各种袜子,继续在上海市和江南一带市场上畅销。为了降低生产成本,该厂袜子包装由原来的纸盒改成透明塑料纸。1954年,鸿兴公私合营,改名鸿兴织造厂,1958年伟成电机袜厂等5家工厂并入。1972年更名为上海针织二十厂。

四川北路

1877年,租界当局自里摆渡桥(今四川路桥)北堍筑路至天潼路,习称里摆渡桥北。1904年,租界当局非法越老靶子路(今武进路)继续向北延伸筑路至宝山金家库一带(今鲁迅公园),成为南北贯通的交通主干道,全长3 041米。此路因与苏州河南岸的四川路(今四川中路)相连,遂名为北四川路。1946年更名为四川北路。

自从西班牙商人雷玛斯于1908年12月在乍浦路388号创办了中国第一家正式电影院——虹口活动影戏院(1919年改称虹口大戏院)——之后二十多年,北四川路上竟然陆续涌现出约二十家影戏院和四十几家电影公司。如此多影戏院和电影公司集结在狭小范围内,简直可与美国遐迩闻名的影城"好莱坞"媲美。20世纪三四十年代,上海人讲"过河看电影",指的就是过苏州河到北四川路一带来看电影。

除了批量出产电影,北四川路还大量生产药品。

远东第一的药厂

早在19世纪后期,西方近代医药开始传入我国。西方人在广州、上海、厦门、福州等通商口岸创办医院、开设药房,既救死扶伤,又大赚中国人的银子。1916年,俄籍德国药学博士霞飞在上海霞飞路(今淮海中路)746号独资3 000银元创办了信谊药房,利用动物内脏及产科医院收来的胎盘,提炼制成一种保健品——维他赐保命,据说吃了能使人延年益寿。但因于手上流动资金有限,霞飞于1924年与华籍药剂师何子康合作,并租借马斯南路(今思南路)20号一幢弄堂房子,正式挂牌建立"上海信谊化学制药厂"。信谊药厂也因此成为中国历史上最早的合资企业之一。

信谊药厂开工初期,规模很小,只雇用了两三个工人,全是手工操作。但在老板和伙计通力合作下,厂里生产、销售顺利,刊登在上海各大报刊上的宣传维他赐保命功效的广告,明显见效,产品影响不断扩大,产品销路逐渐打开,生意越来越好。为了做大,霞飞与何子康商议后决定邀集友人郭云良等入伙,集资5.39万银元,于1927年扩大生产规模,职工增加到10人左右,每月产量数千盒,营业额数千银元。1930年,信谊药厂再次扩股。鲍国昌因在业务上与霞飞发生过联系,又与何子康同为基督教徒,因此闻讯欣然应允,并邀集其兄鲍国梁,友人徐虎臣、许世芳一同参与。连同何子康等原有股款,中方共筹得资金5.29万银元,霞飞以商誉及设备等作价3.69万银元,两者合计股本9.08万银元。经股东会推选何子康、鲍国昌、鲍国梁、徐虎臣、许世芳5人组成董事会,霞飞为监察人,何子康为总经理,鲍国昌为执事董事,企业改组为股份有限公司。信谊增资后增添设备,扩大生产,到1932年,信谊药厂除了生产主要产品"长命"牌维他赐保命针剂、片剂外,又陆续开发出新产品如肾上腺素(牙科麻醉剂)、盐酸爱米丁、樟脑油剂等注射剂,以及胆黄素等片剂和医用橡皮膏等23种产品。其中维他赐保命的产值占半数以上,毛利约为成本的两倍。

由于当时中外西医师对国产的注射剂质量都抱怀疑态度,而宁愿高价购用舶来针剂,因此信谊的注射剂销路不畅。为此鲍国昌和何子康商量后,于1933年派专人携带部分注射剂样品,送往美国鉴定,经美国卫生机关及试验所、医院的检验和试用,认为合格,可与英美同类产品媲美,并发给证明文件。消息传来,信谊产品声誉大增,并因国货运动的宣传和鼓动,使得信谊产品的销路得以打开。

中外合资以来,霞飞始终保持维他赐保命配方的秘密,借此坐取高薪,抽去大量利润。后来鲍国昌通过他的亲信、职工王秀生,乔装铜匠,以维修机器、电器为名,频繁出入霞飞的配方间,取得该药的处方和有关的技术秘密。这时恰巧发生霞飞向国外进货时,违章夹带私货,被海关当局查获,信谊被罚巨款的事件。鲍国昌等遂通过董事会乘机劝霞飞退股,从优结付股金、红利和退职金,从此信谊成为完全由中国人集资经营的民族企业,鲍国昌出任总经理,厂址也从马斯南路迁往北四川路71号。鉴于药品种类增加、销售扩大,信谊药厂先后向国外进口了一批多冲头轧片机、旋转式颗粒机、中型搅拌机和水汀烘箱等生产设备,对于厂里拳头产品"长命"牌维他赐保命,采用先进冷风机进行严格消毒,以稳定药品质量,因此业务蒸蒸日上。随着营业的发展,信谊年年增资,盈余也逐年提高,至1936年企业资本已达法币60万元,为1930年时的6.6倍,厂房也大为扩展,职工增至百余人。

抗战全面爆发前夕,国外消炎药磺胺噻唑刚刚问世,信谊药厂就在国内首先利用进口原料,制成"信谊"牌消治龙针剂和片剂,并启用新产品商标,即延续至今的"SINE"和"信谊"牌图案。"信谊"牌消治龙是中国人最早自主研发的抗菌针剂,打破了当年抗菌素完全依赖进口的局面。于是上海各大药房、医院竞相采购,同时热销国内各地及南洋各国,也奠定了信谊药厂"远东第一大药厂"的地位。虽然同业各厂也纷纷推出同类产品,但"信谊"牌消治龙针剂已经站稳市场,做出牌子,家喻户晓。厂里每月生产"信谊"牌消治龙针剂都在10万支以上,1938年,信谊药厂全年营业额约50万元法币,纯利润8万余元法币。为了可持续发展,信谊药厂广招人才,有18位留学欧美的药学、化学博士陆续来到厂里,研制包括"信谊"牌消治龙针剂、片剂和血清制剂,以及激素与维生素药等体现近代医药成果的数十种西药制剂。还先后增添了纸盒厂、玻璃厂、印刷厂等与主业药品配套的生产企业,以及医用橡皮膏厂、血清厂和化工厂等附属工厂。

1941年12月,太平洋战争爆发,日军强行进入上海租界,在沪英美企业被日军列为敌产,信谊药厂所进口的大量西药原料均被日军扣押在浦东白莲泾英商码头仓库内。虽经信谊药厂多方周旋得以发还,但部分药品原料已过期变质,损失较大。1942年,信谊药厂先后在北平、天津、南京、福州、杭州、济南和重庆等地设立办事处,另在海外新加坡、曼谷等地设立经销处,以扩大产品销售范围。更难能可贵的是在抗战期间,尽管日寇重重封锁,但信谊药厂同仇敌忾共同抗日,通过秘密渠道,将大量优质"信谊"牌消治龙运到苏北地区,供新四军急用,受到粟裕来信嘉奖。

1945年抗战胜利后,进口药品充斥国内市场,信谊药厂业务深受影响。但"长命"牌维他赐保命和"信谊"牌消治龙两大主要产品,由于牌子响、信誉好,销路依然不减。1946年,厂里营业额比上一年猛增一倍,达到历史最高水平。信谊药厂审时度势,又及时扩大产品种类,一下子增加到55个大类,职工达到666多人。1947年,工厂增资100亿元法币。1948年8月18日,国民政府发行金圆券,实行"限价政策","信谊"牌药品被迫按照限价销售,销售和生产都遭到较大影响,营业额下降一半,致使厂里生产陷入半停顿状态。到上海解放前夕,信谊药厂的营业收入只够应付日常开销,勉强维持。

1949年5月上海解放后,信谊药厂很快恢复生产,"信谊"牌各种药品产量每月都有增加,1952年的年产量是1948年的4倍多,1953年,信谊药厂成为上海地区规模最大的私营制药厂。工厂设有针剂、片剂、酊膏、橡皮膏、玻璃瓶和化工原料6大生产门类,制售各种制剂、制药原料80余种。1954年7月,信谊药厂获得人民政府批准,列入全市第一批公私合营企业。

照相馆里秘密藏武器

"五卅运动"工人罢工期间,经常发生上海地方帮会、流氓、奸细、工贼破坏捣乱事件,1925年12月,中共上海沪西区委成立了一个专门对付工贼和奸细的秘密组织"打狗队"。1926年12月,"打狗队"改称"红色恐怖队",简称"红队"。1927年11月,鉴于大革命失败后严酷的白色恐怖,中共中央决定,将中央军委"特务工作处特务股"与"红队"合并,又从原上海工人纠察队抽调人员,成立了"中央特别行动科",简称"特科",归中共中央组织局直接领导,任务是保卫中央领导机关安全、了解和掌握敌人动向、向苏区通报敌情、营救被捕同志和惩处叛徒等。特科由周恩来主要负责、直接领导,后期则由陈赓协助周恩来工作。

特科成立后,下设总务(一科)、情报(二科)、行动(三科),不久又成立了第四科(交通科,后改为无线电通讯科)。一科的职责是为中央布置各个秘密机关和联络点,置办各种必要的家具和办公用品;中央在上海举行重要会议时,负责安排会场;为中央机关筹集经费;利用各种社会关系出面以"合法"方式营救被捕同志。中央的日常大小杂务,全部由一科总揽。

那时候在上海设立机关,虽然社会空房较多,但租房要担保,得找到"殷实店铺"具保,较不容易。周恩来指示一科必须千方百计找社会关系,解决这个难题。于是一科通过各种关系,既设法利用现成店铺,又自己开设店铺。地处北四川路老靶子路(今武进路)口的"三民照相馆"(今四川北路1325号)便是自己人开设的店铺,也是特科联络点之一。

1930年,特科直接从上海某洋行购买了一批枪支,就储存在三民照相馆里。这些武器有各种型号的手枪如驳壳枪、左轮手枪、勃朗宁手枪,还有机枪。甚至有化学手榴弹,爆炸后可以使人流泪睁不开眼。

作为中央特科武器存储处和秘密联络点,三民照相馆外表看虽不起眼,但在特科历史上,几次大的锄奸行动之一,如刺杀出卖罗亦农的叛徒何家兴,就是从这里开始的。中共中央政治局常委罗亦农被捕当天下午,顾顺章和陈赓到三民照相馆见周恩来。周恩来命令顾顺章和陈赓全力营救。但罗亦农从被捕到牺牲前后只有6天时间,特科未能成功营救。之后,特科获取情报,罗亦农是被叛徒何家兴和贺治华出卖的,中央特科采取了锄奸行动,打死了何家兴,重伤了贺治华。由于叛徒出卖,罗亦农及政治局委员彭湃等4人,先后于1928年4月和1929年8月被捕并壮烈牺牲。

1931年4月,顾顺章叛变后,三民照相馆的中央特科武器存储处即遭破坏,三民照相馆老板范梦菊也被顾顺章出卖而遭逮捕,很快叛变投敌。不过三民照相馆一直存在,在上海颇有名气,1949年上海解放后,改为风雷百货商店,其房屋结构没有多大变化。2006年,为配合市政建设,该处房屋被拆除。

唐山路

唐山路西起商丘路,东至江浦路,全长3230米,1904年修筑,1913年填浜延伸,曾名塘山路,后以河北唐山改今名。

文人开厂不为赚钱

1840年鸦片战争后,中国在西方列强侵略下,变成半殖民地半封建社会。为了复兴中华,许多仁人志士,多方寻求富国强民之路。胡厥文就是其中之一。1895年10月,胡厥文出生于嘉定一个开明绅士人家。19岁考入北京工业专门学校,攻读机械工程专业。深重的民族危机,令胡厥文意识到,只有兴办实业,生产各种日用品,制造飞机大炮,才能改变受外侮欺压状况,令中国挺直腰杆。因此,胡厥文发誓将来一不当官,二不从教,决心献身于"实业救国"。1918年大学毕业后,胡厥文经人介绍进入当年国内最大的工厂——汉阳钢铁厂,谢绝工程师职位,而是从学徒工做起。理由是自己刚从学校出来,仅有理论知识,缺乏实践经验,不利于今后办实业。所以,必须从最基层做起。

通过三年历练,胡厥文积累了一定工作经验,决定自己创业,并选定机器制造业作为自己开办的第一家企业。虽然胡厥文清楚机器工业不容易赚钱,资金周转也慢,但他觉得,机器工业是一切工业的基础,因此他要开家机器厂,以实现"实业救国"的抱负。为此,胡厥文不惜变卖全部祖传土地,再加上亲友们资助,在虹口塘山路796号购地皮造厂房。1922年元旦,新民机器厂正式开工。"新民"寓意兴业办厂、利民强国。

新民厂初建时,聘请了40余名职工,购置了各种设备20余台,主要是为纱厂的机器进行维修和生产零件。不过因为维修业务中常常遇到各种肆意刁难,加上纱厂不景气,迫使胡厥文转变思路,尝试设计和制造机器,先为勤工机器厂设计制造机器的挂脚、地轴、皮带盘等零件,接着又承制了黑色油墨机。为了能制造出国产彩色油墨机,胡厥文设法进入商务印书馆的印刷工场,悄悄把一台德国造彩色油墨机依样画葫芦地描下来。回厂后,再对着图样反复研究,并探索其内部结构。经过试制和多次修改,终于获得成功。试制彩色油墨机的成功,增强了胡厥文的信心。从此,新民厂便根据市场需求不断开拓业务,研制了不少新机器,在业界逐渐声誉鹊起。

不少客户闻讯而来。有位华侨,交谈中问胡厥文是否能帮其木行造一台大型立式锯木机。胡厥文为了同外商竞争,连定金都不要,且坚定表示若机器造好后,性能同洋货一样,照洋货价格八折付款即可;假如试用下来不行,就把那台机器砸碎了还给新民厂。那位华侨见胡厥文如此自信,同意让新民厂试试。当厂里工人们知道签约过程后,全都表态无论如何都要为中国人争口气,全力以赴。试车结果,新民厂试制的锯木机性能良好,日产量比洋货增加5%,且电力消耗是洋货的80%。事实令木行经理当场心悦口服,也更相信新民厂技术。之后,该木行成了新民厂老客户,又相继请胡厥文制造了圆锯、断锯、行车及花边、插槽、吸木屑机等设备。此事传开后,沪上不少厂家甚至包括南洋各国厂商,纷纷前来向新民厂定制所需的各种机器设备,如久记木行、顺泰木行、天厨味精厂、康元制罐厂、泰康食品厂等。一时间,新民厂名声大振。

胡厥文不仅敢于创业,且敢于创新。因为胡厥文开办工厂,不是为了赚钱,而是实业救国,所以经常制造一些国内没有人造过的机器,且客户需要什么,新民厂就试制什么,新产品源源不断。如新民厂附近义昌橡胶厂(今正泰橡胶厂),原先使用的机器设备全是从日本进口。自1925年起,新民厂承揽了该厂机器修配及增添,并在国内最先仿制了日式轧胶机、胶鞋车、模子等,促使国产橡胶机顺利取代日本货。1928年之后,上海橡胶工业能迅速发展起来,新民厂功不可没。新民厂还连续制造了8台具有较高精密度的绕钨丝机,其性能不输给洋货,但成本和价格却只有洋货的1/4。另外,新民厂为大中华造船厂制造船用蒸汽机,仿制过多种柴油发电机,其中一种仿制德国的小型高速柴油发电机,售价仅是德国产品一半,颇受广大乡村欢迎,并随着国货信誉日益提高,最终将德国产品挤出中国市场。

1932年"一·二八"事变爆发,胡厥文全力投入抗日救亡工作。当得知在前线作战的第十九路军将士们缺乏弹药时,胡厥文马上与驻守在闸北、虹口的第十九路军156旅旅长翁照垣联系,并团结同仁,动员组织机器同业公会下属几十家企业,拆迁一些小型车床、钳工台和各种加工工具,运到沪南集中起来。还抽调工人,建立起临时手榴弹工场,夜以继日轮班生产,赶制手榴弹、炮弹、地雷和水雷等,送往前线。上海兵工厂知晓后,找到胡厥文,要求机器同业公会派出工人以支持兵工厂完成承制迫击炮弹的任务。胡厥文一口答应,当即通知同业公会,组织40余名翻砂工人前往支援,使得兵工厂日产量一下子提高5倍,成为抗战中的第十九路军坚强后盾。

1937年7月7日,日寇发动全面侵华战争。胡厥文全身心投入抗日救亡运动中去。为了保存民族工业实力,支持长久抗战,胡厥文坚决响应国民政府号召,共赴国难,把自己所办工厂迁往内地。在胡厥文带头下,许多厂家也都表态,愿将工厂内迁。其时,淞沪会战正激烈展开,不少工人在拆运机器设备时,倒在日机轰炸扫射之下。幸存者含泪将同伴尸体抬到一边,咬紧牙关,冒着生命危险,继续工作。胡厥文不仅自己带头,且四处奔走进行动员。8月27日,21艘船满载着新民厂等厂家的机器、设备和原材料,连同各厂职工、家属,冒着敌人炮火,由苏州河率先驶出,开始了充满艰险的内迁征途。新民厂机器设备运到武汉后,立刻在预先租赁的厂房里安装调试,开工生产军需产品,成为内迁工厂中首批开工的企业,有力地支持了抗日前方。

武汉告急后,胡厥文又把工厂迁往重庆。虽然数次搬迁,令新民厂损失巨大,胡厥文半生辛劳成果葬送大半,但为了抗击日本侵略者,胡厥文在所不惜。通过胡厥文等爱国实业家共同努力,终于将包括机器、造船、纺织、炼钢、化工等行业的146家工厂、1.48万吨物资及2500多名技术人员、工人内迁重庆,其中60多家机器厂构成了抗战时期大后方民族工业主力军。

1945年,日本宣布投降,新民厂返回上海复工,但市场上美国货倾销,而国民政府却倒行逆施,忙于内战,造成社会动荡,物价飞涨,民不聊生,新民厂在困境中苦苦挣扎。1949年5月,上海解放,新民厂重新焕发生机。1953年10月,新民厂成为沪上第一批公私合营工厂之一。公私合营后新民厂迅速发展,至1956年先后有24家工厂并入新民机器厂,被上海市人民政府批准为汽轮机制造专业工厂。

"双妹"化妆品分外香

20世纪初,国内化妆品只能通过进口,价格昂贵,唯有外国人和少数富豪才消费得起。精明的广生行发现商机,生产了"双妹"牌雪花膏。由于迎合了国人爱用国货的心理,一炮打响风靡一时。广生行发源地在香港,1898年由著名工商业者、旅美华侨、广东番禺人梁楠创办。"双妹"是广生行自创的第一个品牌。1903年,广生行为了扩大产品销售规模,转向内地发展,在塘山路设立发行所,且在南京路(今南京东路)475号设立专柜,销售"双妹"牌各类化妆品,相当畅销。1904年,中国政府首次以官方名义组团参加美国圣路易斯世博会。因为生产"双妹"牌雪花膏等化妆品闻名的广生行,也被清廷邀请参展,荣获世博会大奖。

1909年,冯福田联合好友梁应权、林寿庭等人,共同出资20万银元,改组广生行,更名为香港广生行股份有限公司,任主席兼总办总理。冯福田,广东南海人,早年在广州做化妆品小生意,后来去香港打工,在一家经营药品的德建洋行做买办。冯福田入主广生行不久,选择大上海作为今后公司销售的大本营。同时在南京路475号隆重举办了为期3天的大型减价酬宾活动,当场推出"双妹"牌新款雪花膏等化妆品。并在上海最有影响力的《申报》上连续多日大做"双妹"广告,在消费者心目中以及记忆里留下了深刻印象。1915年,上海广生行应邀参加农商部举办的全国商品展销会。这时,"双妹"旗下已经拥有众多美妆和香水产品。"双妹"以其新颖独特魅力和过硬产品质量,荣获展销会特等奖。为此,时任北洋政府大总统黎元洪亲笔题词"尽态极妍,材美工巧"。借助获奖良机,上海广生行迅速成为民族化妆品业龙头老大,"双妹"也名声大振。同年,美国政府为纪念巴拿马运河通航,在旧金山举办万国博览会,上海广生行应邀远赴美国参加巴拿马万国博览会。在那次博览会上,"双妹"获得世界博览会金奖。当时的巴黎时尚界用"VIVE"(极致的意思)来夸赞"双妹"的完美。从此"SHANGHAI VIVE"便成了"双妹"的另外一个名字。1926年,"双妹"又在美国费城世博会上获得"化妆卫生用品"类金质奖章,并经英国皇家化学专家布朗等人的检验认可,证实"双妹"产品不仅为合格卫生标准的化妆品,且花露水等能留香12天之久。由此,"双妹"的名声和信誉不仅在国内家喻户晓,就是在海外也是与日俱增。1930年,上海广生行投入巨资,在塘山路(保定路口)建厂,主要生产"双妹"牌雪花膏、花露水、生发油和爽身粉等市场上热销的传统化妆品。上海广生行"双妹"牌系列化妆品之所以能够在民国时期热销,其商标名称、图样独具匠心的设计功不可没。先从商标名称分析,与所生产的化妆品十分贴切。"双妹"的"妹"字,同"美丽"的"美"字谐音,"双妹"即"双美"。因此所谓"双美",就是使用了"双妹"牌化妆品后,能使女性"色美、香亦美"。而"妹"字,通常是指少女。两个少女,青春更加活力无限。另外将"少女"两字位置对换、合并,变成一个"妙"字,双"妙"重叠,就是"双妹"牌化妆品妙上加妙;再从商标图样来看,两位青春少女身穿旗袍、体态优美,面带微笑,落落大方。姐妹俩手挽手,一位披红、一位挂绿,一位手持鲜花、一位手拿花露水,把上海广生行的产品自然而然地带入画面,不落俗套。且自民国初开始,上海广生行聘请"月份牌画王"关蕙农、杭稚英和郑曼陀等月份牌名家为"双妹"绘制月份牌广告。"在一座篱笆围绕的豪华花园里,两个身穿旗袍亭亭玉立的美少女并肩而立"月份牌,直至今天,仍然受到世界各国月份牌爱好者追捧,成为中国月份牌中的经典之作。

1949年上海解放后,广生行公司与明星香水肥皂厂、东方化学工业社、中国协记化妆品厂等合并成为上海明星家用化学品制造厂。1967年,厂名改为上海家用化学品厂。其间,因为特殊历史原因,"双妹"品牌在大陆逐渐淡出市场。1992年,改制成上海家化联合公司。2010年,躬逢上海世博会召开,"双妹"趁此东风华丽转身,以高档化妆品重新亮相上海滩。

帅气时髦司麦脱

衬衫是舶来品,所以在20世纪20年代之前中国内衣衬衫市场几乎为洋货所垄断,如英国"海亨森"牌、美国"阿罗"牌等品牌。但洋衬衫价格昂贵,一般民众只能望衫兴叹。不过当年历翻到20世纪30年代,国产衬衫设计、生产和销售等长期落后于外国货的被动格局逐渐被一批有志于改变中国衬衫业落后面貌的爱国人士所打破。1933年,近代著名民族实业家傅良骏在吕班路(今重庆南路)顾家弄10号集资创办了上海新光标准内衣制造厂。

傅良骏,川沙县人,1911年出生,毕业于中法工学院,一度在上海法商水电公司事务所供职。鉴于当时洋货到处充斥上海,内衣衬衫市场只有中国内衣公司所生产的ABC牌内衣一枝独秀,傅良骏萌生了创设内衣厂的念头。恰巧其表弟俞景琳曾在虹口商都屋内衣店做过事,对于缝制内衣有一套专门技术,两人一拍即合,便邀集李兴炽等人开设了一家只有6架缝纫机、14个工人的小型内衣工厂,每天仅生产6打衬衫(1打12件)。傅良骏自任经理,负责原料采购、成品推销等一切业务。但该厂生产规模太小,且受中国内衣公司排挤,维持困难,但傅良骏立志要将新光厂办成一个设备齐全、产量巨大、管理严密、出品精良的大型衬衫厂。因为傅良骏从开工起,就把洋货衬衫作为赶超目标,所以生产出来的衬衫质量优良,价格又比洋货衬衫便宜,受到一些洋商的关注。有个葡萄牙商人便委托傅良骏加工衬衫,以冒充舶来品在国内市场上销售。傅良骏接下订单,努力制作,赢得洋商信任。葡商见合作愉快,又介绍霞飞路上一家专门销售外国商品的商店代销新光厂的衬衫,并在生产工艺上给予指点,令傅良骏受益匪浅。企业生产规模不断扩大。不久,中国内衣公司因为资金问题,管理出现混乱,衬衫质量大幅下降。傅良骏再次抓住机会,提高自家衬衫质量,并敢于在产品广告上投入大量资金,所做广告范围包括广播电台、报纸杂志等,还在南京路最繁华的地段(今南京东路、西藏中路口)大新公司(今第一百货商店)内,设立衬衫专柜,结果产销两旺。原来"ABC"牌衬衫的销路几乎全为"新光"牌衬衫所替代,后者风靡一时。新光厂从此跻身上海衬衫业前列。

经过数年发展,到1936年年底,新光厂已日产衬衫1 000件以上。1937年抗战全面爆发后,南洋一带尚未沦陷,南洋各国华侨基于爱国热情,使用国货呼声高涨。傅良骏看准时机,大力向海外发展,"新光"牌衬衫业因此在南洋名闻遐迩,成为名牌。1941年12月太平洋战争爆发,南洋运输中断,新光厂外销受阻。傅良骏及时调整销售策略,将重点重新放到内销上。那时候虽然洋货衬衫在市场上基本消失,但国货产品竞争相当激烈。傅良骏考虑到社会上一部分消费者的崇洋心态,推出一个新颖别致的英文商标名称"SMART"牌,中文取其读音叫"司麦脱"。上市前,新产品商标"司麦脱"牌的宣传广告在国内报刊、电台等新闻媒体上铺天盖地。尽管"司麦脱"牌衬衫价格偏高,但其设计合理、制作精良,特别是衬衫领,当年国货衬衫的领衬布一般只用糨糊上浆,使用后一经洗涤,马上变得疲软起皱,不仅影响穿着,且影响美观。而新光厂改用一种新颖的"科学软硬领",经水洗后,仍能恢复平挺状态,所以新产品在商场里一露面,立刻受到广大消费者尤其是国内各大城市中高阶层人士好感并选购。新光厂也因此获利丰厚。1945年8月抗战胜利,傅良骏决心大干一场,加大投资力度,不断添置西方最新式机器设备,每星期召集技术人员开碰头会,研究衬衫款式和花色的改进,争取精益求精,并亲自设计花样。为了谋求更大发展,新光厂于1947年4月搬入塘山路新厂址。同时在南京路(今南京东路)开设门市部,加大宣传力度,还广邀名人和要人来塘山路新厂房参观。如时任上海参议会议长潘公展,观后题词"规模宏运";时任国民政府工商部政务次长简贯三,在得到新光厂赠送的衬衫后,对中央社记者大肆赞美国货品种优良,绝不亚于美国货,而色彩图案更胜"美"一筹。名人和要人热心推崇,无形之中广而告之,全国各地客商纷纷来沪采购,令新光厂的市场占有率越发扩大,其中"司麦脱"牌优质高档衬衫产量,几乎要占全国高档衬衫总产量的一半。新光厂无可置疑地成为全国衬衫行业"领袖"。

1949年年初,因为内战,国内经济普遍不景气,再加上傅良骏贷款过多,厂里出现危机。幸亏上海解放后,人民政府及时伸出援手,方才渡过难关。20世纪50年代中期,新光厂新辟苏联和东欧各国外销渠道,获得成功,尤其是"司麦脱"牌衬衫在中国整个衬衫行业中年产量占比高达30%,外销出口量占60%,一度成为远东地区规模最大的专业衬衫厂家。

自行车从"扳手"到"永久"

自行车属于舶来品,于鸦片战争战后签订不平等条约开放五口通商后传入中国,那时叫"自由车"。1937年抗战全面爆发,因战火蔓延,西方的自行车进口数量锐减。1940年,日商小岛和三郎乘机投资50万日元,在塘山路1217号建成昌和制作所,雇用员工200人,开始以生产自行车零件为主,后逐步发展为生产"铁锚"牌26英寸黑色男式自行车,年产3 000辆。其产品除部分供作军需外,其余在上海市场销售。1945年日本投降后,国民政府资源委员会接管了昌和制作所,并将其命名为"中央机器有限公司上海机器厂第二分厂",有员工180人,主要生产28英寸、26英寸"扳手"牌男、女式自行车,年产自行车3 600辆。由于美、英等国的进口自行车有增无减、大量倾销,民族自行车工业无法与之竞争,上海机器厂处于奄奄一息的困境。

1949年5月27日上海解放,上海市军管会接管了上海机器厂。6月1日,军管会重工业处委派军代表接管上海机器厂的第二天,厂里便全面恢复中断了将近一年的生产。广大职工翻身当了国家主人,劳动积极性大为提高,到了该年年底,产量已经达到800多辆,同比上海解放前夕增加了两倍多。原先厂里生产的自行车为"扳手"牌,经过技术革新,加装了半链罩、铁板双撑,并将车架改用管子,还换了软边胎和平肩式前叉等。为了区别于"扳手"牌,厂里设计了新商标,商标名称叫"熊球",其整个画面是一个白熊站在地球仪的最上端。考虑到白熊加上地球给人印象太沉重,没有轻快感,而骑自行车就是要轻快,所以很快便取消了该图案,折中采用"熊球"的谐音"永久",寓意产品质量要达到永久。

1949年年底,"永久"牌自行车诞生,标志着新中国自行车制造史上的第一个奇迹。此后,"永久"牌商标图案虽经几次改动,但"永久"两字一直未变,且沿用至今。1950年1月,厂名改为"华东工业部上海制车厂",厂里共有职工242人,除了生产"永久"牌自行车,还零星生产"扳手"牌自行车零部件。1952年,私企新星机器厂并入上海制车厂后,上海制车厂易名为"红星制车厂"。1953年,工厂改隶中央第一机械工业部第一机器工业管理局,随之再次改名为"上海自行车厂"。

1955年,第一机械工业部提出由上海、沈阳、天津3家自行车厂联合设计标准定型的自行车。是年年底,上海率先造出10辆"永久"牌28英寸PA-11型平车。该车试制成功,厂里许多职工建议,能否同时设计一个与"永久"牌自行车相媲美的新商标,使之跳出新中国成立初期开始使用的等线体美术字框框,突出"永久"产品特色以及勃勃生气。这一倡议得到厂部领导重视,职工们也纷纷献计献策。当时厂里并没有专职美工设计人员,而厂计划科有个职员叫邵再生,平时爱好美术。为此厂部就充分发挥其特长,调他担任自行车美工设计,就此成为上海自行车厂第一个专职美工。邵再生为了不辜负全厂职工对他的期望,关起门来先后设计了多个永久商标图案,但都不甚理想。厂领导仍然信任邵再生,支持他走出去,向上海美术设计方面的专家学习请教,以寻求对新商标设计的帮助。专家们都伸出了援手,出了不少点子,也设计了一些别致图案,不过均未达到可被采纳的程度。一个偶然机会,邵再生在翻阅一本日本杂志时看到一个设计图案,是将字体巧妙地组合成一个有趣形状。邵再生马上联想到自己厂里产品,构思出以自行车形状为构图基础的设计思路,并带着设想向上海美术设计院专家张雪父请教。张雪父听了邵再生介绍,觉得是个好点子。于是两人顺着该思路反复推敲,画了许多张草图。最后由张雪父根据草图制作了一个以自行车象形体为构图的图案,也就是名满天下的"永久"商标。

1958年,这个将"永久"两个汉字演绎为自行车造型的"永久"牌商标便出现在厂里生产的永久系列自行车上。最早启用的"永久"牌,上方是齿轮,下面系稻穗,分别代表顶天立地的工农大众。中间上为闪光的五星,"永久"两字镶嵌正中,中间偏下为"上海"两字。如此设计巧妙的商标为永久自行车增添了光彩,赢得了国内消费者的一致好评。

天通庵路

天通庵路,西起止园路,东至宝通路,全长488米,修筑于1917年,以路旁的"天通庵"命名。

19世纪末的上海,工业兴起,经贸发达,商贾纷至,物流繁忙。外国商人要求建筑铁路,以便把海运到吴淞的货物经铁路运至上海城内,清政府不予批准。1875年,以英国怡和洋行为首组建了"吴淞道路公司",买下了今河南路桥堍到吴淞一带土地,并将建造铁路的器材从英国运到中国私自筑路。1876年7月3日,铁路从上海至江湾段先完工通车,轨距为762毫米窄轨。英国人在建造铁路时抢占民田、欺压百姓的行径,引起了中国人极大愤慨,并捣毁吴淞道路公司设在江湾的办事处。后来火车在行驶中还压死一名中国人,更是引起群情激愤,清政府被迫照会英国领事要求转令公司停止通车。几经交涉,同年10月,清政府与英国公使签订《收买吴淞铁路条款》,中国买断铁路应付白银28.5万两,分3期交付,1年付清。1年之内铁路仍由吴淞道路公司承办。于是,铁路仍继续建筑,12月1日上海至吴淞全线通车。一条全长14.5公里的窄轨铁路——吴淞铁路建成了,这也是中国第一条营运铁路。因火车速度快,车费便宜,搭乘旅客越来越多,不到1年时间就让吴淞道路公司狠狠赚了一笔。1877年9月,清政府赎回了这条铁路,立即全部拆毁。1895年,两江总督兼南洋通商大臣张之洞两次建议朝廷修筑吴淞至上海至江宁(今南京)铁路。中日甲午战争后,顽固守旧的清政府终于准奏,并批示以官款"先修建淞沪后筑沪宁",成立以盛宣怀为督办的铁路总公司。1897年,淞沪铁路开工,总体上是遵循原来吴淞铁路走向兴建,改为标准轨距,于1898年建成通车,是中国政府官款修建的江南第一条铁路。全长16.09公里,南起宝山路,西至吴淞炮台,沿线设宝山路、天通庵、江湾等9个车站。淞沪铁路建成后即为上海通往吴淞的重要交通干线。

天通庵站地处天通庵镇东北隅，南接宝山路站1.69公里，北距江湾站3.53公里，地处天通庵路、同济路（今同心路）、宝山路接壤处。考虑到天通庵一带原是江湾镇治下排名第一繁华村集，邻近租界，毗连商埠，是当年进入上海中心城区的门户，且也是淞沪间水陆交通重要中转，清光绪年间两次修建上海至吴淞铁路，即1876年的吴淞铁路和1897年的淞沪铁路，从上海始发第二站均选在天通庵。因为按照设立火车站的惯例，一般都建在市镇中心外围，如上海站（北站）被放在上海县与宝山县交界处，江湾站被放在镇南崑福寺旧址边，天通庵站则被放在庵堂北面。

曾经是战场的天通庵站

鉴于地理位置重要性，天通庵站成为上海现代史上战时兵家必争之地。1927年3月20日，北伐军逼近上海龙华。北洋军阀驻守上海的是毕庶澄所部约3000人，加上当地警察共5000人左右，兵力不足，军心不稳，毕庶澄焦头烂额，急电上海外围部队赶快支援。上海工人第三次武装起义指挥部闻讯后，决定首先发动铁路工人罢工，切断了外界对上海军阀的各种援助。3月21日12时，上海总工会发布总罢工令，80万工人当即罢工，并组织了纠察队2300人，赤卫队800多人，特别队数百人，根据军阀力量强弱，将战场划分为7个区域，由各区党组织负责人任指挥。起义工人迅速占领兵营、警察局，夺取枪支弹药，广大群众纷纷助战。在工人武装打击下，守城军阀迅速土崩瓦解。当晚，起义队伍占领了除闸北外的6个区。此时，毕庶澄仍指示驻守天通庵路站的部队负隅顽抗，妄图等援兵到达之后再反扑。起义总指挥周恩来奋不顾身，亲临前线指挥作战。在总指挥部对着地图，周恩来同赵世炎、罗亦农当机立断，决定集中力量将驻守天通庵站的军阀部队歼灭。命令一下，霎时枪声和喊杀声震天，吓得驻守车站的士兵们缴械投降。夺下天通庵站后，随即又部署兵力，伏击由吴淞乘火车赶来支援的四五百名直鲁联军。至23日，上海第三次工人武装起义取得最后胜利，毕庶澄仓皇逃入租界。

1932年1月28日，日本以所谓"日僧事件"为借口，悍然发动"一·二八事变"。当天深夜，日本海军陆战队想悄然穿越天通庵站向北火车站进攻，被中国守军第十九路军及时发现并击退。此后双方曾多次在这个小小车站进行激烈拉锯战,在蒋光鼐、蔡廷锴等爱国将领指挥下,中国军队寸土必争、浴血奋战,日寇遭到中国军队坚决抵抗。

5年之后,历史再次重演,1937年"八一三"事变发生,日本海军陆战队计划从北四川路(现四川北路)经天通庵站向宝山路进攻,另一支由江湾过来的日军也企图穿越这里后袭击八字桥,驻守在天通庵站的中国军队立即予以还击,顿时枪声大作,浓烟滚滚,转眼间变成炮火纷飞的战场,日寇一次又一次进攻都被中国守军顽强击退。

1937年至1945年上海沦陷期间,整条淞沪铁路都被日本侵略军占领,并将终点站从炮台延伸至江边。太平洋战争爆发后,日军因制造军火缺少钢材,将蕰藻浜至炮台湾一段路轨、铁桥全部拆除。

时光如梭,转眼到了21世纪,淞沪铁路已被轨道交通三号线所代替,并成为上海交通的重要组成部分。

国货名牌时钟"美华利"

1865年,法国商人霍普兄弟公司在上海开办"亨达利钟表店"。因为看到开办钟表店获利丰厚,原先在洋商钟表店打工且具备一定钟表专业知识和经验的宁波人孙廷源,不由得有了想法,也打算从事钟表销售业务。于是在1876年,孙廷源选择上海滩上最为繁华的南京路(今南京东路)河南路口,开办了一家"美华利钟表行",以社会上层的达官显宦为主要销售对象,专卖世界各地名牌钟表。由于孙廷源服务到位、价格公道,几年下来,生意红火。但是孙廷源居安思危,觉得尽管每年收入颇丰,但总不是长久之计。因为所售钟表都是从洋商那里进的货,若能进到洋货,便可赚到钱;进不到的话,只能坐吃山空。因此,孙廷源决定争口气自己制造优质国货钟表。

生产钟表对技术要求很高。为了掌握第一手技术,孙廷源让已经长大成人的儿子孙梅堂学习机械设计和制造专业。1902年,因孙廷源年迈,孙梅堂从圣约翰大学辍学,接替父亲管理美华利钟表行。1905年,孙氏父子先在老家宁波开办了一家制造时钟的小作坊,试生产一段时间,有了基础,便于1912年,把老家的小作坊搬迁到水陆交通方便的上海杨树浦,并不惜重金购入先进加工设备,罗致能工巧匠,美华利产品质量和数量均比过去有较大提高。通过两年埋头苦干,美华利无论是生产技术和销售渠道,还是流动资金,都已是今非昔比。但孙梅堂不满足现状,决定要另建更大规模厂房,增添更加新式的加工设备。为此,他选择在交通便利的闸北天通庵路,建造一家现代化时钟生产厂房。经过紧张筹建,1915年1月,"美华利时钟制造厂"竣工投产,有职工百余人。厂里设立了机械制造部。生产车间明亮宽敞,加工设备排列成行,现代化机器设备代替了过去落后的手工操作,生产各种齿轮、轴芯、圆片等零件;另设红木钟架部,组装插屏钟、大钟、天文钟、车站钟等,其中尤以为奉天咨询局、吴淞中国公学、奉天工艺局和上海集成图书公司制造的4只40至60英寸大钟名气最响。随后美华利厂又为吴淞丰华纱厂制造了1只100英寸四面单套大钟,安装在4层楼,并以100英寸四面单套大钟远赴海外参展,一举获得1915年巴拿马万国博览会的金质奖章及小吕宋嘉华年会和江苏省上海市等展览会一等奖、优等奖等达11次,为我国时钟制造行业争得一席之地。不久,美华利厂又分别为北京先农坛、上海总商会、杭州沪杭铁路车站、上海青年会、先施公司、上海电话局、北京中国饭店等104家单位制造大钟336只。1917年,"美华利"牌双套大机钟被送到北京北洋政府总统府官邸使用。一时间,"美华利"牌商标成了国货名牌时钟的代名词。年产量从开工时的92只,逐渐提高到1 233只。10年间累计生产各式时钟7 832只,厂里职工增至640多人。孙梅堂也因此被人们称为"钟表大王"。

1917年孙梅堂接盘亨达利钟表行,并将美华利总管理处迁至南京路河南路的亨达利营业大楼二楼。孙梅堂利用亨达利原来的洋商进货渠道,加上美华利众多群体批零兼营,实现了钟表进销两旺。尤其是第一次世界大战结束后,亨达利趁德国马克和法国法郎贬值之际,购进大量手表在上海销售。那时候西方一些国家的钟表制作十分精美,有镀金、K金、包金,在表壳上镶嵌珐琅、珠宝等,再配上精美的表链,有些表链上还雕刻各种别具一格的纹饰,使得钟表看上去越发高贵,如此精美的表在店里上柜后没过多久便被售空,让孙梅堂大赚一笔。

1932年"一·二八"事变爆发,孙梅堂在天通庵路的美华利制钟厂被日军炮火炸毁,他原先制定的"先钟后表,分步发展"的计划终成泡影。因为大伤元气,加上市场萧条,财力拮据,无法再投入巨资重新修建厂房、购置生产设备,只能关门歇业。

通北路

通北路南起杨树浦路，北至唐山路，全长 1 433 米，1897 年筑，取名韬朋路，1943 年以黑龙江通北改今名。

虽然通北路紧邻沪东闹市区，但却有好几家闻名全国的企业，那些工厂里工人阶级很有影响和力量。而位于通北路 540 号、建于 1908 年的汇山公园（1945 年抗战胜利后更名为"通北公园"），1950 年 4 月，正式改名为"劳动公园"，并由上海市总工会接管。到了 1952 年，劳动公园改名为沪东工人俱乐部。1960 年，正式定名为杨浦区工人俱乐部至今。

民光被单国民首选

上海近代毛巾被单行业起源于土布生产。1840 年鸦片战争后，洋布大量涌入，本土土布行业开始衰落。1900 年，川沙县人张艺新、沈毓庆等将土布木机改革毛巾木机成功，令广大土布生产者绝处逢生，纷纷转织毛巾。至 1920 年，已有大小毛巾厂 75 家。五四运动时期，国人觉醒，"抵制洋货，使用国货"的爱国反帝热潮为国货毛巾开拓了市场，沪上毛巾行业添机招工，增产扩销，并使用铁木机生产，织造技术也有了提高。不久，以三友实业社"三角"牌为代表的国货毛巾，用优良品质将称雄一时的日本"铁锚"牌毛巾挤出中国市场。1932 年，三友实业社试制成功独幅被单后，沪上被单业兴起。部分毛巾厂也增设被单生产。两年后，上海市毛巾被毯业同业公会成立。至抗战全面爆发前夕，上海又增建毛巾被单厂 52 家，其中就有项立民创办的民光被单厂。

项立民，浙江杭州人，1907 年出生，13 岁毕业于杭州县立贫儿院高小，后进入三友实业社，从练习生做起，通过勤奋一步步升任工程师、织部副主任。1927年起分别在安禄棉织厂、杭州临丰染织厂、华纯织造厂担任厂长。1935年6月6日，项立民凭借对织物设计、漂染工艺的丰富经验，拿出2 000银元，独资创办了民光织物社（民光被单厂的前身）。"民"字代表项立民姓名中的"民"，"光"隐喻他的事业发扬光大。厂址设在沪东一个不起眼的弄堂——岳州路兴祥里。

初建时，工厂规模很小，只雇用了8个工人，其全部家当仅1台人力毛巾木织机和1台人力被单木织机，生产毛巾和被单，月产200条被单。尽管生产设备简易落后，但项立民从创业开始便具有超前的商标意识。为了与三友实业社"三角"牌被单匹敌，民光厂推出的第一被单，其货号为"2465"就出手不凡。货号中"24"代表民国24年，即公元1935年；"6"代表6尺被单，"5"代表五彩印花，那时采用油纸花板套色印花。

经过一年经营，项立民赚到一些利润，原来的生产场地不够用了，便又在兰路（今兰州路）兰桂坊租了两幢石库门房子，并添置了10余台人力被单木织机和毛巾木织机，以及简单漂印设备。厂里工人增加到20余人。1937年"八一三"淞沪抗战爆发后，日军侵占上海华界，民光织物社遭到破坏，被迫停产。翌年，厂里移址沪西延平路叶家宅，恢复生产。项立民设计出条子被单新品种，并用土制的"石元宝"进行磨光整理，使产品线条流畅，细腻光洁，受到消费者喜爱。1939年，项立民与他人合资创办中一印染厂和华一织造厂，项立民担任经理。1945年1月，3家厂正式合并为民光织物社制造厂，拥有6台全铁木毛巾织机、11台铁木被单织机和若干台手拉木机，以及一些漂印设备。被单商标名称统一使用"民光"牌，生产的品种增加到9种，新颖的格子被单相继问世。而老产品"2465"被单经不断改进，成为厂里的拳头产品。1945年下半年，项立民选择在韬朋路（今通北路）801号开始陆续建造新厂房，生产规模逐步扩大，后几经改造，至上海解放前夕，厂里有80台人力和电力毛巾被单织机，职工200余人。

1949年5月上海解放后，"民光"牌被赋予了新含义："民光、民光，为民争光；民光、民光，为国争光。"1950年，当上海第一百货公司开业庆典时，"2465"被单竟挂在大门进口处，大出风头。而一句"民光"牌广告语"人间温馨在民光"又曾在淮海路上的10只大型广告灯箱上赚足眼球。20世纪50年代前期，厂里重点淘汰人力织机，没过几年就已全部实现电力织机生产，有被单织机44台，毛巾织机33台，职工人数增至600余名。

1956年,厂里实行公私合营,更名为上海民光被单厂,1966年改为上海被单七厂。20世纪五六十年代,民光厂将活性染料代替快色素染料,床单色彩鲜艳度大为改观。筛网印花与拔染、浅防工艺的发明运用,大大地推进了产品创新,其代表作为"6061"友谊床单(后货号改为2669)。这个向国庆10周年献礼的产品,被评为上海市突出优秀产品。友谊床单用32S/2股线织制,平纹组织布面平整,床单的床沿花采用筛网印花,中花用形版印花,两者的结合珠联璧合,别开生面,实属国内首创。1967年"民光"牌商标被停止使用,直至1979年才恢复。而厂名也于1978年改回上海民光被单厂。

点点滴滴正广和

国人夏季靠瓶装汽水(俗称荷兰水)消暑解渴还是鸦片战争以后的事。随着上海开埠、租界内洋人不断增多,那些西洋饮品——洋酒、汽水等搭载鸦片船进入上海,最初仅供洋人需用。1851年太平天国起事,大批中国居民避难租界,西洋饮品才逐渐为国人所接受。

1864年9月17日,一个名叫史密斯的英国商人看到上海洋酒、汽水生意兴隆,便踌躇满志地踏上这片"冒险家的乐园",在公共租界内(现福州路44号)创办了"广和洋行",主要经营洋酒和汽水业务,利用中国廉价劳力和广阔市场,将从英国进口的各种洋酒半成品,在上海勾兑、装瓶,获得巨额利润。1882年,英国商人考尔伯克与麦克利格作为合伙人加盟广和洋行。翌年,创始人史密斯脱离广和洋行,在今九江路8号另起炉灶,取名"老广和洋行"。为了以示区别,考、麦二人将原洋行更名为"正广和洋行"。"正广和"的含义是"正本清源,广泛流通,和颜悦色"。

由于进口汽水价格太高且要与上海西药房附设汽水厂产品竞争,最好的应对措施就是自己开厂。考、麦二人于1892年在虹口提篮桥附近茂海路(现海门路)2号,购地4亩筹建汽水厂。第二年建成投产。至于用什么名字作注册商标名称,着实令他们费尽心思。最后,他们看中天文学十二星座里第十一星座"宝瓶座"(即如今人们惯称的水瓶座),取天上仙女手持宝瓶洒圣水于人间之意,喻示"正广和"乐意将清凉可口汽水奉献给广大消费者。因此拍板决定以英文"AQUARIUS"(中文即为宝瓶座)命名厂名和产品,同时把天象图案当作商标图样,与英文一起使用。

一流商标必须配备一流设备,考、麦二人深谙其理,不惜花巨资购入最先进的进口设备,尤其是采用了当年最复杂、最完善、最新款且是远东地区唯一的改进式三重蒸馏装置,生产出来的正广和汽水"滴滴蒸馏"。因其水质纯、质量优、正广和汽水很快畅销上海市场,并运往中国内地以及远东各口岸,甚至远销英国和澳大利亚。

1913年,麦克利格将考尔伯克在洋行中的股份买下独自经营,4年后去世,其全部财产由两个儿子继承。1921年,小麦克利格两兄弟野心勃勃,渴望更多利润,于是打算扩大汽水生产,迁址建新厂。那时提篮桥附近地价较高,而韬朋路地价较低,他俩就将老厂地皮卖出,另外买进韬朋路400号土地。土地面积一下子比老厂扩大5倍,买价却不到老厂土地卖价的1/4。新厂竣工后,生产汽水灌装线从原来2条增至5条,生产能力比老厂翻番。新厂于1923年6月中旬正式开工。

自1908年,上海已成为汽水供应的中心,其中正广和汽水在变进口为出口过程中起到重要推动作用。上海市区内,正广和汽水先用马车后改用汽车送货。到20世纪20年代末,正广和一举成为国内规模最大的汽水厂,该厂"AQUARIUS"牌商标也成为国内饮料行业中第一品牌和最著名商标,在沿海地区家喻户晓,特别在上海人心目中,"正广和"三字已成为"汽水"的代名词。由于系英商开办,所以正广和汽水厂在上海租界享有各种特权,包括生产销售、卫生免检、商标保护等。且流动资金还有英国在华的几家大银行做靠山,譬如汇丰银行扶持以及沙逊洋行参股。如此优势增加了"AQUARIUS"牌汽水在市场上的竞争力。抗战前夕,正广和达到鼎盛阶段,迫使一些华商汽水厂纷纷关闭或转手,就连与正广和汽水厂同一时期诞生,生产规模、社会影响力都较大的美商屈臣氏汽水厂的"星"牌汽水,也无法与正广和汽水厂的"AQUARIUS"牌汽水相抗衡。正广和汽水厂完全控制了国内汽水销售市场。

正广和洋行以5 000两白银起家,至20世纪30年代末,资产增长了惊人的1 000倍,其中汽水利润约占总利润的1/3。正广和汽水厂之所以能够发达致富,同洋老板精明、擅长生意,在保证产品质量领先基础上,强化促销手段,并力争千方百计、无孔不入的广而告之有关。正广和汽水不但在上海各大报刊上刊登大幅广告,在广播电台不间断宣传,将一年一度由《字林西报》汇编的行名簿封面广告包下20年,且在闹市区主要街道用光彩夺目的"正广和"霓虹灯吸引广大消费者,在经销正广和汽水的商店均立有"正广和汽水"广告牌,在上海最热闹的"大世界"设立正广和汽水尝试点,让过往行人免费品尝正广和汽水,在几个大公园如法国公园(今复兴公园)和兆丰公园(今中山公园)等公共场所,向游人赠送印有正广和汽水宣传广告的小礼品,在所有送货车辆上印"请饮正广和汽水"字样。通过这一系列地毯式的广告宣传,正广和汽水广告语"正广和多种汽水,滴滴蒸馏而来,菌类完全绝迹,于解渴怡神之外,有安全卫生之功"和"无论何时何地如欲饮汽水,请喝正广和,并认明商标"深入人心,结果造成广大消费者条件反射:汽水就喝正广和。

1941年12月,太平洋战争爆发,日军占领租界,上海处于日本法西斯统治下,正广和汽水厂也不能幸免,由日本在上海的东方制冰株式会社管理,厂门口则换上"大日本军管正广和汽水厂"牌子,厂里生产的汽水、鲜橘水直接供给日本侵略军饮用。1943年,国际形势发生根本转变。中国人民在中国共产党领导下彻底粉碎了日军大规模扫荡,解放区得到进一步巩固和扩大,同时沦陷区人民也采取各种方式同日军展开斗争,日本侵略者日子很不好过。为了欺骗中国人民,日本侵略者打出"东亚共荣""中日提携"的幌子,演出一场"归还"租界、"移交"英美产业的闹剧,把一些无关紧要的工厂移交给汪伪政权。汉奸徐礼辅勾结日本侵略者借"新敌产委员会"委员身份于1943年10月20日接管了正广和汽水厂。当日军侵华战争濒临失败,徐礼辅乘机大捞一把,将厂内库存的大批原材料偷偷运出厂外投机贩卖,发不义横财,致使正广和汽水厂被迫停产。

1945年8月,日本宣布无条件投降,但因为受到日本帝国主义掠夺和汉奸破坏,正广和汽水厂已千疮百孔。1949年5月,上海解放后,正广和汽水厂获得新生,企业由上海市人民政府代管,生产经营纳入国家计划轨道。1956年,上海市人民政府有关部门把上百家小型食品厂、汽水厂和糖果厂等先后并入正广和汽水厂,扩大了生产规模。而在上海经营洋酒、汽水业务达90年之久的英商广和洋行到此退出历史舞台。

文定路

文定路,南起凯旋路,北至南丹路,1957年筑,全长693米,以明末著名科学家徐光启谥号命名。

永新服装厂与"555"牌衬衫

1919年,五四运动爆发。为了支持和响应北京学生的反帝爱国运动,上海也掀起罢工、罢课和罢市浪潮,广大民众纷纷上街抵制日货。制帽厂青年工人陈汉泉眼见洋货充斥国内市场,利权损失,大量白银流入洋人腰包,愤愤不平,因此积极参与提倡国货运动,将日本货帽子钉在电线杆上"示众",同时萌发了实业救国的念头。

陈汉泉,1902年生于浙江慈城,8岁丧父,家境贫寒,12岁跟着母亲来到上海寻找生计,进入制帽厂学生意。陈汉泉聪明好学,尽管在流水线上操作,但打工之余,常常默默观察缝纫技术和工厂经营方式。17岁满师后,从微薄的工资中挤出学费,白天在工厂干活,晚间到补习学校读书。后又考进密勒士英文夜校,读了四年毕业。其间还学习绘画两年。20岁跳槽进中央制帽厂,三年后决定自主创业,开办"汇丰制帽厂"。

说是工厂,其实只是个小作坊,资本仅仅数百银元,职工六七人,自产自销,并接受来料加工,辛辛苦苦做了两年,总算略有盈余。1927年,陈汉泉与家人在浙江路(今浙江中路)小花园租赁两大间较为宽敞的住房作为工场,开办了"永新服装厂",专门制作女式衬衫,供给先施、新新等南京路(今南京东路)上的大型百货公司及一些较大的百货商店销售,并注册了"555"牌商标。尽管工场雇佣熟练缝纫工30名,但陈汉泉及家人都要亲自上阵干活。因为"555"

牌衬衫质量好,品种齐全,还有连领、平领和翻领之分,颇受消费者欢迎,生意兴隆,获利丰厚。除了在上海销售,陈汉泉通过湖南、福建、四川等省份设在上海的商栈,将"555"牌衬衫销往长沙、福州、重庆、成都等大中城市和南洋各国,其中最大客户来自印尼。由于产销两旺,厂里工人增加到100余人,工厂初具规模。同时,陈汉泉与人合资在四马路(今福州路)开设新丰门市部,专卖衬衫。

"ADK"雨衣成为名牌

随着产品销路和生产规模不断扩大,永新厂经常搬家,有几年是开在白尔部路(今重庆中路)泰和里32号和33号两幢石库门房子。其间,陈汉泉发现英国高档"宝别令"牌雨衣进入上海市场,但价格昂贵,一般市民买不起。而爱好时尚的中产阶级对使用雨伞挡雨,既感到不方便,又觉得不时髦,因此欣赏身披雨衣的潇洒。不过当时没有国货雨衣,市场上原来只有日本人生产的低档橡胶雨衣,由于掺入了七八成再生胶,导致该雨衣虽然价格低廉,但质量也很差,掉皮不耐穿。于是陈汉泉动脑筋开始自己试制中式风衣,他从杭州买来一种以电力纺和江口纺为原材料的特殊布料,受油纸伞启发涂上桐油,制成油绸雨衣。因为售价比"宝别令"牌雨衣便宜得多,有一定销路。但厂里缺乏关于桐油储藏的知识,不懂消防,管理不当,桐油竟然在库房里自燃,引发一场大火,将厂里存库的雨衣全部烧成灰烬。接着新丰门市部合伙人席卷营业巨款逃之夭夭,给企业造成重大损失。接二连三的打击,令陈汉泉暂时放下生意,积蓄力量。两年后的1934年,陈汉泉逛街时看到南京路(今南京东路)上维罗公司里正在出售一款英国雨衣,用两层开司米中间夹1层白布涂层橡胶制成,售价20至30银元,重新燃起了他试制雨衣的想法,他先用60支双股全棉布,后来再改用腊丝卡其做雨衣面料。制成的雨衣送到国货展览会,被评为二等国货。随着雨衣试制成功,陈汉泉将工厂改名为"永新雨衣染织厂",并搬到南市中华路1244号。新产品刚刚面世时仍旧沿用"555"牌商标,不久改成更为简明易记的"ADK"商标,中文名称"爱地凯"。

起初,陈汉泉向大昌织布厂定制雨衣坯布料,由同济染整厂加工、染色、整理、上浆。鉴于"ADK"牌雨衣消除了洋货雨衣的橡胶异味和不透气的缺点,具备了晴天御风、雨天挡雨双重功能,所以中产阶级对其相当青睐。后来陈汉泉使用"阴丹士林"颜料，永不褪色，且能做到自织布、自染色、自制作，产品质量不断提高、销路不断扩大，"ADK"牌雨衣成为服装名牌。

考虑到调动职工们的劳动积极性，工人上班采用计件工资制，多劳多得，每月每人工资从刚起步的六七十元法币，干得好可以拿到一百五六十元法币。为了鼓励大家勤奋工作，厂里还供给膳食和宿舍，使得工人们能挤出时间多出产品（那时每天工作10小时）。永新厂招聘职工全部公开，任人唯贤，不讲情面。陈汉泉还注意起用一些有文化和业务水平的职工担任主要职务，待遇较优，令其发挥专长，使之成为企业骨干。

除了抓生产，永新厂还设立学徒培训班，专门学习裁剪、缝纫技术，厂里供给膳食和宿舍，按月发给津贴。3年学徒期满，即可成为企业生产上的有生力量，以保证"ADK"牌雨衣的质量。

为了进一步扩大产品销路，陈汉泉将1940年年初设在湖北路大新街的门市部改设在静安寺路（今南京西路）成都路口，以适应业务发展及管理工作的需要。门市部装潢漂亮，顾客路过，会不由自主会踏进店里瞧瞧。本来没有意愿买的，看到货真价实又喜欢，就掏钱买下；有的顾客已经买了其他东西，嫌携带累赘，或是身上现款不足，门市部便采取送货上门收款的办法，既方便顾客，又多做了一笔生意。总之，陈汉泉尽一切可能替顾客着想。对于批发业务，厂里不断把新产品目录和价目表寄给客户，及时沟通信息，让客户了解永新厂最新动态，随时可订货添购，且代客户承办运输，做到包装坚固，使得货物安全抵达目的地。除了服务周到，陈汉泉充分利用广告宣传，不惜费用，长期特约广告专家绘画设计，沪上凡是报刊、电影、橱窗、路牌等各类能张贴广告的地方，永新雨衣的广告应有尽有，并将雨衣生产过程及各地门市部销售情况拍成短片电影，在全国各大城市电影院放映。甚至还把"ADK"牌雨衣广告语谱成歌曲，随电影播放，以此来扩大影响，使之家喻户晓。一系列广告宣传，令"ADK"牌雨衣以质量过硬、款式新颖、价格适中等优势在激烈的市场竞争中领先一步。

1937年抗战全面爆发，日军进攻并占领上海华界，陈汉泉及家人在灾难中守业，处夹缝里发展。1949年上海解放后，永新厂获得新生，工厂投资在文定路218号建造新厂房，改名为"永新雨衣染织整理厂"，成为全能型雨衣专业生产企业。1953年，为了使"ADK"牌雨衣销售到世界各地，有个更响亮的名称，陈汉泉登报征求新商标。经过广泛听取意见，选择"大地"作为新商标的名称，意思是祖国地大物博，而中国人民站起来了，中国的产品要更加畅销全世界。

翌年,永新厂积极响应人民政府号召,实行公私合营,厂里染织部分改称"永新雨衣染织一厂";织造部分改称"永新雨衣染织二厂"(1960年划给其他行业)。1958年,厂里研制成功长久耐洗防雨浆,令"大地"牌雨衣的防水性能达到国际先进水平。当年,永新厂荣获纺织部"十佳红旗工厂"称号。1960年,永新一厂同仁余棉纺织厂合并为"永新雨衣染织厂",而"大地"牌商标则沿用至今。

西康路

西康路,南起南京西路,北至吴淞江西康路桥,全长2 811米,公共租界工部局修筑于1900年,取名小沙渡路,1943年以中国西部省份西康省改今名。

女工夜校开展战地服务

1930年至1949年,上海基督教女青年会考虑到沪西是纺织女工集中地区,所以在小沙渡路910弄21号、23号,开设了女工夜校,因为设在三和里,也称三和里女工夜校。这是上海众多女工夜校中历史最长、影响最大的一所学校,也是中国共产党在沪西地区开展女工运动的重要据点之一。夜校请青年会干部曹亮和沪江大学教授钱振亚等编辑了一套通俗易懂的女工读物,使女工们在读书识字的同时,找到了一把认识社会、走向光明的钥匙。1937年"八一三"淞沪会战爆发,日寇入侵上海。在民族危亡时刻,全国妇女抗敌慰劳总会何香凝发起组织战地服务团,奔赴前线慰问抗日将士,女工们积极响应。战地服务团首批成员11人,其中9人是三和里女工夜校学生。她们来到淞沪前线部队中,演出抗日救亡话剧《放下你的鞭子》《军民全体打东洋》;教唱救亡歌曲《义勇军进行曲》《人刀进行曲》;到医院慰问伤兵,帮助换药、喂饭、写家信、洗衣服,所到之处深受广大官兵欢迎。女工夜校还在校内组织国难教育活动,邀请社会知名人士陶行知、邹韬奋、郭沫若、罗叔章等来校讲述国内外形势。通过夜校学习,女工们提高了文化水平和政治思想觉悟,有些女工加入了中国共产党。1949年上海解放前夕,女工们在党组织引导下,积极参加护厂队、纠察队、救护队活动,为上海完整地回到人民手中做出了贡献。

泰丰罐头"双喜"临门

上海泰丰罐头食品公司系中国第一家现代化大型罐头食品生产企业,由南洋爱国华侨、实业家王拨如于1906年在小沙渡路购地建厂,并经过一年多筹备,于第二年正式投入生产。泰丰罐头使用"双喜"牌商标,品种多达100余种,其中以禽肉类为主,有红烧猪肉、红烧牛肉、鸡汁排翅、八宝全鸡、陈皮全鸭等,并搜罗山珍海味,制作烧野鸡、五香禾雀、梅花北鹿、五香乳鸽等;水产类罐头则是鸡汁鱼翅、五香梅鱼、黄花鱼、凤尾鱼、五香鲍鱼等;以及新鲜春笋、竹笋、冬笋、蘑菇、荔枝、阳桃、蜜梨、菠萝等果蔬类罐头,配以中国特有的辅料和烹调工艺制作。产品颇受消费者欢迎,还畅销南洋各地。

泰丰饼干等罐头产品先后参加意大利都灵世博会,获得优等产品奖;荷属三宝垄(今印尼)赛会,获优等奖;美属小吕宋(今菲律宾)嘉年华会,获最优等奖;日本东京大正博览会,获优等奖;美国旧金山世博会,获赛会超等大奖章。为此,北洋政府大总统袁世凯于1915年9月为该公司题词"迁地仍良"。泰丰公司特地将这四个大字醒目地印在"双喜"商标上。果然喜上加喜,泰丰于1926年又远赴美国费城参加世博会,获得"罐头食物"类产品最高奖——甲等大奖。由此,泰丰罐头名声大噪,产销两旺,成为民族食品工业的佼佼者。

1907年,泰丰食品公司为适应国内市场需求,决定扩大生产范围。从海外购置先进的机械化饼干生产设备,高价聘请德国工程师,专门生产各种规格的听装"双喜"牌饼干,投放市场,同样深受消费者欢迎。至20世纪30年代初,泰丰食品公司与上海其他两家后起之秀——中国泰康罐头食品有限公司和上海冠生园食品公司,形成了上海现代化食品加工行业三足鼎立之势。

1932年1月28日,"一·二八"事变爆发,泰丰食品公司所处沪西北地区,受到战火影响。由于中日两国军队交火,沪西北地区交通一度中断,泰丰食品公司生意也因此一落千丈。后终因公司资金运转不利、经营不善等多种原因无法维持正常生产,最后只能对外宣布歇业。

传统名牌"钟虎"绢丝

浙江湖州地处太湖南滨,气候温和,湖河港汊,纵横密布,水质清洁,土质丰腴,适宜养蚕,是名副其实的"丝绸之府",也出了不少丝绸商人。清末民初,湖州人朱节香在南浔镇开设"朱勤记丝行",专做湖丝买卖。精明的朱节香发现若将出口到日本等国的湖丝,加工成绢丝,获利更加丰厚,于是在1923年,高薪聘请日本技术人员,在闸北金陵路(今秣陵路)420号,创办了我国第一家绢丝生产厂家——中孚绢纺厂。

为了早日生产出质量合格的绢丝产品,朱节香高价聘用熟知绢丝生产和管理的王贵霖担任厂长一职。同时为了掌握技术,朱节香本人甚至乔装成工人在夜班时混入日商经营的公大三厂(即后来的上海绢纺织厂)偷学技术,了解绢丝生产过程,回来后与技术人员多次进行绢丝生产技术攻关,很快就试制成功产品质量与日商企业完全一样的210支绢丝,定产品商标名称为"钟虎""黄虎"牌,并逐渐在国内绢丝市场上获得消费者青睐。1926年,中孚厂已拥有绢纺锭子1 500枚,设有精炼、制棉、前纺、精捻和整理5个生产工场,并在九江路219号303室设立总办公机构,成为生产和管理齐全的股份有限公司。同年,经上海总商会推荐,朱节香将厂里生产的"钟虎"牌绢丝拿到美国费城世博会上参展,荣获世博会乙等荣誉奖章。

通过10多年惨淡经营,中孚绢纺厂生产规模有较大发展,绢纺精纺锭子扩充至4 800枚,是开厂初期的3倍之多,并开始利用自纺落棉进行短纤维纺丝。工厂绢丝产销两旺,处于鼎盛时期,拥有工人100余人。

1937年"八一三"淞沪会战打响,中孚绢纺厂正巧地处闸北交战区,中日两军激战,迫使交通一度中断,工厂产品和原材料无法运送,无奈之下被迫停产。考虑到今后能继续生产绢丝,同时避免工厂遭受更大损失,朱节香当机立断,于10月15日先将部分生产设备抢运到沪南地区的美亚织绸厂存放。果然不久,位于金陵路的中孚厂厂房及部分生产设备和原材料,几乎被日军炮火烧毁殆尽。

1938年年初,考虑到恢复生产需要生产场地,朱节香购买了位于公共租界的小沙渡路1501弄3号原泰丰罐头食品厂的部分厂房,并按照绢丝生产要求进行必要改建。为了避免日寇骚扰,朱节香前往美国驻沪领事馆,申请在美国注册,挂上美商牌子,更名为"美商中孚绢丝有限公司"。复业后,中孚生产能力达年产绢丝 50 吨,至 1941 年,生产规模扩充到 5 400 锭,"钟虎"牌等产品销往印度、南洋当地,颇受欢迎。太平洋战争爆发后,日军开进租界。1942 年 1 月 30 日,中孚绢丝厂被日军强行接管,再度被迫停产,生产设备也遭到毁坏。直到 1943 年通过周旋,中孚绢丝厂才得以恢复生产,但生产能力大幅度下降,年产绢丝只有过去一半。1945 年 8 月抗战胜利,中孚绢丝厂再度振兴,"钟虎"牌等绢丝的生产规模逐渐扩大,产量有所提高,职工的收入也增加不少。1948 年时,该厂 99.7% 等股份都为朱家所有,实际已是朱家独资企业。到该年年底,中孚绢丝厂占地 9 亩,职工 400 人,精纺锭子 6 800 枚,抽丝纺锭 420 枚,年产绢丝 52 吨。

1949 年 5 月上海解放,中孚绢丝厂是上海绢纺业中仅次于上海绢纺织厂的第二大厂。1960 年,中孚绢丝厂迁到江苏泗阳,与当地的一家绢纺厂合并,组建了泗阳绢纺厂,厂里多数职工去了泗阳,部分留在上海,进入了上海绢纺织厂,还有部分职工去了内蒙古自治区扎兰屯,在那里建立了绢纺厂。

"立鹤"搪瓷飞到济南

20 世纪初,外国搪瓷产品铺天盖地倾销我国,令国人民族主义激情高涨,社会舆论也纷纷要求国人"抵制洋货,使用国货"。但一些有识之士认为仅仅抵制洋货还远远不够。教育家、实业家黄炎培觉得应该拿出根本解决方法,打破洋货对中国市场垄断,于是利用所创办的中华职业学校,在 1918 年设立珐琅科,同时建立珐琅制作工场,以贯彻"教育与生活、生活与教育不应脱节"和"双手万能、手脑并用"的职业教育理念。珐琅工场有 1 座圆炉窑,1 台压制脸盆的大型双动压力机,以及附属机械设备,供学生现场搪烧,主要学习制作的产品为最简单、难度最低的搪瓷汽油灯罩。制成的产品用"双手"牌作为商标。因为产品系学生实习制作,废次品较多,成本高,学校财务难以长久维持。中华职业学校只能将珐琅工场一次性转给工场营业部职员方剑阁经营。方剑阁,生于 1886 年 12 月,嘉定南翔人,6 岁时入私塾求学,1899 年私塾肄业后到上海打工,在大南门协泰衣庄学生意。3 年满师,成为该店职员。1909 年,23 岁的方剑阁因祖上留下的方泰森绸布庄需要打理,辞去协泰衣庄工作,回到南翔。由于在上海商场上摸爬滚打 10 年,使得方剑阁眼界大开,明白不少经商理念。方剑阁知道搪瓷器皿行业属于新兴产业,产品很受消费者欢迎,一定会大有发展前途,因此便毫不犹豫答应接收珐琅工场。入主后,方剑阁立即向社会集资,并邀请好友入股,共凑成1万银元,于1921年9月在学校珐琅工场原有基础上开办"中华珐琅厂"。经过努力经营,由于厂里工人操作技术日渐熟练,且生产过程中次品逐渐减少,业务也就慢慢稳定下来,获利开始增多。1922年,"双手"牌搪瓷产品销售额就达5万银元,1925年,"立鹤"牌医疗搪瓷产品问世,开国产医疗搪瓷之先。特别是1925年五卅运动爆发后,国内再次掀起"抵制日货,使用国货"爱国反帝运动,给民族工业以及国货市场都带来发展良机。方剑阁决定紧紧抓住难得机遇,改组成立股份有限公司,1927年,"立鹤"34厘米标准面盆、36厘米深型面盆创制。1930年前后,"立鹤"首创的奶黄色琅粉,曾风行一时。20世纪30年代,"立鹤"搪瓷产品发展到15个品种,年销售额在90万银元左右,产品远销东南亚、南亚和南美等地。

　　1932年,专销国货的中国国货公司在上海成立。1936年,中国国货联营公司设立。中华珐琅厂是这两个公司的发起单位之一,方剑阁自始至终担任这两个组织的常务董事。通过这两个渠道,"立鹤"搪瓷国内外销售市场逐渐发展扩大。中华珐琅厂原有厂房位于南市迎勋路,1928年为了扩大生产规模,方剑阁在附近徽宁路建造第二厂,1934年又在国货路开办第三厂。到1937年抗战全面爆发前夕,厂里员工达到360人。"八一三"淞沪会战爆发后,中华珐琅厂第一、第二厂全部毁于日军战火,第三厂损失也非常严重。为了能够继续生产,方剑阁于1938年在小沙渡路重建厂房,并将原来分散生产的三个厂合在一起,为此减少了不必要的搬运成本,生产效率大为提高。复工后,虽然业务开展顺利,但因当时所有的重要交通线路均被日军占领,运输受阻,内地客商来沪采购困难重重,方剑阁不得不以外销为主。1941年12月太平洋战争爆发,外销彻底停滞。上海各家搪瓷厂由于原材料断绝,先后歇业。中华珐琅厂却尚有剩余原材料,能够维持两个窑炉的生产,但撑到1944年年底,还是被迫停工。

　　1949年5月上海解放,中华厂恢复生机,对原有生产设备进行整修,重新投入生产。1953年7月,中华珐琅厂改名为中华搪瓷厂。1955年公私合营。1960年9月,国家合理布局全国搪瓷业,中华搪瓷厂308名职工积极响应国家号召,支援国家建设,将80多台套生产设备统统迁往山东济南,成为济南轻工化学厂四车间(搪瓷车间),之后更名为"济南搪瓷厂"。

明精机床名气响亮

上海最早制造机床的厂家是由清政府督办的江南制造局。1867年至1873年间,仿造出供自用的车床、刨床、钻床共97台。1877年,由手工作坊起家的发昌机器厂开始制造商品车床。之后到1913年,因为进口机床垄断市场,上海机床制造业一直停滞不前。第一次世界大战中,民族工业突飞猛进,促进了上海机床制造业的兴起。1915年,荣昌泰机器厂开始制造4.5英尺脚踏车床,至1924年共销售了200余台,成为沪上第一家专门制造脚踏车床的企业。同时,协大机器厂开始制造8英尺至10英尺车床,并通过洋行出口到印尼等地;王岳记机器厂为史鹤记机器厂承制了1台3号万能铣床,造价1200两白银,这是国人自制铣床的发端。1916年,章锦林自筹资金,在闸北爱而近路(今安庆路)租赁房子,创办明精机器厂。

章锦林,1883年生于浙江鄞县,因家境贫困,自幼离家谋生,8岁就来到上海打工,曾在李涌昌机器厂学生意,由于肯吃苦钻研,学会一手高超的钳工技术,先后跳槽到江南造船厂、商务印书馆做机修工。在商务印书馆时,被提升为副领班的章锦林,开始对进口印刷机产生兴趣,并在维修实践中观察和摸索整台机器的构造原理,由此萌发自主创业、制造国货印刷机的想法,以改变中国印刷机械依赖进口的局面。

明精厂成立初期,靠几台人力传动的脚踏车床、手摇钻和火石车(砂轮机),承接商务印书馆、中华书局、世界书局、大东书局等的印刷机械修理业务。因为技术精湛,章锦林修理故障印刷机手到病除。1917年,章锦林将日本专家修理不好的《新闻报》馆一台旧式轮转印报机修复,成为当年一大新闻。从此章锦林和他开办的明精机器厂在上海滩上出了名。由于章锦林经营有方,腰包较短时间就鼓了起来。手上有钱了,章锦林考虑扩大再生产,迁厂扩建,更新设备,生产效率骤增,且从维修印刷机为主改成制造印刷机为主,陆续向国内外市场推出四开机、对开机、大英架机、落石架机等印刷机械,其中落石架印刷机还打入国际市场,1918年出口到日本的该机型达300余台,开创了我国印刷机出口先例。

1922年,章锦林再次扩充明精厂规模,将厂址搬到闸北天通庵路,新建厂房10余间,机器设备增加到十五六台,其中有龙门刨床、镗床等设备,工人增至80余人,技术力量也大为充实,且开始研制和生产五彩面印刷机、全张铅印机、铜版印刷机等新设备。新产品投放市场后,深受国人欢迎,令国人感到自豪。

1932年,"一·二八"事变爆发,日军进犯闸北,明精厂的厂房和设备均毁于炮火。倔强的章锦林不怕挫折,待停战后重整基业,继续制造印刷机,并在原址上重建新厂房,不过销路锐减。1936年,鉴于印刷机生产周期长、垫用资金多、获利甚微等原因,章锦林调整经营决策,转为生产畅销的6英尺、8英尺皮带车床。因质量好、价格适中,销路迅速打开,厂里获利丰厚,实力大增。1937年7月抗战全面爆发,随后不久日军再度进攻闸北。章锦林吸取上次教训,抢先迁厂到租界内汉口路和大沽路避难。1938年,章锦林选择在小沙渡路841号再建新厂,重整旗鼓,扩大生产皮带车床和牛头刨床。那时候欧洲各国忙于备战,无暇东顾,加上英商华英洋行因海运受阻,反而向中国厂家订购机器运销南洋一带,从中牟利。章锦林及时抓住机遇,开足马力生产6英尺和8英尺皮带车床和少量牛头刨床,由华英洋行及华侨郭鹰开办的泰伦行转售出口,出口额占到厂里总产量的60%。从此,"明精机床"在上海同业在声誉卓著。

1941年12月太平洋战争爆发,明精厂产品出口受阻,业务急转直下。为了求生存,章锦林不惜重金聘用留美工程师张瑞主管生产技术,对工人的操作严格把关,并开始生产6英尺齿轮车床、八挡变速万能铣床、六角车床等,以替代日趋被淘汰的皮带车床,行销国内外,并与华英洋行的华人合伙开设了永丰贸易行,承揽日商三国洋行、三菱洋行和德商禅臣洋行的业务。因为"明精机床"质优价廉,在日本及南洋一带享有极好名声,即使半个世纪后,明精机床厂前往印尼参展遇到老华侨,后者还念念不忘交口称赞。

1945年8月抗战胜利,明精厂又扩大生产10英尺齿轮车床,销售给本市一些棉纺织厂和内地客户。后来洋货倾销,明精厂经营岌岌可危。1949年5月上海解放,明精厂在人民政府关心和扶植下,接受国家生产订货,采用齿轮热处理淬火工艺及选用高质量铸铁,使得其产品品质更为优良,产销两旺。1954年11月,章锦林积极响应人民政府号召,实行公私合营,先后有大东钢铁热处理厂、天安机器厂、公兴翻砂厂、新中国机器厂、普陀机床厂等16家小厂并入明精厂。随着社会主义改造完成,明精机器厂新建了3000平方米的厂房,自制了一批专用设备,为产品品种和产量的增加打下了夯实的基础。至1959年年底,厂里职工增至762人。1960年5月,工厂正式定名为上海第二机床厂。

西体育会路

西体育会路,南起大连西路,北至中山北一路,全长400米,筑于1912年,因通往万国体育会,故取名老体育会路。1937年后改今名。

1924年12月,何世桢辞去上海大学学长职务,继承其祖父何芷舠遗志,启用何芷舠留存的资金,与其弟何世枚在老体育会路兴办私立持志大学,即今天的上海外国语大学。

因为持志大学位于八字桥附近,且驻有日军部队,所以在"八·一三"淞沪会战中,成为中日两军激烈交战区,结果该学校校舍大部分在战火中被焚,新建二层楼教室、图书馆及办公室,三楼宿舍,全部被日军纵火烧毁,图书馆33 000余册图书损失殆尽。距离持志大学不远、同在一条马路上的一家工厂也受到战火影响。那家工厂是中国第一家专业油漆厂。

"双斧"油漆开林制造

中国油漆的历史可以追溯到大约7 000年前的新石器时代晚期,中华先民就学会了用天然大漆髹饰木器。1840年鸦片战争爆发后,西方列强不仅对中国发动军事入侵,同时进行经济掠夺。使用天然油漆几千年的我国市场,在短时间里被大量洋货油漆所占有,如英商吉星洋行就曾经将生产的洋货油漆,大肆输入我国沿海地区。由于洋货油漆具有色泽鲜艳、施工方便、干燥快速等优点,非常适应于国内的机械、建造和造船等对油漆需求量极大的行业,所以很快打开销路。

第一次世界大战期间,西方列强无暇东顾,给了中国民族工业包括民族造漆工业一个难得的发展机遇。1915年9月,中国近代实业家阮霭南、周元泰等投入资金数千银元,在上海闸北的宝山路,创办了中国首家专业油漆生产企业——开林颜料油漆厂。而用"开林"两字作为企业名称,其含义就是要以中国人的一技之长,来"开发原始森林"。

开林厂创办之初,包括家属在内只有18位职工。生产工艺较为落后,且设备简陋,全厂仅有1台搅拌机、9口熬油的铁锅和一些简单的常用工具。主要生产厚漆和白铅粉之类产品。厚漆的日产量约110公斤,年产量也就在30吨左右。产品原材料除了植物油等天然产品外,其余全部从国外进口。尽管只是个小作坊,但开林厂率先用化学方式生产油漆,摆脱了传统天然植物大漆的束缚,是中国近代涂料工业的开山鼻祖,标志着中国涂料工业从"天然植物漆"升级到天然树脂"化学炼制涂料"时代。

开林厂开工后,努力提高产品质量。经过几年技术攻关,反复试制,多次听取用户意见,所生产的厚漆质量已经不比洋货逊色多少,市场销售价却要比同类洋货低许多。开林产品自然受到国内广大新老客户的欢迎,市场销售量快速上升。

随着市场需求旺盛以及生产扩大,原来的厂址已经不能适应进一步发展。阮霭南、周元泰决定投入部分盈余资金,扩大再生产。1920年,开林厂搬迁至虹口的天通庵路、同济路(今同心路)口,增添了工人和生产设备,增加了红丹、调和漆、改良清漆等品种。考虑到是两个老板合伙,因此就取"福"的谐音"斧",即产品用"双斧"冠名。

经过10年的艰难历程,开林厂积累了一定的资金。阮霭南、周元泰等又决定扩大再生产,于1930年在虹口西体育会路229号,购得50亩地皮,兴建了一幢钢筋混凝土结构的大型厂房,轰动一时,在沪上的日本人,也对开林厂虎视眈眈。至1936年底,开林公司生产的"双斧"牌各种油漆产销两旺,产品不仅在上海畅销,且远销到长江流域、华北、西南地区,进入建厂以来历史最鼎盛时期。

从"双斧"到"光明"

1937年"八一三"淞沪抗战爆发后不久,开林厂的生产厂房被日军强行侵占,改作日军军营。时任董事长黎润生无奈之下跑到重庆避难,开林厂被迫停止生产。1942年7月,日本化工油漆商软硬兼施,低价收购了开林厂的产权,改名为"大日本涂料株式会社"。1945年抗战胜利,该公司作为敌伪产业由国民政府经济部中央信托局负责接收。翌年3月,阮霭南和黎润生请王云五帮忙,通过国民政府敌伪产业处的熟人,赎回了开林公司全部产权,重新开始生产油漆。至1948年,开林公司资产增资到40亿元金圆券。从此,开林公司成为一家名副其实的官民合办企业。当时厂里虽然恢复了部分"双斧"牌油漆的生产,但生产规模和水平无法同抗战前的辉煌时期相比。

1949年5月上海解放,解放军军代表进驻开林厂。之后,华东工业部派专员监理。1950年5月,人民政府有关部门正式接管开林厂,并更名为"地方国营上海开林造漆厂"。次年,人民政府对本市油漆生产行业进行调整,先后有益民造漆厂、美商利达洋行油墨厂和海军油漆厂并入。由于并入的每家企业原先拥有的商标也归属开林厂所有,于是在选择商标问题上便有了探讨和争论。除了开林的"双斧"牌外,还有益民的"光明"牌、利达的"牡丹"牌、海军的"铁锚"牌等。当时正值新中国成立初期,祖国一片光明,而油漆具有保护、标志和装饰功能,新涂装的物体总能够给人带来新和美的感觉。经过一番筛选,开林厂领导决定将"光明"牌作为企业产品的新商标名称。整个商标图案是一把长长的火炬,火炬柄上有飘逸的红色彩带,一轮红日作为背景衬托,两旁辅以对称的五角星和麦穗。

1955年,开林造漆厂试制成功具有较好防锈防污性能的铝粉底漆、船底防锈漆、沥青漆等一系列船用油漆。1956年,市化工局又将上海颜料厂、新华红丹厂和信诚协颜料厂并入开林造漆厂。1961年1月并入开林厂的永固造漆厂,创建于1926年,生产"长城"牌油漆。同年12月,又有永华、中美、公和、裕达4家造漆厂并入。自20世纪50年代末起,"工业学大庆"是时代宣传主旋律,开林厂对"光明"牌商标图案作了修改,取消了背景图案,两侧的五角星和麦穗也不见了,增加了一只强壮有力的手臂,紧紧握住火炬把柄,让人一看就有种"咱们工人有力量"的感觉。该商标一直沿用至今。

1967年1月,开林厂更名为长征造漆厂,1979年11月恢复原名。2001年,西体育会路上的开林厂停止生产,搬迁到青浦工业园区,新厂房占地约110亩,拥有国内一流生产与测试设备,年生产能力10 000多吨涂料(油漆)。

香烟桥路

在虹口沙泾港上原先有一座小桥，人们因为香烟的缘故将其称作香烟桥，河的边上有一条小路，就叫香烟桥路。原来该路呈西南向东北走向，其西南始于香烟桥，东北则止于临平北路，全长307米，修筑于20世纪初。如今，从临平北路到物华路的一段百多米长的香烟桥路尚存，而转向香烟桥的一段却已经并入物华路。于是，该处有"一条马路门牌杂陈（有物华路的，有香烟桥路的），一座小桥两个名称（物华路桥和香烟桥）"的现象，特别有趣。

"美女"冷饮"光明"取代

食品工业是上海最早发展的工业门类之一。1843年上海开埠后，国外的食品制造技术逐渐传入中国，而冷饮食品也随着侨民不断涌入，被带到了上海滩。由于近代大规模冰激凌工业化生产始于美国，因此美商成为那时候沪上冰激凌的主要生产厂家。其中一家美商企业"海宁洋行"，拥有当年最先进的制冰设备及冷藏技术，于1926年在虹口香烟桥路，投资建厂，生产"美女"牌冰激凌。

鉴于当时上海市民尚无吃冷饮的习惯，于是海宁洋行从消费观念着手，每年夏季冷饮生产旺季，热情邀请市民前来厂里参观冷饮的整个生产过程，以加深对冷饮的认识和兴趣。当市民参观完毕，洋行还免费请市民品尝刚制作完成的棒冰，培养市民吃冷饮的爱好。此外，海宁洋行通过各种报纸、马路招贴等，进行冷饮广告宣传。酷暑季节，大汗淋漓，手持一根棒冰，的确解暑。所以，国人慢慢地接受了冷饮，海宁洋行也因此获利不少。

20世纪20年代末，海宁洋行把握商机，继续加大投入，在原地新建了一座

4层楼钢筋混凝土生产车间,专门加工冰激凌,叫"海宁园",并陆续从美国引进冰激凌生产设备。"海宁园"3楼和4楼制作冰激凌,职工需经医生严格体检合格后才能被录用。每天早晨到厂必须先洗澡沐浴,然后再换上工作服进车间。男工女工都头戴白帽,手戴白纱手套,帽子和手套必须每小时更换一次,以保持清洁。刚刚开始生产时,"美女"牌冰激凌原料中的主要原料乳粉来自美国,黄油来自澳大利亚。随着生产规模不断扩大,海宁洋行肥水不外流,办起了原料基地。虽然海宁洋行本身不设门店,但老板设法将所有"美女"牌冷饮的经销店都变成其门店。20世纪30年代中期,人们只要一进入上海市中心各食品商店,马上就能看到巨幅"美女"牌冷饮广告。海宁洋行甚至为了扩大"美女"牌冷饮的社会影响力,想尽一切办法,动足一切脑筋,从美国本土一次性运来500台功能齐全的新式大型电冰箱,并在冰箱外面刷上醒目的"美女"牌冷饮广告宣传画,投放市场,结果引起轰动效应。由于一般食品店没有足够财力购置电冰箱,所以只好向海宁洋行租借那种外面印有"美女"牌冷饮广告的大型电冰箱。而海宁洋行在出租电冰箱时,附带了一个相当苛刻的条件,即冰箱内只能储存"美女"牌冷饮,如果有违规行为,则要受到海宁洋行处罚。海宁洋行通过这样一种强制性手段,几乎控制了上海冷饮市场绝大部分经销网点。

抗战胜利后,国民政府"国防部联合勤务总司令部"以160万美元的价格收购了海宁洋行厂基房屋,改名为上海第一粮秣厂,并从美国重新订购生产设备。而海宁洋行则将机器设备转移至杨树浦路1500号,以海和洋行名义,同英商怡和蛋厂合资继续生产,日产"美女"牌棒冰和雪糕12吨,冰激凌2吨,其产量占到全国的70%以上。

1949年5月上海解放,原"国防部联合勤务总司令部上海第一粮秣厂"由上海市军管会负责接管,改名为新华蛋品厂。1950年年初,该厂开始恢复冷饮、糖果和巧克力生产。同年2月27日,新华蛋品厂改名为华东工业部益民工业公司第一食品厂。1953年6月,改名为国营上海益民食品一厂,而由美商海宁洋行生产的各种"美女"牌冷饮,也被优质的"光明"牌冷饮所取代。从此,"美女"牌冷饮退出历史舞台。

"华字"丝绸昙花一现

20世纪初,上海虽也有一定丝织手工业基础,但其规模大小、渊源之久远不如世代以丝绸为巨业的苏、杭等地。不过上海依靠特定地理位置和综合经济能力,在使用电机织绸和发展其生产规模方面,反而领先一步。这是因为上海在以下这些方面有着外地无法与之比拟的优越条件:一是电力供应充沛。上海于1882年起就开始供应电力,而杭州和苏州则分别迟至1918年和1926年才有,且供电也不如上海充沛。上海不但日夜供电,马达电甚至比照明电费用低廉一半多,并鼓励多消费,超过定额还打折扣。二是原料取给方便。1924年前,丝织厂所有原料,都是桑蚕丝。其间,上海缫丝厂已发展到70余家,生产能力当时已是苏杭数倍。而后来掺用外国进口人造丝,上海亦是其起卸口岸。若运往杭州,还须加征一道关税。三是产品销售便捷。上海自开埠后,各地采办绸缎客户争来上海设庄,万商云集。又由于上海外商洋行林立,单是采办丝绸的印度洋行(俗称大白头洋行)就有12家之多。四是筹资渠道宽广。1927年前,国内军阀割据,相互混战不息。但上海有外国租界,不受清廷和北洋政府直接管辖。因此各地富商巨贾,尤其是与丝绸业有关的浙江南浔庞、张、刘、邱等丝商富户大部分在上海租界避居,并开办企业如大型丝织厂天纶、锦云等。五是购置设备最易。丝织厂初期创办时引进的设备均购自瑞士、美国、日本,而这三个国家在上海都设有推销设备的洋行。随着民族机器工业发展,国产电力丝织机和准备机械在上海也能创制和仿制。因为有以上一系列优越条件,上海从1915年到1922年,一鼓作气地开设了大型电机丝织厂(个别厂含手拉机工场)12家。其中有上海宝泰绸庄陈保钦、孙吉甫、江恂如等于1917年发起成立的物华电机丝织公司,地址位于虹口区塘山路兆丰路口(今唐山路高阳路),初置手拉机72台。

办厂之前,陈保钦等客观分析了那时候国内丝织行业生产形势,认为我国丝织品生产历史悠久,在世界上享有很高声誉。不过近代以来,西方一些工业发达国家,包括英国、德国、美国和日本等,已普遍采用现代化大机器来生产丝织品。而国内机制丝织品生产还基本上采用极为原始、落后的丝绸加工方法,这不仅不利于我国现代化丝绸工业快速发展,更无法与西方列强在国际丝绸市场上展开竞争。对于国内丝绸行业普遍存在生产能力较低、现代机械化程度不高的状况,陈保钦等深感忧虑。所以,物华公司创建伊始,陈保钦等便决定前往国外丝绸工业发达国家进行考察,并出巨资引进当年国际上先进的大型现代化电力丝织机,以调换原来的手拉机。结果生产出优质"华字"牌丝绸产品,产量要比国内同行高出许多。

物华公司使用现代化生产设备尝到甜头,获利不少。手上有了钱,就想扩大再生产规模。公司于1921年在虹口香烟桥附近购地,建造锯齿式新厂房,创办第二家电力织绸厂,先后购置电力丝织机310台(其中阔幅机60台)。新厂由公司董事长陈宝钦担任,其子陈似兰为厂长,负责工厂日常管理,并聘请在上海开设生产先进丝织机、打线车而闻名的瑞士人阿纶斯白克为技师。厂里生产"华字"牌等丝织品产品"物华葛",由于使用了现代化生产设备进行加工,一度成为国内丝织品市场上名噪一时的名牌产品,行销国内外。物华公司门前的马路也因为该公司生产的"物华葛"名气响而被命名为"物华路"。

陈保钦为了扩大产品社会影响力,于20世纪20年代,经常参加国内外举办的大大小小各类产品展览会、展销会。1922年,物华公司参加北洋政府农商部在上海总商会商品陈列所举办的第一次国货展览会,获得优胜奖。1926年,物华公司应邀参加在美国费城举办的世博会,荣获纺织品行业金质奖章。从此,物华公司的名气更加响亮,尤其是在南洋地区最受广大妇女喜爱。

物华公司名利双收后,陈宝钦等自恃财力雄厚,可以全面出击,搞贪多求全策略,以获取更多利润。陈宝钦等不仅在熟知行业里开办丝织厂、缫丝厂,还在比较陌生的行业投资,先后设立了物华银公司、物华地产公司、物华机器厂、物华灯泡厂、物华电厂等。单单一家小小电厂,就耗资巨万。如此大手大脚花钱,势必导致整个物华公司资金链断裂。且在"物华葛"销往南洋后,陈宝钦不再努力收集反馈信息。由于南洋地区气候炎热,其丝绸布料太厚不利散热,顾客不大喜欢,希望购买到产品轻盈、价格低廉的商品。华侨们的这些需求,反而被物华公司同行、也是主要竞争对手美亚织绸厂及时掌握,美亚据以改制了"爱华葛"运销南洋,回应了顾客的期待,果然被争购一空。此事陈保钦竟漠然无知,物华公司也因此失去了大量商机。随着时间推移,原先南洋地区丝绸销售市场被后来居上的美亚厂所控制,"美亚"牌丝绸最终完全取代了"华字"牌丝绸在南洋的市场地位。而物华公司——我国近代著名大型现代化丝织厂,也因资金使用分散、投资战线拉得太长、日常经营不善及内部管理人员不和,再加上陈宝钦嗜吸鸦片等多种主客观原因,于1929年宣布破产倒闭。

斜土路

斜土路,东起制造局路,西至零陵路,全长5 505米,1914年沪工巡捐局筑,因当年修该路时从斜桥南首开始,到土山湾为止,故得名。不过斜土路过了宛平南路后,真的向西南方向不声不响、弯弯曲曲"斜"过去了。但斜土路上的不少工厂,不仅不"土",且还很时尚。

由朝鲜人开设的金星钢笔厂

民国时期,上海滩上有许多企业在全国举足轻重,金星金笔厂便属于此类,其产品"金星"牌钢笔享誉大江南北。但令人意想不到的是金星厂创立时并不算民族企业,而是由朝鲜人金星建、金星斌、金星文三兄弟合伙经营的外资小作坊。

1932年,金星厂于法租界葛罗西路(今延庆路)开张,全厂一共10多人。厂房又破又窄,仅一幢单开间3层楼住宅;设备简单,只有几架手工操作机器。钢笔笔尖还是从日本进口的成品,赛璐珞笔杆则是向美国定购半成品。再稍加切割,配上一些零件,装配成钢笔。当时国内市面上大量充斥舶来品钢笔,金星厂产品销路不畅,加上缺乏流动资金,所以刚起步金星厂就处于风雨飘摇之中。

正是在我国民族资本接手以后,金星厂才摆脱困境,逐步走上正轨。而其中一直担任金星厂销售经理的周子柏功劳最大。周子柏,江苏常州人,1907年7月出生于一个南货店店员家庭,家境清寒,没有读完中学就来上海谋生。周子柏先投靠宝兴钱庄(后来改组为义兴钱庄)学生意。由于勤奋好学,颇为业师赏识,学徒期满,擢升为跑街,专门联系河南帮客商的存货业务。1932年秋,上海受到经济危机冲击。义兴钱庄也以头寸周转失灵宣告停业。停业期间，周子柏帮助清理应收账款，一个河南籍朋友找来，拿出几支金星钢笔说道："这是朝鲜人造的，质量还可以，但苦无销路，你愿不愿意代为推销？"周子柏正面临失业，急于重新寻找工作，且经过鉴定，认为金星钢笔质量确实不错，与洋货不相上下，如能打开市场销路，前途大有希望。便在钱庄同事周尚明、潘驾宾大力支持下，开设了"颖源商号"，并与金星厂订立合约，专门代理金星钢笔销售业务。

此后，金星厂出产的钢笔，全部送往颖源商号销售，货款由颖源先行垫付。不过那时钢笔市场几乎为洋货所占领，国货难以插足，何况金星钢笔还是个新牌子，更是难上加难。如此，金星厂生产钢笔越多，颖源商号承受的压力就越大。因为颖源所垫货款，最初是出自各人私蓄，为数毕竟有限。将近一年光景，已经垫付七八千银元，长此以往，势必难以为继。所以周尚明、潘驾宾想打退堂鼓，光剩下周子柏一人主张坚持下去。但坚持到最后流动资金耗尽，实在走投无路，只有取消垫付实行以销定产。

老板金星建见颖源商号付款不如过去利索，便约周子柏来厂里协商，建议把金星厂改为股份有限公司，用金星厂全部资产作价2.5万银元，另招现金股2.5万银元，合成资本总额5万银元，分为2000股，每股25银元，双方合作，共同经营。周子柏考虑再三觉得此计可行。于是由周子柏、周尚明、潘驾宾、方善兴（以上均为钱庄职员）、冯绍周、杨清源（均为河南帮商人）以及朝鲜方金氏三兄弟等9人作为发起人，分头向亲朋好友招股（实际上金氏兄弟已无能力招股，全是中国人在想办法）。这时，周子柏已进上海商业储蓄银行房款部工作，因为业务上同美丰伙食公司老板贺聚道相识，遂成莫逆，故邀其加入。结果以贺聚道100股为最多，周子柏60股次之，其余数10股不等，招足现金2.5万银元。除还清颖源商号及其他欠款外，悉数作为流动资金，投入生产。在未开股东会之前，先派方善兴进厂主管财务，金星建掌握进货和生产大权。

1933年初冬，金星厂召开第一次股东大会，选出董事和监察。9位发起人中，潘驾宾、周尚明当选为监察，其余都是董事，并推举贺聚道为董事长，周子柏兼经理主管销售业务，方善兴兼副经理主管财务，金星建兼任厂长。1933年年底，金氏三兄弟股份愿以7折全部出让。这笔钱，由贺聚道、姚铿两人负担60%，剩下部分由周子柏、方善兴分担。至此，金星厂才真正成为民族私营企业。

买下金氏兄弟股份后，1934年1月金星厂董事会改组，请来时任法租界公董局买办的胡方铭为董事长,以避免社会上黑帮势力敲诈和干扰。推举贺聚道为总经理,姚铿为厂长,周子柏、方善兴仍任原职。由于流动资金捉襟见肘,董事会决定另招优先股1万银元作为周转,将资本总额升到6万银元。厂里职工中国人全部留用,约30多人,朝鲜籍只留下大崔、小崔兄弟2人。是年春夏之交,由姚铿率领崔氏兄弟东渡日本参观学习。同时,把厂址从葛罗西路搬迁至打浦桥徐家汇路,租赁锦同村4幢住宅作为厂房,继续生产。

不久,姚铿考察完毕返沪,自日本带回3名制造钢笔笔尖的日本技师以及制造笔尖的机器。笔尖过去是从日本进口的,迁厂后,金星厂开始研究自制笔尖,笔尖上的铱粒和胶木笔杆则仍向日本定购。至于笔舌、笔夹等零件,均自行制造。董事会还着手建立一些管理制度以规范生产,将四幢房子分成笔尖、笔杆、零件、电镀、装配等5个车间和原料、成品两个仓库。钢笔质量关键在于笔尖质量,董事会聘请日本技师和崔氏兄弟把关。新厂初期每月生产钢笔500打(1打12支)左右。

1937年7月抗战全面爆发,日籍技师回国。当大世界遭炸弹轰炸后,金星厂职工无法上班,全厂不得不停工,到10月份才逐步恢复生产。因为钢笔是主要文具之一,所以金星产品在内地和沦陷区均有销路,营业额日见上升,生产忙碌,为此厂里陆续添雇工人并大量吸收学徒、练习生。至1945年,全厂职工已经超过100人,其中学徒、练习生占60%以上,每月产量可达2 000打左右。嗣后生产、销售逐年发展,每年都有盈余,股东投资很快完全收回,历年公积转作流动资金,扩大再生产规模,资本总额由12万元法币增至25万元法币。

在半殖民地半封建的旧中国,金星厂与所有民族企业一样,发展艰难坎坷。金星钢笔使用的赛璐珞笔杆,原来是向美商怡昌洋行定购。当金星钢笔逐渐打开市场销路时,美国派克公司意识到金星厂即将成为潜在竞争对手,便唆使怡昌洋行中途撕毁合同,拒绝代购,企图从原件上卡住金星厂。金星厂无奈只得改从德国进口。由于停工待料,生产受到一定损失。金星厂的爱国牌笔杆上印有英文"Venus"字样,美国某铅笔公司硬说是仿冒了其"维纳斯"牌铅笔商标,并以冒牌为借口,要金星厂停止生产。金星厂当然置之不理。美国人就从实业部告到国民政府行政院。而行政院居然受理,并于1936年10月12日发出第81号判决书:"金星笔厂爱国牌商标撤销,应不准注册。"在洋人霸道逻辑高压下,金星厂不得不将"Vneus"牌一律改为"Kinsin"牌。

8年全面抗战期间,因为大后方特别是抗日根据地消费者大量需要金星钢笔,销路直线上升。抗战胜利,国民党政府发动内战,导致货币贬值,物价飞涨,金星钢笔竟然成为囤积对象,黑市价格 2 打钢笔暴涨至黄金 1 两 2 钱。为保存实力,金星厂不得不在销售方面稍加限制,但广告照旧刊登。

全面抗战期间,金星厂曾在瑞金二路南端购置地产,准备自建厂房。后来听闻政府想征用这块地,1947 年便将其高价出售,另在斜土路 1646 号买进 26 亩地,着手建造新厂。待新厂房竣工后,1948 年全厂即由打浦桥锦同村迁往斜土路。

金星厂自 1948 年迁厂斜土路,扩充设备,添招工人,生产有很大发展,可仍然供不应求,只能按定额分配。大户如四大百货公司和大型书店每月能分到 20 打;一般中小户仅能分到 10 打或 4 打。价格以金价为准,2 打钢笔合黄金 8 钱左右,先收款再发货。之后单靠定额分配还是应付不了,金星厂一度同益新、合记、育新、一文阁、中一、上海仪器、启新、和兴、正风、广雅等所谓"十大同行"联合起来,加上上海标准铅笔厂,成立派货集团,搭配其他产品一道销售。该紧张状况一直延续至上海解放。

1954 年,金星厂公私合营,资产居同行业之首。

"船"牌被单名闻遐迩

斜土路上除了金星厂曾经出过名之外,还有一家纺织企业的产品,更是受到过老一辈国家领导人青睐。该企业是太平洋织造厂,位于斜土路 645 号。在为纪念毛泽东诞辰 100 周年拍摄的大型彩色纪录片《毛泽东·领袖家风》里有这样一个特写镜头,拍到毛泽东卧室那张床边放满书籍的大床,床上铺的蓝色花卉被单上面印着一行红色醒目的繁体字:"太平洋织造厂出品"和一个"船"牌商标图案。另外,"船"牌被单还被其他国家领导人大量使用过。而船牌商标正是 20 世纪 30 年代末至新中国成立初期,在我国被单行业中,被业内人士和广大消费者一致公认影响最大,声誉最高的民族纺织工业品牌,由太平洋织造厂李道发一手创立。

其实太平洋织造厂筹建和"船"牌商标创立,跟我国首家毛巾厂——上海三友实业社——有关。自 19 世纪 40 年代起,日货"铁锚"牌毛巾便长期垄断我国市场。1919 年五四运动和 1925 年的五卅运动期间,全国各地民众掀起了一场声势浩大的"抵制洋货,使用国货"爱国反帝高潮。而李道发所在的上海三友实业社生产的"三角"牌毛巾受到国人追捧,生意兴隆,并一举打破了我国毛巾市场长期被日货"铁锚"牌等垄断的被动局面。之后,李道发等技术人员还在全国率先研制、生产了全幅"三角"牌被单。由于"三角"牌毛巾、被单产品质量精良,美观大方,还一改国人以往普遍使用生硬粗糙床上用品的不良习惯。

因为日货"铁锚"牌毛巾被国货"三角"牌毛巾赶出我国市场,日本人便一直怀恨在心。1932年1月28日,日军挑起事端,爆发了一场最初由"三角"牌与"铁锚"牌商标之争而引发的震惊中外的"一·二八"事变。中日交战期间,日商将其恨之入骨的三友实业社厂房、生产设备和原料全部炸毁。结果由我国近代著名实业家陈万运、李道发等人士苦心经营了20多年的三友实业社以及一手创立的名牌"三角"牌商标,受到重创。"一·二八"事变后,三友实业社无力回天,再也无法恢复昔日辉煌。

三友实业社主要技术人员李道发并没有被日军野蛮轰炸所吓倒。为了早日摆脱生产和生活困境,经过一段时间紧张筹划,李道发等人毅然决定,带领三友实业社部分技术人员和员工,另外选址重新建造毛巾被单厂。1939年春,由李道发发起,并会同好友10余人,合伙集资22 000余元法币,在北江西路(今江西北路)藩藏里,创办了"太平洋织造厂"。工厂刚成立时,还是个弄堂小厂,设备少,职工仅30多人。面对艰苦生产环境和简陋生产条件,李道发制定了24字办厂约法:精诚团结、始终不渝;相互信任、互不干扰;廉洁奉公、不谋私利。靠着这24个字,太平洋织造厂开始起步。幸运的是该厂生产的"船"牌被单自问世不久,就在市场上供不应求。除了重视产品质量,李道发还请来早先曾经在三友实业社广告科担任美术设计的著名画家叶浅予和漫画家张乐平等人士,为"船"牌被单设计新颖别致、美观漂亮的花样,并在日常生产经营中,采用"高档原料、高额工资;造高档货、卖高价钱"的方针,使自己能在市场竞争中立于不败之地,为此工厂产销两旺,"船"牌被单成为市场上的名牌产品。

考虑到大规模生产发展需要,李道发决定将原来美亚织绸厂位于南市斜土路、打浦路口的破旧厂房买下并整修,作为新厂厂址。1945年抗战胜利后,国内许多城市大型百货商场纷纷来人、来电报,点明要各种花色"船"牌被单。"船"牌被单已经成为市民心目中最喜爱的被单品牌。

1949年5月上海解放后,太平洋织造厂在人民政府支持下,有了更大更快发展。1958年,国家有关部门发出号召,要求全国工业产品生产朝高、精、尖方向发展。太平洋织造厂按照纺织工业部和市纺织局指示,力争早日赶超美国

"大炮"牌缎档浴巾。李道发为了尽快赶超世界同行业名牌,专门召集总工程师、技术人员和技术工人,成立一支三结合攻关小组,并发扬该厂早年创业精神,经过近一年艰苦努力,终于试制成功完全可以与"大炮"牌产品相媲美、我国新一代高档"船"牌缎档浴巾。1959年五一劳动节期间,李道发将高档"船"牌浴巾作为礼品,赠送给全国劳动模范。之后,太平洋织造厂又大胆提出赶超美国"大炮"牌缎档螺旋形浴巾。由于该浴巾在20世纪50年代末属于尖端产品,国内却从未见过,所以李道发等技术人员决心向该产品发起挑战。经过分析和研究,运用浓缩变性处理以及磨刷两种方法,不久即获得成功,投入生产。"船"螺旋形浴巾的毛圈平坦如茵,使用舒适度同"大炮"牌相仿。这两项尖端产品的试制成功,为我国毛巾被单行业填补了一项空白,使得我国这一行业产品能够跻身世界先进行列。那时上海工业展览会纺织展品中,"船"牌新产品与美国"大炮"牌缎档螺旋形浴巾并列展出,受到参观者一致认可,销售经久不衰。

"飞轮""链条"较高低

20世纪初,英国"链条"牌木纱团等洋货进入上海市场。辛亥革命推翻清政府,一批民族企业家不愿权益旁落,纷纷创办企业以挑战洋商。1912年,潘厚生在上海率先创办"诚丰木线厂"。次年,又有国内第一家纱带厂"宝华纱带厂"和"守记丝边厂"开设。但至1919年,华商先后有6家线带厂因无力与洋货竞争而夭折。直到1929年罗立群创办的制线厂出现,才真正有了转机。

尽管厂里只拥有1台制线机、几名生产工人,但罗立群还是给自家工厂起了一个高大上的名字:中国飞纶制线厂。至于给产品商标取什么名称?罗立群也是经过仔细研究。既然英商的洋货线团商标叫"链条"牌,那么国货的木纱团商标就一定要在"形式"上压倒它,所以取名"飞轮"牌。工厂投产后,罗立群狠抓产品质量,扩大广告宣传,"飞轮"牌木纱团在国内缝纫机线市场上终于站稳脚跟,不过社会影响力和生产占有率还远远不及"链条"牌产品,随时面临被洋货挤垮的危险。果不其然,英商绵华洋行为了巩固"链条"牌洋线团在中国制线市场上的垄断地位,决定在我国"链条"牌产品销量最大的地区上海,直接开厂。1934年10月,英商"绵华线厂"开工,英国人自本国运来当年最先进的制线设备,利用我国原材料和廉价劳动力,大量生产"链条"牌洋线团。在这生死存亡之际,罗立群联合华商同行,依靠集体力量,同英商"链条"牌展开市场竞争。两年后"飞轮"牌木纱团市场占有率有了很大提高。作为一个民族品牌,"飞轮"牌不但在国内市场上畅销,且"飞"出国门,大量出口到东南亚各国。在竞争中,罗立群深知只有产品质量过硬,才有希望赶上英商"链条"牌洋线团。因此,他设法通过朋友关系,结识了英商绵华线厂负责技术的华人厂长张文田。罗立群开出每月200美元津贴,再奉送一辆小汽车的优惠条件,将张文田请到飞纶厂进行技术指导。同样身为华人,见报酬又如此丰厚,且只需晚上业余时间来飞纶厂做事,张文田爽快应允。张文田手上也确实有功夫,对飞纶厂制线质量的关键设备制线机引线刀片进行了一系列技术改进,令"飞轮"牌木纱团质量在原有基础上大幅度提高。

1937年"八一三"淞沪会战爆发,华商行动起来,投入抗日运动,国货也因此取代了洋货而畅销全国。1941年太平洋战争爆发后,日军强行进入租界,制线行业萧条,仅1/3企业维持生产。熬到1945年8月日本投降,制线行业生产迅速复苏,产销两旺。同年11月,为了与英商"链条"牌长期竞争下去,罗立群决定扩大生产规模。他筹集资金,在斜土路810号购地10亩,新建大型生产厂房。两年后,罗立群向国民政府贷款及申请低于市场价的官配制线原材料,使得该厂经济实力和生产能力进一步得到加强。1947年8月,飞纶厂资产重组,成立股份有限公司,公司资本总额达到法币240亿元,一举发展成为拥有144台制线机器、5 000锭拈线机、近千名员工及全套生产设备的大型企业。1949年上海解放前夕,罗立群依赖借高利贷维持生产,终因负债累累,于1950年1月17日停产。同年6月,在人民政府扶持下,由劳资、债权人三方代表组成维持生产临时委员会维持生产。1956年企业实行公私合营,更名为公私合营中国飞纶制线厂。1958年至1962年,先后有华鑫线厂、久丰木芯厂等11家厂并入。而称霸我国制线行业20多年的英商绵华线厂,也被人民政府接收。从此,在中国制线市场上,只有"飞轮"牌木纱团。

泰康食品"金鸡"独立

民以食为天。从事食品行业门槛较低,所以乐汝成开始打工时,就选择了食品业。因为家境清贫,乐汝成15岁就来到上海中华路达生南货店学生意,满师后在青岛万康南货店当伙计,办事精明能干,深受老板庄宝康器重,派他到济南新开张的"泰康罐头杂物号"做经理。1914年6月,泰康号正式营业。为了招揽顾客,增加门店的吸引力,乐汝成敢拿出年收入的60%用于营业门面的装修,在门市部安装了当时最先进的地弹簧玻璃门和玻璃柜台货架,并铺设了木地板,冬天还在门口挂起了棉布门帘,从而一下子提升了泰康经营的档次。泰康号创办之初,主要经营上海等地区的南北货,兼营自家作坊制作的糕点和糖果。由于生产工艺不同于传统操作,所以深受消费者喜爱,营业额日长夜大,为济南全城同业之冠。

受舶来食品影响,那时候济南市场上已经有人仿制罐头食品。恰巧当年山东莱阳梨子丰收,一时销不出去,乐汝成便大批进货,并从上海以及英国聘请技师来济南指导罐头生产。因为第一次世界大战正酣,海上交通阻塞,洋货罐头极少运到中国,给泰康号生产的罐头食品打开销路创造了良好条件,从京沪铁路沿线各大中城市,直到上海的各主要食品商店,都能见到泰康号罐头。靠领先的生产技术和高质量的产品,泰康号既减少南北货的采购,又增加了商品的毛利率,成为当时济南水果罐头生产销售的龙头。另外,乐汝成善于运用新的生产技术和新的生产工艺来革新泰康的生产,尤其是在罐头的生产上逐渐引进国外的新设备和新技术,用机器代替人工,不仅提高了生产效率,还把产品的工艺水平大大提高,为泰康产品后来从作坊向工厂化转变打下了扎实的基础。

在做大泰康的同时,乐汝成敏锐地觉察到:要想在国内市场有所作为,首先要进军上海,只有占领了上海市场才能称霸全国。因此,乐汝成首先于1926年在上海设立泰康食物公司上海办事处,1927年又在上海制造局路设立泰康食物公司上海分公司。1928年索性将泰康食物公司总部迁至上海,并在上海最繁华的南京路(今南京东路)766—768号设立泰康门市部,从而完成了泰康扩张的版图布局。

随着泰康食品名气越来越响,销售越来越旺,泰康公司生产能力日益饱和,特别是饼干等产品。于是,乐汝成于1935年,在离制造局路不远的小木桥路(今斜土路1591号)购进一块地皮建造新厂房,并向英国倍克公司订购最新型的饼干机1台,这是中国厂家在食品史上最早引进国外先进设备的创举。泰康厂从此闻名遐迩,加上原先生产的罐头食品,成为泰康厂的两个拳头产品。但引进先进的饼干机之后,生产工艺未及时跟进,生产出来的饼干不是夹生就是焦过头,次品饼干堆满仓库,约有几十吨。乐汝成觉得这么下去不行,便决定重金聘请英国饼干技师来厂技术指导。英国技师要求严格,规定操作工人多一个不要,少一个不行,且车间内的温度和湿度都必须控制在一定范围内。结果生产的饼干质量完全达到英国饼干的标准,甚至超过美商沙利文的饼干。乐汝成还为泰康饼干取了一个平易近人的商标名称,叫"金鸡"牌,意思是"经济实惠",并形成以生产饼干为主,水果罐头等其次的经营模式。想当年泰康"金鸡"牌饼干,半斤售价1角银元。那时候全国平均月工资为15银元左右。2角银元一斤的饼干,一般市民断然消受不起,但偶尔称几块尝尝,还是勉强可以做到。泰康饼干出名后,花色品种不断增加,除了散装、听装饼干,还有福字、金鸡、三角饼干,以及适应小学生吃的书报听饼干、新生活饼干等,饼干形状扁的、方的、圆的、长的,五花八门、琳琅满目,销往全国各地,并远销新加坡、泰国、菲律宾、缅甸等东南亚地区,且多次获奖,除了国内名目繁多的奖状之外,尤其是在1926年,一举拿下美国费城百年纪念世博会"罐头食物"类特等奖。为此乐汝城兴奋至极,把费城世博会获奖文字、获奖证书和奖牌图样直接印在公司产品包装纸上,广而告之。

1949年5月,上海解放。1956年,泰康公司响应人民政府号召,实行公私合营,泰康公司被一分为二,工厂划归市食品公司管理,仍旧叫泰康食品厂;南京东路上的门市部归属于黄浦区茶糖业公司,定名为泰康食品商店。

斜土东路

斜土东路,东起南车站路,西至制造局路,1914年筑,全长686米,原为煤屑路面,故取名煤屑路。1920年,沪闵南柘长途汽车公司在此路行驶长途汽车,从沪上老城厢开出,停闵行、南桥,最后开到柘林,各取简称连缀成路名,改名沪闵南柘路,1960年因西连斜土路,改今名。1958年7月1日,沪闵长途线正式转由上海市公共交通公司接管,定名为徐闵线。

"无敌"牌牙粉赶走日货

19世纪末,牙粉刚刚从西方传入我国时,曾被当作高档奢侈品,为一些达官贵人所专用。由于使用方便,且具有良好洁齿效果,很快就被国人接受。不久洋货牙粉倾销中国,当时我国牙粉市场上充斥英国"固龄玉"牌等几个洋牌子,不过日货"金刚石"牌和"狮子"牌以价格低廉、大做广告的灵活销售手段,后来居上,逐渐压倒英、法等国产品,一举成为我国牙粉市场上的暴发户。面对国内牙粉市场被洋货一统天下的局面,决心"实业救国"的陈蝶仙,决定要与洋货一争高低。

陈蝶仙原名陈栩,杭州人,写过小说,担任过《申报》副刊《自由谈》主编。早在1913年,一度代理镇海知事的陈蝶仙,前往慈溪访问文友。在海滨散步时,见沙滩上散落着大量乌贼鱼骨头,深感可惜。陈蝶仙知道乌贼骨可以用来制造牙粉,但国人缺乏技术和组织,只能听凭日货"金刚石"牌牙粉大量占领中国市场。日货广告不但在沿海大城市如上海、广州等地随处可见,就连镇海那样的小县城都能看到。为此陈蝶仙忧心忡忡。为了掌握日货牙粉在中国的详细销售情况,陈蝶仙特地跑到国内几个海关做过调查统计,发现仅每年销往全国各地的日货"金刚石"牌和"狮子"牌两个品牌牙粉,日商便可获利200万银元以上。中国的白银每年就这么轻而易举被日本赚去,陈蝶仙愤愤不平。

从慈溪返回镇海后,陈蝶仙与四弟陈蓉轩(时任镇海警察局长兼犯罪研究所所长)商议,设想由研究所出面试制牙粉,便呈文上司,请求拨款2 000银元作为研制经费。然而上司认为此举纯属不务正业,严词驳回。陈蝶仙并未因此灰心,文学创作之余,一直在琢磨有着广阔发展前景的日用品制造。1917年,陈蝶仙接受协助翻译外国小说的东吴大学理化科毕业生吴觉迷建议,决定从制造技术简单、成本低廉的产品做起,试制的第一个品种就是冻疮膏。陈蝶仙与吴觉迷共同出资200银元,根据民间配方,用手工方法配置药膏。家里就是工场间,陈蝶仙动员妻子、儿女一起动手制作。一个冬季做下来,因为各项开支很低,积累了一定盈利。但陈蝶仙认为冻疮膏消费对象狭窄,销售有季节性,难以有大发展,于是转而与协助搞翻译的李新甫商议,决定把牙粉作为主要研发对象。

1918年,由陈蝶仙出资2 000银元,李新甫出资500银元,组成股份两合公司,仍然由家庭成员充当操作工,因此公司正式定名为"家庭工业社"。厂址初设南阳桥,继迁南市劝业场。刚开始,制作牙粉所用原料均采用进口产品,通过西药房高价购进,家庭工业社只是加工配制,再包装出售。因为成本高,利润非常微薄。不久改用乌贼骨磨粉作原料,虽然成本降低,但产品长期使用会损害牙齿。为了扭转如此不利局面,陈蝶仙在儿子陈小蝶和李新甫协助下,以共同稿费作经费,参考日本书籍,深入钻研牙粉主要原材料碳酸镁的提炼方法。经过反复试验,终于掌握了从产盐后剩下苦卤中提炼碳酸镁的科学方法。因为舟山一带海边盐场每年产盐季节积存大量苦卤,完全能满足供应。自行加工提炼碳酸镁,每百斤成本为12银元左右,仅为日本进口原料价格的一半。更为重要的是,家庭工业社由此掌握了原料采供主动权。且陈蝶仙生产的牙粉,其中还加入了薄荷等成分,使用时清凉爽口,故陈蝶仙又在牙粉前加上"擦面"两字,表示既可刷牙,又可似鹅蛋香粉一样擦面。

生产出了产品,陈蝶仙认为还必须要有一个响亮的商标名称,才便于今后广泛宣传,并与日货牙粉展开市场竞争。陈蝶仙根据时代背景和产品特点,将牙粉商标定名为"无敌"牌。缘由首先是家庭工业社开在上海,而"无敌"两字的沪语发音与"蝴蝶"相近,自己号蝶仙;其次是表达决心和信心,即希望将来本企业生产的国货牙粉一定会超过并战胜日货"金刚石"牌和"狮子"牌,无敌于天下。有趣的是因为发音关系,上海人经常会把家庭工业社出品的"无敌"

牌牙粉叫作"蝴蝶"牌牙粉。

无敌牌牙粉面世时，适逢五四运动爆发，国内消费者"提倡国货、抵制日货"的浪潮一浪高过一浪。陈蝶仙抓住难得机遇，一方面自行设计商标和包装，在包装纸袋正面印上产品名称"擦面牙粉"和"无敌"牌，图案中间设计了一杆网球拍和一个网球，网球与日本太阳旗上的太阳相似，寓意国货一定能将日货赶出中国市场。商标图样右下角画上一只绚丽多彩的大蝴蝶，视觉效果鲜明。图案正下方，还标有四个最关键的字"中华国产"，其目的就是让广大消费者认清该产品是国货，而不是洋货。另一方面，在向盐民收购苦卤时，将牙粉批量分发给盐民，由盐民协助宣传、推销。此举不仅建立起稳定且廉价的原料基地，又借助民心民力扩大产品销路。仅仅一年时间，"无敌牌"牙粉本身质量压倒了日本"金刚石"牌和"狮子"牌两种舶来品，声誉大振，远销国外。1925年年底，"无敌"牌牙粉销售市场已从华东地区进入华南、华北各省，逐渐将日货牙粉赶出中国市场。翌年，已是国内名牌的"无敌"牌牙粉，应邀参加美国费城世博会，后经世博会组委会评比，荣获化妆卫生用品类丙等金奖章。

"无敌"牌牙粉打开销路出名后，家庭工业社登报招股，改组为股份有限公司，资本增加到2万银元，聘李常觉为经理，并在江阴路建造厂房，扩大生产。陈蝶仙也进一步对家庭化妆品进行了研究试制，1926年，陈蝶仙又在沪闵南拓路一带建造厂房，再次扩大牙粉生产，兼产化妆品，生产"无敌"牌西冷霜、蝶霜等雪花膏，另有紫罗兰粉、花露水、牙膏、润发油等20多种产品，同时请了12位当时最顶尖的电影明星大做广告，很快销路遍及全国。1930年，陈蝶仙还发挥自己的文学专长，创办并主编《上海抵制洋货联合会会刊》。1937年抗战全面爆发，家庭工业社全部厂房均毁于日军炮火，不得已搬到租界亚尔培路（今陕西南路）步高里，继续生产。因为步高里生产场地太小，1939年在汶林路（今宛平路）开设新厂。到1949年，已拥有了蝴蝶、面友、维尔肤等著名品牌，产品畅销市场，家庭工业社已成为国内著名化妆品生产企业。

1949年5月上海解放，随着经济发展，家庭工业社与好来药物有限公司等合并组成公私合营上海家庭工业社。其间，蝶霜、冷蝶霜、面友、黑白牙膏、芳芳粉饼、芳芳痱子粉、蝴蝶眉笔、蝴蝶牌唇膏等产品风靡市场。20世纪60年代后更名为上海日用化学品四厂，成为国内护肤和美容彩妆产品龙头企业。

"唱机"牌袜子成童袜大王

机会总是留给有心人的。当多年从事织袜行业生产和销售的徐志超,看到市场上企业和商家都在争相开发各种款式的成人袜子,而忽视了同样有一定需求的童袜时,决定另辟蹊径,投资开办一家袜厂,专门生产各种童袜,以填补市场空缺。

徐志超,1904年生于南汇县,家境贫困,早年为了谋生,14岁经人介绍进南市小南门外"久和袜厂"当学徒。由于工作勤奋,刻苦钻研织袜技术,得到久和袜厂老板赏识,从一个学徒一步步晋升为厂长协理。在委派到三友实业社筹办袜子销售门市部时,结识了沈大成、陈万运、章祖萌等一批实业家,为后来自己创业打下了人脉基础。1928年年初,徐志超辞去久和袜厂职务,并通过好友帮助,集资购置了6台手摇袜机和2台罗纹车,回到老家南汇大团,委托"大成袜厂"加工生产童袜,自行销售。还利用三友实业社东南亚分公司的销售渠道和影响,专为当地华侨子女生产童袜。徐志超在大成袜厂附近挂出"同兴实业社"与"同兴实业社发行所"两块牌子,同时在南汇的大团、三墩、六灶湾、黄家路、祝家桥、南四团、新场等地建立了7个外发加工点,订单源源不断。由于小据点式生产满足不了市场需要,徐志超又在惠南镇南门、西门和三墩镇开设同兴二厂、三厂、四厂,职工100多人。

1932年,考虑到乡下交通不便,工厂太过分散,且为了进一步巩固和扩大童袜生产规模,徐志超将企业重心转移到市区,从盈利中拿出部分资金,一次性购入36台电力织袜机及生产辅助设备,并在南市丽园路通达里租赁4幢房屋,成立同兴实业社总厂。生产"唱机"牌等男、女、童各式花袜、线袜和丝袜等市场热销产品达100余种。徐志超还在北平、天津、汉口、南京设立代理处,在广州设立分公司。同兴实业社生产的各类新款童袜不仅受到国内消费者青睐,且畅销东南亚各国,被同行誉为"童袜大王"。至1937年年初,同兴实业社产销规模达到历史鼎盛时期。

1937年7月抗战全面爆发后,同兴实业社总厂厂房被毁,全厂停产。幸好大部分袜机被抢先搬出,翌年秋,徐志超将工厂迁至康脑脱路(今康定路)延平路一带恢复生产。1939年冬,同兴实业社研制成功双针罗纹车,并革新老式袜车,用32/2支线织成"唱机"牌青年袜和进步袜,畅销中国港澳地区及南洋一带。为抵制日货,徐志超还积极参加中国国货公司展览会,并出面募捐,支援新四军吴仲超部6个月给养。1941年,工厂改组为股份有限公司,资本为法币100万元。12月太平洋战争爆发,海路受阻,外销中断,全厂停工。

1945年8月,抗战胜利,同兴实业社恢复"唱机"牌等各种袜子生产。同年年底,企业为了再次扩大生产规模,购进沪闵南拓路一块两亩多地皮(现斜土东路194号),建造新厂房,新增丝光和染色车,成为全能型袜厂,全厂有职工322人,袜机94台。年产"唱机"牌等各种袜子16万打。

1949年5月,上海解放,在人民政府有关部门协助下,同兴实业社生产的优质"唱机"牌袜子,从外销花袜转产内销平口线什袜,并接受中百针织站订货。为了适应内销形势,扩大国内市场需求,厂里先后添置了40多台新式K字形织袜机,又将部分B字机改装为K字机,不仅大大提高生产效率,且完全改变了产品结构,促进了袜子产品升级换代。

1956年2月,同兴实业社响应人民政府号召,实行公私合营,改名为"公私合营同兴实业社织造厂",一批小厂陆续并入,职工总数达到749人,袜机增至200多台,产品从横条、素色袜发展到双吃双跳、三吃三跳提花袜。20世纪70年代初,该厂更名为"国营上海织袜四厂"。

新会路

新会路，东起江宁路，西至常德路，全长713米，1925年筑，以英国人名命名的马白路。1943年以广东新会改今名。

"绒线大王"与"地球"绒线

纺织品中，丝绸、棉纱是中国人发明的，不过绒线的的确确是舶来品。由于绒线保暖实用，早期经营绒线获利丰厚，所以自20世纪20年代起，沪上不少商号纷纷转行从事绒线买卖，且均集中在100多米长的南市兴圣街（今永胜路）上，以至于兴圣街被戏称为"绒线街"。但那时所有绒线经销商，都会面临不得不向生产绒线的洋商进货的被动局面。以世界著名绒线生产厂家英商为代表的洋商们，仅认定上海8家绒线特约经销户，俗称"八大号"，给予出厂价95折优惠。而其他绒线零售商想要批发绒线，只能通过那"八大号"所属的"联丰办事处"，才可获得打98折的优惠。但若不通过联丰办事处，直接上洋商那里批发，扣率为99折，更不合算。

恒源祥绒线号老板沈莱舟联合同行好友、义生昌绒线号冯莲生、申兴泰绒线号刘文藻以及孙桂生、李润生等老板，打算另立门户，自建绒线生产厂，争取自产自销。

沈莱舟，1894年12月出生于上海，父亲沈绥之是上海汇丰银行的小职员。喜得次子不久，年仅30岁的沈绥之因染上霍乱不幸去世。沈莱舟才9个月大，便跟随母亲和6岁的哥哥回到苏州东山老家，艰难度日。1908年6月，刚满14岁的沈莱舟，怀揣8块银元，从老家东山返回上海。尽管人不大、个子不高，但沈莱舟眉宇间透着睿智，身上有着一股永不服输的劲头。来到上海滩后,沈莱舟先是栖身于久康杂货号。学徒多年,饱尝人间冷暖、世态炎凉。后子承父业,在汇丰银行当了职员。但做了没多久又开始不安分,认为当白领生活确实可以安逸,但发展前景不大,总想自己做老板,继而跳槽为英商亨特生开办的德记银行做跑街。通过19年吃苦耐劳、辛勤工作,33岁的沈莱舟终于攒下一笔小钱,实现了开店创业梦想。

1927年初夏一个清晨,在一片爆竹声中,位于四马路(今福州路山东路附近)一间从弄堂里搭出来的半开间门面小店,挂上了一块用黑漆书写的匾额"恒源祥",老板就是沈莱舟。该匾额由著名书法家马公愚题写,出自"恒源百货,源发千祥"这副对联。其中恒,取其亘古长存,永恒之意;源,取其源泉勃涌,源流绵长;祥,自然是吉祥如意。恒源祥以批发为主,门售为辅,经营洋杂百货,主要是绒线,以及与绒线相关联的人造丝。

沈莱舟做生意很会动脑子,晓得绒线从海外传入上海不久,那些太太小姐们大都不会织绒线,于是便聘请绒线编织大师鲍国芳、冯秋萍、黄培英等到恒源祥来坐堂,专门教授大家绒线编织技法,且特地花钱出版了《冯秋萍毛衣编织花样与技巧》一书,在店里赠送顾客,结果绒线销售当然兴旺。不仅帮助消费者怎样亲自动手编织绒线,且沈莱舟懂得消费者从众心理,充分利用电影明星广告宣传同产品品牌运营有机结合。当风靡上海滩的《夜上海》《天涯歌女》演唱者、著名影星周璇要光顾恒源祥、试穿用店里绒线织成的毛衣消息传开时,门店还未到开门营业,店门口已经被消费者围得水泄不通。另外白杨、上官云珠、竺水招、徐玉兰、尹桂芳、童芷苓等影艺明星均曾到过恒源祥,试穿过冯秋萍编织的绒线毛衣。现代商业营销模式以及明星效应,被沈莱舟娴熟地应用在自己品牌的打造上。

但开厂生产与开店销售性质有所不同。在那时候,要想创办一家毛绒线厂谈何容易,得一次性投入大量资金,包括租赁厂房、购置绒线生产设备和原材料等。沈莱舟等经过商议,决定"饭要一口口吃",先筹建绒线销售联合体,及开设裕民国货毛绒公司,由沈莱舟担任经理,冯莲生任董事长。等到毛绒公司获利,再拿出利润来开绒线厂。因为毛绒公司经营人员都是多年从事绒线销售的行家,所以开业后经营业绩突出,获利丰厚。另外,沈莱舟又募集到一笔资金,加起来足有60万银元。手上有了钱,沈莱舟心里就不慌了,他把裕民公司人员分成两路,一路人员对外,即向洋商订购生产绒线的原材料(即毛条)、采购生产设备;另外一路对内,即寻找生产场地、招募技术工人、联系产品销售商等。在新厂房竣工之前,沈莱舟并没有歇着,他将进口的原材料先暂时委托"上海安乐纺织厂"代为加工，并派技术人员驻厂指导生产业务。如此，造厂房、生产分头进行，两不误。

经过近两年筹备，沈莱舟选择在沪西马白路（今新会路）142号租地建造新厂房，并从世界著名绒线机器制造商英国普林史密斯公司购入800锭翼锭式绒线纺机。裕民毛绒线厂于1937年6月29日正式开工生产，拥有职工200余人。一上来先从容易的做起，生产"双手"牌低档粗绒线，后来熟练了，开始生产"双洋"牌中档粗绒线，到最后再研制生产"地球"牌高档细绒线。

由于裕民厂生产的绒线产销对路，特别是该厂生产的"地球"牌高级细绒线，社会上名气很大，一时间成为消费者争购的热门货，厂里很快就收回投资成本。1937年"八一三"淞沪会战爆发后，上海成为"孤岛"，租界畸形繁荣。绒线因为美观又实用，再加上存储起来可以保值，生意竟然非常红火。由于绒线生产周期短，从毛条到上纺车，织成毛线染色后送往店里销售，一般只需要7天时间。于是，沈莱舟便在市面上大量收购毛条，令裕民厂一天24小时开足马力生产。有时毛条供应不上，沈莱舟还会用绒线到其他厂家或商号去调换毛条，1吨成品绒线换3吨毛条。1941年12月太平洋战争打响，"孤岛"沦陷，日军强行进入租界。为了掠夺中国资源，日军宣布将包括羊毛在内的18种物资列为统一管制，非经日军方兴亚院华中联络部发给的许可证，一律禁止搬动或使用。就羊毛而言，就是不能用库存的毛条生产绒线。因此，裕民厂只能停工关门。1945年8月日本投降，沈莱舟认为总算可以放开手脚大干一场。不料他的热忱很快就被国民政府迎头一桶冷水给浇得冰凉，国民政府所谓"接收大员"在上海滩上大搞"五子登科"，肆意抢掠财产，裕民毛绒线厂竟然被当作"敌产"，由当局"劫收"了。急得沈莱舟只好一面找杜月笙帮忙，一面向有关人士塞条子（即金条）、通路子。就这样通过一番运作，裕民厂被"劫收"几个月以后，终于又回到沈莱舟手里，于1946年年初重新开工。为了庆祝裕民毛绒线厂恢复生产"地球"牌等绒线，沈莱舟特地借座位于虞洽卿路（今西藏中路）上的宁波同乡会，重金邀请上海戏剧界名伶唱了一整天堂会。1948年7月，裕民厂为了扩大生产规模，决定买进英商怡和洋行所属的位于苏州河南岸的"公益纱厂"厂房，同时向英国订购1 200锭先进的绒线纺机、2 600锭针织绒机和其他绒线整染全套设备，使得"地球"牌绒线等产品的生产效率一下子提升了好几倍，产品质量也比过去有了较大提高。

虽然被大家公认为"绒线大王"，但沈莱舟一直梦寐以求办一家由自己掌控的独资毛纺厂，因此他买下地处虹桥的一块地皮，并已订购了机器设备，且在香港储存了一批毛条。然而时局发展彻底打乱了沈莱舟的计划。1948年8月19日起，国民政府实行新经济政策，推出金圆券。同时对全市20余种主要商品实行限价，即必须按照8月18日的价格销售，不得涨价。这下可苦了沈莱舟，裕民厂卖出去成品的钱，却买不进相等的原材料，因此大伤元气。

1949年5月上海解放，裕民厂迎来了新的发展机遇。同时，沈莱舟热心参加各项社会活动，带头认购胜利折实公债27 500份，捐献绒线1 000磅支援抗美援朝，带头认购经济建设公债10.7万元，1954年，裕民毛绒线厂参加毛纺行业公私合营，沈莱舟还动员绒线同业提出全行业公私合营申请，于1956年1月1日获得批准，安乐毛绒厂、恒丰毛绒厂和茂新毛绒纺织厂3家中型毛纺企业并入该厂。1966年9月，裕民厂更名为"上海第七毛纺织厂"。

"大无畏"电池真无畏

上海是中国近代民族电池工业发源地。比较知名的除了我国第一家现代化电池企业——国华电池厂之外，还有著名实业家丁熊照创办的上海汇明电筒电池厂。

丁熊照，无锡人，家境清贫，幼时读过几年私塾，14岁丧父，为谋生计15岁到上海一家绸缎洋布庄做学徒。一年后满师，丁熊照向亲友借款数百银元，在上海与人合开小型皮革制造厂，因经营失利而关门。后经人介绍去大东电池厂担任"跑街"，主要就是推销电筒和电池等小电器产品。在大东电池厂工作期间，丁熊照勤奋好学，钻研业务，虚心征求客户意见，热情待客。结果，丁熊照不仅得到了很好的经济收入，更掌握了许多有关电池制造、销售等方面的实用技术和宝贵经验。不幸的是，大东电池厂因为生产的电筒和电池敌不过舶来品以及经营不善而宣告歇业。

1925年秋，丁熊照与在工作中结识的三位好友，集资800银元，在敏体尼荫路（今西藏南路）427弄18—20号创建"汇明电池厂"。初创时期，厂里只租赁了两间民居，雇用了曾在大东电池厂工作过的8名老工人，日产电池30打，以"鸡"牌为商标名称。运转不到一年，工厂因股东之间意见不合，其他三人退出，改由丁熊照独资经营。

虽然工厂生产设备简陋，场地狭小，但丁熊照雄心不小，决心要同市面上的名牌洋货电池一争高低。丁熊照先向商标名称开刀，将原来使用的"鸡"牌商标改成"大无畏"牌,以此激励自己要以大无畏英雄精神实业救国。然后丁熊照刻苦钻研生产技术,改进生产工艺、设备和管理,提高产品质量。通过几年努力,厂里生产和销售日渐发展、蒸蒸日上。为了继续扩大生产规模和增加产品种类,丁熊照于1929年4月在局门路55号瞿真人路(今瞿溪路)购地扩建厂房100余间,独自创建与电池业有关的"永明电筒厂",生产"虎头"牌和"大无畏"牌电筒。同时配合电筒和电池生产,又先后创设生产碳精的"和明碳精厂"和生产电珠的"保久电器厂",形成一套完整的电池和电筒配套生产体系。1930年,丁熊照研制成功糊式电池,为国内首创。1931年,为增强与洋货电池和电筒的竞争能力,丁熊照将汇明电池厂和永明电筒厂资产合并为"上海汇明电筒电池厂",职工人数由最初的8人增加到500余人。

20世纪30年代初,"大无畏"牌糊式电池质量已经能与美国"永备"牌电池抗衡,成为国内名牌产品,不仅行销全国,且远销欧美以及东南亚地区,特别是"保久"牌电珠饮誉国际市场。至1935年,汇明电筒电池厂日产干电池已高达7 000打、电筒800打。"大无畏"牌电池产销量均居国内同行业之首,全国规模最大。丁熊照也因此被业界誉为"电池大王"。

1937年7月抗日战争全面爆发,丁熊照积极参与抗日,同上海工商界爱国人士一起捐款支持抗战,并响应国民政府号召,将厂里部分生产设备和原材料西迁,八一三淞沪会战爆发后,工厂遭日军轰炸被毁,留在上海制造局路的厂房和部分原材料,也被日军破坏。翌年5月,丁熊照在公共租界马白路141号购地9亩,另建新厂房,继续生产,以供应市场,并通过各种渠道将大量优质的"大无畏"牌电筒和电池直接销往抗日游击根据地和大后方,支援抗战前线。1941年太平洋战争爆发后,日军进占租界,汇明电筒电池厂生产再一次陷入半停顿状态。日商松下电池株式会社依仗日军武力,觊觎"大无畏"牌电池,假惺惺地以"技术交流"与"合作生产"为幌子,多次上门与丁熊照商谈共同生产"大无畏"牌电池事宜。引诱不成,日商恼羞成怒,由日军出面武力威胁。丁熊照等不为所屈,数次义正辞严告诉日军:"你们是日本人,我们是中国人。中日两国正在打仗,我们怎么能同你们合作?"为此,日本宪兵队于1945年7月28日深夜,以制造日本战败谣言罪,将丁熊照逮捕关押。8月15日日本宣布投降,丁熊照获释。抗战胜利后,丁熊照竭尽全力恢复生产,电池生产仍迁回制造局路。1947年,国民政府滥发货币,物价飞涨,丁熊照不得不缩小生产规模。

1949年5月,上海解放,汇明电筒电池厂获得新生,1954年,厂里生产的"大无畏"牌电池远销欧美各国。1956年全行业实行公私合营,至1958年先后有通明、咏昌、五洲、华明、永固、开朗、建中、复兴、荣泰、一新等厂并入该厂,全厂拥有职工1 943人,手电筒年产量1 142万只,占全国手电筒产量约1/3。1961年,根据中共中央颁发的"手工业三十五条"中有关手工业产品归口的要求,汇明电筒电池厂将电池车间划出,单独成立汇明电池厂,新会路总厂则更名为汇明电筒厂。

新闸路

新闸路东起西藏中路,西至镇宁路,全长4 355米。1862年,太平军进攻上海,公共租界工部局向西越界修筑了数条运兵道路,其中直接沟通租界的就有新闸路。新闸路最初是一条土路。1868年,新闸路划归公共租界工部局管理后,从西藏路到卡德路(今石门二路)段铺砌了碎石路面。1899年,上海公共租界大幅度拓展,该路也被划入界内。1908年,新闸路继续向西延伸,直到胶州路。

益民食品四厂的前身

1843年上海开埠后,洋商、侨民接踵而至,西式菜肴也跟着传入上海。随着西学东渐之风越刮越盛,不少国内知识界、文化界人士怀着对西餐、西点极大兴趣,纷纷走进西式菜馆吃西餐尝西点。1912年,美国水手沙利文来沪,看到西式食品生意这么兴隆,便在公共租界抛球场(今南京东路河南中路转角处)附近的仅10平方米大一块空地上搭建了一间亭子,挂上招牌"沙利文巧克力店",销售西式糖果和饼干。由于经营有方赚了钱。生意做大了,原来亭子不够用,1918年,沙利文与中国商人唐云龙合伙,搬到南京路11号(今南京东路223号)哈同大楼隔壁营业,改名为"沙利文糖果行"。新店面为英国式平房,占地面积200平方米,外墙铺满白瓷砖,店内设有糖果、饼干外卖柜,店堂左右两旁摆红色火车头座位,中间是两排小圆台,整洁美观,且舒适安静。起先,沙利文糖果行只经营进口糖果、饼干、咖啡、面包等,不久,细心的唐云龙发现,糖果行周围银行、洋行、写字楼和报馆林立,但这些机构内部一般不设立员工食堂。员工们为图方便,每天中午都去附近小饭店、饮食店解决午餐。唐云龙脑子灵活,从中找到商机,向沙利文建议,扩大糖果行经营范围,增设西餐。沙利文觉得主意不错,就开始一边卖糖果,一边做西餐,主要定位中低档消费,但服务为高档次,且规定除了菜肴计价外,面包一律免费取用。此举颇受欢迎,吸引了大批外企员工前来就餐。结果一台面包烘炉连轴转,每天当场烘焙面包,只要一到中午,店堂里面包便供不应求。该店西餐不甚出众,但其面包反倒做出了牌子,大量消费者干脆将该店直呼为"沙利文面包房"。

因为顾客纷至沓来,每月营业额都有一定上升。3个职工,不但供应西餐,还外卖咖啡、牛奶。1922年,该店由美国侨民雷文接盘,中文店名不变。既然面包已经做出名气,该店索性主打面包。过了一年,沙利文面包房日产"沙利文"牌面包提高到200只。1924年,日产面包更是高达1 000只,且增加了蛋糕等新品种,操作工人也增加到8人。

无心插柳的结果,使得沙利文面包家喻户晓,以至于在一些当年出版的文学作品中,时常会提及"沙利文面包"。但该店仍然非常重视广告宣传,且不拘一格很有创意。如该店邀请几个虎头虎脑的中国儿童,每人身上背1只藤条大箩筐,里面放着各式各样沙利文自制面包,在店堂内走来走去,让顾客挑选,犹如现在吃早茶时,服务员推着载着各式小点心的小车转来转去一样。

经过几年经营,由于在西餐和糕点等方面所取得的成功,使得沙利文面包房在社会上影响力越来越广,消费者对沙利文食品需求量也越来越大,单靠原来前店后工场的生产销售模式,已经不能适应企业发展需要。因此,雷文在原企业规模上,引进国外先进饼干、面包一条龙流水线生产设备,并于1930年把沙利文面包房正式改组为"上海美商沙利文面包饼干糖果股份有限公司",在美国俄亥俄州注册,一些在沪的著名美商像海宁洋行总裁海宁生等,都是沙利文公司董事。1931年,该公司通过向社会集资,购入新闸路金家巷(今新闸路1432号)地皮,创办大型现代化专业糖果、饼干和面包等食品加工厂,生产设备全部从美国引进。厂里共有职工100余名。因为沙利文食品用料讲究、制作精良,所以对华人和在沪洋人来说,都是一种全新享受。美国著名记者斯诺任职《密勒氏评论报》时,就经常去沙利文面包房就餐,并于1931年盛夏在那里邂逅他后来第一任夫人海伦。

"沙利文"一度成为沪上面包、饼干、糖果的代名词。同时,该公司也成为洋商中社会影响力最大、经济实力最雄厚的专业食品公司。全面抗战期间,沙利文公司与同上海其他一批著名食品生产企业如冠生园等,因受日军炮火影响,一起西迁重庆,并在当地重新开办沙利文糖果饼干厂,但生产规模和效益均无法与上海时期相比。1945年抗战胜利后,由于时局动荡不定、市场萧条,沙利文公司在上海虽已恢复生产,不过其生产规模还是不能达到往日辉煌。1948年,因人民解放军在战场上势如破竹,南京国民政府风雨飘摇,外籍人员纷纷回国,沙利文公司经营越加艰难。

1949年5月,上海解放。在人民政府有关部门关心和扶持下,沙利文公司又获得新生。20世纪50年代初,公司资产总值为人民币15亿元(旧版人民币),有技术人员、工人400余人,每月生产"沙利文"牌面包20万只、糖果1.4万斤、饼干7万斤、西点8 000磅。1950年12月,沙利文公司由上海市军管会接管,改为"军管沙利文糖果饼干面包厂"。1954年,更名为上海益民食品四厂。

新亚制药"星"牌闪耀

20世纪20年代初,受五四运动影响,全国各地掀起一场声势浩大的"抵制洋货,使用国货"的爱国反帝运动。为此,不少有识之士纷纷投身实业,兴办各种生产型企业。24岁的许冠群也与友人集资开设了"新农除虫菊公司"。公司生产了一年农药后,改产花露水等化妆品。不久与同乡赵汝调商议后,决定开办一家药品制造厂。

许冠群,江苏武进人,生于1899年,19岁时经人介绍,来到上海三新纱厂当会计员。他勤奋努力,一边工作一边读书,考进上海商科夜大学,毕业后挂牌做会计师。1926年5月,许冠群和赵汝调等集资1 000银元,在新闸路1033号,创建了新亚化学制药公司(简称新亚药厂)。

开办之初,工厂规模很小,厂里只雇用几个工人,生产的第一个产品是十滴水,采用"星"牌作为商标。由于人们使用十滴水具有一定季节性,夏天一过,天气转凉,十滴水的销售会随之下降。许冠群便根据市场需求,不断开发新产品,如牙粉、牙膏、花露水等人们常年使用的化妆保洁用品,以维持生计。1927年10月,许冠群将企业改组为股份有限公司,资本增至10 000银元,并自任常务董事兼总经理,以勤、慎、忠、实四字作为厂训。

20世纪20年代,国内工业很落后,医用注射液包括最普通的灭菌注射用水和玻璃安瓿都得依赖进口。许冠群决心改变落后现状,生产灭菌注射用水针剂。为此,厂里从日本进口生产设备,组织技术力量进行试制,又从家乡常州招考一批青年培训，不久产品试制成功。随后药厂到各医院、药房和执业医生处推介，证明质量完全可与洋货媲美，且价格低廉，市场随之打开。接着许冠群又请来留美玻璃专家赖其芳博士担任顾问，并从日本聘请了一批专业技工。经过一年的试验，生产出了合格的玻璃安瓿。灭菌注射用水和安瓿生产成功，使新亚产品销售量激增，获利颇丰，也为新亚厂发展各种注射液奠定了基础。

自1928年起，工厂进入全面发展的鼎盛时期，许冠群十分注重试制新药，不断延聘著名博士、药师和技师，致力于生产国货西药，用以替代高价舶来品。数十种新药驰名上海药业界，如治疗小儿肺炎用的抗菌素、孕妇用的催产素、与日货若素竞争的宝青春、橡皮膏、按照皮肤科名医孙克锦献出的处方制造的"星"牌绿药膏、与德国新六〇六竞争的消梅素，等等。由于"星"牌药品价廉物美，打破了洋药垄断。有外国药商心有不甘，向法院提出商标诉讼，许冠群据理力争，最后经法院裁定驳回原诉，新亚厂名声大振。到了1934年，企业已增资到25万银元，药片、药丸、软膏、浸膏等工场都已初具规模，职工人数增加到100多人。

新亚厂能取得成功的原因，首先在于钻研技术，发掘人才。如聘请日本东京帝国大学药学博士曾广方主持研制新药，聘请上海医学院药理学教授张毅博士主持新亚生物检验室、药理检定部，聘请交通大学机械系蒋乃中工程师任机械制造工场主任等。还从各知名大学的化学系以及浙江医专药科广招员工。其次是注重管理，严格操作规程，严把质量关。新亚厂逐步建立起一套科学的管理制度，制订出了10多种100多条厂规厂法。车间技术员每人要写工作日记，每天早上交老板审阅，有问题要亲自面谈，以利改进。每当试制一种新药时，厂里要求技术员要及时汇报进展情况。最后是重视信息交流与宣传。新亚厂自1929年起每年印发《星牌良药集》，1932年起出版《新医药杂志》，并聘请在中央研究院的赵燏黄和著名中医师丁福保主持面向中医界的《国药新声》。这些刊物分送各地医师，交流信息，扩大影响。

到了1936年，新亚厂已拥有分厂、研究所、附属工场20多处，职工400多人，居上海各制药厂之首；注册资本50万元法币，仅次于信谊药厂；年产值100多万元法币，利润近20万元法币，仅次于五洲药房。除新闸路设总公司外，在北平、广州两处设有分公司，在国内一些大城市设有办事处14处，在东南亚10余个大城市设有发行所。

1937年抗战全面爆发前，新亚药厂已发展成为一个拥有1 000多名职工、具有一定规模的大型化学制药专业生产企业。以"星"牌商标为主的药品有针剂、片剂、油膏、成药200多种。如此超大生产规模,不仅雄踞江南地区各制药厂之冠,且在国内也数一数二。"星"牌宝青春、开塞露、绿药膏,均是市场上响当当的名牌产品。企业发达了,许冠群并不满足,雄心勃勃向着更高目标迈进,准备在林肯路(今天山路)购地50亩,建造东亚第一流制药厂。为此,许冠群偕同赵汝调于1936年6月东渡日本考察。回国后,专门聘请设计师,以日本武田药厂为蓝本,设计新亚新厂,后因抗战全面爆发中止。

1937年8月13日,淞沪会战打响,新亚厂内迁至大后方重庆,设立新亚华西分厂,生产纱布、药棉、橡皮膏等战场急救药品,大力支援前线抗日官兵;还生产霍乱、牛痘、伤寒血清,为社会提供急需的卫生材料和防疫药品。许冠群还把原先设在香港的华南贸易处改组为香港新亚药厂,生产各种"星"牌药品,直接出口东南亚各国。并将红十字会10万个急救包通过香港转运到内地。

许冠群从花露水、十滴水、蒸馏水起家,职工人数也由初创时几个人增至千余人。至于职工来源,除了亲友、贫苦儿童、难童以社会公开招聘为主,还委托中华职业学校代训高中等代为招聘。尤其值得一提的是许冠群还在厂里开办工人识字夜校、职工业余补习学校。1939年,许冠群创办"广澄高级药学职业学校",专门培训专业人才。该校填补了当年国内无药科大学的空白。

20世纪40年代初,新亚药厂不仅广告做得好,且在开发新药的数量、品种方面,也处于全国领先地位。该厂设立的新亚生物研究所,聘请哈佛大学细菌学博士余贺为所长,研制上市抗疟素、斑疹伤寒疫苗、抗生素制剂青霉素等。一系列成就,使得"星"牌品牌声名远扬,而厂里也因此获得巨人利润,资本增至400万元法币。

1941年12月,太平洋战争爆发,孤岛沦陷,日军实行统制经济,征购药品。又因战争环境,进口原料药中断。新亚厂组织开发国内原料,加强管理,努力维持生产。另一方面,英美洋商股票被停止交易,投机资本转向华商企业股票。许冠群趁机增资募股,发行企业债券,并大举投资各类企业,扩张企业规模。至抗战胜利前,新亚厂旗下已拥有企业35家,资本总额达1.2亿元中储券。1945年8月,日本战败投降。国民党当局开始"劫收",官僚资本垄断经济,美国药品趁机倾销,国产药品遭到沉重打击。之后又因内战,许多地方交通中断,新亚厂产品外销受阻、内无资金,陷入困境。

1949年5月上海解放后,企业在人民政府帮助下获得新生,"星"牌药品的生产得到迅速恢复。1954年12月,新亚药厂转为公私合营。

斜徐路

肇嘉浜原是上海地区一条东西走向通航河流。早年间,沿浜两岸各有一条东西向平行马路:北岸为 1862 年法租界公董局强行越界修筑的"徐家汇路",因西通徐家汇,故名;南岸系 1914 年沪南工巡捐局修筑的"斜徐路",因东自斜桥,西至徐家汇,故名。斜徐路和徐家汇路犹如同胞兄弟,后来肇嘉浜因河流日渐淤浅一点点变黑臭,1954 年 4 月起上海市人民政府决定填浜筑路,浜两岸的斜徐路和徐家汇路随之并入,成为一条新的马路,且就以该浜命名为肇嘉浜路。

并入后,徐家汇路还留有一段,接在肇嘉浜路东侧,即东起制造局路,西至瑞金南路,全长 1 718 米;而斜徐路只剩下短短 190 米。但是在斜徐路以及徐家汇路上曾经发生过的一些往事,对我国乃至对世界铅笔制造工业曾产生重大影响。

中国铅笔厂一马当先

铅笔是文化生活中主要书写工具之一,就连飞往太空的宇航员所使用的笔也是木杆铅笔(钢笔、原子笔都会漏墨水)。木杆石墨铅笔在 16 世纪起源于英国。17 世纪德国建成世界上第一家铅笔制造厂。18 世纪法国人研究改革铅芯制造工艺取得成功,对提高铅笔使用价值起到重大突破,并为近代铅笔工业发展奠定了基础。19 世纪俄、日、美等国相继建立铅笔制造工厂。清末,废科举、办学堂,使得铅笔一类舶来文具开始出现在国人面前。由于铅笔使用方便,价格低廉,国内市场需求量巨大,而那时清政府也不重视小小一支铅笔,结果被洋货乘虚而入。19 世纪末,德、日、美等国家的铅笔先后输入我国,占领了我国铅笔市场。民国时政府每年要为进口铅笔花去大量钱财。据《海关中外贸易统计年刊》记载,从上海口岸进口的铅笔数量每年至少以10%的速率递增。仅1931年,进口铅笔花掉外汇达到949 316海关金单位(1金单位=0.742 7规元)。

20世纪30年代,我国民族铅笔制造工业处于萌芽阶段。1932年香港九龙由国人投资,将英商经营的铅笔厂改建为"大华铅笔厂",是为中国第一家铅笔厂。1933年在北平和上海又相继出现了"中国铅笔公司"和"华文铅笔厂"。可遗憾的是这两家铅笔厂仅仅为来料加工,并不是全套生产铅笔的工厂,且由于生产技术落后,都未能立足发展起来,先后倒闭。

1933年,满怀实业救国理想的江苏常州人、同济大学肄业生吴羹梅从日本留学归国。经过市场调研和深思熟虑,认为制造铅笔所需要的主要原材料,如木材、粘土、石墨等,国内资源丰富、容易开采,而铅笔市场销售又不成问题。只要经营管理得当,国人完全有把握办好铅笔厂,从而打破洋货对中国市场垄断。但是当日本真崎大和铅笔株式会社社长得知吴羹梅在该株式会社实习时流露出欲办铅笔厂的想法时,却以傲慢口吻劝道:"创办铅笔厂可不是一件容易的事情。即使到你吴鼎(吴羹梅原名)二世,你们中国也办不成铅笔厂、生产不出铅笔。还是买我们日本铅笔吧。"这一日本人的狂妄极大伤害了吴羹梅的自尊心,同时也激发起一腔爱国热情,更坚定了要创办铅笔厂的决心。为此,吴羹梅毅然决定在上海集资筹建铅笔厂。吴羹梅在发起倡议书中大声疾呼:"铅笔在各种文具品中占重要之位置而与小学生关系尤切。查海关贸易报告,1932年铅笔输入我国者,达150万金单位之巨,区区铅笔一物,每年竟耗我国人之财富达数百万之巨,吾人所惕者在此,觉有从速创办此种工业之必要者亦在此……虽九龙已有我国唯一之大华铅笔厂创设,然持此一厂,抵制外货,力当未逮,此种工业实大有提倡发扬之必要。"

1934年,留日同学郭子春应吴羹梅之邀来到上海。与此同时,通过熟人介绍,吴羹梅结识了善于理财的常州老乡、毕业于北京财商学院的章伟士,三人组成"三驾马车",开始创业。首先是筹措办厂资金。吴羹梅破釜沉舟,将老家分给他的两间房屋变卖所得4 500银元,以及从亲友处借得10 500银元,共15 000银元全部投入。另外吴羹梅设法找了一些国民党权贵、社会闻人以及老朋友、老同学入股,譬如杜月笙拿出3 000银元、虞洽卿拿出500银元、潘公展拿出3 000银元、钱新之拿出2 000银元,等等,共筹得资金50 000银元,凑足启动资金。其次是选定厂址。那时的民族企业家们认为,由于租界属于洋人管辖范围,较之军阀混战、内乱不止的国统区,社会秩序比较安定,且市面也比较繁荣,容易做成生意,因此一般愿意将工厂建在租界之内。但问题是租界地价已经被地产投机商炒得很高,对于一个新办中小型企业来讲,资金有限,所以厂址只能在华界地面上"做文章"。经过反复寻找,终于在斜徐路1176号找到一家倒闭的缫丝厂作为新厂厂址。旧厂房约两万平方米,木结构两层楼,翻修一下勉强可以使用。底层作为车间,二层是办公室、库房和宿舍。新厂址较有利的是交通还算便利,与法租界仅仅一水之隔,通过打浦桥即可到达。再次是采购机器。因为吴羹梅对日本铅笔制造工业比较熟悉,所以决定引进日本机器和技术,于是从日本昭和铅笔机械厂订购了制造铅笔的全套设备。最后是招募职工。吴羹梅自常州老家同族子弟和乡邻以及常州孤儿院里招募了一批年轻人做学徒。青年工人进厂先得培训两年。在这两年内,白天工作8小时,晚上学习2小时。厂里管吃、住,每人每月发3银元零花钱。又在上海市招收了一批三四十岁女工,主要从事简单生产劳动。至于技术人员,则从倒闭的北平中国铅笔公司聘请来有经验技工担任。而铅笔制造的核心技术,主要由吴羹梅和郭子春负责。

就在吴羹梅、郭子春和章伟士等人加紧进行建厂工作时,附近一群地痞流氓竟然找上门来敲竹杠。吴羹梅一来资金短缺,二来也根本没把这几个小流氓放在眼里,所以就随便给了点钱,想打发了事。谁知小流氓不满足,又接二连三来捣乱。一天深夜,厂里堆放木屑的车间突然起火。幸亏值班工人及时发现,未酿成大祸。事后经调查,火就是那几个小流氓故意放的。吴羹梅不得不在熟人陪同下请杜月笙出面,才摆平了地痞流氓骚扰。

至年底,经董事会讨论通过,以"中国标准国货铅笔厂"(简称中铅)厂名向国民政府实业部申请立案。董事会由潘公展任董事长,吴羹梅、章伟士等6人为董事(后来钱新之、黄炎培也加入董事行列)。章伟士兼经理,郭子春为工程师,吴羹梅任厂长兼协理。建厂初期设5个科室,每个科室仅两三人,全厂不足百人。生产部门有制芯、制板、制杆和成品4个车间。1935年春天,当机器和原料陆续到位后,开始试生产。别看小小一支铅笔,其制造工艺却比较复杂,尤其是在铅芯和铅笔板的研制过程中,吴羹梅、郭子春和厂里的技术人员全身心投入,不断试验,还查阅了大量资料,经过半年多研制,终于制造出合乎质量要求的铅笔。

1935年10月8日,中国铅笔厂正式挂牌开工生产。这是我国第一家生产设备齐全,且完全由国人一手创办的铅笔制造厂家。最先生产出来的铅笔为普及型"飞机"牌200好学生铅笔和600小朋友铅笔。不久,又生产出中档型"飞机"牌500铅笔,以"航空救国"命名,其质量向德国的"老鸡"牌看齐。因为航空救国口号同当年国人爱国心理一致,所以该铅笔上市后非常受欢迎。到了1937年,中国铅笔厂已能生产高档"鼎"牌绘图铅笔,其寓意是不用等到吴鼎二世,中国人就能生产出高档铅笔。吴羹梅以实际行动有力回应了那个日本社长的傲慢,大长了中国人志气。在抗战全面爆发前夕,中铅已能生产全部使用国产原材料的普及型铅笔。

20世纪30年代,民族铅笔工业正面临中高档德国货、美国货以及低档日本货冲击,竞争异常激烈。吴羹梅则充分利用全国人民高涨的反日爱国情绪和轰轰烈烈的提倡国货运动,将潘公展书写的"中国人用中国铅笔"八个字刻印在铅笔杆上,并制成广告广为宣传,以进一步激发同胞们的爱国热情,为国货争得了一席之地。尤其是低档"飞机"牌系列铅笔,价廉物美,受到广大中小学生的欢迎,一举取代了大部分日本铅笔。1936年,中铅还争取到国民政府教育部大力支持。该部通知全国各级教育厅(局)及各学校,一律采用中国铅笔厂生产的铅笔书写,而各学校也都乐于采购。此外,交通部所辖之各邮电局、铁道部所辖之各铁路局,也都向中铅定制大批书写铅笔。很快,中铅生产的铅笔遍布大江南北,进入千家万户。

1937年"八一三"淞沪会战爆发,为了保存实力,并为抗战提供军需物资,中铅响应国民政府号召,迁往重庆。但在当时血与火的战争环境中,几经磨难,中铅只能苦苦挣扎,生存和生产均面临严峻考验,每月仅仅能出厂几十万支铅笔,根本无法恢复过去在上海月产百万支铅笔的水平。虽然中铅为了维持生产,无奈向银行贷款,债台高筑,但吴羹梅始终坚持薄利多销,坚决不卖黑市价,不发国难财。不过章伟士开始对吴羹梅的做法颇有微词,觉得既然中铅在重庆无法进行正常生产,与其勉强支撑着,随时有破产可能,倒不如重新返回上海,利用抗战全面爆发前中铅在市场上的影响和声誉,夺回被日本人挤占的销售市场。且章伟士用家庭分居理由说服了郭子春(郭子春太太丁瑞云未跟随丈夫去重庆),吴羹梅则铁了心不赞成回上海,铁三角出现了裂痕。

上海铅笔厂成后起之秀

1939年年底,三人彻底分道扬镳。郭子春回到上海后,加紧投入建厂。在选择厂址时,也不知是冥冥之中有股神秘力量还是其他原因,郭子春和章伟士又把目光放在了肇嘉浜那里,选在与斜徐路隔开一条河浜的徐家汇路上,即徐家汇路324号(今548号)原万康酱园旧址。新厂面积3亩多,有旧房舍数十间,稍作修缮,就可投入使用。然后向晶华玻璃厂机器部和兴业铁工厂定制了全套制笔设备。各种机器全部是郭子春亲自绘图设计,为当年最新款式。1940年1月29日,上海铅笔厂(简称上铅)正式成立。章伟士任常务董事长兼总经理,郭子春任协理兼总工程师,申报馆总经理马荫良等人任董事。上铅额定资本5万元法币,中铅拿出1万元法币(1941年年底撤资)。是年3月,上铅开工生产,时有职工40余人,月产铅笔72万支。厂里将所生产的铅笔向伪南京政府经济部注册了"三星"牌商标。三星蕴含三层意思:从经营理念来看,取民间吉祥语"福""禄""寿",让人联想到三星就表示吉祥如意;从顾客消费心理来看,三星名称朗朗上口,易于推销,能吸引广大消费者;从振兴民族工业来看,其意义更加深远。因为那时外资铅笔企业中,已有日本的"七星"牌、美国的"星"(一颗星)牌铅笔。上铅采用"三星"牌商标,就是要力争使得国货铅笔早日跻身国际市场,并与洋铅笔展开激烈市场竞争。通过不断改进技术和增添设备,上铅出品的"三星"牌铅笔品质精良,售价低廉,很快受到消费者欢迎,行销上海市场。伪南京政府经济部特颁给该厂国货证明书,并向沦陷区各地学校推广使用"三星"牌铅笔。面对上铅蒸蒸日上,日本人恨之入骨。日本三菱铅笔厂老板派人专程赶赴上海,进行威胁利诱。先是要上铅停产,遭到拒绝后又提出上铅必须自日本进口白坯铅笔,到上海加工成品,结果也遭到郭子春拒绝。最后日本人只得悻悻而去。为什么上铅敢于和日本企业硬顶呢?缘由是郭子春太太的丁瑞云就是日本人,所以在汪伪时期以至日军强行进入租界后,日本人也没怎么刁难上铅。1945年8月抗战胜利。同年11月,号称上海滩"铅笔大王"的吴羹梅扬眉吐气凯旋,但他并没有回到斜徐路中铅原址恢复生产,而是另辟蹊径,在东汉阳路296号承购了一个原先由日本人开办的制箱厂重起炉灶。由于中铅的孵化器作用,我国民族铅笔工业从抗战全面爆发前的独此一家发展到抗战后的多家鼎立。这对吴羹梅来说,既是他本来实业救国的初衷,但也不得不面临与自己人争夺市场份额的尴尬局面。吴羹梅考虑再三,决定不自相残杀。在细心调研后,他发现市场上缺少低档铅笔,而数量众多的中小学生嫌中高档铅笔贵,喜欢用低档铅笔,于是中铅便大批生产低档铅笔投入市场。仰仗中铅信誉和价格优势,中铅产品很快畅销华东和华北地区,且还同上铅产品一起远销南洋,充当了国货输出海外市场急先锋。而上铅生产也呈现一派蓬勃景象,产品供不应求。1946年全年产量达到1800万支,是抗战全面爆发前两倍之多。尽管关起门来是竞争对手,但在对付美国铅笔大肆倾销问题上,吴羹梅、郭子春和章伟士不忘民族气节,团结一致对外。三人每月举行一次聚餐,共同商讨市场划分、产品定价以及如何应付来势汹汹的洋货,尽量保存自己。不过好景不长,由于国统区通货膨胀,国民政府乱发钞票,1947年物价是10年前的6万倍。再加上大批美国商品以"美援"名义,潮水般地涌入国内市场,对民族工业造成空前冲击。据1947年海关统计,进口铅笔达1300多万支。在上海商店里、地摊上以及各机关学校,美国生产的黄杆橡皮头铅笔随处可见,而国人自己生产的铅笔根本无力与之竞争。中铅和上铅全都深深陷入困境。1949年5月上海解放,工人当家作主,生产积极性大大提高,中铅和上铅的铅笔产量不断刷新纪录。1949年8月,吴羹梅响应党的号召,以公私合营方式,联合创办了哈尔滨中国标准铅笔公司。该厂是中国最早的公私合营企业,引起世人瞩目。当然上铅也不甘落后。是年9月,郭子春和章伟士亲自率领厂里一批技术骨干连同机器设备进京,在短短三个月之内,完成了清理场地、改建厂房、安装机器、职工培训、后勤保障等工作,办起了北京三星铅笔厂(后改名为北京铅笔厂)。1954年10月1日,在上海南京西路新华电影院召开大会,中铅和上铅分别实行公私合营。中铅改称为中国铅笔公司一厂(后改为中国铅笔一厂);上铅改称为中国铅笔公司二厂(后改为中国铅笔二厂)。

延安东路

老上海将文法不对、带有汉语表达方式的英文揶揄为"洋泾浜"。其实洋泾浜本为上海老城厢北面一条小河浜,东引黄浦江水经八仙桥向西流,北通寺浜(今慈溪路、重庆北路一线)和宋家浜(今苏州河),西接北长浜,西南连周泾(今西藏南路),可谓四通八达。1845年11月,洋泾浜以北、李家场(今北京东路外滩)南一带建立英租界;1849年4月,洋泾浜以南、护城河(今人民路)北建立法租界。结果,洋泾浜成为英、法两租界界河。1914年,两租界当局鉴于浜水污浊,有碍卫生,且浜上架桥,两边交通来往不甚便利,遂决定填浜筑路。是年6月动工,次年竣工,再并入洋泾浜两岸原有小马路松江路(北岸公共租界)和孔子路(南岸法租界),成为那时全上海最宽阔的马路,全长2 620米。经过两租界当局协商,路名定名为爱多亚路,名称源自英国国王爱德华七世。1943年,更名大上海路,1945年,国民政府把道路易名为中正东路。1950年以陕西延安改今名。

桂林制药厂的前身

民国时期,"上海唐拾义父子药厂"生产的"唐拾义"牌久咳丸、哮喘丸、发冷丸(即疟疾丸)等中成药,是中国老百姓家里常用的药品。唐拾义,原名振之,1874年7月出生于广东三水县白泥埠一个小商人家里。清末民初,西医西药已随教会传入中国,唐拾义年轻时便在广州博济医院(即孙逸仙纪念医院前身)攻读西医,学业成绩出众。毕业后,唐拾义在父亲经商的芦苞镇流动行医。因为唐拾义药费低廉、态度和蔼,无力上医院就诊的许多老百姓纷纷找唐拾义上门看病。1912年7月,唐拾义在家人大力支持下,赴广州华林街自设医馆,专治咳喘。医务之余在家试制久咳丸、哮喘丸，经过一段时间反反复复研究和试验，终于研制成功与市场上销售的洋药具有相同功效的国货药品。为保密，唐拾义不宣药方，甚至不雇帮工，却非常注重广告宣传，常常不惜花费巨资，在报上及十字马路口墙壁上刊登大幅广告，结果名声远扬，药丸销量日增，上门求医者络绎不绝，许多社会名流也纷纷称赞。北洋政府大总统黎元洪曾为其题词"存心济物"。孙中山对其慷慨襄助行为给予高度赞扬，题词"悬壶济世，光大中华"。后来求医者众需药量增，须扩展诊所及制药工场，唐拾义搬迁到广州下九路旺地，自任药厂经理，长子唐太平任副经理，挂上"唐拾义父子制药厂"招牌，且开始雇用职工。1918年，唐拾义将自己的姓名作为自产药品商标名称。

经过多年经营，唐拾义已经不满足在广州地区做小本买卖。1919年，唐拾义和儿子唐太平来到上海创业。由于开设药厂需要一次投入较大资金，唐拾义就先从诊所起步。但人地生疏，怎样才能在沪上"扬名显药"呢？唐拾义的招数是在报纸上刊一则《启事》："本医师于来沪后失一爱犬，寻获送还者重赏银洋100元。"于是，唐拾义名声不胫而走，求医者也大增。历经长达五年资金积累，包括向亲朋好友集资，唐拾义于1924年在爱多亚路（今延安东路广西路口）正式开办药厂，其生产规模要比广州的大好几倍。虽然上海系全国交通枢纽，又是国内最大工商业、金融中心，人流量密集，但唐拾义父子清楚好酒也要吆喝，因此通过报纸如《申报》《新闻报》等刊登广告加以宣传。除了新闻媒体，唐拾义从各地邮局征集到药店、药房、代销店的街道门牌、店号名称，分别寄去宣传品，然后通过邮寄委托代售给了提成，所以与唐拾义父子药厂联系的药店数以万计，遍及城乡；又在各城镇车站、码头竖立广告牌。许多城镇大乡墙头上粉刷着"唐拾义发冷丸"，惹人注目；还随时令季节赠送扇子、日历、年画等。甚至于药盒（筒）附有"验真券"，消费者积存若干可换取赠品。因此该厂生产的"唐拾义"牌各种常用药品销量猛增，营业额是过去在广州时的几十倍。且不仅在江南、华北、西南和东北地区十分畅销，甚至远销到东南亚的马来西亚、新加坡等地。

销路大开、盈利丰厚后，唐拾义父子又在天津、汉口、香港设分厂，以上海为总管理处，广州的"增寿堂药房"为分支机构。唐拾义刚刚开厂时，属于家庭手工业生产方式，由妻子及儿女共同上阵，人工搓丸，操作简单。考虑到革新设备是药厂发展的关键，唐拾义于1931年率先于沪、穗两厂采用新式机器制药，完全代替原来手工操作，药品产量成倍增长。接着又建造新式厂房。为了降低产品成本,唐拾义亲自带领厂里科研人员自己研制原材料,在沪西设药品原料厂,试验提炼出麻黄素及驱虫中药的有效成分,令工厂对进口原材料的依赖大为减少。所以唐拾义的药品能够代替价格昂贵、不便携带、无中文说明、广大农民难以接受的外来药,而畅销全国城乡并远销东南亚。1949年5月上海解放后,唐拾义父子药厂在人民政府关心和扶植下,生产和销售获得更大更快发展。20世纪50年代初,该厂积极响应人民政府号召,进行公私合营。1960年5月,国家进行医药行业产业调整,该厂内迁广西桂林,成为桂林制药厂。

协兴皮球"打"出亚洲

尽管足球运动起源于中国,但现代足球依赖橡胶制品行业优势,其橡胶球胆相比动物球胆在充气时多得多,所以娱乐性和竞赛性均大大胜过古代足球。20世纪初,中国没有一家制造球类的企业。要想玩球,只能买洋货。原在一家德商洋行做练习生的章仲文,同其堂弟原商务印书馆印刷厂皮辊工章仲英,年轻时都喜爱球类运动,但家庭经济条件并不富裕,再则商店里出售的洋货球类产品价格昂贵,买不起,逼得兄弟俩自己动手,买来皮件,仿照美国的篮球和排球,进行试制。经过一段时间反复摸索,终于仿制成功了一只皮球。章氏兄弟再接再厉,又买来有关工具设备,并在制作过程中不断总结经验、提高质量。章仲文、章仲英的辛苦没有白费,他们基本上掌握了手工制作篮球、排球的技术要领,为后来专业化生产积累了丰富经验。

1917年,章仲文卖掉两只金戒指,并向亲朋好友集资,租借位于市中心爱多亚路1000号大庆里的两间民宅,正式创办了"协兴文记运动器具厂"。工厂创建之初,生产规模很小,主要是仿照我国市场上销售的美国球类产品款式,其中有4片型有口篮球和12片型有口排球等。后来,逐步兼营皮制手套、拳击运动用手套、宽紧护膝、运动背心、运动裤、游泳衣、钉鞋等体育产品,以及标枪、铁饼、发令枪、举重用品、计时器等运动器材类产品。其产品大多数销售给商务印书馆宝山路门市部。

因为章仲文在洋行任职,会讲外语,肯动脑筋,消息灵通;章仲英与商务印书馆文具柜(兼营球类等产品)关系良好;章仲文的亲弟弟章仲德在校念书,和球队相当熟悉,所以随时可以得到产品使用反馈。凭着信息、技术和产销一体化优势,协兴厂在经营上高出别的企业一筹,且不断创新。1922年,章仲文发现4片型篮球开料时费原材料,改成8片型则省料,不但节约成本,造型也更美观。1933年,爱好运动的章氏兄弟在参加一次篮球比赛时,章仲英被球胆擦伤手指。原来那时8片型篮球的充气孔都是开放的。球胆塞进球壳后,用绳带串扎,因重心偏离,圆度不够标准,人们打球时,一不小心就会弄伤手指。找到问题症结,章氏兄弟决定攻关。一番试验,发觉可以割掉球胆尾巴,去掉球壳绳带,用螺丝口球胆代替有管球胆,再把充气孔封掉,试制出全封口篮球。接着,章仲文又同大中华橡胶厂一起改进制作了"无口篮球胆"。同时,章仲英带领3个工人,在一间不到10平方米的亭子间里,对皮球缝制工艺进行改革,采用一种"暗针"工艺,在手工缝制了480针后,竟然找不到有1针外露缝口,尤其是最后1针,堪称一绝。"无口暗针"工艺是皮制球工艺史上一项重大改革。随着协兴厂"无口篮球"试制成功,"无口足球"也很快问世,这令协兴厂红极一时,名扬国内外。因为暗针工艺对外是保密的,所以厂里只在那间亭子间里制作,除了操作人员外,外人一律不准入内。一直到上海解放后,才公开整个工艺过程。

由于协兴厂生产的各类球类产品品质优良、名声卓著,多次被国民政府体育主管部门看中,1930年4月,在浙江杭州举办的第四届全国体育运动会上,协兴厂生产的"胜利"牌足球被运动会组委会一致选定为正式比赛用球。考虑到"胜利"牌在消费者心目中地位日益提高,协兴厂于1933年年初被国民政府实业部率先邀请参加美国芝加哥世博会在国内的预展。同年5月,协兴厂选送的"胜利"牌等优质足球、篮球和排球等体育器材,参加国内产品选拔展览,荣获由时任国民政府参加芝加哥博览会筹备委员会委员长、常务委员会主席和征品处处长等联合签发的全国第一号"中华民国参加芝加哥博览会筹备委员会谢状"。之后,协兴厂带着在国内获得表彰的优质产品,由上海总商会和工商业同业公会等社会团体共同组织,远赴美国参加为庆祝芝加哥设市100周年而举办的世博会。这为20世纪30年代中国体育用品走向国际市场,奠定了基础。

随着工艺不断革新,质量不断提高,业务日益昌盛,假冒产品出现了。因此,章氏兄弟于20年代30年代,专门设计了一个表示章氏兄弟齐心协力、繁荣协兴为理念的火车图案商标,并向国民政府有关部门注册了"火车"牌商标。"火车"牌足球用料考究,质量过硬,价格较洋货便宜。那时国内体育界以及海外华侨的爱国热情高涨,提倡国货,"火车"牌足球在国内外销路日广,成为英美舶来品劲敌。英美等国资本家为了扼杀"火车"牌足球,曾企图以高价收购"火车"牌商标,并在上海开设制球工场,高薪挖墙脚,收买缝制"无口工艺"的制作工人,低价倾销,以挤垮"火车"牌足球,但全都以失败告终。"火车"牌商标一直沿用至今。

1937年抗战全面爆发前夕,协兴厂各类球类产品生产和销售进入兴旺时期,不仅在全国各地畅销,还远销中国香港地区以及东南亚各地。"八一三"淞沪会战打响后,上海与外省市交通一度中断,令协兴厂各类球类产品生产和销售,受到很大影响。由于战火蔓延,各地政府部门组织的各种体育比赛活动全面停止,机关、学校等各类组织对于体育器材也是少有问津。协兴厂销售额与抗战前相比,一落千丈。1941年12月,太平洋战争爆发,日军开进租界,协兴厂产品原材料断供,工厂被迫停产。

1945年抗战胜利后,协兴厂生产逐步恢复。1948年,得知第七届全国运动会在江湾体育场举行,协兴厂向中央玻璃厂定做了一只大玻璃缸,把一只"火车"牌足球浸泡在水里公开展览。由于其本身过硬的产品质量,那只足球既不膨胀也不变形,引起轰动,被第七届全运会组委会再次选用。该厂生产的标枪、铁饼等体育器材,也同时被选定为正式比赛所用。

1949年5月,上海解放。由于人民政府积极鼓励市民参加体育锻炼,市场上对足球、篮球等体育运动器材需求大增,给协兴厂带来了一个难得的发展机遇。1956年全行业实行公私合营,先后有文化、大成、永兴、国泰、生生、西康、国强、亚洲、强兴、康兴、复兴、明明、康原、南华等14家小型厂家并入协兴运动器具厂。1961年,该厂更名为上海运动器具厂,翌年,改名为上海球厂。

延安西路

延安西路，东起华山路，西至虹桥路，全长 6 200 米，公共租界工部局于 1910 年填柴兴浜筑路，称长浜路，同年又在公共租界以西越界筑路，向西延伸到霍必兰路(今古北路)，1922 年定名为大西路，1943 年更名长安路，1945 年改为中正西路，1950 年以陕西延安改今名。

延安西路上的药厂不少。其中有上海第三制药厂，位于延安西路 1146 号。1950 年，上海市市长陈毅批准建立上海青霉素实验所，时有职工 12 人。1951 年，该所试制出国产第一支青霉素，1953 年 5 月正式投产，并更名为现名，结束了从国外进口"盘尼西林"的历史。20 世纪 60 年代，该厂生产的盐酸四环素打入国际市场；70 年代，该厂又创制出国内第一代头孢菌素药品。1979 年至 1984 年，该厂生产的盐酸四环素曾两度荣获国家优质产品金奖，而红霉素、普鲁卡因青霉素获得国家优质产品银奖。该厂是当时国内规模较大、技术先进、新产品开发能力强的头孢抗生素生产基地之一，曾经为全国各地培训 5 000 多名专业人员、输送 300 多名干部和技术骨干，被誉为"中国抗生素摇篮"。还有上海生物制品研究所，位于延安西路 1262 号。1949 年 9 月，上海市军管会分别接管国民政府中央防疫处上海分处、善后救济总署保管委员会生物学试验所、上海市卫生试验所，合并改组成华东人民制药公司上海生物制品厂。1951 年，由天通庵路迁入现址，更名为华东生物制品实验所。1952 年，中法血清厂等 6 家私营小厂和 1 家医学化验所并入，1953 年改今名。1982 年，该所生产的人血丙种球蛋白获卫生部优质产品奖。1984 年，精制抗蝮蛇毒血清荣获国家优质产品银质奖。1985 年，人胎盘血白蛋白获卫生部优质产品奖。

当然，资格最老的就要数中华制药厂了。

华商制药第一家

中华制药公司是中国第一家民族资本投资创办的制药厂。该公司的创立,完全颠覆了洋商洋药独占中国药品市场的局面。此后,华商制药厂纷纷崛起,初步形成了一支与洋商洋药抗衡的中坚力量。

1907年,上海总商会通电全国,开展抵制日货的反日爱国运动,全国各界商会纷纷响应。日本在中国大量倾销的商品大部分受到了抵制,只有一种大众普及药品仁丹还在中国处于垄断地位,不论是城市还是乡村,到处可见仁丹商标的翘胡子头像。当时中国还没有一种可替代仁丹的药品。时任上海中法药房经理的黄楚九忧国忧民,想方设法制造国产的同类药品,创立中国自己的民族品牌,以抵制日本仁丹的倾销。

1911年,黄楚九根据中国经典验方"诸葛行军散",并结合家传祖方《七十二症方》,用薄荷、冰片、丁香、砂仁、麝香等主要原料,制成主治呕吐、水泻、中暑和受寒等症状的新药,取名"人丹"。中国"人丹",与日本"仁丹"谐音而不同字,寓意以人为本之药,其意自胜日本"仁丹"一筹。人丹采用"龙虎"图案为商标图案,即左侧一条腾云驾雾的飞龙,右侧一头蓄势待发的猛虎。两个神物彼此凝望,相互比拟,栩栩如生地刻画了一幅龙争虎斗、永不服输的蓬勃画面。黄楚九认为"龙是吉祥物","虎是兽中王",故取名"龙虎",寓意在日后市场竞争中立于不败之地。后来人们即把商标与药品名称连起来统称为"龙虎人丹"。

龙虎公司设在三马路(今汉口路)浙江路的制药工场设备非常简陋,人丹的生产有拌料、拉线、轧丸、磨光、晒干、进烘箱、上光、打朱砂等过程,都是手工操作。如打光是把丸药装进布袋,由两人对立互相牵拉。每个工人每天仅生产丸药3至4公斤,全厂每天产量最高只有50公斤。每批的生产周期约需半个月。"龙虎"牌人丹问世之初,黄楚九即在当时的《申报》等上海著名报纸上刊登大幅广告,称:"龙虎商标人丹,人人宜服,家家宜备。主治时疫、痧气、呕吐、水泻、中寒、中暑,此人丹分大包、中包、小包,大包售洋三角,中包售洋一角,小包售洋五分。现先发行中、小两种。凡购中包一包者,奉送样包十二包;购小包一包者,奉送样包六包。如外埠各药房、各洋杂货铺定购批发者,无不格外克己",总发行所在上海三马路西市龙虎公司。7月26日正式开业的那天,黄楚九又在《申报》上刊登大幅广告,称龙虎人丹是"惟一无二之活宝,旅行不可不备,居家不可不备,急救之大王,济世之宝物"。

但由于当时日本"仁丹"已在上海市场上有很大的销路,市民对国产"龙虎"牌人丹不甚了解,加之人丹是季节性小商品,龙虎公司生产规模小,工艺落后,在产量与价格上都难以同日本仁丹竞争。因而刚开始时,"龙虎"牌人丹的市场销售并不理想,每年仅销售一百数十箱。加上黄楚九还有许多经办事务,1915年8月,黄楚九以4万银元的价格将工厂盘给中华书局。中华书局老板陆费逵接手后,随即将龙虎公司更名为"中华制药公司",迁入长浜路(今延安西路1448弄139号),并于第二年初,继续生产和销售龙虎人丹。

当时,陆费逵的设想是让制药工业和经营书局同时并进。1915年8月30日《申报》上刊载的广告称:"今特组织中华制药公司,以20万元为制造人丹厂资本,厂设在沪宁火车站北首三层楼大洋房,日夜加工制造,以期出品日多,藉副欢迎国货,挽回利权之主意。本公司暂不设发行所,由中法药房(上海三马路及各埠)、中华书局(上海抛球场及各埠)两号总经理,惠顾诸君如愿代为经理,经售者,请与该两号接洽可也。"同时增加出品了大包人丹,每包1银元,玻璃瓶装的每瓶2角银元。

第一次世界大战期间,西欧对华药品进口逐渐减少,中华制药公司在人丹制销过程中遇到了强劲对手日本仁丹的竞争压力。日商东亚公司除在报刊上刊登仁丹宣传广告外,还在车站、码头以及主要铁路沿线一带的居民房屋墙上或路牌上,都刷有"翘胡子仁丹"的巨幅广告,甚至在穷乡僻壤处也触目皆是。该公司还用赊销的方式将仁丹发货给各地经销店,赊销期限长达10个月左右,使各经销店不但有利可图,而且还可套用仁丹的货款,加强自己的经营实力。在日本仁丹的大量倾销下,上市不久的国产龙虎人丹一时无力与之竞争,几乎接近于被淘汰的边缘。因此处在初创时期的中华制药公司一直亏损,其亏损金额达6万多银元。再加上中华书局的出版业务太忙,陆费逵无暇顾及制药公司的生产经营,便于1916年7月将中华制药公司作价2万银元,"割肉"转还给黄楚九。黄楚九重新执掌后,沿用中华制药公司的企业名称,继续生产拳头产品"龙虎"牌人丹。

重新盘回中华制药公司后,黄楚九采取了多种经销手段与日本仁丹公司展开竞争,除了在各种报刊上大登广告进行宣传外,在各车站、码头和铁路沿线大做路牌广告,还别出心裁地想出了一个办法,雇用人员编成四五个宣传队,轮流分赴外地城镇,一边宣传,一边推销,在上海市凡是有日本"仁丹"广告的地方,都贴上"龙虎人丹"的广告。每到一处城镇,还临时招揽一批儿童,身穿白衣,头戴高帽,敲着洋铜鼓,宣传人丹的效用,散发印有"此人丹,怀中宝,治百病,有奇效,宜四时,宜老少,旅行备,最灵妙"字样的传单,并在公司的来往信函和使用的包装纸上都印上了"中国国民请服用中国人丹,家居旅行毋忘中国人丹"等广告语。黄楚九还抓住夏令时机,将龙虎人丹与解毒药、驱蚊水等其他产品作为夏令必备卫生品配套出售。

中华制药公司在每年二、三月间开始发货,将生产出来的人丹用船装运至江浙两省内地城镇,以寄售方式赊给各地经销店,至八、九月份再派人去向客户结账。小包装人丹每包门市零售价为5分银元,60粒装每包门市零售价为1角银元,比日本仁丹略低。为了打开销路,他还尽量扩大批零差价,把人丹的批发折扣降低到按定价的2折,使经销店乐于推销。但尽管如此优待,还是竞争不过日本仁丹,到结账时实际销售数一般只有发货数的50%,年销量仅在300箱左右。但黄楚九为了大力提倡国货名牌,不惜将中法大药房的发家产品"艾罗补脑汁"的部分销售盈利,用来补偿"龙虎"牌人丹销售的亏损,与日货"仁丹"争夺国内药品市场。通过不断努力,终于使得"龙虎"牌人丹在市场上有了一席之地。

1934年,中法药房总经理由许晓初担任。他除了使中华制药公司添置设备机器外,还利用中法药房分店,扩大推销网络,采取以销定产等措施,使龙虎人丹的生产、销售逐年上升。经过这些努力,龙虎人丹终于打开销路,在上海走俏。由于中华制药公司坚持发展中国民族制药工业品的立场,随着提倡国货,抵制外货浪潮的兴起,龙虎人丹逐渐驰名全国,当时年销量最多达到1 260箱。

眼看龙虎人丹销量大增,日商感到了"人丹"带来的威胁。为了阻止龙虎人丹的竞争,日商控告中华制药公司制销"人丹"是冒牌的侵权行为,要求中国政府勒令其停产。面对日商控告,黄楚九毫不畏惧,聘请了上海著名律师与日商据理力争:"龙虎"是商标,"人丹"是药品,并无冒牌仁丹问题的存在。为配合法庭上的斗争,黄楚九还在报刊上接连刊登《人丹之发源》《人丹之制造》等文章,使得龙虎人丹的爱国形象家喻户晓。

日商在法庭上失败后,又多次派人向黄楚九疏通,愿以巨额资金收购"龙虎人丹"的商标、品牌和经销权,均被黄楚九拒绝。由于双方各不相让,官司逐步升级,于1927年上诉到大理院(北京最高法院)。那场官司前前后后一共拖了近10年时间。在此期间,国内掀起了一场又一场"使用国货,抵制日货"的爱国反帝群众高潮,全国各地民众上街收缴日货,并当场予以销毁。面临如此形势,"龙虎"牌人丹被日商控告的案件,逐步朝着有利于中华制药公司的方向转化。最终,内务部做出终审裁决,判定"人丹"与"仁丹"两药各不想干,可以同时在市场上销售,创造了当时中国社会鲜有的对外商的胜诉案例。而中华制药公司利用这一涉外诉讼,通过报纸大做宣传文章,令"龙虎"牌人丹家喻户晓。从此,"龙虎"牌人丹也一举成为普通家庭常备药品。黄楚九与日商打了10年的官司,所花的诉讼等费用超过107万元法币。官司胜诉后,"人丹"的销路大增,名声也随官司的逐步升级而扩大,中华制药公司人丹的销售量逐年上升,公司也一反过去年年亏损的局面。

1937年7月抗战全面爆发,中华制药公司响应国民政府号召,内迁重庆,继续生产。但因原料来源困难,成本增加,产销极不稳定,企业陷入困境。1945年抗战胜利后,工厂回迁上海。中华制药公司脱离了中法药房,独立经营。为了提高质量,厂里对人丹处方作了改进。新处方成分为儿茶、薄荷脑、冰片、丁香、砂仁、桂皮、小茴香、木香、人造麝香、生姜、胡椒和甘草等,并改进生产工艺。1949年5月上海解放,工人翻身当了国家主人,劳动积极性大大提高,公司生产规模不断扩大。1952年1月与中国医药公司华东区公司(国药集团前身)签订龙虎人丹包销合同,成为上海市早期与国营医药公司订立包销协议的私营药企之一。1956年公私合营,工厂更名为"中华制药厂"。当年生产人丹21 868箱。之后,有四家制药小厂和两家磨粉小厂并入。20世纪50年代末,该厂扩大生产"天坛"牌和"龙虎"牌清凉油,广受消费者欢迎,并出口至非洲、阿拉伯国家和东南亚地区。

机制刀剪第一家

刀剪的产生、演变与人类社会的生产、发展和生活提高改善密不可分。我国制造刀剪,从石器时代开始,到青铜时代以前,有一个漫长的技术和经验积累过程。直到商晚期和西周早期,青铜冶铸业达到高峰,能够铸造工艺复杂、款式多样、设计合理、精美合用的刀剪,成为我国刀剪工业的一次飞跃。约从周朝起,我们的祖先掌握了冶铁技术,在东周时,已有不少铁制生产工具出现。至南北朝,冶炼技术从炼铁进一步发展到炼钢。我国炼钢业的发展,也促进了各种刀剪的制作。而上海地区刀剪业的发展,与棉花种植迅速发展有很大关系。如纺织业发源地上海县乌泥泾上的"打铁桥",就是当年刀剪业繁荣一时的证明。

但是过去制作刀剪,多数为流动的打铁铺,一些铁匠集中的地区,为了养家糊口,便以家庭成员为主,走街串巷为用户打制刀剪,收取加工费。因为要流动,所以设备很简单,一台炉灶、一只风箱、几把铁锤、一把钳子、一柄锉刀、一块磨刀石,加上一条凳子一只脸盆,全靠手工锻打,非常辛苦。于是世人将打铁列入"人间三大苦"(打铁、摇船、磨豆腐)。随着社会经济发展,其中一部分流动打铁铺于经营中,积累了资金,在城镇上固定下来,觅址设炉,定制加工。有的还逐步发展成小型作坊,同时也会有新的流动铁匠加入。经过较长时间,这种流动打铁铺才绝大部分转成固定铁铺,刀剪行业的雏形,由此形成。

上海开埠后,全国各地的人们移居上海,分别需要使用习惯的刀剪,因此带有地方特色的刀剪店铺如雨后春笋般出现,不过大部分依然是手工制作。而进口的刀剪,尤其是现代理发工具,完全依赖洋货。华商陈发源不甘心洋货独占中国刀剪市场,于1935年与杨某共同集资,将原来开设在常熟、生产苗剪(即理发剪)的工场迁入上海五马路(今广东路)421号,采用机械制造理发用的各种刀剪,注册"双箭"牌商标,寓意两支"箭"分别瞄准德、日产品并超越。

陈发源,1907年生于江苏常熟,15岁随父学习磨剪刀手艺两年,熟练掌握了祖传技艺。同时,悉心阅读机械、钢铁、热处理等方面书籍,采用手摇砂轮机来修磨剪刀,改变传统用砖石修磨工艺。那时候,理发轧刀由日本进口,修磨技术亦由日本人掌握。日本工匠定期到常熟巡回修磨,陈发源有意尾随其后,暗中观察,不久就悉得其中诀窍,从此也接手修磨理发轧刀。1930年,陈发源在常熟创建"中华机制刀剪工场",自行生产理发剪刀,商标初为"铁锚"牌,后改成"手"牌。

1937年,工场搬至海格路朱家库(位于今华山路),改厂名为"新中国刀剪厂",生产出能替代日货的手轧剪。1942年至1944年期间,改为股份有限公司。后因日军经常停止向华商工厂供电而处境困难。到了抗战胜利之前,生产销售有所好转。1945年8月,日本宣布投降后,工厂进入发展快车道,并在延安西路1394号购地重新建厂,生产苗剪、手轧剪、电吹风等72个品种,产品远销长江流域各大城市,后遍及东北、西北、西南地区,甚至远销东南亚各地,成为当时理发刀剪主要生产厂家。冯玉祥于1946年来厂里参观,题写"国货之光"和"新中华刀剪厂"厂名。

1949年5月,上海刚刚解放,厂主抽逃资金,导致工厂停产。1951年,人民政府以贷款及加工订货方式,帮助企业恢复生产。1956年公私合营后,分别有6家小厂并入,职工增至633人,生产规模进一步扩大,年产值298.5万元人民币,上缴利税57万元人民币。1957年至1958年间,工厂研制出国产第一台手摇剪毛机,填补了国内剪羊毛机的空白,并在蒙古和德国莱比锡博览会上获奖。1964年至1965年间,"双箭"牌产品在全国手轧刀评比中获得第一名。1966年停止使用"双箭"牌商标,给产品出口创汇带来重大损失,直至1968年才恢复生产。1974年至1985年,研制开发出国内首创产品RS-1型两用剃须刀。工厂生产的产品出口东南亚地区。

杨树浦路

杨树浦路东起黎平路,西至惠民路接东大名路,全长5586米,公共租界工部局筑于1869年。因为此路自西往东通往地处黄浦江下游西北岸杨树浦,所以叫"杨树浦路"。该路乃杨浦区第一条近代意义上的城市道路。由于杨树浦路辟筑,为当年洋商大举抢占黄浦江滨江岸线,开辟工业带创造了有利条件。杨树浦工业带发轫于1882年李鸿章批准设立的官督商办机器造纸局。后来许多在国民经济中占重要地位的企业,都选择在杨树浦路开厂,其密集程度全国乃至世界少见,所以该马路挂中国工业头牌实至名归。

用机器造纸替代传统造纸法

自从东汉蔡伦发明纸以后,中国人一直使用的就是传统手工纸。随着上海开埠,光亮挺括的机制纸传入,时人称之为"洋纸"。洋纸与中国手工纸各有千秋,但要上机器大批量印刷的话,传统手工纸由于纸质疏松、色泽不一,无法与洋纸媲美。因而洋商在上海开办印刷厂,必然进口洋纸,或在上海设厂生产。

眼看利权外流,广东商人曹子挥在郑观应、盛宣怀大力支持下,并同时得到北洋大臣李鸿章批准,于1882年,共筹集白银15万两,创办上海机器造纸局,选址沪东杨树浦,占地12亩,聘请美国人华特茨负责督造,于1884年正式竣工投产。

工厂设备先进,购置了英国莱司城厄姆浮士顿公司1877年出品的多烘缸长网造纸机1台,76英寸×48英寸烘缸8只,以及1英尺×2英尺锅炉4座,蒸锅4只,还有切布机、轧竹机等设备。中国工人100名,雇佣懂技术的洋人1名。

但毕竟管理经验不足,开业后诸事不顺,机器运转也不正常,又碰到日货大量倾销,以致一生产即亏损。后来虽然转变生产方向,改产仿中国连史纸、毛边纸等一类产品,但仍未挽回局面,连年亏损,到1890年,已净亏损116 900余两白银,被迫于1892年宣告停产,并公开登报拍卖,将该厂以低价出售给一个洋商地亚士。但该举动却招致众股东强烈不满,在8月7日《申报》上联合发表声明反对。无奈之下,厂方出资赎回,改厂名为伦章机器造纸局,由何瑞棠、韩山曦、朱培初三人负责经营,但仍无很大改观,其后停产多年,直到刘柏森接手后才有较大起色。

刘柏森,江苏武进人,早年在上海经营纱厂发迹。1915年,他从四明银行租赁下伦章造纸局。因为当时该厂几经转手,在债权人中以宁波人、人称"阿德哥"的虞洽卿受押最多,总计7万两,就由虞洽卿转押给四明银行。第二年,刘柏森出资收购了伦章厂股票,并以股东身份赎回产权,改名为宝源造纸厂,厂址在今杨树浦路408号。刘柏森擅长经营,除宝源造纸厂外,还经营纱厂、烟草厂,是个工商界实力人物。宝源造纸厂第二年就开始盈利,在厂里任技师的是一个丹麦人,名叫博海生。1920年刘柏森又买下位于浦东陆家嘴的日商华章纸厂,将其改名为宝源造纸厂东厂,原宝源造纸厂改名为宝源造纸厂西厂。1926年两厂改组,更名为天章造纸厂,仍设东、西两厂,刘柏森自任天章造纸厂总经理兼东厂厂长,马瑞芝任西厂厂长。

在刘柏森主持下,天章造纸厂聘请了化学家潘荣试制毛道林纸,获得成功。天章造纸厂可以生产各种克重的道林纸,完全符合印刷需要,产品被商务印书馆选用,生产因此蒸蒸日上。洋商纸厂曾以削价倾销方法对天章厂施压,天章厂则从提高产品质量和降低售价两方面进行反击,比如适当改进配方,减少木浆三四成,增加破布、纸边等边角料,既保证了质量,又降低了成本,产品不仅没有被洋商打倒,从上海一直扩大销售到了全国。

1925年五卅运动爆发后,国内各界民众多次掀起"抵制洋货,使用国货"爱国反帝运动,对天章厂产品销售起到了很大推动作用。同时在一系列产品订货会中,天章厂均取得不错业绩,产销两旺。1926年天章厂在北洋政府农商部和上海总商会等组织邀请下,拿出质量最好的"飞艇"牌道林纸等产品,远赴美国费城参加世博会,获得纸类产品金质奖。这是上海地区唯一一家机器造纸厂的产品获奖。"一·二八"事变爆发,企业生产遭到破坏,困难重重。不久战事结束，厂里重新开工，但一时因资金周转不灵，银行又来催款，刘柏森无力还债，也无力购置原料，为此大伤脑筋。一日，英商白利士洋行派员来厂订购洋烛包装纸，数量大，时间紧，刘柏森欲擒故纵，说："厂里生产任务已经排定，再改生产洋烛包装纸较困难，除非价格提高，购量增大，至少200吨，每吨货价450银两，先付80%定金，方予考虑。"英商洋行迫于急需，竟完全接受上述条件，双方当日签订合同，天章厂一次进账16万两白银，解了燃眉之急。

1937年，"八一三"淞沪会战爆发，天章造纸厂东西两厂均被日军侵占，1939年，由刘孟靖向日军交涉，说明天章厂是私人产业，要求交还。由于刘孟靖曾在日本留过学，精通日语，交涉较顺利。日军先将天章西厂交还，不久开工，刘孟靖任经理，刘叔宇任厂长。1940年，日军又将天章东厂发还，随即复工造钞票纸，厂长为刘季涵。同年，日本人搞所谓"大东亚共荣圈"，所有中国人开设的工厂均由日本人出资51%，国人为49%，以表示日本人为主，中国人为从，以达到逐步吞并中国民族工商业之目的。但刘孟靖并未屈服，又向日本人交涉。结果，天章厂以双方各占一半资本暂告解决，厂名改为"天章长记纸厂"以示区别。1945年8月日本投降后，天章厂又被国民政府经济部接收，一度改名为经济部第六纸厂。天章厂是刘家多年心血所系，岂肯轻易与人，遂提出发还申请，国民党敌伪产业处理局放出风来，发还可以，但须对企业内"一半日股"有所交代，刘家无奈只得打通上下关节，花费了约4 000两黄金，终使国民政府发还了天章厂。1947年1月，刘家收回天章厂自营。但当时该厂"飞艇"牌各类纸张的生产规模，已大不如10多年前鼎盛时期。1949年5月，上海解放后，天章造纸厂获得了新生。1955年10月1日，天章厂积极响应人民政府号召，正式转为公私合营。1966年10月21日转为国营，并改厂名为先锋造纸厂。1979年2月27日，恢复天章造纸厂原名。

不走管道送上门的自来水

上海属于江南水乡，河网交错，自古以来居民用水一般取自黄浦江及其众多支流，使用前加明矾澄清。虽有少数人家开凿土井取水，但土井开挖深度有限，浅层地下水的水质不尽如人意。1840年鸦片战争后，西方列强强迫清政府签订不平等的《南京条约》，上海成为通商口岸之一。洋商、冒险家纷至沓来，在上海设立洋行进行贸易。不久，随着城市建筑物增加，许多河流相继填没，水源减少,加之居民密集,秽物堆聚,水源受到污染,导致生活用水日益困难,取水极为不便,且水质不卫生,即使用明矾来澄清腐浊河水,仍然去不掉腥臭难闻气味,喝了易生疾病。1860年,美商旗昌洋行为了解决用水问题,在外滩开凿了深达78米的水井,供其内部使用。这是上海滩上出现的第一口深井。1873年,洋人觉得深井已不敷使用,便在松江路6号(今延安东路北侧)开设沙漏(即沙滤)水行,另有制水船一艘,专以清水供给民用,进行营业。1875年,洋商格罗姆、立德尔、华脱司联合邱裕记,筹资3万多两白银,选址杨树浦购地115亩(即今杨树浦水厂南部厂区的一部分),建成一小型自来水厂。厂里置有沉淀池、过滤池、水泵、皮龙等设备,并在浦东设有分厂。因为该厂没有敷设输水管道,只能用木船载水分送至贮水池及向过往船舶供应滤后水,或用水车送到用户家里。由于所售水价太高,购用居民不多,经营6年多,业务一直不能发展。水厂老板格罗姆先后于1881年3月和1883年8月,将其在杨树浦及浦东的土地、设备、业务等以白银2万两转售给正在筹建中的英商上海自来水公司,原来小型水厂业务全部结束。

1879年,上海救火会主席、英商麦克利沃特向公共租界工部局提出建造自来水厂的建议。接着,他联合了在沪其他五名英商,并得到伦敦一些商人支持,准备组建一个自来水股份公司。六人先在伦敦组成"上海自来水公司筹备委员会",由邓肯森担任主席。11月30日,筹委会委托委员会成员麦克利沃特等七人召开第一次正式会议,聘请赫特为工程师,由德兴洋行负责筹备工作。1880年,英商上海自来水公司申请专利,经工部局批准,双方于8月签订了供水合同,取得了在公共租界开办给水工厂的专营权。11月2日,按照当时英国公司法,组成"上海自来水股份有限公司",在伦敦注册,董事会及公司所有权力都由远在英国的筹委会掌控,上海只设办事机构。而水厂建在杨树浦原小型水厂厂址上。1881年8月开始动工,全部工程包括水厂、水塔和管线等,历时两年,耗资12万英镑,于1883年8月1日建成供水。洋务派领袖李鸿章出席竣工典礼,并亲自启动进水阀门。

英商上海自来水公司刚建成时,用水人口仅15万人,平均日供水量3 698立方米。但是随着租界地区工商业日益发达,人口逐年扩充,供水需求量不断增长。于是,公司利用专营权,大肆扩展业务,以排管供水为由,在租界以外地区越界供水。同时水厂规模也不断扩大。至1896年,平均日供水量约1万立方米,1904年超过2万立方米,1915年超过5万立方米,1921年超过10万立方米,1931年超过20万立方米。1929年到1937年是公司飞速发展时期,一举成为当时远东地区第一大型自来水厂。

1937年抗日战争全面爆发后,因为租界人口剧增,对自来水需求随之增加,令公司业务也有所发展。1938年平均日供水量为21万立方米,到1941年上升为24.4万立方米。太平洋战争爆发后,日军随即开进公共租界,占领了英商自来水公司,并于1942年成立了华中水电股份有限公司,下设"大日本军管理上海水道会社"。该会社总经理、杨树浦水厂厂长、各部门负责人都由日本人担任,甚至门卫也由日本人充当。原英国职员自1942年10月起陆续被关进大西路(今延安西路)集中营。在战争状态下,日军仅仅是维持自来水厂生产,使得上海供水不至于中断,却从不过问水厂设备养护,结果几年之中库存材料耗尽,设备失修严重。

1945年8月,日本宣布无条件投降。英商上海自来水公司由国民政府上海市公用局接收,并于1945年9月17日将公司产权交还英商自来水公司经营。从1937年至1949年这12年中,英商自来水公司基本上没有进行过重大基本建设,也没有增加净水设备和进行大型管道安装,供水能力主要依靠战前完成的重要工程。该生产条件一直持续到上海解放。

远东最大的发电厂

上海是中国最早供电的城市。1879年,公共租界工部局电气工程师毕肖普试验电灯成功。1882年,上海电气公司在大马路31号A老同孚洋行(位于今南京东路江西中路口)的仓库里创办了中国第一家发电厂。7月26日晚7点左右,该电厂正式对外供电。夜幕下,分布在外滩周围的15盏路灯一齐点亮,吸引了成千上万市民聚集围观。次日,上海中外报纸都在明显位置报道了电灯发光的消息,产生了广泛影响。后来,为满足用电需要,上海电气公司租借了离水源很近的招商局乍浦路一个仓库建造新厂。1883年2月23日,电厂从南京路迁址到乍浦路41号。正因为上海电气公司业务不断发展,动摇了上海煤气公司独占道路照明的垄断地位,于是双方发生了争议。最后竟然导致电气公司分裂破产。1888年,原来公司的一部分股东东山再起,在原址上成立了上海新申电气公司。因为缺乏资金做不大,工部局于1893年收购了新申电气公司,并由此组建了工部局电气处。是年9月1日,在乍浦路新申电气公司旧址上建立了中央电站。由于用户不断增加,业务迅速发展,工部局于1894

年11月在虹口斐伦路(今九龙路)30号动工兴建了总容量为298.5千瓦的新中央电站,1896年5月竣工发电。1908年2月,新中央电站开始向电车供电,上海马路上首次出现了"叮叮当当"的有轨电车。进入20世纪后,随着沪上工商业不断繁荣和发展,用电需求逐年增加,位于市中心的新中央电站受到场地、供水以及运输条件限制,难以扩展。因此工部局电气处于1908年在沪东杨树浦沈家滩黄浦江边花7.5万两白银购地39亩,筹建江边蒸汽发电站。1911年3月,在纳税人年会上,通过了建设电站决议。9月,新和记营造厂以最低价3.84万两白银中标。10月初开始施工。开工后不久,工部局发现承包商偷工减料、削减基础预算等问题,只好解雇新和记重新招标,改由裕长泰营造厂承包。1913年4月12日,江边电站建成发电,总容量4 000千瓦,电站调度室依旧设在斐伦路新中央电站。当时虽然爆发了第一次世界大战,却没有影响到上海经济发展,用电量与年俱增,而发电能力跟不上,不得不对大用户采取限电措施。经过10年扩建,至1923年,江边电站已拥有汽轮发电机12台、锅炉26台,装机总容量达12.1万千瓦,成为远东地区最大的火力发电厂。1924年,江边电站电气控制室建成,斐伦路新中央电站全部发电设备拆除,成为一个超级变电站。

出于政治、经济原因,1929年年初,工部局急于出售电气处资产。4月17日,上海公共租界纳税人年会通过出售决议。经过竞争(投标单位分别有英国信托有限公司、英国丹曼集团和美国与国外电力股份有限公司),美国电气债券和股票有限公司所属的美国与国外电力股份有限公司中标,于8月8日以8 100万两白银购得工部局电气处全部资产,并更名为"上海电力公司"。美商接盘后,在管理体制上基本维持原状,留用了全部人员。为了挤压中国民族工业、获取更多利润,上海电力公司利用设备和技术上的优势,以比华商电力企业低廉的价格和充足电力,吸引更多用户。譬如华商和翔华电气公司1度电价为银元1角8分(1929年),而上海电力公司只要银元1角6分4厘。

当时厂里发电后是通过22千伏地下电缆,直接将电输送到扬州路、斐伦路、康脑脱路(今康定路)、东京路(今昌化路)、劳勃生路(今长寿路)和白利南路(今长宁路)等6处一级变电站,降压至6.6千伏,再通过地下电缆或架空线输送至二级变电站,第二次降压后输送至各用户。1934年8月,公司利用富裕的中压蒸汽安装了1台英国造的2.25万千瓦的汽轮发电机,使得厂里装机容量达到18.35万千瓦,几乎垄断了整个上海市的电力供应。因为新颖高效率的低汽耗中压机组投产,公司发电量从1928年的5.28亿度增至1935年的

8.25亿度,用户数从50 532户增至83 606户。

1937年4月,美商动工兴建中国第一台高温高压超置机组。不久,"八一三"淞沪会战爆发,工程被迫中断。上海华界沦陷后,发电量开始下降,1938年降至6.49亿度。然而,在民族电力工业遭到严重摧残时,租界因其"孤岛"独特地位,经济畸形发展,地区负荷大幅增长。1939年售电量为7.93亿度,用户数由上年76 438增至93 950户。美商抓住有利时机,恢复施工。1941年3月,首台高压机组基本建成。12月8日,太平洋战争爆发,日军对公司实行军管。1943年2月,公司英美籍高级技术管理人员被关押,所缺岗位由日本人和中国人代理。9月,华中水电公司接管上海电力公司,改名为"华中水电公司上海分公司"。翌年10月,厂里6号发电机以及6号、8号锅炉被日军拆走。11月,美军飞机轰炸公司,击中11号发电机和16号主变压器,为此厂里减少发电量4.75亿度。在日本人霸占公司期间,由于燃料供应不足,设备缺乏维护保养,缺陷越来越多,令公司发电量逐年下降。1945年仅为2.98亿度,是战前的1/3。

1945年抗战胜利后,国民政府接收了被日伪侵占的上海电力公司,并归还给美商。公司恢复发电处,继续营业。那时,上海工商业开始复苏,用电量逐渐回升。1946年售电量上升到6.29亿度。于是美商抓紧发电设备维修,提高和扩大发电能力。但因战事不断造成燃料奇缺,一时又无法扭转,只得将部分燃煤锅炉改成燃油锅炉。1947年4月,首台在日军占领期间无法投入运行的高压机组,在美商调试下终于启动成功。到1948年年底,公司年发电量达10.42亿度,占全市的81%。

1949年5月,上海解放。1950年12月30日,人民解放军上海市军事管制委员会受命对美商上海电力公司实行军事管制,从此该厂成为国家管理企业。1954年11月1日,"中央燃料工业部上海电力公司发电厂"改名为"上海电业管理局杨树浦发电厂"。与此同时,军事管制宣布结束。

不是用来烧饭的煤气

19世纪40年代,西方列强以租借外国侨民居留地为由,在上海建起了租界。不久租界商业繁华,人口增长,地盘扩大,从一开始的外滩一带发展到河南路以东一侧。1861年,居住在租界内的一些英商,基于英国本土已经广泛利用煤气照明的成功经验,酝酿在上海也创办煤气厂,生产和供应煤气。三年后,六名英商于四马路(今福州路)成立临时委员会,起草了"上海自来火房"发起书,并委托英国伦敦查普曼公司提供有关自来火房设计和建造方案,且所有建厂的机器设备、技术方案、输配灯具等也均由该公司承办。1862年2月26日,临时委员会在上海出版的英文报纸《航运商业日报》上刊登了筹建大英自来火房发起书,并公开向社会招股1000股,每股白银100两。1864年,第一次董事会推举了董事长,聘请英国工程师负责技术,招募了五名技工,并选择位于公共租界边缘的苏州河南岸、泥城浜以西(今西藏路桥附近)两块占地14.81亩土地作为厂址。公开招标后,除了码头驳岸之外,土建工程都由上海本地营造商承包建造。建厂同时,在地下敷设了一根经泥城河上木桥走厦门路折入浙江中路转向南京路(今南京东路)外滩的煤气管道。这根长5 049米、50毫米至225毫米口径的管道,就成为上海滩上第一根煤气输气管。1865年11月1日,经过一次试运转之后,日产煤气850立方米的一组5孔水平式煤气干馏炉正式竣工投产,向公共租界供应煤气,主要用于照明。当南京路靠近外滩处10盏煤气公用路灯第一次向市民放射出璀璨光芒时,十分诧异的市民称之为"地火"。因为这种路灯相比传统的灯笼和煤油灯,简洁明亮、使用方便,马上取代了早期的煤油路灯,使得道路面貌焕然一新,所以至1881年,上海许多酒肆、茶楼、戏院以及洋人寓所,纷纷申请安装煤气灯。加上1868年工部局以第二次地皮章程为依据,大举进行越界筑路,扩张租界土地,吴淞路、杨树浦路、静安寺路(今南京西路)、极司菲尔路(今万航渡路)、卡德路(今石门二路),先后排设了煤气管道,15年内煤气销售量增长5.3倍。1881年,上海自来火房纯利润达4.1万多两白银。股东们在投资15年后,不仅收回了全部资金,且净收入6.1万两白银股息。

不料到了1882年,主要用于照明的煤气工业,碰到一个强劲竞争对手,那就是新兴的电力照明。为了减少各种外来因素对企业带来的威胁,进一步寻求殖民当局政治保护,1900年12月,自来火房股东大会通过企业改组计划,成立了上海煤气股份有限公司,以取代大英上海自来火房。企业改组后,于1904年在泥城浜东侧新造了公司办公大楼,该楼于1906年10月竣工。1907年在办公楼旁建立了1座2.8万立方米储气柜。尽管煤气公司董事会采取了一系列措施,依然无法抵挡科学技术带来的冲击。灯泡制造技术日趋成熟,金属钨丝发光强度和使用价值都远远超过煤气灯,使得自1912年起,英商煤气公司的用户数出现了下降趋势,许多煤气灯被电灯所取代,销售收入和企业利润也随之减少。更重要的是 1914 年爆发了第一次世界大战,战争导致海运不畅通,原煤价格大幅上升,这对本来在与电力竞争中处于劣势的煤气生产等于雪上加霜。1918 年一战结束,上海大部分煤气路灯以及家庭照明,逐步改为电力,煤气公司主要业务开始转向热源供应。至 1926 年,随着租界当局大量越界筑路,沪西建起大批公寓里弄建筑,家庭烹饪和取暖需要剧增,年销气量以及煤气用户高速增长。英商煤气公司另辟蹊径,终于重新打开局面。三年后,煤气发展到一个新高峰,年销气量超过 2 000 万立方米,使用煤气灶达 1.2 万多具。由于业务量大幅扩大,泥城浜煤气厂先后扩建的碳化炉和煤气炉已不敷应用。因此,英商煤气公司决定选址兴建新煤气厂。1931 年 8 月,煤气公司购进杨树浦路隆昌路口一块 33.3 亩沿江沼泽地,并委托英国工程师贝克负责新厂建设。从 1932 年开始动工至 1934 年 2 月 8 日竣工,一座日产煤气 11.3 万立方米的新型煤气厂,通过杨树浦路地下 350 毫米口径、10.7 公里长输气管,将煤气源源不断输往市区。杨树浦煤气厂投产后,泥城浜老厂于 1934 年 3 月 13 日全部停产报废,英商煤气公司将老厂空余地皮分块售出,获得丰厚利润。市中心煤气厂则不复存在。

为了承接和适应更大业务,英商煤气公司董事会着手对日益扩展的企业进行了一次调整,设立了地管部、业务部和买办间,将泥城浜东侧老厂基地进行了扩建,组成表具工场,以维修和保管来自英国的表具设备。正当企业大力创造条件打算加快发展步伐之际,1937 年抗日战争全面爆发。9 月,战火一直燃烧到煤气公司所在的西藏路桥堍。虽然公共租界对中日战争宣布"中立",日军也并未进入租界,但英商董事会对隔岸相闻的枪炮声十分恐惧,在桥堍储气柜顶部涂上"米"字旗样,呈请日方勿对中立国煤气设施开火,否则引起爆炸后果不堪设想(这也就是后来日军始终攻打不下四行仓库的原因之一)。待上海华界沦陷后,租界顿时成为临时避难所,大量难民涌入租界,"孤岛"内人口剧增,尤其是江浙一带不少富豪们携资躲进租界,导致租界一片畸形繁荣。

由于日军空袭,煤气公司一些设施受损:杨树浦煤气厂压送机房被炸坏,西藏路桥边储气柜被击穿,修造工场电梯被炸毁,闸北、虹口等区、五角场国民政府市府许多煤气输配设施和灶具被损坏,总损失约 689 万法币。但比起"孤岛"期间煤气业务发展带来的丰厚利润,损失简直是微不足道。英商董事会虽然通过驻沪领事馆,要求日伪政府予以赔偿,结果不了了之。且这种虚假繁荣景象仅仅维持了四年,太平洋战争开打当天,日军就冲过西藏路桥,占领了英商上海煤气公司,随即宣布对公司作为敌产实行军管,并在西藏路办公大楼以及杨树浦煤气厂大门口挂起了日本太阳旗,派兵持枪站岗。1942年3月24日,日军军部下令,由大上海瓦斯会社接管英商煤气公司,还将杨树浦煤气厂改为"杨树浦工场"。

从1942年至抗战胜利前,是上海煤气事业遭到巨大破坏、经营业务严重萎缩的阶段。营业用气和家庭用气都压缩了三成。1945年8月,日本宣布无条件投降。9月18日,原英商煤气公司被日军囚禁的董事会主要成员回到了公司管理岗位,先对杨树浦煤气厂生产设备进行检查和维修;对市区损坏的表具进行更替,结果次年就恢复到战前产气水平。不过自抗战胜利后,上海社会经济以及政治局势一直动荡不安,人口增加,且内战原因使得原煤供应得不到保障,物价飞涨又使得煤气成本难以收回,煤气厂的制气炉窑严重失修,再加上外汇配给受到限制,英商煤气公司便从1946年7月起限制用气量,停止发展用户。董事会还确定了消极经营、维持业务、抽调资金、保全资产的方针。到上海解放前夕,整个城市煤气事业处于很不景气的状态。

1945年5月27日上海一解放,上海市军管会便宣布英商煤气公司在人民政府监督下继续经营。1952年11月20日,军管会派工作组进驻该公司,开展征用接管工作。由于工作组认真贯彻执行"稳而不乱,逐步改造"的方针,加上公司全体职工积极拥护,各项接管工作进展顺利,至12月5日办好移交清册,于12月12日更名为上海市煤气公司。而杨树浦煤气厂则成为公司下属的一个主要生产部门。

英商中国肥皂公司

肥皂是人们日常生活中的必需品,这种洗涤用品历史悠久。"肥皂"一词最早见于宋人庄绰所著《鸡肋编》,书中记载"(肥珠子)木亦高大……子圆黑肥大,肉亦厚,膏润于皂荚,故名肥皂"。它虽和与西方近现代意义上的肥皂含义不同,但因功能类似,故此后中国对这一舶来品的翻译就沿用"肥皂"这一名称。

19世纪中后期,中国广阔的市场开始进入西方肥皂商人视野。在五口通商前,少量欧洲肥皂作为"夹带品"就已通过福建和广东等地进入中国。1843年上海开埠后,英商凭借强大实力率先在浦江畔立足,抢占上海肥皂市场先机。1854年,英商洋行率先将肥皂传入上海市场。当时数量极少,主要供外侨使用,故俗称"洋夷皂"。随着肥皂等家用杂物被列入进出口免税之列,各洋行开始批量进口肥皂。1859年上海的肥皂进口数量为7 750公斤。1860年,上海出现肥皂转口贸易,数量约为3 000公斤,占上海前半年肥皂进口总量的35.1%,自此肥皂开始由各商埠进入中国内地。

因为洋货肥皂使用方便,去污力强,且不损伤衣物,所以迅速打开了中国市场,在我国各大城镇畅销,并垄断了中国肥皂市场,人们俗称其为"洋胰",与洋油、洋烛、洋火、洋烟并列,号称"五洋"。当年输入中国市场的肥皂,主要是由英商祥茂洋行等经销的英商高士奇父子公司、英商联合利华兄弟公司等生产的,其中"日光"牌、"利华"牌、"祥茂"牌等品牌尤为畅销。

1920年,英国著名的肥皂托拉斯——联合利华有限公司见有利可图,决定在上海开办一家专门生产肥皂的企业——英商中国肥皂公司。该公司系联合利华在远东地区最大的子公司。1923年,联合利华向北洋政府登记注册,一次性投资白银800万两,于杨树浦路购置地皮200余亩,建造厂房,初设木箱、印刷和制皂车间,同时向本国定制大型现代化制皂设备,于1925年年初正式投产,时有14台煮皂机、5台锅炉、2台撞印车、2台冷板车。肥皂公司当年生产肥皂4 183吨,合计233 364箱(每箱装肥皂60连120块)。到了1929年,该公司产销两旺,年产"日光"牌、"利华"牌和"祥茂"牌等肥皂70万箱,为初创时期的3倍之多。

由于业务迅速发展,制皂后副产品卤液相应增加,这是提炼甘油的原料,于是又从英国运来新型蒸发、蒸馏、高压真空、压滤等机器设备,开始筹建甘油生产车间,自行精炼甘油,年产甘油1 080吨。至此,中国开始纯甘油生产。

为了占领中国肥皂市场,英商中国肥皂公司不惜采取各种竞销手段,以打压五洲固本厂等中国民族制皂业企业。最常用的办法就是降价倾销,在给伦敦总公司的一份报告中,中国肥皂公司的董事们得意扬扬地说:"跌价已实行,给五洲以很大的压力。传说固本皂每箱将再减价四角至六角。除此之外,本地的其他小型皂厂将受不住这一经济压力而被迫关闭。"20世纪30年代中国化学工业社投产生产肥皂,注册商标是"剪刀";剪刀是一般家庭妇女和女仆的日常用品,肥皂用得最多的是她们,即使她们一字不识,对该商标也会过目不忘。想不到,中国肥皂公司对那个商标十分"感冒",害怕剪刀肥皂会抢了他们的市场份额,于是通过各种关系抢先注册类似商标,中国化学工业社的"剪刀"只得改为"箭刀"。

英商中国肥皂公司的广告战也颇厉害,精印了许多月份牌赠送经销商店,并在《新闻报》《申报》《中央时报》等媒体上刊登广告,马路上的广告画也随处可见。在"日光皂"的包装纸盒上,还刊印着"凡发现本皂含有损害性杂质,任何人都可得到一千英镑赏金"的字样,以显示其品质优良,借以吸引顾客。公司甚至不惜重金,请当红影星阮玲玉、陈玉梅、王人美、胡蝶等人现身说法:"力士香皂试后使我面孔比前洁白了,所以以后决定用力士香皂了",至今仍可在许多月份牌上见到明星们与力士香皂的亲密接触。而对于普通上海市民来说,歌星影星那轻柔的一握,或许就是一缕挥之不去的相思了。

1932年"一·二八"事变战火在上海燃起,原来由利华公司从英国运来的名牌产品力士香皂脱销,于是决定在中国组织生产。中国肥皂公司乘机增添设备,建立香皂车间,生产力士香皂。到1939年中国肥皂公司创英商管理时期历史最高水平,肥皂产量达21 664吨,工厂随之进入鼎盛时期。著名产品有祥茂洗衣皂、日光洗衣皂、利华香皂、力士香皂等,其祥茂肥皂占有中国市场肥皂销量的70%—80%,而力士香皂则为城市白领女性所青睐。厂方声称:"中国肥皂公司仅用甘油项下的收益,就足以把祥茂肥皂免费送给用户而无损于公司在中国继续发展。"可见其产品获利之丰厚。

中国肥皂公司为了扩大销售规模,还在上海滩上黄金地段南京路外滩(今中山东一路)18号,设立总营业部,分销处则分布全国各省市每个角落,成为远东地区规模最大的肥皂公司。有位曾经在苏州担任销售员的职工在回忆录中写道:"即使是辽远边境和穷乡僻壤,只要有人烟之处,务必配备足够的销售员,因此那时无论大小城镇还是荒僻所在,都有英商中国肥皂公司推销员的足迹,大小商店内也能看到他们五光十色的肥皂和化妆品。"

1937年7月,全面抗战爆发,由于中国肥皂公司地处日军控制下的沪东杨树浦路,陆路交通受阻,厂里所有原材料和成品,只能通过自备小火轮在黄浦江上运进运出。肥皂销售市场日益萎缩,公司各项业务均受到影响。1941年12月太平洋战争爆发,侵华日军强行占领上海租界。中国肥皂公司也没有逃脱魔掌,被日商帝国油脂公司非法侵占,为日军生产少量甘油和军用肥皂。直到1945年抗战胜利后,中国肥皂公司才逐渐恢复"日光"牌等肥皂的生产,但生产每况愈下。1949年5月上海解放,公司的外籍管理人员纷纷回国。中国肥皂公司委托华人高级职员戚惠昌等三人主持日常生产和销售。但因资金严重短缺,致使公司陷入困境。不得已,英国大班授权将企业一次性转让给上海市人民政府,1952年7月,上海市人民政府正式接管英商中国肥皂公司,并改名为华东工业部中国肥皂公司。1955年7月,更名为上海制皂厂。

唯一由华侨投资的纺织厂

1914年第一次世界大战爆发后,西方列强无暇东顾,进口纺织品数量大幅度减少,给了民族纺织工业一次极佳的发展机遇。华商们纷纷涉足纺织业。当年远东地区规模最大、营业条件最豪华的上海永安百货公司老板郭氏兄弟,也决定"从商业向实业转型、杜塞漏卮,使国家逐渐走向富强道路"。

1920年冬,郭氏兄弟对外招股,原先资本额定为300万银元,由于郭氏兄弟在广大华侨中享有很高信誉,华侨们踊跃认股,短短半年便超出了原定股额,增加到600万银元。于1922年5月在杨树浦路1500号创办了永安纺织股份有限公司。工厂由英商洋行设计,并引入德国最先进的车间调温和调湿控制系统。工厂占地面积约4万平方米,拥有30720枚纱锭、700台织机,当年底全部安装完毕开工生产。

永安纺织公司不仅选择国内最好的棉花作为原料,并运用欧美现代化纺织设备纺出棉纱,且郭氏兄弟注意培养技术力量,1923年派郭葵之子郭棣活留学美国,专攻纺机工程。四年后,郭棣活毕业回国,直接参与永安纺织公司管理。

自20世纪20年代末起,由于欧美国家发生经济危机,使得国内民族棉纺织业暂时出现一派繁荣景象。郭氏兄弟敏锐抓住这一有利商机,不断低价购入或兼并纱厂,到1935年,永安纺织公司已拥有5家纺织厂,分别位于杨树浦、吴淞和麦根路(今淮安路)三地,以及1个印染厂,资本总额扩增至1800万元,纱锭数量多达25万枚,布机1500台,生产27个棉纱品种,成为民族棉纺业中仅次于申新系统的第二大企业。1937年7月抗战全面爆发,不久,日军将位于华界的永安纺织公司第二、第四分厂作为"胜利品"占领,实施所谓"军事管理",结果厂里建筑和设备均遭到破坏,生产活动日渐萎缩。1941年太平洋战争爆发,郭氏兄弟在日军淫威威胁下,被迫以中日合资名义与日本人合作经营。1945年8月抗战胜利,国民政府以永安纺织公司与日本人合作为由将工厂查封。经过郭氏家人向宋子文贿赂,请其出面说情才得以发还。1946年,因为美棉压价倾销,郭氏兄弟利用低价采购的美棉生产,获利丰厚。但从1947年下半年起,由于国民政府加紧推行内战政策,对民族工业疯狂掠夺,永安纺织公司举步维艰,处于困境。

1949年5月上海解放,永安纺织公司才逐步恢复元气,1956年经过公私合营,永安纺织公司最终并入上海第二十九棉纺织厂。

上海锅炉厂前身

1902年,丹麦人马易尔漂洋过海登陆上海滩,先在宝隆洋行供职,后入俄华道胜银行。做了三年职员,马易尔决意自己开业,并得到老乡安德生和裴德生襄助,于1906年3月31日,在泗泾路2号设立营业所。两年后,一开间门面的营业所已不能适应日益兴隆的生意,马易尔便出资买下圆明园路4号的一幢大楼作为营业所。

1908年,马易尔为了在中国市场上站稳脚跟,先后两次赴美寻找后台,终于在1915年同美国纽约慎昌总公司挂上钩。从此,上海圆明园路4号的营业所正式挂上了"慎昌洋行"的牌子,由美国人施栋担任董事长,马易尔当总经理,向中国市场推销外国产品。短短的两年里,慎昌洋行便陆续在北平、天津、广州、济南、汉口、青岛等地设立分行,上海慎昌洋行内部也相应扩大,下设制造部、钢窗部、冷作部、电器部、铸造部、推销部、纺织部、机械部、药品部、修理部,机构十分庞大。

自1902年赤手空拳来到上海,仅20年时间,马易尔便拥有几百万美元资产。然而,野心勃勃的马易尔并不满足仅仅做一个推销商,根据经验他发现,如果利用中国廉价劳动力,在中国本土开设修理、装配和制造工厂,就能获得更多利润。当年杨树浦一带尚未开发,树林茂盛,相当荒凉。自国外驶进上海的货船,为逃避海关关税,不等开到十六铺,就提前在铜梁路(今杨树浦路2200号)一带卸货。于是马易尔花了18万美元,在那里买下26亩地皮,先沿杨树浦路盖起几间棚棚做货栈,不久拆掉棚棚,翻造了一座钢筋混凝土大货栈,且安装了黄浦江上第一部支架伸向江面的20吨行车。1921年,慎昌洋行杨树浦工厂开工。最初该厂只能修理和装配进口产品,逐渐可以承接加工各种钢窗业务,又很快发展到制造8尺车床、龙门刨床、电风扇等产品。刻有慎昌商标的产品不仅倾销中国,且远销东南亚和非洲等地。

到了20世纪20年代末,慎昌厂已经初具规模,厂部下设钢窗间、铜匠间、冷作间、风扇间和翻砂间5个车间,具备了专业化机器制造条件。为了最大限度获取利润,慎昌厂开办后的30年里,厂里基本上没有固定工人,洋老板一直采取雇佣临时工的办法。即每当接到一个大工程,厂里会根据工作需要招收一批临时工。等工程结束,便把临时工全部辞退。等下一个工程开始时,再从社会上招人。因此,慎昌厂职工人数,经常在同一年甚至同一月里,会从千余人降至百余人。即使是专业化生产的产品,洋老板照样采取此办法。如风扇间,夏季是风扇生产旺季,工人多达200余人。但到了冬天,车间里冷冷清清只剩几十个工人。

由于慎昌厂招工的特殊性,发给工人的工资就略高于华商工厂,如此可保证不断从社会上招到技术较高的熟练工人。一般在招工前,洋老板先贴出招工广告。结果天未亮,失业工人已经在厂门口排起长队。进厂前,洋老板还要进行苛刻面试,让应试者用12磅榔头猛击放在地上的榔头,以考其眼力与操作的熟练程度,择优录取。即使过关进了工厂,也得在厂里严厉管理制度下开始劳作。正因为慎昌厂管理特别严厉,所以使得厂里能够以最低生产成本获取最大经济效益,也保证了工厂高效、大规模生产。自1931年至1938年,慎昌厂先后参加了本地和外埠许多重要工程建设,如龙华飞机场、虹桥飞机场、杭州笕桥飞机大楼钢结构、钱塘江大桥桥基础钢结构、永安公司新楼(今华侨商店)、大新公司(今市百一店)、外滩中国银行大楼钢结构,等等。此外,慎昌厂还参加了外白渡桥修建。

1941年太平洋战争爆发后,日军开进上海租界。次年1月8日,日本海军任命原上海大陆钢铁厂的日本人强行接管了慎昌洋行,美国星条旗被换成日本太阳旗。日本海军统治慎昌洋行一年零两个月后,改为由东京芝浦电力公司来接管慎昌洋行和下属的杨树浦工厂,并派近藤为洋行总经理,鸟羽担任工厂厂长。慎昌厂门口也挂上了"东京芝浦株式会社"的牌子。至于美国老板,则被强制送进集中营。工厂从车间主管、管理人员到门警,全部换成了日本人。

"东京芝浦株式会社"完全是一块名不副实的招牌。日本人接管工厂后,即从社会上招来大批失业工人,包括许多妇女和儿童,令慎昌厂工人增至1 000多人。实际上日本人是利用慎昌厂的生产设备,制造在战场上急需的指挥刀、步枪刺刀、手榴弹、火焰喷射器等杀人武器,去屠杀中国人民。为进一步奴役中国工人,日本人在慎昌厂工人中培养过一批近30人的"养成工"。所谓"养成工",就是把这批18岁左右的中国工人送到日本去"培养",以便将来为日本人卖命。日本人的险恶用心被及时识破,所以当决定公布后,立即遭到所有"养成工"及家属反对,使这一阴谋未能得逞。

在日本法西斯统治下，慎昌厂工人生活上十分困苦，物价飞涨，日本人却仍然按照接管时的薪金支付给工人工资，即使一个熟练工人每月的工资最多也只能买5斗米。1943年后，还减半配给，导致工人家里严重粮荒。而厂里为了完成繁重的军火生产任务，不得不每天供应每个工人1罐头粮食，却常常是有蛀虫的蚕豆和玉米，或是发霉的掺有大量砂子的米。

慎昌厂工人在日军刺刀下，冒着生命危险同日寇展开斗争。大家心照不宣，利用怠工、暗中破坏等办法与日本人巧妙周旋。日本人见月月完不成生产任务，便采取包指标的方法。但工人们宁愿饿肚子，也不肯帮助日寇制造杀害同胞的凶器。工人们还故意把活做坏，或暗中破坏武器的内在质量，致使在日本侵略者统治期间，慎昌厂生产的军火大多数存在质量问题。

1945年8月，日本宣布无条件投降。慎昌厂工人们欢欣鼓舞地撕掉厂门口的太阳旗，敲掉"东京芝浦株式会社"的招牌。但好景不长，抗战胜利后民族工业并未得到恢复，再加上政局不稳、物价飞涨、货币贬值，工人们的生活重新陷入困境。

1949年5月上海解放。次年12月28日，慎昌厂实行军管，隶属华东工业部领导。鉴于国内社会主义建设需要，军管后华东工业部交给慎昌厂3项任务：供应上海需要的大型铸件和高级铸铁；制造大型锅炉与行车；制造中型工具母机包括10尺车床、8尺龙门刨等。而要完成上述任务，原有的生产设备及厂区面积是远远不够的。

距离慎昌厂（杨树浦路2200号）不远处的杨树浦路1900号，有一块占地面积为80 000多平方米的地皮，原来属于三星纱厂。因为老板赌博输钱，将其卖给沙逊洋行。全面抗战期间遭日机轰炸，成为一片废墟。上海解放后，公安部队利用荒地种蚕豆。1950年6月，上海一批半失业的冷作流动工人以包工方式组织成立的生产合作工厂，在市总工会协助下，同沙逊洋行谈妥，租用那块荒地作为新厂址。由于慎昌厂与生产合作厂各有长短，1952年7月19日，华东工业部决定，以两厂为基础，合并筹建浦江机器厂。1953年3月，义兴盛铁工厂翻砂车间100余人调入浦江厂。此后又有联合机器厂等厂的职工调入。当年9月1日，为适应国家建设需要，一机部第四机器工业管理局决定，将浦江机器厂改名为"国营上海锅炉厂"。新命名的上海锅炉厂将向制造锅炉的专业方向发展。在我国经济建设的第一个五年计划里，我国第一家以锅炉制造为主的大型专业工厂诞生。

远东最大毛条厂

早在1819年,曾任英国东印度公司雇员的查顿和冒险家马地臣合伙在广州盘下麦尼克洋行,并以两人的姓氏将其改名为怡和洋行,专事鸦片走私勾当,很快发了大财。之后中国人民的禁烟运动,迫使查顿等人的鸦片买卖不得不有所收敛,改而以贸易通商为主。1843年11月上海一开埠,查顿等便迫不及待进入上海滩,买通清廷昏庸官吏,从上海道分处领取了上海租界第一号《土地登记证》,成立上海最早的一家外国银行。除了金融,怡和洋行还把触角伸向制造业,计划利用中国廉价劳动力、土地及原材料,制造产品就地出售,以获取高额利润。于是,怡和洋行从美国运来一批纺织机,准备开设纱厂。不料那时候中国无此先例,机器被江海关没收,怡和洋行碰了一鼻子灰,只得暂且作罢。

《马关条约》的签订,使得西方列强开始享有在华设厂特权,1896年,怡和洋行出资50万两白银,在杨树浦路韬朋路(今通北路)创办怡和纱厂(即老怡和)。该厂是西方列强在中国最早设立的纱厂。因为开纱厂赚到了很多钱,所以怡和洋行于1915年再次投入巨资,在老怡和附近的杨树浦路威妥玛路(今怀德路)开办杨树浦纱厂(即新怡和)。查顿将其设在中国香港纺织工场里的机器设备全部运到新怡和,其中包括英国帕拉脱厂制造的纱锭1万枚,年产棉纱3 600包(每包420磅),产品使用"牧羊"牌商标。当年投产,年底便盈余12万两多白银,时有纱锭21 000多枚,麻织机114台,麻袋机25台。1918年,新怡和纱厂全年盈余激增为57万两白银,以15%盈余用作企业日常开支,其余作为股票分红和购建厂里的固定资产。

鉴于新老怡和纱厂东西相望"贴隔壁",1921年两个厂合并,组成英商怡和纱厂股份有限公司,厂址为杨树浦路1056号。同年年底,怡和洋行买下了位于沪西的公益纱厂,扩大了公司经营规模,形成棉毛麻纺织综合性企业。到1936年,新老怡和加上公益纱厂的年产量已占在华英商纺织业的70%,盈利率达32.3%,为中外纱厂之冠。1939年,新怡和厂方将经营纱厂20多年所得利润的一部分转为固定资本,购置了棉纺织机和麻纺织机,继而又买下纱厂周围地皮以扩建厂房,新设棉织工场(布厂)和麻织工场(麻厂),逐渐扩大棉纺生产规模。

太平洋战争爆发前,新怡和纱厂已经成为一家拥有棉纺机1 200台、棉纱纱锭68 000多枚、麻织机114台和相应的麻纺纱锭,职工4 500余人的棉麻全套纺织大型工厂,系那时候西方列强在华开办的最大棉纺企业之一。1941年12月8日,日军偷袭珍珠港,向英美宣战,并强行开进上海租界,新怡和的英国大班被视作敌国成员关入集中营。而新怡和纱厂作为敌产也被日军劫收。但日军无意经营纺织业,新怡和遂告停产。不久,日军出于军工生产需要,将新怡和改建为专门修造武器的兵工厂。原来的纺织设备或被拆迁,或被捣毁熔炼后用于锻造枪炮弹壳。

1945年8月抗战胜利,新怡和纱厂被日本人折腾得仅剩几座空厂房,前来"接收"的国民党大员对此毫无兴趣,拱手将新怡和交还给怡和洋行。于是,刚从集中营里释放出来的英国大班立即筹划复工事宜,招来几名技术熟练的老工人,分头去认领被日军迁走的麻纺织设备。厂方从闸北麻厂等处运回部分机器设备后,重新安装在老地方。怡和洋行又以英国战胜国身份,从日资纱厂索赔到一部分棉纺纱锭。由于棉纺织机已无处寻觅,再加上资金匮乏,手头紧的连厂房也对外出租,导致新怡和的布厂始终未能重建。

新怡和纱厂复工后,生产规模大为缩小。到1946年,尽管棉纺与麻纺相继开工,但仅有100余台纺机、2万多枚棉纺纱锭和2 000多枚麻纺纱锭,工人不足千人。精明的英国人认为投资环境未见好转,不再追加投资,而是大量吸收中国民族资本,使得怡和股份有限公司的华籍股份不断增加,外籍股份逐渐收缩。1948年,怡和洋行又从日本人那里得到一批纱锭,原本打算运到新怡和纱厂,以扩大生产规模,但考虑到中国国内形势日趋明朗,人民解放军挥师南下,国民党统治败局已定,便决定将那批纱锭改运香港,并着手把企业大部分资金调回英国本土。因为这时的新怡和纱厂对于英商来讲,已无多少油水可榨,工厂经营只是勉强维持,生产徘徊不前,生产设备仅有棉纺纱锭21 000多枚、麻纺纱锭1 800多枚、麻织机92台。

上海解放前夕,怡和洋行无心发展生产,外国股东见股息减少,纷纷抛出怡和公司股票。公司董事会为了维护自身利益,立即变卖资产,兑换外汇,将公司资金一部分转移到怡和集团的国外企业,另外一部分汇往英国本土。同时,英国人还严格控制投资额度,极力压缩投资。

1949年5月上海解放,新怡和纱厂仍由英国人管理,厂里生产主要为定货加工。因为原材料不足,投资压缩,更严重的是英方无意经营,态度消极。到1953年,新怡和已负债累累。因为回天乏术,英方同意将怡和公司33%的股票转让给由华东纺织工业局联合几家银行组成的裕华公司。此刻,外籍股东仅占公司股份总额的20%,华籍股东则占到80%。不久又因固定资产不抵所欠债务,怡和公司不得不通过上海市人民政府外侨事务处,请求政府接管。1953年年底,怡和公司召开股东大会。在会上,董事会免去外籍总经理兰纳斯和两名厂长的职务,其空缺由裕华公司派人继任。同时,董事会还授权裕华公司处理企业的全部财务账册。

1954年1月,经上海市人民政府批准,裕华公司接替怡和公司所有经营业务。1月29日,在外滩怡和洋行会议厅举行正式交接仪式。当晚,外籍管理人员回到杨树浦路,召集全体职员会议,交出了有关文件及印鉴等。至此,英国人退出新怡和纱厂历史舞台。

裕华公司将新老怡和纱厂合二为一,取名为上海裕华棉毛麻纺织厂,新怡和则称为裕华东厂,并对整个纱厂增加了投资,扩大了生产规模,在东厂原来棉麻工场的基础上,建成毛条工场,年产400吨毛条,填补了我国毛条工业空白。1958年,考虑到毛纺原材料配套,裕华东厂搬走了全部棉纺与麻纺设备,安装了全套毛条设备。接着又迁走了毛纺设备。裕华东厂从此成为专门生产毛条的定点企业。1964年,裕华棉毛麻纺织厂东西厂分割,原来的老怡和纱厂改名为上海第五毛纺织厂,新怡和则改名为上海毛条厂。1966年,上海毛条厂更名为国营上海第一毛条厂,生产规模全国第一。

圆明园路

圆明园路，南起北京东路滇池路，北至苏州路，全长462米，19世纪60年代，由公共租界工部局修筑，1862年被命名为新路，到了1865年，以北京的历史园林作为路名，更名为下圆明园路，1943年改今名。

圆明园路是上海开埠的起点，所谓"外滩源"，中西方文化交融沉淀于此。整条马路集中了欧洲文艺复兴、新古典主义、折衷主义、装饰艺术派和现代主义等多种建筑风格的大楼。其中有21号的慎昌大楼，曾有美商慎昌洋行入驻；24号的瑞昌大楼，曾有瑞昌洋行、柯达公司、弟维德制药公司、美国橡皮公司等入驻；43号的万泰大楼，曾有英商万泰洋行、中国钢车制造公司等入驻；55号的华美大楼，曾有美商华美公司、美商瑞丰转运公司、天裕洋行等入驻；97号的安培大楼，曾有瑞士安培洋行、橡胶业同业公会、亚细亚制药厂、英商埃尔德建筑洋行等入驻；115号，曾有德商谦信洋行、汉成洋行、亚洲化边厂等入驻；133号，曾有德国金银化学出品社、义信洋行、加林保五金机器厂、高乐洋行、中华广告公司、英商上海百代公司营业部、美纶防水织物公司、民生公司、艺华工业社、东亚建业公司、亚洲机器铁厂、新华地产公司等入驻；149号的哈密大楼，曾有沙弥洋行、英商五和洋行、国光印书馆、华商大陆保险公司等入驻；169号的协进大楼，曾有中国工业合作协会、宝生洋行、开美科大药厂、海杰克建筑师行、沪江大学图书馆等入驻；185号的兰心大楼，曾有固德异汽车轮胎公司、美国轮船公司、协丰洋行等入驻；209号的浸信会大楼，曾有中华浸信书局、福音书局、匈牙利驻沪领事馆（第一任领事就是设计该幢大楼的邬达克）等入驻。

从以上信息不难得出结论：由于地段高档、交通方便、办事效率高，过去相当长的时间，圆明园路各幢大楼曾引来不少外资和华籍企业"筑巢"。而闻名上海滩的"建筑大王"张效良开办的久记营造厂，也在圆明园路上设立了办事处。

营造厂因为生产的产品特殊,工人都是"流水的兵"。所以想当年,上海滩上规模较大的营造厂,一般在市中心租赁一两间写字间作为"铁打的营盘"(即厂址所在地),小厂则仅在老板家里挂块牌子。而具体洽谈业务,基本上在各大茶楼进行。久记营造厂发达后,张效良考虑到企业的影响力,将公司经理、账房和估价员等职员的办公地点从南市搬迁到圆明园路。

沪上营造厂的翘楚

建筑业,旧称水木作(之后发展为营造厂)。浦东,乃上海建筑业故乡;南市,则是上海市区建筑业的起源地。明洪武年间(1368—1398年),朱元璋为抵御倭寇侵犯,下令全国筑卫所,动用建筑工匠35 000人。明万历至崇祯年间,上海县城内纳税的建筑工匠达到520人。清道光二十年(1840年),上海出现了水木作,作头孙南来承建城隍庙戏台。1843年,由朱顺等4户人家捐助,在上海县城治内二十五保五图得字圩三十二号(今硝皮弄内)购置地皮9分4厘5毫,作为水木作聚会用。同治七年(1868年)农历四月初五,由马显华、崔茂嘉等石匠将聚会场所翻造成"鲁班殿"。1894年后,鲁班殿重修。当老城厢福佑路上创立了沪绍水木业公所后,鲁班殿聚会逐渐由水木业公所取代。

1915年,浦东南汇人张效良在"久记木材锯木地产建筑公司"的基础上,于南市机厂街创办了"久记营造厂"。由于张效良在沪上营造界声誉良好,久记营造厂一成立,中外业主便纷纷找上门来,工程不断。据上海市规划建筑设计院资料室所藏文献记载,20世纪二三十年代,久记营造厂在上海承建了各种类型的工程,比较著名的有:中汇银行大厦(上海解放后曾为上海博物馆址)、东方旅社(今上海市工人文化宫)、日本邮船会社、广慈医院(今瑞金医院)、模范村住宅群(今延安中路877弄)、浦东老白渡码头(今浦东滨江绿地)、公和祥码头(今虹口北外滩)、其昌栈及仓库、华成烟草公司系统的厂房等。除了上述工程之外,还有大中华旅社、沙发花园住宅群(今上方花园)、明华糖厂、福明医院,以及一大批工业厂房和仓库,包括太古洋行蓝烟囱仓库、三井洋行仓库、大来洋行仓库、大储栈仓库、虹口五号仓库、统益纱厂、溥益纱厂、崇信纱厂、惠通纱厂、恒丰纱厂、达丰纱厂、大康纱厂、裕丰纱厂等。其中日资裕丰纱厂,后更名为国棉十七厂,如今是国际时尚中心。一排排已经有一百多年历史的红砖清水墙锯齿形厂房,历经沧桑,仍然默默无闻地矗立在杨浦滨江。该厂厂房之所以能够较完整地保留下来,是因为作为近代工业建筑,该厂厂房具有许多特点,在那时候的纱厂建筑中较为少见:底层纺纱间系钢筋混凝土结构,上层织布间为钢柱钢桁架式结构。车间内的管道暗设于天花板内和木地板下。屋面铺设钢筋混凝土预制屋面板,上面开点式采光并安装磨砂玻璃。室内全封闭,人工控制通风、温度和湿度。久记营造厂当初能够建造出如此高质量的厂房,足以证明该工厂实力和工人水平。

1926年,张效良与公利公司的顾道生首次合作,翻造因为遭火灾损毁的上海城隍庙大殿和九曲桥。具体分工为顾道生设计图纸,张效良负责现场施工。城隍庙外观依旧按照中国古典建筑样式,原材料全部采用钢筋水泥。至今,城隍庙仍然是上海的标志性建筑和著名景观之一。

1932年11月,上海滩上又一最新式电影院——大上海戏院(今大上海电影院)开工建造,打样设计为著名华籍建筑师赵深,建筑施工为久记营造厂。该影院占地1亩7分余。沿马路宽30余米,门面大墙用大理石嵌以玻璃壁柱,内以电气放光明,灿烂雄伟奇丽,为沪上大建筑物中前所未见。入门为一大理石大厅,宽敞明亮,布置华丽。墙壁地板均采用适合于吸音的原材料,电灯光线柔和悦目,观众座椅久坐不疲。特别新奇的是屋顶为蛤壳形状,灯光与冷热气均可从蛤壳洞孔中放出。其他各种设备,无论巨细皆由专家精心研究配置。全部造价30余万银元,1933年春竣工。

大上海电影院的设备安装和室内装饰规格,那时候在国内属于一流。且建筑质量,也算是沪上电影院中的佼佼者。到了20世纪80年代,大光明、上海音乐厅等多家影院开始翻修。而大上海电影院,直到1998年才进行翻修。为了保持其原貌,有关方面在施工围栏上挂出了该影院过去的大幅老照片,这在上海老旧建筑改造中并不多见。据承担拆除旧有建筑的上海筑波广告装潢公司透露,该影院建筑的结构依然完好,工人拆除时十分费劲费工时,可见历经64年风雨沧桑,施工质量仍是那么优秀,无形之中为久记营造厂做了一次广告,同样是后人对张效良的最好褒奖。

1919年,北京爆发声势浩大的五四运动。张效良领导的上海营造界旗帜鲜明,不畏强权,坚决支持学生反帝爱国,连续公开在《申报》上发表抵制日货的声明及布告。张效良还派员到上海学生总会捐款,以实际行动支持学生的爱国行为。上海的建筑界在张效良的号召下,团结一致,各营造厂不买日本建材;建筑工人自发组织起来,到各工地查看是否仍在使用日货,一旦发现便全部销毁。1932年,"一·二八"事变爆发,第19路军在上海各界的援助下,奋起抗击日本侵略者。日军为了切断第19路军的补给线,用飞机和大炮摧毁了20多座通往闸北前线的桥梁,形势非常危急。为此,第19路军指挥部急电上海市营造业同业公会,请求援助。但是此刻大部分营造厂因战事已经停业,工人们也已回家避难。张效良当机立断派出自己厂里留守的工人,上前线为第19路军抢修桥梁,所有建材也由久记营造厂无偿提供。时值严冬,天寒地冻,施工条件相当恶劣。张效良冒着严寒和不时呼啸飞过的流弹,亲临修桥第一线察看地形,制订出周密的施工方案和建材运输路线。厂里职工见老板都不顾个人安危,十分感动,也奋不顾身争先恐后投入抢修。短短一个星期,就将被日军炸毁的20多座桥梁全部修复,使得供应第19路军的给养能及时运到作战前线,有力地支援了抗战。事后,第19路军指挥部特地致函张效良,高度赞扬他和久记营造厂的义举。

"一·二八"事变爆发后,上海建筑协会发起组织"水木业义勇队"约500余人,上前线直接拿枪参战或作为工程兵修筑工事,久记营造厂参加抢修桥梁的工人中,有不少人在修好桥梁后加入了义勇队,其中一些在战斗中英勇牺牲。张效良得知噩耗十分悲痛。待战事平息后,由张效良发起并出资,上海营造界在战斗最激烈的庙行建筑了一座无名英雄墓,以纪念为保卫上海而光荣捐躯的抗日将士们。

由于长年工作劳累,张效良于1936年6月1日突发心肌梗死,心脏停止跳动,年仅54岁。久记营造厂也因突然失去掌舵人,逐渐衰落并停业。但历史不会忘记,至今仍然矗立在申城大地上的那些优秀近代建筑,就是颁给久记营造厂的奖章。

沪上两张大报日夜印刷

圆明园路上不仅办事处多,且印刷厂也多,最大的要数两家报社所属的印刷厂了。

1929年9月9日,《新民报》(《新民晚报》前身)在南京创办。1946年5月1日,上海《新民报》晚刊在圆明园路50号创办。圆明园路50号原来是怡和洋行的仓库,三层楼高。《新民报》入驻后,一楼作为印刷车间和职工食堂;二楼、三楼是编辑部、管理部和排字间。当时没有电脑排版,排字工人需要将一个个铅字挑出来排版。到了下午,50号大门打开,一捆捆刚刚印好且带有墨香的晚报,被陆续搬到卡车上运往各地发售。

1938年1月25日,《文汇报》在沪创刊,最初社址位于四马路(今福州路)436号。由于坚持宣传抗日爱国立场,1939年5月18日被迫停刊。1945年8月抗战胜利后,报社当月就在新闻路、小沙渡路(今西康路)临时租赁场地以号外形式试刊。1946年9月,迁至圆明园路149号哈密大楼,正式复刊。

哈密大楼最早是汇丰银行的外籍员工公寓,房间小巧精致,遗留下许多英国式的摆设。比如台灯,黄铜灯柱,灯罩是掐丝黄铜镶着碧绿的玻璃,每台办公桌上都有这样一盏。每间房间都有的壁炉,不用来烧火,改装成了两层的书架。同《新民报》一样,底楼是印刷车间,食堂在二楼,报社要求食堂24小时有人值班,保证采访回来的记者能吃到热饭热菜,哪怕是一碗新煮的阳春面也是好的。食堂的菜谱,曾被公开刊于人民日报《新闻战线》杂志的封页,让同行嘴馋。与《新民报》白天很忙不同,《文汇报》夜晚很忙,编辑部一盏盏台灯亮起来,写稿的、改稿的、排版的,个个忙得不亦乐乎。车间里的印刷机连夜开动,到了清晨,报纸印好,装运发往各地销售。

后来两家报社规模扩大,原来社址容不下了,迁往了别处。于是无论白天还是夜晚,再也听不见从印刷车间传出"唰唰"的报纸印刷声了。

除了两家报社,圆明园路上还曾有一家杂志社,创办于1946年6月的《电世界》,创刊后不久搬到圆明园路169号协进大楼(1956年春迁至建国西路)。该杂志是当年国内唯一一本电工杂志,一代又一代新老编辑始终秉承"综合性、实用性、普及型"办刊宗旨,为普及电工知识办刊。《电世界》初期所刊登文章中无线电知识比例较大,所选用资料大部分取材英美西方国家类似刊物。1949年5月上海解放后,国内经济建设大规模发展,电工技术的重要性日益突出,其内容逐渐转到以电机的设计、制造、安装、运行和维修,电力的运用,电工材料性能的研究与试验为主,并增加了同重工业和基本建设有关的内容,以及围绕电工产品介绍、生产、选用、技改、维修等实用经验。刊物读者,主要是各地工厂、矿山、企业、交通、部队的初、中级电工技术人员以及中学以上学生,通过阅读获得大量理论知识和实际经验,举一反三,将其运用到生产实践,攻克了不少难题,取得了许多成果。一些电工还由此晋升技术职称,甚至被评上省市级劳动模范。所以,《电世界》是一本工人的杂志。

肇嘉浜路

肇嘉浜路本不是路，而是一条东西走向的河浜——肇嘉浜。1954年，上海市人民政府开始治理肇嘉浜，经过三年施工，共耗资754万元（新版）人民币，全线填平，东起瑞金二路，西至衡山路，南侧道路全长2 946米，北侧道路全长2 986米，以原来河浜命名路名。

"雄"冠国内唱片业的百代唱片

肇嘉浜路很长，从东头的瑞金二路（北）瑞金南路（南）起步走，闲庭散步一路经过陕西南路、嘉善路（北）大木桥路（南）、襄阳南路、太原路、小木桥路、岳阳路（北）、枫林路（南）、乌鲁木齐路（北）、东安路（南）、高安路、吴兴路、宛平路（北），来到徐家汇公园。公园深处绿树丛中掩映着一幢小洋房。走近发现小洋房红瓦坡顶，四周墙面砌红砖，一身红，因此上海人称之为"小红楼"。小红楼原属于百代唱片公司，底楼是录音棚及歌手休息客厅；二楼是音乐编辑办公室；三楼是公司老板、法国人乐班萨的起居室。因为小红楼曾经见证了中国流行乐坛近百年历史沧桑，曾经录制了许多在中国音乐史上占有一席之地的唱片，曾经接待了不少对中国音乐发展举足的轻重人物，是中国唱片史标志性建筑，所以在2002年徐家汇绿地改造时，小红楼作为百代唯一的历史遗迹保留了下来。

百代公司的前身系柏德洋行，于1908年由乐班萨创立，专门代理法国百代公司出品的各式留声机、唱片等，经营地址四川路（今四川中路）99号。1910年4月改名为百代公司。1915年年初，乐班萨决定在上海购地建厂，厂址选在徐家汇路1099号（今肇嘉浜路1434号），两年后工厂竣工投产。作为中国第一家唱片厂,以生产钻针粗纹唱片为主,片纹由外向内,片心处印有鲜明、红色的"雄鸡"商标,那就是俗称的百代"红片"。从此,红色"雄鸡"商标声名远扬。而唱片制作本土化,令百代公司事业驶入快车道,每年有大量新唱片推向社会。为了开拓新市场,百代公司不断在新录制、新发行唱片中加入新元素。1927年,黎锦晖开始创作一种全新风格歌曲,既适合广大市民欣赏口味,又带有比较浓厚的商业化气息。中国现代流行歌曲滥觞于此,其中《妹妹我爱你》和《毛毛雨》两首描写爱情的歌曲,经黎锦晖的女儿黎明晖首唱后,在上海大街小巷间一夜走红。商业嗅觉灵敏的乐班萨立即邀请黎明晖前来录音,并由百代公司以"特别新曲"名义于1927年12月15日发行。该唱片是中国最早公开发行的流行歌曲唱片,正当乐班萨打算更上一层楼大干一番时,法国百代公司却于1929年投资失败,结果殃及乐班萨,被迫拱手让出公司所有权。而新上任的管理者还未来得及展露身手,就被一波世界经济大萧条击倒,法商百代公司元气大伤,难以为继。1930年,英商哥伦比亚唱片公司收购了法商东方百代公司。鉴于百代唱片品牌影响力,新公司决定继续沿用"百代"名称,大量生产"雄鸡"商标的百代唱片,并定名为英商东方百代有限公司。1931年,英国留声机公司兼并了英国哥伦比亚唱片公司,组成英国电气音乐实业有限公司(即EMI)。之后,新公司将原来设在圆明园路19号4楼的总发行所迁往徐家汇,同制造厂合为一处。为了保持连贯性,新公司习惯称呼照旧、主营业务照旧、商标也照旧,还设立了老唱机修理部和唱片调剂处。20世纪30年代,百代公司职工人数上千,年营业额约为法币100万元,成为中国规模最大、设施最完备的唱片制造厂,许多大牌歌星都以能在小红楼里录制唱片为荣。随着国语流行音乐逐渐兴盛,唱片销售一片繁荣。作为唱片业龙头老大的百代,录制唱片种类最多、最受欢迎,几乎占据了流行音乐唱片七成以上市场份额。打开当时报纸,差不多每天都可看到百代的大幅广告。而沪上一些广播电台,也几乎不间断地在播放百代唱片。百代唱片销售量曾创下一个月超过10万张的记录。那时该公司的宣传广告语是:"当代名歌全归百代,影坛俊杰尽是一家。"沪上流行歌坛最负盛名的歌星如周璇、白虹、姚莉、李香兰等,均隶属于百代旗下;红透半边天的影星如阮玲玉、胡蝶等,也纷纷前来为百代一展歌喉。1931年,聂耳开始在百代公司担任音乐编辑。而聂耳为电影《风云儿女》谱曲的插曲《义勇军进行曲》,就是于1935年在小红楼里录制的。即使到了20世纪80年代甚至21世纪,国内很多音乐人依然将小红楼作为录制唱片的首选。像陈燕华的《燕子姐姐讲故事》,罗大佑《恋曲2000》里的弦乐、合唱部分,《摇啊摇,摇到外婆桥》中的插曲;等等。

抗战全面爆发期间,日军接管百代公司,委托日本蓄音器商会实施管理,对外仍旧悬挂"上海百代公司"牌子,继续使用"雄鸡"牌商标,但"英商电气音乐实业有限公司"的称谓被弃用,出品唱片底面打上了"大日本蓄音器"字样。1945年抗战胜利后,英商收回了百代公司所有权。从1946年至1949年5年时间里,百代公司又录制了大量脍炙人口的流行歌曲唱片。不过自1948年起,由于时局不稳,公司经营每况愈下,营业额也大幅下滑。且国民政府扶持的公营大中华唱片厂于1947年9月投产,对百代公司销售造成一定冲击。

1949年5月上海解放后,百代公司即以唱片销路不佳等为由,宣布停业。1952年1月,上海唱片厂在百代公司原址上成立,该厂对外称中国唱片公司上海分公司。

"固"守国货市场的固本肥皂

固本肥皂是许多上海市民至今仍在使用的国产日常生活品。其实追根究底,该牌子为舶来品,是1908年开设于斜徐路(今肇嘉浜路1001号)德商固本肥皂厂的主打产品,该厂月产化妆皂20 000打,洗涤皂7 200箱。1919年,五四运动爆发,国人掀起声势浩大的"抵制洋货,使用国货"爱国反帝热潮。中国近代著名实业家项松茂在对国内肥皂市场精心调研后,认为这是发展中国民族肥皂工业的大好时机,于是积极策划筹建肥皂厂。

项松茂,浙江宁波人,幼读私塾,14岁到苏州当学徒,1900年,学徒学期结束后任上海中英药房司账(会计),后奉命赴汉口开办分店,任中英药房汉口分店经理。1911年回到上海任五洲药房总经理。1920年年初,固本肥皂厂德国老板和德国技师由于第一次世界大战停战后本国经济建设需要,应德国政府急召回国。而该厂虽然已被买办张云江接盘买下,并易名张云江肥皂厂,不过因为经营不善、业绩不佳,面临重大亏损。因此张云江四处寻找买主,急于早日脱手廉价出让。项松茂通过业内人士得知后,不免心动。但项松茂的一些同事主张慎重考虑收购。于是他决定先考察再拍板,邀请在美国留学的制皂工程师,前往该厂经过仔细查看后,认为该厂的锅炉供热、动力设备以及制皂机器均系德国原装进口,运转良好,无须多虑,只要做好今后产品销售,一切问题便迎刃而解。且制皂机器还可用于制药,实为一举两得之生意。意见统一,收购敲定,最后项松茂以12.5万两银子将该厂买下。

但项松茂并没有获得制造肥皂的技术。肥皂厂的德国商人只售卖机器,对制造肥皂的工艺却严加保密。于是,项松茂从人才着手,网罗了一批化工系大学毕业生担任技术骨干,予以高薪,开展肥皂研制工作。另外为了在关键技术上取得突破,项松茂还特意派遣肥皂制作部主任乔装打扮,潜入设在上海的利华兄弟肥皂厂当了9个月的工人,刺探出其技术上的秘密。这样,经过多重努力之后,项松茂成功研制出高质量的肥皂,并定名为"固本肥皂"。

当年五洲固本厂的管理严格有序,有男女工共200余人,待遇优厚。男工日薪3至5角银元,女工日薪2至3角银元,统一由工头管理,技师指导。每日上工时间早七晚五,中间可午休一小时,每隔一天晚间加班四小时。不提供饮食,但提供约可容纳百余人的职工宿舍。

1922年,固本肥皂在上海国货展览会上荣获农工商部颁发最优特等奖,当年营业额达到26.4万两白银。为此项松茂在股东大会上报告:"(五洲固本皂厂)所制肥皂成绩甚佳,粗皂香皂销路极畅。若今年再加整顿,前途颇可乐观。"1923年工厂营业额升至32.9万两白银,1924年达到38.3万两白银。

"固本"肥皂问世后,其最大敌手自然是英国利华兄弟公司的祥茂肥皂。在原料上,利华兄弟公司遍布全世界的种植园,能为其提供质优价廉的原料。而在制作肥皂的重要材料烧碱上,利华兄弟公司也得到了英国公司优惠价格的支持。此外,英商所拥有的财力与技术,这些都不是五洲固本皂药厂所能匹敌的。为了对抗英商,项松茂的基本策略就是以质量取胜,其所生产的固本肥皂,外表坚实,颜色纯一,去污力强,持久耐用。相比之下,英商所生产的肥皂外观较差,去污力也不足。为了证明固本肥皂的质量,五洲固本皂药厂特意在各销售点进行现场展示,在两大碗清水中分别放入固本肥皂和祥茂肥皂。结果一段时间后,祥茂肥皂彻底融化掉,而固本肥皂仍很坚挺。1928年,上海交通大学化学专家在《化学世界》发文,向全社会公开两种肥皂检测结果,力证固本质量优于洋皂。由于五洲厂生产的肥皂价廉物美,广受消费者欢迎,引起洋商特别是英商祥茂洋行的妒恨,出高价欲收买五洲厂全部资产和商标拥有权,遭到项松茂一口拒绝。英商随即挑起价格战,为了打败固本肥皂,采用降价倾销的手段,妄想以此招数抢占市场份额,阻断五洲厂肥皂销售从而迫使五洲厂倒闭。项松茂亦针锋相对,毅然削价销售五洲厂生产的肥皂。最初固本肥皂定价是每箱六元七角银元,祥茂肥皂就定价五元三角银元。虽然祥茂肥皂价格较低,但是固本肥皂质量高,仍然受到广大顾客的欢迎。不得已之下,英商再次降价,将每箱的价格逐步降到四元四角银元和三元银元。为了应战,五洲大药房给予项松茂全力支持,相应降低肥皂价格,采取堤外损失堤内补策略,将其旗下五洲药房生产销售"地球"牌药品的部分利润,补贴给五洲固本牌肥皂。不久后便挫败了英商垄断皂业市场的企图,并使五洲固本肥皂成为当时最负盛名的畅销产品。

1937年"八一三"淞沪会战爆发,11月上海租界沦为"孤岛",五洲又遭浩劫。先是装满制药机器及原料准备内迁的船只,遭日机轰炸沉没,继而五洲固本皂药厂被日军占领,许多房产全被日军焚毁。随后又由日本油脂株式会社出面接管,威逼项松茂之子项绳武"合作",项绳武满怀国恨家仇,断然拒绝。日商无计可施,只能耍赖,抢先一步,公然利用厂里存余原材料,招工生产仿冒的五洲固本肥皂,用来欺骗不明真相的消费者。项绳武不顾自身安危,一方面登报声明伪皂来源及其特征,提醒消费者勿受其骗。另一方面,租用小沙渡路(今西康路)花园住宅,安装设备,恢复生产固本皂,并在皂面骑缝小商标上加印"小沙渡路出品"字样,让消费者识别真伪,加上经销店拒售假货,迫使日制固本皂再难鱼目混珠,销售停滞,只得改用"五星牌"商标。

1941年太平洋战争爆发,日军占领租界,五洲固本厂址、店铺均被日军军管。日本油脂株式会社"宴请"项绳武,重弹"合作"老调,再次遭到拒绝。

1945年抗战胜利后,因为内战,时局动荡,五洲固本厂举步维艰。1949年5月上海解放,该厂在人民政府帮助下,固本肥皂生产有了较大发展。1954年工厂积极响应人民政府号召,公私合营。自1956年起,五洲固本厂用国产香精配制出与进口货类似的香皂香精,先后研制投产玉叶香药皂、锦花香皂、月宫檀香皂和迎春香皂等新产品。1957年,该厂又专门为婴孩、儿童盥洗而特制护肤香皂。至1959年,厂里拥有高级香皂品种10余种,香皂产量达9 547吨,占肥皂总产量的21.3%。1958年,扇牌洗衣皂在五洲固本肥皂厂问世,这是一种高级半透明的洗衣皂,脂肪酸含量达72%。1959年,著名的上海药皂诞生,这种特效除菌皂,历经改良,长期畅销。1960年10月,在行业调整与改造中,五洲固本肥皂厂的肥皂和甘油两个生产车间设备、职工及所有产品并入上海制皂厂,原有厂址成为上海无线电四厂。

"钱"途光明的"双钱"橡胶制品

化学工业与人民群众日常生活息息相关,但在晚清民国之际,大到橡胶轮胎,小至肥皂牙膏,全部都是洋货舶来品的天下。为了挽回利权,一批有识之士决心实业救国,为民族化工产品创出一条路来。大中华橡胶厂就是在"抵制洋货,使用国货"的背景下,由余芝卿创办的。

余芝卿,浙江宁波人。早丧父母,家境贫寒,幼年失学,13岁那年背井离乡到上海谋生,进了一家叫德成仁的商号做学徒。满师后被派到镇江分店主持业务。过了一年后,回到上海。先后任大成祥、泰生祥号经理。后来,他用积蓄开办了永泰慎油号经销火油。谁知未赚到钱却亏了本,交了学费。1904年东渡日本,联系好货源后回上海重新开办和昌盛东洋庄,主营胶鞋,生意倒不错。1911年又在大阪开设鸿茂祥进出口商行,一面将中国土特产猪鬃、草席等销往日本,一面将日本的针织百货运到国内销售,并为上海十几家东洋庄代办进货,由此积累资金成为旅日侨胞中的富商。1925年发生五卅惨案后,因受国内抵制日货运动影响,余芝卿在大阪的鸿茂祥进出口商行营业开始衰败,后来濒临倒闭。既然日本货生意做不成了,余芝卿便另起炉灶,出资82 000银元,在上海筹办橡胶厂。1926年夏天,余芝卿特聘日本人加藤芳藏指导在日本实习的中方人员,同时登报招聘技师,来华安装设备。经过长达两年多的前期准备,一家完整的橡胶制品厂大中华橡胶厂于1928年10月30日在沪西徐家汇建成投产。刚开始,日产胶鞋1 000双,采用"双钱"牌商标,意味名利双全、福寿双全、两全其美。由于产品质量把关好,加上经营得法,"双钱"牌胶鞋信誉日增,一举成名。第一年就盈利20万银元,是创办资金的2.5倍。

由于厂里狠抓产品质量,"双钱"牌各类橡胶制品出现产销两旺的喜人景象。不久,余芝卿等高管决定分散风险,将工厂由独资改为合伙经营,并于1930年盘进交通橡胶厂,作为大中华橡胶二厂。次年,该厂吸收社会股份,使得工厂资本增至110万银元,职工人数扩大到2 200名。1931年9月,大中华先后购买位于宁国路上的日商泰山护谟厂和位于唐山路上的春华橡胶厂,分别改名为大中华橡胶三厂、四厂,老厂则称大中华橡胶一厂。同年12月,厂里资本扩至200万银元,并发行股票,成立大中华橡胶厂兴业股份有限公司,产品种类由初创时期的套鞋、跑鞋、人力车胎,扩大到球鞋、晴雨鞋、长筒靴、车胎、热水袋等,成为20世纪30年代国内民族橡胶行业中资本最雄厚、生产规模最大、设备最先进的大型橡胶制品企业。

当年,上海马路上行驶的各种汽车,有英国的、美国的、法国的、德国的,全部是进口货。就连汽车轮胎,中国工厂还无法生产,充斥市场的是英国邓禄普的"老人头"牌、美国的"固特异"和"固特立奇"牌、法国的"美趣"和"米其林"牌、日本的"BS"等品牌。尽管大中华橡胶厂是以胶鞋起家的,但余芝卿等人把目光投向了橡胶轮胎,决定为中国将来的汽车工业打下基础。1932年,大中华橡胶厂开始筹备生产汽车轮胎,并专门拨款20万银元。为了学习先进的工艺技术,薛福基亲赴日本,委托一家铁工厂设计图纸,并制造出全部的生产设备。机器装运回国以后,经过半年多的艰难试制,"双钱"牌轮胎于1934年10月成功投入生产。尽管日产量只有七八条,品种也只有两种,但"双钱"轮胎一经问世即深受市场欢迎。自1931年起,大中华橡胶厂生产的胶鞋先后获得国民政府实业部以及时任上海市政府的优、特等奖状和上海市商会荣誉奖状。1935年,"双钱"牌轮胎在新加坡"中华总商会国货展览会"上展出,并获特等奖状。

"双钱"牌轮胎的试制成功和投产打破了西方国家在轮胎制造和销售上的垄断。为此,英国邓禄普公司采取降价倾销的手法,以图一举压垮大中华橡胶厂的"双钱"牌轮胎。大中华橡胶厂在改进轮胎质量的同时,销售上也采取了灵活的措施。最后,"老人头"牌人力车轮胎每副跌到4银元,"双钱"牌每副只卖3.2银元,包用期也延长到10个月,又以分期付款的方式吸引顾客。几个回合下来,"双钱"牌人力车轮胎终于在市场上站稳了脚跟。邓禄普公司一计不成,再施一计,以"双钱"牌轮胎的金锭花纹与"老人头"牌轮胎的梅花花纹相似为借口,向国民政府商标局提出诉讼。其实,轮胎花纹图案仅为适合行驶条件而设计,并不具备商标的因素。而软弱无能的国民政府迫于压力,竟然判令大中华橡胶厂停止生产"双钱"牌轮胎。大中华橡胶厂不得不屡次修改轮胎花纹模具,但还是遭到邓禄普公司的蛮横攻击。被逼无奈之下,大中华橡胶厂聘请立信会计师事务所著名会计师潘序伦向国民政府实业部申诉,甚至直接上诉行政院,结果还是遭到无理驳回。直到1937年全面抗战爆发,上海华界、南京相继沦陷,这桩匪夷所思的"商标侵权案"一时无人追究,事情才不了了之。

1937年抗战全面爆发后,大中华橡胶三厂、四厂、原料厂以及全国各地营业机构遭到破坏,后来四厂全部机器和部分原料等120余吨物资在内迁途中也遭遇洗劫,损失巨大。为了避免日军干扰,厂部暂时迁往香港。1938年,大中华橡胶厂分别在徐家汇路和陕西南路,另办美泰制钙厂和德福织染厂。

1941年12月受太平洋战争影响,进口原料全部断货,位于租界内的大中华橡胶厂被迫全部停产。无奈之下,公司高管只能以商代工从事百货、房地产等业务,谋求生存。1945年抗战胜利后,大中华橡胶厂因受损严重,只得一点一点恢复元气。1946年6月,大中华橡胶厂盘进日商护谟工业株式会社,以替代毁于战火的四厂;1947年2月,盘进振隆铁工厂;同年4月盘进大安维新橡胶厂,改为大中华橡胶五厂;1948年3月,在天津盘进兴满橡胶厂,改为大中华橡胶六厂。到新中国成立前夕,大中华橡胶厂下属六家制造厂、三家原料厂、两家机器修造厂,共拥有职工4 000余人,另有两家独立经营的原料厂。

1949年上海解放后,大中华橡胶厂按照人民政府要求,主要生产军用"双钱"牌棉胶鞋等国家急用物资,支援抗美援朝前线,1955年为解放一江山岛的解放军战士生产武装泅渡时用的救生气囊,为此两次受到上海市人民政府和军管会的隆重表彰。1954年,厂里响应国家号召,率先实行公私合营。

走时精确的三个"5"时钟

1843年上海开埠后,随着钟表商业发展,逐步出现前店后工厂的钟表工业雏形。1852年,抛球场后马路(今天津路河南路口)最先出现张恒隆钟表店,该店以手工制作插屏钟,年产100只,多数销往北方地区。后来又陆续开办的钟表厂有美华利厂、中国时钟厂、景明厂等。

1937年抗战全面爆发,炮火连天、人心惶惶,经济普遍不景气。天津大伦绸布庄经理毛式唐因生意清淡,携款来沪寻找机会。逗留期间,毛式唐结识了上海钟才记木壳厂厂长钟才章和中华教育用具厂工程师阮顺发。闲聊中三人发现,进口的日本、德国货在国内时钟市场上相当畅销,国货时钟却制作粗糙、质量较差而少有人问津。毛式唐等觉得时钟市场有商机,萌生了打造中国人自己的品牌时钟的想法。经过多次市场调研,三人一致决定合作创办一家钟表制造厂,由毛式唐出资120万元法币,钟才章出生产场地,阮顺发负责生产技术。工厂名称起得很高大,叫"中国钟表制造厂",1940年1月创建于徐家汇路(今肇嘉浜路)608号钟才记木壳厂内。

当时国内时钟市场上销售的国货时钟,大多数只能连续走7天。阮顺发与厂里技术人员努力创新,悉心研究日本"宝时"牌8天钟和德国"J字"牌14天钟的内部结构,试制出带有活套弹簧装置的"活摆"结构,使钟可以连续走上

15天,具备"挂歪摆歪虽歪不停,倒拨顺拨一拨就准"的独特功能,在竞争激烈的时钟市场上独树一帜。中国钟表厂为了突出自己首创的能连续走时15天的性能技术,采用了工程师阮顺发设计的3个"5"字作为商标图案,并且定名为"三五"牌。因为质量上佳,"三五"牌时钟在国内时钟市场上一炮打响。

中国钟表厂关键人物阮顺发,浙江奉化人,8岁进虹口密勒路(今峨眉路)基督书院念书,喜爱画画,15岁辍学。1912年去英商耶松船厂打样间做练习生。为学到技术,阮顺发下车间拜师,努力勤奋,初步掌握了车、钳、刨等技术。两年后又分别跳槽瑞熔船厂和祥生船厂,学习车、钳、刨。1927年进周彩道机器厂做车钳工及打样工。1934年进中华教育用具厂工作。阮顺发动手能力极强,因不满国内时钟市场被日本、德国货所垄断,遂生自造时钟之念。他从旧货摊上淘来一只旧闹钟,研究改装成可显示月、星期、日和时辰的钟(又称八用钟)。该发明受到中华书局教育仪器厂经理胡庭梅赏识,他被聘为工程师,月薪120银元,并一次性付给发明费300银元。由于"八用钟"新颖别致,功能齐全,销路很好,阮顺发月薪涨了一倍。1940年,阮顺发以月薪300元法币以及10％红利加盟中国钟表厂。

在研发出"三五"牌时钟后的第二年,阮顺发又对时钟的结构做了三次重大改进,应用英国天文钟后退式样擒纵结构,把原来顺齿改为逆向转动,使得15天累计误差从10分钟降到5分钟,并且改进了主体设计,更新了所有工夹模具,消除了时钟停摆之虑。还设计新颖风轮翼来控制打点速度,并根据琴弦发音原理采用两根长短不一的直弹簧,令时钟报时音质变成复音,入耳和畅。当昌明钟厂在市场上推出能走时18天的时钟后,阮顺发立即研制出能连续走时21天的时钟,为同行瞩目,被誉为"中国之钟""国货之光"。厂里为了表达对阮顺发所做贡献的感谢,特意在时钟机件夹板上敲上"阮式"印记。

中国钟表厂在阮顺发带领下,多次技术创新,不断增加时钟品种,曾先后推出长挂钟和台钟等新产品。结果"三五"牌声誉鹊起,成为风靡市场的名牌产品。在新产品获得成功的基础上,阮顺发等再接再厉,又多次改进技术,使得"三五"牌时钟走时精度由日误差40秒减少至20秒。不久,阮顺发试制成功将发条开足,可连续走时31天的时钟。中国钟表厂创建与发展,令国货时钟制造提高到一个崭新水准。同时,使得上海成为我国时钟制造集中产地。随着中国钟表厂创建,又有亚洲钟厂、华强钟厂、远东钟厂、时民钟厂、文华钟厂以及生产金属表带、表壳、表油、发条、游丝、玻璃钻眼、木壳、表面、表针等配件的近200家零配件厂相继开业。上海时钟制造行业基本形成。1941年12

月,太平洋战争爆发,日军强行进入租界。由于上海港口被日军完全封锁,中国钟表厂时钟外销业务被迫全部中断,内销业务也面临着激烈市场竞争。1945年8月抗战胜利,虽给民族工业带来一丝生机,终因社会动荡、通货膨胀、货币贬值、物价飞涨,令中国钟表厂一蹶不振,厂里常常无法收到客户所订购产品的货款。原来一台"三五"牌时钟市场价,能换一只"英纳格"手表,外加两枚银元。但是被国民党当局无理强制压价后,产品出售后得到的资金根本补足不了原材料价格,造成工厂严重亏损。到了1948年,中国钟表厂账面上因为仅剩133元金圆券,经营实在难以为继,最后不得不于1949年5月1日停产,每位职工发放遣散费及一只"三五"牌台钟。

1949年5月27日上海解放后,厂里生产的"三五"牌时钟由上海中百供应站统一收购,销路有了根本保障。1952年下半年,工厂恢复外销业务。1954年12月,中国钟表厂实行公私合营,先后有文华钟厂、仁泰机器厂、顺兴螺丝厂、森昌电镀厂等并入。不久,厂里研发出国内第一只长三针背铃闹钟,可延长寿命5至10倍。该新技术在全国闹钟行业得到普遍推广应用。不久,又研制成功中国第一批细马表主夹板,为我国第一批17钻细马手表诞生做出贡献。1956年,设计出国防气象信号灯自动开关。1957年,中国第一台应用于时钟并显示日历、星期和日夜的双历装置问世。1960年4月,该厂制作出我国第一批音乐台钟,外观呈飞机型,能按时奏响优美庄重的"东方红"乐曲。1983年,"三五"牌木钟在全国木钟评比会上被评为第一名,并荣获国家银质奖章。

依旧行空的"飞马"内衣

老上海都知道,"飞马"商标是名牌针织内衣,乃上海景福衫袜织造厂(简称景福厂)的拳头产品,从20世纪40年代迄今,在国内外市场上拥有很高知名度,百货公司、大型超市和网购网站的货架上均可以发现其踪影。

1937年,徐文照同好友徐云庆集资共2万余元法币,在闸北中华新路200号创建了景福衫袜织造厂。当时景福厂只是一家弄堂小作坊,雇佣了10多名职工,主要生产白色针织坯布,产品大多销往长江流域南京、汉口和重庆一带。因为景福厂早期投入生产资金不多,所以坯布产销量不大,完全靠徐文照在景纶厂的一点业务关系维持厂里生产。工厂开工半年多,情况刚有起色,准备大批量生产之际,抗战全面爆发,闸北恰好位于枪林弹雨的前沿阵地,经常遭到日军飞机轰炸,导致厂区附近交通中断,产品和原材料根本无法及时运送。面对日军猛烈炮火威胁,厂方只能将厂里部分生产设备搬迁到法租界徐家汇路(今肇嘉浜路)惠荣坊1号,继续生产。

不久,景福厂利用赚到的部分盈余,先后购置了缝纫机等生产设备,开始生产汗衫和背心,同时启用"飞马"牌商标。因为"飞马"牌内衣具有透气、滑爽、吸湿性较强等特点,且做工考究、穿着舒服、品质精良,所以很快打进南京路(今南京东路)四大百货公司,永安公司还为景福厂的"飞马"牌针织内衣设立专门橱窗广告和销售专柜。为了进一步扩展"飞马"牌商标社会影响,景福厂出高价邀请沪上知名广告公司,分别在南京路等商业闹市中心及沪宁上海铁路站、十六铺轮船码头等人员流动较大地区,竖立大型户外广告牌,使得广大市民随处可见"飞马"牌针织内衣广告,令"飞马"牌针织内衣的知名度不断提高,产品畅销全国。1942年,景福厂改组为股份有限公司,发行股票。公司实有资本储备券1 500万元,由徐文照出任董事长兼总经理。一年后,徐文照出手购进厂附近徐家汇路1260号(今肇嘉浜路688号)一块8.6亩地皮,建造新厂区。年内,新厂房落成,并增添了漂染设备,成为织、染、缝全能型针织厂。作为织造业后起之秀的景福厂,令同行们刮目相看。而景福股票也成为当年上海证券市场里"三小热门"。

正因为景福股票热门抢手,所以每当景福厂感到流动资金短缺时,便打融资主意。拿着景福股票,到银行和钱庄抵押贷款,没有一次"打回票"。最多时,景福厂曾经向40多家银行和钱庄借过钱,贷款总数经常远远超过厂里月生产价值总额,且一旦贷款借到手,厂方就大批买进粗纱原料,以防止通货膨胀。

1948年8月,国民政府风雨飘摇,国内通货膨胀、物价飞涨。景福厂卖出产品后,来不及补进原材料,亏损严重。另外恰逢币制改革,金圆券失败,人心不稳,一有风吹草动便惊慌失措,市场一片萧条。原来景福厂依赖发行股票筹集资金、扩展业务等一套做法,也宣告失灵。次年初,由于"飞马"牌各类内衣积压较多,资金周转发生困难,景福厂面临倒闭风险。厂方为了渡过难关,裁掉了一半职工。

1949年5月,上海解放。由于厂方高管长期受国民党反共宣传影响,对于人民政府的工商政策一下子还没完全搞清楚,加上那时全国各地交通尚未恢复,所以生意非常清淡。作为管理层,厂方不把心思放在生产上,而是整天利用利率浮动买进卖出赚差价,甚至产生了吃光拉倒的消极情绪。到了8月初,各地交通逐渐恢复,市场也逐渐活跃。利率与粮价在人民政府掌控下,开始稳定。天津、汉口两地客商来到厂里要求购买"象"牌坯布。这令厂方感觉有希望了,因此立即召集全厂各部门负责人开会动员,并向银行和钱庄贷款五千万元人民币(旧版,下同),以周转资金维持生产。9月中旬,厂里陆续接到上海贸易总公司和四野后勤部订单。于是生意慢慢兴旺起来。不料两个月后,情况发生突变。上海滩上部分投机商人唯恐天下不乱,兴风作浪,投机倒把推高物价。而厂方自作聪明,以为又可以像新中国成立前那样买空卖空躺着赚钱,就马上向各银行和钱庄借了3亿元人民币,大批吃进6支纱。根据景福厂老板的如意算盘,满以为有了这笔借款,每天可生产400打卫生衫,不出三天,1 200打卫生衫不仅可还清借贷还能有结余。何况物价照此情形一路涨下去,如此往复,步步高升,企业困境就可以迎刃而解。但天算不如人算。至11月底,政府出面稳定了物价,于是纱价回落,景福厂资金全线被套,厂里存货卖不出去。即使卖掉一些,也是不得不亏本割肉。而为了发薪水,维持工厂运转,又得到处借钱背债。就这样恶性循环,息转本、本生息,负债越来越多。拖到年底,光是利息就得付出18亿元人民币以上。景福厂终于顶不住了,于1950年1月10日宣告停业。这时,摆在景福厂面前只有两条路:一条是干脆将厂卖掉,手握资金跑去中国香港,再在那里一心一意把景福香港分厂搞起来;另外一条则是盘掉香港分厂,把资金抽回来,还掉一部分欠账,多余的钱投入生产。何去何从,两种并不相容的道路在老板徐云庆脑海里展开了激烈较量。为此徐云庆整整十天十夜没睡好觉,深思熟虑,又仔细阅读了人民政府的经济政策,回忆起厂里职工们热火朝天的干劲,以及五星红旗上明亮闪耀的四颗小金星。最后徐云庆斩钉截铁作出决定:盘掉香港分厂,将资金抽回上海总公司救急。1月16日,厂方邀集了各部门负责人,详细检讨了停业原因,主要是机构臃肿、遇事浮华、盲目生产、存货积压太多、资金周转不灵等。针对这些问题,厂方重新制定了计划,决定精简机构、以销定产、盘出香港分厂。为了逐步落实计划,首先将总管理处撤回厂里工作。然后与百货公司签约订货合同,以4个月为期,每月交付汗衫5 000打,维持了过渡时期职工生活。4月28日劳资双方又重新根据市场现状,估计了可能的销售量,制定出生产量标准。再根据生产量标准决定实际留用职工为227人,由市劳动局批准,双方签订劳动协议。精简工作在工人们照顾厂里长远利益以及政府帮助下,得到完满妥善解决。而天津、汉口两地发行所撤销后,出盘香港分厂的计划,经过三个多月努力,也已经顺利实施,共收进四十余万港币,用来支付上海300多名职工的解雇费。机构精简后,景福厂有活力了。同时国营企业也伸出援手,市百货公司为了照顾景福厂复工,又向该厂订购5 000打汗衫,且先付一半订金。依靠这笔资金,景福厂采购了原材料,至5月15日重新全面开工,6月20日交付。接着又接受百货公司8、9、10三个月每个月承制5 500打卫生衫的订货,占该厂平时淡季销售量的70%。另外,人民银行领导的私营企业审核小组也通过了中国通商银行贷款12亿元人民币申请,以扶助景福厂生产。资金有了来源,产品有了销路,所以自复工后,厂里就没有再停过一天,职工们生产热情大大提高。其间,被解雇的职工们也陆续回到厂里。1954年10月,景福厂积极响应人民政府号召,实行公私合营,并改名为公私合营景福针织内衣股份有限公司。1956年8月,上海市纺织系统进行产业结构调整,26家小型针织厂并入景福厂。1960年,企业改名为上海针织工业科技研究所。1961年11月,名称恢复为景福针织内衣织造厂。1998年,上海市产业大调整,企业改名为飞马针织有限公司。难能可贵的是,不管企业名称如何变动,"飞马"牌针织产品商标始终岿然不动。

制造局路

制造局路,北起徐家汇路,南至龙华东路,全长1 647米,1891年筑,因北端地处斜桥,故名斜桥南路,后因南达高昌庙,更名高昌路。1946年因路通往江南机器制造局,改今名。

中国近代最大军工厂

清廷洋务派代表人物曾国藩、李鸿章等深感洋枪洋炮厉害,就想利用西方技术,抵御外敌。而那时候清军的洋炮局大多数规模小、产量低,生产出来的枪炮性能和质量远不如洋货。为此,李鸿章于1864年9月函陈总理各国事务衙门,建议在上海开厂,仿造洋枪洋炮。大约过了9个月,总理各国事务衙门允许并授权李鸿章负责筹划办厂事宜。

事情也凑巧,此时虹口有家曾为清军制造大炮等武器的美商旗记铁厂准备出售,李鸿章便有意将该厂买下来,然后再将其与丁日昌管理的苏州洋炮局合并,扩建成一个大型军工企业。不料派去交涉的官员遭到了厂方拒绝。因为美国人见是官方收购,一定财大气粗,便坐地起价,开价10万两白银。双方争执不下,始终谈不拢,一拍两散。美商旗记铁厂随后又坐等买主,但鲜有人问津。无奈之下,美国人不得不主动找李鸿章,把价格降下去一大半,最后以4万两白银成交。

1865年9月20日,李鸿章将苏州洋炮局部分机器以及曾国藩派容闳从美国买回来的机器,以上海洋炮局名义,并入旗记铁厂,正式成立江南制造总局,造办经费54万余两白银,开始生产枪支和弹药。然而虹口当年为公共租界,美国人不允许华人在租界内生产军火,且由于场地租金贵,加上厂区狭小,无法扩充以容纳添购的新设备,制造总局便在高昌庙购地70亩建造新厂,有机器车间、洋枪车间、汽炉（锅炉）间、铸造车间、轮船车间等。1867年落成后搬迁至新厂房，后经不断扩建，1894年厂区占地面积达到1 100亩，员工超过3 000人。制造局工人因其专业技能，成为中国近代最早形成的一批技术工人，其薪水是一般城市苦力的4至8倍。

尽管花了大量银子，但江南制造总局生产并不顺利，管理上还是存在着浓厚的衙门习气，造出来的武器质量不佳，且成本相当高，每支步枪为17.4两白银，而洋枪仅为10两白银左右。到19世纪末，江南制造总局一年可以制造子弹9万发、地雷200枚、枪支2 000支。

1905年3月，造船业务正式从江南机器制造总局划分出来，史称"局坞分家"。江南船坞仅在1905年至1911年的6年间，就造船136艘，其中建造的清海军大臣载洵座舰"联鲸"号获誉"船式美观，工程坚实"。1912年，北洋政府把江南船坞划归海军部直接管辖，改称"江南造船所"。1918年8月，江南造船所开始为美方建造连美国人都未造过的4艘万吨级运输船。由于第一次世界大战刚刚结束，美方要求这批万吨轮从先前侧重于战时运输变更为一般商业运输。江南造船所为此进行全新设计。1920年6月3日，中国人建造的第一艘万吨轮"官府"号顺利下水，同年8月3日，"天朝"号下水；翌年2月23日，"东方"号下水，5月26日，"国泰"号下水。4艘万吨轮的排水量为14 750吨，并都在1921年内开赴美国。尤其值得一提的是，那4艘万吨轮所配置的3 000匹马力三胀式蒸汽机都是江南造船所自行设计和制造的。轮船竣工试航时，当场测得航速达到每小时12.09海里，比正式签订合同规定的快了1.59海里，结果令美方称赞不已。

1937年7月，抗战全面爆发，江南造船所被日军侵占，改名为"三菱重工业株式会社江南造船所"，自此，江南造船所陷入了苦难深渊。

1949年5月，上海解放。1953年，更名为江南造船厂。

中共第一个产业工人党员

正因为接了美国海运委员会4艘万吨轮订单，江南造船所自1918年起，对厂房、设备做了大规模扩充，工人则从原来的3 000余人猛增至8 000余人。此刻，湖南第一师范毕业的李中来到上海寻求真理，他面见陈独秀后，后者给出建议是去当个产业工人，争取实现从知识分子到工人的觉悟蜕变。然后利用工人身份,广泛发动工人、组织工人,在工人中宣传马列主义。但问题是到哪个工厂去当产业工人?李中认为要去就去上海最大的工厂,这样才能发动、组织更多工人。而江南制造所便是上海近代工业发祥地和上海产业工人基地,聚集着近万名产业工人,又恰巧忙着招工。于是,李中进了江南制造所。

因为厂里对技术有较高要求,所以招工条件极为苛刻。而李中由于缺乏企业工作经验,且没有技术,只能安排干最苦最累的力气活——打铁,并规定刚开始时不发工资,等技术熟练了才给。李中为了能同工人打成一片,完成身份转化,根本不考虑个人得失。功夫不负有心人,李中仅用了一个多星期,镦粗、拔长、冲孔、扩孔、弯曲、切割、扭转、错位、锻接等打铁工艺活,样样拿得起、放得下,连老工人都不得不夸他是把好手。结果,第一个月,厂里发给李中6块银元,从第二个月起,将李中工资标准定到12银元。

李中考虑在江南造船所搞工运,除了该厂工人众多之外,还有一个因素就是地缘关系。晚清时,湘军中有不少人后来走上仕途,且是来到上海做官。因此在江南制造局这个晚清最重要的军工厂里,也有相当数量的湖南籍管理人员。湖南籍领导近水楼台,招来了许多老乡。由于大量湖南人在江南制造局打工,又不断跟来家属,因此在厂区附近逐渐形成了一些湖南人社区。本来上海并无湖南会馆,自从江南制造局兴起后,沪上的湖南人多了起来,便造了湖南会馆,还建有瞿真人庙。如今的瞿溪路,便是因为通往瞿真人庙而得名。

虽然在1905年时,江南造船所独立建制,但湖南人依然在船厂工人里占大头。而对于同样是湖南人的李中来说,在江南造船所打工,优势就非常明显:首先是李中同学蔡和森的父亲也在该厂打工,李中可以通过此层关系,更容易融入工人之中;其次是湖南话较难听懂,身为土生土长的湖南人,在语言上没有任何障碍,李中能巧妙利用这一点,在湖南人聚集场所有效开展工人运动;最后是江南造船所作为当年沪上最大工厂,拥有近万名产业工人,而工厂所处半淞园地区,也因为造船所存在吸引了大量工厂在其周边落户。所以江南造船所是联系工人阶级、开展工人运动的一个极好落脚点。因此当陈独秀得知李中在江南造船所站稳脚跟,且在工人群众中很有威望后,欣喜异常,并对李中格外看重,特邀请李中与自己同住老渔阳里2号。这绝对不是一般私人感情,而是陈独秀对工人阶级的重视。正是在陈独秀居处,李中得以结识李达、李汉俊、李启汉、俞秀松、陈望道等人,并被吸收为中国共产党上海发起组成员,成了一名最早的"工人共产党员",且是中国共产党最早的50多名党员中,仅有的4名工人党员之一。

中山东一路

中山东一路地处上海老城厢以北,属旧城厢以外,故有"外黄浦滩"之称,简称外滩(临江一面均称"外"),亦称黄浦滩。上海开埠前,黄浦滩一带人烟稀少,浜河纵横,是芦苇丛生的荒滩。1840年鸦片战争后,英国殖民者对"利于贸易运输,有发展余地"的黄浦滩十分垂涎。根据中英《南京条约》,1843年上海辟为通商口岸,英方即擅自规定从吴淞江(即苏州河)口至洋泾浜(今延安东路)的黄浦江面为洋船停泊区。1845年,英国驻沪总领事巴富尔经同上海道台宫慕久商定《上海土地章程》,议定黄浦江以西,洋泾浜以北,李家场(厂、店)(今北京东路)以南地区为英人居留地,"租给英商建屋居住"。次年议定以界路(今河南中路)为西界,占地830亩,租界开始形成,洋商接踵而来,建房开设洋行,黄浦滩逐渐热闹起来。为了便于进出,租界于1848年筑路,南起延安东路,北至外白渡路,全长1108米,因为该路原为黄浦江边滩地,故名外滩、黄浦滩、黄浦路。1865年以长江下游的江段名命名扬子路。1890年改名黄浦滩路。1945年为纪念孙中山改今名。

新中国首家中外合资企业

1949年新中国成立后,满目疮痍、百废待兴。以美国为首的西方敌对势力对中国实行所谓经济制裁,并进行海上封锁禁运。据统计,在头三年里,就有228艘次中外商船遭到武装拦截,各种急需的生产建设物资无法从海上运抵国内,与社会主义国家之外的国际贸易举步维艰。而仅靠中苏陆路交通运输远远不够,还得开通海洋运输,方能满足需求。因此,破除封锁,掌握海洋运输主动权,建立一支属于自己的大吨位海上运输船队迫在眉睫。但问题是当时中国底子薄,经济实力和人才储备不足以建立独立的远洋运输船队,且这支船队必须悬挂外国旗帜,才不至于遭到拦截。

党中央运筹帷幄,决定与友好国家建立合资海洋运输企业,以粉碎西方国家经济制裁和封锁。而作为第一批承认中华人民共和国的波兰,患难时刻向新中国伸出了友谊之手。那时候,波兰是全球航运大国,有着庞大的远洋船队和发达的航海技术。为了帮助中国建立一条通向世界的海路,1950年6月,波兰驻华大使向中国政府建议成立两国合资轮船公司,得到认可。毛泽东在认真阅读交通部起草的汇报文件后,写下"好好办"三个大字。周恩来逐条修改,审定中波两国代表在京谈判拟就的创办协定,并确定了"中波轮船公司"的名称。中波轮船公司获得了新中国第一张中外合资企业营业执照,并于1951年6月15日在天津成立。9月7日,中波轮船公司波兰分公司在波兰格丁尼亚二月十日街挂牌。

1951年5月,中波轮船公司首班货轮"普拉斯基"号由波兰抵达天津港。正是通过中波轮船公司,中国可以购买和租用轮船,发展航运。为了保密,中波远洋货轮只悬挂波兰国旗。尽管创立初期,中波轮船公司非常艰难,但经过双方不懈努力,交出了满意答卷。在成立后仅仅半年,便完成了欧亚航线18个航次,承运各种急需物资14万吨。在一年多时间里,为我国从苏联等社会主义国家运回52家工厂的设备。至1953年年底,中波轮船公司已拥有11艘远洋运输船,合计约11万吨,有力地支持了新中国恢复国民经济以及抗美援朝所需物资的供应。20世纪50年代,中波轮船公司从东欧运回了国家紧缺、急需的燃油、钢材、橡胶、机器设备及各种原材料;从叙利亚、埃及等国运回棉花种子;并运送铁矿石到波兰;等等。除了运输物资,中波轮船公司还在装运汽车和机车过程中,创造了汽车叠汽车、机车快装等新工艺、新技术。实际上,中波轮船公司又是新中国海洋运输人才培养基地,为中国远洋事业培养和输送了第一代专业人才。1962年,考虑到上海在国内的国际贸易龙头地位,为了更方便开展业务,中波轮船公司总部从天津迁往上海,搬进中山东一路18号的春江大楼(原麦加利大楼)。

整个20世纪50年代,中国与波兰两国之间关系处于全面发展伙伴时期,两国互相支持、密切合作,甚至中波轮船公司所有往中国运输的物资,波方从来不向中方结算运输费。值得一提的是,1961年,中国正值三年困难时期,人民生活遇到极大困难,急需从农业高产国家美国、澳大利亚进口粮食。但是要远洋轮船运输粮食肯定会亏本,且当年冷战背景下东西方阵营矛盾重重,壁垒森严。如此背景下,波兰官方能否同意中波轮船公司承担运输粮食的重任?很快,波兰官方表态:"为了兄弟的中国人民有饭吃,亏本也运。"结果公司7艘适合装运粮食的货轮全部放下手中业务,直航美国和澳大利亚,不仅运回了大批粮食,还运回了急需的棉花、种子和化肥。

19年后,由于东欧国家社会局势动荡,波兰国内发生较严重的经济困难,时任波兰政府请求中国给予支援。中国政府立即伸出援手,先后3次以长期无息贷款方式向波兰支援8万吨冷冻猪肉,并以低息贷款方式提供各类丰富的生活用品。而运输冷冻猪肉的重任,责无旁贷落在中波轮船公司肩上,公司8艘具备冷冻舱的货轮统统出动。8月的上海,室外气温达35度摄氏以上,且那时海港装卸自动化程度并不是很高,给冷冻猪肉装船带来了困难。更麻烦的是远洋货轮开往波兰途中,有很长一段航程是沿着赤道西行,三天三夜炙热的赤道骄阳把货船上的甲板烤得可以煎熟鸡蛋,但冷冻舱内必须一直保持零下20摄氏度。一冷一热,冰火两重天。为了保证冷冻猪肉质量,中波轮船公司事先制订了周密计划、预案和技术保障措施。当八船冷冻猪肉顺利抵达波兰格丁尼亚港时,波兰人民奔走相告,并由衷感叹:"中国人的心像天上的星星一样美好。"中国船长真诚回答:"因为我们中国人始终记得,在我们困难时期,是你们帮助了我们。中波轮船挂波兰国旗,两国船员一起合作;到后来挂中国国旗,我们也不会忘记你们。中波轮船公司见证了中波两国历史凝聚的友谊。"

最初中国与波兰两国成立中波轮船公司,是基于政治因素。不过当日历翻到20世纪80年代之后,已经是市场化运作了。尤其是为了改革开放需要,中波轮船公司承运了不少复杂及超长、超重货物,譬如上海地铁一号线、二号线车厢,全部是由中波轮船公司从德国运回来的。1992年,公司具备运载26米长车厢的货轮仅6艘,且要运输超长大件,还得割掉船上护板或桩柱。将车厢固定在船舱后,仔细的船员还要用毛毯把整个车厢蒙上,生怕因为碰撞划出痕迹。10年来,中波轮船公司同上海地铁建设一起进步,及时运来所需设备,成功率百分之百,共有53列318节车厢,完好无损先后运到上海。

中波轮船公司以4艘旧船起家,经过半个多世纪发展,已成为拥有3亿美元净资产,船队规模超过30艘、总运力近100万载重吨、航线遍及世界最主要国家和港口、全球重大件设备领域的远洋运输领军企业。

中国近代首家轮船运输企业

19世纪60年代,有不少做生意活络的华商,购买或租雇洋船却又挂靠在洋商名下。该现象令清政府不得不开放购买或租雇洋船禁令。如此形势下,一些有识之士提出由中国人自组新式轮船企业。清政府其实相当担心中国航运业会完全落入外国公司手中,以致漕粮运输受制于人。因此总理衙门对当时容闳按西方公司章程来筹组新式轮船企业的建议,有相当大戒心。总理衙门对此建议批示的条件是,轮船必须为华人所有。因此此事一再延迟,直到李鸿章改以官督商办方式才出现转机。

1872年12月23日,李鸿章正式向清政府上奏《试办招商轮船折》,重申成立招商局目的是为了承运漕粮和与洋商分利,同时提出了"官督商办"制度构想,即新办企业由商人出资,合股资本为商人所有,公司按照自己规范章程制度管理。企业在政府监督之下,但是盈亏全归商办,与官无涉。三天后,清政府就批准了这份奏折。次年1月17日,中国近代史上第一家轮船运输企业在上海洋泾浜永安街正式开门营业。当年,招商局轮船"伊敦"号由上海首航香港,开辟了中国第一条近海商业航线。不久,又开辟了至日本的中国第一条远洋商业航线。

招商局成立后,原本由旗昌、太古、怡和三家英美洋行瓜分长江内河航运的垄断局面被打破。经过第一轮价格战后,规模最大的旗昌轮船公司亏损越来越严重,股价大跌。到了1876年,旗昌洋行老板有了出售在华全部产业的念头,并放出消息。最后招商局经过几轮谈判,以222万两白银价格收购了旗昌轮船公司所有产业,包括7艘海轮、9艘江轮及各种趸船、驳船、码头、栈房和位于外滩9号的旗昌洋行办公大楼,商定先支付白银100万两,其余欠款分年支付。

招商局并购实力雄厚的旗昌轮船公司,是中国近代工商业发展史上具有里程碑意义的大事。吃卜旗昌洋行后,原本只有11艘轮船、资本额仅75万两白银的轮船招商局拥有了29艘轮船,成为中国水域上最重要的一家航运公司。经过惨烈价格战,几年后,太古、怡和两家洋行巨头不得不找上门来,与招商局三次(分别为1877年、1883年和1889年)签订"齐价合同"。中外公司在各条航线上共同议定统一价格,确定水脚收入和货源分配方案。这是一个双方妥协折中的方案。但从招商局方面来说,却具有打破外轮垄断中国航运业的积极意义,这在一定程度上保护了中国权利。

在唐廷枢、徐润主持下,轮船招商局经历了企业发展史上的第一个"黄金十年"。通过努力,招商局不仅拥有了长江和沿海航运大部分市场,还在菲律宾、泰国设立分局,拓展了南洋运输业务,同时远航英国、日本、新加坡、夏威夷和美国本土。招商局成为中国当时最大的轮船企业,经营轮船由最早的3艘增加到30多艘。唐廷枢为了开展码头货栈和轮船保险业务,还与徐润等人先后创办长源泰、长发两家货栈及仁和、济和两家保险公司,成为中国人自办保险公司的先驱。

1929年6月,国民党二中全会议决,招商局脱离交通部改隶国民政府。

整个全面抗战时期,日寇为了破坏中国战时经济基础,掐断中国战时军事运输动脉,将招商局的庞大船队和码头仓库列为重点打击目标。早在1932年日军发动"一·二八"事变时,就调集军舰集结吴淞口,阻止招商局等中国航运公司的轮船进出。日军飞机还向招商局南栈等处投掷炸弹,令招商局人员和财产遭受严重损失。1937年抗战全面爆发前,招商局共有大小船只53艘,计86 000多吨。8月13日,日军进攻上海,重兵封锁吴淞口,企图一举攻占上海,进而沿长江西上。为挫败日寇计划,国民政府决心在淞沪地区与日军会战。同时为配合防御作战,阻断日海军西进通道,决定征用部分船龄较老且不宜行驶于内河的船只,沉于江海各要塞。招商局深明大义,当即慷慨应征,先后在上海吴淞口、江苏江阴、浙江镇海、江西马当、湖北宜昌等多个要塞,自沉船舶24艘,占招商局船舶总吨位的40%,成为被征用塞江船舶最多的航运企业。一艘艘装满石块的轮船自凿沉没后,迟滞了日军进攻速度,为中国军民及大量物资内迁赢得了宝贵时间。

与此同时,招商局采取多种措施,积极进行战时物资运输,采取水空联运、水陆联运等多形式联运,对中国抗战物资运输做出了巨大贡献。抗战胜利后,1945年10月,招商局迁回外滩办公,在长江和沿海各分局、办事处也陆续恢复。招商局通过接收敌伪船舶、购买美国和加拿大剩余船舶,迅速扩充运力。1948年6月,招商局共有船只490艘,计40万吨,达到成立以来的最高点。

1949年5月27日,中国人民解放军解放上海,上海市军管会接管招商局,招商局从此回到人民手中。1951年2月1日,招商局(上海总公司)改组为中国人民轮船总公司。

中兴路

中兴路,东起横浜路,西至交通路,全长3 305米,1912年填虹江筑西段,1921年填横浜筑东段,名中兴路,含中华振兴之意。1927年为纪念孙中山改名中山路。1930年辟中山北路时,恢复原名。

"湖州会馆"发号施令

上海是中国工人阶级诞生地,20世纪20年代初,上海就有56.3万余名工人,其中工厂工人18.14万人,人数之多、集中程度之高为全国之首。中国共产党历来非常重视上海工人运动。1921年8月中共一大召开后不久,就在上海成立了中国劳动组合书记部,作为公开领导工人运动的总机构。1922年5月,中国劳动组合书记部在广州发起召开第一次全国劳动大会,通过了《全国总工会组织原则》等决议案。次月,中共中央提出在上海建立总工会计划,但因故未能实现。经过上海日商纱厂1925年"二月大罢工",工会组建工作有了较大发展。同年5月,第二次全国劳动大会在广州召开,大会讨论了上海工人运动情况,通过了《上海问题决议案》。参会代表返沪后,根据"应由此次出席大会之上海各工会,联络其余各真正工会共同组织全上海工会之总联合机关,以便真能为无产阶级谋利……"等决议内容,着手组建上海总工会。实际上此次会议期间,上海已在积极开展筹建总工会工作。5月2日,海员工会、电车工会、印刷工会、大康纱厂工会等24个工会团体代表开会,决定建立上海总工会筹备会。而5月16日上海内外棉七厂工人顾正红壮烈牺牲,加速了上海总工会的成立。1925年5月18日,上海各工会派出百余名代表,在闸北会文路营业里18号(今136弄)召开总工会成立大会,通过《上海总工会之暂行章程》。

不过这时总工会还未公开挂牌，处于秘密状态。

上海总工会成立前，基层工会散落各处，人数也不多，更不能代表全体工人发声；而总工会正式打出牌子后，上海工人运动便有了总指挥，25万上海工人能够统一行动，投入气势磅礴的"三罢"斗争和浩浩荡荡的爱国反帝浪潮。尤其是在连续两次武装起义失败后，上海总工会及时总结经验、吸取教训，于1927年3月21日发出总同盟罢工令，吹响了工人第三次武装起义的号角。因为闸北是那时驻扎上海奉鲁守军主力集中之地，所以周恩来、罗亦农等起义领导人按照预定作战部署，镇定沉着指挥工人武装纠察队战斗。经过4个小时激战，到21日16时左右，闸北地区除了北火车站、商务印书馆和天通庵车站的三股敌人仍在顽固抵抗之外，其余20余处敌军据点大部相继被攻克。当起义队伍攻入位于中兴路、会文路西南角的湖州会馆后，即以会馆作为起义闸北分指挥所。随着军阀反动统治被推翻，长期处于半公开状态下领导全市工人进行不懈斗争的上海总工会，于24日宣布迁入湖州会馆公开办公，机关报《平民日报》社和《国民通讯》社也一起前往。搬新家那天，宽敞的湖州会馆布置焕然一新，会馆门口高悬红布白字"上海总工会"横幅，工人武装纠察队10余人站在门首前，呈现一派热烈庄严的气氛。沪上各工会得知消息后，纷纷派代表携礼物前来祝贺，会馆门前鞭炮声从早到晚响个不停。翌日，前来祝贺的工人代表更为踊跃，约有2万人以上。各代表均手执小旗，沿途高呼"上海总工会万岁""上海工人领导各界革命成功万岁"等口号。鞭炮声与口号声响彻云霄，犹如过新年一般。上海总工会在全市工人中威信空前提高。此时此刻，湖州会馆不仅是上海总工会办公地点，更成为上海革命指挥部。

湖州会馆，于1912年由湖州丝商汤兆鏊、沈联芳、钱信之等11人集资动工修建，为办理湖州同乡厝柩业务，故名。湖州会馆原址占地6 666平方米。正门朝东在会文路（今会文路201号），北门在中兴路（今中兴路828号），四周围以2米半高砖墙。进入正门是大厅，五开间，单层。大厅前面是天井，上海工人武装纠察队的升旗仪式及总工会一些主要会议，均在大厅和天井举行。大厅后面为关帝厅，系五开间两厢房双层建筑。与关帝厅并排的是花厅，也是五开间双层建筑，为上海总工会主要办公地点，汪寿华等总工会负责人均在那里办公，中共领导人陈独秀、周恩来、罗亦农、赵世炎等都曾来此地出席会议。花厅前有一个大花园，当中有一个四面厅，也是总工会办公地点。花园四周建有走廊，可以相通。两边用砖墙将会馆与殡舍隔绝。

上海总工会根据中共上海区委指示，在宣布公开办公同时，首先抓了两件大事：一是将夺取武装起义胜利的工人纠察队进行整编，在闸北、南市、浦东和吴淞地区组编了一支精干的共2 700多人的武装纠察队，并加强纪律教育和军事操练；二是进一步扩大和发展全市各级工会组织，要求"每个工厂都要成立工会，每个工人都要加入工会"。于是，上海各级工会在上海总工会帮助下，似雨后春笋般纷纷成立。截至1927年3月底，到上海总工会登记的各工会组织已达502个，会员人数猛增至82万。

3月27日，上海总工会在湖州会馆召集各工会代表举行全市工人代表大会，通过和发布了整顿工会组织决议，选举汪寿华等41人为上海总工会执行委员。会上还决定，各工会要以改良工人生活、改善不良待遇、提高工人地位和提高工人认识作为自己的责任。第二天，上海总工会举行第一次执委会议，会上推举汪寿华为总工会委员长，张昆弟为组织部主任，李泊之为宣传部主任，龙大道为经济斗争部主任，赵子敬为交际部主任，顾顺章为纠察队长。

第三次武装起义胜利后，上海总工会面临的工作千头万绪。为了稳定大好革命局面以及保护全市工人用鲜血换来的胜利果实，上海总工会于3月25日写信给公共租界和法租界当局，提出强硬抗议，要求不准断绝交通，阻挠工人回厂复工，并限定洋人在27日下午4点前必须有切实圆满答复，否则将"取消复工命令，重行总同盟罢工"。上海报界均谓此信犹如"爱的美敦书"（最后通牒）。26日，上海临时市政府也向租界当局发出书面警告，要求立即恢复交通，撤除障碍物，让工人回厂复工，并不得因此次罢工而开除工人。28日，租界当局在总工会和市政府重重压力下，终于被迫让步。租界内各厂工人全部回厂复工。全面复工后，上海总工会又领导和支持广大工人群众，强烈要求改善生活待遇，尤其是纱厂工人，长年在恶劣环境中每天工作达12小时，且待遇低劣。为此，纱厂总工会参照上海总工会所提22条总要求，结合纱厂具体情况，布置各厂工会分别向资方提出：承认工会、增加工资、缩短工时、给予医药和抚恤、不得无故开除工人等17项条件。由于正逢革命形势高涨之时以及工友们团结奋斗，上述条件大半为各厂资方所接受。因此纱厂工人生活待遇均有普遍改善。

上海总工会还依照中共上海区委3月24日作出的决定，要求各工会广泛开展慰劳国民革命军以及组织工人官兵联欢工作，特别须努力争取比较左倾的薛岳第一师长驻上海。

上海工人运动在武装起义胜利后的蓬勃高涨，工会势力增强和改善待遇斗争频繁发生，引起上海资产阶级惊慌。为了维护资本家利益和压制工人运动,蒋介石向工人运动举起了屠刀。4月12日凌晨4点,湖州会馆附近突然跑来60余名便衣,臂缠白布上书黑色"工"字,持枪向会馆射击。大门前20余名纠察队员予以还击。战斗不到10分钟,大批第26军士兵开到,借口"工人内讧",分别缴了双方枪械,并占领了湖州会馆。上海各工厂工人在获悉军队和流氓围攻湖州会馆和收缴工人纠察队枪械的消息后,非常气愤,纷纷停工出厂,要求士兵停止向工人纠察队采取残暴手段。当天中午,数万徒手工人在闸北青云路集合,举行示威游行,沿途高呼口号,抵达湖州会馆时,一致要求军队撤退,交还会馆。起初士兵拒绝撤退,工人群众悲愤填膺,不顾性命,齐声高呼,一拥而入,驻军被迫退出。夺回湖州会馆后,秩序仍由纠察队维持。上海总工会在群众掌声和欢呼声中继续办公。总工会立即在大天井召开工人代表大会,抗议蒋介石发动反革命政变,并号召全市工人明日举行全市总罢工。当晚,万余名工人露宿会馆内以保护上海总工会。

4月13日下午1点多,反动当局一手制造了"宝山路惨案"。紧接着,又派出两个连队士兵进驻湖州会馆,以"监视总工会一切活动"。3点左右,大批流氓工贼涌进湖州会馆,将会馆内工人职员或驱逐或殴打,所有上海总工会文件印信用具悉被霸占,并宣布"取消"上海总工会。上海总工会在白色恐怖血腥镇压下,被迫转入地下,其在湖州会馆活动时间虽然不到一个月,却是中国工人运动史上极为重要的一页。

1932年,湖州会馆大部分毁于"一·二八"事变中日军炮火,仅余西首殡舍部分房屋。战后,苏北难民来此搭建棚屋栖身。1949年上海解放后,将殡舍及楼房修缮后改作居民住房,并在四厅的废墟上新建铁路局职工工房三层两排,六层一排。1960年,湖州会馆被上海市文物管理委员会列为近代革命斗争纪念地。

国货口琴制造业老大

口琴是舶来品,起源于德国,1920年左右传入中国。但直到20世纪30年代,中国才有民族口琴制造业。1939年3月,陈德茂创办中央口琴厂。全面抗战期间,中央口琴厂关门歇业。1945年8月抗战胜利,该厂复业。其时,沪上从事口琴生产的大小厂家共38家。除了8家企业具有一定规模、能够生产口琴产品之外,其余大多是生产零件或为口琴厂调音、装配的小作坊。在这些厂家中，要数中央口琴厂生产规模较大，该厂复工后别出心裁，于1946年聘请著名口琴演奏家石人望担任监制人，生产"石人望"牌口琴，同时产品也由过去单一品种向复声发展，市场信誉度较高，且有部分产品销往香港和东南亚地区。1947年年底，中央口琴厂为了进一步扩大生产规模，在闸北永兴小马路105号（近中兴路）建造厂房。

1949年5月上海解放，口琴生产得到人民政府支持而高速发展，最高峰时全行业有46家生产企业，职工2 000余人。1954年7月，中央口琴厂作为闸北区第一批公私合营试点单位参加合营，产量逐年提高。1958年，该厂兼并了光明、华侨等口琴厂。1960年，上海口琴行业产量达到219.4万支。不久经过调整兼并，上海仅剩下中央口琴厂和国光口琴厂两家生产企业。1966年，中央口琴厂更名为上海口琴一厂，拥有职工400人，年产"友谊"牌、"百灵"牌、"上海"牌各种大小尺寸的口琴670万支。20世纪70年代末，国内外市场对口琴的需求量增加，那时候国光口琴厂已转做军工产品，口琴生产一度停产。唯一生产口琴的上海口琴一厂产品供不应求。考虑到口琴生产能力，市手工业局决定以上海口琴一厂为主，吸收闸北区手工业局的中兴五金电器厂、上海新兴机械厂，于1980年成立上海口琴总厂，扩大口琴生产，当年产量达到1 646万支，其中出口977.58万支。到了1984年，因市场需求量下降，不必保留上海口琴总厂那么大的企业规模，于是工厂解散。原来的上海口琴一厂仍旧用上海口琴总厂名称，以便保持客户联系；原来的中央五金电器厂改名为上海东方乐器厂；原来的上海新兴机械厂恢复原名。1990年，上海口琴总厂扩建厂房，厂大门门牌号变成中兴路1122号，共有职工614人，年产68种花色、40余种规格的大、中、小口琴1 000余万支，其中外销695万支，是国内最大的口琴专业制造厂。

周家嘴路

周家嘴路，西起溧阳路，东至军工路，全长5 691米，公共租界工部局于1923年辟筑，因道路规划东端直通"周家嘴"（黄浦江在复兴岛处转了一个近90度弯，俗称此处为周家嘴）而得名。马路两旁工厂较多，且以电器、零配件厂为主。

"华生"风扇长久畅销

1905年，由于美国国内实行歧视华侨政策，中国国内掀起了一场声势浩大的"抵制美货，使用国货"的爱国反帝运动。一些有识之士本来就对洋货尤其是美货充斥中国市场很反感，正好借着运动东风，开展实业救国。在洋布店当账房的杨济川，也决心自学科技知识投身实业。

杨济川，江苏丹徒人，7岁在其长兄执教的私塾里读书，精通珠算。16岁到上海，在一家洋布店学徒。由于杨济川好静、诚实、心细，老板提拔任帮账，20岁当账房，业余自学英文和化学，对电学尤感兴趣，经常利用业余时间试制各种小电器，并探索镀铜、镀银和镀金等加工技术。1909年，洋布店歇业，经老板介绍，杨济川到犹太人开的裕康洋行做账房。因业务关系，杨济川经常到各零售店收货款，熟识了店员叶友才，叶友才又介绍杨济川与久记木行跑街袁宗耀相识，三人兴趣相同，常聚在一起切磋经验和制作电器，并多次设想合伙开办一家电器产品生产企业，但苦于资金匮乏。1914年，通过袁宗耀牵线，与扬子江保险公司经理，苏州、常州、扬州等地电灯厂大股东祝兰舫搭上关系。祝兰舫表示愿意为三人提供开厂资金，不过得拿出真本领才行。为了使祝兰舫放心投资，杨济川等三人决定试制较有发展前途、且获利较高的电扇，来向祝兰舫显示自己的电器制作技术水平。当时一台美国造"奇异"牌电扇售价要一百多银元,杨济川三人买不起,只得向亲戚借来一台,拆开仿造。没有加工力量,就请白铁店、铜匠店、翻砂作坊等协作,电气装配则由杨济川亲自动手。经过长达半年努力,两台电扇样品终于试制完成。经苏州电灯厂试用,效果颇佳。对此祝兰舫很满意,当即同意出资合作。

翌年2月,杨济川三人集资200银元,在北四川路(今四川北路)横浜桥附近,租屋数间,雇用六七个工人,创办了中国第一家家用电器制造厂——华生电器制造厂。

为了实现自己的理想,杨济川钻研电学理论,亲自指导生产,管理厂务,一心扑在事业上,长达五年未回家探亲一次。其产品可与洋货媲美,而价格仅及其一半。产品种类也发展到电压表、电器开关、输电变压器、发电机、各种配电盘及电灯厂所需全套配电设备等一系列电器产品。经过八年发展壮大,到了1924年,横浜桥厂区已经不够用了,杨济川等三人决定在虹口周家嘴路建造新厂房,同时开始潜心研制电扇。试制成功的电扇,起了一个同厂名一样的商标名称——"华生"牌,其真正含义就是要让以后的"中华民族更生"。

1925年爆发五卅运动,为了配合爱国运动,华生厂加班加点生产了1 000台"华生"牌电扇,供应国内市场。1926年,华生厂应邀前往美国费城参加世博会。"华生"牌电扇荣获了丁等类产品银奖。之后,"华生"牌电扇参加了在南洋各地举办的电扇展销会,扩大了"华生"牌产品社会知名度。到了1928年,"华生"牌电扇年产量已增至1万台,1929年达到2万余台,有力地抵制了美国"奇异"牌电扇独占中国市场的局面。经销"奇异"牌电扇的慎昌洋行,企图用50万美元收购"华生"牌商标,被杨济川拒绝,继而恼羞成怒以削价竞销以图挤垮华生厂,未能得逞。

1931年5月,邹韬奋以"落霞"的笔名,撰写了一篇题为《创制中国电风扇的杨济川君》的文章,在《生活》周刊第6卷第23至25期连载,表彰杨济川自励奋发事迹。时人称赞杨济川为"中国的爱迪生"。抗战前夕,华生厂生产和销售进入全盛时期,共开设有10个分厂,年产"华生"牌电扇3万余台,在国内25个大中城市设有经销分公司,销售量占国货电扇的85%,并日渐取代称霸中国电扇市场多年的美国"奇异"牌电扇。除了生产电扇,华生厂还生产"华生"牌电动机、电流限制器、变压器、避雷器、充电器、电压表等各种常用电器产品。

1937年8月13日,淞沪会战爆发,上海陷于日军炮火攻击之下。因为交通堵塞,产品和原材料无法运送,华生厂只能停产。为了保存民族工业血脉,杨济川决定将工厂向内地迁移,于是他会同厂里200多名职工,将2 000吨生产设备和一批原材料,用了40艘木船先运往汉口,后因抗战形势一度吃紧,又迁至重庆。其间,在重庆南岸大佛段建造厂房,继续生产变压器、发电机、电扇和其他抗日军用品,但生产规模远不如20世纪30年代初。1945年8月抗战胜利,杨济川把重庆华生厂的全部生产设备和原材料陆续运回上海,不过仅是离沪时的十分之一,只能惨淡经营。

1949年5月上海解放后,由于以美国为首的西方国家对中国实施经济封锁,"华生"牌电扇无法外销。后来在华东工业部支持下,厂里改进企业管理体制,扭转了亏损局面,获得盈利,呈现发展趋势,并为新中国成立初期国民经济恢复做出了应有贡献。1954年5月,华生厂实行公私合营。

华成电机闻名遐迩

中国人自己兴办电器事业最早始于1914年,第一次世界大战期间,电气行业已经在中国得以极其迅速的发展,陆续有民族资本进入电机制造业。到抗战前夕,全国250多家电工企业中,3/4聚集在上海。也正因此,上海被誉为当时中国电机工业摇篮。

1930年,在旅美工程师钟兆琳极力撮合下,周锦水、叶友才各出资75 000银元,于上海南翔镇北市梢联合创办华成电器制造厂。周锦水,1890年出生于浙江定海,家境贫寒,13岁来到上海,在劳合路(今六合路)升大马车行学打铁,17岁跑到湖北汉口德商瑞生洋行机器部打工。1914年离开洋行,自筹60块银元,在汉口河街满家巷开办锦记电料行,自任经理。做了三年小老板。因洋货充斥国内市场,电料行生意清淡,经人介绍,去德商开利洋行任职员,后到义比洋行工作,因业务与洋商口角,愤而辞职,自营电料和出租买卖进口电机,由此萌发自制电机的想法。于是在1926年,他自费东渡日本,学习电机制造技术。学成归国后,在汉口试制小型电机,获得成功。当时,上海华生电器厂老板叶友才恰巧在汉口办事,得知周锦水试制成功的消息后,便有意合作。经钟兆琳牵线,两人一拍即合,叶友才担任华成电器制造厂董事长兼经理,周锦水担任厂长一职。

那时候,洋商资本雄厚,设备先进,产品大批量生产,优势非常明显。周锦水知道要在价格上同洋商竞争并取胜是不可能的。不过由于洋商对中国各地的电力供应情况不十分清楚,结果洋商生产的电机在各地电压紊乱情况下使用,经常出现电机被烧毁的现象。为此,周锦水在创办华成厂之前,花了一年时间,对无锡、重庆、广州等10多个城市的供电线路电压做了实地测量。后来,华成厂按照各地不同电压波动幅度,分档设计制造与之相适应的不同型号电机,并加装了透风外罩,大大提高了电动机适应性和安全性,延长了电机使用寿命。因此,华成厂电机销路比洋货还要好。"华成马达"名声大震,打破了外国电机对中国市场垄断。因此,华成厂成了洋商眼中钉、肉中刺。自1934年起,周锦水等民族实业家,与力图击垮以华成厂为首的中国民族企业的英国祥泰、美国花旗、美国西门子等多国洋行相抗衡,始终屹立不倒,一直延续到抗战全面爆发,华成厂迁往内地为止。

1937年7月,抗战全面爆发,周锦水响应国民政府号召,迁往内地。从上海启运时的1 715吨物资,到达重庆后只剩下17吨,4 000多万元法币资产损失殆尽。为了早日复工复产,周锦水疏通关系,向银行贷款7 500万元法币,在大后方重建华成电器制造厂,继续制造电机和电器,支援抗战。由于周锦水坚定的态度及精湛的技术,他被聘为国民政府战时生产局电器顾问。1945年8月,抗战胜利。次年,周锦水受国民政府委派由渝返沪,接管位于周家嘴路(安国路口)的日资新电电机厂,担任厂务主任。同年11月,周锦水以5.6亿法币购入新电电机厂,改名为华成电器制造厂,自任厂长兼总经理,并主持恢复南翔厂,改名为华成电器制造分厂。

1949年5月上海解放。1956年,按照上级统一规划,华成厂的上海分厂和南翔分厂作为两个独立企业,上海分厂更名为华成电器厂,主要生产电机;南翔分厂更名为上海机床电器厂,专业生产机床电器。

服装厂造出"争气瓶"

上海高压容器厂,位于周家嘴路1063号,建于1940年,前身系日商落棉协会下设的弹花工场,棉花供侵华日军军需之用。1945年8月抗战胜利后,国民政府派员接管该厂,先后更名为上海被服厂第一分厂,上海被服总厂直辖弹花工场,上海被服总厂机件制造厂、装具厂等,主要生产国民党军队军服上的铜扣、胶木扣、帽徽、风纪扣、腰带环以及缝纫机配件等产品。1949年5月上海解放，上海市军事管制委员会派军代表接管该厂，并改名为中国人民解放军华东军区军需部装具厂。1951年增设搪瓷部，为部队生产搪瓷面盆、口杯等军用产品，改名109工厂，先后由中国人民解放军华东军区军需生产部和总后方勤务部直接领导。1957年11月划归地方管理，改名为地方国营109工厂，隶属上海市火柴塑料工业公司。次年，由国家投资210万元人民币，开始筹建耐酸搪瓷反应锅生产线，是年7月1日试制成功我国第一只容量为5000升的耐酸搪瓷反应锅，并改为地方国营上海耐酸搪瓷厂，划归上海市玻璃搪瓷工业公司领导。不久该厂在上海化工研究院等单位的支持配合下，采用"土法上马"，于1958年9月27日试制成功58—A型双层钢质焊接气瓶，从此打破了资本主义国家对我国的气瓶禁运，为国家填补了空白，被誉为"争气瓶"。气瓶的试制成功，改变了该厂的生产方向，1966年11月改名为国营上海高压容器厂。而后，国家又投资130万元人民币，对生产工艺进行5次改革，先后试制成功低压焊接气瓶、无缝气瓶、溶解乙炔气瓶等。1967年承接了第三机械工业部下达的任务，专门成立军品车间，生产各类航空、航天、航海气瓶。该厂生产的军品参与了首次卫星发射和以后的多次卫星发射，以及"歼七""轰七"等飞机试制工作，多次受到中央军委、国防工业办公室等部门的表彰和奖励，且在科研、电子、仪表工业和国防应用方面，开发出一批高精尖产品。1971年2月，为发展中国气瓶生产，将该厂原来生产的耐酸搪瓷反应锅产品，连同生产车间全部设备和人员一起划给上海工业搪瓷厂。1980年，该厂生产的无缝气瓶在全国气瓶制造厂产品质量检查评比中获得第一名，"铁锚"牌钢质无缝气瓶于1984年获得国家银质奖。

国内最早制造摇臂钻床的厂家

1919年，陈爱德在老闸桥附近的七浦路街坊，开办了德太铁厂，占地200平方米，生产设备有牛头刨床、钻床、6英尺和8英尺车床7至8台，雇佣工人十几余人，初创时期以承接机械修配业务为主。1922年，工厂由陈爱德之子陈芝生和侄子陈芝强合股经营，并将工厂迁到周家嘴路782号，经营范围除了修配业务之外，还生产电灶，销往南洋各国。1929年堂兄弟分家，德太铁厂更名为培生铁工厂，由陈芝生掌管。1937年抗战全面爆发，为躲避战火，陈艺生将大部分机器设备搬到武定路615号，名义上挂靠日本人的"海闻公司"，以保障工厂财产。1941年,陈艺生又把机器设备运回周家嘴路原来厂址。工厂自从1940年仿制成功第一台德国"诺顿"牌50毫米摇臂钻床后,业务繁忙,工厂一度产销两旺,员工最多时达到200人。后因国内战事又起,导致通货膨胀、物价飞涨,因此生意清淡,员工锐减,直到1949年上海解放前夕,厂里只剩下几名学徒工看守大门。

上海解放后,在人民政府关心和扶持下,工厂逐渐恢复生产,厂里有了生气。到1952年,复工的工人达到70余人,同时增添了不少生产设备,有6英尺"华富"牌车床6台、8英尺日本造车床1台、12英尺车床3台、落地车床1台,以及老式天轴传动皮带车床,还有1台德国"诺顿"牌摇臂钻床和一些简陋设备。主要以生产车床为主,并制造60吨驼背冲床、铸造机械和木工机床等。1956年公私合营时,工厂经过行业改组改造,扩大生产规模,有金记铁工厂、新光喷漆汽车行、肇记铁工厂、袁倡兴机器厂、袁聚兴铁铺等5家小厂相继并入该厂。两年后,又有大昌机器厂并入该厂。通过合并,厂里员工增加到381人,拥有金属切削设备116台,工业总产值318万元人民币。1959年,工厂更名为培生机床厂。1960年年初,上级主管部门决定,培生厂同中华荣记机器厂、伟艺机器厂三厂合并,正式定名为上海第五机床厂,主要生产摇臂钻床和立式钻床,当年产量达136台。

自从成为中国最早的摇臂钻床生产厂家后,工厂基本上依靠企业自身力量,不断改进技术水平,使得产品质量不断提高。1958年仿制生产苏联Z35型及Z37型摇臂钻床,1963年自行设计生产H5轻型圆柱立式钻床,1964年与上海机电设计院合作设计生产Z3025型摇臂车床,1969年年底,工厂自力更生造出我国第一台最大钻孔直径达180毫米的大型钻床,为发展我国汽车、锅炉、机电工业提供了关键生产设备,且产品不仅行销国内市场,还远销美国、加拿大、埃及等国家。

朱梅路

朱梅路,东南起朱行地区老沪闵路,向西折北至梅陇镇,全长3 290米,1956年筑,以朱行、梅陇首字命名。

上海人知道朱梅路的很少,但朱梅路上有一家工厂生产的产品,却令很多人喜欢上了上海。有一句歌词叫"上海是我长大成人的所在,带着我所有的情怀,第一次干杯头一回恋爱,在永远的纯真年代"。那就是益民啤酒厂"力波"牌啤酒的广告歌曲——《喜欢上海的理由》。

益民啤酒厂的创办

啤酒是舶来品。1949年5月上海解放前,啤酒厂都是外商开的。直到20世纪80年代初,上海仅有上海啤酒厂和华光啤酒厂这两家。随着人民生活水平不断提高,饮用啤酒的人越来越多,需要量也越来越大,以致供不应求。考虑到上海已有的两家啤酒厂的产量都已达到饱和,要想解决上海人喝啤酒难题,建造一家新的啤酒厂迫在眉睫,且成为一桩切切实实的民生工程。1982年,上海食品公司益民啤酒厂筹建组正式成立。作为一个国家计委发文成立的项目,益民啤酒厂建造刚起步时便遭遇巨大的资金问题,整个国家正处于计划经济向市场经济转型的过渡时期,原先的拨款全部改成贷款。1983年,经国家计委批复同意,由建设银行和中国银行向益民啤酒厂提供8 000多万元人民币货款。实际上到建成一共花了1.4亿元人民币。其中很大原因在于利息蹿升:筹建时建设银行利率为3.69%,造好后变成19.26%;中国银行利率是2.52%,造好后也变成19.26%,总的投资就几乎翻了一番。

1984年，益民啤酒厂第一期年产6万吨的厂区在梅陇朱梅路938号破土动工。因为邻近的华亭宾馆同时开工建造，而上海那时候大型施工队不多，所以两家企业共用一个工程队。该工程队在益民啤酒厂工地上干几天，再去华亭宾馆工地干几天。等到益民啤酒厂负责基建的将施工队喊回去没几天，华亭宾馆又派人把施工队拉过去。双方就这样来回拉锯，益民啤酒厂基建甚至全线停顿。直到1985年4月，益民啤酒厂才打下第一根桩。眼看正式开工建造已经快两年时间，竣工日子遥遥无期，益民啤酒厂焦急万分，动足脑筋想了不少办法，有人想到媒体，将建设中遇到的困难写成材料，找到电视台反映。同时《解放日报》也伸出援手，用"千呼万唤出不来"作为标题，形容益民啤酒厂建设中所遭遇的种种难处。媒体报道引起各界关注，市政府也注意到了，决定将益民啤酒厂在1987年建成投产列为上海市十五件实事之一。从此以后，益民啤酒厂建设速度一下子提速。

20世纪80年代中期，由于国内制造水平和认知水平的局限性，在建造益民啤酒厂时所碰到并克服的工艺上和技术上的难关，远非今日可以想象。整个企业，除了灌装线的设备来自德国，其余由国内自行设计和制造。当年没有参照样板，就自己摸索。许多非标设备，譬如糖化罐和发酵罐，均是采用国产。但究竟怎么造，之前从未做过。于是就摸着石头过河，面向社会招标。有五六家企业前来竞标，最终由常州飞机厂中标。高20米、直径6米的巨大发酵罐，每只可以容纳400吨液体，全部用不锈钢板现场制作，靠工人们一节节手工焊上去。益民啤酒厂一共制造了30只发酵罐。后来益民啤酒厂自行设计制造的这种大小尺寸的发酵罐，成了国内其他啤酒厂的标配。

当年工程开工时，有人就提出"五五投料、七一出酒"的口号，意思是要在1987年5月5日投入大麦等原料，7月1日出酒。一度拖了8个月的建设工程，在全体建设者的努力和拼搏之下，争分夺秒抢回了耽误的时间，如期竣工。当大家尝到第一口啤酒的时候，兴奋得无法形容。

提出合资的理由

益民啤酒厂生产的啤酒取名"力波"牌，英文名"REEB"，来源于将BEER字母的顺序颠倒过来。REEB is BEER。至于中文谐音"力波"，是向消费者征集而来。

啤酒是生产出来了,但啤酒厂的生存困顿却日益加剧。即使厂里开足马力生产,也需要 39 年才能将贷款还清。原材料要买、职工工资要发,更令人瞠目的是原材料价格的飙升幅度。以大麦为例,1987 年试生产时的价格为每吨 580 元人民币,到一年多后正式生产时涨到每吨 1 100 元人民币。形势逼人,合资成了益啤生存下去的一条最佳出路。

但在当时,大上海好不容易有了第一家国产啤酒厂,且已经试验成功,可以投产了。出于民族工业自尊心,尽管有了上海大众那样的合资企业,少数人仍然难以理解合资这种超前做法。不过最后还是统一了认识,并找到了合资方。泰国的正大集团因为有华侨的背景,非常愿意支持益民啤酒厂,但该企业不懂做啤酒,于是找到荷兰喜力——全球第二大啤酒公司。正大与喜力联手,成立了新酿投资公司,出面同益民啤酒厂合资,而第三方是万国企业。三方达成一致:益民啤酒厂占 40% 股权,万国企业占 10%,新酿投资则占 50%。

1988 年底,三方在华山路上的希尔顿宾馆正式签约。签约前,新酿公司建议,根据其技术水平和管理经验,合资公司保留 500 名员工足够了,但是益民啤酒厂有 700 多人,多出来的 200 多人怎么办?益民啤酒厂坚决不同意。双方僵持不下,一直捱到第二天凌晨,外方终于妥协。新成立的三方合资企业叫上海民乐啤酒饮料有限公司,"力波"品牌从此做大。

1 瓶 640 毫升的"力波"牌啤酒,在合资之前的定价为 0.67 元人民币,而相同容量的"上海"牌和"光明"牌啤酒售价均为 0.53 元人民币。考虑到益民啤酒厂先期投资巨大,若是零售价与其他牌子的啤酒一样,很难盈利。那个年代价格没有放开,为了争取高出的仅仅 0.14 元人民币,几经波折。因为所有商品定价都要由物价局批准,所以"力波"的定价过程相当曲折。

益啤合资后,1 瓶"力波"啤酒容量不变,价格提高到 1.36 元人民币。虽然价格比之前翻了 1 倍,但根据国外啤酒与饮料的比价应为 5∶1 的关系,1 瓶 200 毫升的"雪碧"都可以卖到 0.65 元人民币,国内啤酒价格依旧严重背离。即使如此,6 万吨"力波"啤酒年产量,还是可以盈利两三千万元人民币。

重视营销的益民啤酒

全国啤酒年产量从 20 世纪 50 年代初的六七千吨,增至 1985 年的 300 多万吨。全国啤酒工业发展迅猛,令啤酒供应一度紧张的局面趋向缓和,特别是外省市啤酒厂发展更快更多。那些原来需要上海提供啤酒的地区,已经出现供过于求的现象,纷纷将本地区生产的啤酒打入上海市场,销售竞争日趋激烈。鉴于益民啤酒厂刚刚投产,厂里基建尚未完全结束,设备问题不少,又一下子从"三靠(指标靠上级下达、原材料靠上级拨给、产品靠上级包销)"转变到"三自(决策自己定、产品自己销、原材料自己购)",企业压力很大。再加上"三不":市场不了解(产品新)、知名度不高(影响小)、消费者不适应(价格高),一时产品滞销。1987年10月份,在全国订货会上,仅仅订出去几百格(每格24瓶)。到年底,厂里仓库里积压了两三万格啤酒。

占领市场、扩大市场,就必须适应经济规律,重视营销。针对现实,厂里集中力量、见缝插针地在一些小市场中取得主要地位,再通过小市场的占有率,逐步向整个市场扩大影响。同时在经营策略上,厂里改变过去坐门等客、坐地行商的以我为中心的作风,全面增强营销,发挥本厂优势,改善服务质量。

相比较,益民啤酒厂的优势还是相当明显:一是设备生产潜力大、后劲足。益民啤酒厂具有全国啤酒行业几个"之最",即拥有最大的露天发酵罐,每只容量400吨;拥有最大的灌装流水线,每小时可灌装54 000瓶;拥有最大的啤酒过滤机,每小时过滤量可达20吨;拥有最大的糖化锅(两只),每只70吨;拥有最大的储藏粮食筒仓(10只),每只容量1 000立方米。二是厂区面积大、空地多,有利于建设第二期工程,同时对于产品的仓储和客户的提货,也优于其他啤酒厂。三是水质很好。益民啤酒厂采用的是黄浦江上游水,且经过自来水厂处理,再由厂里的活性炭、等离子交换、电渗析3道处理。四是技术比较先进。益民啤酒厂采用了国外先进工艺技术,且厂里拥有较强的技术力量。一批年纪较大的技术人员在啤酒行业具有一定名望,一批年纪较轻的技术人员在建厂过程中得到锻炼。

既然益民啤酒厂的优势明摆着,厂里认识到只有扬长避短,最大限度地发挥自己的优势,才能适应市场上复杂、多变的消费需求。为此,厂里采取了多种措施。首先是选择突破口,以取得市场占有率。啤酒市场激烈竞争,其中上海产啤酒以质量取胜,而外地产啤酒则以较大的批零差价吸引经销商。按照产品寿命周期,"力波"牌啤酒必须保持10%左右的年销售增长率,但作为新加入竞争行列的后来者,短时间里难以被消费者认可,所以厂里从两个方面重点加以突破。一是全市粮油系统为销售上海产啤酒的空白点。当年市粮油系统的所属粮油店将近2 000家,均设在居民密集的住宅区,居民在买米买油时,可顺便买啤酒。于是,益民啤酒厂专门召开粮油系统订货会,并实行淡季和旺季按比例供货。且无论货源是否紧张,一定保证供应粮油系统。通过半年运作,全市粮油系统的市场全部被打开,"力波"品牌在上海市民中的知名度越来越高。二是中档饭店也成为益民啤酒厂的主要销售对象。当年全市已有中档饭店和餐厅数百家,全年接待数十万人次就餐和宴请。经过大量的营销工作,双方增进了相互了解,建立了工厂与饭店的产销关系,取得了良好效果,上海大部分中档饭店已为"力波"牌啤酒占有。

其次是以优质产品赢得客户。质量好坏,直接影响产品销售。所以能否提高产品质量,关系到企业竞争能力和生存。因此,厂里在经销时,提出内抓质量、外抓市场的要求,建立质量管理网络,进行质量竞赛。由于益民啤酒厂属于新建,厂里许多设计和设备同实际生产不相符合。为了提高产品质量,就必须整改。于是,厂里每月制定质量攻关内容,指定专人负责,每月考核。同时,组织职工进行职业道德教育、普法教育、安全卫生教育和技术培训,以提高职工素质,从而使得产品质量大大提高。在第二届"健乐杯"全国饮料系列评比会上,经过民意测验和专家评定,"力波"牌啤酒质量上乘,获得民意评选奖。有美国客商闻讯后与厂方签订了"力波"牌啤酒出口意向书。更有很多国内客户,放弃了其他厂生产的啤酒,选择了与益民啤酒厂签订合同。除了狠抓产品质量,益民啤酒厂还注意品种多样化,以此推动销售。1988年年初,厂里试制了"力波"牌黑啤,市场反响极好,接着在迎春展销会上推出,供不应求,很多消费者宁愿几次花钱买入场券,带着空瓶,到益民啤酒厂摊位前,竞相争购。到了最后一天,柜台竟然都被挤倒。在那年"熊猫杯"全国营养食品研评会上,"力波"牌黑啤获得银奖。再接再厉,厂里继续试制黄啤,投放市场后,受到好评。另外在外包装上,益民啤酒厂用的瓶盖是全市啤酒行业中最漂亮的,白底红字、印有商标,既防止冒牌,又可防锈。

最后是讲究优质服务,以巩固市场。面向市场,就不但要了解市场,还得服务市场。假如不做好市场服务,不仅市场占有率难以提高,且已经占有的市场也较难巩固。为了更好地服务广大客户,益民啤酒厂在销售中坚持以下原则:一是送货上门。由于益民啤酒厂地处市郊,颇费交通,而顾客又遍布全市,提货不便。因此厂里对饭店和餐厅采取电话联系、送货上门。二是上门听取意见。由于益民啤酒厂建厂时间不长,许多客户不了解。厂里就规定销售人员要做到"三员":即推销员,要从客户那里拿到订货合同;宣传员,要向客户宣传益民啤酒厂的优势以及介绍益啤的新产品;服务员,了解、征求、收集客户对益民啤酒厂的意见,以便厂里不断改进。同时,厂领导还亲自带领部下,主动到商业部门听取意见,交换看法,以沟通和融合工商之间关系。三是大小客户同等对待。在日常销售中,除了注意与大客户建立和保持紧密可靠的联系之外,也不忽视零星小客户。不管是购买几千格还是1格啤酒,益民啤酒厂都一样服务,既收支票,也收现金。四是认真对待群众来信来电。"力波"牌啤酒上市后,评价较好,许多消费者来信赞扬该啤酒醇厚、香味足。不过也收到一些反映产品质量的来信来电。厂里会及时指派检验科技术人员,上门听取意见。若是质量问题,认真加以改进。若是不属于厂里的原因,也耐心解释。同时在家访中,传授一些啤酒的保存小知识。很多消费者激动地说:"我们一封信、一个电话,就把你们大厂给请来了。一瓶啤酒只有几角钱人民币,但贵厂的信誉高,服务精神感人。"结果这些消费者自然成了"力波"牌啤酒的忠实客户。五是根据不同客户要求,组织生产。啤酒的理化指标,国家有统一标准,但全国各地消费者适应的口味迥异:有的希望淡点,有的喜欢苦味浓点;有的最好瓶颈上也贴商标,有的要求用纸箱打包。不过为了树立信誉、巩固信誉,益民啤酒厂愿意"开小灶",让消费者感到满意。

正因为益民啤酒厂能够将消费者当作"上帝",所以"力波"牌啤酒从消费者不了解到喜欢,从一度滞销到供不应求。"力波"牌啤酒最吃香的时候,占到上海市场啤酒消费的一半,像杏花楼、新雅等著名饭店,全是自己开着卡车,到朱梅路来取货,说是没有"力波"牌啤酒,就开不了台面。云南路、黄河路等美食街,基本上也是"力波"牌啤酒撑市面。

自忠路

自忠路,东起西藏南路,西至重庆南路,全长1 045米,筑于1901年,以四川河流命名为雅砻江路,1906年改名葛罗路。1913年,该路顺昌路以东段以法公董局总董的名字命名为白尔路,西段则命名为西门路。1946年,全路以在抗战中牺牲的将领张自忠改名为张自忠路。1949年后更名西门路,1985年,又更名为自忠路至今。

中共领导的第一个工会组织

上海是中国近代工业的摇篮,有着中国最为发达的近代工业。而发达的工业又为上海带来了规模庞大的产业工人,据统计,1921年中国共产党成立前夕,上海工人总人数已达24万人左右,几乎占全国工人总数一半。其中纺织工人约9万,机器业工人约4万,缫丝业工人约5.8万,卷烟业工人约4万。在500人以上工厂做工的工人将近14.3万人,约占全市工人总数58%左右。

发达的近代工业,庞大的工人群体,为近代产业工人组织——工会的诞生奠定了坚实基础。1920年8月,在共产国际协助下,陈独秀在上海成立了上海共产主义小组,在筹备建党事宜同时,委托小组成员李中深入工厂发动工人、组织工人,成立工会组织。

李中,1897年出生于湖南湘乡,1918年毕业于湖南第一师范学校,后赴上海在古董玩器公司"克明公司"做会计。作为《新青年》杂志忠实读者,李中为探求真理多次拜访陈独秀,且在法租界渔阳里2号陈独秀寓所居住过。在陈独秀启发和指引下,李中接受了更多革命思想,对工人运动充满热情。1920年9月26日,李中在刊物《劳动界》上,以海军造船所(即江南造船厂)工人名义,发表了《一个工人的宣言》一文,指出:"工人的运动,就是比黄河水还厉害还迅速的一种潮流。"

为了更有效地开展工人运动,李中干脆辞去克明公司会计职务,来到湖南湘乡籍工人众多的江南造船厂,当了一名打铁工人,一面以打铁为生,一面凭借同乡关系,联络广大觉悟工友,发起组织上海机器工会。经过较长时间准备,并在各方努力之下,1920年10月3日,上海机器工会在霞飞路(今淮海中路)渔阳里6号,即外国语学社所在地,召开发起大会。到会的有上海造船厂、电灯厂、厚生纱厂、东洋纱厂和恒生纱厂等工厂的工人代表70余人。陈独秀、杨明斋、李汉俊、李启汉等6人以参观者身份出席大会。会议由筹备会书记李中担任大会临时主席并做报告。会议首先明确了上海机器工会发起宗旨,即"无非谋本会会员利益,除本会会员痛苦",且以此为基础,强调"莫使本会渐渐变了资本家的工会;莫使本会渐渐变了同乡的工会;莫使本会渐渐变了政客与流氓的工会;莫使本会渐渐变了不纯粹的工会;莫使本会变了空牌的工会",希望"本会会员与办事员勿与资本家握手,勿分出同乡畛域,勿与政客流氓握手,绝对的限制非纯粹的机器工人入会,绝对的热心联络"。大会推举陈独秀等6人为名誉会员,采取通信方式选出工会理事会,通过《机器工会章程》,决定将工会临时会所设在西门路泰康里41号(今自忠路225号)一幢坐南朝北的两层沿街房子里。

10天后,上海机器工会在西门路召开理事会。会议议决了4项内容:取消经募处,一切经募事宜归会计科长负责;因会务繁多,暂时变理事会四周一次为一周一次;聘请数人担任对外交际事务;在杨树浦设立事务所,再考虑建立失业工人住宿所。10月17日下午,上海机器工会在西门路再次召开理事会。会议议决了8项内容:10月6日《申报》内容与本会实际情况不符,应向该报声明;选定理事4人,再从中推出各科理事,即书记理事吕树仁、调查理事朱鹤琴、会计理事陈文焕、庶务理事李中,交际理事由理事会聘请李杰担任,编辑科办事员由理事会聘请王平担任;在西门路泰康里41号暂时设立本会事务所;聘请交际办事员10人;制定本会徽章,向新闻媒体发表,决定本会宗旨;本会编辑科编辑书报应受理事会监督,不得涉及各种学说,专门研究及记载工界事项,唤起各界天良,昭雪工人痛苦,调查劳动苦况。

至此,工会筹备工作一切就绪,1920年11月21日下午,上海机器工会在白克路207号(今凤阳路186号)上海公学召开成立大会。孙中山、陈独秀等到会并发表了激动人心的演讲。孙中山在演说中论述了机器与资本之间的关系。陈独秀在演说中则主张"工人团体须完全工人组织,万勿容资本家厕身其间"。近千人包括各工会代表及杨明斋、胡汉民、戴季陶等出席。

上海机器工会成立之初,即有370多名会员。同年12月14日,世界工人联合会执行部总干事罗卜郎发来贺信。这是中国劳动界首次与外国劳动界信件来往,也是国际工会组织首次对中国工会予以肯定。

上海机器工会成立后,其活动主要围绕以下几个方面进行。一是组织宣传。借助各种宣传手段,进一步宣传机器工会宗旨——机器工会是机器工人自己的组织。1921年1月10日,机器工会邀请各界工人在复兴公园召开会议。在会上进一步向沪上各界说明,机器工会"纯系机器工人会所","工人读书的事,工人找工的事,都是会里帮他们办"。与此同时,机器工会还出版了"真正工人的出版品"——《机器工人》,对广大工人进行宣传教育,提高工人觉悟。二是募集经费。作为第一个工人自己的组织,机器工会经营和运作需要大量经费支持。但是其会员费每月仅收4枚铜元,入不敷出。因此,募集经费也就成为工会的一项重要活动。成立两个月,已经用了上百本募捐本。工会还计划到广东、香港、南洋去募集,或在各大城市设立募捐办事处。而募集经费的方式之一便是组织义演。如1921年3月20日晚,机器工会因拟办工人义务学校,需大笔资金。于是假座静安寺路(今南京西路)742号夏令配克影戏院(今新华电影院),演剧筹资,门票1银元,妇孺一律。三是开办工人补习学校。"使工人有智识"是机器工会重要工作之一。为此,工会一成立,就开办了工人补习学校,且不论是否加入机器工会,都可报名参加补习。每晚上两小时课,内容注重实用。每个学生略收少量学费。四是积极参加爱国救亡运动。作为中国共产党领导下的早期工会组织,动员工人积极参加爱国救亡运动,是机器工会成立后的一项重要活动。爱国救亡运动主要有三次。首先是积极参加上海各界组织的反对太平洋会议(华盛顿会议)决议的活动。1922年1月6日,沪上工业界各团体召开紧急会议,一致认为应发动群众掀起爱国运动,以挽回主权和领土,并一致同意后天举行游行。1月8日下午1点,包括机器工会在内的工业界各团体代表约千人汇集南市沪军营,准备召开全体工业界大会,但北洋政府当局以未事先报备为理由,派出军警到场弹压,阻止大会召开。尽管如此,工人代表们仍然冲破阻挠,进行游行示威。其次是积极参加悼念惨遭军阀杀害的湖南工人运动领袖黄爱、庞人铨的活动。1922年3月8日,上海工业界各团体联合发出通告,表示将举办追悼大会。3月26日,追悼大会如期在大沽路500号举行,200多人出席,工人和各界人士各占一半。最后是积极参加"上海各业工会代表团"的筹备和组织活动。1921年8月,面对军阀割据的混乱局面,全国商教联合会呼吁各界联合起来,召开国是会议,以帮助中国走出困境。在其所邀请的各界团体中,有各省议会、总商会、教育会、银行公会、钱业公会、报界公会、律师公会、省农会等8大团体,但没有工人团体。为此,沪上各工人团体与之展开坚决斗争,且开始意识到联合团结的重要性,于是决定成立"上海各业工会代表团"。而机器工会始终积极参与。

除了上述活动,机器工会还积极参与组织上海劳工总工会,以使各工团联合起来,形成强大的工人群体,等等。可惜的是,由于当年社会环境所迫,上海机器工会在存在两年左右之后,不得不改名为上海机器工人俱乐部,结束了公开活动。

上海工人第三次武装起义命令发布地

自1926年10月起,上海工人相继举行了两次武装起义,但都因为准备不足而先后遭到军阀孙传芳、张宗昌残酷镇压。1927年2月23日,中共中央和中共上海区委召开联席会议,决定继续发动上海工人第三次武装起义,并吸取先前教训,事先做了充分准备。首先,成立了党的特别委员会,作为领导起义的最高决策机关,周恩来为成员之一,并担任特别委员会下设的军委书记;其次,拟定比较具体的行动计划,由周恩来担任起义总指挥。考虑到工人纠察队是起义主力,若想确保第三次武装起义胜利,需组织一支5 000人队伍,并秘密进行政治、军事训练,并根据城市特点教授巷战技巧。为此,特别军委专门制定了《武装暴动训练大纲》,在辣斐德路拉斐坊(今复兴中路553弄)一幢沿街带院子的三层楼房,培训工人纠察队员。另外派一部分工人打入敌人的"保卫团",掌握一部分武器,借助敌人的训练和装备,扩大工人纠察队武装和提高军事素质。又在市民、特别是贫苦市民中进行广泛细致政治工作。并根据敌人所在地区力量强弱,划分了7个作战区域,规定了各区工人纠察队任务,将敌人兵力较强的闸北区作为起义进攻重点。

由于各单位工人纠察队比较分散,为了便于起义统一指挥,并将起义命令迅速传达下去,3月5日,特别委员会作出决定,在市中心找一个交通方便且便于隐蔽的场所,作为起义指挥机关。根据特别委员会指示,最后选中地处法租界且靠近华界的西门路西城里173号(今自忠路361号)。起义前的许多重要会议和准备工作,都在该处进行。那是一幢两上两下石库门房子,坐北朝南,砖木结构,临街北面有个小阳台,周围居民住宅房型相似,闹中取静。

  起义前10天,铁路工人中断了铁路运输,使北洋军阀驻扎上海的警备司令毕庶澄部3 000人和当地警察2 000人处于孤立无援境地。3月21日,中共上海区委于上午9时正式作出发动第三次武装起义的决定。10时许,全市各单位工人纠察队负责人以及各行业工会党团书记等,接到通知,赶到西成里173号。上海总工会代理委员长汪寿华代表党组织,以上海市民代表会议常务委员会名义,发布紧急命令:"兹有本会全体常务委员会会议决定,3月21日正午12时起,各界市民一致动作,宣布总同盟罢工、罢市、罢课。专特下报,仰我市民一体遵照执行,不得延迟。此令。"随即,各路人马从自忠路出发,奔赴战场,并将该命令迅速传向广大工人群众。在陈独秀、周恩来、罗亦农、赵世炎等组成的中共中央特别委员会领导下,上海80万工人按计划实现总同盟罢工后,马上转为武装起义,并取得最终胜利。

参考文献

干谷编：《上海百年名厂老店》，上海文化出版社1987年版。
贺贤稷主编：《上海轻工业志》，上海社会科学院出版社1996年版。
孔令仁、李德征主编：《中国老字号》，高等教育出版社1998年版。
潘君祥主编：《中国近代国货运动》，中国文史出版社1996年版。
秦柄权主编：《上海化学工业志》，上海社会科学院出版社1997年版。
区地方志编纂委员会编：《杨浦区志》《虹口区志》《闸北区志》《长宁区志》《徐汇区志》《南市区志》《普陀区志》《闵行区志》，上海社会科学院出版社。
上海市电力工业局史志编纂委员会编：《上海电力工业志》，上海社会科学院出版社1994年版。
上海市工商行政管理局、上海市橡胶工业公司史料工作组编：《上海民族橡胶工业》，中华书局1979年版。
上海市机床总公司编：《上海机床行业志》，内部发行，1993年版。
上海市医药公司等编：《上海近代西药行业史》，上海社会科学院出版社1988年版。
上海市政协文史资料委员会编：《上海文史资料存稿汇编》，上海古籍出版社2001年版。
上海制笔实业总公司编印：《上海制笔行业志》，内部发行，1997年版。
施颐馨主编：《上海纺织工业志》，上海社会科学院出版社1998年版。

后　记

我坐在家里朝南书房,一想起沪上 64 条永不拓宽的马路全让海派作家写光了,丁点儿"饭碗头"都没给我剩下,不免灰心丧气,只好无聊"看野眼"。窗外水电路人来人往、车水马龙,一派热闹景象。失望中突然灵光乍现,门前的水电路并不属于 64 条马路范围呀。根据上海市区道路命名原则,要么依照各地地名,要么依照著名人名。可事实上中国既没称"水电"的地名;又无唤作"水电"的人名,那么为什么叫水电路? 我有机可乘了。

经过一番史料考证和实地考察,方知是民国时期由闸北水电公司出资修筑的缘故。于是绞尽脑汁写出一篇以厂名命名马路的文章。《劳动报》副刊部主任卓滢女史审阅后,觉得颇有新意,因为常见的介绍上海马路的文章,多从风土人情着手,或者就是挖些风花雪月,而专门以工厂和工运为重点的似乎很少,因此鼓励我继续写下去。上海市文史馆副馆长沈飞德兄看了我的马路文章后,也给我打气。

受到专家肯定,不禁飘飘然,反正有空,我便开始琢磨起申城众多马路,是否还有我能写的内容? 我首先将目标对准位于澳门路上纺织博物馆的前身——申新九厂,以及位于斜徐路上我曾经工作过的中国铅笔一厂前身——中国标准铅笔厂。因为熟悉,所以比较顺利,一"写"而就。

随着马路文章相继出炉,我开始留意马路。深入学习,这才明白马路对于一个现代化城市的重要性。我认为:没有马路,人类依旧生活在田野里,根本不可能有今天。不信的话,请翻开世界上任何一张市区地图,可以惊奇地发现,一个城市无论大小,均是由马路构成的。东西南北纵横交错,一条条马路,犹如人体中的血管,城市仰仗其来往、生存并成长。

不过现代马路的起源还得追溯到 18 世纪末工业革命时期的英国。当时一般道路为土路,即使在伦敦、巴黎、布鲁塞尔这类欧洲大城市里,最好的道路也只是在路面上简单撒些石子。昔日那种靠"人走出来的路",再也不能适应工业革命发展需要。情急之下,英国人约翰·马卡丹设计了新式筑路方式,即用碎石铺路,路中央凸起,便于向两侧排水,整个路面平坦宽阔。后来该路取其设计者姓氏,命名为"马卡丹路"(macadam road)19 世纪中叶,上海、广州等沿海港口开埠,西方列强在华兴建租界,同时也把马卡丹路的修建方法带到中国并筑路,中国人便以英语"macadam road"的音译简称,俗称"马路"。当然,在上海另有一种说法,即最早来到上海滩的多是单身洋人,富有冒险精神,长得结实,每日下午 3 点以后,为发泄过剩精力,想找个地方跑马。由于黄浦江外滩江岸不够尽情驰骋,他们便看中今南京东路外滩到河南中路一段 500 米长的小道。因为上海人老是看见洋人在小道上跑马,就称其为"马路"。

据史料披露,上海第一条马路于 1846 年出现在英租界,取名"界路"(今河南中路)。一百余年间,上海共修筑马路约 930 条。至今,上海马路总数达到 5 000 多条。越来越多的马路,成为上海城市面貌大变样的标志之一。

马路确实重要,但假如没有马路边上建造的住宅、开设的商店和工厂,马路仅仅是条供通行的道路,依然无法构成一个现代化城市。因此我又得出结论:城市靠马路流动,马路靠房子(包括住宅、商店和工厂)繁荣。尤其是在过去相当长一段时期内,马路边上的工厂,是上海大多数马路人气旺盛的主要因素,毕竟南京东路、淮海中路等商业街是极少数。

根据是上海乃中国近代工业摇篮,有着中国最为发达的近代工业。而发达工业又为上海带来了规模庞大的产业工人。据统计,20 世纪 20 年代初,上海工人的总人数已达 24 万人左右,几乎占全国工人总数一半。其中纺织工人约 9 万,机器业工人约 4 万,缫丝业工人约 5.8 万,卷烟业工人约 4 万。在 500 人以上工厂做工的工人将近 14.3 万人,约占全市工人的 58%。而产业工人(包括家属)又在全市人口中占有较大比例。因此,工厂对现代城市的影响相当大。"棉纱大王"穆藕初曾经很形象地比喻道:"工厂本社会之一分子,工厂愈多,劳动家以劳力易金钱愈易,而社会之状况亦蒸蒸日上矣。"

工厂给马路带来生气,工人给马路带来活力。对于老上海来讲,当时无论是大马路边还是小弄堂里,均可发现工厂的影子。至于那些工厂,有不少是在国内行业里挂头牌的,或者是在行业中具有重大影响的,更出色的则在国际上也闻名,譬如杨树浦发电厂、申新纱厂、上海锅炉厂、亚明灯泡厂、江南造船厂、大中华橡胶厂,不胜枚举。

正因为上海工人人数之多、集中程度之高位居全国之首,引起中国共产党高度关注,其非常重视上海的工人运动。1921年8月中共一大召开后不久,就在上海成立了中国劳动组合书记部,作为公开领导工人运动的总机构。从此,上海工人运动波澜壮阔、此起彼伏。

上海工厂在全国举足轻重,上海工人在全国技术出众,上海工运在全国影响最大。但是原先粗放型的工业经济结构,已经不能跟上21世纪超大型城市人民群众日益增长的物质和文化需求步伐,上海产业结构必须大调整,许多工厂要关、停、并、转。曾经人声鼎沸、机器轰鸣的工厂陆续消失了,变成了绿地、住宅、商场、博物馆、体育场、办公楼、工业遗址等,譬如沪上知名景点东方明珠,就有部分土地曾属于国棉二十七厂厂区。

"无限的未来世界,只有在过去的崇楼顶上,才能看得清楚。"(李大钊语)尽管工厂没了,但历史仍在。想当年,那些著名企业家们,诸如"棉纱大王"荣宗敬荣德生兄弟、"火柴大王"刘鸿生、"机器大王"胡厥文、"灯泡大王"胡西园、"铅笔大王"吴羹梅等,栉风沐雨,筚路蓝缕,艰难创业,实业救国,演绎了一幕幕中国近代工业史上的华彩乐章,并为新中国工业发展以及成为"制造大国"奠定了扎实基础。将那段泛黄的史料收集起来编写成册,既令后人时刻知道前辈们的创业初心,薪尽火传;又能极大便利喜爱和追崇海派城市考古的市民探究考证。于是我乐此不疲,但问题是熟悉的工厂写完了,接下来就得上图书馆、档案馆寻找史料,向知情人索要口述。这对于一个业余历史爱好者来讲,有点难度,甚至有时一无所获。幸亏及时得到上海市档案学会常务副理事长、上海市档案馆研究馆员邢建榕兄和上海炎黄文化研究会理事葛昆元兄指点,让我少走许多弯路,在一大堆泛黄的档案、报刊里"挖"到宝贝。此外,在本书编辑和出版过程中,得到了上海大学出版社责任编辑陈强老师的热心扶掖,在此一并致以最诚挚的谢意!

本书介绍的76条马路里,其中三分之一涉及纺织业厂家;介绍的工运中,一半以上有纺织工人参与。千万别怪我胳膊往里拐,身为纺织职工就是骄傲。当时上海滩上的那些"大王"们,不搞纺织业,犹如现在不参与互联网一样。由于上海纺织业产值曾经占到全市工业总产值一半以上,纺织工人占到全市产业工人20%以上,所以上海纺织业工厂特别多,仅仅棉纺织厂,就可以从一厂数到三十七厂,且有好几家厂是万人大厂。

考虑到钻研近代史属于我业余爱好,底气自然不足,且受到客观条件限制,虽然我拼尽全力,但肯定还有不少马路边上的工厂被我遗漏,或介绍得不够全面。"地上本没有路,走的人多了,也便成了路。"(鲁迅《故乡》)于是我先迈腿,踏出条小路,接着就期盼行家快点出手,把"路"修整、完善,使之成为"马路"。

当打完本书最后一个句号时,恰逢家父98周岁诞辰,不由自主我泪流满面。忘不了在写作期间,父亲即使已经病危,还一字一句特地叮嘱我,要好好写,等书出版后,"家祭无忘告乃翁",让远在天堂里的父母亲为儿子自豪。更值得一提的是母亲的工作地点就在书中介绍的双阳路树人中学,曾经每天上下班辛苦步行来回50分钟,几十年如一日付出,收获桃李满天下;而父亲曾经在书中介绍的南京东路上海电力公司大楼里工作过3年,为上海电业系统的组织调整和公私合营积极工作,不分昼夜。

令人欣慰的是,我未辜负父母的殷切希望。当听到"这是徐圣书老师儿子写的"或"这是李佩英老师儿子写的"时,我为此书所付出的努力全值了。

徐 鸣

2023年9月23日秋分于上海